생명의 그물 속 자본주의

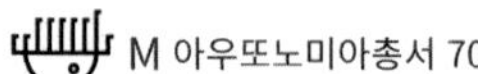
M 아우또노미아총서 70

생명의 그물 속 자본주의

Capitalism in the Web of Life

지은이 제이슨 W. 무어
옮긴이 김효진

펴낸이 조정환
책임운영 신은주
편집 김정연
디자인 조문영
홍보 김하은
프리뷰 김영철

펴낸곳 도서출판 갈무리 등록일 1994. 3. 3. 등록번호 제17-0161호
초판 1쇄 2020년 6월 26일
초판 2쇄 2020년 11월 30일

종이 화인페이퍼 인쇄 효성프린원 라미네이팅 금성산업 제본 경문제책

주소 서울 마포구 동교로18길 9-13 [서교동 464-56] 2층
전화 02-325-1485 팩스 02-325-1407
website http://galmuri.co.kr e-mail galmuri94@gmail.com

ISBN 978-89-6195-241-5 93300
도서분류 1. 사회과학 2. 정치경제 3. 경제정책 4. 경제발전 5. 환경정책 6. 철학 7. 역사

값 27,000원

이 도서의 국립중앙도서관 출판예정도서목록(CIP)은 서지정보유통지원시스템 홈페이지(http://seoji.nl.go.kr)와 국가자료공동목록시스템(http://www.nl.go.kr/kolisnet)에서 이용하실 수 있습니다.(CIP제어번호 : CIP2020024305)

Capitalism in the Web of Life

생명의 그물 속 자본주의

제이슨 W. 무어 지음

김효진 옮김

Ecology and the Accumulation of Capital

자본의 축적과 세계생태론

갈무리

일러두기

1. 이 책은 Jason W. Moore의 *Capitalism in the Web of Life: Ecology and the Accumulation of Capital* (Verso, 2015)을 완역한 것이다.
2. 외국 인명과 지명은 원칙적으로 국립국어원에서 공표한 외래어 표기법에 따라 표기하려고 하였으며, 널리 쓰이는 인명과 지명은 그에 따라 표기하였다.
3. 인명, 지명, 책 제목, 논문 제목 등 고유명사의 원어는 맥락을 이해하는 데 원어가 꼭 필요하다고 생각되는 경우를 제외하고는 본문에서 원어를 병기하지 않았으며 찾아보기에 모두 수록하였다.
4. 단행본과 정기간행물에는 겹낫표(『』)를, 논문에는 홑낫표(「」)를 사용하였다.
5. 저자의 대괄호는 〔〕를 사용하였고, 옮긴이가 이해를 돕기 위해 첨가한 내용은 [] 속에 넣었다.
6. 영어판에서 이탤릭체로 강조된 것은 고딕체로 표기하였다. 단, 영어판에서 영어가 아니라서 이탤릭으로 강조한 것은 한국어판에서 강조하지 않았다.
7. 지은이 주석과 옮긴이 주석은 같은 일련번호를 가지며, 옮긴이 주석에는 [옮긴이]라고 표시했다.
8. 인용문 중 기존 번역이 있는 경우 가능한 한 기존 번역을 참고하였으나 전후 맥락에 따라 번역을 수정했다.
9. 영문판에서 첫 글자가 대문자로 표기된 낱말 중 일부는 한국어판에서 첫 글자를 볼드체로 강조하여 표기함으로써 대문자가 아닌 해당 낱말과 구분하였다.

이 책을 쓰게 만든

맬컴을 위하여.

그리고 그의 세대를 위하여,

그들이 자신과 세계가 하나임을 알아보고

그리하여 세계를 바꾸는 데

필요한 영감을 찾아내기를.

그리고 이 모든 것을 가능하게 한

다이애나를 위하여.

차례

우리가 살아가는 21세기의 위기를 가장 두드러지게 드러내는 두 가지 증상은 '부의 불평등'과 '기후변화'다. 전자는 흔히 인간 사회의 경제적 병폐의 일종으로 여겨지고 후자는 거의 어김없이 자연 재난의 일종으로 치부된다. 그런데, 최근 들어서, 외관상 별개의 것으로 현시되는 이들 두 증상이 마치 머리가 둘 달린 괴물이 수면 위로 두 개의 머리만 드러낸 채 단일한 몸통은 물에 잠긴 채 드러내지 않고 있는 형국과 같다는 새로운 관점이 여럿 제시되고 있다. 이들 관점은 모두 인간/자연의 근대적 이항 구조를 거부하고 '인간=자연'이라는 형식의 통합적 구조를 수용하기에, 『우리는 결코 근대인이었던 적이 없다』라는 책에서 브뤼노 라투르가 표명한 대로, 비非근대적이고 생태적임이 당연하다. 『생명의 그물 속 자본주의』에서 제이슨 W. 무어가 제시하는 시각의 독특한 점은 그 단일한 몸통의 실체를 자본주의로 파악하는 데 있다. 그리하여 무어는 기후변화와 부의 불평등 문제가 모두 자본 축적 과정의 필연적인 귀결임을 단언하고, 따라서 우리 시대는 인류세보다는 오히려 자본세로 불려야 함이 마땅하다고 역설한다.

알베르트 아인슈타인이 지적한 대로, "우리가 문제를 초래하는 데 사용한 그 사고방식으로 우리 문제를 해결할 수는 없다." 그런데 사고방식은 언어로 표명될 수밖에 없기에 무어는 데카르트적 이항 구조의 사고방식으로 특징지어지는 근대성을 넘어서는 새로운 사고방식을 표현하기 위해 부득이 신조어를 고안하고 기존 어휘를 새롭게 조합하거나 하이픈으로 연결한다. 예를 들면, 접속사 '및'and과 전치사 '사이'between는 이항적 실재 구조를 반영한다는 이유로 지양하면서 변증법적 통일성을 내포하는 전치사 '속'in과 '통해서'through를 강박적으로 사용한다. 이렇게 해서 '자연 및 인류'는 '자연-속-인류/인류-속-자연'이 되고(종종 인간 자연과 비인간 자연으로 표현된다) '자연과 자본주의 사이의 운동'은 '자연을 통한 자본주의의 운동/자본주의를 통한 자연의 운동'이 되는데, 무어는 이것들을 '이중 내부성'이라는 신조어로 명명한다. 그리하여 우리는 『생명의 그물 속 자본주의』(자본주의 속 생명의 그물이 생략됨)라는 이 책의 제목이 품은 의미를 알아채게 된다. 여기서 우리는 무어의 존재론적 관점이 실체의 존재론이라기보다는 오히려 과정의 존재론임을 짐작할 수 있다.

한편으로, 이 책을 관통하는 핵심 신조어는 '호의적인 장소'를 뜻하는 오이케이오스 토포스oikeios topos의 줄임말인 오이케이오스다. 무어에 따르면, 오이케이오스는 "인간 자연과 비인간 자연 사이에 맺어지는, 그리고 언제나 이들 자연에 내재하는, 창조적이고 역사적이며 변증법적인 관계를 명명하는 방식"인데, 요컨대 이 용어로 사회와 자연은 일의적 전체로 이해된다. 그리하여 오이케이오스-로서의-자연, 즉 생명의 그물은 "그 속에서 인간 활동이 전개되는 매트릭스이자 그 위에서 역사적 행위주체성이 작동하는 장이 된다." 여기서 우리는 무어의 세계관이 관계주의적이고 생태적인 전체론을 지향함을 알아챌 수 있는데, 무어는 자신의 이런 새로운 패러다임을 '세계생태론'이라는 신조어로 명명한다.

세계생태론이라는 새로운 패러다임은 자본주의를 하나의 '세계생태'로 여기는데, 요컨대 세계생태로서의 자본주의는 자본-권력-자연을 역동적으로 결합하여 하나의 통일체를 구성한다. 이런 시각에서 바라보면, 자본주의는 경제적 체계도 아니고 사회적 체계도 아니며 오히려 "자연을 조직하는 방법"이다. 다시 말해서, 자본주의는 자기 재생산을 위해 이른바 '저렴한 자연'을 구축하는 과정에서 부와 권력, 자연의 세계생태가 된다. 이 책에서 무어는 자본주의가 '저렴한 자연'을 구축하는 방법과 과정을 역사적으로 꼼꼼히 추적한다.

「감사의 글」에서 무어는 "냉정한 정치경제학에 철학이 약간 섞여 있는" 점을 자랑하지만, 어쩌면 이 책의 최고 미덕은 1450년 무렵에 개시되어 지금까지 지속하는 자본주의의 본원적 축적 과정과 축적 위기의 해소 과정, 즉 자본주의의 축적순환 과정이 미未상품화된 '저렴한 자연' 프런티어를 구축하는 전략과 연계되어 전개되는 국면을 역사적 사실들에 기반을 두고서 면밀히 조사하는 데 있을 것이다. 이 책에서 이들 역사적 사실을 정합적으로 엮는 실이 바로 생태주의와 페미니즘의 통찰이 가미되어 확장된 맑스주의적 가치설인데, 요컨대 자본주의의 가치 법칙은 '저렴한 자연'의 법칙이 된다. 자본주의의 가치 법칙에 따르면, "어떤 일/에너지가 가치가 있음의 조건은 대부분의 일/에너지가 가치가 없다는 것이다." 다시 말해서, 노동생산성의 향상에 따른 잉여자본의 축적은 유상 일의 착취뿐만 아니라 무상 일의 전유에서 비롯된다. 아니, 오히려 자본주의는 무상 일/에너지를 전유함으로써 자신의 재생산 비용을 외부로 떠넘기면서 유상 일, 즉 추상적인 사회적 노동을 효과적으로 착취하게 된다. 여기서 무상 일/에너지의 원천인 '저렴한 자연' 프런티어는 그냥 주어지는 것이 아니라 적극적으로 구축되어야 하는데, 이런 의미에서 무어는 이렇게 전유되는 자연을 '추상적인 사회적 자연'으로 부른다. 주지하다시피, "여성, 자연, 식민지"가 바로 추상적인 사회적 자연의 전형적인 실례이고, 따라서 자본주의는 가부장제와 개발주의, 제국주의를 당연히 연행連行하게 된다. 이렇게 해서 자본주의의 역사는 추상적인 사회적 노동과 추상적인 사회적 자연, 자본 축적이라는 삼위가 어우러져 연출하는 착취와 전유의 파노라마가 된다.

그렇다면 세계생태론 시각에서, 전유할 수 있는 '저렴한 자연' 프런티어가 더는 남아 있지 않게 된다면 자본주의의 운명은 어떻게 될 것인가? 다시 말해서, 자본이 자기 재생산 비용을 더는 외부화할 수 없다면 우리의 미래 세계는 어떻게 될 것인가? 이 물음이 바로 저자가 「저렴한 자연의 종언?」이라는 결론에서 다루는 주제다. 결국 '부의 불평등'과 '기후변화'라는 21세기의 두 가지 난제는 '저렴한 자연의 종언'을 나타내는 징후다. '부의 불평등'은 자본 축적의 비용을 외부화할 수 없기에 부득이 내부화함으로써 초래되는 결과이고, '기후변화'는 전유된 자연의 반격, "가이아의 복수" — 이것을 저자는 '부정적 가치'라고 일컫는다 — 로 이해할 수 있다. 만약에 현행 자본주의 체제가 이 두 가지 난제를 해결하지 못하고 붕괴된다면, 자본세 이후에 등장할 포스트자본주의 체제는 어떤 모습일까? 어쩌면 당연하게도 이와 관련하여 저자는 구체적으로 아무 예측도 하지 않는다. 다만, 저자는 대안적 가치평가 체계를 통한 사회주의적 세계생태에의 전환 가능성에 대한 자신의 바람을 간략히 언급할 따름이다.

무엇보다도 근대성 비판이자 자본주의 비판으로 읽을 수 있는 이 책은, 안드레아스 말름의 평에 따르면, "대단히 논쟁적이고 전혀 쉽게 읽히지 않는" 책이다. 그런데 저자가 새로운 비근대적 사고방식을 부각하기 위해 고안한, 종종 난삽하기까지 하다고 느껴지는 수사법의 덤불을 헤쳐나가면, 독자는 저자가 세계생태론이라는 패러다임을 통해 전개하고 있는 일종의 생태적 맑스주의의 윤곽을 포착할 수 있을 것이다. 그리하여 이 책이 독자가 21세기 자본세의 현실을 조금이나마 더 명료하게 파악할 수 있는 계기가 되기를 기대한다.

2020년 6월 20일

김효진

:: 감사의 글

이 책은 초대장이다. 그것은 자연 속 인류의 지위를 둘러싸고, 그리고 이런 자연 속 지위에 관한 우리의 생각이 우리의 역사관과 현재 위기에 대한 우리의 분석, 모든 생명을 위한 해방의 정치를 어떻게 형성하는지를 둘러싸고 대화를 개시하면서 진지한 논쟁을 고무하는 초대장으로 제시된다.

『생명의 그물 속 자본주의』는, 어쩌면 무엇보다도, 지구적으로 확대되고 지속한 대화의 산물일 것이다. 이 책에는 많은 지문이 새겨져 있다. 일부 지문들은 다른 지문들보다 더 두드러진다. 대단히 많은 동료 — 북아메리카와 유럽, 중국의 대학들에서 강연을 부탁하는 정중한 초청을 통해서 만나게 된 많은 동료 — 가 제시한 주장과 성찰이 이 책에 들어 있다. 청중 덕분에 나는 부득이하게 새로운 방식으로 생각하게 되었는데, 우리의 의견이 일치하지 않을 때도 청중이 제기한 물음과 비판은 뜻밖의, 게다가 매우 고마운 방식으로 이 책을 더욱 명료하게 만들었다. 내가 근거를 두고 있는 지적 분야들의 특별한 기여 역시 그러했는데, 이를테면 환경사와 경제사, 세계역사와 세계체계 분석, 정치생태학과 비판적 인문지리학, 맑스주의적 페미니즘, 지구정치경제학, 농식품학과 비판적 개발학을 비롯하여 대단히 많은 분야가 기여했다. 나는 반세기 동안 이루어진 바로 그 급진적 학문성에 대하여 거대한 존중과 경탄을 품고서 자연-속-인류에 관한 연구를 위해 이들 분야의 변증법적 함의들을 구축하여 종합하고자 하였다.

『생명의 그물 속 자본주의』는 두 가지 지대한 관심사, 즉 자본주의 역사와 환경사의 연결점에서 20년 동안 수행한 성찰과 연구를 반영한다. 이 책은 생산적이고 흥미진진하며 흔히 떠들썩한 장기 여행이었다. 이 책의 착상은 북아메리카의 양안에서, 대서양의 양안에서, 여덟 개의 대학에서 형성되었다. 내 아내이자 최고의 친구이자 공모자인 다이애나 C. 길데아는 그 여행 내내 나와 함께 있었다. 다이애나가 세계생태론world-ecology — 그리고 특히 이 책 — 은 추구할 가치가 있는 과제라고 확언하지 않았다면, 게다가 그 과제는 지적 창조성과 엄밀성을 갖추고서 추구되어야 한다고 역설하지 않았다면, 여러분은 지금 이 글 — 또는 이어지는 모든 글 — 을 읽고 있지 못할 것이다.

역사적 자본주의와 역사적 자연에 관한 '통일' 이론을 향한 이 여행은 20년 전에 존 벨라미 포스터와 나눈 대화에서 처음 구상되었다. 이 책의 많은 논술이 오늘날 존의 주장과 어긋나더라도, 스승이자 동료로서 그에게 내가 진 빚은 헤아릴 수 없다. 에드먼드 (테리) 버크 3세와 조반니 아리기에게서 나는 세계역사의 기묘한 기술을 배웠다. 테리는 이론을 역사의 대체물로 여기는 데서 나를 구조했고, 조반니는 세계역사가 현재 위기에 대한 우리의 분석에 필수적임을 내가 이해하는 데 도움을 주었다. 리처드 워커 — 자신의 친구들에게 애칭으로 DW로 알려진 인물 — 는 마침내 지리가 중요함을 내게 납득시켰다. (나는 진심이다. 지리. 정말로. 중요하다.) 게다가, 워커가 없었다면, '끝없는 축적'도 결코 환기될 수 없었을 것인데, 요컨대 자본 축적에 관한 이론이 자본주의의 세계역사를 생각하는 데 핵심적이어야 했다. 더욱이, DW가 나타내는 엄밀한 학문성과 타고난 친절함, 학술적 양식의 보기 드문 조합은 이 책의 지적 명료함뿐만 아니라 그것이 쓰인 상황에도 대단히 기여했다. 헨리 번스타인은 내가 이 책을 버소Verso 출판사와 작업하도록 부추겼고, 게다가 그의 한결같은 비판 — 그리고 격려 — 에 힘입어 나는 나 자신이 가능하다고 생각한 정도를 훌쩍 넘어서 내 논증을 선명하게 다듬을 수 있었다.

수많은 동료가 이 책에서 내가 제시한 논변의 다양한 판본을 읽고 그것들에 관해 논평했다. 나는 샤래 데커드, 마이클 니블렛, 스티븐 샤피로, 그리고 세계문학 연구의 '워릭 디아스포라'Warwick diaspora에 속하는 그들의 멋진 동료들에게 특히 감사한다. 지금까지 그들은 영감과 격려의 끊임없는 원천이었다. 이미 언급한 인물들에 덧붙여, 나는 초고 상태의 이 논변에 관해 논평해 준 점에 대하여 벤저민 D. 브루어, 홀리 진 벅, 제이 볼트하우스, 앨빈 캠버, 크리스토퍼 콕스, 매켄지 K.L. 무어, 필 맥마이클, 민디 슈나이더 그리고 크리스천 퍼렌티에게 감사한다.

나는 세계생태론 논증에 항상 동의하지는 않았지만 동조한 학자들로 이루어진 확대가족에게 깊이 감사하는데, 그들은 하룬 아크람-로디, 엘마 앨트바터, 파사드 아라기, 마르코 아미에로, 아르니 다니엘 욜리우손, 스테파니아 바르카, 준 보라스, 닐 브레너, 샌디 브라운, 브람 뷔셔, 리암 캠플링, 제니퍼 카솔로, 에릭 클라크, 캐롤 크럼리, 바버라 엡스타인, 새뮤얼 데이 패스바인더, 폴 겔러트, 카일 깁슨, 퍼닐 구치, 알프 호른보그, 에릭 욘손, 실로 크루파, 아쇼크 쿰바무, 레베카 레이브, 리처드 E. 리, 래리 로만, 비르기트 만코프, 안드레아스 말름, 제시카 C. 맑스, 다니엘 뮌스터, 카를 노르트룬트, 데니스 오헤른, 케르스틴 올로프, 비벌리 J. 실버, 에릭 반호이테, 마이클 와츠, 토니 와이스, 안나 잘릭, 그리고 (특히!) 해리엣 프리드만과 이매뉴얼 월러스틴, 데일 토미치를 포함한다. 시우롱 자오와 겐나로 아발론은 둘 다 나름대로 뛰어난 학자이고, 내 논문들을 책 한 권 분량이 될 만큼 번역한 점에 대해 특별히 감사의 인사를 받을 만한데, 도중에 나는 부득이하게 흐릿한 논증과 애매한 논술을 분명히 해야 했다. (이것이야말로 헌신이라고 할 수 있다!) 빙엄턴대학교 사회학과에서 내가 지도한 대학원생들인 쿠샤리 야닝시 (위윗) 보에디오노, 앨빈 캄버, 조슈아 아이첸, 벤저민 말리, 코리 마틴, 로베르토 J. 오르티즈, 앤디 프라가츠, 셰리야 콰지, 그리고 마누엘 프란시스코 바로 역시 영예를 받을 자격이 있다. 마지막으로, 나는 빙엄턴대학교와 그 사회학과에 감사하는데, 윌리엄 G. 마틴이 학과장으로 있던 사회학과는 이 책을 완성하는 데 예외적으로 우호적인 조건을 제공했다.

또한, 모든 종류의 지연을 감수했고 이 기획을 처음부터 지지한 편집자 시배스천 버전에게 매우 특별히 감사한다.

마지막으로, 마이크와 매리 앤 호프만 부부에게는 관념을 중요시하는 가정에서 나를 키워준 점에 대해, 바버라 로즈에게는 세상에서 가장 멋진 장모인 점에 대해, 우정과 지혜를 갖춘 마지 토머스에게는 이 책이 완성될 때까지 격려해준 점에 대해, 그리고 이 책을 생전에 보지 못했지만 언제나 그것의 진전 상황을 기록했다는 확신이 들고, 냉정한 정치경제학에 철학이 약간 섞여 있는 것을 보고 사실상 매우 기뻐했을 내 아버지 존 W. 무어에게 크게 감사한다.

무엇보다도, 『생명의 그물 속 자본주의』는 항상 내 아들 맬컴의 책이었는데, 2010년에 그가 태어나기 전에도 그러했다. 이 책의 논술 중에서 시간의 시험을 견딜 수 있는 것이 있더라도 나는 그것이 무엇인지 확신하지 못한다. 내가 정말 확신하는 것은, 이 책이 우리가 살기에 적합할 뿐만 아니라 공정하기도 한 세상을 재건하는 데 필요한 그런 종류의 사유와 대화에 기여한다는 점이다. 나는 맬컴과 그의 세대 – 그리고 세계 전역의 모든 연령의 젊은이 – 가 연결성과 창조성의 모자이크에서 생명의 그물을 기꺼이 바라보도록 그들에게 이 책을 바친다. 새로운 관점으로 그리고 새로운 세대와 더불어 비로소 인류의 특별한 창조 및 협동 역량이 새로운 생을 찾아낼 것이고, 그와 함께 행성의 나머지 부분도 그럴 것이다.

2014년 12월

뉴욕, 베스탈에서

제이슨 W. 무어

서론

이중 내부성 : 자연을 중시하는 역사

우리는 유물론에서 두 가지 다른 세계가 마찬가지로 실체적이고 참된 세계라고 가정하는 이원론을 초월하고자 하고, 〔게다가〕 원래 일자(一者)인 것을 이렇게 갈가리 찢음을 무효로 하고자 하는 열렬한 노력을 인식해야 한다. — 헤겔[1]

21세기 인간의 전망은 전적으로 유쾌한 것은 아니다. 애초에, 우리 미래는 추상화의 두 층위에서 규정될 수 있다. 첫 번째 층위는 자연-속-인류다. 나머지 자연에 대한 인간의 개입은, 지난 10년에 걸쳐, "갑작스러운 지구적 환경 변화가 더는 도외시될 수 없는"[2] 지경에 이르렀다. 두 번째 층위는 자연-속-자본주의다. 신자유주의적 자본주의의 위기 전개 — 이번에는 2008년의 징후적 위기와 예측할 수는 없지만 불가피하게 개시될 최종적 위기 사이의 전개 — 는 우리가 친숙한 패턴과는 매우 다른 것을 보고 있을지도 모르는 상황을 시사한다. 그 친숙한 패턴은, 거대한 체계적 위기 후에 새로운 기술 및 새로운 권력조직과 생산조직이 출현하여 자연이 새로운 강력한 방식으로 작동하게 함으로써 과거의 위기를 해소하게 되는 패턴이다. 1970년대 이후의 신자유주의 혁명

1. [옮긴이] Hegel, *Philosophy of Mind*, trans. W. Wallace and A.V. Miller (Oxford : Oxford University Press, 1971), 34. [게오르그 빌헬름 프리드리히 헤겔, 『정신현상학』 1·2, 임석진 옮김, 한길사, 2005.]

2. J. Rockström et al., "Planetary Boundaries", *Ecology and Society* 14, no. 2 (2009) : 32.

은 가장 최근의 사례일 뿐이다. 하지만 오늘날, 자연 – 인간 자연을 포함한 자연 – 이 자신의 '선물'을 저렴한 비용으로 제공하게 하는 일이 점점 더 어려워지고 있다. 이 사태는, 우리가 자본주의의 한 단계에서 다른 한 단계로 이행하는 전환에 불과한 것을 경험하고 있지 않고, 오히려 더 획기적인 전환, 즉 지난 다섯 세기 동안 자본 축적을 지속시킨 전략과 관계의 붕괴 사태를 겪고 있을지도 모르는 상황을 가리킨다. 『생명의 그물 속 자본주의』는 우리가 자본주의라고 부르는 관계들의 모자이크[3]가 자연을 **통해서** 작동하는 방식에 관한 책이면서 자연이 더 한정된 영역인 자본주의를 **통해서** 작동하는 방식에 관한 책이다. 이런 이중 운동 – 자연을 통한 자본주의의 운동과 자본주의를 통한 자연의 운동 – 이 내가 '이중 내부성'이라고 부르는 것이다.

2008년 이후, 이른바 '**자**연'과 '**사**회'[4]라는 별개의 영역들에서 범람하는 불안정성과 변화는 무시할 수 없는 것이 되었다. 이 사태는 개념어의 문제 – 흔히 인식되지 않은 문제 – 를 제기하는데, 요컨대 위기 언어(에너지위기, 금융위기, 고용위기, 긴축위기, 기후위기, 식량위기 등)의

---

3. [옮긴이] 관계들의 모자이크들의 총체가 바로 에콜로지(ecology), 즉 생태인데, 이런 점에서 생태는 '사회'와 대립쌍을 이루는 이분법적인 근대적 '자연'과 달리 '인간 자연'(사회)과 '비인간 자연'(근대적 자연)을 모두 포괄하는 자연 일반을 가리킨다. 한편으로, 생태론(ecology)은 관계들의 총체로서 생태에 대한 태도나 시각, 관점으로 규정될 수 있고, 다른 한편으로 생태학(ecology)은 생태론을 비롯하여 생태에 관한 경험적 및 이론적 지식을 추구하는 분과학문으로 규정될 수 있다. 이처럼 에콜로지라는 낱말이 갖는 다의성을 참작하여, 한국어판에서 에콜로지라는 용어는 맥락에 따라 생태 또는 생태론 또는 생태학으로 번역되었다.
4. [옮긴이] 한국어판에서 첫 글자가 볼드체로 강조된 자연이라는 낱말과 사회라는 낱말은 각각 근대성의 "자연의 이분화 도식" 또는 "데카르트적 이항 구조"에 의해 구상된 대립쌍 추상관념인 대문자 자연(Nature) 또는 대자연과 대문자 사회(Society) 또는 대사회를 나타낸다. 한편으로, 또 하나의 이항 구조를 이루는 '자연'과 '인류' 또는 '인간'의 경우에도 마찬가지로 첫 글자가 볼드체로 강조된 인류와 인간은 각각 대문자 인류(Humanity)와 대문자 인간(Humans)을 나타낸다.

번성이 현재의 역사적 국면에 대한 불확실성을 줄이기보다는 오히려 키우고 있다. 비판적 학자 중 많은 사람이 쇄도하는 세계 사건들에 압도당했다. 아직은 어떤 새로운 종합도 출현하지 않았다. 그 대신에 광범위한 합의가 형성되었다. 21세기의 격변은 '위기들의 융합'에서 비롯된다.[5] 이런 융합의 가장 두드러진 표현은 식량과 에너지, 금융의 "삼중 위기"다.[6] 많은 사람이 위기 범주들의 다른 목록이나 더 긴 목록 – 확실히 기후는 포함되어야 한다! – 을 선호하는 동안에 환경적 요소와 조건, 관계가 비판적 정치경제학에 편입된 것은 결코 전례가 없는 일이다. 이 사태는 정치생태학과 정치경제학이 거의 겹치지 않았던 1970년대의 위기 담론을 넘어서는 진전이다. '위기들의 융합' 주장은 '녹색 산술'의 최고 단계인데, 이를테면 정치경제학 더하기 자연은 위기들의 융합이다.

그런데 녹색 산술에 대한 내 감각은, 그것이 유효한 것처럼 보이는 이유는 우리가 **사**회와 **자**연이 함께 더해진다고 가정하기 때문이라는 것이다. 하지만 면밀히 검토하면 이 가정이 성립할까? 『생명의 그물 속 자본주의』는 대체경로를 개척한다. 나는 '**사**회'와 '**자**연'이 지적으로도 정치적으로도 문제의 일부라고 주장하는데, 요컨대 이항二項적 **자**연/**사**회는 근대 세계의 거대한 폭력과 불평등, 억압에 직접 연루되어 있다. 그래서 나는 **자**연을 외부적인 것으로 여기는 관점이 자본 축적의 기본조건이라고 주장한다. 정치적 상상이 자본주의의 이항적 실재 구조에 사로잡힌 한, 평등주의적이고 대체로 지속 가능한 방식으로 자본주의를 초월하고자 하는 모든 노력은 좌절당할 것이다. 그리고 그

---

5. S. George, "Converging Crises," *Globalization* 7, no. 1-2 (2010), 17~22 ; J.B. Foster, "Marx and the Rift in the Universal Metabolism of Nature," *Monthly Review* 65, no. 7 (2013) : 1~19를 참조하라.
6. P. McMichael, "The Land Grab and Corporate Food Regime Restructuring," *Journal of Peasant Studies* 39, no. 3-4 (2012) : 681~701.

와 관련하여, 오늘날 자본주의의 한계를 판별하고자 하는 노력 – 그런 판별은 모든 반체제적 전략에 중요하다 – 은 실재를 자본주의적 발전에 내재하는 이원론에 집어넣음으로써 그다지 진척될 수 없다.

녹색 산술과 그 위기 융합의 언어는 자연과 자본주의를 오인하는 것을 넘어선다. 녹색 산술은 현재 전환점의 특정한 산출을 파악할 수 없다. '그 경제'와 '그 환경'은 서로 독립적이지 않다. 자본주의는 경제적 체계[7]가 아니다. 자본주의는 사회적 체계가 아니다. 자본주의는 자연을 조직하는 방법이다.

우리는 '자연을 조직하는 방법'이라는 이 구절과 관련하여 지침이 되는 구별 짓기로 시작할 수 있다. 자본주의의 지배적인 착상은, 자본주의는 **자**연을 자기 뜻대로 처리할 수 있을 것이라는 점, 즉 **자**연은 외부적이고 경제성장, 사회발전이나 어떤 다른 고등 선善을 실현하는 데 도움이 되도록 코드화되고 수량화되며 합리화될 수 있을 것이라는 점이다. 이것은 프로젝트로서의 자본주의다. 실재 – 역사적 과정 – 는 근본적으로 다르다. 자본과 제국, 과학의 다양한 프로젝트가 대문자 **자**연, 즉 외부적이고 제어 가능하며 환원될 수 있는 자연을 구성하느라고 바쁠 때, 생명의 그물은 자본주의 과정의 생물학적 조건과 지질학적 조건을 정돈하느라고 바쁘다. '생명의 그물'은 자연 전체인데, 여기서 자연은 결단코 소문자 자연이다.[8] 이것은 우리로서의 자연, 우리 내부로서의 자연,

---

7. [옮긴이] 한국어판에서 '시스템'(system)이라는 용어는 '지구시스템과학'처럼 학술적으로 이미 정착된 경우를 제외하면 '체계'라는 용어로 옮겼다. 또한, 이매뉴얼 월러스틴의 'world-system'이라는 용어도 일반적으로 알려진 '세계체제'가 아니라, 백승욱이 정당한 이유에서 이미 실행한 대로(조반니 아리기, 『장기 20세기』, 백승욱 옮김, 그린비, 2014) '세계체계'로 옮겼다. 여기서, '체계'라는 용어는 근대적 이분 구도를 넘어서는 세계관을 제시하는 '체계론'(systems theory) 또는 '체계 사상'(systems thinking)을 은근히 반영한다.

8. [옮긴이] 다시 말해서, '생명의 그물'은 곧 생태를 가리킨다. 특정적으로, '생명의 그물'이라

우리 주변으로서의 자연이다. 그것은 흐름들의 흐름으로서의 자연이다. 간단히 서술하면, 인간은 환경을 형성하고 환경은 인간 — 그리고 인간 조직 — 을 형성한다.

그 자체가 자연의 힘인 문명이 생명의 공동생산에 휘말리게 하는 과정을 가리키는 합의된 용어는 없다. 그리하여 지금까지 녹색 사상가들, 즉 자연 속 인류의 지위를 새롭게 바라보고 생각하는 방식을 제창한 사람들도 낡은 어휘, 즉 대문자 **사회**를 기본으로 삼는 경향이 있었다.[9] 이것은 비판이 아니라 소견인데, 우리는 우리 시대의 산물이다. 그리고 오늘날 시대는 다른데, 심지어 20년 전과도 다르다. 현재 새로운 패러다임이 가능한데, 그것은 도처에서, 특히 젊은 학자들 사이에서 발발하고 있다. 나는 그 새로운 패러다임을 **세계생태론**으로 부를 것이다. 이 책은 포괄적인 결정판은 결코 아닐지라도 세계생태론에 기여하는 책이다. 세계생태론 — 또는 결국, 이 패러다임에 어떤 이름을 붙이든 간에 — 은 우리가 21세기 난제를 해결할 수 있으려면 지적으로 필요할 뿐만 아니라 정치적으로도 필요하다.

세계생태론은 한 가지 낡은 주장과 한 가지 새로운 주장을 제기한다. 한편으로, 그 새로운 패러다임은 자본주의와 자연, 권력, 역사에 관

는 어휘는 과학철학자 프리초프 카프라(Fritjof Capra)가 고안한 용어로 '체계론'에 바탕을 둔 생태적 세계관을 표상한다. 이와 관련하여 최근에 이루어진 통합적 논의를 살펴보려면, F. Capra and P.L. Luisi, *The Systems View of Life : A Unifying Vision* (Cambridge : Cambridge University Press, 2014)를 참조하라.

9. D. Harvey, "The Nature of Environment," in *Socialist Register* 1993 (1993), 1~51 ; F. Capra, *The Turning Point* (New York : Bantam, 1982) [프리초프 카프라, 『새로운 과학과 문명의 전환』, 구윤서·이성범 옮김, 범양사, 2007] ; C. Merchant, *The Death of Nature* (New York : Harper & Row, 1980) [캐롤린 머천트, 『자연의 죽음』, 전규찬·이윤수·전우경 옮김, 미토, 2005]를 참조하라.

한 관계적 사유의 풍성한 모자이크에서 전개된다. 다른 한편으로, 세계생태론에 따르면, 자연의 관계성을 파악하려면 자연-속-인류를 세계역사적 과정으로 파악하는 새로운 방법이 반드시 수반되어야 한다. 이런 점에서, 세계의 위기들 – 부채위기, 생물다양성의 위기, 빈곤위기, 기후위기 – 은 실재에 대한 "지각의 위기"를 통해서 통합된다는 카프라의 단언은 올바르다.[10] 하지만 우리는 이 단언을 더 멀리 밀고 갈 수 있다. 근대성의 지식 구조, 근대성의 지배적인 권력과 재생산과 부의 관계, 그리고 근대성의 환경형성 패턴은 유기적 전체를 구성한다. 권력과 생산, 지각이 뒤얽히는데, 그것들의 얽힘이 풀리지 않는 이유는 비록 불균등하고 진화하는 방식으로긴 하지만 그것들이 통일되어 있기 때문이다. 세계생태론은 우리의 탈데카르트적 세계관을 세계역사적 전환 – 위로부터의 역사로 이해되는 것이 아니라, 인간 경험의 지리적 층위들을 가로지르는 대규모 토목 공사와 관념 형성, 권력 창출의 근본적인 공동생산으로 이해되는 전환 – 의 도가니에 적용할 것을 우리에게 요청한다. 우리의 과업은 이들 국면이 어떻게 서로 어우러지고 그것들의 조합이 양적으로 그리고 질적으로 어떻게 변화하는지 이해하는 것이다. 이런 시각에서, 나는 독자가 자본주의를 하나의 세계생태로 여기도록 요청하는데, 요컨대 자본주의적 세계생태는 자본 축적과 권력 추구와 자연의 공동생산을 결합하여 변증법적 통일체를 구성한다. 자본주의를 세계생태로 여기는 관점은, 행성적 자연들을 개조할 수 있는 자본주의 역량의 속박되지 않은 탁월함을 단언하기는커녕, 자본주의를 다양한 종이 이미 공동생산한 것으로 이해하는 길을 개척하는데, 심지어 그 길

10. F. Capra, *The Web of Life* (New York : Anchor, 1996), 4. [프리초프 카프라, 『생명의 그물』, 김동광·김용정 옮김, 범양사, 1999.]

을 우리 행성의 지질생물학적 변화와 관계, 순환까지 확장한다.

그러므로 오늘날 위기는 복수의 위기가 아니라 단일하면서 다면적인 위기다. 그것은 자본주의 및 자연의 위기가 아니라 자연-속-근대성의 위기다. 그 근대성은 자본주의적 세계생태다. 이 관점은 구별들을 없애기(이것이 녹색 전체론의 위험이다)보다 오이케이오스oikeios(종과 환경의 창조적이고 발생적이며 다층적인 관계)에 대한 물음을 증식시킬 수 있게 한다. 오이케이오스는 우리 환경을 형성할 때 인간이 작용하게 하는 — 그리고 자연 전체의 작용을 받게 하는 — 관계를 가리킨다. 생명 형성의 변증법에 전제를 두고 있는 오이케이오스를 통해서 우리는 자본주의의 역사적 지리 — 과거의 지리와 현재의 지리 — 가 자연-속-인류의 특정한 배치에 전제를 두고 있는 방식을 탐구할 새로운 경로를 개척할 수 있을 것이다. 그런 시각 덕분에 우리는 오늘날 위기의 '무엇?'과 '왜?'를 넘어서 앞으로 수십 년 동안 위기가 어떻게 전개될 개연성이 있는지에 대한 더 심층적인 이해를 향해 나아갈 수 있다.

그런 심층적인 이해를 실현할 열쇠는 오이케이오스를 중심에 두는 언어와 방법과 서사 전략을 개발하는 것이다. 그 난제가 개념어로 환원될 수는 없더라도, 우리는 언어 문제를 맞닥뜨리지 않고서는 전진할 수 없다. 1960년대 급진파 세대의 표현을 빌리면, 우리는 "체계를 명명하"여야 한다. 명명하기가 이해하기의 첫 번째 단계일 수 있다면, 그것은 담론 행위 이상의 것이기도 하다. 낡은 지식 구조가 쓸모없게 되었는데도 아직 매장당하지 않은 문명 위기의 환경에서는, 어쩌면 맑스가 말한 대로, 참신한 개념어의 명령과 힘은 '물질적 힘'이 될 수 있다.[11] 급

11. K. Marx, *Critique of Hegel's 'Philosophy of Right'* (Cambridge, UK : Cambridge University Press, 1970 〔1843〕), 137. [카를 마르크스, 『헤겔 법철학 비판』, 강유원 옮김, 이론과실천, 2011.]

진파는 오랫동안 이것에 능숙했다. 성차별적이고 인종차별적인 지배 언어는, 아직 충분히 극복되지는 않았지만, 지금까지 두드러지게 불신받았다. 하지만 나는 **자연**/**사회** 이원론의 폭력은 무사통과되었다고 생각한다. 나의 이런 생각은 자본주의가 벌이는 "지구와의 전쟁"에 대한 녹색 비판과는 다른 것을 의미한다.[12] 오히려, 나는 **자연**/**사회**의 이원론이 근원적으로 근대성의 폭력에 가담한다고 주장하고 있다. 지난 40년에 걸쳐 인종과 젠더, 섹슈얼리티, 유럽중심주의의 이원론들을 극복하기를 배워 온 바로 지금이 그 모든 이원론의 원인, 즉 **자연**/**사회** 이항구조를 다룰 적기다. 그 이유는, 그것이 발생한 16세기에서 자본주의의 황혼까지, **자연**/**사회** 이원론에는 여타의 것과 전적으로 마찬가지로 피와 오물이 덕지덕지 묻어 있기 때문이다. 어쩌면 훨씬 더할 것이다.

현 국면의 정치가 새로운 어휘를 요구한다면, 문제는 더 깊이 들어가는 것이다. 낡은 언어 – **자연**/**사회** – 는 쓸모없게 되어 버렸다. 실재는, 우리가 우리 눈앞에서 전개되고 가속되며 증폭되는 실제 변화를 추적하는 데 도움을 줄 수 있는 그 대립쌍의 역량을 압도한다. 그런데도 새로운 언어 – 생명의 그물에서 인간 자연과 비인간 자연이 맺는, 더는 단순화할 수 없는 변증법적 관계를 파악하는 언어 – 는 아직 출현하지 않았다. 내가 알기에는 시도가 모자라지는 않는데, 이를테면 사이보그·회집체·네트워크·혼성물을 비롯한 많은 개념어가 앞으로 나아가는 길로 제시되었다. 지금까지 이들 개념어는 앞으로 나아가는 길을 가리켰다. 하지만 그것들은 세계역사의 이원론적 틀에 직접 도전한 적은 없다. 지구와 지구인, 생명의 그물을 염려하는 사람들의 경우에, 근대 세계역사

12. J.B. Foster, B. Clark and R. York, *The Ecological Rift* (New York : Monthly Review Press, 2010).

의 거대한 패턴과 과정은 지금도 여전히 데카르트적 이항 구조라는 감옥 안에 확고히 갇혀 있다. 어떤 이론적 비판도 그 감옥을 개방하지 못할 것이다. 그것을 개방하려면 이원론 논리에 대한 대안을 구축할 필요가 있고, 그리고 이를 위해 새로운 방법론적 절차와 서사 전략, 개념어가 동시에 필요하다.

데카르트적 서사는 이렇게 전개된다. 자본주의 – 또는 원한다면, 근대성이나 산업문명 – 는 **자**연에서 출현했다. 그것은 **자**연에서 부를 끌어낸다. 자본주의는 **자**연을 교란하거나 훼손하거나 더럽혔다. 그리하여 지금, 또는 매우 이른 시기에 언젠가, 자연은 보복을 가할 것이다. 파국이 다가오고 있다. 붕괴가 곧 일어날 듯하다.

우리가 우리의 과거 이야기를 진술하는 방식과 우리가 현재의 난제에 반응하는 방식은 밀접히 관련되어 있다. 많은 환경주의자와 녹색 학자의 경우에, 인류와 자연의 분열은 인류가 자연에 행하는 바를 특별히 우선시하는 역사에 관한 사고방식을 부추겼다. 이런 사고방식은 녹색 사상에서 그리고 다양한 학자와 대중 독자에게서 그 견인력을 획득한 파국론적인 붕괴 서사로 꽤 쉽게 흘러 들어간다.[13] 대안은 '인간'으로도 '자연'으로도 시작하지 않고, 오히려 자연-속-인류, 유기체와 환경, 생명과 땅, 물 그리고 공기의 다양한 배치를 공동생산하는 관계들로 시작한다. 이런 의미에서, '역사'는 '이중 내부성', 즉 자연-속-인류/인류-속-자연의 역사다.(게다가 알다시피, 인간에 선행하는 지구와 여타의 것의 긴 역사가 존재한다.) 이런 이중 내부성에서는 인간이 행하는 모든 일은 비인간 자연 및 생명의 그물, 즉 인간을 포함하는 전체로

---

13. J. Diamond, *Collapse* (New York : Viking, 2004) [제레드 다이아몬드, 『문명의 붕괴』, 강주헌 옮김, 김영사, 2005]를 참조하라.

서의 자연과 이미 연결되어 있다.

이 주장은 평범한 주장 – 그리고 동시에 평범하지 않은 주장 – 이다. 『생명의 그물 속 자본주의』는 내가 녹색 사상으로 부를 것(무분별하지만 필요한 일반화)이 끼친 획기적인 공헌에 기반을 두고 있다. 넓게 고려하면, 녹색 사상은 과거 및 현재의 환경 변화와 관련된 인문학과 사회과학의 다양한 전통이다. 그것은 물리과학의 일부 요소들, 특히 행성적 변화에 관여하는 학자들을 포함한다.[14] 이 책은 녹색 사상을 특징짓는 특질 중 세 가지, 이를테면, 사실상 증거는 정반대 상황을 시사하는데도 인류를 통일된 한 행위자로 환원하기, 시장과 생산, 정치적 관계, 문화적 관계를 '사회적' 관계로 환원하기, 그리고 자연을 인간과 독립적인 것으로 구상하기라는 특질을 강조한다.

지구의 날을 처음 기념한 지 40년 이상 지난 후인 오늘날, 많은 환경지향 학자와 대부분의 환경주의자 사이에는 인간이 자연의 일부라는 합의가 널리 이루어져 있다. 이것은 자연-속-인류라는 시각이다. 이런 의식으로 무엇을 할 수 있는가는 골치 아픈 문제였다. 인간이 자연력이라고 말하는 것과 인간 조직 – 가족, 제국, 기업, 시장, 그리고 기타 등등 – 이 자연력이라고 말하는 것은 전적으로 다르다. 녹색 사상은 전자의 주장은 수용하면서 후자의 주장에는 반대한다. 인간이 자연의 일부라고 말하는 것은 느낌이 좋다. 인간 조직이 자연의 일부라고 말하는 것은 대학 안팎의 환경주의자들 대부분에게 그릇되게 느껴진다. 비판적 학자들 – 적색, 녹색, 그리고 그사이의 많은 혼색 – 의 경우에는 명백한 합의가 이루어져 있는데, 요컨대 자본주의는 인류와 독립적으로

14. W. Steffen, P.J. Crutzen and J.R. McNeill, "The Anthropocene : Are Humans Now Overwhelming the Great Forces of Nature?" *Ambio* 36, no. 8 (2007) : 614~21을 참조하라.

작동하는 자연에 작용한다. (그리고 그 반대도 마찬가지다.) 기후와 지속 가능성을 염려하는 다양한 대중의 경우에는 현재 동질의 합의가 지배적이다. 이를테면, 인류는 지구에 '발자국'을 새기는데, 이런 일은 줄어들어야 한다.

자연을 수동적인 진흙과 먼지 — 누군가가 발자국을 남기는 곳 — 로 여기는 자연상은 정말로 생명의 그물이 지닌 활력을 포착하는 최선의 비유인가? 나는 우리가 더 잘할 수 있다고 생각한다. 이 책은 **자연/사회**의 경화된 이원론이 유일하게 가능한 구별 짓기가 아님을 보여주려고 한다. 그것은 최선의 구별 짓기도 아니다. 인간이 자연의 일부라고 말하는 것은 생명의 그물 속 인류의 **특정성** — 인류의 특정한 사회성 형식들,[15] 집단 기억 능력과 상징 생산 능력, 그리고 그 밖에 다수의 특정성 — 을 강조하는 것이다.

자연-속-인류에서 자연-속-자본주의로 여행하는 길은 사실상 돌투성이 길이었다. 그런 여행이 우리에게서 인간이 나머지 자연과 펼치는 상호작용 중에서 '좋은' 것과 '나쁜' 것을 구분할 수 있는 능력을 박탈하지는 않을까? 지구적 위기에 빠져들고 있는 현시점에 그런 사태로 인해 우리가 특정적으로 인간적인 것과 특정적으로 자연적인 것을 설명하지 못하게 되는 것은 아닐까?

나는 그렇게 생각하지 않는다. 이 책은 그 이유를 설명하고자 하는 노력이다. 더욱이 이 책은, 인류를 자연력으로 여기는 관점이 우리가

---

15. 우리는 " '사회성'과 '사회'를 구분할" 수 있을 것이다. " '사회'는, 특수한 개체들의 '감각적'(가시적) 직접성과 대조를 이루기에, 하나의 추상관념인데, 그것을 파악하려면 개체들의 이런 직접성을 초월해야 한다. 하지만 '사회성'은 모든 단일한 개체에 실제로 내재한다. 이런 까닭에 사회는 결코 정당하게 '자연적'이라고 불릴 수 없을 것이지만, 사회성은 올바르게도 인간의 제2의 천성으로 규정된다."(I. Mészáros, *Marx's Theory of Alienation* 〔London : Merlin Press, 1970〕, 175).

인간 자연, 지구적 권력과 생산, 그리고 생명의 그물 사이에서 새로운 연결관계를 바라볼 수 있게 함을 보여주려는 시도다. 에너지, 기후, 식량과 농경, 노동시장, 도시화, 금융화, 그리고 자원 추출의 전환이 밀접하게 연계된 시대의 명령은 권력과 자본, 에너지의 흐름이 자본 축적의 계통을 관통하게 하는 내부 연결관계를 파악하는 것이고, 게다가 그리하여 바로 그 계통의 한계를 새롭게 조명하는 것이다.

그래서 그 물음은 반복할 가치가 있다. **자**연/**사**회가 아니라면 무엇인가? 오래전에 녹색 사상이 약술했지만 드물게〔정말이지 드물게〕 실천된 대안은 관계보다 실체를 특별히 우선시하는 데카르트의 관점을 뒤집는다. 상호작용하는 별개의 두 실체 – **사**회와 **자**연 – 로 산출된 현대 세계 대신에 우리는 근대성의 역사를, 철저히 그리고 전적으로, 공동생산된 것으로 볼 수 있을 것이다. **인**류라는 한 실체는 **자**연이라는 다른 한 실체와 함께 역사적 변화를 공동생산하지 않는다. 오히려, 인류의 종 특정성은 이미 생명의 그물 속에서 공동생산된 것이다. 인간이 행하는 모든 일은 흐름들의 흐름인데, 여기서 나머지 자연은 항상 우리를 관통하여 움직이고 있다. 우리가 진화시키는 사회성의 형식들은 가소성이 유별난 종 특정성을 반영한다. 이런 점에서, '의식'은 외부에 있는 것이 아니라 내부에 있다. 의식 자체는 "물질의 상태"[16]다. 인간 조직의 이야기는 인간 자연과 비인간 자연의 다발이 공동생산한다. 인간은 비버가 독자적으로 댐을 건설하는 만큼 독자적으로 제국을 건설한다. 둘 다 "생태계 엔지니어"[17]다. 어느 쪽도 진공 속에 존재하지 않는다.

그렇지만 '다발로 묶는' 것은 사실상 우리를 충분히 멀리 데리고 가

---

16. M. Tegmark, "Consciousness as a State of Matter," *arXiv* 1401, no. 1219v2 (2014).
17. J. Wright and C. Jones, "The Concept of Organisms as Ecosystem Engineers Ten Years On," *Bioscience* 56, no. 3 (2006) : 203~9.

지 않는다. 이 비유도 생명의 그물 속 인간과 인간 조직의 친밀성과 다공성, 투과성을 파악하는 데 부적절하다. 자연/사회의 양극단보다 오히려 관계를 명명하는 개념어가 부재할 때, 우리는 인간 자연과 비인간 자연의 독립성을 단언하는 이항 구조에 자동으로 돌아갈 것이다. 우리는 생명 형성의 관계를 명명하는 — 그리고 그 관계를 통해서 대화를 구축하는 — 방법을 갖추어야 한다. 이런 관계로, 종은 환경을 형성하고 환경은 종을 형성한다. 그것은 무기적 현상에도 열려 있는 관계인데, 이를테면 지각판 이동, 궤도 변동, 유성, 그 밖에 다수의 현상 역시 환경을 '형성한다'. 그래서 우리는 생명 형성에 관한 열린 구상, 즉 유기적인 것과 무기적인 것의 경계가 항상 이동하고 있다고 여기는 구상으로 시작한다.[18] 그것은 기본 단위체가 없는 중층적 관계인데, 오로지 관계들의 그물들 속 그물들, "세계들 속 세계들"[19]이 있을 뿐이다.

오이케이오스 : 환경형성을 향하여

『생명의 그물 속 자본주의』는 이런 생명 형성의 관계를 오이케이오스로 명명함으로써 날아오른다. 이 관계 — 존재론적 주장인 만큼 방법론적 경향으로서의 관계 — 에서 우리는 다양한 종-환경 배치가 출현하고, 진화하며, 궁극적으로는 전적으로 다른 것이 됨을 볼 수 있다. 이어지는 글에서, 생태학, 자연, 그리고 모든 종류의 동족어는 오이케이오스에서 유래한다. 분명히 말해서, 오이케이오스는 인간을 포함하

---

18. C. Birch and J. B. Cobb, *The Liberation of Life* (Cambridge : Cambridge University Press, 1981). [찰스 버치·존 캅, 『생명의 해방』, 양재섭·구미정 옮김, 나남출판, 2010.]
19. R. E. Ley et al., "Worlds within Worlds : Evolution of the Vertebrate Gut Microbiota," *Nature Reviews Microbiology* 6, no. 10 (2008) : 776~88.

는 관계이고, 오이케이오스를 통해서 인간 조직이 진화하고 적응하며 변환한다. 인간 조직은 오이케이오스의 생산물이자 생산자인데, 그리하여 우리가 주목할 가치가 있는 것은 이 관계의 변화무쌍한 배치다. 이런 취지에서 나는 '자본'과 '자본주의'를 오이케이오스의 생산자이자 생산물로 이해한다. 그러므로 세계생태로서의 자본주의는 세상의 생태가 아니라, 변증법적으로 결합한 권력과 자본, 자연의 패턴이 있는 역사다.[20]

1장에서 알게 되듯이, 오이케이오스라는 개념은 테오프라스토스[21]까지 거슬러 올라간다. 나는 '두 문화'를 가로지르는 학자들의 변증법

---

20. 세계생태로서의 자본주의에 관한 최초의 논술은 10년 이상 거슬러 올라가지만(J.W. Moore, "Capitalism as World-Ecology," *Organization and Environment* 16, no. 4 〔2003〕 : 431~58), 현재의 논증이 가능한 이유는 지금까지 세계생태론 시각이 독자적인 삶을 겪었기 때문이다. 이 책의 공헌은 세계생태론 학자들의 공동체에 의해 조성되었는데, 그들의 독특한 정교함과 강력한 통찰력, 우호적인 격려 덕분에 그렇지 않았다면 불가능했었을 정도로 이 책이 풍성해졌다. G. Avallone, "Tra finanziarizzazione e processi ecologici," *Sociologia Urbana e Rurale*, no. 101 (2013) : 85~99 ; S. Deckard, "Mapping the World-Ecology," *Ecologies Technics and Civilizations* (forthcoming) ; M. Niblett, "World-Economy, World-Ecology, World Literature," *Green Letters*, 16, no. 1 (2012) : 15~30 ; C.R. Cox, *Synthesizing the Vertical and the Horizontal : A World-Ecological Analysis of 'the' Industrial Revolution* (M.Sc. thesis, Portland State University, 2014) ; A.G. Jakes, *State of the Field : Agrarian Transformation, Colonial Rule, and the Politics of Material Wealth in Egypt, 1882-1914* (PhD Diss., New York University, 2015) ; B. Marley, "The Coal Crisis in Appalachia : Agrarian Transformation, Commodity Frontiers, and the Geographies of Capital," *Journal of Agrarian Change* (2015, early view) ; R.J. Ortiz, "Latin American Agro-Industrialization, Petrodollar Recycling, and the Transformation of World Capitalism in the Long 1970s," *Critical Sociology* (2014, online first) ; C. Parenti, "Environment Making State," *Antipode* (early view) ; T. Weis, *The Ecological Hoofprint : The Global Burden of Industrial Livestock* (London : Zed, 2013)을 보라.

21. [옮긴이] 테오프라스토스(서기전 372~288)는 레스보스 섬의 에레소스 출신인 고대 그리스 철학자로 식물학의 아버지라고도 한다. 그는 플라톤과 아리스토텔레스에게 배웠으며 나중에 소요학파의 수장이 되었다. 테오프라스토스는 아리스토텔레스 학풍을 유지하고 전파했으며, 특히 분류법을 구사하여 식물학을 연구한 최초의 학자다.

에 관한 선구적인 통찰에 의존하여 그 용법을 확장한다.[22] 종-환경 배치들, 무엇보다도 인류를 둘러싸고 (그리고 인류 속에서) 소용돌이치는 배치들의 모자이크가 형성되고 개편되게 하는 관계를 명명하는 일은 불가피하다. 그 관계를 명명하지 않은 채 전진한다면 우리는 결국 원래 지점에 그냥 머무르게 되는데, 요컨대 **사**회와 **자**연을 각각 인간 자연과 비인간 자연으로 명칭을 변경할 뿐이다.

오이케이오스 덕분에 우리는 처음부터 두 가지 중요한 물음을 제기할 수 있게 된다. 둘 다 녹색 사상의 가장 기본적인 물음 — 인류는 어떻게 자연에서 분리되었는가? 또한, 인류는 어떻게 자연을 교란하여 환경 파괴를 일으키는가?(그리고 마침내, 위기를 일으키는가?) — 을 뒤집는다. 오이케이오스의 시각에서 바라보면, 우리는 매우 다른 물음을 제기하게 된다. 첫째, 인류는 어떻게 생명의 그물 속에서 나머지 자연과 **통일되는가**? 둘째, 인간 역사는 어떻게 하여 인간이 부와 권력을 축적할 때 그것을 통해서 자연 — 다른 인간들을 포함한 자연 — 을 일하게 하는 **공동생산된** 역사인가?

첫 번째 물음 — 인류는 어떻게 자연 속에서 자연과 함께 **통일되는가**? — 은 특정한 인간 조직들이 어떻게 생명의 그물을 통해서 실현된 내부 변이에 전제를 두고 있는지 묻도록 부추긴다. 비판적 학자들 사이에서는 **자**연/**사**회가 '사회적' 관계들의 특정성을 부각하는 최선의 방법이라는 확신이 널리 퍼져 있다. 전체론은 이 확신을 흐리는 것처럼 보인다. 하지만 전체론은 변증법에서 단절될 때 특정성을 흐릴 뿐이다. 이원론은 특정성을 판별하기에는 무딘 도구다. 가장 기본적인 차별 형식

22. B. Ollman, *Alienation* (Cambridge : Cambridge University Press, 1971) ; R. Levins and R. Lewontin, *The Dialectical Biologist* (Cambridge, MA : Harvard University Press, 1985)를 참조하라.

들 — 이를테면, 이것들이 문제를 망라하지는 않지만, 계급과 인종, 젠더 — 은 모든 규모에서 생명물리학적 자연과 상징적 자연을 엮어 짜는, 인간 자연과 비인간 자연의 다발로 전개된다. 계급과 인종, 젠더의 관계는 오이케이오스를 통해서 전개되는데, 그렇기에 그 관계는 그것의 이른바 사회적 차원과 생태적 차원의 집합체로 환원될 수 없다. 더욱이, 내가 오이케이오스 — 차별을 바라보는 대안적 방식을 가능하게 하는 것 — 를 통해서 그 논점을 고안했더라도, 그 논증의 요소들은 오랫동안 우리와 함께 있었다. 근대적 계급관계는 초기 자본주의의 본원적 축적 — 그야말로 대담한 환경형성 운동 — 을 통해서 출현했다. 근대적 젠더관계는 대서양의 양안에서 이런 동일한 자본주의적 농업 전환의 과정을 통해서 구축되었고, 특히 당대의 잇따른 과학혁명을 통해서 상징적으로 코드화되었다.[23] 근대적 인종주의는 사탕수수 상품 프런티어의 인간 축인 대서양 횡단 노예무역에서 생겨났는데, 그 노예무역은 당대에 풍경을 바꾼 유례없이 큰 상품중심적인 힘이면서 자본 축적의 결정적인 동력 중 하나였다.[24]

일부 사람들이 이 논변을 거대사와 거대이론의 다른 한 사례로 읽고 싶은 유혹을 느낄 것이기에 나는 이 이야기를 한다. 내가 보기에, 거대사나 거대 이론 같은 것은 존재하지 않는데, 오로지 역사지리적 패턴들에 관한 우리 지식을 특징짓는 역사와 이론이 존재할 뿐이다. 이것들은 크고 작은 공간, 장기지속이나 단기지속에 걸쳐 얻어지는 패턴일 것이다. 계급과 인종, 젠더 — 그리고 물론, 다른 것들 — 의 패턴들은, 특정한 역사적 체계들과 특정한 역사적 자연들에서 권력과 부를 재생산하는

---

23. Merchant, *The Death of Nature* [머천트, 『자연의 죽음』]을 참조하라.
24. J.W. Moore, "Ecology and the Rise of Capitalism," Ph.D. dissertation (Department of Geography, University of California, Berkeley, 2007).

규칙과 패턴들, 즉 생산과 재생산의 규칙과 패턴들을 정확히 묘사하고자 하는 방법을 통해서 더 잘 볼 수 있게 된다.(그런 체계들은, 확실히, 중층적이고 불균등하다.) 더욱이, 이런 규칙이 흔히 구조적인 것으로 불리곤 했더라도 나는 다른 비유, 즉 "인간관계들의 산호초"[25]로서의 문명이라는 비유를 선호하는데, 그렇다고 문명은 인간관계들로만 이루어져 있지는 않다. 문명의 물리적 구조와 보는 방식, 생산 방법은 세대 사이에서 일상적인 삶을 재생산하는 무수한 생명체에서 생겨난다.

이 책에서 내 초점은 자본주의적 문명 – 자본과 권력, 자연의 공동생산된 세계생태 – 에 관해 연마되었다. 그리고 자본주의적 세계생태 '전체'가 자기 부분들의 총합 이상의 것이더라도, 그것은 확실히 그 총합 이하의 것이기도 하다. 누구도 모든 것을 한꺼번에 할 수는 없다. 내가 얻은 통찰들은 모두 내가 자본 축적의 문제와 지구의 전환을 새로운 방식으로 파악할 수 있게 한 세계생태론 시각 – 오이케이오스를 회전축으로 삼는 시각 – 에서 비롯된다.

오이케이오스 덕분에 생명의 그물 속 자본 축적의 이론이 가능해지지만, 그것만으로 달성되는 것은 아니다. 내게 오이케이오스가 설득력이 있는 이유는 그 덕분에 내가 1970년대 이후 지리 사상에서 가장 빈번하게 인용되는 구절 중 두 가지에 암묵적으로 내재하는 관계적 과정을 명명할 수 있게 되기 때문이다. 첫 번째 구절은, 자본은 "시간에 의한 공간의 소멸"[26]을 향하여 끊임없이 질주한다는 것이다. 자본은 자본 흐름의 속도 – 자본의 전환시간 – 가 끊임없이 가속되는 세계를 창

---

25. I. Wallerstein, *The Modern World-System I* (New York : Academic Press, 1974), 3. [이매뉴얼 월러스틴, 『근대세계체제 I』, 김명환·나종일·김대륜·박상익 옮김, 까치, 2013.]

26. K. Marx, *Grundrisse : Introduction to the Critique of Political Economy*, trans. M. Nicolaus (New York : Vintage, 1973), 424. [카를 마르크스, 『정치경제학 비판 요강 1·2·3』, 김호균 옮김, 그린비, 2007.]

조하고자 한다. 자본의 프로젝트에서 공간보다 시간을 특별히 우선시하는 것은 수동적인 태도가 아니라 적극적인 태도인데, 요컨대 전환시간을 가속하고자 하는 모든 노력은 공간의 동시적인 재편을 반드시 수반한다. 두 번째 구절은, 자본은 공간을 점유할 뿐만 아니라 생산하기도 한다는 르페브르의 강력한 소견이다.[27] 공간은 부수적이지 않은데, 그 이유는 자본 축적이 바로 공간의 생산이기 때문이다. 축적 위기는 그저 사후에 공간 재편을 초래하는 것이 아니고, 오히려 위기 자체가 모순이 끓는점에 도달해 버린 공간적 배치의 생산물이자 생산자다. 이 두 가지 소견을 고려하면, 거의 반세기에 걸친 급진적 지리 사상의 귀중한 공헌은 다음과 같다. 모든 사회적 관계는 공간적 관계다. 사회적 관계는 공간을 통해서 전개하면서 적극적으로 공간을 공동생산한다. 공간적 배치는 항상 변화하고 있지만, 한정된 시간 동안 '고정된' 상태에 있기도 하다. 그렇다면 공간은 결코 '저쪽에' 있는 것이 아니라 우연한 사건의 가능성을 형성하는 '구축된 환경'과 사회적 관계들의 특정한 복합체에 가담하는데, 무한정 가담하지는 않는다.[28]

지리학자들이 공간을 언급한다면, 우리는 자연도 언급할 수 있지 않겠는가? 모든 사회적 관계는 공간적 관계, 생명의 그물 속 관계다. 사회·공간적 관계는 자연을 통해서 전개한다. 모든 종은 환경을 '구축한다'. 그래서 그들은 '생태계 엔지니어'다. 하지만 일부 엔지니어들은 다

---

27. H. Lefebvre, *The Production of Space*, trans. D. Nicholson-Smith (Oxford : Blackwell, 1991). [앙리 르페브르, 『공간의 생산』, 양영란 옮김, 에코리브르, 2011.]

28. D. Harvey, *The Limits to Capital* (Chicago : University of Chicago Press, 1982) [데이비드 하비, 『자본의 한계』, 최병두 옮김, 한울, 2007] ; M. Storper and R. Walker, *The Capitalist Imperative* (New York : Basil Blackwell, 1989) ; N. Smith, *Uneven Development* (Oxford : Basil Blackwell, 1984) [닐 스미스, 『불균등발전』, 최병두·이영아·최영래·최영진·황성원 옮김, 한울, 2017] ; E. Soja, *Postmodern Geographies* (London : Verso, 1989) [에드워드 소자, 『공간과 비판사회이론』, 이무용 외 옮김, 시각과언어, 1997].

른 엔지니어들보다 더 강력하다. 지금까지 인간은 특히 강력했다. 이것은 단지 사유와 언어 — 물론 중요하다 — 때문만은 아니고 호미니드 진화가 독특한 외향적 특징들을 선호했기 때문이기도 한데, 이를테면 더 작은 소화계와 외부 위장으로서 불의 사용, 더 좁은 산도와 외부 자궁으로서의 공동체, 더 적은 털과 외부 모피로서 의복과 주거지의 생산을 예로 들 수 있다. 그 목록은 확대될 수 있을 것이다. 요점은 진화 과정을 강력하게 공동생산한 방식을 강조하는 것인데, 요컨대 인류는 종-환경 관계다.

종-환경 관계는 분명히 역사적이기도 하다. 자본주의 역동성의 비결은 이 관계를 다루는 특정적이고 터무니없는 방식, 즉 그것을 상징적으로 단절한 다음에 그에 알맞게 작용하는 방식이다. (그러므로 '자연적'인 것들의 범주는 정당화의 도가니가 되었다.) 이 특정적이고 터무니없는 환경형성의 양식은 오늘날의 생명학살 잔해에서 드러난다. 지난 다섯 세기 동안 그 양식은 자본 축적을 해방하고, 그다음에 구속하고, 그다음에 개편하여 갱신하는 데 도움이 되었다. 부수적인 축적 위기는 순환적인 것 — 위기를 통해서 우발적인 결과가 초래될 수 있게 하는 것 — 이었지만 누적적이기도 했다. 중요한 것은 누적적 추세가 축적 위기의 순환적 해소를 위한 가능성을 형성한다는 점인데, 바로 이것이 현대의 자원 고갈과 대기 중 온실가스의 축적으로 부각되는 점이다.

나는, 많은 독자와 마찬가지로, 나 자신이 거대 이론에 대한 참을성이 거의 없다고 생각한다. 이 책에서 내가 제기하는 물음들에 답할 수 있는 거대 이론은 하나도 없다. 관계적 방법이면서 설명으로 구성된 것만으로 충분할 것이다. 내 의도는 맑스주의와 환경역사서술학의 핵심 통찰들을 새로운 종합으로 이끄는 방법을 상세히 언급하는 것이다. 이 종합은 환경형성이 환경영향에 관한 이야기를 훨씬 넘어선다고 말한다. 그것은 일상적 형태와 문명적 형태와 상업적 형태의 권력과 재/생산이 어떻게 이미 환경사인지에 관한 이야기다. 권력과 생산 — 그 밖에 다수의 것 — 은 정말 '환경적'이다. 이 덕분에 우리는 근대의 환경사로부터 환경사 — 환경형성의 과정 — 로서의 근대성 프로젝트와 과정으로 이동할 수 있게 된다. 그러므로 나의 출발점은 패턴을 갖춘 것과 특정적인 것을 특별히 우선시하는 것이다. 특정적인 것은 세계역사의 패턴, 즉 내가 역사적 자연[29]으로 부르는 것 속에서 출현하는데, 화제가 이런 관심사에서 동떨어져 있는 것처럼 보일 때에도 각별히 그렇다(예를 들면, 노동, 금융화).

이원론은 우리가 '사회적' 관계를 이해할 때 더 큰 특정성을 참작하지 않게 하는데, 그 나름의 이유는 이원론이 인간 분화가 오이케이오스 바깥에서 이루어진다고 여기기 때문이다. 이원론은 자본 축적을 구성할 뿐 아니라 계급과 젠더, 인종, 민족의 지속하는 패턴들도 구성한다. 이 패턴들은 오이케이오스의 생산물이자 생산자로 더 잘 이해되지 않겠는가? 여기서 우리는 이렇게 물을 수 있을 것이다. 인간은, 독특하면서 서로 스며드는 진화 궤적들의 전체로 이해되는 생명의 그물과 어떻게 어우러지게 되는가? 그리고 인간 조직의 순환과 추세는 어떻게 혼돈 국면과 재안정화 국면을 되풀이하는가? 내가 보기에, 자연-속-인류/인류-속-자연이라는 분화된 통일체들을 특별히 우선시하는 시각의 영향으로 인해 이원론적 관점으로 돌아가는 일은 불가능해졌다. 자본주의적 문명은 인간을 자연에서 분리하기보다는 오히려 개체의 생명활동을 이전보다 훨씬 더 조밀하고 지리적으로 더 확대

29. 맑스와 엥겔스를 따름. K. Marx and F. Engels, *The German Ideology* (New York : International Publishers, 1970), 41. [카를 마르크스·프리드리히 엥겔스, 『독일 이데올로기 1·2』, 이병창 옮김, 먼빛으로, 2019.]

되었으며 더 친밀한 상호 연관성을 갖춘 생명의 그물에 얽매이게 했다. 더욱이, 우리의 아침식사와 우리의 자동차, 우리의 노동시간을 세계역사적 활동으로 전환한 과정은 최근에 전개된 것이기는커녕 '장기' 16세기(1451~1648년)에 개시된 것이다.

인간을 나머지 자연과 통일함으로써 우리는 인간 역사에 대한 세계생태론적 독법을 향해 나아가는 길로 들어서게 된다. 그렇지만 이런 종류의 철학적 진술 – 인간은 자연의 일부라는 등의 진술 – 은 널리 회자된 지가 오래되었다. 오이케이오스는 철학적 주장과 역사적 방법을 잇는 다리로 제시된다. 그 다리는 인문학과 사회과학에서 표명되는 대다수 환경 사상의 전제를 뒤집음으로써 작동한다. 오이케이오스는 인류가 최근에 또는 먼 과거에 분리되었음을 전제로 하기보다는 오히려 인류가 흐름들의 흐름 속에서 나머지 자연과 언제나 통일되어 있었음을 전제로 한다. 문명 같은 인류의 특정한 양태들이 자연 속에서 '어우러지는' 방식은 변화하는 것이다.

이 책에서 자연은 세 가지 주요 형식을 취하는데, 이를테면 인간 조직, 비인간 흐름과 관계 및 실체, 그리고 생명의 그물이다. 이것들은 서로 독립적이지 않고, 오히려 서로 침투하므로 잇따르는 역사지리적 시대에 그것들의 경계와 배치가 바뀐다. 바로 이 점이 대단히 중요한데, 요컨대 자연은 '그저 저쪽에' 있지 않다. 자연은 역사적이다. 이런 시각 덕분에 우리는 두 번째 주요한 반전에 이르게 된다. 우리는 자본주의가 자연에 행하는 바가 무엇인지 묻는 대신에 자연이 자본주의를 위해 일하는 방식을 물음으로써 시작할 수 있다. 전자의 물음이 분열을 함축한다면, 후자의 물음은 통일, 즉 자연-속-자본주의/자본주의-속-자연을 함축한다. 그 물음 덕분에 우리는, **자**연/**사**회의 이원론이 지금까지 보이지 않게 한 새로운 일단의 관계를 파악할 수 있게 된다.

자연의 일/에너지는 어떻게 가치로 전환되는가? 이것이 오늘날 자본주의가 직면한 문제의 핵심이다. 그 물음 덕분에 우리는 너무 많이 생각하는 것(인간 또는 자본주의)과 너무 적게 생각하는 것(자연)에서 벗어남으로써 지금까지 자연-속-자본주의가 생존할 수 있게 한 장기 지속 관계와 전략을 새로이 고찰할 수 있게 된다. 그리고 지금까지 자본주의는 자연(이것이 무엇을 의미하든 간에)을 파괴함으로써 생존한 것이 아니고, 오히려 오이케이오스-로서의-자연이 부득이하게 – 무상으로 또는 매우 저렴한 비용으로 – 더욱더 열심히 일하게 하는 프로젝트를 통해서 생존했다. 오늘날에는 자연이 더 열심히 일하게 하는 프로젝트가 점점 더 어려워지고 있다. 파괴의 문제를 뒤집음으로써 우리의 최초 전제는 자연에 작업하기에서 자연을 통해서 작업하기로 이동한다. (더욱이, 결국에는 생명의 그물이 자본주의를 통해서 작업한다.) 이 상황은, 이런 한계 – 자연을 일하게 하는 프로젝트의 한계 – 가 21세기에 자본 축적을 가로막는 근본적인 장벽이 될 수 있는지에 관한 새로운 일단의 물음을 제기한다.

이런 두 가지 반전 – 자연-속-인류라는 반전, 자본주의를 위해 일하는 자연이라는 반전 – 은 기계적인 것이 아니라 변증법적이다. 그러므로 이중 내부성이다. 물론, 자본주의는 실제로 지구 생명을 폭력적으로 변형한다. 하지만 일방적인 모형 – 무언가를 통해서 작용하기보다는 무언가에 행하기라는 모형 – 은 우리가 가야만 하는 곳에 우리를 데려다줄 수 없다. 그 모형은 우리가 오늘날 자본주의의 다면적 위기에 관하여 더 심층적으로 그리고 더 실질적으로 이해할 수 없게 한다. 이런 두 가지 반전은, 자본주의가 자신의 되풀이되는 호황을 위한 새로운 조건을 산출하는 방식을 우리가 탐구하고 재구성할 수 있게 할 뿐만 아니라, 이어지는 모순도 해결되게 한 새로운 풍경을 펼친다. 우리는, 이 동학을 역사적 자본주의의 장기지속 안에 자리매김함으로써, 지난 다섯 세기에 걸쳐 일어난 생명과 자본, 권력의 사회생태적 모순의 축적과 순환운동(자본주의의 단계들) 사이의 관계를 두드러지게 나타낼 수 있다.

우리는 인간 조직의 이중 내부성을 우리를 인도하는 실로 삼음으로써 두 가지 동시적인 운동에 관한 서사를 재구성하는 일에 착수할 수 있다. 첫 번째 운동은 자본주의에 의한 지구 생명과 과정의 내부화인데, 그 운동을 통해서 새로운 생명활동이 자본과 자본주의 권력의 궤도로 끊임없이 진입하게 된다. 두 번째 운동은 생물권에 의한 자본주의의 내부화인데, 그것을 통해서 인간이 주도하는 프로젝트와 과정이 생명의 그물에 영향을 미치고 그 그물을 형성한다. 우리를 안내하는 이 실 – 이중 내부성으로 구상된 실 – 덕분에 **자**연/**사**회에 대한 대안으로서 인간 자연과 비인간 자연의 변증법을 재현하는 일종의 '연성' 이원론을 극복할 수 있게 된다.

이 책에서 나의 주안점은 프로젝트와 과정으로서의 자본주의인데, 요컨대 자본의 논리와 자본주의의 역사다. 이런 자본주의는, 알다시피, 협소한 일단의 경제적 관계나 사회적 관계가 아닌데, 그 이유는 이런 범주들이 문제의 일부이기 때문이다. 오히려, 자본주의는 생명의 그물 속 자본과 권력, 재/생산의 세계생태로 가장 잘 이해된다. 자본주의를 하나의 전체 – 그리고 축적 과정의 결정 조건과 모순 – 로 바라보는 시각이 유일하게 가능한 관점이다. 하지만 세계역사적 재구성이 없다면 **자**연/**사**회 이원론에 대한 비판은 방법론적이고 역사적이어야 하는데도 여전히 이론적일 것이다. 나의 중심 논제는, 자본주의는 장기 16세기부터 역사적으로 정합적인 것 – '방대하면서 취약'할지라도 – 이고, 자본주의는 생명의 그물 속에서 인간 자연과 비인간 자연이 공동생산한 것이며, 자본주의는 저렴한 자연의 '법칙'인 '가치 법칙'에 의해 응집된 것이라고 주장한다. 이 법칙의 핵심에 놓여 있는 것은 생물권의 일/에너지를 자본(운동-중인-가치)으로 전환하려는 현행적이고 근본적으로 팽창적이며 끊임없이 혁신적인 추구다.

일/에너지라는 개념은 이 논변에서 중요하게 여겨진다. 그 개념 덕분에 우리는 인간의 일과 비인간의 일 사이의 통일성을 둘러싸고 있는 데카르트적 안개를 꿰뚫을 수 있게 된다.[30] 대규모 산업은 "피를 자본으로" 전환하기 위한 메커니즘이라는 맑스의 소견은 한낱 비판에 불과한 것이 아니었다. 그것은 자본관계가 모든 자연의 일/에너지를 노골적으로 기이하게 부와 권력으로 구체화하는 방식, 즉 가치로 전환하는 방식을 부각하는 수단이었다(2장을 보라).

일/에너지는 우리가 자본주의를 "일을 할 수 있는 능력" — 인간 자연과 비인간 자연의 능력 — 이 가치로 전환되게 하는 일단의 관계로 재고하는 데 도움이 되는데, 여기서 가치는 사회적 필요노동시간(추상적인 사회적 노동)으로 이해된다. '일/에너지'(또는 퍼텐셜 일/에너지)는 자본화 — 현금 결합을 통해서 상품화된 노동력에서 그렇듯이 — 되기도 하고, 또는 강, 폭포, 숲이나 어떤 사회적 재생산 형식의 일에서 그렇듯이, 비경제적 수단을 통해서 전유되기도 한다. 나의 구상은 화이트의 에너지관을 좇는다.

---

30. 이 개념과 그 표기법 — 일/에너지 — 의 기원은 카펜치스에게서 비롯하는데, 그는 1970년대의 '에너지' 위기와 '일' 위기를 통일장 속에 자리매김한다. 카펜치스의 통찰은 "행성 전체에 걸친 일에 대한 자본주의의 통제권"을 "자본이 한때 노동과정에 대해 가졌던 통제권을 … 에너지 상품을 사용하여 … 다시 한 번 부과하는 방법[에]" 연계시키는 것이었다(G. Caffentzis, *In Letters of Blood and Fire* 〔Oakland : PM Press, 2013〕], 2~3 [조지 카펜치스, 『피와 불의 문자들』, 서창현 옮김, 갈무리, 2018]). 이 통찰은 올바른 방향을 단호히 가리킨다. 일/에너지의 내 용법은 그 통찰을 가치로 전환되는 인간의 '일'과 비인간의 '일'을 전유하는 자본주의의 통일 논리로 확대한다.

> [물리학자는] 에너지를 일을 할 수 있는 능력으로 [정의한다]. 여기서, 일은 물체에 작용하는 힘과 그 물체가 그 힘의 방향으로 움직인 거리의 곱이다. 큰 바위를 밀면 당신은 에너지를 소비하면서 일을 하고 있는데, 이때 일의 양은 바위의 크기와 당신이 그것을 민 거리에 따라 결정된다. 물의 무게와 흐름은 강이 바위와 토양을 움직이는 일을 할 수 있게 하는 에너지를 산출하는데, 이를테면 강물의 부피가 더 클수록 그리고 강바닥의 구배가 더 가파를수록 강물의 퍼텐셜 에너지는 더욱더 커진다.[31]

화이트의 묘사는 강(이 경우에는 컬럼비아강)의 역사지리학에 수반되는 지구물리학적 일/에너지에 집중되어 있다. 하지만 일/에너지는 광합성에서 먹이 사냥과 아이 기르기에 이르기까지 유기적 생명과 관련된 것이기도 하다. 강조할 가치가 있는 것은 생명의 그물의 일/에너지가 권력관계와 재/생산관계로 편입되는 방식이다. 식량 — 모든 문명과 마찬가지로 자본주의에서도 — 이 바로 이 모든 것의 중요한 연결점이다(10장을 보라). 일/에너지 개념 덕분에 우리는 신진대사에 대한 녹색 유물론의 집착을 초월할 수 있게 되는데, 녹색 유물론에 따르면, 생명의 흐름은 협소하게도 생물물리학적이고, 교란될 수 있으며, 그다음에 에덴동산의 자연 그대로 오염되지 않은 어떤 상태로 회복될 수 있다. 일/에너지 대안은 신진대사를 이중 내부성, 즉 자연 속 권력과 자본의 흐름, 자본과 권력 속 자연의 흐름을 통해서 본다. 이런 점에서, 쟁점은 '신진대사 균열'이 아니라 신진대사 전환이다(3장을 보라).

31. R. White, *The Organic Machine* (New York : Hill & Wang), 6. [리처드 화이트, 『자연 기계』, 이두갑·김주희 옮김, 이음, 2018.]

일/에너지에 관한 이런 구상에 노동생산성에 관한 개요를 덧붙일 수 있을 것이다. 노동생산성은 착취율과 잉여가치에 근거하여 이해된다. 일반적인 맑스주의 모형은 기계장치와 노동력의 관계를 중심으로 정립되는데, 요컨대 더 강력한 기계는 평균노동자가 평균보다 더 많은 상품을 생산할 수 있게 한다. 그 모형에 많은 주름이 추가되었는데, 이를테면 조직 혁신, 노동과정 합리화, 수송기술과 정보기술, 통신기술의 영향이 있다. 이 모형에 따르면, 임금이 생산성보다 더 느리게 증가하는 한, 평균노동자가 늘어난 양의 가치(흔히, 늘어난 양의 물리적 상품)를 생산할 때 착취율(잉여가치 생산율)은 증가한다. 또는, 임금이 감소하는 한, 노동자가 고정된 양의 가치를 생산할 때 착취는 촉진될 수 있다. 그러므로 축적은, 포드주의의 시대 동안에 그러했듯이, 임금 상승과 생산성의 빠른 개선에 근거하여 촉진될 수 있거나, 아니면, 신자유주의 시대 동안에 그러했듯이, 임금 하락(또는 고정)과 생산성의 매우 느린 증가에 근거하여 촉진될 수 있다. 이 동학의 일부는 상대적 잉여가치와 절대적 잉여가치의 고전적 구분에서 포착된다. 이런 점에서, 20세기 자동차 공장은 상대적 잉여가치를 구현하고(시간당 노동생산성의 상승), 한편으로 16세기 섬유 생산은 절대적 잉여가치의 전형인데, 여기서 잉여가치의 생산은 시간당 생산량의 증가가 아니라 작업시간의 길이로 결정되었다.

나는, 절대적 잉여가치와 상대적 잉여가치 사이의 이런 구분이 너무나 흔히 범주적 차이로 경화되었던 사실이 우려된다. 한편으로, 그 주제에 관한 일반적인 맑스주의 사유는 초기 자본주의를 상대적 잉여가치의 생산으로 특징지어지는 체계가 확실히 아닌 정적인 체계로 추정한다. 19세기에 노동생산성이 엄청나게 향상함으로써 1450년 이후 노동생산성이 그에 못지않게 두드러지게 향상한 실태가 드러나지 않게 되었다(7장과 8장을 보라). 하지만 내 주장은 역사적 소견을 넘어 펼쳐진다. 녹색주의자와 적색주의자가 모두 '현실' 자본주의가 1800년 이후에 출현했다고 보는 이유는 자본과 과학, 제국이 잉여가치를 생산하기 위해 자연을 전유한 방식 — 인간의 무상 일/에너지를 포함한 방식 — 을 살펴보기를 꺼리는 태도에 달려 있다. 금속과 채광, 조선, 농업, 섬유, 그리고 초기 자본주의의 다른 여러 전략 부문에서 노동생산성이 자연의 혜택을 이용하는 새로운 기법과 절차를 통해 급격히 향상했다. 초기 자본주의는 사실상 단위노동비용을 줄이려고 기술 혁신과 조직적 폭력, 상징 혁신을 동원하여 **저**렴한 **자**연을 산출하고 전유했을 뿐만 아니라 노동일수도 연장했다. 그런 상황 — 여기서 나는 노르웨이의 숲이나 폴란드의 곡물이나 심지어 아프리카의 노예를 생각한다 — 에서 "자연적 비옥도"(맑스)의 전유는 상대적 잉여가치가 증가하는 것처럼 작용할 것이다. 전유된 자연은 생산력이 된다. 아메리카 대륙의 정복을 포함하면, 노동생산성 성장에 미친 직간접적인 영향은 엄청났다. 지구적 자연의 전유와 자본 축적은 잉여가치의 생산을 통해 밀접히 연계된다. 이런 시각에서 바라보면, 우리는 합당한 물음을 제기할 수 있다. 상품화되지 않은 자연을 전유하여 노동생산성을 향상시킨 자본주의의 놀라운 역사를 참작하면, 오늘날 진행 중인 프런티어의 마감은 자본주의의 **저**렴한 **자**연 전략이 효험을 다했다는 신호인가?

이런 물음은 가치에 관해 다시 생각할 것을 제안한다. 가치는, 자본주의가 자연과, 그리고 자연 속에서 맺는 독특한 관계를 조명하는 착취와 전유의 변증법을 통해서 작동한다. 착취 관계는 추상적인 사회적 노동을 생산한다. 추상적인 사회적 자연을 생산하는 전유 관계에 힘입어 추상적인 사회적 노동의 축적이 늘어날 수 있다. 한편으로, 그 가치체계는 가치 있는 것에 대한 기이한 코드화에 의존하는데, 요컨대 상품체계 안에서 이루어지는 인간의 일을 부의 결정적 척도로 삼는다. 이런 일은 일반적으로 임금노동으로 개념화되는데, 여기서 나는 임금노동이라는 용어를 프롤레타리아의 이념형 표상에 한정하지 않고 폭넓게 다룰 것이다.[32] 이 영역에서는 노동력의 착취가 여타의 것이 걸려 있는 중심축이다. 다른 한편으로, 임금노동의 착취는 임금노동 재생산의 비용이 억제될 수 있는 정도까지만 이루어질 수 있다. 자본주의가 임금노동으로 규정된다고 여기는 것은, 자본주의가 세계시장으로 규정된다고 여기는 것에 못지않게 잘못된 생각이다. 오히려, 중요한 물음은 임금노동과 임금노동 확대재생산의 필요조건을 연결하는 역사지리적 관계에 달려 있다. 이 조건은 상품체계 바깥에 있지만 그 체계를 일반화하는 데 필요한 무상 일의 방대한 기여에 의존한다. 때때로 이것은 사회적 재생산 영역으로 불리는데,[33] 여기서 '사회적'이라는 형용사는 부적절한 듯 보이지만 말이다. 육아의 '사회적' 국면은 어디에서 끝나고, '생물학적' 국면은 어디에서 시작하는가? 분명히 우리는, 서로 내재적이라고 여기는 것이 더 좋은 사회성과 생물학의 그 어떤 매끈하고 깔끔한 분리도 초월하는 재생산 영역을 다루고 있다. 이 재생산 영역 — 무상 일이 자본을 위해 산출되는 영역 — 은 협소한 인간사도 아니다. 그 이유는 무상 일이 '저렴한' 노동으로서의 잠재 노동력의 생산 — 또는 실제 노동력의 재생산 — 을 가능하게 할 뿐 아니라, 비인간 자연의 무상 일도 포함하기 때문이다. 이 재생산 영역에서는 무상 일의 전유가 중요하다(2장과 9장을 보라),

32. 우리가 프롤레타리아 관계를 너무 좁게 규정하는 데 있어서 신중한 태도를 취하는 것은 타당하다. 예를 들면, 근대 노예제는 착취 관계와 전유 관계를 휘감은 형식이었다. (S. Mintz, "Was the Plantation Slave a Proletarian?" *Review* 2, no. 1 〔1978〕 : 81~98).

33. I. Bakker and S. Gill, eds., *Power, Production, and Social Reproduction* (New York : Palgrave Macmillan, 2003)을 참조하라.

그러므로 전유라는 용어의 내 용법은 맑스의 용법과 다른데, 맑스는 그 용어를 임금노동의 착취와 다소간 호환적으로 사용했다. 이어지는 글에서, 전유는 상품체계 바깥의 무상 일을 찾아내고 확보하여 자본의 회로로 보내는 비경제적 과정을 가리킨다. 넓게 생각하면, 과학혁명과 지도제작술 혁명, 식물학 혁명이 좋은 사례인데, 이것들은 8장에서 탐구할 주제다. 이런 의미에서, 전유의 운동은 임금노동 착취의 운동과 구별되는데, 임금노동 착취의 경향적 일반화는 전유 행위의 일반화에 전제를 두고 있다. 더욱이, 무상 일의 전유가 매우 중요하기에 착취율의 상승은 노동력과 식량, 에너지, 원료라는 '**네** 가지 **저**렴한 것'Four Cheaps으로 주로 해석되는 **저**렴한 **자**연에서 비롯된 전유의 과실에 따라 결정된다.

이런 **저**렴한 **자**연 프로젝트 — 미자본화된 자연을 노동생산성의 토대로 전용하는 프로젝트 — 는 좁은 의미의 경제적 과정으로 해석될 수 없다. 근대적 공동생산의 핵심에 놓여 있는 것은 인간과 비인간 사이의 경계를 끊임없이 재조정하는 일이다. 그렇다. 인간과 나머지 자연을 구분한 지는 오래되었다. 하지만 문명이 외부적 자연의 실천 — 즉, 표상과 합리성, 경험적 탐구가 외부적인 것으로서의 자연을 창출하는 데 있어서 자본축적과 공유하는 대의를 찾아낸 세계실천 — 을 둘러싸고 조직된 적은 이전에는 결코 없었다. '자연적'인 것과 '자연적'이지 않은 것 사이의 경계설정은 지적으로 임의적인 작업이었고, 게다가 흔히 그 경계는 대단히 인종주의적이고 가부장적인 형태로 설정되었다. 하지만 그것은 역사적으로 임의적인 작업은 아니었고, 오히려 **저**렴한 **자**연의 법칙이라는 자본의 가치 법칙에 따라 유력한 패턴을 형성하였다. 초기 근대 전체에 걸쳐 과학과 젠더가 철저히 결합한 관계,[34] 16세기 초에 '자연적 노예'를 둘러싸고 라스 카사스와 세풀베다가 벌인 논쟁,[35] 또는 16세기 말

식민주의자들이 안데스와 여타 지역의 토착민을 자연적naturales이라고 지칭한 사실[36]을 고려하라. 물론, 초기 자본주의의 경계설정 절차는 표상적이고 이데올로기적인 작업 이상의 것이었는데, 그 절차는 새로운 지식생산의 양식과도 결합하였다. 코페르니쿠스에서 뉴턴까지의 시기(대략 1470년대~1720년대) 동안 "범위와 규모에 있어서 급진적으로 변모된 … 그런 지식의 발견과 발달과 확산을 위한 서양의 체제들〔에서〕 … 불가역적이고 근본적인 변화가"[37] 일어났다.

그러나 이 사태에는 "자연세계 파악"[38]의 가속화 이상의 것이 있었다. 그런 파악은, 자연이 자본과 제국을 위해 더 잘 종속될 수 있고 합리화될 수 있도록, 즉 자연의 혜택이 더 잘 추출될 수 있도록 자연을 외부적인 것 — 대문자 **자연** — 으로 만들고자 한 역사적 프로젝트 속에서 전개되었다.

자본주의가 진화하면서 개편됨에 따라 이중 내부성의 항들도 진화하면서 개편된다. 자본주의의 모든 단계는 오이케이오스의 새로운 요소 및 낡은 요소를 함께 엮었는데, 그리하여 새로운 역사적 자본주의와 새로운 역사적 자연이 함께 흐른다. 이들 역사적 자연은 근대성의 다양한 혁명 — 과학혁명, 산업혁명, 부르주아 혁명, 농업혁명, 금융혁명, 인구혁명, 그리고 기타 등등 — 에서 형성된다. 그것들은 오이케이오스를 통해서 전개되면서 오이케이오스를 새롭게 창조한다.

---

34. Merchant, *The Death of Nature*. [머천트, 『자연의 죽음』.]
35. B. Tierney, *The Idea of Natural Rights* (Atlanta : Scholars Press, 1997).
36. W. Stavig, "Ambiguous Visions," *Hispanic American Historical Review* 80, no. 1 (2000) : 77~111.
37. P. O'Brien, "Historical Foundations for a Global Perspective on the Emergence of a Western European Regime for the Discovery, Development and Diffusion of Useful and Reliable Knowledge," *Journal of Global History* 8, no. 1 (2013) : 15. 강조가 첨가됨.
38. 같은 글.

역사적 자연과 데카르트 혁명

오이케이오스 덕분에 우리는 대안으로 향하게 된다. 자본주의는 자연을 형성한다. 자연은 자본주의를 형성한다. 둘 다 참인데, 우리가 이것들이 그 속에서 '자본주의'가 공동생산되는, 서로 스며든 실재들로 여긴다면 말이다. 이 상황은 각기 다른 두 존재자, 즉 대문자 인류와 **자**연의 공동생산이 아니다. 단호히 아니다. 자본주의는 특정한 자연과 (그리고 자연 속에서) 다발을 이룬 인류 주도의 프로젝트와 과정의 공동생산된 역사다. 매 단계에서 역사지리적 특정성이 요청된다. 생명의 그물 자체가 역사적으로 진화한다. 이런 점에서, '자연'(과 그 동족어)은 자본주의가 자신의 활동 대상으로 삼지 않은 것을 개념화하는 방법이다. 그 이유는 생명의 그물이 '수도꼭지'와 '개수대' 이상의 것이기 때문이다. 그것은 자본주의가 전개되는 장이다. 더욱이, 우리는 훨씬 더 나아갈 수 있다. 자연은 정적인 장이 아니라, 순환적이고 누적적인 방식으로 스스로 갱신하고 진화하고 있다. 자연은, 무엇보다도, 역사적이다.

이것은 두 가지 사실을 뜻한다. 첫째, 자본주의는 선형적 방식으로 자연을 '생산'하지 않고, 오히려 자본 축적과 권력 추구, 자연의 공동생산을 결합하면서 진화하는 전체다. 둘째, 자본주의는 구조적으로 불변적인 외부적 **자**연에 작용하는 구조적으로 불변적인 단일체적 **사**회가 아니다. 오히려, 자본주의의 역사는 잇따른 역사적 자연 중 하나인데, 요컨대 역사적 자연은 자본주의 발달의 생산자 및 생산물이다. 이 논점은 기본적이지만 과소평가되고 있다. "생산 일반"이라는 관념[39]을

39. Marx, *Grundrisse*, 85. [마르크스, 『정치경제학 비판 요강 1』.]

사용함으로써 신자유주의적 자본주의에 관한 연구를 수행할 진지한 비판적 학자가 아무도 없는 시기에 대부분의 녹색 사상은 계속해서 '자연 일반'이라는 관념을 수용한다. 이 점은 현대의 정치적 물음에서 동떨어진 것처럼 보일지 모른다. 나는 그것이 절대 그렇지 않다고 주장하고 싶다. 그 이유는 '자연 일반'이라는 개념으로 많은 학자와 활동가가 파국과 붕괴의 묵시록적 상상을 쉽게 수용하게 되었기 때문이다. 인류를 포괄하는 역사적 자연에 관한 상세한 서술을 찾아볼 수 없기에 자연 일반은 녹색 정치를 '양자택일'의 입장, 즉 지속 가능성 아니면 붕괴라는 입장으로 몰아넣었다.[40]

인간과 나머지 자연 사이의 구별 짓기가 자본주의보다 더 긴 역사를 갖고 있더라도, **자**연/**사**회라는 구성물은 철저히 근대적이다. 사회적 관계(자연 없는 인간)가 생태적 관계(인간 없는 자연)와 별도로 분석될 수 있다는 관념은 직접적인 생산자를 생산수단에서 실제적이고 구체적으로 분리하는 것에 대한 존재론적 대위법이다. 이런 시각에서 바라보면, 초기 근대성의 과학혁명에서 신자유주의의 유전체 혁명에 이르기까지, 자연에 관한 관념들과 이들 관념과 동맹을 맺은 과학적 실천에서 일어난 혁명은 본원적 축적의 거대한 파동과 밀접히 결합하여 있다(8장, "추상적인 사회적 자연"을 보라).

나는 이런 **자**연/**사**회 이원론을 '데카르트적'이라고 불렀다. 데카르트적이라는 용어는 몸과 마음의 분리에 관한 르네 데카르트의 유명한 주장에서 유래한다. 나는 사회와 자연을 존재론적으로 별개의 것으로 구상하는 철학적이고 분석적인 세계관 – 그리고 탐구양식 – 을 명명

---

40. R. Costanza et al, "Sustainability or Collapse," *Ambio* 36, no. 7 (2007) : 522~7을 참조하라.

하는 데 그 용어를 사용한다. 이런 세계관은 '과학혁명' 시기에 출현했다. 어쩌면 우리는 그것을 데카르트 혁명이라고도 할 수 있을 것이다. 이 혁명은 세 가지 주요한 것을 실행한다. 그것은 "관계에 대립하는 것으로서의 존재자에 존재론적 지위(실체)를 부과한다(이를테면 에너지, 물질, 사람, 관념 등이 사물이 되었다)." 둘째, 그것은 "(양자수용이라기보다) 양자택일의 논리가 지배적인 노선을… 부과했다."[41] 그리고 마지막으로, 그것은 "응용과학을 통한 자연에 대한 합목적적 통제라는 관념"[42]을 열렬히 선호했다.

데카르트가 홀로 그렇게 주장한 것은 아닌데, 그는 부르주아 사상의 핵심에 놓여 있는 이원론을 향한 더 넓은 역사적 운동을 대표한다. 대문자 **자연** – 그 환경 – 의 출현은 데카르트보다 적어도 한 세기 앞서 시작하여 오늘날까지 지속하는 상징적이고 물질적인 과정이었다. 누구나 유명인의 트집을 잡을 수 있지만, 데카르트의 전기는 시사적이다. 데카르트는 1629년과 1649년 사이에 "17세기의 모범 자본주의 국가"이자 동남아시아에서 대서양 북부 지역까지 이어진 세계생태혁명의 진원지인 네덜란드 공화국에서 살면서 자신의 주저 대부분을 저술했다.[43]

데카르트와 네덜란드 자본주의의 관계는 강조할 가치가 있는데,

41. M.J. Watts, "Nature : Culture," in *Spaces of Geographical Thought*, eds. P. Cloke and R. Johnston (London, Sage, 2005), 150~1.

42. C. Glacken, *Traces on the Rhodian Shore* (Berkeley : University of California Press, 1967), 427. [클래런스 글래컨, 『로도스 섬 해변의 흔적』 1~4, 최병두 외 옮김, 나남출판, 2016.]

43. K. Marx, *Capital*, Vol. I, trans. B. Fowkes (New York : Vintage, 1977), 916 [카를 마르크스, 『자본론 I-상·하』, 김수행 옮김, 비봉출판사, 2015]; J.W. Moore, " 'Amsterdam Is Standing on Norway' Part II : The Global North Atlantic in the Ecological Revolution of the Long Seventeenth Century," *Journal of Agrarian Change* 10, no. 2 (2010) : 188~227.

그 이유는 자연에 관한 새로운 관념들과 자본주의의 물질적 전환이 긴밀히 연계되어 있기 때문이다. 데카르트의 사례는, 자본주의 – 환경사로서의 자본주의 – 의 다른 단계들이 어떻게 대규모의 삼림 벌채와 오염, 식량 불안정, 자원 고갈을 수반할 뿐만 아니라 세계를 바라보는 새로운 방식도 연루시키는지 예시한다. 이런 시각에서 바라보면, 데카르트의 지적 노력을 체계화하는 추진력 – "우주의 체계적 합리성"[44]에 대한 그의 관심 – 은 17세기에 일어난 권력과 자본, 자연의 대대적인 재조직의 증상이자 그에 대한 기여로 여겨질 수 있다. 자본 축적이 노동의 프롤레타리아화라면,[45] 그것은 상품화와 전유의 세계를 통제하고, 그 세계의 지도를 그리며, 그 세계를 수량화함을 목표로 한 지식의 생산이기도 하다. 초기 근대 유물론의 경우에, 요점은 세계를 해석할 뿐만 아니라 통제하는 것이기도 한데, 요컨대 "우리 자신을 자연의 주인이자 소유주인 것처럼 만드는 것"[46]이다. 자본주의의 역사에서는 '물질적인 것'과 '상징적인 것'이 유기적 전체를 이룬다.

데카르트 이원론은 특이한 창조물이다. **자**연/**사**회라는 추상관념은 자본주의의 역사에서 사실상 통일된 것, 즉 생명의 그물 속 인간종의 생명활동을 상징적으로 분열시킨다. 한편으로, 그 대립쌍은 분명히 조작적이고 혼란스러운 것이다. 그것은, 인간들 사이의 관계('사회적' 관계)가 인간과 나머지 자연 사이의 관계와 이론적으로 독립적인 역사적 서사를 활성화하는 존재론적 분리를 전제로 한다. 더욱이, 그 대립쌍은 자본주의적 발전의 대상인 특정한 자연들을 자본주의가 그 속

---

44. W.J. Bouwsma, *A Usable Past* (Berkeley : University of California Press, 1990), 123.
45. Marx, *Capital*, Vol. I, 763~4. [마르크스, 『자본론 I-하』, 2015.]
46. R. Descartes, *A Discourse on the Method of Correctly Conducting One's Reason and Seeking Truth in the Sciences* (Oxford : Oxford University Press, 2006 〔1637 orig.〕), 51. [르네 데카르트, 『방법서설 : 정신지도규칙』, 이현복 옮김, 문예출판사, 2019.]

에서 발전하는 매트릭스로서의 자연, 즉 자본주의가 묻어 들어가 있는 자연과 혼동한다. **자연/사회**는, 추상화라는 용어에 대한 세이어의 의미에서,[47] 폭력적인 추상화의 대립쌍을 형성하는데, 요컨대 탐구 중인 역사 현상에서 구성적 관계를 제거한다. 자본주의의 구성에서 법이나 계급투쟁, 근대 국가, 과학, 문화를 떼어놓을 수 없는 것과 마찬가지로 '자연'도 떼어놓을 수 없다.

다른 한편으로, 경험적으로 반증당하는 대립쌍이 실제적인 역사적 힘을 잃지는 않는다. 여기서 데카르트적 대립쌍은 "한낱 가면이나 환상, 일탈에 불과한 것으로서의 추상관념이 아니라, 세계에서 작동하는 힘으로서의 추상관념"[48]이다. 데카르트적 대립쌍은, 추상적인 사회적 노동과 추상적인 사회적 자연으로서의 가치 형성의 변증법에서 창출된 흥미로운 종류의 실재적 추상관념이다. 그것은 자본주의적 발전에서 생겨난 – 그리고 그 발전에 내재하는 – 추상관념으로 초기 근대 유물론 혁명과 과학혁명에 깊이 뿌리박고 있는데, 사회와 경제, 생태라는 "잘 알려진 개념들"이 19세기에 영국 자본주의가 승리한 이후에야 친숙한 형태를 취하지만 말이다.[49] 그러므로 비정통적인 가치관계적 접근법은, 세계에 대한 근대주의적 인지 – 내가 데카르트적 이항 구조로 축약하는 것 – 가 추상적인 사회적 노동의 체제에 내포된 당혹스러운 규율과 환경형성 패턴을 구성한다고 여긴다. 또한, 인지는 부르주아 헤게

---

47. D. Sayer, *The Violence of Abstraction* (Oxford : Blackwell, 1987).

48. A. Toscano, "The Open Secret of Real Abstraction," *Rethinking Marxism* 20, no. 2 (2008) : 274~87.

49. E. Wolf, "Inventing Society," *American Ethnologist* 15, no. 4 (1988) : 752~61 ; T. Mitchell, *Rule of Experts* (Berkeley : University of California Press, 2002) ; J.B. Foster and B. Clark, "The Sociology of Ecology," *Organization and Environment* 21, no. 3 (2008) : 311~52를 참조하라.

모니의 상황에서의 '물질적 힘'으로 파악되어야 한다. 그런 가치 접근법은 상징적인 것과 물질적인 것, 인간 재/생산과 비인간 재/생산 사이의 차이를 용해하지 않고, 게다가 추상적인 사회적 노동의 '경제적' 국면과 추상적인 사회적 자연의 '상징적' 국면 사이의 차이도 용해하지 않는다. 오히려 나는, 인간의 환경형성에 있어서 추상적인 것과 구체적인 것 사이의 긴장관계를 붕괴시키지 않으면서 그런 응결된 차이를 나의 출발점으로 삼는다.

세계생태론 : 이름에 무엇이 있는가?

맑스가 제시하는 대로, 인간 자체가 '자연력'이고 '자연적 존재자'라면, '자연이 자신과 연계된' 것처럼 인간이 자연과 연계되어 있다면, 인간이 자신의 생명활동 중에 일을 통해서 '외부적 자연'을 변형한다면, 그리하여 우리 '자신의 본성(자연)'을 변형한다면 … 이 모든 것이 철학적으로 성립한다면, 그것들은 이론적으로 그리고 방법론적으로 성립해야 한다. 그것들이 그럴듯하다면, 자연-속-인류의 관계가 우리가 자신의 과거와 자신의 가능한 미래에 관해 말하는 이야기에서 근본적이어야 한다. 맑스의 내재적 관계의 철학을 철저히 좇는 것은 역사적 변화를 인간과 나머지 자연이 공동생산하는 것으로 파악하는 것인데, 하지만 인간과 나머지 자연이 상호작용하는 두 개의 상자, 또는 심지어 벤 다이어그램이라는 유서 깊은 형태로 중첩하는 두 개의 원으로서 그런 것은 아니다. 맑스 철학의 변증법적 추진력은 인류/자연을 흐름들의 흐름으로 보는 것인데, 이를테면 자연 전체를 내부화하는 인간들, 그리고 인류의 차이와 정합성의 모자이크를 내부화하는 자연 전체로 보는 것이다.

이것은 데카르트적 이원론의 구상에 대한 도전이다.

이런 구상은 면밀히 검토하면 제대로 유지되지 않는다. 구글 검색을 하든, 비행기를 타든, 청과물을 구매하든, 아이를 학교에서 데려오든, 일상생활에서 그리고 당대의 주요한 정치적 사건과 경제적 사건, 문화적 사건에서 인간이 행하는 모든 일은 지구와 밀접히 관련되어 있다. 우리가 '행하는' 모든 것은 이 관계에 관한 자신의 관념과 밀접히 관련되어 있다. '**자**연'과 '**사**회'라는 추상관념은 한동안 지구적 자연과 그 속에서 인간의 지위에 대한 임시변통의 그림을 제공하는 데 유용했다. 우리는 자연과 하나일지 모르지만, 한편으로 생명의 그물은 엄청나게 다양하고 다양화하고 있다. 구별 짓기가 명백히 필요하다.

새로운 구별 짓기가 필요하다면 – 그리고 명백히 필요하다 – 그것은 낡은 방식으로 이루어질 수는 없다. 어떤 새로운 양식의 구별 짓기가 필요하다. 그리고 이것은 쉽지 않은데, 그 이유는 무엇이 **자**연이고 무엇이 **자**연이 아닌지, 무엇이 **사**회이고 무엇이 **사**회가 아닌지에 관한 선입견이 우리의 사회문화적 DNA에 새겨져 있기 때문이다. 더 나쁘게도, 구별 짓기 양식으로서의 데카르트적 이원론은 존재론적 이원론과 진화하는 전체 안에서 이루어지는 분석적 구별 짓기 사이의 차이를 혼동한다. 우리의 학술적 어휘는, 녹색 사상이 제시된 지 40년이 지났는데도, 여전히 자연-사회 상호작용에 관한 본질적으로 데카르트적인 관념 안에 갇혀 있고 그 관념의 제약을 받는다. **자**연은 이 상자에 들어가고, **사**회는 저 상자에 들어간다. 그 둘은 상호작용하고 서로 형성하지만, 다면적인 인간 자연과 비인간 자연이 난잡하게 다발을 이루고 서로 스며들면서 맺은 관계들은 부분들의 운동과 **전**체의 구성에서 제거된다. **자**연과 **사**회의 이원론적 구성, 즉 녹색 산술은 자신이 답할 수 없는 물음, 즉 **전**체에 관한 물음을 제기한다. 왜? 그 이유는 **자**연 더하기 사회가 그냥 더해지지 않기 때문이다. 무언가가 빠져 있다.

그 무언가는 바로 두 낱말, 즉 어휘와 방법으로 요약될 수 있다. 나는 독자가 바로 이것에 근거하여 『생명의 그물 속 자본주의』를 평가하도록 요청한다. 이 책의 기원은 2010년에 끝난 2회에 걸친 논의에 둘 수 있을 것이다. 21세기 초에 처음 이루어진 일련의 논의에서는 버클리 소재 캘리포니아대학교 지리학과의 내 동료 대학원생들이 강력한 결론 — '물리적' 지리와 '사회적' 지리가 사실상 하나였고, 그래서 그것들은 새로운 종합으로 결합하여야 한다는 결론 — 에 이르게 되었다.[50] 두 번째 일련의 대화는 2009년에 룬드대학교의 훌륭한 일단의 대학원생들과 더불어 이루어졌다. 이 대화에서 우리는, 전혀 새롭지는 않지만 2008년에 세계경제가 거의 붕괴한 후에 새로운 긴급성을 띠는 듯 보였던 물음을 제기했다. 자연-속-인류와 인류-속-자연을 연계하는 통합적 어휘를 어느 정도까지 구성해야 하고, 또 어느 정도까지 구성할 수 있는가? 그런 통합적 어휘에 대한 요청은 그때까지 여러 번 제기된 적이 있었다. 『생명의 해방』이라는 기막히게 좋은 책에서 버치와 캅이 제기했다.[51] 마찬가지로 하비도 "환경의 본성"에 관한 자신의 획기적인 에세이에서 제기했다.[52] 하지만 아무 소용이 없었다. 그런 요청은 이론에 다소 반영되었지만, 이 경우에도 가장 유명한 비유들 — 해러웨이의 사이보그, 행위자-네트워크 이론의 혼성물 — 은 역사적 변화에 관한 이론에 거의 반영되지 않았다.

새로운 개념어는 발명될 수 없는데, 그것은 그저 출현할 수 있을

50. 특히 R. Lave et al., "Intervention : Critical Physical Geography," *The Canadian Geographer* 58, no. 1 (2014) : 1~10을 보라.

51. Birch and Cobb, *The Liberation of Life*. [버치·캅, 『생명의 해방』.]

52. Harvey, "The Nature of Environment."

뿐이다. 결국, 그런 출현은 오로지 촉진되거나 방해받을 수 있을 뿐이다. 자연적인 것과 사회적인 것이라는 외관상 독립적인 존재론적 영역들을 통일하는 개념어를 요청하는 일과 어떤 면에서, 먼저, 읽기 쉽고, 둘째, 손쉽게 작동할 수 있는 그런 개념어를 협동적으로 개발하는 일은 전적으로 다르다.

장벽은 방법론적인 문제였다고 밝혀졌는데, 이를테면 데이터 집적하기와 관련된 문제가 아니라 인간 자연과 비인간 자연을 한정하고 배치하는 일에 착수하는 방식과 관련된 문제였다. **자**연/**사**회라는 대상들이 매우 유용한 이유는 그것들이 미리 고안되었고 판독하기 쉬우며 '저쪽에 있는 것'으로서의 자연에 대한 대중적인 상상과 쉽게 어우러지기 때문이다. 공간과 시간, 자연의 경계설정은 이미 이루어졌다. 정치생태학과 비판적 지리학에서 이루어진 정교한 분석은 이런 경계설정을 문제시했지만, 거의 예외 없이 지역적 규모에서 그랬다. 그러면서 그런 분석은 또 하나의 이원론을 재생산했는데, 요컨대 지역적 변화는 '실제적'이라고 여기고 지구적 변화는 '이론적'이라고 여겼다.[53] 정치생태학 및 비판적 지리학의 세계역사적 함의를 전개한 방법은 공간적 관계로서의 사회적 관계를 생명의 그물 속 관계로 파악할 방법을 기다렸다.

이 논변이 '작동'하게 하는 것 – 누군가가 설교하는 것을 실천하는 것 – 은 방향을 잃게 하는 일이다. 왜? 그 이유는 우리가 **자**연/**사**회라는 신성한 구별 짓기를 포기하고 역사적 객체 – 신자유주의나 포드주의나 자본주의 같은 것 – 을 인간 자연과 비인간 자연이 공동생산하는 것으로 재구성하도록 요청받기 때문이다. 이런 난제가 더욱더 성가신 이

53. R. Peet et al., eds., *Global Political Ecology* (London : Routledge, 2011). [여기서, '이론적'이라는 것은 실제로 일어나는 사태가 아니라 관념적으로 상정되는 사태라는 점을 가리킨다. – 옮긴이]

유는 그것이 지역적-지구적 연결관계의 일반적인 환기와 자본주의 동학 일반의 이론적 단언을 넘어서는 새로운 서사 전략을 수반하기 때문이다. 그런 서사 전략은 자본주의 역시 실재적 장소 — 어느 모로 보나 파리나 미합중국 중서부 지역이나 펀자브 지방과 마찬가지인 장소 — 임을 이해하도록 지역주의 및 지구주의를 초월해야 한다. 더욱이 그것은, 잇따른 역사적 자연을 가로질러 부와 권력과 재/생산을 공동생산하는 지속 가능한 관계들을 찾아서 외관상 '사회적'인 것과 외관상 '생태적'인 것 사이에서 지속적인 방식으로 기꺼이 이리저리 '방향을 전환'하는 접근법이 필요하다.[54]

여기서 제시된 두 가지 층위의 추상화 — 자연-속-인류, 자연-속-자본주의 — 를 구체화하는 새로운 종합을 구축하는 작업은 여태까지 비판적 학자들이 회피했다. 하지만 그런 종합의 요소들은 부족하지 않다. 1970년대 이후로 우리는 자본 축적을 자신의 이중 내부성으로, 즉 자본에 의한 자연의 내부화와 자연에 의한 자본의 내부화로 통합하는 이론의 윤곽을 빈번하게 엿보았다. 그 이론의 철학적 근거는 적색 사상과 녹색 사상 둘 다에 함축된 — 하지만 불균등하게 실천된 — 관계적 전체론에서 볼 수 있다.[55] 1980년대 무렵에 그 철학적 시각은 자본주의를 이미 인간이 나머지 자연과 맺은 관계로 구상하는 관념과, 또다시 불균등하고 암묵적으로, 결합했다.[56]

54. 인간 자연과 비인간 자연이 공동생산하는 것으로서의 지리적 규모는 N. 세이어가 도발적으로 탐구하였다. N. Sayer, "Ecological and Geographical Scale," *Progress in Human Geography* 29, no. 3 (2005) : 276~90를 보라.

55. Ollmann, *Alienation* ; R. Williams, "Ideas of Nature," in *Ecology*, ed. J. Benthall (1972) ; D. Harvey, "Population, Resources, and the Ideology of Science," *Economic Geography* 50, no. 3 (1974) : 256~77 ; A. Naess, "The shallow and the deep, long-range ecology movement," *Inquiry* 16, no. 1 (1973) : 95~100을 참조하라.

56. Smith, *Uneven Development* [스미스, 『불균등발전』] ; J. O'Connor, *Natural Causes*

우리가 아무리 빈번하게 그 가능성을 엿보았더라도, 철학적 관점(자연-속-인류)을 역사적 방법(자연-속-자본주의)으로 번역하는 움직임은 너무나 적었다. 철학에서 방법으로의 전환이 느리게 진행된 데에는 다양한 좋은 – 그리고 몇 가지 나쁜 – 이유가 있다. 좋은 이유 중 중요한 것은 이것이다. 실용적으로 말하자면, 대부분의 자연이 보이지 않을 경우 – 1990년대까지 세계 사회과학에서 그랬던 것처럼 – 에 역사적 변화에 관한 방법과 서사를 공동생산된 것으로 구성하는 작업은 불가능하다. 다시 말해서, 인류 및 자연에 관한 지식의 축적이 임계 규모에 이르러야 했다. 그렇게 될 때까지는(그리고 그렇게 되었다), 존재론적으로 그리고 방법론적으로, 오이케이오스를 중심으로 회전하는 분석 양식을 개발할 수 없었다. 이런 까닭에, 철학과 메타이론은 자신의 시대를 앞섰다. 이것들이 끼친 공헌, 특히 장기 1970년대에 걸쳐 펼쳐진 공헌은 대단히 예시적이었고, 게다가 흔히 찬양받았다.[57] 하지만 역사적 변화에 관한 연구에서는 그것들이 거의 수용되지 않았다. 역사적 변화는 여전히 사회적 변화였다. 환경영향은 부가되었다. 녹색 산술이 번성했다.

이제 우리는 다른 국면에 이르렀다. 역사적 변화는 **자**연과 **사**회라는 용기로 담을 수 있다는 명제는 더는 지지를 받을 수 없다. 인류와 자연에 관한 지식의 축적이 임계 규모에 도달했다. 우리의 행성적 지식은 계속 증가하는데, 그것도 빠르게 증가한다. 동시에, 인간이 나머지 자연에 의해 어떻게 형성되는지와 자연이 인류에 의해 어떻게 형성되

(New York : Guilford Press, 1998) ; J.B. Foster, *Marx's Ecology* (New York : Monthly Review Press, 2000) [존 벨라미 포스터, 『마르크스의 생태학』, 김민정·황정규 옮김, 인간사랑, 2016] ; P. Burkett, *Marx and Nature* (New York : St. Martin's Press, 1999).

57. Smith, *Uneven Development* [스미스, 『불균등발전』]을 참조하라.

는지에 대한 우리의 이해는 교착상태에 있다. 이런 상황은 무엇보다도 지배적인 인류세 주장의 인기와 영향력에서 가장 명확히 드러난다.[58] 인류세 체제에서, 인간은 "거대한 가속"[59]을 추진하면서 행성적 위기를 일으킬 조짐을 보이는 일단의 벡터vector를 조성한다. **인**간은 이 범주에 놓이고, **자**연은 저 범주에 놓이며, 그것들 사이의 되먹임이 확인된다. 인류세와 그 동족의 시각들을 갖추고서 연구하는 학자들이 축적한 증거는 필요불가결하다. 그런 증거는 우리가 문제의 윤곽을 그리면서 첫 번째 핵심적인 물음, 즉 "무슨 일이 일어나고 있는가?"라는 물음에 서술적으로 답하는 데 도움이 된다. 하지만 이들 시각은 스스로 답할 수 없는 더 심층적인 물음을 제기한다. 인간이 어떻게 자연 속에서 권력관계와 생산관계 그리고 권력의 패턴과 생산의 패턴을 공동생산하는가? 이 물음은 이원론적 틀에서는 답할 수 없다. 더욱이, 이런 이원론적 틀은 다가오는 시대의 가능한 윤곽과 심화하는 모순에 대한 우리의 시야를 제약한다. 그 이유는 전개되고 있는 21세기의 체계적 위기를 이해할 열쇠는 인간 자연과 비인간 자연이 역사적 변화를 공동생산하는 역사적 방법 – 새로운 급진적 실천을 반드시 수반하는 방법 – 이기 때문이다.

그런 방법을 추구할 때, 맑스의 내재적 관계의 철학[60]이 인류와 자연을 인식적으로도 통일하고 존재론적으로도 통일하는 길로 인도하는데, 그리하여 인류와 자연은 근대 세계역사의 지형 위에서 (동등

---

58. W. Steffen et al., "The Anthropocene : Are Humans Now Overwhelming the Great Forces of Nature?" ; "The Anthropocene : Conceptual and Historical Perspectives," *Philosophical Transactions of the Royal Society A* 369, (2011) : 842~67 ; "The Anthropocene : From Global Change to Planetary Stewardship," *Ambio* 40, no. 7 (2011) : 739~61을 참조하라.

59. Costanza et al., "Sustainability or Collapse".

60. Ollman, *Alienation* ; K. Kosík, *Dialectics of the Concrete* (Boston : D. Reidel Publishing, 1976) [카렐 코지크, 『구체성의 변증법』, 박정호 옮김, 지만지, 2014].

하지는 않더라도) 통일된다. 여기서 또한, 녹색 사상처럼 1970년대까지 거슬러 올라가는 중요한 예시적 논증이 밝혀진다. 변증법의 역사적 방법에의 전환은 항상 곤란한 작업이었는데, 요컨대 만물은 서로 빠짐없이 연결되어 있지만, 항상 불균등하고, 항상 변화하며, 항상 새로운 파괴 지점과 새로운 변화 수단이 있다. 변증법적 방법은 실천하기보다 주장하기가 더 쉬웠다. 세계역사 전통은 1970년대와 1980년대에 이 점을 깨달았다. 역사적 자본주의의 관계성은 찬양받았지만, 이런 관계성을 드러나 보이게 하는 세계역사 서사를 전개하는 것은 엄청나게 힘든 일임이 판명되었다.[61] 이렇게 하여 세계역사 학자들은, "세계 과정들"[62]에 얽힌 지역적 역사를 추구하는 작업과 탐구 대상으로서의 세계역사 과정을 관계적으로 구성하는 작업이 전적으로 다르다는 사실을 깨달았다.

자본의 끝없는 축적에서 지구의 끊임없는 변형을 확인하는 이중 내부성을 통해서 그리고 그 내부성 안에서 자본주의의 역사를 다루는 것은 훨씬 더 까다로운 일이었고, 그 반대의 경우도 마찬가지였다. 이것은, 월러스틴과 아리기가 제안한 대로,[63] 각기 별도로 기입되는 세계 축적과 일상생활을 통합하는 프로젝트였다. 그런 종합은, 일상생활

---

61. T. Hopkins, "World-Systems Analysis," in *World-Systems Analysis*, ed. T.K. Hopkins et al. (Beverly Hills : Sage, 1982), 145~58 ; Wallerstein, *The Modern World-System I* [월러스틴, 『근대세계체제 I』] ; P. McMichael, "Incorporating Comparison Within a World-Historical Perspective," *American Sociological Review* 55, no. 2 (1990) : 385~97을 보라.

62. D. Tomich, *Slavery in the Circuit of Sugar* (Baltimore : Johns Hopkins University Press, 1990).

63. Wallerstein, *The Modern World-System I* [월러스틴, 『근대세계체제 I』] ; G. Arrighi, *The Long Twentieth Century* (London : Verso, 1994) [조반니 아리기, 『장기 20세기』, 백승욱 옮김, 그린비, 2014].

'현장'에서의 신체와 환경, 생산과 재생산, 그리고 세계 축적과 세계 권력, 세계 지식의 동학 사이에 진행 중인 운동을 포함한다. 이것은 자본과 권력이 자연에 작용하는 것이 아니라 생명의 그물을 통해서 전개함을 뜻한다. 자본과 권력은 지리적 규모를 가로질러 작동하면서 전체와 관련하여 움직인다. 그 전체는 세계적 규모의 과정도 아니고 지역적 단위체들의 집합체도 아니며, 오히려 자신의 스칼라scalar 국면과는 전혀 별개의 특성을 갖춘 역동적 총체다.

나는 이 종합을 일work과 일꾼worker의 관점에서 추구하려고 최선을 다했는데, 비록 일과 일꾼이라는 용어들의 표현을 통례보다 더 확장했지만 말이다. 자본주의 및 자연에서 자연-속-자본주의로의 전환은 우리에게 인간 신체를 환경사의 현장으로, '실제' 상품을 생산하고 '허구' 상품, 즉 노동력을 재생산하는 데 종사하는 신체로 삼도록 요청한다.[64] 이제 우리는 자본주의를 자신의 주요모순이 상품관계들의 반목 및 상호의존성과 재생산 조건의 총체에 달린 체계로 재구상할 수 있다. 이 틀에서, 인간 신체는 세계 축적 모순의 중요한 현장이 된다. 자본주의는 "토양과 일꾼을 … 동시에 훼손한다"라는 맑스의 훌륭한 소견은 대규모 산업의 시대를 훌쩍 넘어서 … 그리고 임금노동자를 훌쩍 넘어서 적용된다.[65] 노동력의 착취와 자연의 전유는 끝없는 상품화를 향한 자본주의 체계의 동인 속에 서로 얽혀 있다. 이제는 당연하게도, 인간들 사이의 모든 관계는 항상, 그리고 이미, '자연의 관계'인 동시에 '나머지 자연에 대한' 관계다. (우리의 개념어에 대한 깊은 데카르트적

---

64. [옮긴이] 실제 상품과 허구 상품을 구분한 칼 폴라니(Karl Polanyi)는 실제 상품이란 시장을 위해 생산된 것이라고 정의했다. 이 정의에 따르면 노동력은 허구 상품인데, 그 이유는 노동력이 애초에 시장에서 판매되리라고 생산된 것이 아니기 때문이다(칼 폴라니, 『거대한 전환』, 홍기빈 옮김, 길, 2009, 41쪽).

65. Marx, *Capital*, Vol. I, 638. [마르크스, 『자본론 I-하』.]

편향이 존재하는데, 그리하여 우리는 마치 인간들 사이의 관계는 이미 자연의 관계가 아닌 것처럼 자연에 대한 인류의 관계를 언급한다.) 그런 관계적이고 전체론적인 시각을 둘러싸고 역사적 분석을 조직하려면 자연이 **자**연 — 폭력적인 추상관념, 대상, 그 위에 **사**회의 '상부구조'가 발달하는 존재론적으로 분리된 '토대' — 이 되게 하는 인식적 균열을 반드시 초월해야 한다.

자본주의/자연/위기

문제가 되는 것은 우리 시대에 적절하고 우리 시대의 해방운동에 적실한, 지구적 위기에 대한 해석이다. 그것은, 우리가 자본주의의 발전적 위기 — 본원적 축적과 상품화의 새로운 과정을 통해서 해소될 수 있는 위기 — 에 직면하고 있는지, 아니면 자본이 거대한 위기에서 벗어나는 방법을 재구성할 수 있는 능력의 불가역적인 쇠퇴로 특징지어지는 획기적 위기에 직면하고 있는지에 관한 미결의 물음이다. '잉여인간'으로 표상되는 지구적 도시화와 산업화의 쌍둥이 위기에서 산업형 농업이라는 비틀거리는 생산주의적 괴수를 비롯하여 식량과 금속, 에너지 상품의 외관상 끝없는 호황에 이르기까지 획기적 위기가 곧 닥칠 것이라고 여겨도 좋을 만한 이유가 있다.

이 책은 위기에 관한 책이지, 통상적으로 이해되는 '사회적' 위기와 '생태적' 위기에 관한 책이 아니다. 내가 명백히 밝히게 되듯이, 나는 '**사**회'와 '**자**연'이 현존한다고 믿지 않는데, 적어도 자연 없는 인간과 인간 없는 자연이라는 그 용어들의 지배적인 용법으로는 믿지 않는다. 또한, 나는 이들 용어가 한낱 '사회적 구성물'에 불과하다고 믿지 않는다. 오히려, 그것들은 폭력적이면서 실재적인 추상관념이다. **사**회와 **자**연이 폭력적인 것은, 그 용어들이 개념적 명료성을 위해 실재를 너무 많이 제거한다는 의미에서다.[66] 그리고 **사**회와 **자**연이 실재적인 것은, 그 용어들이 우리의 지식 구조뿐만 아니라 자본주의의 현실적으로 존재하는 권력관계와 생산관계에서도 실제로 영향을 미치는 힘이라는 의미에서다.[67] 나는 **사**회와 **자**연이라는 근대성의 가장 신성한 대립쌍을 기피함으로써 모든 형태의 위기 ― 권력과 생산의 체계적 조직의 전환점으로 해석되는 위기 ― 를 인간 자연과 비인간 자연의 다발로 이해한다. 이것은 다양한 과정을 반드시 수반하는 거대 진술인데, 그 요점은 통상적인 지혜를 물구나무 세우는 것이다. 자연-속-자본주의의 위기는 자본주의가 자연에 행하는 바의 위기라기보다는 오히려 자연이 자본주의를 위해 행하는 바의 위기다. 이런 진입점은 참신한 시각 ― 인간 자연의 일을 중핵적으로 포함하는 시각 ― 을 제공할 뿐만 아니라, 1970년대 이후 급진적 사상의 두 가지 거대한 흐름 ― 축적 위기 이론과 환경 위기 연구 ― 을 종합하기 위한 기회도 제공한다. 두 분야에서 이루어진 탁월한 연구에도 불구하고, '자본주의가 작동하는 방식'과 '자본주의가 행성적 위기를 창출하는 방식'에 대한 설명은 지금까지 종합된 적이 없었는데, 심지어 가장 통찰력이 있는 이론가들도 종합하지 못했다.[68]

『생명의 그물 속 자본주의』는 자연-속-인류의 철학을 세계역사적 변화에 대해 사용할 수 있는 방법론적 틀과 개념적 어휘, 서사 전략으로 전환하고 싶은 바람에서 활성화되었다. 이것이, 하나의 이론이 아니라 바로 이론적 기반으로서의 시각인 세계생태론이라는 시각의 핵심이다. 더욱이, 그것은 만물의 이론이 아님이 틀림없다. 세계생태론은 생

66. Sayer, *The Violence of Abstraction*.
67. Toscano, "The Open Secret of Real Abstraction".
68. Foster et al., *The Ecological Rift*.

명의 그물/인간/비인간 관계 – 미생물 군계에서 생물권에 이르기까지 모든 것을 포괄하는 다면적이고 중층적인 관계 – 를 경계 짓고 다발로 묶는 방법이다. 더욱이, 세계생태론은 다양한 형태의 인간 경험, 과거와 현재의 인간 경험을 이론화하기 위한 틀이다. 어떤 시각도 한 개인의 작업 결과일 수는 없는데, 그것의 발달은 집단적이고 협동적이어야 한다. 나는 독자에게 이 책을, 독자와 저자 모두에게 너무나 흔히 그런 것처럼, 일련의 닫힌 논술로 여기지 말라고 촉구한다. 오히려 나는, 권력과 착취, 일, 해방에 관한 우리의 이해를 철저히 파편화시킨 데카르트적 이원론을 넘어설 방법과 관련된 일련의 제안과 성찰로서 이 책을 썼다. 이 제안 중 일부는 다른 제안들보다 확실히 더 잘 작동할 것이다. 이 책에서 나는, 가능한 한 최선을 다해서, 세계생태론이 펼칠 수 있는 그런 유형들의 물음을 예증하기 위해 역사적으로 근거가 있는 이론적 결과물 – 자본 축적, 지구적 가치관계, 농업생태적 변화를 둘러싸고 뭉쳐 있는 결과물 – 을 제시하였다. 예를 들면, '월스트리트를 자연을 조직하는 방법으로' 여기는 것은 현대 경제 사상과 생태 사상의 이원론들이 너무 이르게, 그리고 불필요하게, 입막음한 물음들을 개방한다.

이제 그 논변은 이렇게 반복될 수 있다. 인간이 자연의 일부라면, 역사적 변화 – 역사로서의 현재를 포함하는 변화 – 는 환경을 형성하는 인간과 인간을 형성하는 환경의 변증법적 운동을 통해서 이해되어야 한다. 그 두 가지 작용 단위체 – 인류/환경 – 는 서로 독립적이지 않고, 오히려 신체에서 생물권에 이르기까지 모든 층위에서 서로 스며든다. 그 사실은, 어쩌면 무엇보다도, 외관상 순전히 인간들 사이에서 발생하는 관계가 이미 '자연적' 관계이고, 그래서 그 관계는 항상 인간 신체와 역사의 내부에서, 외부에서, 그리고 그것들을 통해서 흐르는 나머지 자연과 다발을 형성함을 뜻할 것이다. 그리고 우리는 이런 흐름들의 흐름으로 미생물과 금속과 나머지 '물질적 생명'보다 훨씬 더 많은 것을 다루고 있는데, 이를테면 우리는 물질적 힘으로서의 관념도 다루고 있다. 이렇게 하여 인간 역사는 있음과 앎과 함의 "끊임없이 이어지는 순환"으로 해석된다.[69]

많은 환경학자가, 다면적인 대상이라기보다는 오히려 단일한 대상으로서의 '그' 환경을 폐기함으로써 환경학의 강력한 통찰을 포기할 위험이 있다고 우려한다. 나는 정반대의 말이 더 그럴듯하다고 생각하는데, 요컨대 자연 전체의 실재적인 관계적 운동이 **자**연/**사**회라는 선험적인 분열로 인해 보이지 않게 된다. 이것은 외부적 **자**연 — 내가 '자연 일반'으로 부를 것 — 의 요소들을 근대적인 사회적 관계에 덧붙이는 녹색 관행과 단절한다. **자**연은 변량이 아니다. 오히려, 우리는 특수한 역사적 과정들 — 이 책에서는 세계 축적 — 이 인간 자연과 비인간 자연의 다발임을 예증함으로써 시작할 수 있다. 이 다발은 상징적으로 그리고 물질적으로 발제된다. 더욱이, 나타나는 한계는 **자**연이나 **사**회의 한계가 아니라 특수한 역사지리적 환경에서 오이케이오스가 갖는 한계다.

결론

역사적 자본주의가 역사적 자연을 반드시 수반한다 — 필요로 한다 — 고 말한다면 어쩔 것인가? 그리고 역사적 자연이, 장기 16세기 이후로, 역사적 자본주의를 반드시 수반하고 필요로 한다면 어쩔 것인가?

---

69. H. Maturana and F. Varela, *The Tree of Knowledge* (Berkeley : Shambhala, 1987). [움베르토 마뚜라나·프란시스코 바렐라, 『앎의 나무』, 최호영 옮김, 갈무리, 2007.]

이것들은 이중 내부성에 의해 제기되는 근본적인 물음이다. 이런 물음 제기의 노선은 우리가 이제 일반적이어서 거의 특정되지 않은 채로 오늘날 인류가 직면하고 있는 여러 위기 중 하나로서 소환당하는 **자**연을 극복하도록 고무하고, 심지어 강요한다. 그것은 우리에게 생명의 그물이, 자연의 힘으로서, 인간 조직을 어떻게 재구성하고, 문명이 권력과 생산과 재생산을 자연을 조직하는 방법으로 어떻게 구축하는지 검토하도록 요청한다. 그 노선은 우리에게 경제적 체계로서, 사회적 체계로서, 상품체계로서의 자본주의에 관한 우리의 유서 깊은 구상을 반추하도록 요청한다. 그 이유는, 지금까지 자본의 생산이 자본주의의 전략적 중심축이었다면, 축적이 행성적 일/에너지의 전유를 통해서 훨씬 더 광범위하게 전개되었기 때문이다. 그런 전유 — 저렴한 자원의 전유, 즉 ('수도꼭지'), 그리고 또한 저렴한 쓰레기의 전유, 즉 ('개수대') — 는 '가치'로서의 자본을 생산하지 않고, 오히려 가치를 가능하게 만드는 관계와 공간, 일/에너지를 생산한다. 자본주의는 상품관계를 정말 일반화하지만, 그런 일반화의 현실적 범위는 훨씬 더 큰 일반화, 즉 무상 일/에너지의 전유에 따라 결정된다.

오늘날 훨씬 더 큰 그런 일반화도 끓는점에 도달해 버렸다. 그 이유는, **저**렴한 **자**연을 전유해야 하기에 자본은 저렴한 노동력과 식량, 에너지, 원료의 새로운 원천을 부득이하게 찾아 나설 수밖에 없을 뿐만 아니라, 대기권을 거대한 온실가스용 폐기장으로 어쩔 수 없이 전용할 수밖에 없기 때문이다. 오늘날 이런 인클로저 운동 — 자연-속-자본의 관계 — 은 자본 축적에 대한 전례 없는 장벽을 생성하고 있는데, 특히 농업 부문에서 그렇다. 더욱이, 너무 세밀한 논점을 제시할 위험을 무릅쓰고 말하자면, 이런 대기권의 인클로저는 **계급관계**인데, 원인-결과 배열("자본가들이 그랬다!")로서뿐만 아니라 지난 두 세기에 걸친 세계 계급관계의 필요조건으로서도 그렇다.

자연-속-자본의 관계를 통한 이런 사고방식은 생태위기와 특히 기후변화에 관한 녹색 사상과 적색 사상을 지배하는 '외부적 한계로서의 자연'에 대한 대안을 제공한다. 그런 사유와 관련된 문제는, 그것이 세계생태로서 자본주의의 지리적 유연성과 역사적 진화에 관한 거대한 물음들을 개방하기보다는 오히려 폐쇄한다는 점이다. 그 한계는 매우 실제적이다. 하지만 이런 한계의 출현을 식별하고 서술하며 설명할 최선의 방법은 무엇인가?

그 선택은 자본주의를 자연의 외부에 둠으로써 자연에 작용하게 하는 데카르트적 패러다임과 자본주의를 생명의 그물 속 프로젝트와 과정으로 여기는 방식 사이에 놓여 있다. 자본주의의 세계생태혁명이 갖는 파괴적 특징이 지금까지 자연-속-자본주의의 '정체'와 '이유'를 널리 표명했는데도, 인간이 자연 전체의 잇따른 본원적인 재배치를 통해서 근대성을 형성한 방식에 관한 탐구는 여태까지 너무나 적었다. 자본주의가 자연에 작용하기보다는 오히려 자연을 통해서 작용하는 방식이 모든 차이를 만들어낸다. 우리가 강력한 교육적 국면에 도달했다고 나는 믿는다. 그것은 우리가 낡은 경계를 지우고 새로운 풍경을 펼칠 수 있게 하는 국면이고, 역사적으로 진화하는 오이케이오스에 근거하여 이들 과정 각각을 재구성할 수 있게 하는 국면이다. 그 국면은 근대성의 역사적으로 특정한 자연들을 그 자체가 자연을 조직하는 방법인 자본 축적에 대한 한계와 해방의 그물로 해석할 수 있게 한다. 자본에 대한 한계는 인간이 나머지 자연과 맺은 관계에서 역사적으로 출현한다는 관념을 진지하게 여길 수 있다면, 그 논점은 아무리 강조해도 지나치지 않을 것이다. 그리고 마찬가지로, 인류와 행성 지구의 우리 이웃들의 해방을 위한 모든 프로젝트도 그렇다.

1부
이원론에서 변증법으로 : 세계생태로서의 자본주의

1장 대상에서 오이케이오스로 :
자본주의적 세계생태에서의 환경형성

2장 생명의 그물 속 가치

3장 단일한 신진대사를 향하여 :
이원론에서 자본주의적 세계생태의 변증법으로

1장

대상에서 오이케이오스로: 자본주의적 세계생태에서의 환경형성

> 낱말은 텅 빈 풍선과 같은데, 우리에게 자신을 연상으로 가득 채우도록 권한다. 가득 차게 되면 그 낱말은 고유한 힘을 얻어서 마침내 우리의 지각과 기대를 형성하기 시작한다. '에콜로지'라는 낱말도 마찬가지다. ―워스터[1]

거의 반세기 동안 녹색 사상은 이중의 물음을 두고서 고심했다. 자연은 인간 역사의 본질적 관계에 외생적이기에 대체로 수도꼭지(원료)와 개수대(오염)로서의 역할을 수행하는가? 아니면 자연은 인간 활동 전부를 포괄하는 생명의 그물이기에 수도꼭지와 개수대뿐만 아니라 그 밖에 훨씬 더 많은 것을 포함하는가? 자연은 인간이 작용을 가하는 일단의 대상인가, 아니면 인간관계가 그것을 통해서 전개되는 생명의 그물인가?

1970년대 이후로 나타난 방대한 녹색 학문 ― 정치생태학, 환경사와 환경사회학, 생태경제학, 시스템생태학, 그리고 그 밖에 다수의 것 ― 은 두 가지 물음 모두에 (이런저런 형태로) "예"라고 대답함으로써 전개되었다. 한편으로, 대부분의 학자는 인류가 사실상 자연의 일부라는 점에 동

1. [옮긴이] D. Worster, *Nature's Economy: A History of Ecological Ideas*, 2nd ed. (Cambridge: Cambridge University Press. 1994), 191. [도널드 워스터, 『생태학, 그 열림과 닫힘의 역사』, 문순홍·강헌 옮김, 아카넷, 2002.]

의한다. 그들은 (자연 없는) **사**회를 이 상자에 넣고 (인간 없는) **자**연을 저 상자에 넣는 데카르트적 이원론을 거부한다. 다른 한편으로, 우리의 경험적 탐구를 관장하는 개념적 어휘와 분석틀은 여전히 두 가지 뚫고 들어갈 수 없는 기본 단위체, 즉 **자**연과 **사**회의 상호작용에 확고히 뿌리박고 있다. 이런 '이중 긍정'은 실제 수수께끼를 제기하는데, 우리는 유물론적이고 변증법적이며 전체론적인 자연-속-인간의 철학을 사용 가능한 (그리고 작동하는) 개념적 어휘와 분석틀로 어떻게 전환할 수 있는가?

자연 더하기 **사**회의 산술은 1970년대 이후로 환경학의 일용할 양식이었다. 그 산술은 역사적 사회과학 전체에 걸쳐 그리고 두 문화를 가로질러 독특한 어형변화를 낳는다. 지구시스템과학자들은 "연결된 인간-자연 시스템"에 관해 이야기하고,[2] 맑스주의 생태론자들은 "자연-사회 변증법"에 관해 언급하며,[3] 문화연구는 혼성물과 조립체, 네트워크를 강조한다.[4] 이 산술을 학술 활동의 합법적인 영역으로 확립한 것이 녹색 사상의 최대 공헌이었다. 환경인문학과 환경사회과학은 이전에 잊혔거나 무시당한, 데카르트적 이항 구조의 이면, 즉 환경영향의 세계를 드러내었다. 물론, 이것은 작은 성취가 절대 아니다. '환경'은 이제 합법적이고 적실한 분석대상으로 확립되었다.

이 탁월한 위업에 관하여, 나는 두 가지 소견을 제시할 것이다. 첫째, 자연을 지구적 변화 연구의 요소로 편입하는 작업은 이제 대체로 완결

---

2. J. Liu et al., "Coupled Human and Natural Systems," *Ambio* 36, no. 8 (2007) : 639~48.
3. B. Clark and R. York, "Carbon Metabolism," *Theory and Society* 34 (2005) : 391~428.
4. B. Latour, *We Have Never Been Modern* (Cambridge, MA : Harvard University Press, 1993) [브뤼노 라투르, 『우리는 결코 근대인이었던 적이 없다』, 홍철기 옮김, 갈무리, 2009] ; J. Bennett, "The Agency of Assemblages and the North American Blackout," *Public Culture* 17, no. 3 (2005) : 445~65.

되었다. 환경 변화를 어지간히 언급하지 않은 채 사회 이론과 사회적 변화의 핵심 쟁점을 다루는 것은 점점 더 어려워지고 있다. 환경지향 연구의 가치가 어떤 평가를 받는지(혹은 받지 않는지)는, 역사적 사회과학 전체에 걸쳐서, 여전히 꽤 불균등하다. 하지만 녹색 사상의 핵심 프로젝트는 1970년대에 그것이 열기를 모은 시기부터 성공적이었는데, 그리하여 환경연구의 정당성과 적실성은 더는 의문시되지 않는다. 이 프로젝트는 항상 변증법적 감성이 주입되어 있었다.[5] 하지만 그 프로젝트의 실행은 생명의 그물로서의 자연이라기보다는 오히려 우리가 애초에 제기한 첫 번째 물음 – 대상으로서의 환경 – 에 대한 긍정을 중심으로 진행되었다. 이렇게 우선순위를 정함 – 상황이 달리 될 수 있었을까? – 으로써 오늘날 우리가 직면하는 분리 상태, 즉 (철학적 명제로서의) 자연-속-인류와 (분석 절차로서의) 인류 및 자연 사이의 분리 상태가 생겨났다. 이런 분리 상태가 오늘날 환경학이 처한 난국 – 경험적 연구의 범람과 분석대상으로서의 환경을 넘어서기를 꺼리는 경향으로 특징지어지는 난국 – 의 핵심에 놓여 있다. 지금까지는 **자**연이 생명의 그물보다 더 중시되었다. 이 난국은 근대성을 생명의 그물의 생산자이자 생산물로 다시 생각하기를 주저하는 일반화된 태도에 근거하여 이해될 수 있을 것이다.

그러므로 나의 두 번째 소견은, 자본주의에 관한 우리의 이해를, 역사적으로 그리고 현재의 위기 국면에서, 심화하기 위해 데카르트적 이항 구조를 철저히 다루는 것을 중심으로 전개된다. 오늘날, 그런 이항 구조는 생명의 그물 속 인류의 지위를 조명하는 것이 아니라 보이지 않게 한다. '**자**연 더하기 **사**회'는 오늘날 만연하는 위기들 – 적어도 기후

---

5. Williams, "Ideas of Nature"; Harvey, "Population, Resources, and the Ideology of Science"; R.A. Walker, "Human-Environment Relations: Editor's Introduction," *Antipode* 11, no. 2 (1979): 1~16을 참조하라.

변화와 연계된 위기와 금융화와 연계된 위기 — 을 다루는 데 특히 부적절한 듯 보이고, 게다가 근대 세계역사의 광범위한 시기에 걸친 이런 위기 경향의 기원과 발달을 다루는 데에도 부적절한 듯 보인다.

이제 대상으로서의 환경을 극복해야 하는가? 사회적 과정의 환경사를 저술하는 프로젝트는 이런 과정이 환경의 생산자일 뿐만 아니라 환경의 생산물이기도 하는 다양한 방식을 적절히 포착할 수 있을까? 사회 조직이 환경에 대한 영향을 수반한다는 관념은 지금까지 우리를 멀리 데려갔지만, 녹색 산술이 우리를 정말 얼마나 멀리 데리고 갈지는 불분명하다.

그러나 녹색 산술이 오늘날 우리가 가야 하는 곳으로 데려다줄 수 없다면, 무엇을 할 수 있는가?

내 응답은 간단한 제안으로 시작한다. 녹색 산술의 한 중요한 층위가 필요로 하고, 게다가 반드시 수반한다고 내가 생각하는 것은 독립적인 단위체들 — 자연과 사회 — 의 상호작용에서 생명의 그물 속 인간의 변증법으로 이동하는 개념이다. 그런 개념은 인간 자연과 비인간 자연이 난잡하게 다발로 묶이고 서로 침투하면서 형성하는 상호의존적 관계들의 구체적인 변증법에 우리의 주의를 집중시킬 것이다. 다시 말해서, 필요한 것은 인류 및 자연에 전제를 두고 있는 개념이라기보다는 오히려 자연-속-인류에 관한 어휘를 번성할 수 있게 할 개념이다.

오이케이오스 : 상호작용, 변증법, 그리고 행위주체성의 문제

나는 오이케이오스로 시작하자고 제안한다.

오이케이오스는 인간 자연과 비인간 자연 사이에 맺어지는, 그리고 언제나 이들 자연에 내재하는, 창조적이고 역사적이며 변증법적인 관계를 명명하는 방식이다. 오이케이오스라는 용어는 축약어인데, 고대 그리스 철학자겸 식물학자 테오프라스토스가 고안한 용어인 오이케이오스 토포스oikeios topos, 즉 '호의적인 장소'를 뜻하는 용어를 가리킨다. 테오프라스토스의 경우에, 오이케이오스 토포스는 "식물종과 환경의 관계"[6]를 가리켰다. 제대로 말하면, 오이케이오스는 형용사다. 하지만 두 문화(물리과학과 인간과학)를 초월하는 어휘를 향한 긴 여행에서 내 희망은 독자가 언어와 관련된 약간의 자유를 용납해 주리라는 것이다.

녹색 사상에서 신조어는 굉장히 흔하다. 우리는 인간 자연과 비인간 자연의 관계들을 융합하거나 조합하고자 하는 개념을 멀리서 찾을 필요가 없다.[7] 하지만 수십 년 동안 녹색 이론화와 분석이 활발히 이루어진 후에도 오이케이오스를 중심에 두는 접근법이 우리에게 여전히 없다. 그런 시각은 종과 환경의 창의적이고 생성적인 관계를 역사적 변화의 존재론적 중심축 – 그리고 방법론적 전제 – 으로 삼을 것이다. 이런 재조정은 자연 – 자원이라기보다는 매트릭스 또는 가능하게 하는 조건으로서의 자연 – 에 관한 물음을 역사적 분석을 위해 개방하는데, 그리하여 자연이 한낱 역사과정의 맥락이나 불미스러운 결과에 불과한 것이 아니라 마치 자연이 역사과정 전체에 중요한 것처럼, 전쟁에서 문학과 과학기

6. J.D. Hughes, "Theophrastus as Ecologist," *Environmental Review : ER* 9, no. 4 (1985) : 296~306 ; *Pan's Travail* (Baltimore : Johns Hopkins University Press, 1994), 4. 강조가 첨가됨.

7. 가장 상상력이 풍부한 구상 중 몇 가지(사이보그, 자연문화)는 해러웨이의 획기적인 작업에서 비롯되었는데, 일일이 말하려는 그 작업의 추진력에 주의를 빼앗겨 그 구상들의 세계생태론적 함의를 놓치지 말아야 한다. D. Haraway, *Simians, Cyborgs, and Women* (New York : Routledge, 1991) [도나 해러웨이, 『유인원, 사이보그, 그리고 여자』, 민경숙 옮김, 동문선, 2002] ; *When Species Meet* (Minneapolis : University of Minnesota Press, 2008) [『종과 종이 만날 때』, 최유미 옮김, 갈무리, 근간].

술혁명에 이르기까지 인류의 위대한 움직임들을 재구성할 수 있다.

이것이 오이케이오스의 의도된 공헌이다. 인간(그리고 다른 종)이 그것을 통해서 생활의 조건 — 맑스와 엥겔스의 멋지게 바뀐 표현으로 "특정한 생활양식"[8] — 을 창출하는 관계를 명명하는 것은 즉시 우리의 주의를 작용하는 단위체들과 작용을 받는 대상들의 명확한 배치를 활성화하는 관계들에 돌리게 한다. 중층적인 변증법으로서 오이케이오스는 식물과 동물로 구성되어 있을 뿐만 아니라 우리 행성의 다양한 지질학적 및 생물권적 배치와 순환, 운동으로 구성되어 있다. 인류의 협동과 갈등의 모자이크 — 일반적으로 사회 조직으로 불리는 것 — 를 창조하고 파괴하는 관계와 조건은 오이케이오스를 통해서 형성되고 개편된다. 그렇다면 오이케이오스-로서의-자연은 문화나 사회나 경제와 나란히 놓이게 될 추가 요소로 제시되지 않는다. 오히려, 자연은 그 속에서 인간 활동이 전개되는 매트릭스이자 그 위에서 역사적 행위주체성이 작동하는 장이 된다. 그런 관점에서 바라보면, 식량, 물, 석유(그리고 그 밖에 다수의 것!) 문제는 먼저 관계 문제가 된 다음에 대상 문제가 되는데, 요컨대 특정 문명의 관계를 통해서 식량과 물, 석유는 실재적인 역사적 행위자가 된다.

오이케이오스의 시각에서 바라보면, 문명(또 하나의 축약어)은 자원(또는 쓰레기통)으로서의 자연과 '상호작용'하지 않는데, 오히려 문명은 매트릭스-로서의-자연을 통해서 전개된다. 기후변화가 좋은 사례다. 문명은, 그것들이 우호적이든 비우호적이든 간에 현존하는 기후 실재들을 내부화함으로써 전개된다. '기후'는 그 자체로 역사적 행위자인 것

---

8. F. Engels, "The Part Played by Labor in the Transition from Ape to Man," in *The Origin of the Family, Private Property, and the State* (New York : International Publishers, 1970). [프리드리히 엥겔스, 『가족, 사유재산, 국가의 기원』, 김대웅 옮김, 두레, 2012.]

은 아닌데, 제국이나 계급이 생명의 그물에서 분리되지 않는 것과 마찬가지로 기후도 그 자체로는 역사적 행위자가 아니다. 역사적 행위주체성은 오이케이오스 안에서 그리고 그것을 통해서 환원 불가능하게 다발을 이룬다. 맑스에 기대면, 자신의 외부에 자신의 행위주체성이 없는 종(또는 생물권적 과정)은 존재하지 않는다.[9] 다시 말해서, 행위주체성은 **자**연 그리고(또는) **사**회의 특성이 아니고, 심지어 인류의 멋진 형태의 사회성이 갖춘 특성도 아니다. 오히려, 행위주체성은 나머지 생명과 함께 어우러지는 인간 활동의 명확한 배치의 창발적 특성이다. 그리고 그 반대의 경우도 마찬가지다.

행위주체성이 좌파 생태론에 핵심적인 문제임은 확실하다. 여기서 나는 행위주체성을 역사적 변화를 유발할(불화를 일으킬) 수 있는 능력이나, 또는 현존하는 역사의 배치를 재생산할(평형을 재생산할) 수 있는 능력으로 여긴다. 그것은 조잡하지만 유용한 규정이다. 자연이 "역사의 주인공"[10]이라고 말하는 것은 꽤 매력적인 것처럼 들린다. 하지만 그것은 정말 무엇을 뜻하는가? 우리는 그저 역사적 행위자들의 긴 목록에 자연을 추가하고 있을 뿐인가? 아니면 오이케이오스-로서의-자연에 관한 인식은 행위주체성 자체에 관한 근본적인 재고를 수반하는가? 우리는 자연의 행위주체성을 해명하고자 하는 많은 논변을 읽을 수 있다.[11] 하지만 자연의 행위주체성 — 데카르트적 견지에서

9. K. Marx, *Economic and Philosophical Manuscripts of 1844* (Mineola, NY : Dover Publications, 2007). [칼 마르크스, 『1844년의 경제학-철학 수고』, 강유원 옮김, 이론과 실천, 2006.]

10. B. Campbell, "Nature as Historical Protagonist," *Economic History Review* 63, no. 2 (2010) : 281~314.

11. T. Steinberg, "Down to Earth," *The American Historical Review* 107, no. 3 (2002) : 798~820 ; J. Herron, "Because Antelope Can't Talk," *Historical Reflections* 36, no. 1 (2010) : 33~52.

구상되든 변증법적 견지에서 구상되든 간에 ― 이 근대 세계의 형성을 어떻게 밝힐 수 있을지는 확실하지 않다. 자연은, 예컨대 기후는, 계급이나 제국이 역사를 '형성하는' 것과 마찬가지 방식으로 행위주체성을 '갖추고 있는'가?

그렇기도 하고 그렇지 않기도 하다. 문제의 일부는 데카르트적 대립쌍의 양쪽 모두에 행위주체성을 할당하고 싶은 유혹이다. 그렇게 할당하면, 기후·잡초·질병 역시 계급·자본·제국과 유사한 방식으로 행위주체성을 '갖추게 된다.' 이런 할당 도식에는 어떤 산술적 논리가 있었다. 이를테면 인간이 행위주체성을 갖추고 있다면 비인간 자연에 관해서도 마찬가지로 말할 수 있지 않겠는가? 그 말은 당연한 것처럼 들리지만, 행위주체성이 전개되는 방식을 적절히 포착하지 못한다고 나는 생각한다. 그 이유는 계급과 자본, 제국의 관계들이 이미 비인간 자연과 다발로 묶여 있기 때문인데, 요컨대 그 관계들은 인간 자연과 비인간 자연의 배치들이다. 이로부터 당연히 행위주체성은 인간 자연과 비인간 자연의 특정한 다발의 관계적 특성이라는 논점이 도출된다. (계급의 행위주체성뿐만 아니라) 계급권력은 생명의 그물 속 (재)생산과 권력의 특정한 배치를 통해서 파생되고 전개된다.

자연이 사실상 역사의 주인공이라면, 그 행위주체성은 데카르트적 이항 구조에서 벗어나고서야 적절히 파악될 수 있다. 그 쟁점은 단호히 **자**연의 행위주체성 및 **인**간의 행위주체성에 관한 것이 아니다. 이것들은 상대편을 제외하고서는 생각할 수 없는 것이다. 오히려, 그 쟁점은 인간 자연과 비인간 자연이 다발로 묶이게 되는 방식이다. 그렇다. 질병이 역사를 형성하지만, 통상과 제국에 속박된 전염병학 벡터로서만 그렇다. 이 점은, 너무나 흔히, 자연의 행위주체성에 관한 논변에서 제외되는데, 요컨대 역사를 형성할 수 있는 능력은 인간 행위자와 비인간 행위자의 특정한 배치에 달려 있다. 인간 행위주체성은 항상 자연 전체에 내재하면서 변증법적으로 속박되어 있는데, 이를테면 인간 행위주체성은 결코 순전히 인간적이지 않다. 그것은 나머지 자연과 다발을 이루고 있다.

세계생태론적 대안은 인간/비인간 활동의 이런 다발을 출발점으로 삼는다. 문명은 이런 변증법적 다발 형성을 표현하는 거대한 사례다. 우리는 인간이 주도한 환경형성의 대규모적이고 장기적인 패턴을 살펴봄으로써 사실상 무수히 많은 기초적 사실에서 역사적 사실을 판별할 수 있다. 이런 세상 구조에서 기후변화는 문명을 지탱하는 권력과 생산의 바로 그 얼개(계급, 제국, 농업 등)에 엮이게 되는 행성적 변화의 벡터가 된다. 이런 사회생태적 얼개는 거의 최근 현상이 아니라 수천 년을 거슬러 올라간다.[12] 이것이 대부분 기후역사서술학의 정신인데, 항상 글로 표현되지는 않을지라도 말이다.[13] 기후가 변화할 때, 권력구조와 생산구조 역시 변화한다. 하지만, 이것은 기후가 독립적인

---

12. W. F. Ruddiman, *Plows, Plagues, and Petroleum* (Princeton : Princeton University Press, 2005). [윌리엄 F. 러디먼, 『인류는 어떻게 기후에 영향을 미치게 되었는가』, 김홍옥 옮김, 에코리브르, 2017.]

13. M. Davis, *Late Victorian Holocausts* (London : Verso, 2001) ; B. Fagan, *The Great Warming* (New York : Bloomsbury Press, 2008) [브라이언 M. 페이건, 『뜨거운 지구, 역사를 뒤흔들다』, 남경태 옮김, 예지, 2011] ; D. Chakrabarty, "The Climate of History," *Critical Inquiry* 35 (2009) : 197~222를 참조하라. 자본주의와 기후의 현대 동학을 다루는 학자들은 더 멀리 나아가서, 적어도 당분간은 여전히 과소평가되는 패러다임적 함의를 품은 독특한 세계생태론적 종합을 제시했다. 여기서 나는, 무엇보다도, 탄소시장과 금융화에 대한 래리 로먼의 분석과 더불어 21세기 초엽의 기후와 계급, 갈등이 서로 얽힌 크리스천 퍼렌티의 서사를 생각하고 있다. L. Lohmann, "Financialization, Commodification and Carbon : The Contradictions of Neoliberal Climate Policy," in *Socialist Register 2012 : The Crisis and the Left*, ed. L. Panitch et al. (London : Merlin, 2012), 85~107 ; C. Parenti, *Tropic of Chaos* (New York : Nation Books, 2011) [크리스천 퍼렌티, 『왜 열대는 죽음의 땅이 되었나』, 강혜정 옮김, 미지북스, 2012].

문명적 구조들과 상호작용함으로써 이들 구조의 삶의 어느 시점에서 문제를 일으키기 때문이 아니다. 우리가 자신의 시각을 재조정함으로써 기후조건이 이들 구조가 생성할 때 존재하면서 그 생성에 연루된 것으로 이해하면 더 좋을 것이다. 기후 – 그 자체가 권력관계와 생산관계를 공동생산하는 다양한 대기권 과정을 가리키는 (또 하나의) 축약어 – 가 없는 문명은 생각할 수 없다. 그리하여 기후는 역사적 변화의 풍성한 총체를 밀고 당기고 변형하는 결정자들 – 결정론들이 아닌 – 의 한 다발일 뿐이다. 기후가 극적으로 변화할 때, 그 결과는 흔히 극적이고 획기적이다. 예를 들면, 서기 300년 무렵 로마 기후 최적기가 지나간 후에 일어난 로마의 쇠퇴 현상이나, 또는 1천 년 후에 소빙하기의 도래와 더불어 일어난 봉건제 문명의 붕괴를 고려하라.[14] 하지만 또한, 강대국 로마의 부상(대략 서기전 300년) 또는 중세 온난기의 시작(대략 800~900년)과 프랑스에서 캄보디아까지 유라시아 전역에 걸쳐 일어난 새로운 '차터 국가'charter state의 빠른 증대에 우호적인 기후변화도 고려하라.[15]

중요한 것은 역사적 벡터로서의 기후변화에 이의를 제기하는 일이 아니고, 오히려 그 벡터를 오이케이오스와 그것의 잇따른 역사적 자연 속에 위치시키는 일이다.

존재론적 논점은 인식론적 따름정리를 요구한다. 기후의 행위주체성이 인간 자연과 비인간 자연의 다발이라면, 이런 다발은 특수한 역사지리적 구성체들을 통해서 불균등하게 굴절된다. 기후변화(기후는

14. C. Crumley, "The Ecology of Conquest," in *Historical Ecology*, ed. C. Crumley (Santa Fe, NM : School of American Research Press, 1994), 183~201 ; J.W. Moore, *Ecology in the Making (and Unmaking) of Feudal Civilization* (Unpublished book manuscript, Department of Sociology, Binghamton University, 2013).
15. V. Lieberman, *Strange Parallels : Southeast Asia in Global Context, c. 800~1830*, Vol. 2 (Cambridge : Cambridge University Press, 2009).

항상 변화하고 있다)는 하나의 사실이다. 인구와 생산 데이터가 역사적 사실이 아닌 것과 마찬가지로 기후변화도, 그 자체로, 역사적 사실인 것은 아니다. 기후변화는 기초적 사실의 범주에 속하기에 역사적 설명의 원료가 된다.[16] 기초적 사실은 우리의 해석틀을 거쳐서 역사적 사실이 된다. 이런 틀 – 데카르트적 틀이든, 세계생태론적 틀이든, 아니면 어떤 다른 틀이든 간에 – 은 기초적 사실을 분류하는 방법을 제공하면서 그 사실에 이런저런 범주를 할당한다. 한 가지 꽤 인기 있는 접근법은, 역사적 사실에 관한 곤란한 쟁점은 전적으로 회피하면서 모든 것이 반드시 무언가 다른 것의 원인이 되지는 않는다고 가정하는 평평한 존재론을 선호한다고 고백하는 것이다.[17]

그러나 이런 접근법은 역사적 자본주의의 위기와 변화에 대한 설명을 추구하는 사람들에게는 거의 만족스럽지 못할 것이다. 지금까지 이 점이 지구적 자본주의와 지구적 환경 변화에 대한 적녹 데카르트적 접근법의 강점이었다.[18] 얼마 전까지만 해도, 인간 역사에 관한 사실상 모든 서사는 마치 자연 – 심지어 데카르트적 의미에서도! – 이 중요하지 않은 것처럼 구성되었다. 오늘날에는 상황이 변했다. 넓게 구상된 환경사 시각이 승리를 거두었다. 여기서 생물권 변화의 누적되는 영향이 녹색 정치와 녹색 사상의 누적되는 성취와 만나서 세계 대학 체계에서 약하지만 방대한 헤게모니를 산출했다. 사회 이론에서 자연의 지위를 무시하는 일은 더는 가능하지 않고, 그래서 어떤 규모에서도 자

---

16. E. H. Carr, *What is History?* (New York : Penguin, 1962) [에드워드 H. 카, 『역사란 무엇인가』, 김택현 옮김, 까치, 2015]; R.C. Lewontin, "Facts and the Factitious in Natural Sciences," *Critical Inquiry* 18, no. 1 (1991) : 140~53.

17. Latour, *We Have Never Been Modern* [라투르, 『우리는 결코 근대인이었던 적이 없다』]; Bennett, "The Agency of Assemblages".

18. Foster et al., *The Ecological Rift*.

본주의의 역사에서 자연의 문제를 무시하는 일은 점점 더 어려워지고 있다. 사실상 이런 헤게모니는 환경적 조건과 변화에 마땅한 주의를 기울이지 않은 채 세계역사의 광범위한 윤곽과 모순을 해석하려는 어떤 시도도 부적절하다고 말한다.

이것은 주요한 업적이다. 또한 그것은 한정된 틀 안에서 거둔 업적이다. 녹색 사상은 역사적 변화에 관한 핵심 개념어를 둘러싸고 데카르트적 이항 구조에 이의를 제기한 적이 거의 없다. 지금까지 **자연/사회** 이항 구조를 초월하는 것은 철학적으로, 이론적으로,[19] 그리고 지역적 규모의 역사와 국가적 규모의 역사를 통해서 감행할 일이었다.[20] 그것은 세계역사적 변화에 대한 꽤 다른 프로젝트였다.[21] 지금까지 환경 변화는 자본주의의 역사에 부가되었지만 종합되지는 않았다.

와이너는 21세기 환경사 프로젝트의 정신을 확실히 올바르게도 이렇게 밝힌다. "이제 우리는 모두 포스트구조주의자다."[22] 이 발언으로 그가 뜻하는 바는 환경사가들이 자연을 역사적 변화의 근본적인 관계들과 환원 불가능하게 얽힌 것으로 이해하게 되었다는 것이다.[23] (이 관계를 포스트구조주의적이라고 서술하는 것이 최선인지는 별개의 문제

---

19. Smith, *Uneven Development* [스미스, 『불균등발전』]; B. Braun and N. Castree, eds., *Remaking Reality* (New York : Routledge, 1998)을 참조하라.
20. White, *The Organic Machine* [화이트, 『자연 기계』]; J. Kosek, *Understories* (Durham : Duke University Press, 2006) ; J. Scott, *Seeing Like a State* (New Haven : Yale University Press, 1998) [제임스 C. 스콧, 『국가처럼 보기』, 전상인 옮김, 에코리브르, 2010]을 참조하라.
21. J.W. Moore, "Nature and the Transition from Feudalism to Capitalism," *Review* 26, no. 2 (2003) : 97~172 [제이슨 무어, 「자연과 봉건제에서 자본주의로의 이행」, 『역사적 자본주의 분석과 생태론』, 과천연구실 옮김, 공감, 2006]를 보라.
22. D. R. Weiner, "A Death-Defying Attempt to Articulate a Coherent Definition of Environmental History," *Environmental History* 10, no. 3 (2005) : 404~20.
23. R. White, "Are you an Environmentalist or Do You Work for a Living?" in *Uncommon Ground*, ed. W. Cronon (New York : W.W. Norton, 1995)를 참조하라.

다.) 하지만 이제는 일반적인 이런 정치생태학적 시각이 지금까지 역사적 자본주의의 지형에서 데카르트적 이항 구조에 이의를 제기하는 일은 꺼렸다. 축적은 인간 자연과 비인간 자연을 다발로 묶는 방식이라기보다는 오히려 환경에 영향을 미치는 사회적 과정으로 판단된다.[24] 지구적 정치생태학과 환경사는, 근대성의 사회적 관계를 생명의 그물의 생산자이자 생산물로 여기는 시각(자연-속-사회/사회-속-자연) 대신에 사회적 관계의 환경사를 강조하는 환경적 시각(**자**연-더하기-**사**회)을 수용했다. 이제 우리는 모두 포스트구조주의자인가? 어쩌면 그럴 것이다. 하지만 역사적 자본주의에 관한 한, 이원론이 헤게모니를 유지하고 있다.

이런 상황은 어쩌면 21세기 지구적 격변을 부각하는 방식으로서의 위기 '융합'이라는 포퓰리즘적 관념에서 가장 명백할 것이다.[25] 이것이 1970년대의 위기 담론 – 생물물리학적 모순이 자본과 계급의 위기에서 분리되어 있던 담론[26] – 과 단절하는 한, 위기 융합의 언어는 중요한 진

---

24. 최선의 경우에, 정치생태학은 지구적 정치경제를 공동구성적인 것으로 인식하면서 올바른 의문을 제기한다. 어떻게 "특정한 환경조건"이 산출되는지, 그리고 언제, 어디서, 어떻게 이 조건은 "지구적 자본주의의 경향…축적과 성장, 위기와 얽히게〔또는 얽히지 않게〕" 되는지 묻는다〔Peet et al., *Global Political Ecology*, 29〕. 하지만 정치생태학의 지구적인 것의 마법에도 불구하고(같은 책), 여전히 세계체계는 역사적 구성물, 즉 특정한 조건의 '맥락'으로 귀속된 일반적인 것이라기보다는 오히려 이론적 구성물인데, 요컨대 자본주의 자체가 독자적인 생산조건과 권력조건을 갖춘 특정한 장소가 아닌 것처럼 여겨진다! (특히 Moore, "'Amsterdam Is Standing on Norway' Part I," *Journal of Agrarian Change* 10, no. 1 (2010) : 35~71). 세계역사 동학을 특정적으로 규정하기보다는 오히려 맥락화함으로써 정치생태학에는 사회생태적 과정으로서의 자본 축적에 관한 일단의 명제가 아니라 사회환원론적 정치경제학이 남게 되었다.

25. George, "Converging Crises" ; McMichael, "The Land Grab"을 참조하라.

26. 예를 들면, D.H. Meadows et al., *The Limits to Growth* (New York : Signet/Mentor, 1972) [도넬라 H. 메도즈 등, 『성장의 한계』, 김병순 옮김, 갈라파고스, 2004]를 G. Arrighi, "Towards a Theory of Capitalist Crisis," *New Left Review*, no. 111 (1978 ; 1972 original) : 3~24와 비교하라.

전이다. 하지만, 다른 한 의미에서, 2008년 이후 자본주의에 대한 급진적 비판은 위기 경향들의 데카르트적 분류에 전적으로 알맞은 용어로 진술되었다. 이제 우리는 21세기 자본주의에서 급증하는 현저한 파괴 사태들의 목록에 '기후'나 '생태'를 부가할 수 있다. 자연 더하기 '자본주의'는 점점 덜 생산적인 것이 되고 있는데, 그 이유는 그 접근법이 종합적이라기보다는 부가적이기 때문이다. 현재 '적색' 비판은 '녹색' 비판과 밀접히 결합하여 있지만, 녹색주의자도 적색주의자도 '환경형성'의 관점에서 '경제 형성'을 관계적으로 재구상하고 그 반대로도 재구상하는 실천을 예증하는 종합을 향해 움직이지 않았다.[27]

'실재적'인 역사적 장소로서의 지구적 자본주의라는 인식과 인간 자연과 비인간 자연의 실재적 다발로서의 지구적 자본주의라는 인식을 통일할 종합은 느리게 구체화하였다. 지구적 연구에서 데카르트적 사유는 특히 강건했다. 역사적 변화에 관한 핵심 개념들은, 오늘날에는 동의하는 사람이 거의 없는 존재론, 즉 인간이 나머지 자연과 독립적이라는 관념에 여전히 묻어 들어가 있다. 설명되어야 하는 바로 그것을 가정하는 형용사들 – 환경적인 것, 생태적인 것, 그리고 모든 방식의 동족어 – 의 난잡한 전개를 통해서 개념적 혁신이 일어날 수 있다는 관념이 지속하고 있다. 그러므로 환경적 정의와 사회적 정의가 있고, 생태적 제국주의와 경제적 제국주의가 있고, 자연의 착취와 노동의 착취가 있으며, 경제적 위기와 생태적 위기가 있다. 양식화된 목록은 끝없이 배가될 수 있을 것이다. 생태적 형용사들의 부가가 자연이 정말로 중요

27. 그러나 탄소시장과 기후변화, 세계 축적에 대한 로만의 획기적인 분석을 보라. L. Lohmann, *When Markets are Poison : Learning about Climate Policy from the Financial Crisis* (Sturminster Newton : The Corner House, 2009) ; "Financialization, Commodification and Carbon : The Contradictions of Neoliberal Climate Policy".

하지 않았던 더 오래된 사회환원론적 역사서술학과 분석틀의 진전임은 확실하다.

그렇지만, 오늘날, **자**연 더하기 **사**회라는 모형은 자신을 점점 더 제한하고 있다. 우리는 환경적 요소와 영향을 무한정 부가할 수 있다. 하지만 구체적인 역사적 완전체들 – 자본주의 같은 – 은 **사**회적 부분과 **환**경적 부분을 '합침'으로써 구성될 수 없다. 또한, 자본주의는 근대 세계체계를 (역사적으로라기보다는) 이론적으로 구성하는 지역적 사례 연구를 통해서 결집할 수도 없다.

세계생태론적 상상 : 자연-속-자본주의를 향하여

테오프라스토스는 오이케이오스 토포스를 꽤 관행적인 방식으로, 즉 우리가 생태적 적소라고 일컬을 것을 나타내기 위해 사용한 것처럼 보이는데, 한편으로 한 가지 변증법적 대안이 한 세기의 역사를 지닌 전체론적 사유에 의해 제시된다.[28] 변증법적이고 전체론적인 이 대안에서, 오이케이오스는 생명의 그물 속 역사적 변화에 관한 시각을 접힘과 펼침으로 특징짓는다.[29] 이 대안은 세계생태론적 종합이다. 다수의 다른 녹색 시각과 마찬가지로, 세계생태론 접근법은 자연-속-인류에 전제를 둔 역사철학을 제시한다.[30] 세계생태론의 독특한 점은 그 철학

28. J. C. Smuts, *Holism and Evolution* (New York : Macmillan, 1926) ; Capra, *The Turning Point* [카프라, 『새로운 과학과 문명의 전환』]; Foster, *Marx's Ecology* [포스터, 『마르크스의 생태학』]; Harvey, "Population, Resources, and the Ideology of Science"; Harvey, "The Nature of Environment"; Levins and Lewontin, *The Dialectical Biologist*; E. Odum, "The Emergence of Ecology as a New Integrative Discipline," *Science* 195 (1977) : 1289~93 ; Ollman, *Alienation*.
29. D. Bohm, *The Essential David Bohm*, ed. L. Nichol (New York : Routledge, 2003).
30. Capra, *The Turning Point* [카프라, 『새로운 과학과 문명의 전환』]; C. Folke et al.,

적 전제를 세계역사적 방법으로 전환하고자 하는 시도에 있는데, 그리하여 그 방법은 오이케이오스를 통해서 인간 자연과 비인간 자연을 다발로 묶는 것을 강조한다. 그런 다발 묶음은 필연적으로 우리를 (이른바) 인간 활동의 '환경적' 차원 너머 먼 곳으로 데려간다. 항상 이미 나머지 자연과 서로 스며들어 있어서 항상 이미 생명의 그물 속 변화의 생산자이자 생산물인 인간관계가 우리 관심사다.[31] 자연-속-인류의 다양한 프로젝트와 과정은 항상 오이케이오스의 생산물인데, 그 프로젝트와 과정이 오이케이오스 속에서 새로운 권력관계와 생산관계를 창출할 때에도 마찬가지다.

그렇다면 세계생태론은 자본주의 문명에 근본적인 그런 전략적 관계들의 다발을 이론화하기 위한 틀이다. 이들 전략적 관계 — 무엇보다도 자연-속-추상 노동으로서의 가치/자본 — 는 일반적으로 사회적 관계로 여겨지는데, 먼저 인간들 사이의 관계로 여겨지고, 그리고, 오로지 후속적으로만, 나머지 자연과 맺는 관계로 여겨진다. 환경사는 처음부터 이런 사회결정론을 새로운 논변으로 타개하고자 한다. 40년 전에 크로스비는, 인간은 가톨릭교도, 자본가, 식민주의자, 또는 어떤 다른 무엇이기 전에 먼저 생물학적 존재라고 주장했다.[32] 그런데 크로스비의 획기적인 논변은 사회결정론의 문제를 해소하기보다는 뒤집는다. 그 이유는, 인류의 생물학적 실존이 집단적이고 협동적이며, 그리하여 종 특유의 상징 생산 능력과 집단 기억 능력에 달려 있기 때문이다. 생물학과 사회성은 별개의 것이 아니기에, 그것들이 개별적이라고 가정하

"Resilience Thinking," *Ecology and Society* 15, no. 4 (2010), www.ecologyandsociety.org/vol15/iss4/art20/을 참조하라.

31. Williams, "Ideas of Nature".

32. A.W. Crosby, Jr., *The Columbian Exchange* (Westport, CT : Greenwood Press, 1972). [앨프리드 W. 크로스비, 『콜럼버스가 바꾼 세계』, 김기윤 옮김, 지식의숲, 2006.]

면 생물학결정론 아니면 사회환원론이라는 양자택일의 선택에 직면하게 된다. 기쁘게도, 오이케이오스는 우리에게 진짜 선택권을 준다. 여기서 우리는 "모든 인간 역사의 최초 전제"를 생명의 그물 속 생산자/생산물 관계로 여긴다.[33] 그러므로 식량 획득과 가족 형성은 생물학적 관계와 지리적 관계를 협상하는 방법으로 문화/사회성의 사건이었다(그리고 사건이다). 그것들은 환경을 형성하는 방법이었다. 그것들은 역사적 변화에 관한 기계적인 토대/상부구조 모형의 "자연적 토대"가 아니고, 오히려 인간이 그것을 통해서 "특정한 생활양식〔들〕"을 생산하는(그리고 그 양식〔들〕의 생산물이 되는) "나머지 자연과 맺는" 구성적 관계다.[34]

그 소견은 일상생활의 관계에 적용될 뿐만 아니라, 근대 세계체계의 권력과 생산의 대규모 패턴들에도 적용된다. 자본주의는 생명의 그물을 통해서 발달하기보다는 자연에 작용한다는 관념이 오늘날 비판적 환경학에서 만연하고 있다. 그것이 넓게 규정된 지구적 정치생태학의 분석적 실제이다. 철학적 전제는 명시적으로 관계적인데도 말이다.[35] 현재 우리에게는 강건한 환경의 정치경제학이 있지만, 생명의 그물 속 자본 축적의 재구성은 거의 이루어지지 않았다.[36]

이런 상황으로 인해 모든 방식의 신맬서스주의적 경향 – '화석자본주의' 논변에서처럼[37] – 이 좌파 생태론으로 기어들 수 있게 된다. 그것들

---

33. Marx and Engels, *The German Ideology*, 42. [마르크스·엥겔스, 『독일 이데올로기 1』.]
34. 같은 책. [같은 책.]
35. Foster et al., *The Ecological Rift*; N. Heynen et al., eds. *Neoliberal Environments* (New York: Routledge, 2007); Peet et al., *Global Political Ecology*.
36. 그러나 Burkett, *Marx and Nature*를 참조하라.
37. A. Malm, "The Origins of Fossil Capital: From Water to Steam in the British Cotton Industry," *Historical Materialism* 21, no. 1 (2013): 15~68; E. Altvater, "The Social and Natural Environment of Fossil Capitalism," in *Coming to Terms with Nature: So-*

이 신맬서스주의적인 이유는 맬서스의 원래 오류를 재생산하기 때문인데, 그 오류는 인구와 관련된 것이라기보다는 역사에서 자연의 동학을 제거함과 관련된 것이다. 이 도식에서 한계는 공동생산되기보다는 오히려 외부적이다. 지구적 정치경제학과 정치생태학이 발달함에 따라, 학자들은 한계에 관한 이런 구상을 (암묵적으로) 수용하거나 (명시적으로) 거부하는 경향이 있었다. 하지만 자본주의의 한계를 오이케이오스를 통해서 산출되는 것으로 재구상하려는 시도는 거의 없었다.

자원이 독립된 것이라는 견해 — 그리고 자본주의의 한계는 내부적 모순이라기보다는 외부적 제약이라는 견해 — 는 물론 우리 시대에 새롭지는 않다. 그 견해는 1970년대에도 새롭지 않았다. 그것은 자본주의 한계의 주원인을 자본주의의 전략적 관계 바깥에 둘 뿐만 아니라, 이 점이 중요한데, 역사적 변화 바깥에도 두는 견해다. 이런 세상 구조에서, 사회적 한계는 역사적이고 유연하며 수정될 수 있고, 한편으로 자연적 한계는 사실상 역사 바깥에 있다. 행위주체성의 경우와 마찬가지로, 우리는 이렇게 물을 수 있다. 문명의 한계를 규명하기 위한 최선의 절차는 데카르트적 대립쌍의 이편 아니면 저편에 제한하는 힘을 할당하는 것인가? 그런 **자연**/**사회** 모형이 낳은 결과 중에는 한계에 대한 '외부주의적' 견해를 향한 두드러진 경향이 있다. 자본주의의 한계를 생각하는 경우에, 사회환원론의 표면은 생물권 결정론이다. 좌파 파국론자의 논변이 그러했는데, 요컨대 기후변화의 베일 아래 생물권 결정론을 다시 도입했다. 기후변화의 궤적은 행성적 생활조건을 변형하고 있지만, 그 생활조건의 변형은 기후를 외력으로 여김으로써 설명될 수

---

cialist Register 2007, ed. L. Panitch and C. Leys (London : Merlin Press, 2006), 37~59.

는 없다.

생물권은 정말 한계의 일종이다. 하지만 생물권은 '과정'의 한계가 아니라 '실체'의 한계다. '한계'를 말하는 것은 외부적인 것을 상기시키는 일이 아니라 오이케이오스를 연루시키는 일이다. 역사적 한계는 역사적 추상관념을 통해서만 설명될 수 있지, 일반적 추상관념을 통해서는 설명될 수 없다. 그러므로 '자연 일반'은 직접적인 용도가 거의 없다. 우리는 일반적 추상관념 – 자연 – 을 사용함으로써 이중 내부성이 낳은 생산물로서의 생물권 한계를 더 깊이 이해할 수 없는데, 여기서 이중 내부성이란 생물권 관계의 자본주의 문명 속으로의 내부화와 가치관계의 생물권 재생산으로의 내부화를 가리킨다.

역사적 자연 덕분에 우리는 자연을 대상으로 여기는 일상적 관점에서 자연을 매트릭스, 즉 자본주의가 전개되는 장으로 여기는 관점으로 이동하게 된다. 우리는 여전히 그런 대상들 – 우리가 자원으로 부르는 것 – 에 관심이 많다. 우리는 맑스의 관계적 존재론에 근거하여 자원을 관계적이면서 역사적인 것으로 여길 수 있다.[38] 지질학은 대단히 실제적이다. 그런데 지질학은 지질학적 성질이 내재하는 명확한 권력관계와 생산관계를 통해서 지구역사가 된다. 지질학은 생산조직을 "직접 결정할" 수는 없는데,[39] 바로 그 이유는 생산관계가 공동생산되기 때문이다. 생산과 재생산의 부각은 오이케이오스를 통해서, 즉 적어도 유기적 생명과 무기적 환경의 변증법을 통해서 매개된다.[40] 다시 말해서, 지

38. Marx, *Capital*, Vol. I [마르크스, 『자본론 I-상·하』]; Ollmann, *Alienation*; Harvey, "Population, Resources, and the Ideology of Science".

39. S.G. Bunker and P.S. Ciccantell, "Economic Ascent and the Global Environment," in *Ecology and the World-System*, ed. W. L. Goldfrank et al. (Westport, CT: Greenwood Press, 1999), 25.

40. Birch and Cobb, *The Liberation of Life*. [버치·캅, 『생명의 해방』.]

질학은 역사적으로 특정한 인간관계와 다발을 이루면서 권력과 생산을 공동생산한다. 지질학을 비롯하여 이런 특정한 관계들은 계속해서 변환된다. 한 가지 획기적인 사례는, 19세기 북대서양 지역에서 인간의 에너지 체제가 목탄과 이탄에서 석탄으로 전환되었을 때 인간 활동의 다발을 재구성한 사태였다. 이런 관점에서 바라보면, 지질학은 주체인 동시에 대상이다. 문명은 생명의 그물을 통해서 움직이지, 생명의 그물 주위를 공전하지 않는다.

우리는, 오이케이오스를 통해서, 가족 구성에서 인종 위계에 이르기까지 근대 세계의 매우 다양한 메타과정을 산업화와 제국주의, 프롤레타리아화에 연루시킬 수 있다. 이런 시각에서 바라보면, 자본주의는 지구적 자연 위에 발달하기보다는 인간과 나머지 자연이 우발적으로 맺는 난잡한 관계들을 통해서 창발한다. 우리 대부분에게 세계역사의 이런 거대한 과정들이 혼성물이나 융합체처럼 보이는 것은 의문의 여지가 없다. 하지만 이런 용어들은, 우리가 사회와 자연의 원초적 분리를 가정할 때에만 유의미하다. 우리가 이런 역사적 과정들 — 에너지 체제와 농업혁명뿐만 아니라, 그렇다, 민족주의, 개발 계획, 민족 문학, 금융화도 포함하는 과정들 — 을 면밀히 검토하기 시작하면, 그것들이 실제로 오이케이오스에 얼마나 깊이 뿌리박고 있는지 정말 깨닫기 시작한다. 우리는, 이처럼 오이케이오스 다발을 형성하는 운동을 통해서, 환경학의 관심사 — 사회적 과정의 환경사 쓰기 — 를 포괄하면서 사회적 과정 역시 생명의 그물의 생산물임을 예증할 수 있을 것이다. 이것은 근대성의 환경사에서 환경사로서의 근대성으로의 전환이다. 더욱이, 이 작업을 완수하는 것은 자본주의를 사회적 체계로 여기는 관점에서 자본주의를 "많은 결정자로 구성된 풍요로운 전체"[41]에 자본과 권력, 자연을 접합하는 세계생태로 여기는 관점으로의 전환을 수반한다.

환경에서 환경형성으로

이런 시각에서 바라보면, 세계생태론에서 '생태론', 즉 '에콜로지'는 지리적 형용사의 수식을 받는 명사가 아니고, 게다가 비인간 자연 안에서 이루어지는 상호작용들을 가리키는 동의어는 더욱더 아니다. 오히려, 에콜로지는 오이케이오스에서 유래하는데, 생물종은 오이케이오스 속에서 그리고 그것을 통해서 다수의 환경을 형성한다(그리고 항상 개편한다). 자연은 구조되지도 않고 파괴되지도 않는데, 오로지 변환될 뿐이다. 오이케이오스는 맑스의 신진대사Stoffwechsel 개념에 내재하는 변증법적 논리에 대한 근본적인 설명을 나타낸다.[42] Stoffwechsel이라는 독일어 용어는 "사회도 자연도 그 이념적 분리가 수반하는 고정성으로 안정화될 수 없는… 자연의 신진대사"를 표상한다.[43] 이런 변증법적 설명에서 종과 환경은 서로 형성하는 동시에 해체하는데, 항상 그리고 매번 그러하다. 모든 생명은 환경을 형성한다. 모든 환경은 생명을 형성한다.

이것은 환경에서 환경형성 – 역사적 변화 속에서 항상 변화하고 서로 스며들며 교류하는 인간과 환경의 변증법 – 으로의 전환을 반드시 수반한다. 우리는 환경형성을 유도하는 관계들을 살펴보고 있을 뿐만 아니라, 봉건주의에서 자본주의로의 장기 전환에서 그런 것처럼, 새로운 환경형성의 규칙을 강요하는 과정들도 살펴보고 있다.[44] 더욱이, 너무 세밀

---

41. Marx, *Grundrisse*, 100. [마르크스, 『정치경제학 비판 요강 1』.]
42. Marx, *Capital*, Vol. I. [마르크스, 『자본론 I-상·하』.]
43. N. Smith, "Nature as Accumulation Strategy," in *Socialist Register 2007 : Coming to Terms with Nature*, ed. L. Panitch and C. Leys (London : Merlin Press, 2006), xiv.
44. J.W. Moore, "The Modern World-System as Environmental History?", *Theory and Society* 32, no. 3 (2003) : 307~77 ; "Ecology and the Rise of Capitalism" ; " 'Amsterdam

하게 서술할 위험을 무릅쓰고, '환경'은 들판과 숲일 뿐만 아니라, 가정, 공장, 사무실 건물, 공항, 그리고 농촌이든 도시든 간에, 모든 유형의 구축된 환경이기도 하다.

자본주의는 권력 추구와 자본 축적과 자연의 공동생산을 통해서 형성된다. 하지만 이것들은 되먹임 연계 고리를 통해서 서로 연결될 수 있는 세 가지 독립적인 관계 블록이 아니다. 오히려, 이 세 가지 국면은 서로 스며들어서 역사적 자본주의를 형성하는데, 더욱이 오늘날에는 그것을 해체하고 있다. 우리는 특정한 인간 및 비인간 활동과 운동을 결합하는(다발로 묶는) 오이케이오스를 통해서 특정한 역사적 관계들의 창발을 추적하고 있다. 맑스가 인간은 "외부적 자연에 작용하고, 게다가 이렇게 하여 … 동시에 [우리] 자신의 본성(자연)도 변화시킨다"[45] 라고 주장할 때, 그는 세계생태론적 의미에서 '다발로 묶인' 것으로서의 노동과정의 중요성에 관해 주장하고 있다. "외부적 자연"은 노동과정 바깥에 있는 것이 아니라 그것을 구성한다. 번갈아 가며 해방하고 제한하는 중추적인 관계는 인간 자연과 비인간 자연 사이의 관계다. 환경형성은 모든 생명의 활동이고, 그래서 인간 역시 비인간 행위자들이 '형성한' 환경에 거주하면서 그 환경을 수정한다.

물론, 인간은 환경을 형성하는 데 이례적으로 유능한데, 이를테면 특정한 권력관계와 생산관계를 수용하고 가능하게 하려고 생명의 그물을 재조정하는 데 대단히 유능하다. 세계생태론적 시각에서 바라보면, 문명은 자연에 작용하는 것이 아니라 오이케이오스를 통해서 발달한다. 문명은 인간 자연과 비인간 자연 사이에 맺어진 관계들의 다발이

Is Standing on Norway' Part I"; "'Amsterdam Is Standing on Norway' Part II".

45. Marx, *Capital*, Vol. I, 283. 강조가 첨가됨. [마르크스, 『자본론 I-상』.]

다. 이런 다발은 오이케이오스 속에서 그리고 그것을 통해서 형성되고 안정화되며 주기적으로 파괴된다. 인간은 내부에서 자연 전체와 관계를 맺지, 외부에서 그렇게 하지 않는다. 인간은 특별히 강력한 환경형성 종임이 틀림없다. 하지만 이 사실로 인해 인간 활동에서 나머지 자연이 면제되는 경우는 거의 없다. 우리는 비인간 생명의 환경형성 활동으로 형성되는데, 한편으로 비인간 생명에게 인간은 (개체적으로 그리고 집단적으로) 형성될 환경이면서 또한 해체될 환경이다.[46] "인간의 물리적이고 정신적인 삶이 자연과 연계되어 있다고 말하는 것은 그저 자연이 자신과 연계되어 있음을 뜻할 뿐인데, 그 이유는 인간이 자연의 일부이기 때문이다."[47]

인간들 사이의 모든 관계, 모든 인간 활동이 오이케이오스를 통해서 펼쳐진다면(오이케이오스 자체는 접힘), 당연히 이런 관계들은 항상 그리고 도처에서 나머지 자연과 맺는 관계다. 그것은 안팎으로 동시에 작동하는 변증법인데, 요컨대 지구는 인간에 대한 환경이고 인간은 나머지 지구 생명에 대한 환경(그리고 환경형성자)이다. 이런 의문들에 대한 일반적인 접근법은 인간 자연과 비인간 자연의 변증법을 상호작용의 변증법으로 여기는 것이다. 하지만 상호작용 모형은 거대한 — 그리고 내 생각에 보증되지 않은 — 환원론에 전제를 두고 있다. 인간은 자체적으로 생물학적 결정의 복잡한 그물인데, 무엇보다도 우리는 우리 몸에 서식하면서 우리의 생명활동을 가능하게 하는 무수히 많은 미생물 공생체(미생물 군체)에 대한 환경이다. 다시 말해서, 우리는 "세계들 속 세계들"[48]을 다루고 있다.

---

46. Levins and Lewontin, *The Dialectical Biologist*.
47. Marx, *Economic and Philosophical Manuscripts of 1844*, 107. [마르크스, 『1844년의 경제학-철학 수고』.]

그렇지만 문제는 환원론 이상의 것이다. 변증법은 상호작용 이상의 것과 관련이 있다. 그 차이는 우리가 역사적 변화를 이해하는 방식에 대한 주요한 함의와 관련된 것이다. 급진적 비판자들 사이에서도 **사회**(자연 없는 인간)와 **자연**(인간 없는 자연)의 데카르트적 이항 구조가 지배적이다.[49] 오이케이오스의 시각에서 바라보면, 데카르트적 관점은 이론적으로는 자의적이고 경험적으로는 호도하는 것이다. 식량의 경작과 소비에서 사회적인 것과 자연적인 것의 둘레에 선을 그려 보라. 논이나 밀밭에서, 소 사육장이나 우리의 식탁에서, 자연적인 것이 끝나고 사회적인 것이 시작하는 지점은 어디인가? 그 물음 자체가 우리가 살아가면서 분석하고자 하는 일상적 현실에 관한 데카르트적 어휘를 볼품없이 구입한 상황을 가리킨다. 누군가가 인간은 사회적 존재이자 자연적 존재라고 말할 수 있지만, 이 진술은 의문을 제기할 따름이다. 인간은 언제 사회적 존재이고, 언제 자연적 생명체이며, 그리고 이런 변화하는 경계를 관장하는 관계는 무엇인가? 식량(그리고 식량뿐만이 아니다)에 관한 한, 그 과정의 모든 단계는 다발을 이루고 있다. 그 물음은 "그것은 사회적인가 아니면 자연적인가?"라는 물음이 아니라, "인간 자연과 비인간 자연은 어떻게 함께 어우러지는가?"라는 물음이 된다. 그 물음에 대한 모든 적절한 응답은 어떤 형태의 변증법적 오이케이오스 추리를 통해서 흘러나와야 한다.

이렇게 추리함으로써 우리는 자본주의를 **프로젝트**와 과정의 특정한 변증법으로 이해하게 된다. 한편으로, 자본주의적 행위주체들 – 간단히, 자본과 제국들 – 의 프로젝트들은 나머지 자연을 외부의 장애물

---

48. Ley et al., "Worlds within Worlds".
49. Foster et al., *The Ecological Rift*를 참조하라.

이자 부와 권력의 원천으로 맞닥뜨린다. 다른 한편으로 또한, 이들 프로젝트는 과정, 즉 다발을 이룬 자연들의 무질서한 움직임을 통해서 공동생산된다. 문명적 프로젝트들은 이들 과정을 통해서 두드러진 모순이 나타나는데, 이를테면 21세기에는 지구온난화가 나타났거나, 또는 14세기 중엽에는 농업생태적 소진과 질병, (또다시) 기후변화가 병합하여 나타났다. 이런 견지에서, 문명은 우발적이지만 준선형적인 방식으로 자연의 관계들을 내부화하고, 게다가 (이른바) 인간 역사의 프로젝트를 통해서 그리고 과정 안에서 내부화한다.

이런 프로젝트와 과정의 변증법을 강조하는 것은 자본의 존재론 – 인간(또는 인간 조직)이 자연 속 상호변환의 끊임없는 흐름에 진입하기보다는 자연에 작용한다는 관념 – 을 수용하는 우리의 경향을 경계하는 수단이다. 더욱이, 이 점이 중요한데, 그것은 존재론적 이원론과 인식적 이원론의 실재적인 역사적 힘을 강조하는 수단이다. **자**연은 폭력적인 추상관념 – 문제의 실재에서 본질적 관계를 추출하는 개념[50] – 일지 모르지만, 그것은 또한 실재적 추상관념, 세계의 조작력이기도 하다.[51] 확실히, **자**연/**사**회가 유일한 이원론인 것은 아니지만, 그것은 원초적인 이원론이다. 토지로부터 농민의 분리와 **인**간과 **자**연의 상징적 분리는 특이한 과정이었다. 폭력적이지만 실재적인 추상관념으로서 **자**연의 출현은 자본주의가 발흥할 때 일어난 본원적 축적의 잇따른 상징적이고 물질적인 전환에 필수적이었다.

역사를 형성할 수 있는 능력은 인간 개체군 내에서 내부적으로 분화된 조건과 관계의 표현일 뿐만 아니라, 생물권의 분화된 조건과 관

---

50. Sayer, *The Violence of Abstraction*.

51. Toscano, "The Open Secret of Real Abstraction".

계의 표현이기도 하다. 또한, 인류는 생명의 역사적 운동과 유출 및 우리 행성의 지구물리학적 운동을 위한 대상이다. 그러므로 역사를 형성할 수 있는 이런 능력은 안팎으로 뒤집힐 수 있다.(우리의 이중 내부성.) 오늘날 어느 누가 질병, 또는 기후, 또는 식물이 그 어떤 제국만큼이나 역사를 형성한다고 진지하게 생각하는가? 동시에, 축적이나 제국, 계급에서 분리된 질병이나 기후, 식물의 역할을 부각하는 것이 가능한가? 이런 노선을 따라 의문을 제기하는 덕분에 우리는 자연을 누군가가 발자국을 남기는 장소로 여기는 관점을 극복할 수 있게 된다. 그 노선은, 자연을 삼림 벌채와 독성화, 그리고 여타의 것으로 구성되어 있지만 이것들로 환원될 수 없는 전체의 적극적 운동으로 이해하는 방식을 고무한다. 우리가 자연을 영향들(삼림 벌채, 토양 부식, 오염 등)의 결집체를 훨씬 넘어서는 것으로 이해할 – 그리고 역사적으로 재구성할 – 수 있는 것은 오이케이오스를 통해서다. 비인간 자연의 운동과 순환은 역사적 변화의 생산자/생산물로 역사적 변화의 운동에 내재한다. 문명의 역사에서 매트릭스-로서의-자연은 원인이고 적극적 조건이며 구성적(다발을 이룬) 행위자다.

철학과 지역사의 지형에서 이런 주장을 제기하는 것은 이미 꽤 도전적인 일이다. 장기지속의 서사를 자연이 중요한 것 – 생산물에 못지않게 생산자로서 – 처럼 구성하는 것은 여전히 더 도전적인 일이다. 이것이 세계생태론이 정면으로 맞닥뜨리는 난제다. 우리의 역사철학에서 자연이 존재론적으로 중요하다면, 우리는 인간-생물권 이중 내부성에 분석적으로 관여하도록 이끌린다. 인간은 (모든 종과 마찬가지로) 환경을 창조하는 동시에 파괴하므로 우리의 관계는 (시공을 가로질러 차이가 나더라도) 나머지 자연과 함께 그리고 그것에 의해 창조되고 있는 동시에 파괴되고 있다. 이런 시각을 통해서 자연의 지위는 근본적인 변화, 즉 자원으로서의 자연에서 매트릭스로서의 자연으로의 전환을 겪는다. 자연은 파괴될 수도 없고 구조될 수도 없는데, 오로지 다소 해방적인 방식으로, 다소 억압적인 방식으로 재조정될 뿐이다. 하지만 주목하자. '해방적'이라는 용어와 '억압적'이라는 용어는 협소하게 인간의 관점에서 제시되는 것이 아니라, 인간과 나머지 자연의 고동치고 진화하는 변증법, 즉 오이케이오스를 통해서 제시된다. 현재 중요한 것 – 어쩌면 인간종의 역사에서 전례가 없이 두드러진 방식으로 – 은 바로, 인류 및 자연의 관점에서 바라본 해방이나 억압이 아니라 자연-속-인류 … 그리고 인류-속-자연의 시각에서 바라본 해방이나 억압이다.

2장

생명의 그물 속 가치

모든 문명은 무엇이 가치가 있는지 결정해야 한다. 맑스주의 전통은 '가치 법칙'을 때때로 언급하지만, 이 '법칙'은 자본주의와 그 역사적 운동, 그것이 생명의 그물과 맺은 관계에 관한 급진적인 분석들 대부분에서 거의 탐지될 수 없다. 녹색주의자는, 심지어 맑스주의적 녹색주의자도, 어떤 의미에서는 가치에 관한 물음을 피하려는 경향이 있지만, 다른 의미에서는 그것을 수용하고자 한다. 사실상, '가치 법칙'의 정신은 다음과 같이 묻는 녹색 비판의 토대를 이루는 것이다. 우리는 어떻게 자연을, 부분적으로든 전체적으로든 간에, 가치가 있는 것으로 여길 수 있는가? 지속 가능한 문명의 윤리는 무엇인가? 근대 세계에서 자연의 가치평가는 (시장과 국가, 관념을 통해서) 어떻게 실행되는가? 내가 제시하고 싶은 것은, 이들 노선을 따라 맑스주의와 녹색 사상을 생산적으로 종합할 가능성이다. 나는 이런 종합을 다음과 같이 물음으로써 추구한다. 맑스의 가치 법칙을 오이케이오스를 통해서 읽는 것이, 자본주의의 기원에서 현재까지, 우리가 자본주의의 발전과 위기, 재구성을 이해하는 데 어떤 도움을 주는가?

문명은 자신의 우선순위에 의해, 즉 어떤 사물과 어떤 관계가 가치가 있는지 결정함으로써 형성되고 규정된다. 문명이 권력과 부를 재생산하는 규칙은 무엇이 가치가 있는지 그리고 무엇이 가치가 없는지에 대한 이런 선택에 달려 있다. 자본주의의 경우에, 지금까지 그 선택은 분명하고 특이했다. '가치'는 상품생산의 노동생산성, 즉 평균상품에 묻어 들어가 있는 평균노동시간으로 결정된다. 이런 종류의 가치는 전례가 없는 것이었고, 게다가 그 표현은 극적이었다. 봉건주의의 경우에, 그리고 '공납제' 문명 일반의 경우에, 부는 토지생산성에 달려 있었다. 이전에는 어떤 문명도 부의 척도로서 토지생산성에서 노동생산성으로의 전환을 성사시킨 적이 없었다. 그 차이는, 평균노동시간으로 얼마나 많은 양의 밀, 또는 쌀, 또는 옥수수가 성장할 수 있는지와 1헥타르[1만 제곱미터]의 토지에서 얼마나 많은 양이 성장할 수 있는지 사이에 있다.

물론, 그런 대조는 누가 무엇을 생산하고, 그리고 잉여가 어디에서 누구에게로 흘러가는가와 관련된 것이다. 또한, 가치 '법칙'은 무엇이 가치가 있는가에 대한 지배적인 윤리정치적 판단도 움직인다. 자본가는 숲을 살펴보면서 달러 표시를 보고, 환경주의자는 나무와 새와 토양을 보며, 세계생태론자는 인간과 여타 종이 어떻게 숲을 공동생산하는지와 '다발을 이룬' 숲이 어떻게 오늘날 자본을 조건 지우는 동시에 제약하는지 본다. 10장에서 보게 되듯이, 이런 윤리정치적 가치평가와 자본주의의 **저**렴한 **자**연 전략의 뒤얽힘은 21세기 초에 새로운 단계에 이르렀다. 그것들의 모순은 더 폭력적이고, 더 유독하며, 더 억압적인 형태의 자본주의를 향한 운동을 생성할 뿐만 아니라, 강력한 대항운동도 생성한다. 오늘날 이런 운동은 도전적일 뿐만 아니라, 자본주의의 가치 법칙에 대한 대안도 제공하고 있다.

자본주의적 세계생태 속 가치관계 : 개요

과연 가치 법칙은 무엇인가? 우선, '법칙'이라는 용어를 우리는 맑스에게서 얻었고, 맑스는 헤겔에게서 얻었다는 사실을 분명히 하자. 이런 의미에서, 법칙은 강철의 결정 법칙이 아니라, 오히려 "추상적인 것에 대한 헤겔주의적 의미"에서의 법칙이다.[1] 그렇다면, 가치 법칙을 언급하는 것은 역사를 구조적 추상물의 감옥에 가두는 것이 아니라, 역사적 자본주의의 시공간에 걸쳐 획득한 권력과 생산의 지속 가능한 패턴에 관한 작업명제를 제시하는 것이다. 맑스가 선호한 비유 중 한 가지를 선택하면, 가치 법칙은 일종의 중력장으로 작용하면서 광범위한 패턴을 형성하기는 하지만 상당한 우발성도 허용한다.

둘째, 데카르트적 이원론의 지속하는 유산 중 하나는 가치에 관해 생각할 때 관계보다 실체를 특별히 우선시하는 것이다. 이 점은 녹색주의자뿐 아니라 맑스주의자도 마찬가지다. 맑스의 말에 따르면, 가치는 추상적인 사회적 노동이기에 사회적 필요노동시간, 즉 평균상품에 구현된 평균노동시간으로 결정된다. "하지만 기다려!"라고 녹색 사상가는 말한다. "평균노동시간은 그 상품을 가능하게 만드는 것의 일부일 뿐이다."[2] 맑스주의 가치 법칙은 대문자 **자**연이 인간이 사용하는 모든 생산물의 가치에 기여함을 무시한다. 이 점에 대해 맑스주의자는, 꽤 적절하게도, 맑스 정치경제학의 온전한 기초는 '부'와 '가치'의 구분이라고 말한다.[3] 그리고 그 지점에서 논의가 멈추어 버린 듯 보인다. 후속

---

1. P.M. Sweezy, *The Theory of Capitalist Development* (New York : Monthly Review Press, 1970), 19. [폴 M. 스위지, 『자본주의 발전의 이론』, 이주명 옮김, 필맥, 2009.]
2. S.G. Bunker, "Modes of Extraction, Unequal Exchange, and the Progressive Underdevelopment of an Extreme Periphery," *American Journal of Sociology* 89, no. 5 (1984) : 1017~64를 참조하라.

논의가 멈추어 버린 그 장면은, 다른 한 종류의 비가시적 일 – 인간 생명의 일상적 재생산과 세대 간 재생산 – 의 기초적 기여를 깨닫지 못하는 맑스주의자에게 이의를 제기한 녹색주의자들과 마찬가지로 올바르게도 그 맹목성을 문제 삼은 페미니스트 학자들과 이전에 나눈 논의를 재연한다. 주지하다시피, 그런 일은 여성이 압도적으로 수행한다.[4]

우리는 이 거대한 균열을 건널 수 있을까? 자본 축적을 위한 무상 일/에너지의 중요성에 대한 녹색주의 및 페미니즘의 통찰과 노동생산성이 자본주의에서 부와 경쟁 적합도의 결정적 척도라는 맑스주의 견해 사이의 균열을 건널 수 있을까?

나는 우리가 건널 수 있다고 생각한다. 그리고 나는 앞에 놓인 길의 모습이 다음과 같다고 생각한다. 가치의 실체는 바로 사회적 필요노동시간이다. 노동생산성을 향상하고픈 욕구가 경쟁 적합도에 정말 필수적이다. 이것은 상품화된 노동력의 착취가 자본 축적과 더불어 개별 자본가의 생존에 중요함을 뜻한다. 하지만 이렇게 이야기가 끝날 수는 없다. 그 이유는 추상적인 사회적 노동을 축적하는 데 필요한 관계가 규모와 범위, 속도, 강도에 있어서 필연적으로 더 광범위한 것이기 때문이다. 자본은 상품생산을 끊임없이 축적하고 혁신해야 한다. 더욱이, 자본은 저렴한 자연을 끊임없이 탐색할 뿐 아니라 그것을 산출할 방법도 찾아내야 한다. 공장 정문(또는 사무실 문 등)으로 흘러가는 저비용 식량과 노동력, 에너지, 원료의 밀물을 산출해야 한다.

---

3. Burkett, *Marx and Nature*; Foster, *Marx's Ecology* (2000) [포스터, 『마르크스의 생태학』]를 참조하라.

4. L. Vogel, *Marxism and the Oppression of Women* (New Brunswick, NJ : Rutgers University Press, 1983); M. D. Costa and S. James. *The Power of Women and the Subversion of the Community* (Bristol, UK : Falling Wall Press, 1972); S. Federici, W*ages against Housework* (Bristol, UK : Falling Wall Press, 1973).

이것들이 **네** 가지 **저**렴한 것이다. 자본주의의 가치 법칙은 **저**렴한 **자**연의 법칙이다.

이 법칙이 사실상 말하는 것은, 모든 거대한 축적 파동은 평균 이하의 가치구성으로 생산된 사용-가치로 이해되는 **저**렴한 **자**연을 중심으로 진행한다는 점이다. 체계적 견지에서, 자본과 과학, 제국 – 물론, 둔탁한 범주들 – 의 서로 맞물린 행위주체들이 자본을 위해 무료이거나 저비용의 인간 자연과 비인간 자연의 새로운 원천을 출시하는 데 성공할 때, **저**렴한 **자**연이 산출된다. **네** 가지 **저**렴한 것은 **저**렴한 **자**연의 핵심에 있으면서 자본주의의 역사를 가로질러 순환적으로 재생산된다. 여기서 **저**렴한 **자**연 – 단호히 대문자 **저**렴한 그리고 대문자 **자**연 – 이 강조되는 이유는 우리가 자본주의가 세계를 보는 방식에 집중하고 있기 때문이다. 부르주아 관점은, 생명의 그물은 파편화될 수 있고, 그 국면은 가격과 가치의 계산을 거쳐 평가될 수 있다고 가정한다.

저렴한 **자**연은 역사적으로 특정한 의미에서 '저렴'한데, 요컨대 이런 4대 투입물, 즉 식량과 노동력, 에너지, 원료를 생산하는 데 요구되는 사회적 필요노동시간의 주기적이고 철저한 감축으로 정의된다.[5] 축적 전략으로서의 **저**렴한 **자**연은 자본 전체의 가치구성을 줄임 – 하지만 기술적 구성은 늘림 – 으로써 작동하는데, 이를테면 새로운 투자 기회를 개방함으로써, 그리고 질적 차원에서, 기술과 새로운 종류의 자연이 현존하는 자본 축적과 세계 권력의 구조를 전환하게 함으로써

---

5. 많은 동료가 '제5의' 저렴한 원소, 즉 **저**렴한 **화**폐를 강력히 주장했다. 이것은 틀림없이 참이다. 하지만, **저**렴한 **화**폐 – 이것의 유지는 오늘날 선도적인 자본주의 세력의 전략적 우선 사항이다 – 는 **저**렴한 **자**연을 회복할 수 있는 자신의 능력을 통해서만 작동한다. **저**렴한 **화**폐는 **저**렴한 **자**연을 재/생산하는 데 도움이 되지만, **저**렴한 **자**연 자체는 아니다. 그런데도 화폐/자본/오이케이오스-로서의-자연 사이의 구성적 관계는 끊임없이 탐구하고 개념적으로 해명할 가치가 있다.

작동한다. 이 모든 경우에, 상품 프런티어 – 전유의 프런티어 – 가 중요하다. 그러므로 네 가지 저렴한 것을 회복하고 재배치하는 '내부적' 재구성과 지리적 팽창이 밀접히 연계된 국면들이 중요하다. 장기 19세기와 20세기의 거대한 팽창은, 동유럽에서 동아시아에 이르기까지 농업사회의 대대적인 불안정화와 더불어 저렴한 석탄과 석유, 저렴한 금속, 저렴한 식량을 중심으로 진행되었다.

그러나 핵심 논점은 이렇다. 저렴한 자연의 필요조건과 필요관계를 창출하는 운동은 직접적인 생산과정이나, 또는 심지어 상품의 생산과 거래 전체로도 환원될 수 없다. 이것들은 중대하고 꼭 필요하다. 하지만 그것들은 충분하지 않다. 그 이유는 자본주의가 상품체계 바깥에 있는 인간과 나머지 자연의 무상 일/에너지를 전유하기 위한 전략들의 레퍼토리에 의존하기 때문이다. 이들 전략은 이른바 경제적 관계로 환원될 수 없고, 오히려 과학과 권력, 문화의 혼합물 덕분에 가능해진다. 나는 이것들이 뭉툭한 도구임을 알지만, 그것들은 충분할 것이다. 실재는 서로 스며들어 있고 난잡하며 복잡하다. 중요한 점은, 과학과 권력, 문화가 가치의 중력장 속에서 작동하고, 게다가 그 장을 공동구성한다는 것이다.

그 함의는 폭발적이다. 가치 법칙은, 조직 혁신과 기술 혁신을 통해서 그리고 "여성과 자연, 식민지"[6]의 무상 일/에너지를 전유하는 전략을 통해서 동시에 일어나는 사회적 필요노동시간의 결정을 나타낸다. 나머지 자연에서 제공되는 무상 일/에너지 – 여성에 의해 산출되는 것을 포함하여 – 의 거대한 흐름이 없다면, 생산비가 상승할 것이므로 축적

---

6. M. Mies, *Patriarchy and Accumulation on a World Scale* (London : Zed, 1986), 77. [마리아 미즈, 『가부장제와 자본주의』, 최재인 옮김, 갈무리, 2014.]

은 늦춰질 것이다. 그러므로 모든 (상품화된 노동력) 착취 행위는 훨씬 더 큰 (무상 일/에너지) 전유 행위에 의존한다. 임금노동자는 착취당하고, 여타의 인간과 비인간은 전유된다. 더욱이, 내가 자본주의를 곤경에서 벗어나게 하고 있다고 독자가 생각하지 않는다면, 오래된 맑스주의 농담을 바꾸어 말하겠다. 착취당하는 일보다 더 나쁜 단 하나의 일은… 전유되는 일이다. 자본주의의 역사는 무상 일/에너지의 대양 안에서 상품생산의 섬들을 거쳐 흐르면서 전개된다. 이런 전유 운동은 자본(운동-중인-가치)의 끝없는 축적을 위한 필요조건을 산출한다.

다시 말해서, 가치는 대부분의 일이 가치가 없는 것으로 평가되지 않는다면 작동하지 않는다.

그렇다면 자본주의 아래 가치 법칙은 두 가지 국면으로 구성된다. 한 국면은 추상적인 사회적 노동으로서 자본의 끝없는 축적이다. 나머지 한 국면은, 유기적 전체로 결합된 착취 관계와 전유 관계의 끝없는 확대다. 이 시각은 가치형태와 필연적으로 더 광범위한 가치관계의 역사적 및 논리적 비동일성을 강조한다. 맑스주의 정치경제학이 가치를 체계적 함의를 품은 경제적 현상이라고 간주했지만, 오히려 그 반대의 논술이 더 그럴듯하다. 가치관계는 중추적인 경제적 국면을 갖춘 체계적 현상이다. 그런 접근법은, 자본주의 문명에 대한 사회적 필요노동시간의 중요성을 부인하기는커녕, 변증법적 방법에 내포된 이론적 틀 안에서 맑스의 가장 큰 공헌을 긍정한다. 우리는 가치를 중추적인 경제적 국면을 갖춘 체계적 현상으로 여김으로써 잉여가치의 생산과 축적을 그 재생산의 필요조건과 연계할 수 있게 된다. 더욱이, 그런 시각은 이런 조건이 자본의 회로 너머로 확대됨을 인식하는데, 요컨대 추상적인 사회적 노동의 축적은 (인간과 비인간의) 무상 일을 전유함으로써 가능하다. 가치형태(상품)와 그 실체(추상적인 사회적 노동)는, 필연적으로 더 광범위한 재생산 조건으로서의 무상 일로 지탱되는 임금노동을 배치하는 가치관계에 따라 결정된다. 자본에 의한 무상 일의 전유는 데카르트적 분열을 넘어서 자본의 회로와 가치의 생산 바깥에 있는 (그러나 그것들에 필요한) 인간과 비인간의 일 모두를 포괄한다.

방법으로서의 가치 : 자본, 계급, 그리고 자연

가치 법칙은 **저**렴한 **자**연의 법칙일 뿐만 아니라 계급투쟁의 지형이다. 어딘가 다른 곳에서 내가 주장했듯이, 장기 16세기에 걸쳐 이루어진 자본주의의 발흥과 독특한 가치 법칙의 형성은 계급투쟁의 과정이었는데, 이를테면 발트해 지역 전체와 대서양 지역 전체도 포괄하는 프런티어의 거대한 확장은 부분적으로는 봉건제 복고를 저지한 서유럽 농민계급의 힘으로 촉발되었다. 이런 가치체제는 계급투쟁이 중서부 유럽의 봉건제 복고를 막고 상품의 해외 생산과 거래를 확대하려고 추진했을 때에만 출현했다. 가치관계가 유럽의 심장부에 진입했을 때, 계급투쟁은 빠르게 끓는점에 도달했다. 이 상황은 중부 유럽의 광업 및 야금 호황과 이어서 일어난 독일 농민전쟁(1525년)의 경우에도 마찬가지였는데, 그 전쟁은 자본과 국가에 대항하여 벌어진, 노동자와 농민을 포함한 일련의 계급투쟁 중 가장 극적인 것일 따름이었다.[7]

그렇다면, 가치는 계급투쟁 및 계급형성의 과정과 병렬하는 이산적인 경험적 과정으로 여겨질 수 없는데, 이것은 가치관계가 생명의 그물과 독립적인 사회적 과정으로 이해될 수 없는 것에 지나지 않았다. 우

---

7. Moore, "Nature and the Transition from Feudalism to Capitalism"; "The Modern World-System as Environmental History?"; "Ecology and the Rise of Capitalism"; "'Amsterdam Is Standing on Norway' Part I" and "Part II".

리를 추상적 구조주의 아니면 추상적 주의주의主意主義에서 구해줄 수 있는 비결은 없다. 내가 유용하다고 깨달은 유일한 지침은 자본의 논리와 자본주의의 역사 사이의 적극적 긴장관계, 보기에 '사회적인' 것과 외관상 '환경적인' 것 사이의 적극적 긴장관계를 분석적으로 파악하는 것이다. 그러고 나서야 우리는 인간 역사에 있어서 "뒤죽박죽인 삶과 죽음의 혼란 상태"를 통해서 그리고 그것과 더불어 생각할 수 있다.[8]

나의 접근법은 축적 과정에서 출현하는 모순을 더 큰 프로젝트를 위한 출발점으로 삼는 것인데, 그 프로젝트는 자본과 자연, 계급투쟁의 역사를 근대 세계체계에서 서로 관련된 운동으로 통일하는 작업이다. 사회환원론과 환경결정론이 쌍둥이 위기를 나타내는 것과 꼭 마찬가지로, 추상적 일반론과 추상적 특수론도 그렇다.[9] 나의 대안은 자본주의의 가치관계를 진입점, 즉 근대 세계의 권력과 재생산, 자연에 관한 새로운 물음을 제기하는 수단으로 삼는 것이다. 자본의 모순이 근대 세계의 역사적 변화에 관한 이야기 전체를 말해주지 않는다는 것은 틀림없다. 하지만 모든 것이 우연인 것은 아닌데, 요컨대 패턴들이 존재하고, 게다가 이들 패턴은 특정한 권력관계와 생산관계를 통해서 응집하고 갈라진다. 이들 관계는 가치 법칙이 유도하고 형성하며 영향을 미치는데, 시간이 흐름에 따라 점점 더 그렇다.

나의 논변은 세 가지 소견에서 비롯된다.

첫째, 생명의 그물을 상품화하고 전유하려는 자본의 무자비한 동인을 통해서 확립된 가치 법칙은 지속 가능한 "게임의 판돈"을 설정한

8. Donna J. Haraway, "Staying with the Trouble : Anthropocene, Capitalocene, Chthulucene," in *Anthropocene or Capitalocene?*, ed. J.W. Moore (Oakland : PM Press, forthcoming). [2016년에 출판되었음.]

9. F. Araghi and P. McMichael, "Contextualizing (Post)modernity" (Paper presented to the Annual Meeting of the American Sociological Association, 2004).

다.[10] 16세기 이후로 이 판돈을 둘러싸고 투쟁이 벌어졌다. 봉건 시대 계급투쟁의 역사가 영지 세율을 둘러싼 다툼 속에서 그리고 그 다툼을 통해서 출현하는 것과 꼭 마찬가지로,[11] 자본주의의 투쟁은 잉여가치율을 둘러싼 다툼을 통해서 전개된다. 나는 이것이 이야기의 끝이라고 주장할 생각은 없지만, 이 판돈을 거론하지 않은 채 이야기를 시작하기는 어렵다.

둘째, 세계역사적 프로젝트로서의 가치는 무언가 그릇된 것을 가정하는데, 요컨대 자연 전체가 교체 가능한 부분으로 환원될 수 있다고 가정한다. 그런 곡해로 인해, 환금작물의 단일 재배처럼, 자연이 단순화된 공간으로, 부분적일지라도, 전환되는 일이 실제로 일어난다. 어쩌면 가장 중요한 것은, 역사적이고 물질적인 운동으로서의 가치 법칙의 출현과 발달은 초기 근대 유럽에서 시간과 공간의 균질성을 '발견한' 상징 혁명과 과학혁명이 없었다면 상상도 할 수 없다는 점일 것이다. 근대 세계에서 부의 척도로 점차 굳어진 가치형태 덕분에 자본의 직접적인 회로 바깥에 있지만 가치의 단순화 추진력과 확실히 상동적인 모든 방식의 "척도혁명"[12]이 일어날 수 있게 되었다. 푸코의 생명정치적 "규제력"[13]은 균질화가 가능한 시간과 공간에 관한 가치의 환상을 중심으로 공전하는 상징적이고 물질적인 세계를 제외하면 상상할 수 없는 것이다. 사실상, "실재의 척도"[14]에서 잇따른 혁명은 모든 생명

---

10. P. Bourdieu and L. Wacquant, *An Invitation to Reflexive Sociology* (Chicago : University of Chicago Press, 1992), 177. [피에르 부르디외·로익 바캉, 『성찰적 사회학으로의 초대』, 이상길 옮김, 그린비, 2015.]

11. G. Bois, "Against the Neo-Malthusian Orthodoxy," *Past and Present* 79 (1978) ; 60~9.

12. W. Kula, *Measures and Men* (Princeton : Princeton University Press, 1986).

13. M. Foucault, *Society Must Be Defended* (New York : Picador, 2003). [미셸 푸코, 『사회를 보호해야 한다』, 김상운 옮김, 난장, 2015.]

14. A. W. Crosby, *The Measure of Reality* (Cambridge : Cambridge University Press,

의 자본화와 전유를 확대하고 심화하는 후속 운동에 필요한 전제조건이었다.

마지막으로, 가치에 대한 역사 기반 접근법 덕분에 우리는 해석적 문제를 해결할 수 있게 된다. 한편으로, 자연-속-자본주의라는 관계적 철학의 옹호자들은 지금까지 자본주의를 세계역사적 과정이자 세계생태적 과정으로 해석하는 쪽으로 움직이기를 꺼렸다.[15] 다른 한편으로, 환경사가들은 (꽤 합당하게도) 풍경 전환, 에너지 소비, 오염 등의 현상에 집중되어 있지만, 지금까지 환경에서 오이케이오스로, 또다시 환경으로 왕복하는 운동은 경계했다.[16] 가치설의 세계역사적 회복은 양 진영의 통찰을 포기하지 않으면서 전진하는 유익한 길을 제공한다. 맑스와 함께 나는 무엇이 자본을 형성하는지에 대한 분석에서 자본이 무엇을 형성하는지에 대한 분석으로, 즉 자본의 논리에서 자본주의의 역사로 이동할 것이다.

1997). [앨프리드 W. 크로스비, 『수량화혁명』, 김병화 옮김, 심산, 2005.]

15. Smith, *Uneven Development* [스미스, 『불균등발전』]; B. Braun and N. Castree, eds., *Remaking Reality* (New York : Routledge, 1998) ; Peet et al., *Global Political Ecology*를 참조하라.

16. 환경사에서 논의를 이끈 대표적 문헌은 다음과 같다. W. Cronon, *Changes in the Land* (New York : W.W. Norton, 1983) ; *Nature's Metropolis* (New York : W.W. Norton, 1991) ; *Uncommon Ground* (New York : W.W. Norton, 1996) ; Crosby, *The Columbian Exchange* (1972) [크로스비, 『콜럼버스가 바꾼 세계』, 2006.] ; *Ecological Imperialism* (Cambridge : Cambridge University Press, 1986) [앨프리드 W. 크로스비, 『생태제국주의』, 정범진·안효상 옮김, 지식의풍경, 2000] ; W. Dean, *With Broad Ax and Firebrand* (Berkeley : University of California Press, 1995) ; M. Gadgil and R. Guha, *This Fissured Land* (Berkeley : University of California Press, 1992) ; R. H. Grove, *Green Imperialism* (Cambridge : Cambridge University Press, 1995) ; J.R. McNeill, *Something New Under the Sun* (New York : W.W. Norton, 2000) [J.R. 맥닐, 『20세기 환경의 역사』, 홍욱희 옮김, 에코리브르, 2008] ; Merchant, *Death of Nature* (1980) [머천트, 『자연의 죽음』] ; *Ecological Revolutions* (Chapel Hill : University of North Carolina Press, 1989) ; White, *The Organic Machine* (1995) [화이트, 『자연 기계』] ; D. Worster, *Rivers of Empire* (Oxford : Oxford University Press, 1985).

왜 맑스의 가치설인가? 이것은 자연이 자본주의적 발전에 끼친 공헌을 명시적으로 부인하는 반생태적 논술이 아닌가? 나는 두 가지 큰 이유로 인해 그렇게 생각하지 않는다. 첫째, 가치는 역사적으로 특정한 형태의 부이기 때문인데, 요컨대 부의 "본래적 원천"은 토지와 노동이다.[17] 맑스의 가치 구상은, 이미, 인간의 일과 비인간의 일과 그것들의 구성적 관계들을 뒤얽는다. 둘째, 가치관계의 역사적 특정성은 착취율에 근본적인 것으로서 임금노동을 포괄할 뿐만 아니라 미未자본화된 자연 – 토양, 여성의 일, 농민 재/생산 등 – 의 동원도 포괄하기 때문이다. 자본주의에서의 가치는 여전히 독특하고 임의적인데도 역사적으로는 패턴을 나타낸다. 그 패턴은 가치 창출을 상품생산에 투입된 노동력에 할당함으로써 끊임없는 지리적 팽창과 구조조정을 강요했다. 이런 일은, 노동예비군을 확대할 뿐만 아니라 항상 그 권역이 넓어지는 미자본화된 자연을 노동생산성 향상에 도움이 되도록 연행하기 위해 일어난다.

자본주의 이전 문명에서는 '토지생산성'이 우위를 누렸다면, 자본주의 시대에서는 '노동생산성'이 부의 척도가 되었다. 그것은 단순한 논리이자 단순화 논리다. 더욱더 많은 비인간 자연이 사회적 필요노동시간의 모든 분량에 부착된다. 더 적은 사람이 더 많이 생산하는데, 이를테면 더 많은 칼로리, 더 많은 신발, 더 많은 자동차, 더 많은 물건을 생산한다.

이런 노동생산성 척도 – 맑스의 가치 법칙에 대한 임시변통의 축약어 – 는 1970년대 이후로 녹색 비판에 중요하기도 했고 그렇지 않기도 했다. 이런 상황은 산업형 농업의 터무니없는 에너지 및 영양분 비효율성에

---

17. Marx, *Capital*, Vol. I, 638. [마르크스, 『자본론 I-하』.]

대한 비판에서 가장 명백하다.[18] 자본 집약적 농업은 1970년대 이후로 지구적 북부의 에너지 소비 증가에 덜 중요해진 것이 아니라 더 중요해졌는데, 이를테면 1997년과 2002년 사이에 미합중국에서 놀랍게도 "에너지 흐름 증가의 80%"를 차지했다.[19] 그런 무분별한 에너지 소비의 이면에는 1945년과 1980년대 중반 사이에 선진 자본주의적 농업의 노동생산성이 여덟 배 이상 향상되었다는 사실이 있다.[20] 다소 통상적인 녹색 비판이 설명할 수 없는 것은 이런 터무니없는 비효율성이 어떻게 한낱 체계의 생산물에 불과한 것이 아니라 체계를 구성하는가이다. 그 이유는, 추상적인 사회적 노동 — 노동생산성 — 으로 부의 가치를 평가하는 이런 독특한 방식은, 외부 공급이 확보될 수 있는 한, (인간 자연을 비롯한) 자연의 빠른 소진을 보상하는 사회생태적 발전을 선호하기 때문이다.

자연을 조직하는 독특한 방법

근대성의 가치 법칙은 생명을 조직하는 대단히 독특한 방법이다. 1450년 이후 자본주의의 발흥 와중에 생겨난 가치 법칙은 전례가 없는 역사적 전환이 일어날 수 있게 했는데, 그것은 바로 부와 권력의 척도가 토지생산성에서 노동생산성으로 바뀐 사건이다. 그것은 독창적인 문명적 전략이었는데, 그 이유는 그 덕분에 노동생산성 향상에 도

18. M. Perelman, *Farming for Profit in a Hungry World* (Montclair, NJ : Allanheld, Osmun & Co., 1977) ; D. Pimentel et al., "Food Production and the Energy Crisis," *Science* 182 (1973) : 443~9.

19. P. Canning et al., "Energy Use in the U.S. Food System" (Economic Research Report Number 94, Washington : United States Department of Agriculture, 2010), 1.

20. P. Bairoch, "Les Trois Révolutions Agricoles du Monde Développé," *Annales : É.S.C.* 44, no. 2 (1989) : 317~53.

움이 되도록 미상품화된 자연의 부를 전유하는 자본주의적 테크닉스 – 도구와 관념, 권력과 자연의 구체화 – 가 전개될 수 있었기 때문이다. 1450년 이후 3세기 동안 일어난 풍경 전환과 생물학적 전환의 규모와 범위, 속도에 있어서 거대한 도약은, 7장에서 이해하게 되듯이, 이런 관점에서 이해될 수 있을 것이다.

우리는 이런 독특한 가치평가 방식의 출현을 자본주의에의 전환이 시작된 초기 국면에서 엿볼 수 있다. 16세기부터 가치 법칙은, [독일] 작소니와 [볼리비아] 포토시의 은광에서 브라질과 바베이도스의 사탕수수 플랜테이션 그리고 스칸디나비아와 발트 3국의 통나무 프런티어에 이르기까지 상품의 생산과 거래가 지구적으로 확대됨으로써 형성되기 시작했다. 이것은 초기 자본주의의 상품 프런티어 전략이었는데, 더욱이 그 전략이 획기적 전환에 중요했던 이유는 그것이 미자본화된 자연을 기계장치의 대체물로 취급함으로써 노동생산성을 향상할 수 있었기 때문이다. 언제나 토지(숲, 은맥, 비옥한 토양)는 제국, 농장주, 영주, 자작농 등에 의해 상품형태에 예속된 생산력 – 노동생산성을 향상하기 위한 메커니즘 – 으로 조직되었다. 초기 자본주의는 미자본화된 자연 전체를 생산력으로 취급함으로써 획기적인 방식으로 행성적 자연을 개조할 수 있었다.[21]

자본주의가 도래하기 오래전에, 봉건제 유럽, 그리스 도시국가, 로마 제국, 잇따른 중국 제국, 수메르 문명, 그리고 그 밖에 다수의 문명은 대규모로 자연을 개조하고 있었다. 모든 경우에 필수적인 일단의 상업적 활동과 상품생산이 존재했을 뿐만 아니라, 만리장성, 피라미드

21. Moore, "Ecology and the Rise of Capitalism"; " 'Amsterdam Is Standing on Norway' Part I" and "Part II".

등 제국의 거대한 프로젝트도 존재했다. 1450년 이후에 바뀐 것은 시간 및 공간과 관련된 단위와 조직이었다. 전근대 문명은 수 세기에 걸쳐 지역을 변환시켰다. 자본주의는 겨우 수십 년 만에 지역 풍경을 변환시켰다. 공간을 지배하면서 사실상 생산하는 화폐자본의 능력을 통해서 상품형태를 중심으로 부와 자연과 권력을 생산하는 근본적으로 지구적인 양식이 출현했다. 철도나 자동차가 해당 시대에 중요했던 만큼이나 당대에 중요했던 사탕수수 생산은 1450년 이후에 [북대서양] 마데이라 제도에서 [서아프리카] 상투메로 대서양 세계를 가로질러 빠르게 이동했고, 그다음에 연이어 [브라질] 페르남부쿠와 바이아를 거쳐 바베이도스로 이동했으며, 결국에는 그곳에서 더 넓은 카리브해 지역으로 이동하였다. 은 채광은 중부 유럽에서 번성했는데, 이 광산에서 저 광산으로 끊임없이 이동했다. 그다음에 은 채광은 제국과 금융의 연금술을 통해서 지구 반 바퀴 거리만큼 떨어진 포토시로 이전하는데, 그 후 마침내 18세기에 [멕시코] 사카테카스와 과나후아토의 거대 은광으로 대체되었을 따름이다. 임산물, 생선, 철과 구리, 그리고 곡물과 아마포를 전제로 한 상품 프런티어들은 동일한 사회공간적 리듬(행진 리듬이 아니라 춤 리듬)으로 이동했는데, 요컨대 뉴펀들랜드 해변에서 북부 노르웨이와 [폴란드] 비스와강 모래톱, 우랄 산기슭에 이르기까지 북대서양 지역의 생태적 구성체들을 점유하고 산출하며 소진하였다.[22] 초기 자본주의를 기술적으로 또는 사회적으로 활발하지 못하다고 여긴 견해와는 대조적으로, 지구적 점유와 변환의 모든 움직임은 사회조직과 기술 전개, 조경의 새로운 단계가 도래했음을 알렸다. 이전의 어떤 세계생태체제도 그렇게 빨리, 그렇게 멀리 움직인 적은 결코 없었

22. Moore, " 'Amsterdam Is Standing on Norway' Part I" and "Part II".

다. 결정적인 무언가가 바뀌어버렸다.

그 '무언가'를 **자연**/**사회**라고 부르는 것은 우리가 답하고자 하는 문제를 고쳐 말할 뿐이다. 하지만 우리가 맑스의 가치설이 역사적 자본주의의 '심층 구조'를 식별함을, 잠정적일지라도, 인정할 수 있다면, 인간의 일과 비인간의 일이 뒤얽힌 방식에 대한 실마리를 갖게 된다. 인간과 비인간의 이런 짜임새 — 가치 '법칙' — 는 노동생산성에 우선권을 부여하고, 그리하여 미자본화된 자연을 그 재생산은 도외시한 채로 동원한다. 이제 우리는 문제를 단순히 고쳐 말하기 이상의 것을 갖게 된다. 생명의 그물 속 자본화와 전유의 (가치)관계에 있어서 근본적인 비평형에 전제를 두고 있는 것으로 자본주의를 이해할 가능성이 존재한다. 더욱이, 우리가 맑스를 좇아서 외부 배출구(프런티어)가 중요하다 — 『자본론』의 말미에 잇따른 몇 개의 장에서 맑스는 "국내시장"의 "정복"에서 "지구를 그 전장으로 삼는…통상전쟁"으로, "자본주의적 체제의 국제적 특성의 발달"과 그 체제의 누적되는 체제적 모순의 진전으로 이동한다[23] — 고 인정하게 된다면, 평형을 깨는 경향이 있는 잇따른 해법이 본질적으로 자기제한적임을 이해하기 시작할 것이다. 이런 자기제한적 운동을 탐구하려면, 자본의 논리에서 자본주의의 역사로 이동해야 할 것이다.

이런 분석적 가능성이 사실상 중요한 이유는 그것이 우리 시대의 가장 큰 물음에 답하는 데 도움이 될 것이기 때문이다. 자본주의적 문명의 한계는 무엇이고, 이 한계는 인간과 나머지 자연에 의해 어떻게 구성되는가? 자본주의의 한계는 궁극적으로 생물권 자체에 의해 결정된다고 말하는 것은, 추상적 의미에서는 참이겠지만, 어리둥절하게 만들 것이다. 이것은 자연을 독립적인 체계로 여기는 견해다. 하지만 이

23. Marx, *Capital*, Vol. I, 913, 915, 929. [마르크스, 『자본론 I-하』.]

견해는 자본주의가 어떻게 한계에 이르는지, 자본주의가 역사적으로 어떻게 한계를 초월했는지, 그리고 자본주의가 어떻게 잇따른 역사적 자연을 오늘날 자신의 생존과 관련하여 처리하기 어려운 문제들을 제기하는 방식으로 개조했는지를 이해하기에는 불충분하다. 우리는 자연-속-자본주의의 '어떻게'를 어떤 식으로 제기하고 생산적으로 답하고자 하는가?

맑스의 가치 구상은 이들 물음에 답하는 유용한 방법을 제공하는 것처럼 보인다. 그 구상 덕분에 우리는 장기지속 동안 나타난 권력과 재/생산, 축적의 패턴들뿐만 아니라 이들 패턴의 출현과 진화를 활성화하는 논리도 식별할 수 있게 된다. 내가 이 방법을 견인적이라고 하는 이유는 우리가 가치를 중력장으로 삼고 있기 때문이다. 이 중력장을 통해서 형성되는 패턴은 거의 선형적으로 변화하는 동시에 우연적인 방식으로도 변화한다. 이 모든 경우에 화폐가 당연히 매우 중요한데, 자본주의적 문명에만 중요한 것은 아니다. 하지만 화폐가 표상하는 것은 무엇인지 도저히 명백하지 않다. 역사적 자본주의에서 화폐가 매우 중요한 이유는 그것이 세 가지 연계된 과정에 중요하기 때문인데, 그 세 가지 과정은 1) 인간 활동의 일부, 즉 유상 일을 잘라내어 그것에 특별한 가치를 부여하는 과정, 2) 나머지 자연의 가치를 떨어뜨려서 비인간 자연을 무료로 또는 저비용으로 일하게 하는 과정, 3) 자본화와 전유 사이의 진화하는 경계, '경제'와 그것의 구성적 관계들과 생명의 그물 사이의 진화하는 경계를 관장하는 과정이다. 그 이유는 화폐축적("모든 상품이 용해되는" 지점)이 상품생산의 물질적 전환(화폐가 "모든 상품으로 용해되는" 지점)을 새기면서 기입하기 때문이다.[24] 맑스

24. Marx, *Grundrisse*, 142. [마르크스, 『정치경제학 비판 요강 1』.]

의 가치 사유는 자본 축적을 객관적 과정이자 주관적 프로젝트로 인식함으로써 축적과 생물물리학적 변화, 근대성 전체 사이의 내부 연결관계를 파악할 가망이 있는 길을 제시한다.

가치와 사회적으로 필요한 무상 일의 중요성

이런 내부 연결관계는 근대성의 기원에서 엿볼 수 있을 것이다. 그 관계는 초기 근대 자본주의에서 일어난 토지와 노동의 획기적인 전환을 뒷받침했다(7장 「인류세인가 자본세인가?」를 보라). 하지만 이 전환은 자본의 직접적인 결과가 경제적으로 표현된 것이 아니었다. 이 기묘한 척도, 즉 가치는 중서부 유럽 전체를 마찬가지로 기묘한 공간 정복에 나서게 했다. 상품화와 전유의 지리적 운동은 가치를 통하여 공간을 상징적이고 물질적으로 재구성함으로써 상호 결정되었다. 맑스는 이 기묘한 재구성을 "시간에 의한 공간의 소멸"[25]이라고 부른다. 우리는 '장기 16세기'[26] 전체에 걸쳐서 새로운 형식의 시간 — 추상적 시간 — 이 출현했음을 알 수 있다. 어떤 의미에서 모든 문명은 다양한 지형을 가로질러 팽창하도록 구성되어 있지만, 어떤 문명도 이런 지형들을 초기 자본주의의 지리적 실천을 지배한 방식으로 외부적이고 점진적으로 분리될 수 있는 것으로 표상하지 않았다. 자본주의의 **저렴한 자연** 전략의 비범함은 시간은 선형적인 것으로, 공간은 평평한 것으로, 그리고 자연은 외부적인 것으로 표상한 점에 있었다.[27] 그것은

25. 같은 책, 424. [같은 책.]

26. [옮긴이] 이매뉴얼 월러스틴에 따르면 장기 16세기는 1450~1640년의 시기를 가리키는데, 꽤 장기적인 이 시기에 바로 자본주의 체제가 등장했고 유럽 세계경제에 큰 변동이 일어났다.

27. L. Mumford, *Technics and Civilization* (London : Routledge and Kegan Paul, 1934)

"신의 책략"[28]의 문명적 굴절이었는데, 요컨대 부르주아 지식은 독자적인 특별한 유형의 수량화를 표상했고, 과학적 이성은 세계 — 제국 및 자본과 동맹을 맺은 초기 근대의 과학혁명에 의해 개조되고 있던 바로 그 세계 — 의 거울을 표상했다. 신의 책략은 추상적인 사회적 자연의 생산자이자 생산물이었고, 게다가 지도로 제작할 수 있고, 합리화될 수 있으며, 그리고 무엇보다도, 자본의 끝없는 축적을 용이하게 한 방식으로 제어될 수 있는 것으로서의 **자**연의 공동생산이었다.

다시 말해서, 추상적 시간에는 추상적 공간이 따라온다.[29] 추상적 시간과 공간은 자연이 기이하게도 추상적인 사회적 노동으로 구체화한 결과의 불가피한 따름정리였다. 초기 근대의 특별한 풍경과 생물학적 혁명을 뒷받침한 것은 이 우세한 가치 법칙 — 메커니즘이라기보다는 오히려 중력장으로 작용하고 있는 법칙 — 이었다. 이 시기에 자본주의의 **저**렴한 **자**연 전략, 즉 오늘날 생물권 격변의 근거를 이루는 바로 그 전략이 나타났다. 이 전략으로 인해 **네** 가지 **저**렴한 것, 즉 노동력과 식량, 에너지, 원료의 생산이 폭증함으로써 노동생산성이 급격히 향상될 수 있다. 문제점은, 자본-노동 관계가 **저**렴한 **자**연을 코드화하고 조사하고 수량화하고 그 지도를 제작할 채비를 잘 갖추고 있지 않을 뿐만 아니라, **저**렴한 **자**연의 새로운 원천을 식별하고 조성할 채비도 잘 갖추고 있지 않다는 것이다. **저**렴한 **자**연의 새로운 원천을 식별하고 조성하는 행위에는, 자본-무상 일 관계의 확대재생산이 중요했던 영토권력과 밀접히 연계되어 있지만 그것으로 환원될 수는 없는 모든 유형의 지식-

---

[루이스 멈퍼드, 『기술과 문명』, 문종만 옮김, 책세상, 2013]; Merchant, *The Death of Nature* [머천트, 『자연의 죽음』]; J. Pickles, *A History of Spaces* (New York : Routledge, 2004).

28. D. Haraway, "Situated Knowledges," *Feminist Studies* 14, no. 3 (1988) : 575~599.

29. Lefebvre, *The Production of Space*. [르페브르, 『공간의 생산』.]

실천이 포함되었다. 이것이 전유에 의한 축적과 추상적인 사회적 자연의 지형이다.

자연을 외부적인 것으로 여기는 관념이 지금까지 매우 효과적으로 작동한 이유는 자본의 '자기'팽창을 위한 조건이 자본에 외재적인 자연의 점유와 생산이기 때문이다.(명백히 공동생산적 과정.) 이런 자연은 역사적이고 유한하기에, 어떤 한 역사적 자연이 소진하게 되면 질적으로 새롭고 양적으로 더 큰 무상 일의 원천을 제공할 새로운 자연을 '찾아내'도록 급히 재촉당하게 된다. 그러므로 영국이 주도한 큐가든 왕립식물원은 미합중국이 주도한 국제농업연구센터로 대체되었고, 이것 역시 마침내 신자유주의 시대의 생물 탐사와 지대 추구, 유전체 지도 작성 행위로 대체되었다.[30]

그러나 **자**연의 기원은 16세기까지 거슬러 올라간다. 상징적 코드화와 물질적 기입을 융합한 초기 자본주의의 세계실천은 자연의 대담한 물신화를 진전시켜서 그 시대의 지도제작술 혁명과 과학혁명, 수량화 혁명을 구체화했다. 이들 혁명은 본원적 축적의 상징적 국면인데, 요컨대 인간과 나머지 자연의 분리를 전제로 한, 데카르트로 상징되는, 새로운 지적 체계가 창출되었다.

물론, **저**렴한 **자**연의 기원은 지적이고 상징적인 것을 넘어선다. 중세의 지적 경계를 벗어나는 것은 중세 영토성을 벗어나는 것과 짝을 이루었다. 어떤 의미에서 문명의 팽창이 만사에 근본적이지만, 초기 근대 유럽에서는 특정한 지리적 추진력이 출현했다. 모든 문명이 일종의

30. L.H. Brockway, *Science and Colonial Expansion* (New York : Academic Press, 1978) ; J.R. Kloppenburg, Jr., *First the Seed* (Cambridge : Cambridge University Press, 1988) [잭 클로펜버그 2세, 『농업생명공학의 정치경제』, 허남혁 옮김, 나남, 2007] ; K. McAfee, "Neoliberalism on the Molecular Scale," *Geoforum* 34, no. 2 (2003) : 203~19.

프런티어를 갖추고 있었지만, 자본주의는 무언가 매우 달랐다. 16세기 이전에 문명의 프런티어 – 봉건제 유럽의 엘베강 동쪽 노정 같은 것 – 는 다소간 그 체제의 산출물이었다. 자본주의의 발흥과 더불어 프런티어 형성은 훨씬 더 근본적인 일이 되었는데, 프런티어는 안전판일 뿐만 아니라 끝없는 축적의 획기적인 잠재력을 펼치는 구성적인 공간적 국면이기도 했다. 자본주의 권력의 미상품화된 새로운 공간에의 확대는 자본주의의 생혈이 되었다. 어딘가 다른 곳에서 나는 초기 자본주의의 상품 프런티어의 역사적 지리를 고찰한 적이 있다.[31] 우선 나는 이런 프런티어의 두 가지 관계적 축을 강조하고 싶다. 첫째, 상품 프런티어 운동은 한낱 상품관계의 확대에 불과한 것이 아니다. 물론, 상품관계의 확대도 중요하지만 말이다. 그 운동은, 중요하게도, 무상 일/에너지의 상품지향적 전유에 필요한 영토권력과 지리적 지식의 전개와도 관련되어 있었다. 이런 무상 일은 인간 자연 – 예를 들면, 여성이나 노예 – 이 제공하거나, 숲이나 토양, 강 같은 비인간 자연이 제공할 수 있었다. 둘째, 처음부터 그런 프런티어는 자본주의 특유의 **저**렴한 **자**연 형태들을 창출하는 데 필수적이었다.

가치 법칙을 나머지 자연과 다발을 이룬 인간의 공동생산물로 여기는 탈데카르트적인 역사적 방법에 대해 이런 사유 노선이 품은 함의는 무엇인가?

---

31. J.W. Moore, "Sugar and the Expansion of the Early Modern World-Economy," *Review* 23, no 3 (2000) : 409~33 ; "Nature and the Transition from Feudalism to Capitalism" ; "The Modern World-System as Environmental History?" ; "Madeira, Sugar, and the Conquest of Nature in the 'First' Sixteenth Century, Part I," *Review* 32, no 4 (2009) : 345~90 ; " 'Amsterdam Is Standing on Norway' Part I" and "Part II" ; "Madeira, Sugar, and the Conquest of Nature in the 'First' Sixteenth Century, Part II," *Review* 33, no 1 (2010) : 35~71.

맑스의 경우에, 사용가치와 교환가치는 "사용가치와 가치의 내부 대립"을 "외부로" 나타낸다.[32] 『자본론』의 서두에서 맑스의 논의가 매우 높은 추상화 수준으로 전개되어서 이런 '내부 대립'의 의미가 지금까지 미진하게 파악되었다. 가치와 사용가치가 내부적으로 관련되어 있다고 말하는 것은, 가치관계가 직접적인 생산과정을 필연적으로 뛰어넘어 확장되는 방식으로 가치/사용가치 관계를 포괄한다고 말하는 것이다. 여기에 우리가 특정한 '생산양식'과 특정한 '생활양식'을 구체적인 역사적 통일체에 결합할 수 있게 하는 연결관계가 있다.[33]

이것은 자본주의가 노동력 착취와 저렴한 자연 전유의 변화하는 배치를 통해서 파악될 수 있음을 뜻한다. 이런 유상 일과 무상 일의 변증법은 전자(착취)와 비교하여 후자(전유)가 편중되게 확대되기를 요구한다. 그 현실은 인간이 수행한 무상 일[34]과 나머지 자연이 수행한 무상 일('생태계 서비스')[35]의 기여분에 대한 널리 인용되는 추정치에 의해 제시된다. 인간의 무상 일 – 여성이 압도적으로 제공한다 – 에 대한 양적 추정치는 세계 GDP의 70%에서 80%까지 이르고, 생태계 서비스의 경우에는 세계 GDP의 70%에서 250%까지 이른다. 이런 두 국면 사이의 관계는 거의 파악되지 않았으며,[36] 축적의 장기파동에서 그

---

32. Marx, *Capital*, Vol. I, 153, 209. [마르크스, 『자본론 I-상』.]
33. Marx and Engels, *The German Ideology*, 42. [마르크스·엥겔스, 『독일 이데올로기 1』, 2019.]
34. UNDP [United Nations Development Programme], *Human Development Report 1995* (Oxford : Oxford University Press, 1995) ; M. Safri and J. Graham, "The Global Household," *Signs* 36, no. 1 (2010) : 16.
35. R. Costanza, et al., "The Value of the World's Ecosystem Services and Natural Capital," *Nature* 387 (1997) : 253~60 ; "Changes in the Global Value of Ecosystem Services," *Global Environmental Change* 26 (2014) : 152~8.
36. 그러나 P. Perkins, "Feminist Ecological Economics and Sustainability," *Journal of Bioeconomics* 9 (2007) : 227~44를 참조하라.

것들이 맡은 역할은 거의 논의되지 않는다.[37] 중요한 것은, 무상 일이 노동력의 일상적 재생산과 농업 및 임업의 생산주기에 대한 현행 기여 이상의 것을 포함한다는 점이다. 그것은 축적된 무상 일의 전유도 포괄하는데, 이를테면 대체로 상품체계 바깥에서(예를 들면, 농민 구성체에서) 성인으로 양육된 다음에 임금노동으로 편입되는 어린이의 형태로 축적된 것과 생물지질학적 과정을 통해서 산출된 화석연료의 형태로 축적된 것이 있다.

무상 일의 전유는 가치 결정에서 '빠져 있는' 것으로서의 환경비용과 외부성이라는 중요한 – 하지만 여전히 부분적인 – 관념을 넘어서는 무언가를 표상한다.[38] 그 이유는 자본주의가 한낱 무상 비용('외부성')의 체계에 불과한 것이 아니기 때문이다. 자본주의는 무상 일('비가시성')의 체계다. 여기서 우리는 페미니즘 맑스주의에서 핵심 통찰을 차용할 수 있는데, 무상 일의 기여는 '그저 저곳에' 있는 것이 아니라 권력과 (재)생산, 축적의 복잡한(하지만 패턴을 갖춘) 관계를 통해서 적극적으로 생산된다. 여기서 나는, 현학적일 수 있는 위험을 무릅쓰고, 자연의 '공짜 선물'은 시간이나 노력을 별로 들이지 않은 채 간단히 딸 수 있는 '낮게 걸린 과일'이 아니라고 말한다. **저**렴한 **자**연은 적극적으로 생산된다. 모든 생명은 환경형성에 적극적으로, 창의적으로, 끊임없이 관여하는데, 한편으로 근대 세계에서는 무상 일의 특정한 흐름을 전유하기 위해 인간의 독창성(변변치 못하지만)과 인간의 활동성(변변치 못했지만)이 특정한 자연의 일을 활성화해야 한다. 그런 활성화는

37. 인간의 무상 일에 관해서는 P.A. O'Hara, "Household Labor, the Family, and Macroeconomic Instability in the United States : 1940s-1990s," *Review of Social Economy* 53, no. 1 (1995) : 89~120을 참조하라.

38. R. Patel, *The Value of Nothing* (New York : Picador, 2009) [라즈 파텔, 『경제학의 배신』, 제현주 옮김, 북돋움, 2016]를 참조하라.

공동생산되는데, 현재 그리고 시간이 흐름에 따라 축적되어, 인간 자연과 비인간 자연의 생명활동이 다발을 이루게 된다.

역사적 근거가 있는 가치설의 시사점은 무엇인가? 한편으로, 자본주의는 자본, 즉 운동-중인-가치의 확대재생산에 살고 죽는다. 가치의 실체는 추상적인 사회적 노동이거나, 또는 사회적 필요노동시간이다. 다른 한편으로, 이런 가치 생산은 특수한데, 그것은 모든 것을 가치 있게 여기는 것이 아니라 자본의 회로 속 노동력만 가치 있게 여기고, 그래서 일련의 가치 절하에 의존한다. 많은 일 – 자본주의의 궤도에 있는 대다수의 일 – 이 가치가 있는 것으로 기입되지 않는다. 인간, 특히 여성이 수행한 일은 아무 가치가 없고, 비인간 자연이 수행한 '일'도 아무 가치가 없다. 꽤 합당하게도, 라이벌은 이렇게 묻는다. "동물은 노동계급의 일부인가?"[39] 그 물음 자체는 가치 법칙의 터무니없지만 일관된 실천을 조명한다. 그 문제에 관한 혼란은 계속되지만, 비인간 자연이 자본주의적 생산을 위해 모든 종류의 유용한(하지만 특정적으로 가치가 있지는 않은) 일을 수행하고 그런 유용한 일이 자본관계에 내재적임을 맑스가 이해했다는 점은 이제 확실하다.[40] 다시 말해서, 가치에 대한 맑스의 독법은 두드러지게 탈데카르트적이다.

그러나 이처럼 비非가치화되고 무無가치화된 모든 형태의 일은 가치형태(상품)의 외부에 있다. 그것들은 가치를 직접 생산하지 않는다. 하지만 추상적 노동으로서의 가치는, 그것은 거대하지만 그런데도, 무상 일/에너지를 거치지 않으면 생산될 수 없다. 이로써 나는 불가피한 결론에 이르게 되는데, 가치형태와 가치관계는 동일하지 않다. '만물의

---

39. J. Hribal, "Animals are Part of the Working Class : A Challenge to Labor History," *Labor History* 44, no. 4 (2003) : 435~54.

40. Burkett, *Marx and Nature*.

상품화'는 끊임없는 혁신 – 당연히 생산력의 혁신, 게다가 재생산관계의 혁신 – 을 통해서 유지될 수 있을 뿐이다. 재생산관계는 유상/무상 일과 인간/비인간 경계를 가로지른다. 이런 점에서, 사회적 필요노동시간의 역사적 조건은 사회적으로 필요한 무상 일이다.

비가치화된 일은 상품의 생산 및 거래의 일반화에 "내재적인 … 반논제"가 된다.[41] 자본의 확대재생산과 생명의 재생산 사이의 이런 모순에서, 우리는 "서로 이질적이지만 하나를 가지고 다른 하나를 설명하는 두 가지 세계, 두 가지 삶의 방식"[42]을 갖는다. 그렇다면 이처럼 유상 일과 무상 일 사이에 조성된, 가능하게 하면서 제약하는 긴장관계의 지리적 함의는 무엇인가? 되풀이되는 사회생태적 소진 – 주어진 일단의 인간/비인간 자연이 더 많은 일을 자본에 넘겨줄 수 없는 무능력으로 이해되는 것 – 의 파동은 되풀이되는 지리적 팽창의 파동을 촉발한다. 상품 프런티어 전략이 획기적이었던 이유는, 상품 프런티어 이론의 의미를 일반적으로 오해하듯이, 상품의 생산과 거래 자체가 확대되었기 때문이 아니다.[43] 오히려, 상품 프런티어가 획기적인 이유는 그것이 상품화 지역보다 전유 지역을 더 빨리 확대하기 때문이다. 맑스가 노동일, 다양한 "산업적 병리(들)"를 향한 경향, 그리고 "물리적으로 타락하지 않은" 인간 자연을 세계 프롤레타리아 계급에 편입할 필요성의 모순을 거론할 때, 그는 중요한 변증법을 지적한다(9장을 보라).[44]

---

41. Marx, *Capital*, Vol. I, 209. [마르크스, 『자본론 I-상』.]

42. F. Braudel, *Afterthoughts on Material Civilization and Capitalism* (Baltimore : Johns Hopkins University Press, 1977), 6. [페르낭 브로델, 『물질문명과 자본주의 읽기』, 김홍식 옮김, 갈라파고스, 2012.]

43. Moore, "Sugar and the Expansion of the Early Modern World-Economy"; "El Auge de la Ecologia-Mundo Capitalista, I," *Laberinto* 38 (2013) : 9~26. "El Auge de la Ecologia-Mundo Capitalista, II," *Laberinto* 39 (2013) : 6~14.

44. Marx, *Capital*, Vol. I, 380. [마르크스, 『자본론 I-상』.]

그러므로 추상적인 사회적 노동의 영향을 '경제' 현상으로 식별하는 것은 충분하지 않을 것인데, 이 점이 여전히 중추적일지라도 말이다. 역사적 자본주의의 끝없는 프런티어 전략은 세계가 무한하다는 시각에 전제를 두고 있다. 이것은 자본과 무한한 교체 가능성이라는 자본 신학의 독단이다.[45] 기껏해야, 교체 가능성은 일정한 한계 내에서 성립되는데, 주로 에너지 흐름과 그것이 제공하는 지리적 유연성의 한계 내에서 이루어진다. 지금까지 잇따른 세계생태혁명이 실현된 조건들 – 각각의 조건은 "물리적 신체들"의 양을 비약적으로 증대시키고 상품생산을 위한 가용의 무상 일/에너지의 새로운 흐름을 만들어낸다 – 은 일련의 일회성 사태로 이해될 수 있을 것이다. 자본주의는 이탄과 목탄에서 석탄과 석유로 이동했는데, 요컨대 비스와강과 영국 남부, 미합중국 중서부의 곡창 지대에서 유럽과 아프리카, 라틴아메리카와 동남아시아의 노동 프런티어로 이동했다. 대체 가능성은 무한한 시간과 공간을 통해서 전개되지 않는다.

이 독법에 따르면, 추상적인 사회적 노동은 가치 법칙의 경제적 표현이다. 가치 법칙은 **저**렴한 **자**연을 전유하는 전략이 없다면 역사적으로 작동할 수 없다. 그 이유는 사회적 필요노동시간의 창출은 인간 일과 비인간 일의 변화하는 균형을 통해서 이루어지기 때문이다. 다시 말해서, 사회적 필요노동시간은 공동생산된다. 얼마 동안 그런대로 기후변화가 농업생산성을 억제한다면,[46] 생산의 가치구성이 그에 맞춰 변하

---

45. 생태경제학의 대부분은 이 신학에 대한 지속적인 비판으로 읽을 수 있다. 유용한 입문서로는 H.E. Daly and J. Farley, *Ecological Economics* (Washington, D.C. : Island Press, 2004)가 있는데, M. Perelman, "Scarcity and Environmental Disaster," *Capitalism Nature Socialism* 18, no. 1 (2007) : 81~98도 참조하라.
46. D.B. Lobell et al., "Climate Trends and Global Crop Production since 1980," *Science* 333, no. 6042 (2011) : 616~20.

는데, 게다가 농업에서만 그런 것이 아니다. 사회적 필요노동시간은 생명의 그물을 통해서 형성되고 개편된다.[47] 초기 자본주의에서 풍경 전체가 획기적으로 전환된 사태는 공간의 지도를 제작하고, 시간을 통제하며, 외부적 자연의 목록을 작성하는 새로운 방식들이 없었다면 상상도 못 할 일이었는데, 게다가 그것들은 세계시장이나 계급구조 변화에만 근거하여 해명할 수는 없다. 가치 법칙은, 추상적인 사회적 노동으로 환원되기는커녕, **저**렴한 **자**연의 창출과 뒤이은 전유를 통해서 자기 팽창의 필요조건을 찾아낸다. 자본이 생산비 상승을 미연에 방지할 수 있으려면, 이런 전유 운동이 비경제적 절차와 과정을 통해서 보장되어야 한다.

이것으로써 나는, 자본주의의 순환 현상으로 수용하게 된, 되풀이되는 본원적 축적의 파동 이상의 것을 뜻한다.[48] 이 파동도 여전히 중요하다. 하지만 현재 우리에게 소중한, '확대재생산'과 "탈취에 의한 축적"[49]의 변증법 사이에 놓여 있는 것은 자본 축적에 쓸모 있도록 자연을 수량화하고 합리화하며 그 지도를 제작하는 데 전념하는 지식과 그것에 관련된 실천이다. 그러므로 삼위일체, 즉 추상적인 사회적 노동, 추상적인 사회적 자연, 본원적 축적의 삼위일체가 존재한다. 이것이 자본주의적 세계실천의 관계적 핵심이다. 그렇다면 신성하지 않은 삼위일체의 작업은? **저**렴한 **자**연의 생산. 전유 지역의 확대. 요약하면, 노동

---

47. "재생산 과정은 가치와 재료 둘 다에서 C′의 개별 성분들의 교체라는 관점에서 고려되어야 한다."(K. Marx, *Capital*, Vol. II 〔New York : Pelican, 1978〕, 469). [칼 마르크스, 『자본론 II』, 김수행 옮김, 비봉출판사, 2015.]
48. M. de Angelis, *The Beginning of History* (London : Pluto, 2007). [맛시모 데 안젤리스, 『역사의 시작』, 권범철 옮김, 갈무리, 2019.]
49. D. Harvey, *The New Imperialism* (Oxford : Oxford University Press, 2003). [데이비드 하비, 『신제국주의』, 최병두 옮김, 한울, 2016.]

과 식량, 에너지, 원료 – 네 가지 저렴한 것 – 를 노동력의 착취에서 비롯된 대량의 잉여자본을 축적하는 것보다 더 빨리 넘겨주기. 왜? (상품체계 안에서) 노동력의 착취율이 직접적인 가치생산에 편입되는 생명을 형성하는 능력을 소진하는 경향이 있기 때문이다.

> 자본은 노동력의 수명에 관해서는 아무것도 묻지 않는다. 자본의 관심을 끄는 것은 순전히 노동일에 동원할 수 있는 노동력의 최대치일 뿐이다. 탐욕스러운 농부가 토양에서 그 양분을 빼앗음으로써 더 많은 생산물을 가로채는 것과 마찬가지 방식으로 자본은 노동력의 수명을 단축함으로써 이 목적을 달성한다.[50]

소진은 '생명력'을 명백히 고사시키는 형태를 취할 것이다.[51] 하지만, 더 흔하게도, 소진은 어떤 주어진 생산복합체가 무상 일 – 인간 자연과 비인간 자연이 공히 수행하는 – 의 흐름을 상승시키지 못하는 무능력에서 분명히 나타난다. 이런 후자 형태의 소진은 일반적으로 계급투쟁과 생물물리학적 변화, 구축된 지역 환경의 경향적으로 상승하는 '지리적 관성'의 어떤 조합에서 비롯된다.[52] 무한하다고 여겨지는 세계에서, 지금까지 자본 전체는 저렴한 노동과 식량, 에너지, 원료의 '물리적으로 생생한' 새로운 지역을 찾아내어 전유하는, 주기적으로 단속되지만 누적적인 경향을 나타내었다. 소진은 자본의 가치구성이 상승하는 조짐일 뿐 아니라, 지역적 축적에 더욱더 많은 무상 일을 공급하는 어떤 주어진 생산복합체가 쇠퇴하는 변곡점도 나타낸다.[53] "외국의 노예사육

---

50. Marx, *Capital*, Vol. I, 376. [마르크스, 『자본론 I-상』.] 강조가 첨가됨.
51. 같은 책, 380. [같은 책.]
52. Harvey, *The Limits to Capital*, 428~9 [하비, 『자본의 한계』]을 참조하라.

장"을 찾아내어 지배할 수 있는 한, 상대적인 "산업인구의 쇠퇴"는 거의 중요하지 않다.[54] 비인간 자연의 경우에도 상황이 그렇게 달랐을까? 19세기 초 몇십 년이 지났을 무렵에 영국 농업은, 반드시 물리적으로 고갈하지는 않았지만, 상승하는 저렴한 식량의 흐름을 수도권에 보낼 수 있는 능력의 견지에서는 확실히 소진되었다.[55] 놀랍지 않게도, 19세기 중엽 절정기의 영국 자본주의는 북아메리카와 카리브해의 신세계 프런티어 지역에서 공급된 저렴한 칼로리에 바탕을 두고서 영양분을 조달했다.[56]

이제 우리는 자본주의 발흥과 가치 법칙의 출현 사이의 점들을 연결할 수 있다. 가치관계는 착취와 전유에의 이중 운동을 도입했다. 상품체계 안에서는 노동력의 착취가 대세를 장악한다. 하지만, 그 착취의 자기 소진을 향한 경향을 고려하면, 그런 우위는 미상품화된 자연의 전유가 이런 경향을 상쇄할 때에만 가능할 뿐이다. 이 사실을 판별하기 어려운 이유는 가치관계가 직접적인 상품생산보다 필연적으로 훨씬 더 광범위하기 때문이다. 상품생산의 일반화는 그 범위와 규모가 생산을 훌쩍 넘어 확장하는 가치관계의 그물을 통해서 진전한다. 자

---

53. 이것은 쇠퇴하는 세계 헤게모니 국가의 이익을 증진시킨 금융화 파동의 재현에 관해 무언가를 설명하는데, 헤게모니 국가 네덜란드와 영국, 미합중국은 각자의 호시절에 세계의 어딘가 다른 곳에서 저렴한 자연의 새로운 전유에 기반을 두고서 농산업적 확대의 과실을 확보하기 위한 금융적 수단을 활용함으로써 각자의 지리적 현장에서 자본가들에 의한 축적의 갱신을 향유했다(Arrighi, *The Long Twentieth Century* 〔1994〕). [아리기, 『장기 20세기』.]

54. Marx, *Capital*, Vol. I, 377 [마르크스, 『자본론 I-상』]에서 인용된 문헌, J. Cairnes, *The Slave Power* (London : Parker, Son and Bourn, 1862).

55. B. Thomas, *The Industrial Revolution and the Atlantic Economy* (New York : Routledge, 1993).

56. W. Cronon, *Nature's Metropolis* (New York : W.W. Norton, 1991) ; S. Mintz, *Sweetness and Power* (New York : Penguin, 1985) [시드니 민츠, 『설탕과 권력』, 김문호 옮김, 지호, 1998].

본주의적 발전의 문제는 자신의 '재생산 조건의 일반화'와 변증법적으로 연계된 임금노동의 불균등한 지구화라는 문제다.[57] 닫힌 체계로서 자본의 회로가 지속 불가능하다는 사실을 고려하면, 몇몇 맑스주의적 시각에 있어서 임금노동의 중요성은 잘못된 것은 아니지만 편파적이다. 지금까지 이런 대안적 분석을 추구하면서 맞닥뜨린 어려움의 원인은 근대 사상에 내재하는 이원론에 있는데, 그 이유는 내가 제안한 방식대로 자본주의를 구성하는 것은 근대주의 사상의 체제 전체가 기대고 있는 남성/여성, 자연/사회 경계를 초월하는 것이기 때문이다.[58] 우리는 유상/무상 일 – '생산적' 일과 '재생산적' 일 – 의 결합을 통해서 자본주의 아래 수행되는 인간 일의 각기 다르지만 상호 구성적인 변증법을 통일해야 한다. 그뿐 아니라, 장기지속에 걸쳐서 인간의 일과 비인간의 일에 대한 훨씬 더 창의적인 배치를 전유하고 공동생산하는 것에 자본주의의 역동성이 전적으로 빚지고 있었다는 사실도 인식해야 한다.

우리가 유상/무상 일의 결합을 전제로 삼는다면, 자본주의와 가치관계는 자본의 소유주와 노동력의 보유자 사이의 관계로 환원될 수 없다. 사회적 필요노동시간의 역사적 조건은 사회적으로 필요한 무상 일이다. 이 소견은 데카르트적 경계를 가로지르는 생산과 재생산의 모순적 통일체로서의 자본주의에 대한 풍경을 개방한다. 유의미한 구분은 유상 일의 영역(상품화된 노동력의 착취)과 무상 일의 영역(생명의 재생산) 사이에서 이루어진다. 이런 모순적 통일체는, 노동력이 투입-산출 계산을 통해서 (불완전하게) 표현되는 생산성의 향상 또는 저하를 낳는

57. P. McMichael, "Slavery in Capitalism," *Theory and Society* 20, no. 3 (1991) : 343.
58. V. Plumwood, *Feminism and the Mastery of Nature* (New York : Routledge, 1993), 41~68 ; M. Waring, *If Women Counted* (San Francisco : Harper and Row, 1988).

다고 할 수 있는, 상품생산의 비교적 협소한 권역을 창출함으로써 작동한다. 상품생산에 있어서 노동력의 착취에 전제를 두고 있는 이 협소한 권역은 훨씬 더 광범위한 전유의 권역과 연관되어 작동하는데, 전유의 권역을 통해서 자연의 다양한 '공짜 선물' — 가족에서 생물권까지 이르는 생명의 재생산을 포함한 선물 — 이 상품생산으로 편입될 수는 있지만 전적으로 자본화되지는 않는다. 왜 그러한가? 그 이유는 재생산의 자본화가 방금 논의된 경향적 소진을 나타낼 수밖에 없기 때문인데, 이것은 자본의 가치구성이 상승하는 사태를 수반하고 자본이 자신의 비용 중 더 큰 몫을 감당해야 하는 상황을 가리킨다.

상품생산 안에서 사회적 필요노동시간을 중심으로 전개되는 이 새로운 가치 법칙은 **저**렴한 **자**연을 전유하는 확대된 (그리고 확대되고 있는) 영역이 필요하다. 초기 자본주의는 이 점에서 뛰어났는데, 요컨대 **저**렴한 **자**연을 찾아내고 코드화하며 합리화하는 데 이례적으로 매우 적합한 기술과 지식을 발달시키는 일에서 뛰어났다. 여기서 세계를 보는 새로운 방식 — 르네상스 원근법이 출현함으로써 개시된 방식 — 이 자본주의적 세계생태에 대비한 새로운 조직화 테크닉스를 결정적으로 좌우했는데, 이를테면 포르톨라노 해도와 소형 범선에서 메르카토르 도법과 대형 범선, 그리고 그 밖의 다수의 것에 이르기까지 초기 근대에 이루어진 지도제작술 혁명과 조선 혁명에서 명백히 나타났다.

저렴한 **자**연을 전유하기는 약탈이라는 종속이론 어휘가 허용하는 것보다 훨씬 더 창조적인 행위였으며 지금도 그러하다.[59] '전유'는 어느 모로 보나 '착취'만큼 생산적인 활동을 표상한다. 기본적인 부의 노골

---

59. B. Clark and J.B. Foster. "Ecological Imperialism and the Global Metabolic Rift," *International Journal of Comparative Sociology* 50, nos. 3~4 (2009) : 311~34를 참조하라.

적인 강탈 — 16세기의 발명품이 아님이 확실한 행위 — 은 자본을 끝없이 축적하기 위한 지속적인 기반을 제공할 수 없었다. 하지만 **저**렴한 **자**연과 관련된 새로운 실천은 그 기반을 제공했다. 여기서 전유 행위는 지구적 팽창을 지향하는 기술 혁신과 세계시장을 결합했다. 이런 행위는 토착민을 노동예비군으로 기능하는 전략적 촌락으로 재조직하려는 상당히 의도적인 식민 전략들로 구성되었는데, 이를테면 16세기 동안 안데스 지역과 브라질에 건설된 정착지들이 대표적인 사례다.[60] 그런 행위 덕분에 토지를 생산력인 동시에 '공짜 선물'로 취급함으로써 잉여가치율이 상승할 수 있게 되었다. 전유 비용 — 토착민과 아프리카 노예의 거래를 통한 비용 — 이 아주 낮게 유지되는 한, 이런 노동생산성 향상에 수반되는 끔찍한 사망률은 중요하지 않았다.[61]

이 사실은 경제적 역사서술학의 문제점뿐만 아니라 맑스주의 정치경제학의 문제점도 확증한다. 맑스에 대한 통상적인 독법에 따르면, 잉여가치의 생산을 위한 두 가지 범주, 즉 절대적 잉여가치(더 많은 노동시간)와 상대적 잉여가치(같은 노동시간으로 생산되는 더 많은 상품)가 제시된다. 맑스는 대규모 산업의 발흥에서 전개되는 기본 경향에 집중했으며, 그리고 이런 주의 집중은 그 후 줄곧 재현되었다. 하지만 맑스는 인간 자연과 비인간 자연의 변증법에 근거를 두고 있는 착취율 이론에도 주의를 기울였다. 이런 점에서, 토양 비옥도는 어쩌면 "고정자본의 증가처럼 작용할" 수 있다.[62] 우리는 토양 비옥도에 대한 이런

60. D.W. Gade and M. Escobar. "Village Settlement and the Colonial Legacy in Southern Peru," *Geographical Review* 72, no. 4 (1982) : 430~49 ; S.B. Schwartz, "Indian Labor and New World Plantations," *American Historical Review* 83, no. 1 (1978) : 43~79.

61. S.B. Schwartz, *Sugar Plantations in the Formation of Brazilian Society* (Cambridge : Cambridge University Press, 1985) ; Moore, "Ecology and the Rise of Capitalism".

언급을 인간 자연과 비인간 자연의 생명형성 능력을 가리키는 축약어로 여길 수 있다. 17세기 [브라질] 바이아 지역 또는 19세기 미합중국 중서부 지역과 그레이트플레인스의 비옥도처럼 특별한 토양 비옥도가 어떤 의미에서 '주어진' 곳에서도 그것은 마찬가지로 공동생산되었다. 장기 16세기의 지도제작술 혁명과 조선 혁명이 없었거나, 또는 장기 19세기의 철도 혁명과 미합중국 영토의 합리화가 없었다면, 이런 프런티어의 관대함은 잠재적인 것에 지나지 않았을 것이다. 이런 '경성' 생산기술과 '연성' 생산기술은 무상으로 일할 수 있는 인간 자연과 비인간 자연의 능력을 활용함으로써 노동생산성을 향상하였다. 하지만 이들 자연이 무상으로 일을 하게 하려면 일을 해야 했다. 바로 이것이 초기 자본주의적 기술 진보의 혁신이었다. 사탕수수와 밀 프런티어는 오로지 자본과 지식, 인간의 특별한 운동을 통해서 세계를 개조했는데, 각각의 운동은 자연의 일을 부르주아 계급의 가치로 전환하기 위해 막대한 에너지를 소비했다. 그렇다. 석탄과 석유가 무상 일을 전유하는 이런 과정의 극적인 사례다. 하지만 이 소견 ― 즉, 지금까지 화석연료가 노동생산성을 향상시키는 데 중요했다는 소견 ― 은 맹목적으로 숭배하는 신조가 되어 버리는데, 왜냐하면 이와 동일한 과정이 초기 자본주의에는 적용되지 않기 때문이다.

그 결과는 급진적 사상의 거대한 맹점인데, 그리하여 초기 자본주의의 거대한 노동생산성 혁명은 거의 보편적으로 무시당한다.[63] 나는, 이런 일이 일어난 이유는 우리의 척도와 서사틀이 대체로 무상 일을

---

62. Marx, *Capital*, Vol. I, 238, 636~8 [마르크스, 『자본론 I-상·하』]; *Grundrisse*, 748 [『정치경제학 비판 요강 3』].

63. 이 혁명은 때때로 암시되더라도(D. Landes, *The Wealth and Poverty of Nations* 〔New York : W.W. Norton, 1998〕[데이비드 S. 랜즈, 『국가의 부와 빈곤』, 안진환·최소영 옮김, 한국경제신문, 2009]을 참조하라) 대체로 무시당한다.

가치관계에 편입할 수 없었기 때문이라고 추정한다. 난제는, 잇따른 생산성 체제에 걸쳐서, 무상 일과 유상 일의 배치가 안정화하고 주기적으로 재구성되는 방식을 우리의 서사틀과 분석 전략에 내부화하는 것이다. 우리는 초기 근대의 틀로 되돌아가서 17세기 브라질에서 맞닥뜨린 마사페 토양의 비옥도 횡재를 분석적으로 내부화할 방법을 물을 수 있을 것이다. 또는 포토시 광산으로 끌려간 미타요(강제 임금노동자)의 가족이 끼친 기여는 어쩔 것인가? 또는 노르웨이와 발트해의 숲이 네덜란드 공화국의 조선 중심지에 끼친 기여는 어쩔 것인가? 또는 농민 양성이 영국 농민보다 해당 노동비용이 훨씬 더 낮은 스웨덴 농민의 비수기 제철 작업에 끼친 기여는 어쩔 것인가? 그리고 어쩌면 가장 극적으로 – 또다시 나는 데카르트적 경계를 넘어서고 있다 – 자기 아들과 딸이 강제로 노예가 된 아프리카 가족의 일은 어쩔 것인가?

이와 같은 초기 근대 노동생산성 혁명은 스미스적 분업화와 기술적 변화, 조직 혁신에 달려 있었을 뿐만 아니라, **저**렴한 **자**연의 지도가 제작되고, 그것을 조직하며 전유하는 수단으로 활용된 새로운 가치의 테크닉스에도 달려 있었다. **저**렴한 **자**연의 '비옥도'는 상품지대 안에서 생산성 향상을 이루기 위한 토대였다. 어쩌면 본의 아니게도, 클라크는 칼로리 척도로 특징지어지는 노동생산성에 관한 계몽적인 대조 사례를 제시한다. 산업형 농업에 대한 모든 에너지 위주 비판과 공명할 한 구절에서, 클라크는 밀과 우유, 소맥 식품에 전제를 두고서 1800년 무렵 영국 농업의 평균 "일꾼은 시간당" 대략 2,600칼로리를 산출했다고 지적한다.[64] 이와는 대조적으로, 카사바와 옥수수, 고구마를 경작

64. G. Clark, *Farewell to Alms* (Princeton : Princeton University Press, 2007), 67~8. [그레고리 클라크, 『맬서스, 산업혁명, 그리고 이해할 수 없는 신세계』, 이은주 옮김, 한스미디어, 2000.]

한 19세기 초 브라질 화전 농업의 평균 '일꾼은 시간당' 7천 칼로리에서 1만 7천6백 칼로리까지 산출했다.[65]

이 상황은 우리에게 무엇을 말해주는가? 무엇보다도 그것은, 초기 자본주의가 크게 성공한 원인은 세계 전역에서 미상품화된 자연들의 놀라운 실태를 전유하고 그것들의 특별한 잠재력을 실현할 수 있는 능력 때문이었음을 말해준다. 어떤 기술적 의미에서도 16세기 유럽이 예외적이었다면, 그것은 바로 이런 영역에서 그러했다. 대표적인 사례로서 식량이 적절한 이유는 그 척도가 쉽기 때문이지만, 노동시간 생산성 횡재의 전유 행위를 초기 자본주의의 모든 부문으로 증식할 수 있었기 때문이다. 이를테면, 16세기 말의 비교적 관리되지 않은 노르웨이의 숲과 잡목림으로 형성된 영국의 숲 사이에 통나무의 노동시간 생산성은 어떻게 다를 것인가? 또는 1550년 무렵 포토시의 세로리코 은광과 중부 유럽의 은광 사이에는 어떻게 다를 것인가? 이런 차이는 절대 어떤 직접적이고 선형적인 의미에서 '생산된' 것이 아니었다. 그렇다고 이런 관대한 프런티어가 그냥 가져가라고 있는 것도 절대 아니었다. 그것들은 공동생산되었다.

초기 자본주의의 생산성 혁명에는 필연적으로 뜻밖의 횡재와 전략이 뒤섞여 작용하고 있었는데, 요컨대 옥수수와 고구마, 카사바 같은 신세계 작물이 수확률이 높은 점에서 뜻밖의 횡재였고, 새로운 상품 프런티어(특히 사탕수수와 은)가 수확률이 높은 그런 작물 주위에 적극적으로 구축된 생산체계라는 점에서 전략이었다. 하지만 구세계 작물이 도입된 지역 — 식민지 페루에 거주한 스페인 사람들은 밀을 좋아했다 — 에서도 초기 수확률은 대단히 높았고(유럽 평균보다 열 배 정도

65. 같은 책. [같은 책.]

더 높았다), 식민 지배의 첫 번째 장기파동(대략 1545~1640년) 동안 계속 그러했다.[66] 그 점은 아무리 강조해도 절대 지나치지 않은데, **저**렴한 식량을 문명적 전략으로 도입한 것은 '고정자본의 증가처럼 작용했다.' 식량의 가격(가치구성) 하락은 노동생산성의 향상과 같고, 이는 곧 착취율의 상승과 같다.

그런데 식량 — 더불어 원료와 에너지 — 의 저렴화는 경제적 수단과 영토적 수단만으로 이루어질 수는 없다. **저**렴한 **식**량, 그리고 자본주의적 프로젝트로서의 **저**렴한 **자**연은 추상적인 사회적 자연이라는 상징체제를 통해서만 실현될 수 있었다. 이런 상징체제는 이베리아반도의 식물원들로 조직된 "식물 지식의 본원적 축적,"[67] 새로운 "지도 의식"의 출현,[68] 초기 근대 유물론으로 개시된 "자연의 죽음,"[69] 그리고 그 밖의 다수의 것을 포괄했다. 우리는 나중에 이 책에서 추상적인 사회적 자연에 관한 물음에 되돌아갈 동기뿐 아니라 기회도 얻게 될 것이다.

초기 자본주의 시기 — 그리고 그 이후 — 에 형성 중인 가치 법칙은 가치/사용가치의 변증법에 해당하는 두 가지 동시적인 운동을 통해서 전개되었다. 사용가치는 인간 자연과 비인간 자연의 무상 일/에너지를 포괄하는 전유 영역 — 가치에 대한 조건 — 을 통해서 '생산'된다. 지금까지 역사적 자본주의가 되풀이되는 자신의 위기를 해소할 수 있었던 이유는 영토적 행위자와 자본주의적 행위자가 전유 영역을 착취 영역보

---

66. J.C. Super, *Food, Conquest, and Colonization in Sixteenth-Century Spanish America* (Albuquerque : University of New Mexico Press, 1988) ; J.W. Moore, " 'This Lofty Mountain of Silver Could Conquer the Whole World,'" *Journal of Philosophical Economics* 4, no. 1 (2010) : 58~103.

67. J. Cañizares-Esguerra, "Iberian Science in the Renaissance," *Perspectives on Science* 12, no. 1 (2004) : 86~124.

68. Pickles, *A History of Spaces*.

69. Merchant, *The Death of Nature*. [머천트, 『자연의 죽음』.]

다 더 빨리 확대했기 때문이다. 이 덕분에 자본주의는 과학적으로 가능해졌을 뿐만 아니라 강제적으로도 시행된 **네** 가지 **저**렴한 것 – 노동력과 식량, 에너지, 원료 – 의 복구를 통해서 외관상 극복할 수 없는 '자연적 한계'를 연이어 극복할 수 있게 되었다. **네** 가지 **저**렴한 것은 '전유에 의한 축적'을 '자본화에 의한 축적'보다 더 빨리 달성함으로써 생산된다. 이런 일은 자본화가 제한적이고 대부분의 생명이 자본의 도움 없이 재생산하는 행성에서 가능한데, 이것은 초기 자본주의의 현실이지만 21세기 자본주의의 현실은 아니다. 그러므로 자본을 축적하는 데에는 프런티어와 제국주의가 중요하다. 전유 영역을 두드러지게 확대하는 것은 생산의 가치구성을 하락시키는 동시에 물리적 생산량을 증가시키고 자본 투자의 새로운 권역을 개방함으로써 자본주의의 위기를 해소한다. 그 모든 것은 자본화가 견제되고 전유가 자유롭게 이루어지기만 한다면 진전될 수 있다. 사실상, 이것이 근대 세계에서 전개된 자본과 제국, 과학의 역사다. 자본주의의 새로운 시대는 매번 새로운 산업화, 새로운 제국주의, 새로운 과학을 수반한다.

결론

가치를 견인 수단으로 여기는 것은 지난 5세기에 걸쳐 근대 세계체계에서 가치관계가 점점 더 중요해진 사태를 인정하는 것이다. 가치는 브로델의 "시장경제"[70] 속에서 그리고 그것을 통해서 출현하는데, 요컨대 금융자본의 무형적 가치성과 일상생활의 산문적 일과를 함께 엮어

70. F. Braudel, *The Wheels of Commerce*, trans. Siân Reynolds (New York : Harper & Row, 1982). [페르낭 브로델, 『물질문명과 자본주의 II』, 주경철 옮김, 까치, 1996.]

서 상품을 중심으로 돌아가는 권력과 이윤을 세계역사적으로 새롭게 구현한다. 이런 관점에서 바라보면, 자연에 대한 자본주의의 외관상 외부 관계는 새롭고 항상 움직이고 있는 사회생태적 배치를 구성하는 내부 관계(자연-속-자본주의)인 것으로 밝혀진다.

자연-속-가치라는 가치관의 가능성을 개척한 후에는 또 하나의 난제가 나타나는데, 그것은 가치를 근대성의 단일한 신진대사를 탐구하는 방법으로 여기는 것이다. 이제 우리는 이 난제를 다룰 수 있을 것이다.

3장

단일한 신진대사를 향하여 : 이원론에서 자본주의적 세계생태의 변증법으로

변증법은 고정된 가공물, 구성물과 대상, 사물의 물질적 세계와 관념의 세계 둘 다의 복합물 전체가…근원적이고 자율적이라고 여기지 않는다. 변증법은 그것들을 이미 완성된 형태로 수용하는 것이 아니라, 객관세계와 관념세계의 물화된 형태들이 용해하고, 〔게다가〕 그것들의 고착된 자연적인 성격이 박탈당하는 탐구의 대상으로 삼는다. — 코지크[1]

신진대사는 매혹적인 비유다. 인문학과 사회과학을 가로지르는 비판적 환경학이 지난 10년 동안 급속히 발전함에 따라 신진대사와 그 동족어들 — 무엇보다도, '신진대사 균열' — 이 녹색 사상과 적녹 사상에서 특별한 지위를 누렸다. 주류 및 급진적 신진대사 주장은 지구적 자본주의(또는 산업사회)와 지구적 환경 변화의 연계성에 대한 역사적 시각의 중요성을 강조했다.[2] 이 특별한 지위에 관해서는 두 가지 사실이 언급될 수 있다. 한편으로, 사회적 신진대사에 관한 맑스의 구상은 "자연 및 사회의 신진대사"로 재해석되었다.[3] 다른 한편으로, 사회적 신진

1. [옮긴이] Kosík, *Dialectics of the Concrete*, 6. [코지크, 『구체성의 변증법』.]
2. 주류 신진대사 주장은 피셔-코발스키와 그 동료들의 '지구적 신진대사' 학파가 제기한 것을 가리키고, 급진적 신진대사 주장은 포스터, 리처드 요크, 브렛 클라크와 그 학생들의 시각인 '신진대사 균열'을 가리킨다. M. Fischer-Kowalski et al., "A Sociometabolic Reading of the Anthropocene," *The Anthropocene Review* 1, no. 1 (2014) : 8~33 ; Foster et al., *The Ecological Rift*를 보라.

대사를 두 존재자, 즉 자연과 사회 사이의 신진대사적 교환으로 여기는 관점을 비판적으로 심문한 적은 지금까지 사실상 전혀 없었다. 사회적 신진대사는 자신의 이중 내부성이 정화되어버렸다.

이것이 왜 문제가 되어야 하는가?

신진대사 위주의 연구는 해소되지 않은 모순 – 관계적 존재론(자연-속-인류)의 철학적이고 담론적인 수용과 **자**연/**사**회 이원론(인류 및 자연)의 실천적이고 분석적인 수용 사이의 모순 – 에 직면한다. 사실상, 1990년대 말에 '개념적 스타'로서 신진대사의 발흥은 그것이 **자**연/**사**회 간극을 건너간다는 약속에서 대부분 비롯되었다.[4] 당시에 – 그리고 오늘날에도 – 신진대사는, 오이케이오스로서의 자연을 우리가 역사적 변화에 관해 이해하고 생각하는 방식의 핵심에 가져오는 방법을 약속했다.

그러나 신진대사 접근법은 그 약속을 이행하지 않았다. 그 접근법은 데카르트적 간극을 건너가기보다는 오히려 그 간극을 강화했다. 맑스의 "사회적 신진대사의 상호의존 과정"이 "자연 및 사회의 신진대사"가 되었다.[5] '균열'로서의 신진대사는 **자**연과 **사**회 사이의 물질적 흐름에 전제를 두고 있는 분열의 비유가 되었다. 그러므로 신진대사 균열이 권력과 부, 자연의 통일된 신진대사 안에서 자연-속-인류를 통합하는 수단으로서의 신진대사 전환을 이겨내었다. 한편으로, 우리의 적녹 '개념적 스타'는 자신의 분석대상들(**자**연/**사**회)을 용해하여 인간과 나머지

---

3. Foster, *Marx's Ecology*. [포스터, 『마르크스의 생태학』.]

4. M. Fischer-Kowalski, "Society's Metabolism," in *The International Handbook of Environmental Sociology*, ed. M.R. Redclift and G. Woodgate (Cheltenham, UK : Edward Elgar, 1997) 119~37.

5. 인용구들은 각각 K. Marx, *Capital*, Vol. III., trans. D. Fernbach (New York : Pelican, 1981), 949 [카를 마르크스, 『자본론 III-상·하』, 김수행 옮김, 비봉출판사, 2015]와 Foster, *Marx's Ecology* [포스터, 『마르크스의 생태학』]의 5장에서 인용되었다.

자연의 난잡함과 상호 침투를 파악하는 데 적절한 새로운 범주를 만들어내려는 변증법적 실천의 경향에 저항했다.

데카르트적 이원론의 본질적 특질 중 하나는 인간적인 것과 자연적인 것 사이에 엄격한 선을 그림으로써 주장의 경계를 설정하려는 경향이다. 우리는 어쩌면 이것을 인식적 균열로 부를 수 있을 것이다.[6] 이런 인식적 균열의 핵심에 놓여 있는 것은 두 가지 별개의 인식적 영역, 즉 **자**연과 **사**회의 창출과 재생산에 연루된 일련의 폭력적인 추상화다. 그런 추상화가 '폭력적'인 이유는 그것이 서사적 또는 이론적 정합성을 위해 각각의 마디에서 본질적인 관계를 제거하기 때문이다.[7] **자**연과 **사**회의 이런 상징적 분리가 초기 자본주의에서 공고화된 데에는 충분한 이유가 있다. 인식적 균열은 생산수단과 직접적인 생산자의 획기적인 물질적 분리를 나타내는 표현이다.

신진대사가 준準독립적인 대상들 – **자**연/**사**회 – 사이의 교환이 아니고 오히려 생물권과 인간 주도의 과정들 안에서 이루어지는 생명형성 과정이라면, 새로운 가능성이 출현한다. 인식적 균열은 어쩌면 초월할 수 있을 것이다. 자연-속-인류의 특이한 신진대사에 힘입어 우리는 어쩌면 이원론을 넘어서는 진로를 설정할 수 있을 것이다.

매우 일반적인 의미에서, 이것은 논란의 여지가 없는 진술이다. 물론이다! 모든 사람이 이원론을 초월하고 싶어 하지 않는가? 흔히 그 의

6. 이 용어는 베터 그리고 슈나이더와 맥마이클에게서 영향을 받았다. 하지만 그들의 독립적인 논술은 인식론적 이원론으로서의 인식적 균열과 구별된다. J. Vetter, "Expertise, 'Epistemic Rift,' and Environmental Knowledge in Mining and Agriculture in the U.S. Great Plains and Rocky Mountains" (Paper presented to the Annual Meeting of the American Society for Environmental History, March 29, 2012) ; M. Schneider and P. McMichael, "Deepening, and Repairing, the Metabolic Rift," *Journal of Peasant Studies* 37, no. 3 (2010) : 461~84.

7. Sayer, *The Violence of Abstraction*.

문은 만연하는 긍정으로 맞이하는데, 유일하지는 않지만 특히 비판적 학자들이 그렇다. 하지만 그렇게 긍정하는 데에는 자연을 중시하는 새로운 분석론을 가능하게 하고 고무하는 방법 – 내가 이중 내부성으로 부르는 것 – 이 갖추어져 있지 않다면 실제 행동이 전혀 필요 없다. 오늘날에도, 이런 이중 내부성의 정신이 대체로 여전히 인문학과 사회과학의 방법론적 틀과 이론적 명제, 서사 전략의 외부에 있다. 그것들은 여전히 인간 예외주의, 즉 인류가 "유일하게 종간 의존성의 시공간적 그물이 아니다"[8]라는 진기한 관념에 사로잡혀 있다. 이 논리에 따르면, 인간들 사이의 관계가 자연의 관계에 존재론적으로 우선하는 것으로 여겨지는데, 이는 우리가 근대성을 생명의 그물을 통해서 전개하기보다는 오히려 생명의 그물에 작용하는 일단의 관계로 언급할 수 있게 하는 메타이론적 절차다.

신진대사 균열은 재배치와 통일을 강조하기보다는 오히려 파괴와 분열을 강조함으로써 "사회적 체계와 자연적 체계 사이에 이루어지는 교환의 파괴"[9]를 나타내게 된다. 이 틀에 따르면, 사회적 체계는 자연적 체계와 별개로 분리되어 있다. 사회적 체계가 자연적 체계를 파괴한다. 자본주의가 발전함에 따라 자연 파괴는 급증하고, 마침내 '행성적 위기'를 초래한다. 대참사가 잇따른다.

신진대사 균열은 좋은 감각인가라는 물음은 상당한 의미가 있다. 자연을 자본주의에 외재하는 것 – 그리고 자본주의의 외부적 한계 – 으로 여기는 것이 정말로 최선인가? 아니면 자본주의, 그리고 그 한계는

8. D. Haraway, *When Species Meet* (Minneapolis : University of Minnesota Press, 2008), 11. [도나 해러웨이, 『종과 종이 만날 때』, 최유미 옮김, 갈무리, 근간.]

9. R. York, "Metabolic Rift," in *Encyclopedia of the Earth*, ed. C.J. Cleveland (2010). 2014년 3월 8일에 www.eoearth.org/view/article/154577/에 접속함.

인간 자연과 비인간 자연의 변화하는 배치를 통해서 공동생산되는가?

오이케이오스와 이중 내부성으로 시작한다면, 우리는 신진대사를 "우리의 있음과 우리의 함, 우리의 앎의 끊임없이 이어지는 동시 발생"[10]으로 특징지어지는 물질적 자연과 권력, 자본으로 재구상할 수 있을 것이다. "끊임없이 이어지는 동시 발생"에 근거하여 우리의 서사를 재서술하는 데에는, 1장에서 이해한 대로, 대상으로서의 '그' 환경에서 환경형성으로 이동하는 운동이 반드시 수반된다. 역사적 자본주의 시대의 인류에게 환경형성은 새로운 지질 시대를 촉발할 수 있는 발달 단계에 이르러 버렸다. 이 시대는 일반적으로 인류세('인간의 시대')라고 불리지만, 자본세('자본의 시대')라고 불리는 것이 더 정확하다. 21세기는 특별한 지구적 변화의 국면임이 확실하다.

이처럼 특별한 지구적 변화를 해석하는 과업은 실제 사실 이상의 것으로 인해 당혹스럽고 복잡한 일이 된다. 그 이유는 '경제적'인 것과 '환경적'인 것 사이의 인식적 균열이 현재의 난국을 이해할 수 있는 우리의 능력을 제한하기 때문인데, 요컨대 그것은 자본주의가 장기지속에 걸쳐서 위기를 만들어내고 해소하는 방법에 대한 우리의 이해를 제약한다. 하지만 그런 인식적 균열을 초월하는 신진대사에 관한 관념은 우리를 이런 제약에서 해방해 줄 것이다. 그때 신진대사는 '사이의' 흐름을 보는 방법 이상의 것이 될 것이다. 그것은 통해서 흐름을 보는 방법이 될 수 있다. 이어지는 글에서, 우리는 신진대사를 근대성의 자본과 권력, 생명의 분화된 흐름들을 통일하는 수단으로 재구성하려는 시도를 고찰한다.

---

10. Maturana and Varela, *The Tree of Knowledge*, 250. [마뚜라나·바렐라, 『앎의 나무』.]

녹색 산술에서 변증법적 이성으로

21세기의 격변은 역사적 변화에 대한 낡은 모형을 반박한다. 그런 모형이 환경 변화를 인정할 때에도, 그것은 자본주의가 생명의 그물을 통해서 발전하는 것이 아니라 자연 위에서 발전한다는 관념에 전제를 두고 있다. 하지만 금융화, 지구온난화, 중국의 발흥, 저렴한 식량의 종언 – 그리고 그 밖의 다수의 것 – 은 낡은 견지에서는 이해될 수 없다. 그것들은, 통상적으로 이해되듯이, 사회적 과정도 아니고 환경적 과정도 아니다. 그것들은 바로 근본적인 연결관계가 생명의 그물 속 권력과 재/생산의 배치에 달린 인간 자연과 비인간 자연의 다발이다. 이 틀에서 중요한 것은 자연으로부터 인류의 분리가 아니다. 중요한 것은 생명의 그물 속 인류의 지위다. 인류는 복수로 분화되어 있는데, 인류의 다양성은 자본주의에 의한 오이케이오스의 개조를 통해서 응집된다. 이런 접근법은 인류와 자연의 분열이라는 유서 깊은 수사적 표현이 할 수 없는 무언가를, 즉 21세기에 자본주의적 갱신(만약에 있다면)과 위기의 조건을 식별할 가능성을 제공한다. 그 이유는, 내가 생각하기에, 많은 사람이 자본주의는 '경제적' 체계 이상의 것이고, 게다가 '사회적' 체계를 훨씬 넘어서는 것이라고 직관적으로 이해하기 때문이다. 자본주의는 자연을 조직하는 방법이다.

그런 시각은 즉시 우리의 주의를 두 가지 거대한 조직적 국면으로 이끈다. 이것은 역사적 변화의 이중 내부성이다. 한편으로, 자본주의는 생물권의 관계를, 부분적일지라도, 내부화한다. 그 과정에서 자본과 제국(이것들만이 아니다)이라는 행위자들은 생물권의 일/에너지를 자본(추상적인 사회적 노동)으로 전환하고자 한다. 다른 한편으로, 생물권은 자본의 관계를 내부화한다. 물론, 이것들은 비대칭적 관계인데, 시간이 흐름에 따라 그것들의 유인성과 벡터가 변화한다. 이런 점에서, 철학적 논점이 역사적 소견을 형성하는데, 요컨대 자본주의는, 모든 문명과 마찬가지로, 이중 내부화를 통해서 구성된다. 그러므로 자연-속-자본주의/자본주의-속-자연이다. 어떤 종류든 간에 인간 활동이 자연을 '조직한다'고 말하는 것은 나머지 자연과 특정한 다발을 이룬 관계와 존재론적으로 동시 발생하거나 그 관계를 통해서 구성된다고 말하는 것이다. 사회는 생명의 그물 속 변화의 생산자일 뿐만 아니라 그 변화의 생산물이기도 한데, 바로 이것이 인간의 역사가 항상 나머지 자연과 다발을 이루게 되는 공진화적 방법의 핵심이다.

그러므로 자연의 생산은 항상 자연의 공동생산인데, 요컨대 존재론적으로 독립적인 두 단위체의 공동생산(인류 더하기 자연)이 아니라, 독립적인 흐름·힘·조건·관계들의 진화하는 모자이크의 공동생산이다. (이 모자이크에서 인간은 확실히 독특한데, 이 점에 관해서는 나중에 논의할 것이다.) 이것은 근대 세계체계에서의 자본 축적과 권력 추구가 생태적 차원을 갖추고 있지 않음을 뜻한다. 오히려 그것들은 단일한 신진대사, 즉 생명의 그물을 움직이고 표상하고 전달하며 개조하는 인간 조직의 방법이다. 더욱이, 움직이고 표상하고 전달하며 개조하는 바로 그 행위에서 인간 조직은 새로운 특성을 획득하고, 누적적이고 때로는 근본적인 변화를 겪으며, 새로운 모순을 전면에 내세운다.

이런 점에서, 모든 인간 활동은 환경형성 활동이다. 이 활동은 내가 지구 움직이기 — 도시화, 농업의 확대, 채광 등 — 라고 부를 것을 훨씬 넘어 확대된다. 환경형성 활동에는 근대에서 오이케이오스를 개조하는데 중요한 상징적 과정과 문화적 과정, 과학적 과정이 포함된다. 환경형성의 '생각하기'와 '행하기'는 단일한 과정의 두 가지 국면이다. 자연에 관한 관념은 지구 움직이기에 근본적이다. 그리하여 환경형성 활동은 지구 움직이기에 한정되지 않는다. 그것은 지도제작술, 수학, 농업경제학, 경제식물학, 수량화의 획기적인 혁명들과 모든 종류의 합리화 노력 — 추상적인 사회적 자연의 관계들 — 을 포괄한다. 이런 시각에서 바라보면, '자본주의'는 끝없는 상품화 프로젝트를 포괄할 뿐만 아니라 유지하는 데도 필요한 환경형성의 장기적이고 대규모적인 패턴을 지칭한다. 지구 움직이기는 항상 실재의 지도를 제작하고 실재를 수량화하는 비경제적 절차를 통해서, 새로운 "실재의 척도"를 통해서 작동한다(8장을 보라).[11]

이와는 대조적으로, 지금까지 신진대사 논변은 자본주의 역사에서 문화적 과정과 과학적 지식이 적극적으로 수행한 역할을 외면했다. 그리하여 그 논변은 역사적 변화에서 관념이 수행한 역할을 대단히 깎아내리는 일종의 유물론을 촉발했다. 이 유물론은 외인성 붕괴 모형에 전제를 둔, 위기에 대한 설명을 선호하는데, 이 모형에 따르면, 인구 과잉과 자원 부족, 지구시스템 붕괴, 점증하는 지구온난화가 우리가 아는 대로의 문명의 종말이나 행성적 재난을 야기할 것이다.

그 결과는, 자본주의의 역사적 한계를 생각할 때 나타나고, 게다가 역사적 변화에 관한 연구에서 맑스의 '생태적' 사상을 고찰할 때 나타나는 진기한 사태다. 대부분의 좌파 생태론의 경우에, '맑스주의 생태론 = 사회 + 자연'인데, 이것은 변증법적 절차라기보다는 산술이다. 사회적 한계가 있고, 그리고 자연적 한계가 있다. 하지만 그 두 단위체 — 자연/사회 — 사이의 경계는 어디에서도 특정되지 않고, 게다가 사회적 한계가 자연적 한계를 형성하는 방식(그리고 그 반대의 방식)도 탐구되지 않는다. 각 한계의 역사는 역사적으로 구성되기보다는 오히

11. Crosby, *The Measure of Reality*. [크로스비, 『수량화혁명』.]

려 단언된다.[12] 대체로 신진대사 논변은 지금까지 **자**연을 심연으로 보내는 자본주의에 관한 그림을 그렸는데 … 역사가 생명의 그물 속 인간에 의해 공동생산되는 방식에 대해서는 거의 개의치 않았다. (더욱이, 우리 정치도 이 '방식'을 중심으로 돌아가지 않는가?) 그 결과는 역사적 한계에 관한 정적이고 비역사적인 이론인데, 여기서 **인**간(비**자**연)은 궁극적으로 **자**연(비**인**간)을 너무 심하게 밀어붙이고, 그것에 대하여 자연은 자신의 '복수'를 구한다.[13] 하지만 **자**연의 복수는, 너무나 흔히, 임박한 대격변으로 나타나고, 너무나 드물게, 자본주의의 '정상적'인 순환 현상으로 나타난다. 이런 협소한 한계관은 자본주의가 지금까지 자신의 사회생태적 한계를 어떻게 이론적으로 극복했는지에 대한 고찰과 오늘날 무엇이 다를 것인지에 대한 고찰의 기반을 약화한다.

우리가 자연을 근대 세계역사의 구성적 장이자 힘으로 인식한다면, 생태위기에 대한 만능 모형은 문제가 된다. 이 역사는 자본주의가 '자연적' 한계를 극복하는 사례가 풍부하다. 자본주의의 순환적 위기 — 발전적 위기 — 를 파악하지 못하는, 자본주의적 발전에 대한 어떤 해설도 오늘날 자본주의의 누적적 한계에 관한 이론을 구성할 수 없을 것이다. 신진대사에 대한 이원 체계 접근법은 자본주의의 세계생태적 재조직이라는 '정상적'인 조작을 무시함으로써 유일한 종류의 위기, 즉 아포칼립스를 제시할 뿐이다.[14] 축적 과정에서 일어나는 인간 자연과 비인간 자연의 다발 구성에 대한 엄밀한 역사적 접근법을 갖추고 있지 않기에, 오늘날 획기적 위기를 옹호하는 논변은 변증법적 이성이라기보

12. 예를 들면, Foster et al., *The Ecological Rift*.

13. F. Engels, *The Part Played by Labor in the Transition from Ape to Man* (New York : International, 1950).

14. Larry Lohmann, "Fetishisms of Apocalypse," *Occupied Times*, 30 October (2014).

다는 산술로 다시 돌아가는 경향이 있을 것이다.

자연적 한계의 이런 물신화는 분석적으로 문제가 있는데, 그 이유는 그로 인해 자본주의가 생명의 그물을 통해서 역사적으로 전개되는 방식을 보지 못하게 되기 때문이다. 맑스주의 신진대사 학파는 두 가지 신진대사, 즉 **사**회의 신진대사와 **자**연의 신진대사를 상정함으로써 정말로 혁명적인 물음에 답하기를 잊어버린다. 자본과 권력, 생산의 변별적인 신진대사들이 자본주의 역사의 긴 여정을 가로질러 어떻게, 불균일하게나마, 통일되는가?

그런 물음은 변별적인 신진대사들에 대한 자세한 설명을 거의 배제하지 않는다. 하지만 그 물음은 신진대사가 **자**연/**사**회라는 불가사의한 범주들 사이의 교환이라고 선험적으로 지칭하는 행위는 정말 배제한다. 포스터의 선구적인 작업에서, 신진대사는 미해결의 물음 – 계급과 자본이라는 범주들이 생물물리학적 견지에서 어떻게 개조될 수 있는가? – 에서 구분의 경화, 즉 "자연 및 사회의 신진대사"로 이동했다. 포스터의 독법을 거쳐서,[15] 맑스의 생태적 통찰은 비판적 학문의 한 두드러진 층에서 대단히 이원론적인 형태로 수용되었다. 신진대사 균열에 관한 포스터의 정교한 설명이 끼친 기여는 부인할 수 없는데, 당대에 그 균열 개념은 비판적 환경학의 새로운 물음들을 제기했다. 동시에, 포스터의 양면적인 이원론은 변증법적 종합의 가능성을 약화한다.

그런 종합은 다른 장애물도 맞닥뜨린다. 사회적 신진대사를 **자**연 및 **사**회의 신진대사로 표현한 진술이 사회과학자들 사이에서 대단한 인기를 거둔 이유는 그것이 **사**회라는 신성한 범주는 고스란히 두기 때문이다. 그 급진적인 신진대사 시각은 연구를 **자**연 및 **사**회의 신진대

15. Foster, *Marx's Ecology*. [포스터, 『마르크스의 생태학』.]

사로 인도하면서 자연을 미리 형성된 단위체들 안에서 그리고 사이에서의 흐름과 재고로 환원시켰다. 이리하여 마침내 맑스의 역사적 유물론과 맑스의 가치설 사이에 쐐기가 박혀버렸다.

그런데 왜 이것이 중요해야 하는가? 그 이유는 자본주의에 의한 자본·권력·자연의 신진대사가 세계를 착취(잉여가치)의 영역과 전유(무상 일)의 영역으로 환원하는 가치 축적의 논리에 의해 좌우되기 때문이다. 생명의 흐름을 재/생산하는 논리로서 가치의 중요성을 진지하게 여기는 신진대사에 대한 독법은 우리가 자본주의가 어떻게 한계를 만들어내고 초월하는지 이해하는 데 도움이 된다. 우리는 가치관계를 넓게 구상함으로써 자연-속-인류의 세계들이 지난 다섯 세기에 걸쳐서 가치화되고 비가치화되는 방식을 더 잘 해석할 수 있고, 그리하여 마침내 지구가 무상 일/에너지의 방대한 저장고로 전환된 방식을 더 잘 해석할 수 있다. 이 **저**렴한 **자**연 전략은 상품체계 안에서 노동생산성을 향상하기 위한 기반이 되어버렸다. 다시 말해서, 가치관계에 관한 맑스의 구상은 노동력의 착취와 무상 일의 전유를 다양한 결정자가 관여하는 단일한 신진대사로 이해하는 방식을 제공한다. 자연의 역사적 유물론에서 가치관계를 배제하는 것은 자본이 자연을 통해서 작동하는 방식을 절대 명시하지 않는 미덕 – 신진대사 균열의 호소력은 (당분간) 증진하지만, 필요한 명료성은 희생하는 대가를 치르는 것임이 확실한 미덕 – 이 있다.

이원론에서 변증법으로 : 신진대사 균열에서 신진대사 전환으로

그것은 바로 '그 환경'을 세탁물 목록에 부가하는 것인데, 요컨대 부가적이지 종합적인 것이 아니다. 이런 '연성' 이원론은 신자유주의의 위기 경향에 대한 사회환원론적 분석을 정당화하는 경향이 있다. 지배적인 비판적 접근법에 따르면, 자연은 역사적 자본주의에서 나타난 반복과 진화, 위기의 패턴들에 관한 어떤 근본적인 재고도 요청하지 않는다. 세계역사 학자들의 경우에도 환경적 요소는 현재 널리 인정받고 있지만, 또다시 부가적인 형태로 그럴 뿐인데, 이제 '그' 환경은 근대 세계역사에서 영향을 미치는 요소들의 긴 목록에 부가될 수 있다. 생명의 그물은 하나의 변량으로 전환되어버렸다. 비판적 정치경제학과 세계역사 연구를 근대성을 생명의 그물의 생산자이자 생산물로 여기는 관점에서 절연하는 것은 이런 녹색 산술 – '**자**연 더하기 **사**회' – 이다. 더욱이, 2002년 – 신진대사 균열 분석이 시행된 지 10년이 된 해 – 에 포스터가 "환경 파괴를 자본 자체의 비용 상승으로 전환하는… 되먹임 메커니즘"은 존재하지 않는다는 결론을 내리게 하는 것도 이런 녹색 산술이다.[16]

그러나 자연이 결과 이상의 것으로서, 변량 이상의 것으로서 중요하다면 어쩔 것인가? 그렇다면 작동 중인 자연-속-자본주의를 보여주기 위해 우리의 방법론적 전제와 개념적 어휘, 분석틀을 재구성하려면 어떻게 해야 하는가? 모든 유효한 반응은 철학적 주장(자연-속-인류)을 자본주의 역사 – 물론, 현재의 역사를 포함한 역사 – 에 대한 실행 가능한 분석학으로 번역하는 실천을 추진해야 한다.

세계생태론적 종합의 경우에, 역사적 과업은 인류와 자연의 분열을 설명하는 일이 아니다. 우선 사항은 자연-속-인류 및 인류-속-자연의 역사적 형태를 상술하는 것이다. 인류의 종 본질은 내부뿐만 아

---

16. J.B. Foster, *The Ecological Revolution* (New York : Monthly Review Press, 2009), 206. [존 벨라미 포스터, 『생태혁명』, 박종일 옮김, 인간사랑, 2010.]

니라 외부에도 동시에 놓여 있다. 맑스의 "자연이라는 체계"는 우리의 생명활동을 통해서 즉시 내부화되며, 동시에 이 생명활동은 사유를 구체화함으로써 우리의 경험과 심적 구성물을 비대칭적이고 우연적이면서도 절대 끝나지 않는 생명의 순환 속에 외부화한다.[17]

세계생태론적 방법은 인간 활동과 나머지 자연 사이의 근본적인 통일성을 전제함으로써 전개된다. 인간 조직의 역사적 특정성은 생명의 그물 속에서 공동생산된 자신의 관계에서 비롯된다. 생명의 그물과 문명 사이에는 어떤 존재론적 분열도 없는데, 오로지 독특한 변이와 배치가 있을 뿐이다. 문명은 권력과 재생산의 특정한 형태인데, 이를테면 문명은 특정한 역사적 자연의 생산자이자 생산물이다. 환경이 어떤 추상적 의미에서 미리 형성되어 있을 때(예를 들면, 대륙들의 분포)도 역사적 변화는 인간과 그 환경의 만남을 통해서 작동한다. 그런 관계는 근본적으로 공동생산적이다. 산맥이나 대양은 환경적 사실이지 역사적 사실이 아니다. 역사적 변화는 우리가 환경적 사실에서 환경형성으로 이동할 때 시작하는데, 환경형성을 통해서 인간은 환경을 만들고 환경은 인간을 만든다. 여기서 우리는 인류의 환경형성이 생산과 재생산의 연계를 통해서 진행함을 깨닫는데, 요컨대 이것은 인류가 "재료의 형태를 바〔꿈〕"으로써 "자연이 스스로 나아가는 것처럼 나아갈 수 있는" 과정이다.[18] 그런 분석 양식은 자본주의의 자연 파괴와 훼손, 교란에 대한 급진파의 의례적인 비난에 – 도덕적일 뿐 아니라 – 분석적인 담론을 제공한다. 그 덕분에 우리는 잇따른 역사지리적 형태의 오이케이오스를 통한 "물질의 재배치"로 이동할 수 있게 된다.[19] 인간이

17. Marx, *Economic and Philosophical Manuscripts*, 157. [마르크스, 『경제학-철학 수고』.]

18. Marx, *Capital*, Vol. I, 107. [마르크스, 『자본론 I-상』.]

내부에서, 우리의 "물리적이고 정신적인 삶" 속에서 자연과 관계를 맺는다는 관념은 "그저 자연이 자신과 연계되어 있음을 뜻할 뿐"이다.[20] 이런 시각에서 바라보면, 문제는 신진대사 균열이 아니라 신진대사 전환이다.

단일한 신진대사를 향하여 : 지리, 자연, 그리고 자본의 한계

그런 전체론적이고 관계적인 시각을 추구하는 데에는 이원론에서 변증법으로의 전환이 반드시 수반된다. 발견법적 조치로서 신진대사 균열의 미덕은 생명의 그물 속에서 언제나 상호의존적인 인간 활동의 환원 불가능하게도 지리적인 특질을 부각하는 것이었다. 신진대사는 항상 지리적이다. 자본주의적 관계는 공간 위에서 움직이는 것이 아니라 공간을 통해서 움직이는데, 이를테면 자연 전체 위에서 움직이는 것이 아니라 자연 전체를 통해서 움직인다.

사실상, 신진대사 균열에 관한 포스터의 최초 논술을 더 자세히 읽어보면, 권력과 자연, 자본의 단일한 신진대사를 곰곰이 검토할 가능성이 열린다. 애초에 포스터는 그 균열을 세 가지 사항으로 논술했다. 첫째, "인간의 생산과 그 자연적 조건 사이에는 균열"이 존재한다. 둘째, "자본주의 사회에서는 자기 현존의 자연적 조건으로부터 인간의 물질적 소외"가 존재한다. 그리고 셋째, 이 균열은 새로운 도시-농촌 대립에서 지리적 표현을 찾아낸다.[21] 포스터는 신진대사 균열이라는 표

19. 같은 책 [같은 책]에서 인용된 P. Verri.

20. Marx, *Economic and Philosophical Manuscripts*, 133. [마르크스, 『경제학-철학 수고』.]

21. J.B. Foster, "Marx's Theory of Metabolic Rift," *American Journal of Sociology* 195, no. 2 (1999) : 370, 383~4.

현에서 균열이 농촌 지역에서 생산된 식량과 자원을 도시의 산업적 공간으로 전달하기를 가리킨다고 여겼다. 오늘날 신진대사 균열은 거의 보편적으로 분열의 비유로 이해되지만, 원래 주장은 무언가 다른 것, 즉 재배치와 전환으로서의 균열을 시사했다.

이런 점에서, 포스터는 신기원을 이룩하면서 새로운 종합의 요소들을 조립했다. 이 새로운 종합은 맑스의 사유체계에 따라 회복되어 개조된 역사적 유물론만을 약속한 것은 아니다. 또한 그것은, 『맑스의 생태학』과 짝을 이루는 버킷의 선구적인 저작 『맑스와 자연』이 제시한 가치관계적 사유의 갱신 – 인간과 나머지 자연이 공동생산한 것으로서의 가치 법칙 – 도 적극적으로 추진할 것이다.[22] 그 잠재력은 기대를 돋운다. 생태학적으로 정통한 가치설을 역사적 유물론에 편입하는 것 – 『맑스의 생태학』과 『맑스와 자연』을 단일한 논변으로 읽음으로써 가능해진 종합 – 은 '획기적'인 기여가 될 것이다. 그 종합의 핵심 통찰은 무엇인가? "자연 소외와 인간의 생산 소외를 단일한 모순의 양면으로 여기는" 이론이다.[23] 이 덕분에 우리는 자본주의의 역사를, 자연이 결과로서 중요할 뿐만 아니라 추상적인 사회적 노동을 축적하는 데 구성적이고 적극적인 역할을 수행하는 것으로서도 중요한 세계역사로 여길 수 있게 된다.

그렇다면 포스터의 지속적인 기여[24]는 자본과 계급, 신진대사를 하나의 유기적 전체로 결합하도록 맑스를 읽을 수 있는 독법을 제시한다는 점이다. 이런 시각에서 바라보면, 모든 사회적 관계는 공간적 관계

---

22. Foster, *Marx's Ecology*, 282n [포스터, 『마르크스의 생태학』]; Burkett, *Marx and Nature* (1999)를 참조하라.
23. J.B. Foster, "Marx's Ecological Value Analysis," *Monthly Review* 52, no. 4 (2000). 강조가 첨가됨.
24. Foster, *Marx's Ecology*. [포스터, 『마르크스의 생태학』.]

이면서 생명의 그물 속 관계다. 신진대사는 **균열**(누적적 분열)이 아니라 **전환**(잠정적이고 특정한 통일)을 식별하는 방법이 된다. 이런 견지에서 살펴보면, 도시와 농촌, 부르주아와 프롤레타리아, 그리고 무엇보다도 **사회**와 **자연**의 외관상 견고함이 용해되기 시작한다. 이원론에서 풀려난 신진대사는 용매로서 작용한다. 그 이유는, 신진대사 전체가 그 속에서 생명과 물질이 특정한 역사지리적 배치를 결성하는 흐름들의 흐름이라면, 모든 유형의 이원론 – 이것만은 아니지만, 적어도 **자연**/**사회** 이원론 – 을 초월하는 변증법적 방법으로 통일된, 훨씬 더 유연하고 역사적으로 민감한 일단의 개념을 구성하도록 우리가 소환되기 때문이다.

이것은 한계에 관한 물음에 대해 무엇을 뜻하는가? 포스터의 통찰은 자본주의를 흐름이 열린 신진대사, 즉 현상 유지만을 위해서도 **저렴한 자연** – 투입물(예를 들면, 저렴한 비료)로서의 자연뿐만 아니라 폐기물 프런티어(예를 들면, 온실가스 배출)로서의 자연도 포함된다 – 이 더욱더 많이 필요한 신진대사로 상정한 점이었다. 하지만 신진대사 균열 사상에 내포된 가장 강력한 의미 중 많은 것이 포스터가 애초에 이의를 제기한 바로 그 이원론에 여전히 사로잡혀 있다. 적어도 축적을 '경제적' 과정으로 여기는 부당하게 협소한 관점(축적은 이런 과정을 훨씬 넘어서는 것임이 틀림없다)과 거의 특정되지 않은 자연 '파괴'에 대한 부당한 강조가 그러하다.[25]

역사적 자연은 대체로 엔트로피 과정 – 자연의 열화劣化 – 을 겪지만, 이것 역시 어떤 한계 안에서는 가역적이다. 이런 가역성은 대체로 자본주의의 전유 프런티어에 달려 있다. 그러므로 "거대한 프런티어"가 중

25. Foster et al., *The Ecological Rift*; Foster, *The Ecological Revolution* [포스터, 『생태혁명』].

요하다. 월터 프레스콧 웹이 그 용어를 고안한 것은 16세기에 자본주의의 발흥을 개시한 노동–토지 비율의 거대한 변화를 서술하기 위함이었다.[26] 거대한 프런티어는, 웹이 환기한 대로, 전례가 없는 '우발 이익'의 원천이다. 이런 횡재는 금과 은의 약탈로 시작되었지만, 그것으로 끝나지는 않았다. '거대한 프런티어'의 개장은 현금 결합을 축으로 회전하기 시작한 문명의 발흥이 전개될 것임을 보여준다. 하지만 새로운 프런티어는 일회성 횡재를 훨씬, 훨씬 더 넘어서는 것을 제공했는데, 요컨대 우발 이익에 기반을 둔 온전한 역사적 신기원의 가능성을 제공했다. 웹은 근대 세계가 네 세기 동안 지속한 경제적 번영의 거대한 '호황'에서 산출되었다고 생각했다. 더 자세히 검토해보면, 석탄 그리고 또 석유의 수직적 프런티어 덕분에 이 거대한 호황은 21세기 초까지 지속한 것처럼 보인다(1970년대 무렵에 소진의 징조가 나타났다). 웹이 실행한 분석의 구체적 사항은 그가 발표한 이후 50년이 지나서 대부분 대체되었지만, 그의 기본적 주장은 언제나 여전히 견실하다. 여기서, 근대성에 의한 노동과 토지의 획기적인 재조직은 무자비한 정복과 프런티어에서 이루어진 부의 현행 전유에 전제를 두고 있었다.

무엇의 프런티어인가? 상품화와 지구적 가치관계의 프런티어다. 그 이유는 **저**렴한 **자**연에 대한 게걸스러운 소비와 끊임없는 탐색이 근대 세계역사의 거대한 궤적에 중요했기 때문인데, 여기서 **저**렴한 것은 임금노동을 가치가 있다고 여길 만한 유일한 것으로 특별히 우선시하는 흥미로운 시각과 자본 축적에 관련지어 결정된다. 이런 종류의 문명적 책략은 상품체계 바깥에서 수행된 인간의 일 – 대부분 이른바 여성의 일 – 의 가치를 무시할 뿐만 아니라 비인간 자연의 '일'의 가치도 무시

26. W.P. Webb, *The Great Frontier* (Austin : University of Texas Press, 1964).

하는 시각에 근거하여 출현할 수 있을 뿐이다.

이런 사유 노선이 시사하는 바는, 지금까지 자본주의와 '저렴한 자연의 종언'에 관한 탐구가 그 문제의 데카르트적 분류에 의해 난처하게 되었다는 점이다. 너무나 흔히, 자연은 여전히 인간 자연들과 그것들 사이의 구성적 관계들이 배제된 채로 금속과 석유와 옥수수로 이루어져 있다. 그래서 나는, 자본주의의 신진대사와 그 한계에 대한 분석은 저렴한 에너지와 식량, 원료의 종언을 '잉여인간'의 과정과 통일함으로써 시작할 것을 권고한다. 우리는 기후변화 같은 사태가 준독립적인 사회적 차원과 자연적 차원에서 분석될 수 있다는 관념이 필요 없다. 더욱이 우리는, 기후변화나 금융화, 전쟁의 경우에 인간 자연과 비인간 자연의 다발을 다루고 있음을 이해할 수 있다. 인간 자연과 비인간 자연은 다양하고 다발을 이룬 "단일한 본질의 결정자들"이다.[27] 그런 이해는 '한계 이야기'를 경험적 주장보다는 오히려 방법론적 명제로 여길 것인데, 그리하여 파국에 관한 천년왕국설 언어는 무시하고 한계와 위기에 대한 더 희망적이고 역사적인 관점을 특별히 우선시한다. 위기는 위험으로 가득 차 있음이 확실하다. 하지만 위기는 또한, 중국인들이 환기하곤 하듯이, 기회로 가득 차 있다.

신진대사에 대한 일원론적 관점과 관계적 관점이 제시하는 한계는 자본주의의 위기에 내재하는 것으로서 비인간 자연의 역사적 행위주체성에 초점을 맞춘다. 세계생태로서의 자본주의는, 자본과 권력, 생산이 각각 더 크지만 여전히 꽤 정돈된 다른 한 상자, 즉 자연 옆에 놓인 무혈의 탈육화된 해당 상자에 배치될 수 있다는 편리한 데카르트

27. Marx, "Critique of Hegel's Philosophy of Right" (1843), www.marxists.org/archive/marx/works/1843/critique-hpr/ch05.htm. [마르크스, 『헤겔 법철학 비판』.]

적 관념을 거부한다. 더욱이, 우리가 자본주의 프로젝트가 **자**연으로 불리는 것을 이산적인 형태(자원, 유전자 등)로 창출할 수 있음을 여전히 인식한다면, 신진대사에 대한 세계생태론적 관점은 이처럼 분할된 자연들의 견해가 '신의 트릭'임을 드러내는데, 제발 장막 뒤에 있는 인간에 주목해 주십시오.

단일한 신진대사 시각의 약속은 이렇다. 그 시각은 자본과 권력, 자연이 표상하는 실재들이 이원론적 범주 안에 가두어질 수 없음을 인식한다. 그것은 그런 범주를 용해하면서 새롭고 더 적실하며 실제적인 개념들의 가능성을 개방한다. 자본과 권력(그리고, 물론, 그 밖의 다수의 것)은 생명의 그물, 즉 다양한 문명 프로젝트가 형성하는 어떤 전체 속에서 전개된다. 이들 프로젝트는 무한정 우연적이지는 않다. 포스터와 그의 동료들은 자본주의의 정합성이 '무엇'인지에 관해서는 옳았다. 그런데도 그들은 자신들의 이원론 — 존재론적 균열이자 인식적 균열 — 으로 인해 그 자체가 공동생산되는 가치관계가 그런 정합성을 어떻게 이루어내는지 볼 수 없게 된다. 이런 가치관계는 우연성을 반드시 허용하는, 법칙에 준하는 재생산 규칙을 창출하는데, 자본주의의 최대 강점은 끝없는 축적을 위해서 자연의 부분들을 동원하고 재조합할 때 보여주는 유연성이다. 더욱이, 지금까지 가치는 어떤 자연(예를 들면, 임금노동)은 가치 있게 여기고 대부분의 자연(여성, 자연, 식민지)은 무가치하게 여기는 관점에 전제를 두고 있었기에 그 필연적 귀결은 **자**연을 외부적인 것으로 강력히 소외시키는 구상이다.

자본주의 프로젝트의 핵심에는, 16세기에 그 프로젝트가 개시된 이후로, 근대적 형태의 자연, 즉 지도로 제작될 수 있고, 추상화될 수 있고, 수량화될 수 있으며, 그밖에 선형적으로 통제될 수 있는 것으로서의 자연을 과학적이고 상징적으로 창출한 행위가 놓여 있었다. 이것은 외부적 자연이었다. 많은 사람이 인류와 독립적인 **자**연의 존재를 더는 믿지 않더라도, 그것이 바로 우리가 **자**연으로 부르게 된 것이었다. (그리고 인류는 **자**연만큼 폭력적인 추상관념이지 않는가?) '성장의 한계'에 관해서는 마치 그것이 이런 (외부적) 자연에 의해 부과된 것처럼 이야기하기 쉽다. 하지만 현실은 더 까다롭고, 더 복잡하며, 게다가 더 희망적이다. 자본주의 문명의 한계는 생명물리학적 실재를 포함하지만, 그 실재에 환원될 수는 없다. 그리고 오늘날 자본주의의 한계가 자연을 조직하는 특수한 방법의 한계라면, 우리는 자연에 대한 인류의 관계 — 바꾸어 말하면, 자신에 대한 인류의 관계 — 를 변화시킬 가능성을 대면하게 된다. 우리는 이른바 문명 '붕괴'의 위험에 대한 경고를 자주 듣는다. 하지만 자본주의 — 자체 인구의 3분의 1 이상을 영양실조 상태에 몰아넣는 문명 — 의 '붕괴'를 정말 두려워해야 하는가? 역사적 경험은 그렇지 않다고 암시한다. 5세기 이후 로마의 멸망과 14세기 서유럽에서 일어난 봉건 권력의 붕괴는 대다수 사람에게 생활수준의 황금시대를 개시했다.[28] 우리는 그런 유사한 상황들을 너무 중시하는 것을 경계해야 한다. 하지만 우리는 그것들을 무시하지도 않아야 한다.

가장 비관적인 관점은 근대성이 현재와 유사한 형태로 존속하기를 바라는 것이라고 내가 생각한 지는 오래되었다. 하지만 이런 일은 불가능한데, 그 이유는 자본주의의 신진대사가 본질적으로 자신의 영양원을 끊임없이 고갈시키는 열린 흐름의 체계이기 때문이다. 자본주의가 새로운 노동계급, 숲, 대수층帶水層, 유전, 석탄층, 그리고 여타의 것에서 짜낼 수 있는 새로운 일의 양은 한계가 있다. 자연은 유한하다. 자본

---

28. C. Wickham, *Framing the Middle Ages* (Oxford : Oxford University Press, 2005) ; Wallerstein, *The Modern World-System I* [월러스틴, 『근대세계체제 I』].

은 무한한 것에 전제를 두고 있다. 그리고 자연과 자본은 둘 다 매우 특정한 의미에서 역사적인데, 요컨대 어떤 역사적 국면에서 작동한 것이 그다음 국면에서도 반드시 작동하지는 않을 것이다. 그러므로 자본주의 역사에서는 '거대한 프런티어'가 중요하고, 현재 국면에서는 마지막 프런티어—중동의 **저**렴한 석유, 중국의 **저**렴한 노동력, 도처의 **저**렴한 식량—의 종언이 중요하다. 대부분의 인간을 비롯하여 대부분의 자연이 임금노동의 생산성을 위해 희생당한 문명적 신진대사를 개시한 것은 이런 '거대한 프런티어'였다. 이런 전유의 프런티어는 자본의 회로 바깥에 있지만 자본주의 권력의 세력권 안에 있는 다른 것들이 끝없는 축적의 경비를 지불하게 하는 주요한 방법이다. 자본주의 문명의 거대한 비밀과 거대한 위업은 자신의 경비를 지불한 적이 없다는 것이다. 프런티어 덕분에 그런 일이 가능해졌다. 프런티어의 폐쇄는 **저**렴한 **자**연의 종언이고, 게다가 그리하여 자본주의의 무임승차도 끝난다.

2부
역사적 자본주의, 역사적 자연

4장

생태잉여의 저하 경향

자본주의가 왜 위기에 처하게 되는지는 만인이 알고 있다. 그렇지 않은가? 너무나 많은 상품이 너무나 적은 고객을 쫓아다닌다. 경제학자는 이 사태를 '유효수요'의 문제라고 부른다. 맑스주의자의 경우에, 강조점은 생산과 투자의 권역 안에 정확히 놓이는데, 즉 과잉생산과 과잉축적이 문제가 된다. 두 경우에 모두, 위기 문제는 상품화의 권역 안에서 전개된다. 이 장에서 펼쳐지는 나의 논변은 무언가 다른 것을 말하는데, 요컨대 위기 문제는 상품화의 권역과 재생산의 권역을 통일하는 관계를 통해서 전개된다. 잉여자본의 증가 경향과 세계생태잉여의 저하 경향이 뒤얽혀 있다.

생명의 그물 속 자본 축적의 뒤얽힌 특징은 인식된 지가 오래되었다.[1] 하지만 오이케이오스 속 위기의 형성 과정은 여태까지 이해되지 않았다. 이것이 다음 세 장에 걸쳐 집중적으로 다루어질 주제다.

기본적인 것으로 시작하자. 자본주의는 끝없는 축적의 체계다. 축

1. O'Connor, *Natural Causes* ; R. Luxemburg, *The Accumulation of Capital* (New York : Routledge, 2003 〔1913 orig.〕) [로자 룩셈부르크, 『자본의 축적』, 황선길 옮김, 지만지, 2013].

적된 자본은 불균등하게 … 자본가들의 손에 흘러 들어가기에 큰 문제가 나타난다. 맑스는 이 사태를 "자본 축적의 일반법칙"으로 부르는데, 요컨대 자본의 축적은 소수의 손안에서 이루어지고 가난의 축적은 다수의 손안에서 이루어진다.[2] 어떤 시점에, '실물경제'에서 생산된 재화와 용역은 '실생활'에서 더는 그 구매량이 증가할 수 없다. 어떤 의미에서 이것은 과잉생산 문제인데, 이를테면 너무나 많은 공장이 너무나 많은 자동차나 냉장고, 컴퓨터를 생산하여서 이윤율이 유지될 만큼 충분히 많은 양이 판매될 수 없다. 다른 한 의미에서 그것은 과잉축적 문제인데, 요컨대 현존하는 투자 노선에서의 이윤율이 저하하기 시작하고, 게다가 더 수익성이 있는 새로운 투자 기회는 아직 출현하지 않았다.

여기까지는 괜찮다. 일어난 사태 — 급진적 경제 사상뿐만 아니라 주류 경제 사상에서도 일어난 사태 — 는 과잉축적과 과잉생산의 진기한 융합이다. 이런 사태가 왜 일어나야 했는지는 불가사의하지 않다. 장기 20세기에 걸쳐서 맑스주의 사상과 신고전주의 사상은 화석연료의 장기호황 시기에 구성되었다. 그 호황 덕분에 노동생산성의 향상과 새로운 농업 및 자원 프런티어, 가치관계의 세계 전역에의 급격한 확대를 추진한 일련의 혁신과 전환이 가능하게 되었는데, 그리하여 수억 명의 농부가 임금노동에 종사하도록 '자유'로워졌다. 초기 자본주의를 괴롭혔던 위기, 즉 과소생산이라는 유령은 퇴치된 듯 보였다. 그러므로 과잉생산은 설명되어야 하는 직접적이고 불가피한 문제였다. 더욱이, 과잉생산을 과잉축적과 융합하는 것은 매우 쉬운 일이 되었다.

자본주의가 1800년 무렵에 시작되었다고 가정한다면 그 둘을 융

---

2. Marx, *Capital*, Vol. I. [마르크스, 『자본론 I-상·하』.]

합하기는 특히 쉬운 일이었다. 이 가정이 내가 '두 세기 모형'이라고 부르는 것이다. 그 모형은, 우리가 알게 되듯이, 1450년 이후에 일어난 환경형성의 혁명적 변화를 보지 못하게 했다. 초기 자본주의는 사실상 모든 주요한 측면에서 실제 자본주의였는데, 이를테면 노동생산성이 향상되었고, 상품화가 어떤 체계적 반전도 없이 확대되며 심화하였고, 프롤레타리아화가 급격히 가속되었고, 자본이 농업에서 중공업으로 생산에 투입되었으며, 그리고 새로운 규모와 범위, 속도로 이루어진 환경형성이 행성 전역에 걸쳐 지역 생태들을 변화시켰다.

초기 자본주의의 지배적인 경향적 위기는 과잉생산이 아니라 과소생산 — 가치생산의 수요에 비해서 불충분한 노동과 식량, 에너지, 원료의 흐름 — 이었다. 초기 자본주의의 최대 문제는 매뉴팩처 중심지들에서 나오는 상품을 판매하는 일에 집중된 것이 아니라, 저렴한 투입물을 공장 입구까지 배달하는 일에 집중되었다. 우리가 배치적 무게를 다루고 있다는 것은 확실한데, 과소생산과 과잉생산은 항상 동시에 작동한다. 네덜란드 공화국이 17세기의 "모범 자본주의 국가"[3]였던 이유는 그 나라가 (폴란드에서) **저**렴한 곡물과 (국내 이탄 지대에서) **저**렴한 에너지, (노르웨이와 발트해 지역에서) **저**렴한 통나무를 북부 네덜란드로 배달한 세계생태체제를 조직하여 이끌었기 때문이다. 이 체제가 불안정해졌을 때, 즉 1760년대로 특정되는 시기에, 영국은 기술적 독창성과 지리적 행운을 결합하여 가격이 점점 더 비싸지는 목재 연료에서 가격이 점점 더 저렴해지는 석탄으로 이동하였다.[4] 이 결합 덕분에 과소생

3. Marx, *Capital*, Vol. I, 916. [마르크스, 『자본론 I-하』.]

4. 제대로 말하자면, 초기 근대 영국에서 석탄 에너지의 BTU당 가격은 생산량이 급격히 증가했음에도 여전히 안정적이었다. R.C. Allen, "The British Industrial Revolution in Global Perspective" (Unpublished paper, Department of Economics, Oxford University, 2006).

산의 문제가 해결되었고(그 문제가 없어진 것은 아니었다), 두 세기 동안 이어진 두드러진 팽창의 기초가 마련되었다.

맑스의 과소생산의 일반법칙

맑스는 희소성에 관한 글을 쓰기 싫어했다. 맑스에게는 맬서스가 그 문제를 망쳐버렸다. 하지만 맑스가 그 문제를 회피했다는 것은 사실이 아니다. 거의 틀림없게도, 축적 위기에 대한 맑스의 일반모형은 자본에 의한 가치의 공동생산에 근거를 두고 있다. 페렐만이 약간 과장하여 쓴 글에 따르면, 자본의 유기적 구성은 "희소성의 코드였고 … 맑스의 마음 이면에서는 〔자본에 의해 공동생산되는〕 희소성이 이윤율 저하의 〔부분적인〕 원인이었다."[5]

희소성은 어쩌면 자본주의의 역사에서 지금까지 나타난 바를 가리키는 최선의 낱말은 아닐 것이다. 이 점에 관해서 나는, 우리가 사용할 수 있는 더 나은 개념어가 존재한다는 맑스의 의견에 동의한다. 맑스의 선택은 '과소생산'이었다. 그리고 맑스의 여러 '일반법칙' 중 그 진가가 가장 덜 알려진 것이 과소생산의 일반법칙이다.[6] 과소생산의 일반법칙은 자본주의의 회로를 사회생태적 관계라고 식별하는데, 그 관계의 실체(가치)는 필연적으로 "자연적 개별성"을 따지지 않는다.[7] 이 모형에 따르면, "이윤율은 원료의 가치에 반비례한다."[8] 원료와 에너지가 더 저

---

5. M. Perelman, "Marx and Resource Scarcity," in *The Greening of Marxism*, ed., T. Benton (New York : Guilford Press, 2006), 73.
6. Marx, *Capital*, ed. F. Engels, Vol. III (New York : International Publishers, 1967), 111. [카를 마르크스, 『자본론 III-상·하』, 김수행 옮김, 비봉출판사, 2015.]
7. Marx, *Grundrisse*, 141. [마르크스, 『정치경제학 비판 요강 1』.]
8. Marx, *Capital*, Vol. III, 111. [마르크스, 『자본론 III-상』.]

렴할수록 이윤율이 더욱더 높다. 왜? 그 이유는 '불변'자본이 두 가지 국면으로 구성되어 있기 때문이다. 한 국면은 고정자본인데, 기계장치뿐만 아니라 생산주기보다 더 오래 사는, 동물을 비롯한 다른 비인간 생산력도 포함된다.[9] 나머지 다른 한 국면은 순환하는 고정자본, 즉 유동자본인데, 자본의 순환(그리고 회로)과 혼동하지 말아야 한다. 유동자본은 맑스의 모형에서 잊힌 국면인데, 이는 이원론적 사유 습관에서 비롯된 피해 상황이다. 유동자본은 생산주기 동안 소진되는 에너지와 원료로 구성된다. 맑스의 소견에 따르면, 자본주의적 생산의 역동성으로 인해 "불변자본 중 고정자본으로 구성된 부분이 … 유기적 원료로 구성된 부분을 두드러지게 능가하게 되는 결과, 이 원료에 대한 수요가 그 공급보다 더 빠르게 증가하게 된다."[10] 맑스는 한 단계 더 나아간다. 산업형 생산에서는 고정자본이 원료 부문을 '능가'하는 경향이 있는 것만이 아니고, 대규모 산업형 생산을 위한 조건 역시 **저**렴한 **자**연이다. "면직물산업이 예전 방식으로 발달할 수 있게 한 것은 면화 가격의 대폭적인 하락일 뿐이었다."[11] 요약하면, 기계장치(고정자본)의 '과잉생산'과 원료(유동자본)의 '과소생산'은 변증법적 대립관계를 이룬다.[12] 이 법칙은, 이윤율의 경향적 저하 법칙과 마찬가지로, 경향과 반경향의

---

9. 라이벌과 해러웨이는 비인간 동물이 잉여가치의 생산에 중요하다고 주장한 점에서는 올바르지만, 동물을 노동계급에 할당한 점에서는 잘못을 저지른다. 아무튼, 이것은 자본이 동물을 바라보는 방식이 아닌데, 자본은 동물을 유동자본 아니면 고정자본으로 여긴다. 사실상, 가변자본(인간 노동력)을 위한 바로 그 조건은 자본이 비인간 동물을 비(非)일꾼으로 지정하는 것이다. Hribal, "Animals are Part of the Working Class"; Haraway, *When Species Meet*, 55.

10. Marx, *Capital*, Vol. III, 118~9. [마르크스, 『자본론 III-상』.]

11. K. Marx, *Theories of Surplus Value*, Vol. III (Moscow : Progress Publishers, 1971), 368.

12. Marx, *Capital*, Vol. III, 119. [마르크스, 『자본론 III-상』.]

변증법인데, 여기서 반경향은 내생적이다. 자연의 이런 내생성으로 인해 맑스의 시각은 맬서스적 프로그램과 명료한 대조를 이룬다.

그러므로 쟁점은 과잉생산이냐 아니면 과소생산이냐가 아니다. 쟁점은 그 두 가지가 잇따른 축적의 시대에서 서로 어우러지는 방식이다. 물론, 과소생산은 기계장치의 과잉생산과 투입물의 과소생산을 훨씬 넘어서는 것이다. 그 모형은 너무 단순하다. 하지만 그 모형이 없다면 우리는 복잡한 사태를 이해할 수 없다. 기계장치의 과잉생산과 원료의 과소생산, 즉 생산능력의 과잉과 원료가격의 상승은 장기적 축적순환이 끝나는 지점이다.[13] 그 소견에 특별히 혁명적인 것이 전혀 없더라도, 그것은 두 가지 유망한 방향을 가리킨다. 첫 번째 방향은, 자본의 '정상적' 축적이 자본의 회로 안(착취)에서 그리고 자본주의 권력의 궤도(전유)에서 자연을 점진적으로 고갈시킴으로써 생산비 상승을 견인하는 방식이다. 두 번째 방향은 과소생산이 축적을 구속하거나 구속할 우려가 있는 방식이고, 지리적 재구성의 거대한 파동을 통해서 그것이 해소된 방식이다. 그러므로 축적의 한 장기파동의 소멸과 다른 한 장기파동의 발흥을 특징짓는 시대는 '새로운' 제국주의와 '새로운' 과학혁명이 수반되는 경향이 있다. 이 시기에, 자본주의적 행위자와 영토주의적 행위자는 구체제의 문제를 해결할 수 있는 **저**렴한 **자**연을 찾아내고 확보하여 전유하고자 한다.

우리는 우리의 축적 모형에서 과잉생산과 과소생산을 통일하는 작업에 어떻게 착수할 것인가? 이것은 골치 아픈 문제인데, 그 이유는 그것이 우리에게 오이케이오스의 덤불 속으로 뛰어들도록 요청하기 때문

13. E. Mandel, *Late Capitalism* (London : New Left Books, 1975) ; W.W. Rostow, *The World Economy* (Austin : University of Texas Press, 1978).

이다. 우리는 꽤 높은 추상화 수준에서 답하기 시작할 것이다. 나는 독자에게 우리가 지금 탐구하는 뼈대 모형에 피부와 근육을 얼마간 붙일 때까지 판단을 유보하도록 요청한다.

세계생태잉여와 자본주의적 발전 단계들

자본은 세계가 교체 가능한 부분으로 환원될 수 있는 것처럼 세계에 개입한다. 이런 환원은 상징적이면서 물질적이다. 그 환원은 '경제적' 단순화와 '비경제적' 단순화 둘 다로 구성된다.[14] 가치관계의 경향적 일반화가 생산의 자본화와 재생산의 전유라는 변증법을 통해서 작동한다는 점이 중요하다. 가치는 상품생산에서 노동을 착취하는 동시에 자연의 생명형성 능력을 전유함으로써 코드화된다. 전유에 의한 축적은, 최소로 상품화되었거나 전혀 상품화되지 않은 자연에 대한 접근권을 공짜로 또는 가능한 만큼 공짜에 가깝게 획득하게 되는 그런 비경제적 과정 – 어쩌면 전적으로 강압적이지만, 문화적이면서 계산적이기도 한 과정 – 들을 포함한다. 전유가 부분적으로는 본원적 축적과 관련된 것이라면, 그에 못지않게 전유는 무상 일/에너지가 얼마간 유지되지만 지속할 수는 없는 근거로 자본 축적을 위해 동원될 수 있게 하는 문화적 헤게모니와 과학기술적 레퍼토리와도 관련된 것이다. 그런 축적은 무상 일/에너지가 상품생산을 위해 전유될 때 활발히 진행되고, 게다가 자본 투자를 위한 새로운 기회를 개척한다. 이런 일은 지리적 팽창을 통해서 일어나고, 제국과 국가가 새로운 공간에 질서 – 문화적 질

14. H. Braverman, *Labor and Monopoly Capital* (New York : Monthly Review Press, 1974) [해리 브레이버맨, 『노동과 독점자본』, 강남훈·이한주 옮김, 까치, 1998] ; D. Worster, "Transformations of the Earth," *Journal of American History* 76, no. 4 (1990) : 1087~106 ; Scott, *Seeing Like a State* (1998) [스콧, 『국가처럼 보기』].

서, 과학적 질서, 사법적 질서, 기타 등등 ─ 를 부과하는 고된 작업을 수행할 때 가장 효과적이다. 다시 말해서, 그런 지리적 팽창에는 자본주의 권력과 합리성이 자본화 자체보다 상당히 더 심도 있게 포함되어야 한다. 전유는 다루기 힘들 가능성이 있는 무상 일/에너지의 인간 원천과 비인간 원천을 직접 자본화하지 않으면서 통제하고 합리화하며 전달하려는 계획을 통해서 작동한다.

그러므로 근대성은 강력한 통제 프로젝트다. 그것은 축적을 위해 역사적 자연을 식별하고 확보하며 조절하고자 하는 모든 방식의 수량화 및 범주화 절차를 낳는다. 직관에 반하게도, 이들 절차의 주요 목표는 자연을 직접 상품화하는 것이 아니다. 그 절차들의 목표는 무상 일/에너지를 전유하는 것이다. 상품화는 일어날 수 있고 일어난다. 하지만 상품화는 억제되어야 하고, 게다가 축적이 재개될 수 있으려면, 전유라는 '더 큰 선善'을 조장해야 한다. 자본가가 소량의 자본을 투하하여 대량의 무상 일/에너지를 전유할 수 있을 때, 생산비는 하락하고 이윤율은 상승한다.[15] 이런 상황에서는 세계생태잉여(또는 간단히, '생태잉여')가 크다. 이런 생태잉여는 체계 전반의 자본 규모 대비 체계 전반의 무상 일/에너지 전유 규모의 비율이다.[16] 이런 점에서, '자본 규모'에는 고정자본이 포함될 뿐만 아니라, 점점 더 자본화되는 인간 재생산과 비인간 재생산의 관계들, 즉 노동력, 식물 플랜테이션, 공장식 축산

15. 나는 자본과 자연에 대한 단순화된 모형을 사용하고 있는데, 그 모형은 세계생태론적 견지에서 자본 축적의 확대와 생명의 단순한 재생산 사이의 모순으로 이해된다. 기회가 주어진다면, 다양한 결정자의 더 풍요로운 총체에 바탕을 둔 일련의 세계역사적 규정과 수정을 거쳐서 이 단순한 모형을 확대하고 상술하기를 자연스럽게 바랄 것인데, 이를테면 국가권력, 계급투쟁, 문화적 전환, 그리고 그 밖에 다수의 것에 관한 쟁점들을 자본-자연 모형에서 논의하기를 바랄 것이다.

16. 이것은 불완전하게 표현된 규정인데, 바로 그 이유는 상품체계(노동시간이라는 단위) 안에서의 수량화 조건이 수량화될 수 없는 무상 일의 세계이기 때문이다.

농장도 포함된다.

생태잉여는, 너무 협소하지만, 생태경제학자들이 제창한 EROI[17] 비율 — 투입 에너지 대비 획득 에너지 비율 — 로 암시되었다.[18] 생태잉여의 저하는 산업형 농업의 에너지 효율 저하로 암시되는데, 이것은 녹색 비판의 오래된 주재료였다. 이 덕분에 우리는 잇따른 축적순환의 발흥과 종료에 있어서 무상 일/에너지의 중요성에 주의를 기울이게 된다. 하지만 EROI가 EROCI[19] — 투하 자본 대비 획득 에너지 — 로 교체될 때에만, 우리는 세계생태잉여를 더 잘 이해하게 된다. 지난 20년에 걸쳐 농업과 추출, 산업에서 지속적으로 생산비가 상승하고 노동생산성 향상이 지체되었다는 증거는 EROCI가 저하하는 국면을 암시한다. 그런 현행 저하 국면은 강한 의문을 제기하는데, 요컨대 자본주의는 생태잉여가 영속적으로 저하하는, 그리하여 체계 전반의 노동생산성을 두드러지게 개선할 수 있는 능력이 영속적으로 저하하는 새로운 시대에 진입했는가?

역사적으로 살펴보면, '대공황들'은 우발 이익의 기회를 창출하는 세계생태혁명을 통해서 해결되었다. 이런 새로운 기회는 세계생태잉여의 핵심인 **네** 가지 **저**렴한 것의 회복에 의존한다. 생태잉여는, 자본주의에서 여러 형태를 취하지만 결국에는 노동생산성에 근거하는 평균 생산비와 대비되는 상대적인 '잉여'다. 하지만 그런 생산성은 새로운 역사적 자연들의 생산과 그것들의 주요한 역사적 형태들 — 인클로저와 제국주의적 팽창, 과학적 실천, 탈취 활동의 잇따른 파동들 — 과 결정적으로 연계되어 있다. 이것들은 기술적 변화와 결합하여 지구적 자연의 자본

---

17. [옮긴이] EROI는 'energy returned on energy invested'의 약어다.
18. C.J. Cleveland et al., "Energy and the US Economy," *Science* 225 (1984) : 890~97.
19. [옮긴이] EROCI는 'energy returned on capital invested'의 약어다.

화의 경향적 증가보다 더 빠르게 무상 일/에너지를 전유한다.

2차 세계대전 후에 그랬듯이, 생태잉여가 매우 클 때, 생산성 혁명이 일어나고 장기팽창이 개시된다. 자연스럽게도, 이것은 전유의 이야기일 뿐만 아니라 자본화와 사회기술적 혁신의 이야기이기도 하다. 생태잉여는, 새로운 축적체제가 약탈과 생산성을 결합할 때, 이를테면 새로운 지리적 프런티어(지하자원을 비롯한)의 인클로저와 노동생산성의 새로운 과학기술혁명을 결합할 때 나타난다. 평균노동시간 동안 물질적 생산량의 증가를 표현하는 노동생산성의 거대한 향상은 생태잉여의 거대한 팽창을 통해서 가능해졌다. 예를 들면, 고전 포드주의의 조립라인은 저렴한 강철과 고무, 석유가 없었다면 구상할 수 없는 것이었다. 식량과 에너지, 원료로 구성될 뿐만 아니라 노동력과 가사노동으로서의 인간 자연으로도 구성되는 생태잉여의 환원 불가능하게도 사회생태적인 특질은 아무리 강조해도 지나치지 않다. 장기 20세기의 기원은 '제2차 산업혁명'의 대량생산체계에서 발견되었을 뿐만 아니라 인간 자연과 비인간 자연의 다양한 전유에서도 발견되었는데, 이를테면 미합중국 중서부의 토양과 수자원의 전유, 동유럽과 남아시아 농민계급의 전유, 식민 세계와 반식민 세계의 숲과 들판, 자원 광맥의 전유가 있었다.

생태잉여는 모든 축적의 장기파동 기간에 걸쳐 저하한다. 그것은 네 가지 주요한 이유로 인해 하락한다. 첫째, 오이케이오스 — 작동 중인 특정한 역사적 자연 — 에서 마모가 일어난다. 이것은 엔트로피 문제인데, 요컨대 오이케이오스의 지배적인 배치 안에서 물질/에너지는 더 유용한 형태에서 덜 유용한 형태로 전환된다. 그런 '엔트로피 법칙' — 이로 인해 "모든 경제적 과정〔들〕은 … 가치 있는 물질과 에너지를 쓰레기로 전환한다"[20] — 은 특정한 권력 패턴과 생산 패턴 안에서 작동한다. 그것은 이론상의 생물권에 의해 결정되지 않는다. 역사적 자연의 관점에서 바라보면 엔트로피는 가역적이고 순환적이지만, 특정한 문명적 논리 안에서는 엔트로피가 증가하게 된다. 그런데 자본주의의 일/에너지 전유 논리는 프런티어에서 미자본화된 자연의 소재를 파악함으로써 엔트로피 증가 사태에 대한 반복적인 해결책을 제시할 수 있게 된다.

둘째, 마모가 일어나지 않더라도 생태잉여는 경향적으로 저하할 것이다. 축적된 자본의 규모는 무상 일/에너지의 전유보다 경향적으로 더 빨리 증가하는데, 이 현상은 맑스의 과소생산 일반법칙이 내포하는 필연적인 귀결이다.(자본이 미래에 거는 돈이 새로운 **저**렴한 **자**연의 소재를 파악하는 실제 활동보다 더 빨리 증가한다.) 2차 세계대전 이후 황금시대와 '제2차' 산업혁명의 예외적 환경 – 무상 일/에너지의 전유가 전대미문으로 컸던 시기 – 에서도 식량과 원료, 에너지의 저렴화는 특별한 노력이 필요했고 때때로 반전되었다. 비용 증가를 향한 순환운동은, 엔트로피 문제와 마찬가지로, 반전될 수 있지만, 그런 반전을 위한 여지는 자본주의의 장기지속에 걸쳐 좁아진다. 이런 견지에서, 맑스의 과소생산 일반법칙은 자본화된 자연의 규모가 증가함에 따라 축적률이 경향적으로 감소한다고 표현될 수 있을 것이다. 역사적으로 그 법칙은, 전유 기회가 저하함에 따라 쌓이는 과잉축적된 자본의 주요한 표현인 금융화의 반복되는 파동으로 나타난다.

셋째, 생태잉여는 자본의 재생산 시간과 나머지 자연의 재생산 시간 사이의 모순을 통해서 저하한다. 시간적 즉시성을 향한 자본의 디스토피아적 충동은 다양한 자연의 재생산 시간을 압축하는 '지름길'

20. N. Georgescu-Roegen, "Energy and Economic Myths," *Southern Economic Journal* 41, no. 3 (1975) : 347~81.

을 찾아냄으로써 현시된다. 인간 주도의 모든 압축이 폭력적이지는 않지만, 자본주의의 거의 모든 압축이 폭력적이다. 단일 재배와 노동생산성을 맹목적으로 숭배하는 자본주의적 농업이 주요 사례다. 자연의 자본화가 진전되는 이유는 이것이 단기적으로 경쟁우위를 제공하기 때문이다. 자연의 자본화는 특정 자본가들에게 단기 수익을 가져다주지만, 중기 비용도 초래한다. 이런 비용은 가능할 때마다 외부화되지만, 궁극적으로는 일/에너지의 새로운 원천이 발견되어서 전유되어야 한다. 그러므로 모든 장기적 축적순환은 새로운 상품 프런티어를 통해서 전개된다.

마지막으로, 무상 일/에너지의 분량이 자본 규모와 대비하여 경향적으로 감소하는 이유는 엔트로피와 자본화, 시간적 불균형성 때문만이 아니라 자본 축적이 시간이 흐름에 따라 더 낭비적인 것이 되기 때문이기도 하다. 이런 차원은 순환적이지만, 순환적으로는 문제가 가장 적은 것이다. (지금까지는 그랬다.) 그것은 분명 누적적으로는 가장 두드러지는 것이다. 한 가지 형태는 산업형 농업의 엄청난 에너지 비효율이다. 다른 한 가지 형태로서 쓰레기 생산의 획기적인 차원은, 막대한 에너지와 화학물질을 사용함으로써 생물권이 중독되어 부정적 가치가 활성화되고 있는 방식과 관련되어 있는데, 그리하여 점점 더 비용이 많이 드는 유독한 방법을 통해서만 일시적으로 (조금이나마) 수선될 수 있는, 자본 축적에 점점 더 적대적인 역사적 자연이 출현한다. 부정적 가치의 발흥 — 현대 기후변화에서 극명하게 표현된 사태 — 은 21세기 초에 진행 중인 생태잉여의 두드러지고 빠른 부식을 암시한다(10장을 보라).

이 상황은, 시간이 흐름에 따라 자본이 사업운영비의 더 큰 몫을 지불해야 함을 뜻한다. 공식적으로 표현하면, 모든 거대한 축적 파동은 자본과 과학, 권력의 조합을 통해서 창출되는 대량의 생태잉여로 개시된다.[21] 우리는 이런 국면을 추상적인 사회적 노동과 추상적인 사회적 자연, 본원적 축적과 연관시킬 수 있을 것이다. 이런 축적의 '삼중나선'은 축적에 도움이 되는 무상 일의 새롭고 대단히 확대된 원천을 확보함과 더불어 노동생산성을 향상하는 새로운 방식을 개발함으로써 작동한다.[22] 이것은 맑스의 이른바 본원적 축적을 계급(부르주아 계급과 프롤레타리아 계급) 구성의 과정으로 표현한 전통적인 논점에 대한 변증법적 반박 논점이다. 계급 구성은 본원적 축적의 한 가지 결과다. 이 결과는 '여성과 자연, 식민지'에 의한 무상 일의 전유에 의존하고, 그 전유를 통해서 공동생산된다. 하지만 무상 일/에너지의 새로운 원천을 식별하고, 그 지도를 제작하며, 합리화하는 과정들은 경제적 힘만으로 설명될 수 없다. 그러므로 자본주의의 본원적 축적과 지리적 팽창은 비자본주의적 세계에서 자본주의적 세계로의 부의 이전을 넘어서는 것과 관련되어 있다. 더욱이, 그것은 부르주아와 프롤레타리아의 관계 이상의 것과 관련되어 있다. 본원적 축적은, 저렴한 노동과 식량, 에너지, 원료의 갱신되고 확대된 흐름이 상품체계에 유입될 수 있도록, 인간 및 비인간 재생산관계들을 재구성하는 실천과도 마찬가지로 관련되어 있다.

자본화와 전유의 변증법

이제 자본화와 전유를 한낱 축적 전략에 불과한 것으로 여길 것이 아니라, 재생산의 관계로 여길 것이다. 이로써 우리는 자본화와 전유의 관계를 고찰할 수 있을 것이다. 첫째, 재생산관계의 자본화는 인간 노

21. 이 세 가지 범주 – 특히 '과학' – 는 엄청나게 무딘 도구다.
22. '삼중나선'에 대해서 내 친구 리처드 워커에게 특별히 감사한다.

동의 프롤레타리아화를 통해서 가장 두드러지게 일어났다. '프롤레타리아화'는 노동력의 재생산이, 대체로 유상 일의 형태로, 자본을 관통하여 흐른다고 말하는 다른 한 표현 방식이다.[23] 물론, 지구적 북부의 프롤레타리아 가구도 계속해서 무상 일(세탁, 요리, 양육 등)의 상당한 소모에 의존한다. 인간은 일을 통해서만 나머지 자연을 변환하므로 일의 상품화 – 간접적으로 그리고 직접적으로 – 는 비인간 자연의 자본화에 중추적이다.

그러나 자본화되어버린 것은 노동력의 재생산뿐만이 아니었는데, 비인간 자연의 재생산도 그랬다. 영양분의 흐름과 인간의 흐름과 자본의 흐름은 그 속에서 이 흐름이 저 흐름을 반드시 수반하는 역사적 전체를 이룬다. 근대 농업은, 장기 16세기 사탕수수 플랜테이션에서의 기원으로부터, 환금작물 농업생태들이 지구적 자본의 흐름, 특히 신용을 통해서 영양분과 에너지, 물을 전유하는 과정임을 밝힌다.[24] 20세기에, 잇따른 잡종화 '혁명'과 화학적 '혁명'과 생명공학적 '혁명'을 통해서 일어난 특별한 변화는 자연의 자본화가 증가한 사태였다. 하지만 그 변화는 비선형적이었고, 결과적으로 최근까지 드러나지 않았는데, 그 이유는 에너지의 극단적인 저렴화 때문이었다. 질소 고정은 물론 중요했지만, 기계화와 살충제, 전기화도 중요했다. 10장에서 알게 되듯이, 자본주의적 농업이 지역 에너지원에의 의존관계에서 해방됨으로써 2

---

23. 내가 "대체로 유상 일의 형태로"라고 말하는 이유는 부르주아와 프롤레타리아의 관계가 초기 근대 사탕수수 플랜테이션에서 나타난 주인과 노예의 형태를 비롯하여 다양한 구체적 형태를 취하기 때문이다(Mintz, "Was the Plantation Slave a Proletarian?"). 20세기 말 자본주의적 농부에 관해서 르원틴은 (약간 과장된 표현으로) 농부가 프롤레타리아가 되어버렸다고 주장했다(R.C. Lewontin, "The Maturing of Capitalist Agriculture," *Monthly Review* 50, no. 3 〔1998〕 : 72~84).

24. Moore, "Ecology and the Rise of Capitalism".

차 세계대전이 끝난 후 25년 동안 자본화가 두드러지게 축소되었고, 1970년대 이후에는 그다지 심하지 않게 축소되었다. 하지만 최근에, 이 과정은 부메랑을 맞았는데, 지난 10년 동안 자본화가 두드러지게 증진되었다. 어느 시점에 모든 농업혁명은, 인간 주도의 반란에서 비인간의 저항(예를 들면, 슈퍼잡초)에 이르기까지, '반격'에 직면한다. 그 동학은, 농부가 상품화된 씨앗과 기계, 독극물에 의존함으로써 비용 상승의 체제에 갇히게 되는 자본주의적 농업의 '기술적 쳇바퀴'에 관한 논의에서, 부분적일지라도, 포착된다.[25] 하지만 그 '쳇바퀴'는 생산력을 초과한다. 그것은 자본과 도구, 자연 – 농산업 자본주의의 테크닉스 – 의 쳇바퀴다. 농가는 점점 더 "자본 축적의 회로 안에서 재생산되"는 농업생태적 모형의 부채를 상환하기 위해 더욱더 많이 생산하려고 노력해야 한다.[26] 오늘날 농업의 자본화는, 한 세기 전과는 대조적으로, 환금작물 농업에 의한 무상 일/에너지의 전유를 이제 초과하고 있다. 생태잉여가 축소되고 있다.

자본화는 데카르트의 이항 구조를 초월한다. 무상 일/에너지의 전유도 그렇다. 변증법에 힘입어 우리는 **인**류와 **자**연이라는 환원론적 언어 너머를 볼 수 있게 된다. 그 이유는 자본주의에서 중요한 경계선이 **자**연과 **인**류 사이에 있지 않기 때문인데, 그것은 자본화와 생명의 그물 사이에 있다. 자본주의의 오만은, 자본주의 세력권 안의 미상품화된 생명활동을 무가치하게 여기고 그 활동에서 자신의 생혈을 끌어내는 한편으로 상품체계 안의 생명활동에 가치를 부여하는 것이다.

이런 자본화의 운동과 전유의 운동은 사회적 필요노동시간을 서

25. Kloppenburg, *First the Seed*. [클로펜버그 2세, 『농업생명공학의 정치경제』.]
26. W. Boyd et al., "Industrial Dynamics and the Problem of Nature," *Society and Natural Resources* 14 (2001) : 560.

로 결정한다. 자본화의 운동은, 직접적인 생산을 비롯하여 분배와 교환, 소비로 구성된 상품생산의 '유기적 전체' 안에서 일어난다.[27] 전유의 운동은 노동생산성을 향상하기 위해 무상 일을 전유하는 '유기적 전체' 안에서 일어난다. 다시 말해서, 가치 법칙 아래 착취율은 (자본가와 직접 생산자 사이에 벌어지는) 상품생산 안의 계급투쟁에 의해서만 결정되는 것도 아니고, 상품생산의 조직과 가치구성에 의해서만 결정되는 것도 아니다. 또한, 그것은 인간 자연과 비인간 자연에 의해 공히 수행되는 무상 일의 기여에 의해서도 결정된다.

그러므로 추상적인 사회적 노동의 체제는 생산과 재생산의 적극적인 재배치에 달려 있다. 이 관점에 따르면, 가치관계는 새로운 축적체제에 직접 연루된, 무상 일과 유상 일의 변증법을 통해서 전개된다. 이 상황은, 자본주의의 테크닉스 — 도구와 자연, 권력의 특정한 구체화로 이해되는 것[28] — 가 낮게 매달려 있는 과일을 따는 것 이상의 일을 한다는 것을 뜻한다. 자본주의적 테크닉스는 (유상) '노동력'을 근대적 형태로 생산력이 있게 만들기 위해, 즉 잉여가치를 생산하게 하려고 (무상) '자연력'을 동원하고 전유하려고 한다. 이것이 자연의 생산이 의미하는 바인데, 자연은 자본을 위해 미리 형성된 대상이 아니다. 오히려 역사적 자연은, 생물권의 '일'이 자본 축적에 끼치는 기여를 증진하도록 자본이 오이케이오스의 이중 내부성을 통해서 개조하는 관계들의 그물이다.

그러므로 무상 일의 전유 — 네 가지 저렴한 것의 순환적인 흥망성쇠에서 현시되는 것 — 는 자본주의의 한계를 구상하고 탐구하는 데 중요하

---

27. Marx, *Grundrisse*, 100. [마르크스, 『정치경제학 비판 요강 1』.]
28. Mumford, *Technics and Civilization*. [멈퍼드, 『기술과 문명』.]

다. 이것은 자본주의의 실재적인 역사적 한계가 자본화와 전유의 관계로서의 자본에서 비롯되기 때문이다. '성장의 한계'는 외부적인 것이 아니라,[29] 자본주의의 내부 관계에서 비롯된다. 왜 내부인가? 명백하게도, 우리는 '내부'라는 낱말을 고정된 경계로서 언급하고 있는 것이 아니고, 오히려 내부화하는 문명으로서의 자본주의에 관해 언급하고 있다. 우리는 내부라는 낱말을 서술적 진술이 아니라 방법론적 전제로서 언급하고 있다. 생태경제학자는 흔히 자본주의가 비용을 '외부화'하는 방법에 관해 언급한다. 대기권을 온실가스를 버리는 쓰레기장으로 전환하는 것이 주요 사례다. 그런 비용의 외부화는 자본 축적에 필요한 공간의 내부화이기도 하다. 예를 들면, 대기권은 자본의 무상 청소부로 일하게 되어야 한다. 이 공간은 자본의 회로 안에 직접적으로 속할 수도 있고 그렇지 않을 수도 있다. 그런 공간은 유전(자본에 내재하는)이거나, 또는 쓰레기가 폐기되거나 무상 일이 전유되는 프런티어 지대일 수도 있다. 쓰레기 프런티어는 이제 부분적으로 인식되고 있지만, 자본주의 문명의 내부화 특질은 더 나아가는데, 바로 그 이유는 자본 축적이 일/에너지의 "물리적으로 생생한" 원천의 적극적 편입에 의존하기 때문이다.[30]

전유의 기회가 축적된 자본의 규모와 대비하여 저하할 때, 친숙한 일련의 사건이 이어진다. 생산비가 증가한다. 일꾼, 토양, 숲, 그리고 다른 차원들의 무상 일이 물리적으로 소진되거나 집단적으로 협조적이지 않게 된다. 유상 일의 분량이 증가하고, 오래된 지역적 생산 복합체의 수익성이 감소한다. 마지막으로, 특수한 부문에서 또는 자본 전체

29. Meadows et al., *The Limits to Growth*. [메도즈 등, 『성장의 한계』.]

30. Marx, *Capital*, Vol. I (1967), 380. [마르크스, 『자본론 I-상』.]

에 대해서, 자본 축적의 갱신 가능성이 새로운 전유 프런티어를 찾아내는 것에 달려 있다. 새로운 생산 복합체가 출현한다. 우연의 일치가 아니게도, 자본주의의 모든 새로운 시대는 "새로운 제국주의"와 새로운 산업화로 개시된다.[31]

새로운 제국주의와 새로운 산업화, 새로운 농업혁명, 새로운 과학혁명은 왜 함께 가는가? 그 이유는 (자본화된) 생산력이 (전유된) 재/생산의 조건, 즉 **네** 가지 **저**렴한 것에 따라 결정되기 때문이다. 우리는 가치관계적 견지에서 그 **4대** 투입물에 주의를 집중함으로써 유상 및 무상 일/에너지를 각각의 역사적 배치에서 볼 수 있게 된다. 이런 배치가 전유로 경사될 때, 세계 축적은 회복하고 '황금시대'가 시작된다. 이런 배치가 자본화를 향해 움직일 때, 평균이윤율(또는 그 이상)의 투자 기회가 축소되고, 자본주의적 침체의 다양한 증상 – 불평등의 증가, 금융화 등 – 이 나타난다.

이 논점은 자본주의적 발전에 관한 일반적인 생각을 뒤집는다. 자본주의는 상품화의 영역 자체를 확대하지 않으려고 팽창하는데, 요컨대 자본주의는 세계 축적의 균형을 전유 쪽으로 움직이기 위해 팽창한다. 그러므로 자본주의의 지리적 팽창은 단지 가끔, 그리고 단지 부분적으로, 상품화를 특별히 우선시할 뿐이다. 대부분의 경우에, 우선사항은 자본주의 권력을 미자본화된 재생산 영역, 즉 미상품화된 인간 자연과 비인간 자연의 영역에 투사하는 것이다. 지금까지 이들 영역은 자본이 끊임없이 침략하고 침투하며 복속시켰지만, 항상 부분적으로, 게다가 합당한 이유로 항상 부분적으로 그러했다. 지금까지 노동

31. Harvey, *The New Imperialism* [하비, 『신제국주의』]; P.J. Cain and A.G. Hopkins, "Gentlemanly Capitalism and British Expansion Overseas II," *Economic History Review* 40, no. 1 (1987) : 1~26.

생산성의 거대한 개선 — 장기 19세기와 20세기에 영국이 주도한 산업혁명과 미합중국이 주도한 포드주의 — 은, 인간 자연(가사노동)과 비인간 자연(지리적 축적)이 공히 수행한 무상 일의 막대한 전유에 강하게 좌우되었다. 그런 산업화는, 무상 일의 불균형적으로 더 비대한 전유를 비롯하여, 상품생산에 있어서 노동생산성(착취율)을 향상하는 배치에 의존한다. 이것에 내포된 의미는 중요하고 강조할 가치가 있는데, 요컨대 착취와 전유 사이의 관계는 비대칭적이다. 상품생산에서 노동생산성이 향상하는 국면에는 모든 단위노동시간 동안 소요되는 에너지와 원료(유동자본)의 양이 훨씬 더 많이 증가하는 국면이 반드시 수반된다. 축적된 무상 일/에너지가 특히 중요하다. 예를 들면, 영국이 주도한 산업혁명과 미합중국이 주도한 산업혁명은 화석연료 구성체(석탄, 그다음에 석유)에 축적된 일/에너지와 상품체계 바깥에서 성인으로 양육된 인간(탈취당한 농민)에게 축적된 일/에너지의 획기적인 전유를 통해서 전개되었다.

이 사실은 인간 자연과 비인간 자연의 재생산이 갖는 역사적 통일성을 부각한다. 이런 시각에서 바라보면, 일은 상품생산에의 직접적인 참여를 훨씬 넘어서는 것을 포괄한다. 오히려 일은, 자본주의 세력권 안에서 인간 자연과 비인간 자연이 수행하는 무급 활동과 유급 활동 전체를 포괄한다. 무상 '자연의 일' — 농사의 짧은 시간 동안, 양육의 한 세대 동안, 화석연료 창조의 지질학적 시간 동안 축적된 일 — 은 그 위에서 유상 '자본의 일'이 전개되는 토대다. 두 국면은 모두 가치 법칙에 새겨져 있다. 가치형태(상품)는 직접적인 생산과정에서 출현하는 반면에, 가치관계 — 사회적 필요노동시간의 체계적 결정을 포함하는 관계[32] — 는 생산관계를 포

32. "예컨대 아마포를 재배하는 토양이 소진된 결과로 아마포를 생산하는 데 필요한 노동시간이 두 배가 된다면, 아마포의 가치 역시 두 배로 될 것이다"(Marx, Capital, Vol. I〔1967〕, 67). [마르크스, 『자본론 I-상』.]

괄할 뿐만 아니라 잉여가치의 확대생산에 필요한 전유의 더 광범위한 관계도 포괄한다. 착취율은 '무료'이거나 가능한 한 무료에 가까운 자연의 일/에너지의 전유 규모와 속도, 범위에 근본적으로 좌우된다.[33]

네 가지 **저**렴한 것이 구체화함에 따라 자본 축적의 새로운 기회가 나타나는데, 예를 들면, 19세기의 철도 혁명과 20세기의 자동차 혁명이 있다. 시간이 흐름에 따라 **네** 가지 **저**렴한 것은 더는 **저**렴하지 않게 된다. 축적순환의 상향 운동에 있어서 무상 일/에너지의 압출은 미상품화된 재생산관계의 탄력복원성을 고갈시킨다. 한편으로, 노동자와 농민은 자본과 세계시장에 맞서 겨룰 새로운 방법을 찾아낸다. 식량과 에너지, 원료의 가격과 더불어 노동비용이 상승한다. (역사적으로, 이 사태는 불균등한 형태로 일어난다.) **저**렴한 투입물이 더는 저렴하지 않고 귀중한 것이 되기 시작함에 따라, 물질적 생산 영역에서 투자를 위한 기회가 정체되면서 축소되기 시작한다. 전유가 비틀거릴 때 금융적 팽창이 경향적으로 개시되고, 그리하여 노동력과 식량, 에너지, 원료의 가치구성은 하락하기보다는 상승한다. 따라서 금융적 팽창은 자본가와 국가가 **저**렴한 **자**연의 회복을 추구하는 새로운 본원적 축적의 시대를 개시한다.

그러므로 산업적 팽창과 금융적 팽창이라는 거대한 단계들의 중대한 변동은 **저**렴한 **자**연의 공동생산에 근본적인 방식으로 연루되어 있다. 아리기는 이 두 가지 국면을 "물질적" 팽창과 "금융적" 팽창으로 부른다.[34] 그것들은 함께 축적순환을 구성한다. 첫 번째 국면에서는 자본이 노동력과 기계, 원료에 투하되는데, M-C-M′ 정식으로 표현된

33. 같은 책, 751. [같은 책.]

34. Arrighi, *The Long Twentieth Century*. [아리기, 『장기 20세기』.]

다.[35] 두 번째 국면에서는 자본이 M-C-M′에서 벗어나서 금융적 경로를 통해서 축적을 추구하는데, M-M′ 정식으로 표현된다. 이런 잇따른 물질적 팽창과 금융적 팽창의 시기와 지리, 조직형태는 **4대** 투입물의 가치구성과 관련되어 있다.

식량/노동 결합이 특히 중요한데, 그 이유는 **저**렴한 **자**연과 **저**렴한 **노**동이 (농업혁명의 자본 집약적 국면을 통한) 상품생산의 전환에 의해 결정될 뿐만 아니라, 자본이 상품체계 바깥의 무상 일을 전유하기 위한 새로운 기회를 확보할 수 있는 정도에 의해서도 결정되기 때문이다. 이것이 19세기 후반(대략 1840~1900년)에 미합중국이 주도한 '가족농장'의 특질이었다. 이 혁명은 무상 가족노동을 비인간 자연의 무상 일, 특히 수천 년 동안 축적되고 대체로 농업이 시도되지 않은 북아메리카 서부의 프런티어 토양과 결합했다. **저**렴한 **에**너지가 중요한 이유는, 특히 증기력 혁명 이후로, 노동생산성이 풍부한 에너지와 더불어 향상되고, 1970년대에 일어났듯이, 에너지의 가격 상승과 더불어 정체되기 때문이다.[36] (북대서양 중심부의 경기 침체는 1970년대 이후 석유 가격과 밀접히 관련되었다.[37]) 마지막으로, **저**렴한 **에**너지와 **저**렴한 **노**동은 제조된 상품으로 가공될 풍부한 (저렴한) 원료에 의존한다.

자본의 생산적 역동성을 괴롭히는 것은 과소생산이라는 유령이다. 그 결과, **4대** 투입물 사이의 경계를 용해하려는 강한 충동이 존재하는

---

35. M-C-M′에서 "화폐자본(M)은 유동성, 유연성, 선택의 자유를 뜻한다. 상품자본(C)은 이윤을 기대하면서 특정한 투입-산출 조합에 투하된 자본을 뜻한다. 따라서 그것은 구체성, 경직성, 그리고 선택지의 협소화나 폐쇄를 뜻한다. M′은 확대된 유동성과 유연성, 선택의 자유를 뜻한다"(같은 책, 5 [같은 책]).

36. D.W. Jorgenson, "The Role of Energy in Productivity," *American Economic Review* 74, no. 2 (1984) : 26~30 ; Cleveland et al., "Energy and the US Economy".

37. J.D. Hamilton, "Causes and Consequences of the Oil Shock of 2007~08," *Brookings Papers on Economic Activity* 1 (2009) : 215~61.

데, 이를테면 식량을 에너지와 원료로 전환하려는 충동, 에너지를 식량으로 전환하려는 충동, 그리고 물론 에너지를 노동력으로 전환하려는 충동이 존재한다. 바로 여기에 자연을 자신의 형상대로 창조하려는, 즉 무한정 수량화할 수 있고 교환할 수 있는 것으로 만들려는 자본의 프로젝트가 있다. 이 프로젝트의 한 국면은 직접적으로 생물·물질적이다. 옥수수가 주요 사례인데, 모든 유형의 '혼합용도 작물'을 위한 길을 선도한다. 옥수수는, 외관상, 정말 거의 모든 것에 대한 원료를 제공하는데, 이를테면 에탄올, 식량(또는 "음식 같은 물질"), 그리고 건설 및 산업생산용 원료를 제공한다.[38] 다른 한 국면은 세계농업에서 만연하는 에너지 집약적인 질소비료의 일반화인데, 그리하여 인류가 '화석연료'를 먹는 비율이 증가하지 않을 수 없다.[39] 더욱이, 자본주의는 '산' 노동을 '죽은' 노동으로 교체하려는 끊임없는 충동 속에 인간 특정성 – 공예 지식 등 – 이 용해되는 사태에 전제를 두고 있다는 점을 잊지 말아야 한다.

비인간 자연의 대체 가능성 증대를 향한 움직임 역시 계산적이다. 21세기에 접어든 이후로 이루어진 상품의 금융화는 **4대** 투입물 사이의 경계를 이렇게 용해하는 데 있어서 또 하나의 중대한 국면이다. 어쩌면 가장 극적인 것은 주요상품 세계시장들의 최근 역사일 것이다. 21세기 이전에 이들 시장은 대체로 '외부의 금융시장'과 독립적이면서 '서로' 독립적이었는데, 예를 들면, 석유 가격이 구리 가격과 반드시 맞물려 있지는 않았다. 하지만, 2000년 이후에, 금융행위자, 특히 인덱스

---

38. M. Pollan, *The Omnivore's Dilemma* (New York : Penguin, 2006) [마이클 폴란, 『잡식동물의 딜레마』, 조윤정 옮김, 다른세상, 2008] ; *In Defense of Food* (New York : Penguin, 2008) [마이클 폴란, 『마이클 폴란의 행복한 밥상』, 조윤정 옮김, 다른세상, 2009].
39. R. Manning, "The Oil We Eat," *Harper's* 308 (February, 2004) : 37~45.

투자자는 "상품시장 전체에 걸쳐 기본적인 금융화 과정이 갑자기 생겨나게 했는데, 그 과정을 통해서 상품가격이 금융자산의 가격과 더 맞물리게 되었고, 게다가 서로 간에도 더 맞물리게 되었다…〔이런〕 금융화의 결과로… 개별 상품의 가격이 더는 그것의 공급과 수요에 의해 단순히 결정되지 않는다."[40] 생물·물질적 재편과 금융적 재편의 이런 조합은 과소생산을 향한 경향이 물리적 고갈과 기후변화, 새로운 반체제운동, 금융화를 통해서 재확인되는 21세기 시나리오를 암시한다.

과소생산은 **4대** 투입물 중 한 가지 이상이 점점 더 비싸져서 축적 과정을 속박하기 시작하는 콩종튀르 – 종형 곡선의 하향 국면 – 를 나타낸다. 이런 점에서, 과소생산은 과잉생산의 내재적 모순이다. 이것은, 과소생산이 외부적 자연에 존재하는 '희소성'과 관련된 것 – 신맬서스주의적 관점 – 이 아님을 뜻한다. 오히려, 과소생산은 역사적 자본주의와 역사적 자연(우리의 이중 내부성)에서, 순환적으로 그리고 누적적으로, 확보하는 관계들을 통해서 형태를 갖춘다. 과소생산은 인간 자연과 비인간 자연에 의해 공동생산되고, 게다가 역사적으로 특정적이다. 한 문명에 대한 '희소성'은 다른 한 문명에 대해서는 그렇지 않을 수 있다. 자본주의의 희소성은 가격을 통해서 부여되는데, 이를테면 2003년에 시작된 식량가격 인플레이션은 부적절한 세계 식량 공급의 함수가 아니라 분배와 권력, 자본의 함수다. 이 덕분에 우리는 기아와 다른 형태의 박탈 및 억압의 실제로 관계적인 원천들을 볼 수 있게 된다. 하지만 분석은 여기서 멈출 수 없다. 우리는 생물권에서 일어나는 변화가

---

40. K. Tang and W. Xiong "Index investment and Financialization of Commodities" (Working paper, Department of Economics, Princeton University, March 2011). 강조가 첨가됨. 2011년 3월 17일에 www.princeton.edu/~wxiong/papers/commodity.pdf에 접속함.

자본주의에서 나타나는 모순의 심화로 어떻게 전화되는지 이해할 방법이 필요하고, 게다가 그 역의 과정도 이해할 방법이 필요하다.

전유 정점

고갈은 매우 실제적이다. 그것의 가장 독특한 현대적 표현은 어쩌면 에너지일 것이다. 여기서, 추출하기 쉬운 거대 유전의 지리적 퇴각은 확실히 이중 내부성의 이항 구조를 둘러싼 다툼이다. 자본주의에 의한 자연의 내부화가 저렴한 에너지의 귀환을 가능케 하는 새로운 지리를 생산할 것인가? 아니면 자연에 의한 자본의 내부화가 그런 귀환을 불가능하게 만드는 새로운 지리를 생산할 것인가? '피크 에브리싱'peak everything 논쟁의 항목들로 인해 우리의 주의가 이런 이중 내부성에서 멀어졌다. 이들 항목은 관계가 아니라 실체에 관한 의문을 제기하는데, 이를테면 석유, 석탄, 인, 심지어 토양의 경우에도 지구적 생산량이 '정점'에 도달해버려서 '정점 이후' 희소성의 세계가 이어지는가?[41]

관계적 시각에서 고갈의 문제에 접근하면 무슨 일이 일어나는가? 여기서 우리는 일종의 다른 정점, 즉 전유 정점이 더 유용함을 알게 된다. 전유 정점은 종형 곡선의 최대 변곡점으로 시각화될 수 있는데, 여기서 자연의 자본화 대비 무상 일/에너지 분량이 정점에 도달하기에 그 '정점'은 세계생태잉여가 최대치에 이르렀음을 나타낸다. 물론, 그런 시각화는 한낱 사고실험에 불과하다. 순환적 변화와 부문적 이동은

41. R. Heinberg, *Peak Everything* (Gabriola Island, BC : New Society, 2007)를 참조하라. [리처드 하인버그, 『미래에서 온 편지』, 송광섭·송기원 옮김, 부키, 2010.]

그 그림을 유의미한 방식으로 바꾼다. 더욱이, 19세기 초 이후로, 저렴한 에너지의 지도가 제작되고 그 에너지가 추출되며 사용될 수 있는 상대적 용이함으로 인해 자본주의의 한 단계에서 다른 한 단계로의 전환이 원활해졌다.

전유 정점은 EROI(투입 에너지 대비 획득 에너지) 분석을 기반으로 삼는 한 방식이다.[42] 그것은 자원과 에너지의 척도를 역사적이고 관계적인 틀 안에 접어 넣을 수 있게 한다. 전유 정점을 향한 운동은, 우리가 인식한 대로, 생태잉여의 상승을 나타낸다. 전유 정점 이후는 생태잉여의 저하로 특징지어진다. 하지만 EROI는 에너지/자본을 통일하는 축적 모형을 제공하지 못한다. 이런 까닭에 EROCI가 필요하다.

전유와 생태잉여의 순환운동은 우리의 주의를 EROI뿐만 아니라 EROCI(투하 자본 대비 획득 에너지), 즉 달러당 칼로리 또는 줄joule에도 향하게 한다. EROCI는 유상 및 무상 일/에너지의 상대적 기여분을 중심에 놓는다. 그렇다면 논의 중인 정점은 생산량 – 에너지, 또는 어떤 다른 일차상품의 생산량 – 의 정점이 아니다. 오히려 그것은, 어떤 주어진 상품을 생산하기 위해 가동되는 자본과 그 상품에 육화된 일/에너지 사이의 '간극' 정점인데, 부셸당 달러, 또는 톤당 달러, 또는 배럴당 달러, 또는 마력당 달러, 또는 노동력의 시간당 달러로 표현된다. 여기에서도 언어가 부정확한데, 바로 그 이유는 우리가 특정한 일/에너지의 양립 불가능한 혼합물을 다루고 있기 때문이다. 수량화는 이런 구체적인 사항들을 조명할 수는 있지만 적절히 포착할 수는 없다. 에너지와 물질의 흐름은 측정될 수 있지만, 자본주의 안에서는 그 흐름이 고려될 수 없는 이유는 자본 역동성의 비밀이 자본주의는 자신이 가치

42. Cleveland et al., "Energy and the US Economy".

가 있다고 여기는 것(노동생산성)만을 고려한다는 점에 있기 때문이다. 더욱이, 전유 정점은 그저 특정한 상품과 관련된 것이 아니라, 어떤 일차상품 – 석탄과 석유가 전형적인 사례다 – 이 **저**렴한 **자**연을 축적 과정 전체에 걸쳐서 '확산시키는' 방식과 관련된 것이다. 예를 들면, 1930년대 이후 **저**렴한 **식**량은 '석유농업'이 되었는데, 여기서 토양과 물, 생명의 막대한 전유는 **저**렴한 **에**너지를 통해서 점점 더 매개되었다.

자본 축적의 장기파동 동안, 전유 정점은 자본화된 자연 대비 전유된 자연의 기여분이 '정점'에 이르렀을 때 일어난다. 그러므로 맑스는 토양 비옥도를 '고정자본'으로 여긴 점에서 통찰력이 있었다.[43] 물론, 맑스는 비옥도를 리카도가 믿은 만큼 자연적인(고정된) 것으로는 이해하지 않았는데, 이를테면 비옥도는 유동자본으로서의 비료를 투입함으로써 증진될 수 있을 것이다.[44] 하지만 자본주의적 농업이 진전되기에 앞서 비옥도가 주어졌던 곳에서는 전유 정점의 횡재가 획기적일 수가 있었다. 19세기의 미합중국 곡물 프런티어는 수천 년 동안 축적된 영양분을 전유했다. 그 프런티어는, 자본 집약적 가족농장과 결합하였을 때, 미합중국 자본주의를 혁신했을 뿐만 아니라 유럽을 **저**렴한 **식**량으로 넘치게도 하였는데, 그리하여 미합중국 산업화를 위한 **저**렴한 **노**동을 '해방'하였다. 초기 자본주의 사탕수수 플랜테이션의 경우와 마찬가지로, 여기서도 첨단산업적 생산과 프런티어 전유의 숙성한 조합이 나타난다. 자본집약도 증가의 잠재적 결과 – 생산비 상승 – 는 새로운 전유와 인클로저를 통해서 상쇄될 수 있었다. 그리하여 자본은 생산의 가치구성의 경향적 상승을 축소(또는 견제)하면서 노동생산성을

---

43. Marx, *Grundrisse*, 748. [마르크스, 『정치경제학 비판 요강 3』.]
44. K. Marx, *The Poverty of Philosophy* (New York : International, 1963), 162~3. [칼 맑스, 『철학의 빈곤』, 강민철·김진영 옮김, 아침, 1988.]

향상할 수 있게 되었다. 생산의 기술적 구성 — 노동력 대비 기계장치와 원료의 규모 — 은 이윤율의 기반을 약화하지 않으면서 상승할 수 있었다.

우리가 이해한 대로, 자본주의는 프런티어 과정인데, 끝없는 축적과 끝없는 지리적 전유가 일심동체다. 전근대 문명에 비해서, 그런 지리적 팽창이 근본적으로 새로운 방식으로 자본주의를 위해 작동하는 이유는 자본이 노동생산성과 토지생산성을 소외된 형태로 통일하기 때문이다. 이런 시각에서 바라보면, 오늘날 에너지 생산과 관련된 문제는 EROI가 아니라 EROCI, 즉 생태잉여의 저하다. 생산비가 계속해서 상승하고 있는데, 그것도 급격히 상승하고 있다. 흥미롭게도, 비용 상승은 석유 가격이 2014년 7월 이후 아홉 달 동안 50%까지 하락하는 상황을 저지하지 못했다. 두드러진 산업 불황과 생산비의 하락이 없었는데도 어떻게 이런 일이 일어났는가? 두 낱말로 답할 수 있다. **저**렴한 **화**폐.

신자유주의 시대는 어떤 의미에서 **저**렴한 **화**폐로 정의될 수 있는데, 1981년 이후 30년 동안 실질이자율이 급락했다.[45] 2006년 이후 에너지 생산과 가격의 역사는 이런 일이 화폐/에너지 결합 주위에서 어떻게 일어나는지에 대한 특별한 감각을 전달한다. 이자율이 하락하고 에너지의 가격이 급등함에 따라 고비용 생산 — 대체로 셰일층에서의 생산 — 을 가동할 수 있게 되었다. 미합중국 석유 생산량이 극적으로 증가했다. 2005년과 2014년 사이에 셰일 생산량이 여섯 배 증가했다.[46] 이런 사태는 대체로 중규모 미합중국 에너지 기업들의 막대한 차입

45. A. Shaikh, "The First Great Depression of the 21st Century," in *The Crisis this Time : Socialist Register 2011*, eds. L. Panitch, G. Albo and V. Chibber (London : Merlin Press, 2011), 44~63.

46. A. Sieminski, "Outlook for U.S. Shale Oil and Gas," U.S. Energy Information Administration, 2014, www.eia.gov/pressroom/presentations/sieminski_01042014.pdf.

을 통해서 실현되었는데, 이들 기업의 부채는 2006년에 1조 달러에서 2014년에 2조 5천억 달러로 증가했다. 2014년 6월에 가격이 하락하기 시작함에 따라, 부채가 있는 생산자들이 더 많은 석유를 퍼 올려서 난국을 돌파하고자 함으로써 하향 운동이 증폭되었다.[47] 2015년 초 무렵에 메이저 민영 석유회사들 역시 차입 잔치를 벌이기 시작했는데, 2015년 첫 두 달 동안 신규 부채가 630억 달러에 이르렀다.[48] 이들 국면은 모두 이맘때쯤의 매우 짧은 **저**렴한 **에**너지 시대를 가리킨다. 다음 10년 동안 평균 석유 가격이 배럴당 90~100달러 훨씬 아래로 급락할 개연성은 거의 없는데, 이 가격은 1983년 이후 이십 년 동안의 평균보다 거의 세 배나 더 높다.[49] 더욱이, 에너지 가격의 더 지속적인 붕괴를 가능케 할 산업적 생산의 대규모 붕괴가 일어날 가능성도 있다. 그렇더라도 이번에는 낡은 방식으로, 즉 생산비가 감소함으로써 **저**렴한 **에**너지가 복구되지는 않을 것이다.

이들 사태는 모두 새로운 시대, 즉 **저**렴한 **자**연의 종언을 다루고 있음을 말해준다. "돈을 쏟아 넣으면, 저렴한 석유가 나온다"라는 낡은 논리는 한때 그랬던 것처럼 작동하지 않는다. 석유 탐사와 생산에 대한 비OPEC 산유국들의 투자 규모는 1999년과 2012년 사이에 네 배 이상 증가했는데, 연간 4백억 달러에서 1천8백억 달러로 증가했다.[50] 석유 및 가스 탐사와 생산에 대한 신규 투자액은 2014년에 9천억 달러

---

47. D. Domanski et al., "Oil and Debt," *BIS Quarterly Review* (March, 2015) : 55~65.
48. C. Adams, "Oil majors pile on record debt to plug cash shortfalls," *Financial Times* (March 22, 2015).
49. BP, *Statistical Review of World Energy 2014* (London : BP, 2014), 15, bp.com/statisticalreview.
50. R. Weijermars et al., "Competing and Partnering for Resources and Profits," *Energy Strategy Reviews* (online first, 2014).

에 이르렀다.[51] 이런 투자로 저렴한 석유가 돌아오지는 않았고, 게다가 그럴 전망도 없다. 상황은 정반대다! 역사적 견지에서, 새로운 석유와 여타 에너지는 추출하여 유용하게 만드는 데 드는 비용이 대단히 비싸다. 이런 석유 부문에서, 신규 배럴당 자본 지출CAPEX [52] — EROCI 저하를 반영함 — 은 1999년과 2013년 사이에 연간 10.9% 증가했다. 그것은 큰 값인가? 1985년과 1999년 사이에는 신규 배럴당 CAPEX가 기껏해야 연간 0.9% 증가했을 뿐이다.[53] 비통상적인 석유의 새로운 사업 — 셰일과 타르샌드 — 은 그 추세를 반전시킬 가망이 없다. 한편으로, 생산비가 여전히 낮은 OPEC 산유국들의 석유 생산량은 2005년과 2013년 사이에 증가하지 않았다. 세계 에너지 부문 전체에 걸쳐서 생산비가 상승하고 있다.[54] 생산비가 상승함에 따라, 세계 에너지 부문은 생산비의 순 후원자에서 순 기여자로의 전환을 겪고 있는데, 이것은 사실상 획기적인 전환이다.

생산비 상승은 희소성과 관련이 있는가? 고갈은 자본주의적 시장을 통해서만 희소성으로 전화되고, 그 시장은 모든 매개 방식, 이를테면 사회적 불안정, 국제적 갈등, 국가정책, 석유 개발주의, 금융화 등에 의해 결정된다. 사실상, 에너지 '시장'은 경제학자들의 이념형에 최소로 부합되는 것에 속한다.[55] 나는 협소한 종류의 고갈을 과소생산에 연루

---

51. 같은 글 ; Domanski et al., "Oil and Debt."
52. [옮긴이] CAPEX는 'capital expenditure'의 약어임.
53. S. Kopits, "Oil and Economic Growth : A Supply-Constrained View" (Presentation to the Center on Global Energy Policy, Columbia University, February 11, 2014), 43.
54. 같은 글 ; Goldman Sachs, "Higher Long-Term Prices Required by a Troubled Industry," *Equity Research, Goldman Sachs* (April 12, 2013) ; R. Weijermars et al., "Competing and Partnering for Resources and Profits".
55. T. Mitchell, *Carbon Democracy* (London : Verso, 2011). [티머시 미첼, 『탄소 민주주의』, 에너지기후정책연구소 옮김, 생각비행, 2017.]

된 것으로 인식하면서, 자본이 오로지 가격을 통해서만 고갈을 인식함을 강조할 것이고, 게다가 가격(교환가치)이 가치생산의 중장기적 경향을 표현함을 강조할 것이다. 고갈로 인해 에너지 생산의 가치구성이 상승한다면, 즉 단위에너지당 더 많은 노동력이 필요하다면, 이것은 자본 전체의 가치구성에서 비선형적 변화를 유발할 것이다. 알다시피, 우리 세계의 거의 모든 것은 **저**렴한 **에**너지에 의존하는데, 요컨대 우리가 '경제개발'과 연관시키는 모든 것은 화석연료를 중심으로 진전된다. 그런데도, 고갈이 전부인 것은 아니다. 가격 신호 역시 계급과 제국, 국가 개발 계획의 모순뿐만 아니라, 상품의 금융화 같은 자본의 내부모순도 반영한다.

그러므로 고갈의 지리학이 중요하지만, 결정적인 경우는 거의 없다. 2000년 이후로 높은 석유 가격은 탐사 비용과 생산비의 상승을 추진한 지리적 실재에 좌우되었음이 틀림없다. 하지만 이것만이 있는 것은 아니다. 미합중국이 주도한 제국주의적 모험과 점유, 지구적 남부의 급속한 산업화, 산유국의 석유 개발주의 역시 **저**렴한 **자**연의 현행 죽음에 근본적이다. 요약하면, **4대** 투입물의 가격은 비인간 자연의 생물물리성과 지질학, 지리에 좌우되는 동시에 계급과 제국, 개발 같은 인간 위주의 관계에 의해서도 공동으로 결정된다. 이들 국면은 항상 다발로 엮인다. 그 함의는 단순하고 획기적인데, 자본주의 시대에 '성장의 한계'는 결코 '자연적'이지도 않고 '사회적'이지도 않다. 오히려, 그 한계는 오이케이오스로서의 자본주의의 한계다. 그 한계는 자본화의 한계인데, 이것이 다음 장의 중심 주제다.

5장

자연의 자본화 또는 역사적 자연의 한계

자본주의는 인간중심적이면서 동시에 인간중심적이지 않다. 한편으로, 자본은 노동력의 가치와 관련이 있고, 노동력은 인간만이 산출할 수 있다. 다른 한편으로, 대부분 인간은 자신의 노동력에 대해 착취당하지 않는데, 심지어 오늘날에도 그렇다. 대체로, 자본주의는 나머지 자연을 전유하는 것과 꼭 마찬가지로 인간 활동을 전유한다. 자본주의적 문명에서 인간 자연은 기묘하게 격상되고 체계적으로 소외되면서 침해당할 뿐이다. 이런 복합적이고 불균등한 발전 모형을 인식하면 한계에 관한 매우 중요한 점을 알게 되는데, 요컨대 자본의 한계와 자연의 한계는 임박한 파국과 붕괴의 일반적인 서사가 서술하는 것보다 훨씬 더 밀접히 연관되어 있다. 전해 줄 훨씬 더 흥미로우면서 더 희망적이기도 한 이야기가 있다.

네 가지 **저**렴한 것의 순환적인 복구와 **네** 가지 **저**렴한 것의 갱신은 복합적이고 불균등한 과정이다. 알다시피, 전유에 의한 축적은 일/에너지 흐름의 비경제적 동원을 통해서 작동한다. 새롭게 벌목된 숲에 사탕수수나 콩을 심을 때 상대적인 토양 소진이 수반되는 것처럼, 이런 동원은 재/생산의 '자연적 조건'을 경향적으로 소진한다. 이런 초기 조건의 점진적 소진은 자본화를 낳는데, 그 결과 생산의 분량 증가는 자본의 회로에 의존하게 된다. 자본화에 의한 축적은 생산을 상품 권역 안에서 단순화하고 합리화하며 재조직함으로써 작동한다. 그러므로 자본화는 우선 사항이 두 가지 있다. 하나는, 전후 미합중국 농업의 경우처럼, 지금까지 전유된 지역에서 더 많은 일/에너지를 압출하는 것이다. 또 다른 하나는, 잇따른 산업혁명의 경우처럼, 어딘가 다른 곳에서 전유된 **저**렴한 **자**연의 산업적 가공을 더 효율적으로 만드는 것이다. 자본화는 축적 위기에 대한 해결책이 정말로 절대 아닌데, 그 이유는 그런 위기는 **저**렴한 **자**연의 새로운 전유를 통해서만 해결될 수 있을 뿐이기 때문이다. 더욱이, 새로운 형태의 **저**렴한 **자**연에는 새로운 산업적 체계가 반드시 수반된다. 그러므로 자본화에 의한 축적은 비용을 증가시키는 동시에 감소시키는 복잡한 방식으로 작동한다.

생태잉여의 경향적 저하는 철칙이 아니다. 자본화는 특정한 **저**렴한 **자**연을 최대한 활용함으로써 생산비의 상승에 대항하면서 그 특정한 잉여를 체계 전체에 확산시킨다. 이런 과정을 가장 잘 보여주는 것은 화석연료의 역사다. 18세기 이후로 결정적인 것이 된 **저**렴한 **에**너지는 노동과 식량, 원료의 재/생산에서 나타난 사회생태적 소진에 근본적으로 대항했는데, 처음에는 대체로 새로운 수송 네트워크를 통해서, 그리고 나중에는 10장의 중심 주제인 석유농업의 발흥을 통해서 대항했다. 이 장에서는 비인간 자연의 자본화와 더불어 이것이 오이케이오스를 통해서 공동생산된 체계적 위기에 관한 이론을 어떻게 특징짓는지에 집중한다.

자본화와 외부적 자연의 실천

자본주의의 역사는 자연 변혁의 역사다. 그러므로 자본주의 문명은 생태체제를 갖추고 있지 않은데, 요컨대 그것이 바로 생태체제다. 자본주의는 오이케이오스의 항들을 형성하고 전달하며 협상하는 방법이다. 물론, 이것은 자본주의 특유의 것은 아니다. 모든 문명은 이런저런 식으로 이런 일을 행한다. 자본주의의 독특함은 끝없는 축적을 위해 인간과 나머지 자연의 준안정적인 관계를 조직하는 방법에 놓여 있다. 이런 관계 중 가장 지속적인 형태는 외부적 자연의 실천이다. 이 실천을 통해서 자본주의적 행위자와 영토주의적 행위자는, 권력과 생산의 대상이자 무상 일/에너지의 확대된 새로운 원천으로서 새로운 자연을 창조하고자 한다.

끝없는 축적은 이 실천에 대한 다양한 문제를 제기한다. 현재의 논의를 위해서는 이들 문제를 단 두 가지로 줄일 수 있다. 첫 번째 문제는 생물권의 유한한 특질과 자본의 요구의 무한한 특질 사이에 있다. 두 번째 문제는 '팽창하려는 자본의 욕구'와 '생명의 그물의 다양한 요소의 재생산적 요건 대비 일/에너지의 섭취를 가속하려는 자본의 욕구' 사이에 있다. 독자는 두 국면이 모두 양적인 것임을 깨달을 것이다. 자본은 오직 하나의 질적 관계, 즉 자본-노동 관계만을 알 뿐인데, 알다시피, 그 관계는 자본/자연에 전제를 두고 있다. 여타의 것은 계산적 합리성을 통해서 환원될 수 있을 뿐만 아니라, 실질적 재구성, 즉 단일재배, 조립라인, '혼합용도' 작물 등을 통해서도 환원될 수 있다. 자본은 자신이 셈할 수 있는 것만을 가치 있게 여긴다.

그런데도, 자본의 정량주의는 잇따른 시대에서 개조되어야 한다. 이런 일이 일어나는 이유는 애초에 축적 파동을 해방하는 역사적 자연이 소진되기 때문이다. 네 가지 저렴한 것이 더욱더 소중해진다. 저렴한 자연을 재생산할 가능성의 소진은 두 사태 중 하나를 뜻하는데, 흔히 병합하여 나타난다. 한 사태는 역사적 자연이 어떤 식으로 '완전히 파괴되어' 버리는 것이다. 숲은 연료 집약적 상품생산이 더는 수익성이 없는 정도까지 벌목될 수 있을 것이다. 이런 일은 예외적이었지만, '제1차' 16세기에 마데이라 제도에서 일어났다.[1] 또 다른 한 사태는 자연이 '최대한도를 넘게' 되면서도 계속해서 일/에너지를 넘겨주지만, 더는 축적을 지속할 수 없는 규모와 비용으로 넘겨주는 것이다. 오늘날 세계 에너지 생산 상황은 이런 상태인 것처럼 보이는데, 생산량은 여전히 많고 앞으로 10년 동안 증대할 것이지만, 생산비는 계속해서 급등할 것이다.[2] 또한, 동일한 소진 과정이, 9장에서 보게 되듯이, 국내 노동계급을 통해서 자신의 논리를 작동한다.

대체로 녹색 사상은 자연 일부가 완전히 파괴되는 첫 번째 국면을 집중적으로 강조했다. 자본주의는 지구 등과 전쟁을 벌인다. 하지만 나는, 더 흥미로운 문제 – 그리고 실제로 더 적실한 문제 – 는 자연이 최대한도를 넘게 되는 방식이라고 제시하고 싶다. 그 문제가 골치 아픈 이유는 그것이 우리가 자본주의를 생각하는 방식, 즉 자본주의를 외부적 자연에 작용하는 체계로 여기는 시각에 거스르기 때문이다.

자본이 자연이 일하게 하는 방법과 자연이, 시간이 흐름에 따라, 최대한도를 넘게 되는 방식에 관한 문제는 우리가 축적 위기에 관한 일반적인 사유를 넘어서는 데 도움이 된다. 우리는 일/에너지/가치에 관한 이런 역사적 의문들을 중심에 둠으로써 잉여가치의 문제를 새로운 시각에서 볼 수 있게 된다. 그 이유는 그 문제가 단지 너무나 많은 자

1. Moore, "Madeira, Sugar, and the Conquest of Nature in the 'First' Sixteenth Century, Part I"; "Madeira, Sugar, and the Conquest of Nature in the 'First' Sixteenth Century, Part II".
2. Goldman Sachs, "Higher Long-Term Prices Required by a Troubled Industry"; Kopits, "Oil and Economic Growth".

본이 너무나 적은 투자 기회를 좇는 문제가 아니기 때문이다. 이 상황은 사실이지만, 우리는 더 나아갈 수 있다. 잉여자본의 문제는, 자연이 일하게 한 다음에, 미자본화된 자연이 추가로 일하기를 주저하기에 실패하는 자본의 문제다. 그 '실패'는 과잉축적의 위기, 즉 자본은 너무나 많은데 수익성이 있는 투자처는 너무나 적은 상황으로 구체화한다. 이와는 대조적으로, 생태잉여가 증가하면 모든 종류의 자본 투자가 매력적인 것이 되는데, 그 이유는 많은 공짜 자연이 오랜 초과시간 동안 저렴하게 일할 수 있기 때문이다.

자본주의는 오이케이오스를 변혁하지만, 모든 것이 유동적이지는 않다. 역사적 자본주의/역사적 자연 변증법은 자본 축적이 회복되도록 안정되는데, 반드시 그것은 안정되어야 한다. 그러므로 잇따른 자본주의적 발전의 시대는 특정한 재생산의 관계와 규칙을 확립하는 세계생태체제의 '지배를 받는'데, 이것이 올바른 술어라면 말이다. 이 체제는 잇따른 세계 헤게모니를 중심으로 회전하는 제도적 의미에서의 체제이지만,[3] 헤게모니적 의미에서의 체제이기도 한데, 요컨대 노동력을 조직하고, 식량을 재배하고 거래하며, 자원을 추출하고, 지식을 발달시키는 규범을 확립한다. 이들 규칙과 관계는 정적인 것이 아니라 상품화를 향한 누적적 추세 안에서 순환적 변혁을 겪는다. 자연의 자본화는 누적적이지만, 그 누적적 추세는 일련의 혁명, 세계생태혁명에 의존한다. 이들 혁명은 지배적인 조직구조, 과학적 실천, 그리고 자본과 권력, 자연을 재생산하는 문화적 규범의 전환점이다. 권력과 생산의 낡은 중심부의 경제적 쇠퇴와 비틀거리는 세계 축적률, 생산비의 일시적인 단계적 상승으로 표현되는 발전적 위기에는 그런 세계생태혁명이 필요하다.

---

3. Arrighi, *The Long Twentieth Century*. [아리기, 『장기 20세기』.]

이런 단계적 상승은 자연의 자본화의 경향적 증가를 나타내는 표현이다. 자본화된 자연은 자신의 일상적 재생산과 세대 간 재생산을 위해 자본의 회로 — 대충, M–C–M′ 또는 M–M′ — 에 의존한다. (물론, 여기서 우리는 변증법적 제일 명제를 다루고 있는데, 요컨대 자본화와 전유는 동시에 작동한다.) 노동력을 비롯하여 자본화된 자연의 경우에는 자본의 회로가 재생산의 규칙을 직접 형성한다. 좋은 사례는, 1865년 이후에 미합중국에서 처음 발달하였고 2차 세계대전 후에 녹색혁명 모형으로서 점진적으로 지구화되었던 자본 집약적 가족농장이다. 에탄올 정제 공장을 위해 생산하는 아이오와주 옥수수 농장은 고도로 자본화된 자연이다. 고도로 자본화된 인간 자연의 경우에, 이런 일은 중심부 축적의 프롤레타리아화된 가구 — 대부분 소득을 임금에 의존하는 가구 — 들에서 찾아볼 수 있다(9장과 10장을 보라).

자연의 자본화는 생태잉여의 경향적 저하의 뒷면이다. 자연의 자본화가 증가하는 동안에는 두 가지 거대한 운동이 있다. 하나는 자본 축적이 자본의 기술적 구성의 상승, 즉 물리적 생산 규모의 증가에 의존한다는 점이다. 여기서 우리는 맑스의 과소생산의 일반법칙에 대한 따름정리를 알아낸다. 자본의 기술적 구성이 상승함에 따라, **저**렴한 **자**연의 빠른 전유라는 환경을 제외하면, 자본의 가치구성은 상승한다. 여기서 중요한 낱말은 '제외하면'이다. 그 낱말이 중요한 이유는, 지난 2세기 동안 자본이 지구적 자연을 외관상 쉽게 전유한 현상으로 인해 자본 축적에 있어서 전유의 중요성을 쉽게 잊어버리게 되기 때문이다. **4대** 투입물을 **네** 가지 **저**렴한 것으로 전환할 수 있는 일/에너지의 막대한 흐름을 빠르게 전유하기는 쉽지 않다. 우리의 단서 — 저렴한 자연의 빠른 전유라는 환경을 제외하면 — 는 에너지와 원료의 상대적 저렴화가 유동자본의 가치구성뿐만 아니라 고정자본의 가치구성도 하락시키는 역사적 현실을 가리킨다. 예를 들면, 저렴한 금속은 원료비뿐만 아니라 기계장치의 비용도 낮춘다.

자연의 자본화가 증가하는 현상의 배후에 있는 두 번째 요소는 자본화와 전유의 부식 효과다. 처음에는 무상 일/에너지의 새로운 흐름을 해방하는 자본화가 점진적으로 그런 흐름을 제한한다. 이런 부식은 자본이 일차생산의 시간적 재조직과 공간적 재조직을 상호연계하여 실행함으로써 발생한다. 자본주의적 농업이 핵심 사례다. 농업생태계는 영양분 공급 중단이 증가하는 상황을 겪고, 게다가 단일 재배는 해충과 잡목에 우호적인 방식으로 공간을 재조직한다. 이런 시공간적 부식은 어떤 주어진 지역이 무상 일/에너지의 상승 흐름을 전달할 수 있는 능력의 기반을 약화한다. 그러므로 잉여자본의 경향적 증가와 생태잉여의 경향적 저하는 자본의 프로젝트와 그 프로젝트를 가능케 하는 자연의 일 사이에 존재하는 양립 불가능한 모순을 구성한다. 다시 말해서, 지리적으로 주어진 자본화의 경계와 전유의 경계 사이에 존재하는 양립 불가능한 모순이다. 프런티어가 항상 유혹의 손짓을 한다.

지금까지 자본의 세계역사적 난제는 공급(어김없이 항상 증가함)을 조절하는 실천과 이 공급을 축적이 확대될 만큼 충분히 저렴하게 만드는 실천 사이에서 올바른 균형을 취하는 것이었다. 그 난제는, 새로운 자원의 소재를 파악하고 추출하며 축적 과정에 편입하는, 역사적 자본주의와 역사적 자연의 단속적 발전으로 인해 복잡해진다. 자본집약도의 증가는 공급을 조절하는 경향이 있지만, 특정 장소의 수익성을 가속적으로 소진시킴 – 일반적으로 50년에서 60년까지 이르는 중기적 작업 – 으로써 그러하다.

지금까지 자본주의는 그런 소진을 극복하는 방법을 찾아내는 데 두드러지게 능숙했다. 자본집약화와 사회기술적 혁신을 통해서 자본주의적 행위자는 더 적은 것에서 더 많은 것을 만들어낼 방법을 찾아내었다. 하지만 더 적은 것에서 더 많은 것을 만들어내는 것은 거저 얻어지는 것이 아니다. 그러므로 과소생산의 일반법칙 안에서의 대항 추세는 프런티어 운동이다. 16세기부터 지금까지 생물물리학적으로 풍요로운 프런티어의 전유는 미자본화된 노동력 및 이동성이 상당히 높은 자본과 결합하여 근본 모순을 주기적으로 해소했다. 이 책의 후반부로 접어들면서 고려할 의문은 이렇다. 오늘날 전유의 프런티어는, **네 가지 저**렴한 것을 회복하고, 현재 막대하게 과잉축적된 자본을 위한 투자 출구를 제공하며, 축적을 재개할 수 있을 만큼 그 규모가 일/에너지와 관련하여 충분히 거대한가? 더욱이, 그 규모가 충분히 거대하다면 그런 재개는 얼마나 오랫동안 지속할 수 있는가?

어떤 자연을 자본화하는가? : 자연 '일반'에서 역사적 자연으로

평범한 소견으로 시작하자. 자연은 그저 저쪽에 있지 않다. 우리는 자신의 생명활동을 통해서만 자연을 안다. 이런 생명활동을 통해서 세 가지 전환이 일어나는데, 요컨대 우리 자신의 전환, 외부적 자연의 전환, 우리가 다른 인간 및 나머지 자연과 맺는 관계의 전환이 일어난다. 인간 조직의 경우에도 마찬가지다. 인간 조직 중 최대의 것은 문명인데, 그것은 오랜 시간과 거대한 공간에 걸쳐서 얻어지는 권력과 재생산의 패턴으로 이해된다. 문명은 이런 패턴에 특정적이고 그 발전 단계에 특정적인 역사적 자연을 공동생산한다. 중요한 점은, 이 패턴은 대규모 토목공사와 관련되어 있을 뿐만 아니라, 자연을 바라보고 인식하는 방식과도 관련되어 있다는 것이다. 우리는 이 뒷부분을 '상징적'이라고 말하지만, 그것은 물질적인 것과 다발을 단단히 이루고 있다. 대규모 토목공사의 방식과 앎의 방식은 불균등할지라도 끊기는 곳이 없는 원을 형성한다. 인간은 역사적 자연만을 안다고 말하는 것은 자연 일반을 부정하는 것이 아니라 자연에 관한 우리의 사유를 – 그리고 자연을 인식하는 특정한 방식으로부터 전개되는 역사적 실천을 – 이중 내부성 안에 위치시키는 것이다. 이런 시각에서 바라보면, 자연 '일반'은

> 어떤 성질이나 특질도 부여되지 않은 최종 국면의 범주, 즉 본체〔로서 존재한다〕. 〔하지만 자본주의의〕 경우에, 자연은 노동의 대상, 자원, 다양체, 다락방, 또는 저장실, 또는 샅샅이 파헤쳐질 작은 방이다 … 자연은 다른 목표, 다른 우선 사항, 다른 우주론, 다른 세계관과 의제를 갖춘 다른 시대에 의해 실현될 잠재력이다. 실재, 경험, 탐구의 형이상학적 토대가 변화한다. 존재론이 변화하고, 인식론이 변화하며, 방법론이 변화한다. 더 평범한 학술적 층위에는 패러다임, 연구 프로그램, 분과학문, 거대 이론이 존재하는데, 그것들은 모두 다른 시대에 계급 세력들의 모순과 감동적인 결의에 의해 형성되고 구성된다. 이것은 갈등과 투쟁 속에서 생겨난 역동적이고 변증법적인 역사적 과정이다.[4]

자본주의에 특유한 역사적 자연의 두 층위가 존재한다. 첫 번째 층위는 자본주의 전체에 특유한 역사적 자연이다. 두 번째 층위는 가치 법칙을 통해서 공동생산된 역사적 자연들의 연쇄다. 알다시피, 가치 법칙은 **저**렴한 **자**연의 법칙이다. 그 법칙은 추상적인 사회적 노동과 추상적인 사회적 자연의 순환적으로 단속되는 개편을 강요하는 역동적 관계

4. B. Young, "Is Nature a Labor Process?" in *Science Technology and the Labor Process*, eds. L. Levidow and B. Young (London : Free Association Books, 1985).

다. 지구화하는 가치관계들의 발흥은 자본주의의 기원부터 줄곧 자본주의에 중요했던 시간과 공간, 자연의 끊임없는 변혁과 동시에 일어났다.[5] 이들 변혁이 근본적으로 사회생태적이라는 점이 쉽게 간과된다. 그런데 가치의 저장고로서 화폐자본의 보편화 현상은, 유럽 국가 및 자본이 저렴하고 외부적인 자연을 지각하고 표상하면서 그것에 작용할 수 있게 한 세계생태혁명이 낳은 결과 중 하나로 여겨질 수밖에 없다.

'자연 일반'은 불가피한 만큼 위험하다. 한편으로, 수십억 년 동안 지속하였다고 추정되는 생명의 그물이 확실히 존재한다. 그런 도식에서 자본주의는 거의 눈 깜짝할 순간에 불과하다. 다른 한편으로, 시간은 항상 중층적이고, 게다가 그 층들은 모두 인류가 오늘날 직면하는 특정한 문제들에 대해 동등하게 창조되는 것은 아니다. 역사적 시간의 이들 층에 대한 해석은 근본적이고, 우리가 자본주의의 위기 – 과거와 현재의 위기 – 를 이해하는 방식을 구성한다. 그러므로 역사적 시간에 대한 해석이 없는 자연-일반에서 나아가는 자본주의에 관한 견해는 특히 제한적이다. 자연-일반은 생명의 그물에 관한 우리의 이해 – 그 에너지가 거침없이 고갈할 수 있는 것으로 여기는 이해 – 뿐만 아니라 자본주의에 관한 우리의 구상을 단조롭게 하는 경향이 있다. 그렇게 해석될 때 자연과 자본주의는 구조적으로 불변적이게 된다. 이것은 둘 다에 유익하지 않다. 지금까지 자본주의의 생존은 그것의 이례적인 유연성에 달려 있었다.[6] 브로델이 한 부문에서 다른 한 부문으로, 예컨대 산업에서 금융으로 이동할 수 있는 자본의 능력을 강조하는 한편으

5. D. Harvey, *The Condition of Postmodernity* (Hoboken : Wiley-Blackwell, 1989) [데이비드 하비, 『포스트 모더니티의 조건』, 구동희·박영민 옮김, 한울, 2008]; Moore, "Ecology and the Rise of Capitalism".

6. F. Braudel, *The Wheels of Commerce*. [브로델, 『물질문명과 자본주의 II』.]

로, 우리는 어쩌면 훨씬 더 근본적인 형태의 유연성, 즉 한 역사적 자연에서 다른 한 역사적 자연으로 이동할 수 있는 능력을 강조할 수 있을 것이다.

지금까지 자본주의가 자연의 자본화가 증가하는 상황에서 살아남은 이유는 그것이 오이케이오스를 변혁하기 때문이다. 자본주의의 모든 단계는 물질적 생산량에서 양자 도약을 할 뿐만 아니라, 그것도 역사적으로 특정한 자연을 공동생산함으로써 양자 도약을 한다. 자본축적의 양적 팽창은 역사적 자연의 질적 재구성을 거쳐서 일어난다. 17세기의 제국주의와 대기업이 21세기의 제국주의와 대기업과 같지 않은 것과 꼭 마찬가지로, 이들 시기의 역사적 자연들도 같지 않다. 자세히 조사할 가치가 있는 양적 국면이 존재하는데, 이를테면 21세기 자원 사용의 지수함수적 성장곡선이 강력한 실례다.[7] 현재 우리는 초기 자본주의의 에너지 역사에 관한 중요한 문헌도 있다.[8] 하지만 이런 성장곡선을 가능케 한 질적 국면은 추출될 수 없다.

자본은 저렴한 투입물에 기반을 두고서 유지되었을 뿐만 아니라(양적 국면), 사회생태적 생산관계도 변혁하였다(질적 국면). 이런 식으로, 선도적인 자본가들과 제국주의 국가들은 생태잉여에서 일련의 '거대한 도약'을 일구었는데, 그리하여 축적된 자본의 규모 대비 전유된 무상 일/에너지의 분량이 증가하였다. 생산량이 기하급수적으로 증대

7. McNeill, *Something New Under the Sun* [맥닐, 『20세기 환경의 역사』.]; Costanza et al., "The Value of the World's Ecosystem Services"를 참조하라.

8. Allen, "The British Industrial Revolution in Global Perspective"; P. Malanima, "Energy Crisis and Growth 1650~1850: The European Deviation in a Comparative Perspective," *Journal of Global History* 1, no.1 (2006): 101~21; "The Path Towards the Modern Economy: The Role of Energy," *Rivista di Politica Economica* 2 (2011): 77~105.

하는 누적적 추세는, 오이케이오스 안에서 유상 일과 무상 일의 새로운 배치를 산출하는 순환적 국면에 묻어 들어가 있다. 그러므로 역사적 자연이 중요하다. 산업자본주의는 다윈과 큐가든 왕립식물원을 낳았고, 신자유주의적 자본주의는 굴드와 생명기술 기업을 낳았다. 8장에서 역사적 자연을 공동생산하는 상징적 국면과 과학적 국면이 논의될 것이다. 이 장의 나머지 부분에서는 잇따른 생태체제에서 이루어진 비인간 자연의 자본화와 뒤이은 소진을 추동한 역사적 패턴과 경향이 탐구된다. 이것은, 축적순환이 개시될 때, 즉 대량의 무상 일/에너지를 빠르게 전유함으로써 **네** 가지 **저**렴한 것을 (재)출시할 때 창출되는 역사적 자연이 새로운 세계생태혁명을 통해서 해소되어야 하는 모순을 겪는 방식에 관한 이야기다. 더욱이, 그것은 자본주의에 의한 자연의 변혁이 자기 형성의 역사적 한계에 전제를 두고 있는 방식에 관한 이야기다.

오이케이오스, 관계 소진, 그리고 장기파동

자본 축적의 일반적인 과정은 거대한 축적 파동을 개시하는 재/생산의 구성적 관계를 소진하는 경향이 있다. 이런 구성적 관계는, 후속 장들에서 고찰되는 모든 방식의 과학적 혁신, 식물학적 및 농경제학적 혁신, 지도제작술의 혁신, 그리고 기술적 혁신을 포괄한다. 당분간, 나는 매우 단순한 모형을 상술할 것이다. 새로운 주요 생산 중심지 – 산업 조직과 노동생산성 개선의 독특한 패턴을 갖춘 중심지 – 의 출현은 인간 자연과 비인간 자연의 무상 일/에너지를 전유하는 더 확대된 네트워크의 출현에 전제를 두고 있다. 이들 (자본의 회로 안에서의) 자본화의 배치와 (그 회로 바깥에 있지만 자본주의적 세력권에 속하는) 전유의 배치는 축적의 장기파동이 전개될 수 있게 한다. 그런 배치들 덕분에 생산비가 하락하는 동시에 축적률이 상승할 수 있게 된다.[9] 그러므로, **네** 가지 **저**렴한 것(식량과 노동력, 에너지, 원료)의 특정한 형태로, **저**렴한 **자**연은 모든 거대한 축적 파동에 대한 필요조건이다. 시간이 흐름에 따라, 이런 **4대** 투입물의 가치구성이 상승하기 시작하고 축적속도가 느려지기에 자본은 오이케이오스를 재편하여 **네** 가지 **저**렴한 것을 회복할 새로운 방법을 찾아내야 한다. 그러므로 생태잉여의 증감이 자본주의의 순환적이고 누적적인 발전을 형성한다.

지금까지 우리는 한 가지 중요한 의문을 회피했다. 우리는 그런 발전의 '장기 세기들'을, 잠정적일지라도, 어떻게 시대적으로 구분하는가?

자본주의 단계들에 관한 문헌은 굉장히 방대하고 엄청나게 다양하다. 하지만 그 다양성은 공통의 사회환원론적 틀 안에서 전개되는데, 요컨대 자본주의의 단계들은 (지구)정치적 권력, 기술발전, 계급관계, 세계시장, 자본주의적 조직, 기타 등등의 어떤 조합으로 규정된다. 데카르트적 틀 안에서는 자본주의의 단계적 발전에 관한 개연적인 구상을 연출할 수 있다. 하지만 세계생태론적 틀에서는 부분들(기술, 계급 등)에 관한 이원론적 구상도 무의미하고 전체들(자본주의의 시대들)에 관한 이원론적 구상도 무의미하다. 지금까지 내가 전개한 견지에서 판단하면 모든 것은 암묵적으로 세계생태적이다. 그것들의 명시적 재구성이 기다린다. 이 책은 그런 재구성에 대한 기여다.

시대구분에 관한 물음은 피할 수 없다. 나는 자본 축적의 잇따른 '장

9. 또는, 16세기와 17세기에 영국 석탄의 경우(Allen, "The British Industrial Revolution in Global Perspective")처럼, 아니면 19세기 말 구리의 경우(C. Schmitz, "The Rise of Big Business in the World Copper Industry, 1870~1930," *Economic History Review* 39, no. 3 〔1986〕 : 392~410)처럼, 생산량이 급격히 증가할 때에도 일차상품의 가격은 여전히 안정적일 수 있다.

기 세기'에 관한 아리기의 도식을 우리를 인도하는 실로 삼는다.[10] 하지만 나는 아리기의 실을 내 자신의 많은 실과 엮었다. 그 결과는 우호적이지만 독특한 종합이다. 아리기의 자본주의 모형은 자본/자연의 공동생산적 관계로서의 가치라는 전제라기보다는 오히려 '산출-투입' 조합이라는 전제에서 전개되었다.[11] 그러므로 아리기의 접근법의 핵심은 실체론적인데, 요컨대 자본주의 프로젝트를 그 과정과 혼동한 견해이자 비인간 자연을 실체로 환원한 견해다. 이것은 이론적 영향과 방법론적 영향이 두드러진 역사적 오류를 낳았다. 그 이유는 아리기가 초기 자본주의는 '진짜' 자본주의가 아니었다고 여겼기 때문이다. 이런 실수를 저지른 사람은 아리기 혼자가 아니다. 우리가 깨닫게 될 것처럼, 초기 자본주의는, 모든 주요한 측면에서, '진짜' 자본주의였는데, 무엇보다도 **저**렴한 **자**연의 법칙으로서 가치 법칙에 전제를 두고 있었다. 이 법칙은 상품의 생산과 거래에서 노동생산성의 향상을 우선시하는 법칙이다. 이런 생산성 개선은 유례가 없을 정도로 무상 일/에너지를 전유함으로써 실현되었다. 그들은 **저**렴한 **자**연의 전유를 세계축적에 중요한 것으로 여기지 못함으로써 자본주의의 운동 법칙을 크게 오인하게 되었는데, 이를테면 이런 운동 법칙은 오로지 자본의 회로 안에서만 작동하고, 자본의 회로 바깥의 사회생태적 관계는 구성적인 것이 아니라 맥락적이라고 오인했다. 이런 오인으로 인해 맑스주의자와 녹색주의자는 공히 오이케이오스-로서의-자연이 어떻게 중요한지 이해하지 못하게 되었다. 사회환원론으로 인해 너무나 많은 학자가 무상 일/에너지의 프런티어와 전유 전략이 자본주의의 역사에서 "고정자본

---

10. Arrighi, *The Long Twentieth Century*. [아리기, 『장기 20세기』.]
11. 같은 책, 5. [같은 책.]

의 증가처럼 작용했음"을 이해하지 못하게 되었다.[12] 사실상, 지난 다섯 세기 동안 이루어진 대규모의 기계화는 저렴한 자연이 세계 축적에 끼친 기여에 비하면 왜소해진다. 전유된 자연은 생산력이다.

아리기와 더불어, 나는 자본주의적 발전의 잇따른 장기 세기가 자본주의 이야기에 중요하다고 여기는데, 자본주의는 '자동으로' 재편되지 않는다.[13] 나의 시대구분 – 독자는 아리기의 모형에 대한 가족 유사성을 감지할 것이다 – 은 다음과 같은데, 1) 팽창 단계가 1557년 금융 위기 후에 상대적인 쇠퇴로 전환되는 게르만-이베리아 순환(대략 1451~1648년), 2) 1680년 이후에 쇠퇴가 시작되는 네덜란드 주도의 순환(대략 1560년대~1740년대), 3) 1873년 이후에 상대적으로 쇠퇴한 영국 주도의 순환(대략 1680년대~1910년대), 4) 1971년 이후에 상대적으로 쇠퇴한 미합중국 주도의 순환(대략 1870년대~1980년대), 그리고 5) 1970년대에 개시된 신자유주의적 순환(마찬가지로 쉽게 신중상주의적 순환으로 불릴 수 있다). 명명하기와 시대구분하기는 까다로운 일이고, 그래서 나는 이것이 가능한 최선의 것이라고 허세는 부리지 않는데, 그것이 그저 내가 알아낼 수 있는 가장 합당한 것일 뿐이다. 이 책이 그 서사를 재구성하지 않는 이유는, 내가 생각하기에는 우리가 자연-속-자본주의/자본주의-속-자연의 이중 내부성을 인식하는 그런 식으로 그 서사를 재구성할 방법을 아직 알고 있지 않기 때문이다. 우리가 오늘날 자본주의의 한계를 이해할 수 있으려면 그런 재구성이 중요하다. 그 재구성은, 자연이 중요한 종합을 신봉하는 학자들이 대화를 지속함으

12. Marx, *Grundrisse*, 748. [마르크스, 『정치경제학 비판 요강 3』.]

13. B. Silver and E. Slater, "The Social Origins of World Hegemonies," in *Chaos and Governance in the Modern World-System*, ed. G. Arrighi et al. (Minneapolis : University of Minnesota Press, 1999). [비벌리 J. 실버, 에릭 슬레이터, 「세계 패권의 사회적 기원」, 『체계론으로 보는 세계사』, 최홍주 옮김, 모티브북, 2008.]

로써 출현할 때 가장 효과적일 것이다. 그리하여 이 시대구분은 재구성적 비판을 허용하는 잠정적인 모형이다. 그것은 규정이면서 그에 못지않게 권유다.

물론, 4장에서 묘사된 맑스의 과소생산 이론은 잠정적이었다. 여기서, 자본주의의 생산적 역동성은 확실히 중요하다. 자본주의적 생산이 생산량의 기하급수적 증가를 요구함에 따라 공급위기가 불가피한데, 그런 위기의 심각성과 지속성은 불균등하더라도 말이다. 하지만 과소생산의 이야기는 단지 투자 흐름과 산업적 생산만을 통해서 전해질 수는 없다. 단순히 더 많은 자본을 투여하는 것은, 오늘날 세계 에너지와 금속 부문의 자본가들이 밝히고 있는 것처럼, **저**렴한 **자**연을 반드시 초래하지는 않는다.[14] 또한, 과소생산을 향한 경향은 자본주의가 오이케이오스를 통해서 전개되는 방식에 관한 이야기이고, 자본화가 축적 확대의 새로운 기회를 개방하는 일/에너지 흐름을 소진하는 방식에 관한 이야기다. 간단히 서술하면, 소진의 문제는 자본주의가 자연이 일하게 하는 방법의 문제다.

왜 축적의 장기파동 동안 생산비가 증가하는가? 많은 요소가 연루되어 있음이 확실한데, 특히 맑스의 과소생산의 일반법칙에 관련된 요소들이 무성하다. 자본을 축적하고 다른 기업과의 경쟁에서 이기는 데 서두르는 자본가는 더 많은 기계장치에 투자할 수밖에 없을 뿐만 아니라, 매 단계에서 노동생산성을 개선할 수밖에 없다. 노동생산성의 향상은 단위노동시간당 물질적 생산량의 증대다.(시간당 더 많은 제품.) 그러므로 매뉴팩처링은 에너지와 임업, 농업, 광업의 추출체

14. Kopits, "Oil and Economic Growth"; P. Stevens et al., *Conflict and Coexistence in the Extractive Industries* (London : Chatham House, 2013) ; D. Humphreys, "The Great Metals Boom," *Resources Policy* 35, no. 1 (2010) : 1~13.

계와 밀접히 연계되어 있다.[15] 하지만 이들 추출양식은 산업과 도시의 수요 변화에 신속히 대응하지 못한다. 각기 독특한 시간성이 작용하는데, 그 시간성은 일차생산과 산업생산이 오이케이오스를 통해서, 지리적으로 그리고 물질적으로, 다발을 이루게 되는 다른 방식과 관련되어 있다. 이런 구분 중 가장 유명한 것 – 그리고 거의 틀림없이 가장 중요한 것 – 은 계절이 조절하는 농업의 생산시간과 그 노동시간의 차이인데, 그리하여 연속적인 제조 흐름이 순환적인 경작 흐름과 대치하게 된다.[16] 생산지에서의 산업적 일이 '산' 노동과 '죽은' 노동 – 일꾼과 기계장치, 투입물 – 의 직접적인 상호작용을 포함하고 있다면, 농업-추출적 일은 이것들 외에 무상(그러나 산) 일/에너지를 갖춘 산 노동도 포함한다. 원료를 가공하는 것이 원료를 먼저 땅에서 파내기보다 더 쉽고, 햄버거를 요리하는 것이 소를 도살하기보다 더 쉽다. 그런데 원료(유동자본)를 공장 대문까지 배달하는 데는 반드시 까다로운 공급 대응이 연루되어 있다. 자본주의가 발전함에 따라, 그 까다로운 대응은 더 유동적인 것이 되었다. 하지만 잠깐만 그랬을 뿐이다. 자연-속-자본주의의 모순이 축적됨으로써 기후변화와 슈퍼잡초, 비인간 자연의 반란을 암시하는 다른 징조들이 낡은 축적 모형들에 만만찮은 장벽으로 기입하기 시작한 20세기 말 무렵에 그런 '까다로움'이 다시 부과되기 시작했다(10장을 보라).

지역적 소진과 역사적 자연 : 상품 프런티어에서 상품 불황으로

---

15. 이것은 예비적 구분이다. 농업은 두 가지 범주의 요소들을 내부화하는데, 주로 유기적 추출(목축업, 임업)과 무기적 추출(석탄 채광, 유전 시추) 사이에 구분이 이루어진다.
16. Marx, *Capital*, Vol. II [마르크스, 『자본론 II』]; S. Mann, *Agrarian Capitalism in Theory and Practice* (Chapel Hill : University of North Carolina Press, 1990).

여기서 우리는 더 명확한 의미로 소진에 관해 말하기 시작할 수 있는데, 그 이유는 과소생산의 일반법칙이 그저 공급 대응에 관한 것이 아니기 때문이다. 우리는 채광으로 시작할 수 있는데, 그 이유는 이것이 가장 명백한 사례이면서 다양한 방식으로 생태위기에 대한 대중적인 비유로 사용되기 때문이다. 사실상 추출체계도 물리적 고갈 모형으로 환원될 수 없다.

땅을 파서 금속을 추출하는 일은 쉽지 않다. 성공하게 되면 같은 노력 – 더 적은 노력은 괘념치 마라! – 으로 더 많이 추출하기가 더 어렵게 되는 경향이 있다.[17] 이것이 지금까지 역사적 자본주의가 탁월했던 지점이다. 그것은 자본주의 이전 문명을 특징짓는 금속 생산의 장기적 쇠퇴를 정반대 추세로 전환했는데, 그리하여 금속 산출의 호황이 1세기 동안 이어졌다. 사실상 자본주의의 기원은 부분적으로 1450년 이후 중부 유럽의 채광 호황에서 찾아낼 수 있다. 새로운 산업 조직과 기술 혁신에 힘입어 은과 구리, 납, 철 같은 주요 금속의 생산량이 다섯 배(또는 그 이상) 증대할 수 있게 되었다. 1530년대 무렵에는 팽창 속도가 감소하였고, 게다가 1550년대 무렵에는 중부 유럽의 광업 복합체가 더는 세계의 금속경제에서 1위를 차지하지 못하였다. 생산은 다른 곳으로 이동했는데, 구리는 스웨덴으로, 철은 영국으로, 은은 페루로 이동했다. 이런 움직임은 자본을 제약하는 지질학의 직접적인 과정은 아니었다. 모순이 개시되기 전인데도 팽창 속도가 늦춰진 이유는 광석의 질 자체가 저하했기 때문이 아니었다. 그 속도가 감소한 이유는 중부 유럽의 광업 복합체가 노동생산성을 향상할(또는 심지어 유지할) 수

17. Bunker, "Modes of Extraction, Unequal Exchange, and the Progressive Underdevelopment of an Extreme Periphery".

있는 능력을 점진적으로 소진했기 때문이다. 착취율, 즉 노동생산성을 향상할 수 있는 능력은 인간 자연과 비인간 자연의 공동생산물이다. 16세기 중부 유럽에서는 광석의 질이 그 일부였다. 항상 더 깊은 갱의 건설과 부수적인 홍수 문제 같은 지리적 난제도 그 일부였다. 하지만 임금 상승과 노동 불안의 문제도 그 일부였고, 게다가 야금술적 수요와 도시화, 삼림 벌채의 융합에서 비롯된 땔나무와 통나무 비용 상승의 문제도 그 일부였다. 이것들은 함께 다발을 이루어서 채광과 야금술의 노동생산성을 향상하기 위한 지역의 능력을 소진했다.[18]

알다시피, 16세기 이후로 지역적 소진에 관한 그런 일화가 대단히 많이 나타났고 '고착'되었다. 은銀이라는 중추적인 사례에서, 중부 유럽 채광의 소진은 [볼리비아] 포토시로 이전함으로써 해결되었다. 1545년 이후에 스페인이 세로리코('풍요로운 산') 광산을 점유한 후에 생산 호황이 일어났는데, 그곳에서는 광석이 풍부했고 연료가 넉넉했으며 노동이 저렴했다. 하지만 20년이 채 안 되어서 생산이 붕괴했다. 광석의 질이 저하했고, 그리하여 제련이 연료 집약적인 것이 되면서 비용이 점진적으로 상승하게 되었으며, 그 결과 토착 제련업자들은 유럽을 위해 은을 생산하는 것이 더는 가치가 없는 일이라고 깨닫게 되었다. 지역적 생산 복합체가 소진되었다. 역사적 자본주의/역사적 자연의 배치가 더는 작동하지 않았다. 은 생산량이 붕괴했다.

이 사태는 초기 자본주의의 사회생태적 전환에 관한 가장 극적인 일화 중 하나를 예고했다. 1571년에 프란치스코 데 톨레도라는 새 총독이 부임한 후에 광범위한 전환이 이루어졌다. 은을 추출하는 새로

---

18. F. Braudel, *The Structures of Everyday Life* (New York : Harper & Row, 1981) [페르낭 브로델, 『물질문명과 자본주의 I : 일상생활의 구조』, 주경철 옮김, 까치, 1995] ; Moore, "Ecology and the Rise of Capitalism".

운 방법, 즉 수은 아말감법이 시행되었다. 광산을 위해 저렴한 노동력의 꾸준한 공급을 확보하려고 급진적인 농지 개편의 과정 — 정착지와 강제노동에 집중된 과정 — 이 개시되었다. 아말감화에 앞서 광석을 분쇄하는 제분기에 동력을 제공하기 위해 방대한 수력 하부구조가 구축되었다. 더욱이, 노동 조직은 적당한 거리의 소작제에서 더 직접적인 노동 통제의 형식으로 전환되었다. 생산량이 빠르게 회복되면서 스페인의 재정위기가 해소되었지만, 더 중요한 점은 네덜란드 자본주의의 발흥을 조장했다는 것이다. 1630년대 무렵에 소진이 또다시 개시될 것인데, 광석의 질 저하와 수요 감소에 못지않게 (인간) 재생산의 위기로 추동되었다. 그리고 나중에 포토시의 은 생산량이 회복되었지만, 세계 은 경제의 중심은 18세기에 누에바에스파냐로 또다시 이동할 것이다.[19]

이런 역사적 삽화에서 보게 되는 것은 한 가지 반복해서 나타나는 문제, 즉 지역적 호황을 가능하게 하는 전유 관계의 소진이다. 이런 호황은 축적과 권력, 생산의 지구적 중심지와 더불어 철저히 부각된다. 우리의 사례를 고수하면, 소진은 광석의 질이나 광산 깊이, 삼림 벌채에 놓여 있는 것이 아니라, 오히려 특정한 시간과 장소에서 획득하게 되는 오이케이오스에 놓여 있다는 점이 중요하다. 그렇다면 의문은 광석의 질이나 광산 깊이, 삼림 벌채가 상품생산의 노동생산성에 어떻게 영향을 미치는지에 관한 물음이 된다. 그런데 17세기 페루에서는 저렴한 노동의 원천이 끊임없이 국외로 유출되면서 인구가 감소하였고 강제 임금노동자들은 광산과 정착촌에서 탈출하였으며, 그리하여 생산지에서 광석을 추출하고 가공하는 데 어려움이 가중되었다.

19. Moore, "'Amsterdam Is Standing on Norway'" Parts I and II ; "'This Lofty Mountain of Silver Could Conquer the Whole World'"를 참조하라.

그러므로 소진은, 어쩌면 윌리엄스가 말한 대로, 우리가 "자신의 노동을 지구와 뒤섞어" 버린 방식과 관련되어 있다.[20] 소진되는 것은 자본주의나 자연이 아니라, 식민지 페루에서 그런 것처럼, 지역적으로 특정한 자본화와 전유의 관계들이다. 호황과 소진은 모두, 노동을 더 생산적으로 만들거나, 노동의 소득을 억제하거나, 무상 일을 전유하거나, 또는, 가장 흔하게도, 세 가지를 모두 한꺼번에 함으로써 착취율을 향상하기 위해 조직된 인간 자연과 비인간 자연의 특정한 관계들의 지역적 발달 단계들을 특징짓는다. 더 적은 노동력으로 더 많은 사용가치를 생산하려는 그 기획은 오이케이오스 안에서 전개되는데, 오이케이오스의 특정한 배치가 다양한 가능성과 제약을 형성한다. 지역적 호황이 일어날 수 있게 하는 오이케이오스의 최초 개편이 그 호황을 끝내는 모순을 생성하는데, 그 이유는 인간 조직 때문도 아니고 자연의 한계 때문도 아니라, 자본주의적 조직이 생명의 그물을 생산하고 그것에 의해 생산되는 방식 때문이다.

소진 : 실체적인가 아니면 관계적인가?

지금까지 내가 소진의 지역적 국면을 묘사한 이유는 그것이 세계생태적 문제를 전적으로 가늠할 수 없게 추상적인 것으로 만들지 않은 채 그 문제에 진입할 방법을 제공하기 때문이다.[21] 물론, 그런 프로젝트에서는 어떤 추상화의 조치가 불가피한데, 그 이유는 '소진'과 '성

---

20. Williams, "Ideas of Nature".

21. 확실히, 우리는 '거시'와 '미시' — 명료하게 하기보다는 보이지 않게 하는 또 하나의 이원론' — 를 다루고 있지 않고, 오히려 지방적이면서 지역적인 동시에 체계적인 관계들을 통한 세계역사의 공동생산을 다루고 있다. 지구적-지방적 이원론은 근대성에 의한 일상생활과 세계 축적의 특정한 직조를 불가해하게 만든다(Tomich, *Slavery in the Circuit of Sugar*; Moore, " 'Amsterdam Is Standing on Norway'", Parts I and II를 참조하라).

장의 한계'의 융합이 우리 사유에 매우 깊이 주입되어 있기 때문이다. 이런 융합은 생명의 그물이 어떻게 한계의 원천인지에 관한 비생산적인 양자택일의 논의를 부추긴다. 대안은 한계가 정말 존재함을 인정하고, 게다가 이런 한계가 **사**회에 놓여 있는 것이 아닌 것과 마찬가지로 **자**연에 놓여 있는 것이 아니라는 점도 인정한다. 그 한계는 특정한 문명이 오이케이오스를 조직하는 — 그리고 조직하고자 하는 — 방법에서 출현한다. 자본주의의 가치 프로젝트는, 사실상 자신의 생존에 대한 특정한 방해물을 생산하고 촉발하는 것과 꼭 마찬가지로, 기술과 프런티어 형성의 독창적인 조합 — 생산성과 약탈의 변증법 — 을 통해서 그런 방해물을 극복하기 위한 특정한 전략도 산출한다. 이들 전략은 한 가지 거대한 것을 공유하는데, 요컨대 그 전략들은 저렴하게 전유될 수 있는 미자본화된 자연의 현존에 의존한다.

결국 소진은 재고와 흐름을 포함하지만, 그것들로 환원될 수는 없다. 소진은, 숲이 벌채되어서 더는 통나무를 넘겨줄 수 없을 때처럼, 특정한 실체-로서의-자연의 역사적 특성이 아니다. 그런 현실은 소진을 확증하지만, 특정한 광맥이나 특정한 숲이 자본주의적 위기를 촉발하지 않은 채 생물물리학적 의미에서 일소되는 사태가 전적으로 가능하다는 것은 말할 필요가 없다. 왜? 자본주의의 특질은 그것이 잠재적 축적과 전유의 지리를 끊임없이 확대한다 — 그리고 변혁한다 — 는 점이기 때문이다. 특정한 물질의 흐름과 재고는 역동적인 것의 일부다. 하지만 소진은 실체적 특성이 아니다. 소진은 특정적으로 자본주의적인 오이케이오스의 관계적 특성이다.

세계 축적의 관점에서 바라보면, 소진은 두 국면 사이의 관계를 통해서 출현한다. 한편으로, 자본의 끝없는 축적은 시장과 생산 부문에서 더욱더 짧은 노동시간으로 더욱더 많은 상품을 생산하기 위한 경쟁을 연행連行한다. 자본의 끝없는 축적은 물질적 생산량의 끊임없는 증대다. 하지만 이런 일은 식량과 노동력, 에너지, 원료의 가격이 억제될 수 있을 때만 일어난다. 즉, 네 가지 저렴한 것은 여전히 저렴해야 하거나, 아니면 상대적으로 저렴해야 한다. 이것은 난제인데, 그 이유는 공급량이 끊임없이 증가해야 하고 공급가격이 변함없이 하락해야 하기 때문이다. 다른 한편으로, 자본의 축적은 일/에너지의 상승 흐름 – 또는 일정한 흐름 – 을 자본의 회로에 넘겨줄 수 있는 특정한 자연의 능력에 크게 의존한다. 이런 일은 (노동력의) 착취와 (나머지 자연의) 전유를 통해서 직접 일어날 수 있다. 아니면 그것은, 자본의 회로 바깥이지만 자본주의 세력권 안에서, "여성과 자연, 식민지"[22]의 일/에너지의 전유를 통해서 간접적으로 일어날 수 있다. 소진은, 특정한 자연 – 특정한 재/생산 복합체에서 구체화한 자연 – 이 더는 더욱더 많은 일/에너지를 넘겨줄 수 없을 때 일어난다. 이 시점에서는 어떤 주어진 생산 복합체의 무상 일/에너지의 분량이 감소하고, 자본화된 일/에너지의 분량이 증가한다. 재/생산의 자본화가 증가하는 상황은, 무상 일/에너지의 새로운 원천의 소재가 파악될 수 없다면 4대 투입물의 가격이, 거의 항상 불균등하게, 상승하는 사태에 기입된다.

발전적 위기 – [어떤 주어진 생산양식 안에서] 자본과 권력, 자연의 역사적 배치에 있어서 전환점으로서의 위기 – 가 '발전적'인 이유는 그 위기가 이중 운동을 통해서 해소될 수 있기 때문이다. 우선, 축적률의 감속은 새로운 투자 분야를 개척하여 상품화의 규모와 범위를 확대함으로써 '해결될' 수 있다. 이 상황은 더 확대된 새로운 전유 분야를 개척하는 일과 더불어 그저 전유 규모가 아니라 전유 범위 – 그저 더 많은 자연이

22. Mies, *Patriarchy and Accumulation*, 77. [미즈, 『가부장제와 자본주의』.]

아니라, 더 다양하고 새로운 형태들의 자연 — 를 확대하는 일에 달려 있다. 이것이 체계적 재생산에 관한 자본주의의 철칙인데, 요컨대 자연을 상품화하라, 하지만 훨씬 더 빨리 전유하라.

세계생태의 위기들 : 획기적 위기와 발전적 위기

지금까지 근대성이 자연에 가한 행위에 대하여 이루어진 급진적 비판은 강력했다. 그 비판은 자연의 공동생산이 자본주의의 잇따른 발전 단계에서 자본주의를 위해 작동하는 방식을 보여주는 데는 덜 성공적이었다. 이것은 문제인데, 그 이유는 우리가 오늘날 위기를 이해할 수 있으려면 지구적 자연을 개조하기 위한 전략 — 그리고 저렴한 자연을 전유하기 위해 확대된 새로운 조건을 확립하기 위한 전략 — 이 밝혀져야 하기 때문이다. 그 위기는 발전적 위기이고, 그래서 자본화와 전유를 갱신함으로써 해소되는가? 아니면 그것은 획기적 위기이고, 그래서 부와 권력, 자연의 근본적으로 새로운 역사적 배치를 낳을 개연성이 있는가?

여기서 우리는 두 가지 거대한 형태의 세계생태적 위기에 관해 생각할 수 있다. 이것들은 데카르트적 의미에서의 '생태적' 위기가 아니라, 다소간 근본적인 전환점 — 부와 자연, 권력을 재/생산하는 양식들 사이의 또는 안에서의 전환점 — 을 가리키는 위기다. 첫 번째 형태의 위기는 획기적 위기다. 그런 위기는 매우 심각하여 부와 자연, 권력을 생산하는 한 양식이 다른 한 양식으로 대체된다. '장기' 14세기(대략 1290~1450년) 봉건주의의 위기가 그런 획기적 위기였다. 두 번째 형태의 위기는 발전적 위기다. 이런 위기는 어떤 주어진 생산양식 안에서 권력과 부, 자연의 관계를 질적으로 전환한다. 서기 1000년 무렵 '봉건제 혁명'이 좋은 사례다.[23] 자본주의의 역사에서, 발전적 위기는 자본주의의 한 단계에서 그 다음 단계로의 전환에 개입한다. 이것은, 16세기 이후로 농업혁명, 산업혁명, 통상혁명, 과학혁명, 그리고 다른 '혁명들'에 관한 역사서술학에서 포착된, 세계생태혁명의 역사다. 발전적 위기를 거쳐서, 오이케이오스를 상품화하고 배치하는 새로운 방식이 형성된다. 우리는 이 두 가지 형태의 위기를 차례로 고찰할 것이다.

첫째, 자본주의는 봉건주의의 획기적 위기에서 출현했다.[24] 이 위기는 유럽 봉건주의의 종언을 부각하는 장기 14세기의 위기였다. 협소한 의미에서 토양과 기후의 생물물리학적 위기가 전혀 없었던 후기 중세 시대에는 영주권력, 영토권력, 상인권력의 지배적인 다발에서의 복잡한 전환이 나타났다. 봉건영주와 국가, 상인은 점점 더 처리하기 어려운 자기재생산 문제에 직면했다. 왜 처리하기 어려운가? 1장에서 본 대로, 장기 8세기의 농업혁명 시기부터 봉건제적 관계가 중세 온난화 시기의 기후조건과 다발을 이루었기 때문이다. 그리고 봉건제 농업의 장기지속 경향이, 지리적 팽창과 인구학적 팽창의 점점 덜 효과적인 움직임에 의해 상쇄되는, 농업생산성의 장기적 정체를 반드시 수반했기 때문이다.

봉건제 유럽이 직면한 문제는 추상적 수용능력을 압도하는 추상적 인구의 문제가 아니었는데, 오늘날 문제가 추상적 자연을 압도하는 추상

---

23. J. Poly and E. Bournazel, *The Feudal Transformation, 900~1200* (New York : Holmes & Meier, 1997) ; Moore, *Ecology in the Making (and Unmaking) of Feudal Civilization*.

24. J.W. Moore, "Environmental Crises and the Metabolic Rift," *Organization and Environment* 13, no. 2 (2000) : 123~57 ; "Nature and the Transition from Feudalism to Capitalism" [무어, 「자연과 봉건제에서 자본주의로의 이행」] ; "Ecology and the Rise of Capitalism".

적 자본주의의 문제가 아닌 것과 꼭 마찬가지다. 오히려, 핵심 모순은 농업 생산성이 중세 인구학적 체제—생산과 재생산의 계급구조적 과정으로 이해되는 체제—를 유지하는 데 필요한 속도로 성장하지 못한 점에 달려 있었다.[25] 이 체제는 '아미노산 기아'와 영양실조의 권역이 경향적으로 확대되었는데, 이런데도 봉건영주의 요구(그리고 재생산 비용)는 시간이 흐름에 따라 증가하였다.[26] 중세 소빙하기가 그 모습을 바야흐로 드러내면서 프런티어를 확대할 기회가 축소되기 시작했다는 점은 봉건제 유럽의 불운이었다. 그러므로 봉건주의의 위기는 지배적인 계급구조가 더 큰 '탄력복원성'을 향해 전환할 기회를 거의 제공하지 않은 계급과 기후, 인구 변동을 통해서 공동생산되었다. 부아가 분명히 하듯이, 그 위기는 계급의 위기였지, 수용능력의 위기가 아니었다. 1250년 무렵에 노르망디 지방에서 토지를 개간할 기회가 축소됨에 따라,

> 농업생산의 장기적이고 느린 진전은 기력을 다하면서 멈추었다 … 노르망디 지방의 농촌경제는 성장의 정점에 도달해〔버렸다〕 … 농업성장의 정복은 최종 단계에 이르러버렸는데, 숲과 목초지는 놀랄 만한 정도로 감소하였다 … 그 정점은 확실히 절대적이지는 않았다 … 〔농노제 생산양식에서〕 생산의 집약화는 구상할 수 있었다. 전통적인 〔봉건제〕 경작체계가 폐기되어, 예를 들면, 원예재배가 이루어졌더라면, 노르망디 지방의 토지는 더 많이 생산하여 두세 배의 인구를 먹일 수 있었을 것이다.[27]

---

25. W. Seccombe, *A Millennium of Family Change* (London : Verso, 1992).
26. L. White, Jr., *Medieval Technology and Social Change* (Oxford : Oxford University Press, 1962), 75 [린 화이트 주니어, 『중세의 기술과 사회변화』, 강일휴 옮김, 지식의풍경, 2005]; G. Duby, *Rural Economy and Country Life in the Medieval West* (Philadelphia : University of Pennsylvania Press, 1968), 233~5; R. Hilton, *The English Peasantry in the Late Middle Ages* (Oxford : Oxford University Press, 1975), 177.

중요한 관계는, 한편으로 계급구조 및 그것의 잉여추출 논리와 다른 한편으로 농업 재/생산체제 사이의 관계인데, 여기서 논리와 체제는 생명의 그물을 통해서 구성되었다. 위기에의 길은 지배층이 "장기적인 안정기" 또는 점진적인 쇠퇴를 가능케 할 "다소간 고통스러운 내부 조정"을 시행하기를 꺼림으로써 펼쳐진다.[28] 이런 모순과 취약성이 궁극적으로, 흑사병의 압력 아래, 획기적 변화를 초래했다는 점은 적어도 개략적으로나마 이해된다. 부아의 추리 — 21세기 초와 두드러지게 유사한 점들이 확실히 존재하는 추리 — 는, 현존하는 권력관계와 생산관계를 재생산하는 데 필요할 뿐만 아니라 이들 관계의 기반도 점진적으로 약화하는 환경형성의 특정한 패턴을 계급구조가 강제하는 방식, 심지어 문명도 강제하는 방식을 나타낸다.

기본적이지만 아직 가슴 깊이 거의 새겨지지 않고 있는 본질적인 논점은 이렇다. '성장의 한계'는 역사적으로 특정적이다. 그 한계는 역사적 자연의 한계다. 봉건주의의 위기가 여섯 세기 동안 전개되었던 영주-농노 관계의 붕괴를 나타낸 것과 꼭 마찬가지로, 21세기 초에 표출된 자본-노동 관계의 부식을 더 자세히 살펴볼 수 있다. 이 부식은, 자연을 전유할 필요성은 증가하면서 그렇게 할 기회는 감소함으로써 제기된 축적에 대한 장애물을 극복할 수 있는 자본-노동 관계의 능력이 쇠퇴함을 의미한다. 이 상황은 16세기에 처음 개척된 '거대한 프런티어'의 종언을 의미한다.[29] 통상적인 관점은 생태위기를 물질 흐름의 감소 — 불충분한 식량, 불충분한 석유 — 와 관련지어 생각하는 것이지만, 인

27. G. Bois, *The Crisis of Feudalism : Economy and Society in Eastern Normandy c. 1300~1550* (Cambridge : Cambridge University Press, 1984), 264.

28. 같은 책.

29. Webb, *The Great Frontier*.

간과 나머지 자연 사이의 관계를 결정하는 근본적으로 새로운 방식이 형성되는 과정으로서 위기에 관해 고찰하는 것이 더 생산적일 것이다.

발전적 위기 : 장기 19세기의 기원

자본주의 최초의 거대한 발전적 위기는 18세기 중엽에 개시되었다. 1760년대에는 대체로 저렴한 식량과 노동력이 도시에 넘쳐나게 함으로써 영국 산업화를 위한 조건을 확립했던 '제1차' 농업혁명이 끝났다는 조짐이 나타났다.[30] 1700년 무렵에는 영국의 인력 중 39%만이 농업에 고용되었다.[31] 하지만 1750년 무렵에는 이런 농업혁명이 흔들리고 있었다. 그다음 반세기에 걸쳐 영국 농업은, 노동생산성에 관해서든 수확률에 관해서든, 이전 세기에 보여주었던 생산성의 급등 국면을 유지하지 못했다.[32] 일찍이 1740년대에 영국 "농업은… 도시 산업경제의 수

---

30. R. Brenner, "The Agrarian Roots of European Capitalism," in *The Brenner Debate*, ed. T.H. Aston and C.H.E. Philpin (Cambridge : Cambridge University Press, 1985), 213~327 [로버트 브레너, 「유럽자본주의의 농업적 뿌리」, 『농업계급구조와 경제발전』, T.H. 아스톤·C.H.E. 필핀 엮음, 이연규 옮김, 집문당, 1991]; R.C. Allen, "Tracking the Agricultural Revolution in England," *The Economic History Review* 52, no. 2 (1999) : 209~35.

31. S. Broadberry et al., "When did Britain Industrialise?" *Explorations in Economic History* 50, no. 1 (2013) : 23.

32. 농업의 노동생산성은 1700~1759년 동안 매년 0.57%에서 1759년과 1801년 사이에 0.41%로 하락했다(Broadberry et al., "When did Britain Industrialise?", 23으로부터 계산됨). 밀의 경우에, 에이커당 수확률 향상은 1500~1700년 기간 동안 매년 평균 0.38%였고 18세기 전반기 동안 0.32%였지만, 1759~1801년 동안에는 0.17%에 불과했다. 가난한 사람의 곡물인 호밀의 경우에, 수확률은 1550년 이후 두 세기 동안 매년 0.47% 상승한 다음에 1759~1801년 동안 사실상 매년 0.13% 하락했다(S. Broadberry et al., "British Economic Growth, 1270~1870" 〔Unpublished paper, Department of Economic History, London School of Economics, 2011〕, 37). 앨런은 영국 농업의 일꾼당 생산량이 18세기 후반기에 감소했다고 생각한다(R.C. Allen, "Economic Structure and Agricultural Productivity in Europe, 1300~1800," *European Review of Economic History* 4, no. 1 〔2000〕 : 17).

요가 빠르게 증가하는 사태에 부응하도록 식량과 원료의 공급을 늘리지 못했다."[33] 농업생산성의 향상은 1760년 이후에 정체되었고, 식량가격은 상승하기 시작했다. 아일랜드로부터의 수입량이 급격히 증가했음에도,[34] 18세기 말에 영국의 식량가격은 산업물가지수보다 두 배 빠르게 상승했다.[35] 섬유와 석탄에 비해서, 식량가격은 1770년과 1795년 사이에 각각 66%와 48%만큼 상승했다.[36]

이것은 영국에만 국한된 현상이 아니었다. 대서양 세계 전역에서 생산성이 저하되었고, 불평등이 확대되었으며, 식량가격이 상승했다. 1750년 이후 반세기 동안 서유럽의 대부분 지역에서 일꾼당 생산량이 감소하거나 정체되었다.[37] 프랑스에서는 1789년 이전 20년 동안 식량가격, 주로 식빵의 가격이 65% 급등했는데, 이것은 임금보다 세 배나 더 빨리 상승했다.[38] 중부 멕시코에서도 18세기 말에 수확률이 하락하였고 식량가격이 상승했는데, 옥수수의 가격은 거의 50% 상승했다.[39] 아벨은 하향 추세가 개시된 시기를 식량가격이 상승하기 시작한 1730

33. P.K. O'Brien, "Agriculture and the Industrial Revolution," *Economic History Review* 30, no. 1 (1977) : 175.
34. B. Thomas, "Feeding England during the Industrial Revolution," *Agricultural History* 56, no. 1 (1982) : 328~42.
35. P.K. O'Brien, "Agriculture and the Home Market for English Industry, 1660~1820," *The English Historical Review* 100, no. 397 (1985) : 776.
36. G. Clark et al., "A British Food Puzzle, 1770~1850," *The Economic History Review* 48, no. 2 (1995) : 233.
37. Allen, "Economic Structure and Agricultural Productivity", 20.
38. O. Hufton, "Social Conflict and the Grain Supply in Eighteenth-Century France," *Journal of Interdisciplinary History* 14, no. 2 (1983) : 304.
39. S. Lipsett-Rivera, "Puebla's Eighteenth-Century Agrarian Decline," *Hispanic American Historical Review* 70, no. 3 (1990) : 463~81 ; L.A. Abad et al., "Real wages and Demographic Change in Spanish America, 1530~1820," *Explorations in Economic History* 49, no. 2 (2012) : 149~66.

년대로 추정하는데, 식량가격의 상승 국면은 80년 동안 이어졌고 1770년 무렵에는 그 상승이 급격히 가속되었다. 유럽 전역에 걸쳐 1730년과 1810년 사이에 '주요 식빵 곡물'(밀과 호밀)의 가격이 급상승했다.

> 영국에서는 대략 250%, 북부 이탈리아에서는 205%, 독일에서는 210%, 프랑스에서는 163%, 덴마크에서는 283% … 네덜란드에서는 265%, 오스트리아에서는 259%, 스웨덴에서는 215% 상승했다. 덴마크와 네덜란드, 오스트리아에서는 이것이 장기적인 가격 상승 국면에서 〔이때까지〕 이르게 된 정점이었다.[40]

영국은 "산업과 서비스에서의 고용을 위해 노동을 해방하면서 생산량을 증대할 수 있는 능력"[41]에서, 다시 말해서, 토지생산성보다 노동생산성을 우선시하는 능력에서 선두 자리를 지켰다. 물론, 이것은 대서양 세계생태의 전역에 걸쳐 나타난 본원적 축적의 세계적인 급증의 영국적 국면 ― 그리고 그 점에서는 극적인 국면 ― 이었는데, 이 국면은 러시아에서 아메리카 대륙에 이르기까지 농민반란을 촉발했다.[42] 1760년 무렵에 영국 농촌지역은 전환점에 이르게 되었다. 영국 의회 인클로저의 규모와 속도가 급격히 증가했는데,[43] 인클로저 행위의 수와 면적은

40. W. Abel, *Agricultural Fluctuations in Europe* (New York : St. Martin's Press, 1980 〔1966 orig.〕), 197~8. 강조가 첨가됨.

41. O'Brien, "Agriculture and the Home Market," 775.

42. I. Wallerstein, *The Modern World-System III* (San Diego : Academic Press, 1989), 193~256 [이매뉴얼 월러스틴, 『근대세계체제 III』, 이동기·김인중 옮김, 까치, 2013] ; T. P. Slaughter, *The Whiskey Rebellion* (Oxford : Oxford University Press, 1986) ; C.A. Bayly, *The Birth of the Modern World 1780~1914* (Oxford : Blackwell, 2004), 86~120.

43. E.B. Ross, "The Malthus Factor," *Corner House Briefing 20 : Poverty, Politics and Population* (2000) : 3.

1760년 이전 30년 동안과 대비하여 1760년 이후 30년 동안 여섯 배 증가하였다.[44] 1750년 이후 그 세기 동안, "영국의 경작면적"의 4분의 1이 전적으로 "공동경작지, 공유지 또는 미개간지에서 사유재산으로 전환되었다."[45] 농업의 고용 비율은 1522년과 1700년 사이에 연간 0.23% 하락하였지만, 1759~1801년 동안 연간 0.35%까지 가속되었다.[46] 그러므로 식량가격의 급등 – 또는 1740~1815년 동안의 장기변동 – 은 생물물리학적이고 '경제적'인 현상이면서, 또한 그리고 동시에, 세계 계급투쟁의 중대한 국면이다. 장기적인 가격 상승 변동은, 자본주의의 긴 역사에서, 부르주아 계급이 가치를 생산자에게서 잉여가치의 축적자로 재분배하기 위해 시장권력 – 1760년 이후 의회 인클로저 동안 그런 것처럼 국가권력이 뒷받침한다[47] – 을 전개하는 국면이다. 소득불평등 – 자본 축적을 위한, 일시적일지라도, 간단한 대용물이자 효과적인 '해결책' – 이 급상승했다. 영국의 부르주아 계급 – 상위 5% – 은 19세기 동안 "중간계층과 중상계층을 제물로 삼아 막대한 이득을 취했다." 한편으로, 빈곤율은 1759년 이후에 50% 이상 증가했는데, 1801년 무렵에는 인구의 5분의 1이 빈곤에 처했다.[48]

---

44. B.H.S. van Bath, *The Agrarian History of Western Europe, 500~1850 A.D.* (New York : St. Martin's Press, 1963), 319 ; P. Mantoux, *The Industrial Revolution in the Eighteenth Century* (New York : Harper & Row, 1961), 141~2 ; R.V. Jackson, "Growth and Deceleration in English Agriculture, 1660~1790," *Economic History Review* 38 (1985) : 333~51.
45. 여기서 우리는 두 가지 과정, 즉 "인클로저 법률의 특정한 장치"와 "일반적인 농업 집중 현상"을 융합하지 않도록 주의해야 한다(E.J. Hobsbawm, *Industry and Empire* 〔New York : Penguin, 1968〕, 101 [에릭 홉스봄, 『산업과 제국』, 전철환·장수한 옮김, 한벗, 1984]).
46. 브로드베리(Broadberry et al., "When did Britain Industrialise?", 23)으로부터 계산되었다.
47. M. Turner, *Enclosures in Britain, 1750~1830* (London : Palgrave Macmillan, 1984).
48. P.H. Lindert and J.G. Williamson. "Reinterpreting Britain's Social Tables,

이것은 그런 가치 재분배가 일어났던 최초의 사건이 아니었다. 1470년 이후의 '가격혁명'[49] 역시 가치를 일꾼에게서 자본가로 재분배했는데, 부분적으로는 농민과 프롤레타리아의 식사량을 강제적으로 억제한 데서 비롯되었다.[50] 사실상, 영국인 1인당 식량 소비량이 16세기와 17세기에 걸쳐서 감소했다(그리고 영국에서만 일어난 일이 아니었다).[51] 지금처럼 당시에도, "강요된 과소소비"가 세계 축적에 대한 중요한 보조금을 제공했다.[52]

생산성이 정체하는 동시에 탈취와 프롤레타리아화가 가속하는 콩종튀르에서는 두 가지 가능성이 존재한다. 한 가지는 식량가격의 상승이 자본에 청구하는 임금을 끌어올려서 축적에 대한 일종의 임금 압박을 일으킬 가능성이었다. 나머지 가능성은 강요된 과소소비라는 방책인데, 그리하여 오히려 노동계급의 식량 예산이 압박을 받는다. 이 조치로 인해 프롤레타리아 식단의 칼로리와 영양소가 감소했을 것인데, 영국에서는 확실했고 어쩌면 다른 많은 지역에서도 그랬을 것이다.[53] 그 명제는 1760년 이후 반세기 동안 신장이 줄어든 광범위한 현상이 뒷받침한다.[54] 강조할 가치가 있는 것은 식량가격을 조절함으로

1688~1913," *Explorations in Economic History* 20, no. 1 (1983) : 104.

49. [옮긴이] 가격혁명(price revolution)이란 15세기 후반에서 17세기 초반에 이르기까지 150여 년 동안 유럽에서 물가가 급등한 현상을 가리킨다. 이 시기에, 지역에 따라 다르지만, 물가가 서너 배 올랐는데, 특히 곡물 가격이 가장 많이 올랐다.
50. F. Braudel and F. Spooner, "Prices in Europe from 1450 to 1750," in *The Cambridge Economic History of Europe*, Vol. IV, ed. E.E Rich and C.H. Wilson (London : Cambridge University Press, 1967), 378~486 ; Wallerstein, *The Modern World-System I* [월러스틴, 『근대세계체제 I』].
51. Allen, "Tracking the Agricultural Revolution in England," 216~7.
52. F. Araghi, "Accumulation by Displacement," *Review* 32, no. 1 (2009) : 113~46.
53. O'Brien, "Agriculture and the Home Market" ; Allen, "Tracking the Agricultural Revolution".

써 가치를 재분배하는 조치가 중기 전략이라는 점이다. 소비는 어느 정도까지만 감소할 수 있을 뿐이다. 어떤 시점에서는 세계생태잉여가 확대되어야만 하기에 결코 유지될 수 없는데, 그러므로 축적된 자본의 규모 대비 무상 일/에너지의 규모가 증가해야 한다. 새로운 프런티어가 개척되어야 하는데, 그것의 '공짜 선물'이 식별되고 그 지도가 제작됨으로써 그 선물이 확보되면서 전유되어야 한다.

그런데 에너지와 원료의 경우에는 어떠한가? 식량/노동력의 경우와 마찬가지로, 에너지와 원료도 서로 단단히 결합하여 있었다. 초기 자본주의에서 절대 필요한 주요 원료는 철과 통나무였다. 둘 다 숲에서, 간접적으로 또는 직접적으로, 유래되었다. (초기 자본주의에서 철은 목질연료를 가정 난방용 다음으로 많이 소비하였다.) 하지만 여기서 체계적 축적에 대한 직접적인 장애물은 일반적으로 추정되는 것보다 훨씬 더 처리하기 쉬웠다.[55] 석탄 공급지가 지리적으로 영국에 집중된 상황과 활기찬 제철製鐵 상품 프런티어 운동 ― 18세기에 스웨덴과 러시아의 철 수출지대를 편입한 운동 ― 으로 인해 과소생산 경향은 1760년 이후에 쉽게 견제되었다. (18세기 중엽에 생산비가 현저히 상승하게 된 영국의 철 생산자의 경우에는 그렇지 않았지만 말이다.)[56] 이 시기에

---

54. J. Komlos, "Shrinking in a Growing Economy?" *Journal of Economic History* 58, no. 3 (1998) : 779~802 ; F. Cinnirella, "Optimists or Pessimists? A Reconsideration of Nutritional Status in Britain, 1740~1865," *European Review of Economic History* 12, no. 3 (2008) : 325~54.

55. E.A. Wrigley, *Energy and the English Industrial Revolution* (Cambridge : Cambridge University Press, 2010)와 K. Pomeranz, *The Great Divergence* (Princeton, NJ : Princeton University Press, 2000) [케네스 포메란츠, 『대분기』, 김규태·이남희·심은경 옮김, 에코리브르, 2016]에서 제시된 에너지 한계에 관한 신맬서스주의적 가정을 보라.

56. C.K. Hyde, "Technological Change in the British Wrought Iron Industry, 1750~1815," *Economic History Review* 27, no. 2 (1974) : 190~206.

두드러지는 것은, 전유 영역을 확대함으로써 저렴한 철과 에너지를 유지할 수 있는 자본가와 국가, 상품시장의 능력이다. 이와는 대조적으로, **저**렴한 **식**량은 더 까다로운 문제를 제기했다.

그렇다면 에너지의 경우는 어떠한가? 지금까지 자본주의의 에너지 체계는 두 가지 거대한 일을 수행했다. 한편으로 그 체계는, 원료(유동자본)의 비용을 줄임으로써 생산의 가치구성을 낮추었다. 석탄과 이탄은 목탄을 대체한 더 저렴한 연료였고, 소금 정제와 건설(예를 들면, 벽돌 제조), 제빵과 양조, 방직 같은 핵심 부문에서 절대 필요한 것으로 판명되었다.[57] 하지만, 그리고 이것이 중요한 점인데, 그것들은 노동력(가변자본)의 견지에서도 더 생산적이었다. **저**렴한 **에**너지 덕분에 투입 비용이 감소하는 동시에 노동생산성이 개선되었다는 점은 절대 작은 일이 아닌데, 그 이유는 노동생산성의 향상이 곧 사회적 필요노동시간의 시간당 물질적 생산량의 증가이기 때문이다.

근대 에너지혁명의 기원은, 때때로 추정되듯이, 18세기까지 거슬러 올라가는 것이 아니고, 오히려 장기 16세기까지 거슬러 올라간다. 영국의 석탄 생산량은 1530년부터 엄청나게 증가하기 시작했다.[58] 1660년 무렵에는 석탄이 영국 에너지 생산량의 3분의 1 이상을 차지했고, 1700년 무렵에는 절반을 차지했다.[59] 또한, 1530년대부터 네덜란드도

57. J.W. de Zeeuw, “Peat and the Dutch Golden Age,” *A.A.G. Bijdragen* 21 (1978) : 3~31 ; E.A. Wrigley, *Poverty, Progress and Population* (Cambridge : Cambridge University Press, 2004).

58. J.U. Nef, *The Rise of the British Coal Industry* (London : Routledge, 1966 〔1932 orig.〕).

59. R.C. Allen, “Energy Transitions in History : The Shift to Coal” in *Energy Transitions in History*, ed. R.W. Unger (Munich : Rachel Carson Center/Federal Ministry of Education and Research, 2013), 11~6 ; Malanima, “The Path Towards the Modern Economy”.

일종의 원原석탄인 이탄을 채굴하는 새로운 방법을 찾아내었다. 두 운동은 모두 영국과 저지대 국가들에서 목재 기반 에너지의 가격이 1530년 이후에 급등함에 따라 전개되었다.[60] 저렴한 에너지 — 그리고 저렴한 식량과 통나무 — 로 번성했던 네덜란드 모형의 화석자본주의는 1660년 무렵에 비틀거리기 시작했는데, 바로 그 무렵에 네덜란드 국내 이탄 생산량은 감소했고 영국의 석탄 생산량은 급증했다. 그런데 네덜란드 모형이 성공했다는 바로 그 이유로 인해 그 공화국의 자본가들은 쉽게 탈출할 어떤 출구도 없이 여태까지 유럽에서 가장 높은 임금 청구서를 받게 되었는데, 1680년 무렵에는 훨씬 더 상승할 것이었다. 기계화가 가능했고 실제로 이루어졌지만, 에너지의 가격이 상대적으로 증가함으로써 노동을 생산에서 축출하고 임금 — 1740년대까지도 여전히 높았던 임금 — 을 하락시켜서 생산성을 개선할 혁신은 한계에 부딪히게 되었다.[61] 영국 역시 실질임금이 상승하는 상황에 직면했는데, 네덜란드보다 더 낮은 임금에서 시작하였지만 1625년 이후 17세기에는 훨씬 더 빨리 상승했다.[62] 네덜란드 공화국의 경우와 마찬가지로, 영국의 임금도 "두드러지게 높았다."[63] 하지만 영국에서는 에너지의 가격이 두드러지게 저렴했는데, "이런 임금과 가격의 역사가 노동을 자본과 에너지로 대체하는 것을 목적으로 삼은, 〔저렴한 에너지 덕분에 가능해진〕 18세기의 기술적 돌파구에 대한 근본적인 이유였다."[64]

---

60. R.C. Allen, "The British Industrial Revolution in Global Perspective"; P. Malanima, "Energy Crisis and Growth 1650~1850"; J. de Vries and A. van der Woude, *The First Modern Economy* (Cambridge : Cambridge University Press, 1997), 37~9.
61. De Vries and Van der Woude, *The First Modern Economy*, 674~6ff; Moore, " 'Amsterdam Is Standing on Norway' Part II"를 보라.
62. R.M. Smith, "Fertility, Economy, and Household Formation in England over Three Centuries," *Population and Development Review* 7, no. 4 (1981) : 601.
63. Allen, "The British Industrial Revolution in Global Perspective" (2006).

후기 18세기의 성취는 대량생산된 석탄과 철의 코크스를 통한 결합이었는데, 코크스는 석탄 파생물로 17세기 이후로 알려졌지만 1707~1709년 동안에 에이브러햄 다비가 타개책을 찾아낸 이후에야 실용적인 것이 되었다. 1750년에는 영국 철의 겨우 7%만이 코크스를 연료로 하는 용광로에서 제련되었는데, 코크스가 모든 생산단계에서 사용된 1784년 무렵에는 그 비율이 90%에 이르렀다.[65] 이것이 돌파구였던 이유는 그 덕분에 새로운 기계장치가 대규모로 배치되는 동시에 고정자본의 철저한 저렴화가 가능해졌기 때문이다. 폰 툰젤만이 이 시기를 노동 절약적인 시대만큼이나 자본 절약적인 시대로 특징짓는 것은 충분한 이유가 있다.[66] 철로 만든, 그리고 점점 더 강철로 만든, 연장과 기계장치가 엄청난 규모로 배치될 수 있었다. 그러므로 고정자본과 유동자본, 가변자본의 삼위三位는 축적의 선순환을 누릴 수 있었다. 그 좌대는 전유의 악순환이었다.

물론, 저렴한 에너지가 전부인 것은 아니다. 그것은 노동력의 저렴화에 의존했는데, 그 저렴화는 의회 인클로저를 통해서 18세기 중엽 이후에 이루어졌다(그리고 1820년대까지 반전되지 않을 것이다). 여기서 또다시, 결정적인 전환점은 한 세기 전에 일어났는데, 그 이유는 17세기 세계경제의 상대적인 둔화가 북유럽 핵심부 전체에 걸쳐서 상승한 임금에 기입된 "1625~1750년 동안의 뚜렷한 노동 부족"에서 대체

---

64. 같은 글, 2.

65. R. Fremdling, "Industrialization And Scientific And Technological Progress," in *History Of Humanity*, Vol. VI, ed. P. Mathias and N. Todorov (New York : Routledge, 2005), 80~94.

66. G.N. von Tunzelmann, "Technological Progress During the Industrial Revolution," in *The Economic History of Britain since 1700*, Vol. 1, ed. R. Floud and D. McCloskey (Cambridge : Cambridge University Press, 1981), 143~63.

로 기인했기 때문이다.[67] 하지만 장기 14세기의 획기적 위기와는 대조적으로, 장기 17세기의 'B단계'에서는 프롤레타리아 계급의 (축소가 아니라) 급팽창 현상이 나타났다.[68] 그 과정은 더 일찍 시작되었는데, 네덜란드에서는 15세기 무렵에 시작되었고 영국에서는 17세기에 시작되어서 1750년 무렵에는 임계 규모에 도달했다. 유럽의 프롤레타리아 계급은, 농업생산에서의 축출이 이루어지고 새로운 인구학적 체제가 형성된 18세기 후반부에 그 절대적 수가 3분의 1만큼 늘어났다.[69] 이 시점에서는 영국이 선봉에 있었다. 1760년 이후 시행된 의회 인클로저는 대단히 성별화되었는데, 여성의 프롤레타리아화가 불균형적으로 이루어짐으로써 남성에 비해서 더 낮은 보수의 형태로 일종의 '성별화된 잉여'를 자본에 제공했다.[70] 그러므로 영국은 인구학적 혁명과 산업혁명과 에너지혁명을 결합하였는데, 이것은 새로운 세계생태체제를 향한 길을 가리킨다. 과소생산의 위협은 퇴조하였다.

하지만 그 위협은 사라지지 않았다.

전유 정점 시대의 과소생산

---

67. W. Abel, *Crises Agraires en Europe (XIlle-XXe Siecle)*, 2d ed. (Paris : Flammarion, 1973), 225 ; I. Wallerstein, *The Modern World-System II* (San Diego : Academic Press, 1980), 16 [이매뉴얼 월러스틴, 『근대세계체제 II』, 서영건·현재열·유재건 옮김, 까치, 2013]에서 인용됨 ; Allen, "The British Industrial Revolution in Global Perspective" (2006).

68. Seccombe, *A Millennium of Family Change*, 193 이후 ; C. Tilly, "Demographic Origins of the European Proletariat" (CRSO Working Paper No. 207, Center for Research on Social Organization, University of Michigan, 1979)를 보라.

69. 같은 글.

70. M. Berg, *The Age of Manufactures, 1700~1820,* 2nd ed. (New York : Routledge, 1994), 117~44. '성별화된 잉여'라는 개념에 대해서는 앤디 프라가츠(Andy Pragacz)에게 감사한다.

이 모든 석탄은 신흥 산업자본주의 체제를 위해 무슨 '일'을 수행했는가? 현재 통상적인 대답은 "석탄과 식민지"가 신흥 자본주의를 맬서스주의적 덫에서 구출했다는 것이다.[71] 그리고 그 주장에는 어떤 장점이 있는데, 초기 자본주의의 역동성을 보지 못하게 하는 또 하나의 이원론인 맬서스주의적 언어가 오도할지라도 말이다. 석탄과 철, 증기력의 실질적인 기여는 그것이 네 가지 상호연계된 현상을 처리하는 방식에서 나타난다. 첫 번째는 과잉축적된 자본의 문제를 해결했다. 1860년 무렵에 철도는 직물생산보다 네 배 많은 자본을 흡수했다.[72] 두 번째는, 기계장치에서 다리에 이르기까지 가장 광범위한 생산 및 하부구조의 발전에 필수적인 철의 생산 문제를 해결했다. 1784년에 코크스 제련기술이 완성된 후에는 철 생산량이 급증했는데, 양질의 (그리고 연료 집약적인) 단철鍛鐵 생산량이 1788년과 1815년 사이에 500% 증가했고, 영국의 철 수출량이 1814년에는 연간 5만7천 톤에서 1852년에는 1백만 톤을 넘었다.[73] 세 번째는 노동생산성의 문제를 해결했다. 그 증가분 중 얼마 정도가 증기력에서 직접 비롯되었는가? 이것은 말하기 어렵다. 하지만 그 문제에 관한 비관론자인 클라크조차도 면화 방직 생산성이 1810년과 1860년 사이에 열 배 증가했다고 여긴다.[74] 이처럼 생산성을 향상하는 데 증기력이 점점 더 주요한 동인이 되었는데, 특히 1830년 이후에 증기력이 풍력을 대체하면서 그러했다.[75] 여기

---

71. K. Pomeranz, *The Great Divergence*. [포메란츠, 『대분기』.]

72. N. Crafts, "Productivity Growth in the Industrial Revolution," *Journal of Economic History* 64, no. 2 (2004) : 530.

73. E. Moe, *Governance, growth and global leadership : the role of the state in technological progress, 1750~2000* (Burlington, VT : Ashgate, 2007), 84.

74. G. Clark, "The Secret History of the Industrial Revolution" (Unpublished paper, Department of Economics, University of California-Davis, 2001).

75. N. Crafts, "Steam as a General Purpose Technology," *Economic Journal* 114

서도, 18세기 중엽 황금시대에는 증기력을 공장용보다 수송용으로 선호하는 경향이 있었는데, 1840년에 철도는 이미 전체 증기력의 30%를 사용했고, 이 비율은 60%까지 증가했다.[76] 마지막으로, 자본화의 증가와 상품 생산량의 증대라는 잠재적인 모순은, 북아메리카 등에서 진행 중인 본원적 축적에 발맞추어서, 일/에너지 전유의 규모와 범위, 속도를 크게 확대한 철도와 증기선의 지구적 네트워크를 구축함으로써 상쇄되었다.

증기력이 공간을 변환할 수 있는 자본주의적 행위자들의 능력을 증강했다는 것은 의문의 여지가 없다. 적당한 양의 자본이 비교적 방대한 에너지 잉여를 동원했는데, 전부가 아니라 그중 일부가 석탄을 중심으로 진전되었다. (미합중국에서는 1880년 이후에야 주요 에너지원으로서 석탄이 목탄을 대체했다!)[77] 이 덕분에 자본은 자신의 생산적 역동성이 자원과 노동력의 현존하는 비축량을 소진할 수 있는 속도보다 더 빨리 새로운 프런티어를 전유할 수 있게 되었다. 다시 말해서, 맨체스터 직물공장의 경우와 마찬가지로, 자본화에 의한 축적에는 전유에 의한 축적에서의 참으로 엄청난 혁명이 동반되었다.

전유의 혁명은 1830년 이후 특정한 전환점에 이르렀다. 그 이유는 자본주의가 발흥할 수 있게 한 상품 프런티어 전략이 19세기 중엽에 석탄/증기력 결합에 힘입어 새로운 차원으로 추진되었기 때문이다. 이 결합은 1830년에 개시된 철도와 증기선 팽창의 첫 번째 주요한 파동과 더불어 자본주의 전체를 위해서 생겨났다. 1860년 무렵에는 10만 7

(2004) : 338~51.

76. Rostow, *The World Economy*, 153.

77. C. Ponting, *A Green History of the World* (New York : St. Martin's Press, 1991), 284. [클라이브 폰팅, 『녹색세계사』, 이진아 옮김, 그물코, 2010.]

천 킬로미터의 철로가 설치되었고 80만 3천 톤의 증기선이 운행했다.[78] 전유의 관점에서 바라보면, 이 운동의 인화점引火點은 확실히 북아메리카였다. 미합중국은 1840년 무렵에 이미 영국보다 두 배나 긴 철로를 설치하였고, 그 격차는 계속해서 벌어졌는데, 이를테면 1845년과 1860년 사이에 미합중국의 철로 길이는 거의 여덟 배만큼 증가하였다.[79] 이런 상황에 힘입어 미합중국 내부 교역 – 애팔래치아 산맥 건너 서쪽에 있는 강을 운항하는 상인 수가 1845년과 1860년 사이에 거의 열 배나 증가하였다 – 이 폭발적으로 증가했으며, 그것을 계기로 저렴한 면화가 영국 공장으로 활발히 수출되었다. 1860년 무렵에는 미합중국 면화의 대략 70%가 수출되었는데, 그중 70%가 영국으로 건너갔다.[80] 영국 수입업자에 대한 원료 면화의 가격은 1814년과 1843년 사이에 터무니없게도 80%나 하락했다.[81] 사실상 **저**렴한 **자**연이었다.

여기서도 석탄-철-증기력 삼위를 특정한 한계 내에 자리매김하도록 주의해야 한다. 석탄이 18세기 말의 농업생태적 위기를 해소한 것은 아니었는데, 그것은 현행 본원적 축적과 제국주의의 일이었다. 1760년 이후에 영국 농업이 정체함에 따라 곡물 수입량이 점점 더 증대했는데, 처음에는 아일랜드에서 수입되었고, 1846년에 곡물법이 폐지된 후에는 북아메리카에서의 수입량이 점점 더 늘어났다. 19세기 중엽에 영국이 '세계의 공장'으로서 정점에 올라선 상황은 미합중국 중서부의

---

78. E.J. Hobsbawm, *The Age of Capital 1848~1875* (New York : Meridian, 1975), 310. [에릭 홉스봄, 『자본의 시대』, 김동택 옮김, 한길사, 1998.]
79. D.R. Headrick, *The Tentacles of Progress* (Oxford : Oxford University Press, 1988), 55 ; P.J. Hugill, *World Trade Since 1431* (Baltimore : Johns Hopkins University Press, 1995), 173.
80. P.J. Hugill, *World Trade Since 1431*, 169~70.
81. A.G. Kenwood et al., *Growth of the International Economy, 1820~2015* (New York : Routledge, 2013), 148.

농업혁명과 밀접히 연계되어 있다. 북아메리카의 곡물이 아일랜드에 소재한 영국의 '곡창 지대'가 상대적으로 소진된 상황을 대신 메꾸었다(대략 1780~1840년). 조만간, 미합중국 곡물은 러시아, 인도, 그리고 그 밖의 다른 곳에서 새롭게 공급되는 곡물로 대체될 것이었다. 1846년과 1870년대 말 사이에 영국의 곡물 수입량은 254% 증가했다. 미합중국에서 쏟아져 들어온 곡물의 양은 훨씬 더 빠르게 증가하여 40배나 늘어났는데, 연간 수입량이 2만 5천 톤에서 1백만 톤 이상이 되었고, 1873년 무렵에는 영국 수입량의 절반 이상을 차지했다.[82] 영국 자본주의의 황금시대에 곡물가격이 조금밖에 상승하지 않았다는 것은 사실인데,[83] 이것은 영국의 빠른 인구 증가(1천6백만 명에서 2천3백만 명으로 증가함)와 빠른 산업화(세계 매뉴팩처링의 3분의 1을 차지함)에 비춰보면 주요한 성취다. 영국이 소비하는 일용 양식의 80%를 외부에서 수입하게 되었는데도 1873년 이후에는 가격이 하락했는데, 이를테면 1896년에 수입된 밀의 부셸당 수입가격은 1873년 수입가격의 절반에도 미치지 못했다.[84] 공급이 수요를 앞질렀고, 그리하여 식량가격이 하락하였지만, 다양한 프런티어의 전유가 공급을 앞질렀기에 농업의 팽창이 충분한 수익성이 있게 되었다. 이것은 석탄만으로 이루어질 수 있는 상황이 아닌데, 1850년대까지는 증기선이 면화를 제외한 대부

---

82. M. Atkin, *The International Grain Trade* (Cambridge : Woodhead, 1992), 17~8에서 계산됨.

83. D.G. Barnes, *A History of English Corn Laws* (Abingdon, UK : Routledge, 1930), 290.

84. M.G. Mulhall, *The Dictionary of Statistics* (London : Routledge, 1892), 444 ; Thomas, "Feeding England during the Industrial Revolution", 336 ; K.H. O'Rourke, "The European Grain Invasion, 1870~1913," *Journal of Economic History* 57, no. 4 (1997) : 775~801 ; W. Page, ed., *Commerce and Industry : Tables of Statistics for the British Empire from 1815* (London : Constable, 1919), 219.

분의 상품 수송에서 범선을 대체하지 못했고, 게다가 1870년대까지는 서서히 대체했다.[85] 1830년대에 직물산업의 전환점이 나타났더라도, 느지막이 1860년대까지도 '전前산업적' 혁신과 실천 – '증기 이전'이라고 말하지 말아야 하는가? – 이 수송 부문을 지배했다. 화석연료의 특수한 특질은 그 상황을 전혀 설명할 수 없다.

19세기의 발전에서 석탄이 수행한 직접적인 역할이 무엇이든 간에, 그것이 자본주의 위기의 현장이 과소생산에서 과잉생산으로 이동하는 데 중요했음은 확실하다. 과소생산 – 곡물 흉작과 아일랜드에서 발생한 감자잎마름병 – 과 과잉생산의 조합이 1845~1850년 동안 발생한 유럽의 경제 및 정치적 격변에 작용했다.[86] 하지만 추세는 계속해서 과잉생산 쪽으로 기울어졌다. 사실상, 1817년에서 1896년까지의 시기 전체는 1820년 이후에 일반화된 생산성 향상으로 추동된 "장기적이고 급격한 디플레이션"으로 특징지어진다.[87] 축적 위기의 주축으로서의 균형이 과잉생산을 향해 기울어져 버렸다.

이런 급변점은 특별한 성취였다. 인간 역사상 최초로 부와 권력, 자연의 단일한 논리, 즉 가치 법칙이 행성적 삶을 지배하게 되었다. 앞에서 나는 석탄이 전부인 것은 아니라고 말했는데, 하지만 행성적 전환

85. Headrick, *The Tentacles of Progress*, 18~48 ; P. Sharp, "Pushing Wheat" (Discussion Paper 08~08, Department of Economics, University of Copenhagen, 2008) ; D. S. Jacks and K. Pendakur, "Global Trade and the Maritime Transport Revolution," *Review of Economics and Statistics* 92, no. 4 (2010) : 745~55 ; C.K. Harley, "Ocean Freight Rates and Productivity, 1740~1913," *Journal of Economic History* 48, no. 4 (1988) : 851~76.

86. E. Vanhaute et al., "The European Subsistence Crisis of 1845~1850," in *When the Potato Failed*, ed. E. Vanhaute et al. (Turnhout, Belgium : Brepols, 2007).

87. D. Landes, *Prometheus Unbound* (Cambridge : Cambridge University Press, 1969), 233~4.

의 규모와 속도, 범위는 대체로 석탄의 자본으로의 전환에서 기인했음이 확실하다. 행성적 체계로서의 자본주의는 지구를 일주하는 철도와 증기선의 네트워크가 산출됨으로써 가능해졌다. 이것은 밀접히 연계된 두 국면 – 1) 이전에는 대서양 세계에만 한정되었던 가치관계의 지구적 헤게모니, 그리고 2) 절대적 견지에서 행성적 일/에너지의 유례없는 전유 – 의 전개 조건을 확립했다. 이제 행성적 일 전체 – 거의 모두 무상 일 – 가 잠재적으로 자본의 군대로 징집될 수 있게 되었다. 과잉생산의 지배는 유상 일과 무상 일 사이의 유례없는 불균형을 통해서 실현되었다. 이것이 세계생태잉여의 세계역사적 '정점', 즉 전유 정점이었다. 그 간극은 그다음 100년(대략 1870~1970년)에 걸쳐 서서히 좁혀진 다음에, 더 빨리 해소될 조짐을 보일 것이다. 당시의 생산성 향상 – '제2차' 산업혁명과 '포드주의' 산업혁명 – 이 나타낸 혁명적인 특질은 행성적 일의 훨씬 더 거대한 전유에서 기인했다. 이와 같은 생산성과 약탈의 변증법 – 자본화에 의한 축적과 전유에 의한 축적의 변증법 – 이 지난 다섯 세기 동안 자본주의가 살아남고 지속한 방법의 핵심에 놓여 있다. 그 변증법이 초기 자본주의가 과소생산 위기에서 살아남은 방법이면서 산업자본주의가 그 위기를 떨쳐버린 것처럼 보이게 한 방법이다.

19세기 중엽에 지배적인 위기 경향으로서 과잉생산에의 이런 전환은 위기에 관한 우리의 사유를 크게 짓누른다. 19세기 이후로 중심부 자본이 **저**렴한 **자**연을 확보하는 데 대단히 성공적이었다는 점은 확실하다. 이 성공은 저렴한 화석연료로 가능해진 생산과 수송의 효율성과 대단히 많이 관련되어 있다. 자연의 공짜 선물을 전유하는 데 화석연료가 틀림없이 이바지했음에도 불구하고, 화석연료는 기본모순을 완화했지만 해소하지는 못했다. 여기서 우리는 과소생산에 관한 맑스의 이론으로 돌아갈 수 있는데, 그 이론은 기본적으로 두 가지 논점을 제시한다. 첫째, 자본은 기계장치와 건물(고정자본) 대비 원료(유동자본)의 가치구성을 낮추고자 하는데, 심지어 물질적 생산량을 기하급수적으로 확대할 때에도 그렇다. 둘째, 자본의 내부 역동성은 저렴한 투입물을 넘겨줄 수 있게 하는 재생산의 기반을 약화한다. 이런 이유로 인해 지금까지 새로운 전유의 프런티어가 축적의 장기파동을 개시하고 유지하는 데 중요했다.

지금까지 나는, 과소생산과 과잉생산이 변증법적으로 묶여 있기에 우리의 탐구는 그것들의 변화하는 배치에 집중해야 한다고 주장했다. 19세기 말의 '대공황'이 거의 틀림없이 전형적인 사례다. 영국의 산업 헤게모니가 정점에 이른 바로 그 시기인 1860년대와 1870년대 동안 영국의 원료가격이 급격히 상승하기 시작했다.[88] 그 인플레이션 국면은, 알다시피, 빠르게 뒤집혔다. 1873년 이후에는 세계시장 가격이 대체로 꽤 빠르게 하락했다. 동시에, 인플레이션 저류가 작용하고 있었다. 그 시대는 면화와 인디고, 고무, 팜유, 구리, 니켈, 납, 주석, 황마, 사이잘삼 같은 핵심 원료의 (부분적일지라도) 잇따른 과소생산의 국면들로 부각되었다.[89] 이런 인플레이션 저류는 새로운 산업 강국들, 즉 독일과 미합중국의 발흥으로 작동하기 시작했다. 그 저류는, 석유와 석유화학제품, 그리고 자동차산업, 철강산업, 전기산업에 전제를 둔 '제2차' 산업혁명의 자연 생산에 새겨져 있는 질적 변화에 의해 더욱더 증폭되었다.

---

88. Hobsbawm, *The Age of Capital 1848-1875*, 310 [홉스봄, 『자본의 시대』]; Rostow, *The World Economy*; Mandel, *Late Capitalism*.

89. Headrick, *The Tentacles of Progress*; Brockway, *Science and Colonial Expansion*; N. Bukharin, *Imperialism and World Economy* (New York : International Publishers, 1929 〔1917 orig.〕) [니콜라이 부하린, 『세계경제와 제국주의』, 최미선 옮김, 책갈피, 2018]; H. Magdoff, *Age of Imperialism* (New York : Monthly Review Press, 1969), 33~40 [해리 맥도프, 『제국주의의 시대』, 김기정 옮김, 풀빛, 1982].

제2차 산업혁명은 결국 과소생산 경향을 억제했지만, 폐지하지는 못했다. 우리의 주의를 새로운 산업화 국가들에 한정하는 한, 가치 축적과 투입물 과소생산 사이의 내부모순은 심화하였다. 그 모순은 자본주의의 잇따른 지구생태적 해결책을 특징짓는 약탈과 생산성의 변증법을 통해서 해소되었는데, 그 해결책은 1) 식민지와 백인 정착지 팽창의 빠른 가속과 더불어 지리적 영역의 철저한 확대, 그리고 2) "대규모 자본의 원료생산에의 투입", 특히 이렇게 편입된 지역에의 투입이었다.[90] 구리 같은 금속은 19세기 말 산업화에 특히 중요했고, 기술 혁신의 속도는 빠르고 격렬했다. '신흥' 산업화 국가 중 독일의 우위는 과학과 자본을 새로운 생산 공정에 적용한 점이었고, 한편으로 미합중국의 우위는 대륙적 규모에서 **저**렴한 **자**연을 전유한 점과 나머지 세계에서 **저**렴한 **노**동력을 이주를 통해서 수입한 점이었다. 20세기 전반기의 운명은 이 차이에 달려 있을 것이었다.

강조할 필요가 있는 점은 '생산성'의 국면(자본화)이 '약탈'의 국면(전유)으로 가능해진다는 것이다. 대규모의 투자 흐름이 가능했던 이유는 빠른 지리적 팽창이 전유에 의한 축적 기회의 빠른 확대를 의미했기 때문이다. 결과적으로 이 시대에 중심부 자본이 누린 잉여이윤이 현저히 높았는데, 그것은 체계 전체의 평균을 넘어서는 무상 일/에너지의 전유에 의존했다. 그리고, 생산의 역동성과 끊이지 않는 상품 프런티어에도 불구하고, 과소생산을 향한 경향은 사라지지 않았다. 구리 생산량은 1870년과 1914년 사이에 가격이 전혀 하락하지 않은 채 열 배 급증했는데, 이 상황은 1814년 이후 30년 동안 미합중국에서 면화 생산량이 여덟 배 증가하면서 가격이 급락한 상황과 확연히 대조

---

90. Mandel, *Late Capitalism*, 61.

를 이룬다.[91] 아프리카 사하라 사막 이남 지역에서 칠레와 미합중국 서부에까지 이른 역동적인 상품 프런티어와 대규모의 자본 투자에도 불구하고 이러했다.[92] 장기 20세기 초에 말레이시아의 고무와 주석, 칠레의 질산염, 오스트레일리아의 구리와 금, 캐나다의 니켈은 모두, 이전에 알려진 어떤 것보다도 "훨씬 더 빨랐고, 훨씬 더 놀라운 결과를 낳았으며, 인간의 생활과 전망에 훨씬 더 혁명적인 영향을 끼친" 생태혁명의 핵심적 계기로 세계역사의 무대에 등장했다.[93]

1870년 이후 장기 20세기는 이례적인 사태로 특징지어졌다. 이 시기는 **전유 정점** — 단위가치(추상적인 사회적 노동)당 무상 일/에너지를 최대로 동원하는 국면 — 의 세기다. 기술의 진보와 자본주의 권력, 근대 과학은 전유의 폭풍을 산출했다. 북대서양 핵심부의 자본주의 권력이 나타낸 비교적 한정된 특질이 이제 미자본화된 자연 전체를 세력권 안에 끌어들인 전유와 권력, 자본화의 촉수로 대체되었다. 그러므로 전유 정점은 축적된 자본 규모 대비 무상 일/에너지 규모의 비율인 세계생태잉여의 '정점'을 나타낸다. 여기서 우리는 체계적이고 누적적인 견지에서, 즉 자본주의 전체에 대한 '정점' 국면으로서 전유 정점에 관해 말하고 있지만, 그런 정점은 각각의 장기 축적순환과 특정한 지역적 생산 복

---

91. J.L. Watkins, *King Cotton : A Historical and Statistical Review, 1790 to 1908* (New York : J.L. Watkins & Sons, 1908), 299 ; Kenwood et al., *Growth of the International Economy*, 148.

92. G. Bridge, "What Drives the Extractive Frontier?" Paper presented to the 1st World Congress of Environmental History, Copenhagen, August 3~8, 2009) ; J. Leitner, "Red Metal in the Age of Capital," *Review* 24, no. 3 (2001) : 373~437 ; T. Frederiksen, "Unearthing Rule"(Paper presented to the 1st World Congress of Environmental History, Copenhagen, August 3~8, 2009) ; Schmitz, "The Rise of Big Business in the World Copper Industry".

93. G. Barraclough, *An Introduction to Contemporary History* (New York : Penguin, 1967), 44. [G. 배라클러프, 『現代史의 性格』, 김봉호 옮김, 三星文化財團, 1977.]

합체에 대해서도 식별될 수 있다.

전유 정점의 논변은 그 문제를 관계적인 것으로 여기는데, 요컨대 인간 자연과 비인간 자연 사이의 관계적인 것이자 각각의 자연 내부의 관계적인 것으로 여긴다. 지질학적 환원론은 전혀 필요하지 않다. 전유 정점은 '피크 에브리싱' 주장으로 부각된 지질학적 국면과 생물물리학적 국면을 문명 — 특히 자본주의! — 의 한계가 그 문명의 전략적 조직 원리에 역사적으로 새겨져 있다고 이해하는 논변 속에 접어 넣는다. 그런 원리 — 예를 들면, 노동생산성을 부의 척도로 단언하는 자본주의의 원리 — 는 자연에 외생적인 것이 아니고, 오히려 모든 자연의 관계를, 우발적이지만 지속 가능한 방식으로, 내부화하는 특정한 프로젝트와 과정을 나타낸다.

결론

전유 정점 이후 시대에 자본 축적은 어떻게 작동하는가? 이 의문은 장기지속에 걸쳐서 나타나는 자본주의 위기의 누적적이고 순환적인 표현 안에서 전개된다. 다음 장에서는 자본주의가 자신의 되풀이되는 발전적 위기를 처리하는 방식과 더불어 그런 위기가 잇따른 세계생태혁명을 통해서 극복되는 방식을 살펴본다.

6장

세계생태혁명들 : 혁명에서 체제로

오늘날 자본주의는 획기적 위기에 직면하고 있는가 아니면 발전적 위기에 직면하고 있는가? 신자유주의적 자본주의의 현행 구조조정이 자본주의의 새로운 '황금시대'를 낳을 개연성이 있는가? 아니면 상품화와 전유라는 자본주의 전략의 최종적 소진이 더 개연성이 있는가? 현 상황을 파악하기 위해 축적과 위기가 잇따른 장기 세기들에 걸쳐 자본주의가 개편한 방식들을 살펴볼 것이다. 이것들은 세계생태혁명의 시대들이다.

생태혁명은 자연의 자본화를 축소하고 생물권의 일/에너지를 전유하는 새로운 양적 – 그리고 질적 – 수단을 찾아냄으로써 발전적 위기를 해소한다. 이런 혁명은 특정적으로 자본주의적인 오이케이오스를 개조한다. 그리하여 생태혁명은 인간 자연('사회', '경제', '문화', 기타 등등)뿐만 아니라 비인간 자연도 변혁한다. 세계 자연의 자본화된 분량을 줄이고 자유롭게 전유될 수 있는 분량을 늘림으로써 자본주의적 오이케이오스의 혁명은 생태잉여를 확대하면서 '작동한다.' 이런 잉여는 **네** 가지 **저**렴한 것에서 주로 표현되는데, 여기서 저렴하다는 것은, 세계역사적 의미에서, 무상 일의 자본화 대비 전유를 증대하는 만큼 저렴함을 가리킨다.

여기서 이 논변은 두 가지 주요 단계로 펼쳐질 것이다. 첫째, 우리는 자본의 가치구성이 경향적으로 상승하는 현상을 세계 자연의 자본화가 증가하는 현상과 연계함으로써 축적과 위기의 동학을 고찰한다. 둘째, 우리는 잇따른 세계생태혁명을 통해서 세계 축적과 세계 상품생산의 개편을 고찰한다.

가치, 자연, 그리고 세계 축적

우리는 이윤율의 저하 경향에 관하여 맑스로 시작할 수 있다. 자본가가 불변자본(기계장치와 투입물)에 투자하면, 생산에서 자본이 차지하는 비율이 증가하고, 그리하여 노동생산성이 향상한다. 결과적으로, 노동(가변자본)의 비율이 감소한다. 이런 점에서, 자본집약도의 증가 — 자본의 유기적 구성의 상승 — 는 일반이윤율에 하방 압력을 가한다. 여기서 작업가설은, 모든 것을 고려할 때 총이윤은 불균등하게 생성되고 분배되는 총잉여가치에서 비롯된다는 것이다.[1] 그렇다면 이윤율은 왜 저하하는가?

> 논증은 간단하다. 그 이유는 이윤 방정식의 분모, 즉 자본스톡이 그 방정식의 분자, 즉 잉여가치(둘 다 연간 단위로 측정된다)를 초과하기 때문이다 … 즉, 너무나 많은 자본스톡이 세계 전역의 공장과 설비에 쌓이기에 기업들이 시장을 놓고 경쟁하는 언제나 더 격렬한 다툼에서

---

1. Marx, *Capital*, Vol. I [마르크스, 『자본론 I-상·하』]; *Capital*, Vol. III [『자본론 III-상·하』].

서로 싸우게 된다. 이런 다툼으로 인해 가격이 하락하게 되고, 상품 생산량이 현행 가격에서 수요를 초과하게 되며, 설비가동률이 감소하게 되는데, 그리하여 이윤폭이 감소하면서 재화가 판매되지 않고 설비가 덜 효율적인 수준으로 가동된다.[2]

수익성은 어떻게 되살아나는가? 맑스주의자는 일반적으로 창조적 파괴를 추진하는 데 위기가 수행하는 역할을 강조함으로써 대응한다. 이런 설명에는 세 가지 큰 주제가 있다. 한 주제는 공장이 문을 닫았을 때 일어나는 고정자본의 평가절하다. 다른 한 주제는 생산성을 극대화하여 착취율을 증가시키는 기술 혁신이나 조직 혁신의 도입이다. 세 번째 주제는 직접적인 생산자에서 자본의 축적자로 부를 재분배하는 강제적이고 집중적인 정책의 시행이다.[3] 물론, 축적 위기와 이윤율 저하의 관계를 둘러싸고, 개념적으로 그리고 경험적으로, 엄청난 논쟁이 존재한다.[4]

이런 세 가지 계기에 나는 네 번째 계기를 추가할 것이다. 이 계기

2. R.A. Walker, "The Global Agitator, or Capitalism's Recurrent Self-Criticism" (Working Paper, Department of Geography, University of California, Berkeley, 1998), http://geography.berkeley.edu/ProjectsResources/Publications/Global_Economic_Crisis.html.

3. Harvey, *The Limits to Capital* [하비, 『자본의 한계』]; Harvey, *The New Imperialism* [하비, 『신제국주의』]; Mandel, *Late Capitalism*; D. McNally, *Global Slump* (Oakland: PM Press, 2010) [데이비드 맥낼리, 『글로벌 슬럼프』, 강수돌·김낙중 옮김, 그린비, 2011]; R.A. Walker, "Capitalism's Recurrent Self-Criticism," *Historical Materialism* 5, no. 1 (1999): 179~210.

4. E. Mandel, "Introduction," in Karl Marx, *Capital*, Vol. III (New York: Penguin, 1981), 9~90 [에르네스트 만델, 『마르크스 캐피탈 리딩 인트로』, 류현 옮김, 이매진, 2019]와 B. Fine and A. Saad-Filho, *Marx's Capital*, 4th ed. (London: Pluto, 2004) [벤 파인·알프레도 사드-필류, 『마르크스의 자본론』, 박관석 옮김, 책갈피, 2006]에서 유용한 조사를 찾아볼 수 있다.

는 유동자본(투입물)을 중심으로 진전되지만, 가변자본(노동력)에 대해서 중요한 함의를 갖는다. 맑스의 "가장 중요한 법칙"[5]은 밀접히 연계된 모순들의 두 집합 – 1) '제1의' 자연과 '제2의' 자연 사이의 모순들(기계장치 대비 투입물의 공급), 그리고 2) 제2의 자연의 내부모순들(가변자본 대비 불변자본) – 을 하나의 전체로 여김으로써 더 철저히 파악될 수 있을 뿐만 아니라, 그 법칙의 설명력도 급격히 확대될 수 있다. 이어지는 글에서 나는, 맑스의 "일반이윤율의 점진적 저하"를 향해 "진행하는 경향"을 자연의 자본화의 경향적 증가를 뒷받침하는 역사적 동학을 파악하기 위한 지침으로 여긴다.[6] 그러므로 나는, 부문적 층위나 국가적 층위에서 이루어지는 이런 일반법칙의 정확한 운용에 관심이 있기보다는 오히려 그 법칙이 우리가 큰 그림을 통해서 생각하는 데 도움이 되는 방식에 관심이 있다. 이런 경향은 세계생태로서 자본주의의 장기지속 운동에서 결정적인 파열 시점을 어떻게 조명하는가? 나의 실용적인 답변은 이렇다. 생산의 가치구성 – 자본 축적의 '유기적 전체'에 대한 가치와 관련된 맑스의 개념 – 은 **저**렴한 **자**연의 전유에 좌우된다.

지금까지 이윤율-저하 논변의 중대한 약점은 이론 자체였던 것이 아니라, 불변자본의 한 국면 – 유동자본보다는 고정자본 – 에 대한 과도한 강조였다고 나는 말하고 싶다. 1830년대 이후로 자본주의가 투입물의 과소생산을 향한 경향에서 벗어날 수 있는 농업추출적 복합체를 강화했었을 수도 있을까? 충분한 양의 저렴한 에너지와 원료가 동원될 수 있다면, 자본의 가치구성 상승이 완화될 수 있는데, 특히 '자본절약적' 혁신이 노동 절약적 운동과 더불어 강하게 이행된다면 말이

5. Marx, *Grundrisse*, 748. [마르크스, 『정치경제학 비판 요강 1·2·3』.]

6. Marx, *Capital*, Vol. III, 318~9. [마르크스, 『자본론 III-하』.]

다.[7] 이런 일이 일어나면, 이윤율 저하를 향한 경향은 억제될 뿐만 아니라 (일시적으로) 반전되기도 한다. 전유율의 증가는 생산의 가치구성을 낮추어서 그 경향에 대항하는 경향이 있다. 그렇지만 자본화가 무상일의 전유보다 더 빠르게 증가한다면 — 예를 들면, 오늘날 자본주의적 농업을 특징짓는 상황(10장을 보라)에서는 — 축적 과정이 느려질 것이다. 전유율의 하락이 이윤율의 하락을 결정한다.

축적의 장기파동 동안 생산비는 증가하는 경향이 있다. 생산비가 증가하는 이유는 통상적인 축적 과정이 일상생활의 자본화를 향하는 경향이 있기 때문인데, 그리하여 재생산의 더욱더 많은 요소가 상품에 의존하게 된다. (그러므로 '소비자혁명'이 잇따른다.) 생산비가 증가하는 이유는 노동력의 착취가 자본에 도전하는 새로운 연대에 유리한 경향이 있기 때문인데, 지금까지는 이것이 사회주의 혁명과는 거리가 멀었지만 말이다. 더욱이, 생산비가 증가하는 이유는 재생산관계의 자본화 — 인간 자연과 비인간 자연에 대한 자본화 — 가 일/에너지의 상승 흐름을 자본의 회로에 넘겨줄 수 있는 그 관계의 능력을 소진하는 경향이 있기 때문이다. 여기서 우리는 이 마지막 국면에 집중한다. 인간 자연과 비인간 자연이 자본화되면 그 단기 효과는 무상 일/에너지의 향상된 흐름을 생성하는 것인데, 그 이유는 새로운 기법과 기술이 활용되기 때문이다. 하지만, 중기적으로 보면, 자본화는 비용 상승을 초래한다. 사회생태적 재생산은 자본의 회로 안에 점진적으로 내부화된다. 일/에너지 흐름이 증가할 때에도, 그 증가율은 재/생산비용의 상승률에 비해서 느리다. 일례로, 후기자본주의 농업이 이런 경향을 나타내는

7. 1980년과 2005년 사이에 "자본재의 상대적 가격은 25%에서 40%까지 하락했다." U.S. and Japan Bank of International Settlements, *767th Annual Report* (Basil : 2006), www.bis.org/publ/ardpf/ar2006e.htm을 보라.

데, '2교대' 근무와 '3교대' 근무의 (대단히 여성화된) 증식이 다른 한 사례다(4부를 보라).

우리는 자연의 자본화에 주의를 집중함으로써 축적 위기를 고찰할 유용한 시각을 얻게 된다. 산업에서 생산의 가치구성 상승은 부분적으로만 작동한다. 중요한 점은, 자본화의 속도가 자본화가 이미 고도로 진행된 이차부문과 삼차부문보다 일차생산 – 농업, 임업, 광업, 기타 등등 – 에서 더 빨리 증가한다는 것이다. 그러므로 세계자연의 자본화된 구성이 증가하는 현상을 저지하는 주요 방책은 프런티어에 대한 전유율의 상승이다. (상품 프런티어.) 이런 전유의 프런티어는 상품 권역에서 노동생산성을 향상하는 데 도움이 되도록, 자본 지출은 최소화하면서, 동원될 수 있는 미자본화된 일/에너지의 다발이다. 그런 프런티어는, 초기 근대 사탕수수/노예 복합체의 경우처럼, 상품체계의 지리적 외부 경계에서 찾아낼 수 있거나, 또는, 장기 20세기에 걸쳐 이루어진 여성의 프롤레타리아화 사례처럼, 상품화의 심장부 안에서 찾아낼 수 있다.

그러므로 자연의 자본화가 증가하는 경향은 생태잉여가 저하하는 경향에 대응하는 것이다. 그 체계적 논점은 언뜻 봐서 이해되지 않는데, 그 이유는 최대의 상품 프런티어가 흔히 대단히 자본 집약적인 것처럼 보였기 때문이다. 17세기 카리브해의 사탕수수 공장과 플랜테이션 체계나 식민지 시절 포토시의 거대한 수력 광석분쇄기, 19세기 말 아이오와의 기계화된 가족농장을 생각하자. 이것을 오늘날의 초자본화된 자원추출 – 시안화물 금 채광, 노천 채굴, 셰일오일 생산 – 과 비교하라.

이것이 산업화라는 용어가 오도하는 지점이다. 독특하게 근대적인 형태의 산업화는 도시에서 시작된 것이 아니라 농촌에서 시작되었다. 도시 공간이 아니라 농촌 공간이 전유에 의한 축적이 이루어지는 데 가장 유익한 지형을 제공했다. 이런 이유로 인해 대규모 산업의 선구자들은 기계화에 힘입어 무상 일/에너지의 빠른 전유가 가능하게 된 지역에서 나타났다. 이런 점에서, 초기 근대의 사탕수수 플랜테이션과 채광 및 야금 복합체가 핵심적이었는데,[8] 저렴한 통나무가 쉽게 확보된, 1570년 이후 네덜란드의 조선 같은 부문도 핵심적이었다. 그런 자본화의 일화들 덕분에 세계생태잉여가 증가할 수 있었다. 자본 규모의 증가 속도가 무상 일/에너지의 전유 속도보다 더 느렸다. 수십 년의 형성기 동안 산업혁명의 경우에도 마찬가지 상황이 아니었을까? 이것이 자본 축적의 비밀인데, 자연의 전유를 확대하기 위해 오이케이오스를 자본화하라. 하지만 그것은 '저쪽' 어딘가에 거대한 프런티어가 존재할 때만 작동한다. 그러므로 자본이 자원의 '진짜 비용' – 어떤 척도도 생명의 그물의 분화된 활동을 포착할 수 없기에 계산할 수 없는 것 – 을 치르도록 요구하는 것은 환영받아야 하는데, 그 이유는 그런 요구가 자본의 근본 논리에 직접적으로 위배되기 때문이다. 자본이 자신의 방식에 대한 비용을 치르도록 요구하는 것은 자본주의의 폐기를 요구하는 것이다.

지금까지 자본주의의 지속적인 우선 사항은 자본화가 무상 일/에너지의 새롭고 더 팽창적인 흐름을 이용하도록 생산의 가치구성을 협상하는 것이었다. 이런 이유로 인해 맑스주의적 가치 비판이 오늘날에도 여전히 매우 강력한데, 그 비판은 무상 자연을 자신의 존재조건으로 소비하는 체계의 내적 합리성과 전체적 불합리성을 조명한다. 불변자본 – 이것의 고정 국면과 유동 국면을 떠올리자 – 과 관련하여 자본의 우선 사항은 물리적 생산량을 늘리면서 기계장치 대비 원료의 가치 비율을 줄이는 것이었다. 이 상황은 생산의 기술적 구성이 상승할 때

8. Moore, "Ecology and the Rise of Capitalism".

에도 생산의 가치구성을 낮춘다.[9] 그러므로 자본주의 역사 전체에 걸쳐서 전유의 프런티어 — 상품 프런티어 — 가 중요했다. 자본은 저렴한 투입물에 기반을 두고서 유지되었을 뿐만 아니라, 체계 전체의 층위에서 생산의 사회생태적 관계를 변혁함으로써 확대된 생태잉여를 회복시키고 재창조하였다.

지난 3세기 동안 화석연료는 이런 생태잉여에 중요했다. 하지만 화석연료가 자본주의를 형성하기보다는 자본주의가 이 에너지원을 통해서 자신을 개조했다.[10] 맑스의 표현을 바꿔 말하면, 석탄은 석탄이다. 석탄은 "오로지 어떤 관계 속에서만" 화석연료가 된다.[11] 이런 "어떤 관계'는 전유에 따라 결정된다. 전유에 의한 축적은 자본이 오이케이오스를 일하게 만드는 다양한 과정, 즉 생명의 그물을 위한 재생산의 관계를 자본화하지 않은 채 노동생산성을 극대화하는 과정을 의미한다. 전유는 본질적으로 추출 메커니즘 — 신자유주의적 사유화, 식민지 과세, 신구 인클로저 — 과 관련되어 있기보다는 자본주의가 자신의 기본 생산비를 줄이는 방법과 관련되어 있다.

그렇다면 전유와 자본화는 생산에서 기계장치가 노동력과 대비하

9. "예를 들면, 하루에 어떤 양의 생산품을 생산하는 데는 어떤 수의 노동자가 나타내는 어떤 양의 노동력이 필요하며, 그리고 이것에는 어떤 특정한 규모의 생산수단, 즉 기계, 원료 등을 가동하고 생산적으로 소비하는 일이 포함된다. 특정한 수의 일꾼이 특정한 양의 생산수단에 해당하기에 특정한 양의 산 노동은 생산수단 속에 이미 객관화된 특정한 양의 노동에 해당한다. 이 비율이 … 자본의 기술적 구성을 나타내고, 게다가 자본의 유기적 구성의 실질적인 토대다"(Marx, *Capital*, Vol. III). [마르크스, 『자본론 III-하』.]

10. " '자원'은 오로지 그것을 이용하고자 하는 동시에 사용자의 물리적 활동 및 심적 활동을 통해서 그것을 '생산하'고자 하는 생산양식과 관련지음으로써만 규정될 수 있다. 그러므로 추상적인 자원이나 '물자체'로서 존재하는 자원 같은 것은 없다." (Harvey, "Population, Resources, and the Ideology of Science", 265).

11. K. Marx, *Wage-Labor and Capital* (New York : International Publishers, 1971). [칼 맑스, 『임금 노동과 자본』, 김태호 옮김, 박종철출판사, 1999.]

여 차지하는 물리적 비율(맑스가 자본의 기술적 구성으로 규정한 것)에 직접 관련되어 있지는 않다. 예를 들면, 다채로운 '산업형' 농업은 다양한 영역에서 고도로 자본화되었고 대단히 전유적이었는데, 초기 근대 사탕수수 플랜테이션이나 19세기 중반 이후의 미합중국 농업의 경우처럼 영농이 고도로 기계화되었을 때도 그러했다. 미합중국 중서부의 자본 집약적 농업은 저렴한 물과 저렴한 토양, 저렴한 에너지를 획기적으로 전유함으로써 발달했다. 오랫동안 미합중국의 산업형 농업은 고도로 '산업적'이었음에도 자본화 속도보다 훨씬 더 빨리 무상 일/에너지를 전유했다. 그런데 필수적인 투입물들이 체계의 평균에 접근함에 따라, 이제는 이런 전유가 막을 내리고 있다.[12]

비용이 증가하는 이유는 전유가 특유의 시간적 논리를 자연에 적용하기 때문이다. 이런 시간적 규율은 '사회적 필요회전시간'의 체계적 규율을 강제함으로써 일상적 재생산 조건과 세대 간 재생산 조건의 기반을 약화한다.[13] 더욱이, 시간적 규율은 자연을 교체 가능한 부분들의 창고로 개조하는 공간적 실천과 밀접히 연계되어 있다. 이런 시공간적 강제에 떠밀려 자본은 일/에너지의 추출을 가속하게 되지만, 물리적 생산량의 증가를 유지하는 데 필요한 관계들의 그물을 불안정하게 하는 대가를 치른다. 이런 시간혁명은 자본주의의 기원 시기부터 존재했는데, 이를테면, 봉건주의의 사례처럼 수 세기가 아니라 수십 년 만에 이루어진, 삼림 벌채와 같은 대규모의 급격한 풍경 전환에서 드러났다. 맑스가 노동일에 관한 자신의 논고에서 인식하듯이,[14] 이런 전

---

12. T. Weis, *The Global Food Economy* (London : Zed, 2007) ; T. Weis, "The Accelerating Biophysical Contradictions of Industrial Capitalist Agriculture," *Journal of Agrarian Change* 10, no. 3 (2010) : 315~41.
13. D. Harvey, *Spaces of Capital* (New York : Routledge, 2001), 327.
14. Marx, *Capital*, Vol. I (1977), 377~8. [마르크스, 『자본론 I-상』.]

유의 프런티어는 에너지와 식량, 원료의 경우에 필요했던 만큼이나 노동력의 경우에도 필요했다.

전유는 두 가지 주요한 물질적 형태를 띤다. 첫 번째 형태는 생물물리학적 재생산과정(노동력, 임업, 농업)을 중심으로 돌아가고, 두 번째 형태는 지질학적 추출(에너지와 광물)을 중심으로 돌아간다. 생태혁명에서는 두 가지 형태의 전유가 모두 해당 불변자본(기계장치와 투입물)을 증가시키지 않은 채 지배적인 체계 전체의 평균 이상으로 생산성을 향상한다. 또한, 그것들은 그 체계의 고도로 자본화된 구역들에서 노동력을 재생산하는 비용도 줄인다. 예를 들면, 저렴한 에너지 덕분에 교외에서 자동차로 출퇴근을 하는 북아메리카의 노동계급이 형성될 수 있게 되었던 한편으로,[15] 신자유주의 시대에는 저렴한 식량 덕분에 1980년 이후 세계 프롤레타리아 계급이 대대적으로 팽창하고 지구적 북부의 임금이 억제될 수 있게 되었다.

우리는 이들 형태를 차례로 고찰할 것이다. 첫 번째 형태는 자기재생산이 자본의 회로에서 비교적 자율적인 사회생태적 관계들의 전유로 구성된다. 이 전유 과정은 자본주의의 장기적인 탈농민화의 역사에서 포착된다. 자본주의 세력권에 속하는 농민 구성체에 의해 '생산'되지만 아직은 현금 결합을 통해서 재생산되지 않은 노동력은 가치구성이 낮은 노동력이다. 그것은 석탄층과 마찬가지로 축적된 일/에너지다. 자본과 제국이 그런 축적된 일/에너지 – 이 경우에는, 재생산의 비인간 그물에도 의존하는 잠재노동력 – 의 풍부한 공급량을 갖춘 새로운 프런티어를 확보할 수 있다면, 축적 과정에 미치는 영향은 지구적 임금 삭감이나 착취율의 증가와 다름이 없다. 유럽의 대부분 지역에 걸쳐 농민계

15. M.T. Huber, *Lifeblood* (Minneapolis : University of Minnesota Press, 2013).

급이 봉건제 복고에 사실상 저항한 자본주의 발흥기에, 아프리카 노예무역과 동유럽의 '재판 농노제', 페루의 미타 같은 식민주의적 노동체제가 농민계급 탈취와 유사한 역할을 수행했다.[16] 온갖 종류의 일차상품 프런티어 — 북아메리카와 대서양 브라질의 거대한 숲, 고래잡이 어장과 포경업, 역사적으로는 사탕수수와 면화, 그리고 오늘날에는 심지어 콩 같은 환금작물 재배 — 에 대해서는 배경과 배역진이 다를 뿐인 마찬가지 이야기가 서술될 수 있다.

전유의 두 번째 거대한 국면은 '재생 불가능한' 자원과 무엇보다도 에너지를 중심으로 돌아간다. 세계 축적의 관점에서 보면, 전유의 이 단계는 전략 자원의 가치가 현저히 감소하는 시기에 걸쳐 이어진다. 이것은 **저**렴한 **자**연이 체계 전체의 생산비를 줄이는 '전유 정점'의 단계다. 전략 자원은 대중 상품, 즉 "역사적 시대 전체의 표지"다.[17] 무기적 자연 중에서 은, 철, 석탄, 그리고 그다음에 석유가 잇따른 장기 축적 세기에서 전략 자원의 기능을 수행했다.

에너지원이 특히 중요한 이유는 열에너지와 역학적 에너지 덕분에 노동생산성이 향상될 수 있었기 때문이다. 식량의 가치가 노동력의 재생산 비용과 밀접히 연계된 것과 꼭 마찬가지로, 에너지의 가치(그리고 특정한 형태)는 노동력의 생산성과 밀접히 연계되어 있다. 에너지의 가격 상승과 노동생산성 향상의 정체 상태는 밀접히 연계되어 있다.[18] 에너지의 생산량 증가와 노동생산성의 개선 상황 역시 밀접히 연계되어 있다.[19] 지질학적 조건이 명백히 중요할지라도, 이런 전유 형태는 본질

---

16. Moore, "Ecology and the Rise of Capitalism"; " 'Amsterdam Is Standing on Norway' Part I"; " 'Amsterdam Is Standing on Norway' Part II".
17. Retort, *Afflicted Powers* (London : Verso, 2005).
18. Jorgenson, "The Role of Energy in Productivity".

적으로 지질학적 사태인 것이 아니라 오로지 관계적으로 지질학적 사태일 뿐이다. 알다시피, 석탄이 획기적인 이유는 그것이 장기 19세기에 자본화 및 전유를 촉진했기 때문이다. 석탄은 산업자본주의의 테크닉스를 통해서 노동생산성을 빠르게 향상하는 데 중요한 것이 되었으며, 그리고 육지와 바다의 증기력 덕분에 새롭고 방대한 전유 프런티어를 개척하는 데 중요한 것이 되었다. 중요한 점은, 이런 전유가 중국과 인도, 동유럽에서 북아메리카와 카리브해 지역, 세계 전역의 백인 정착지구로 움직이는, 농민에서 벗어난 노동의 흐름을 포함했다는 것이다.[20]

전후 시기의 가장 중요한 대중 상품임이 거의 틀림없는 석유의 경우에, 전유 정점은 이제 과거가 되었다. 지난 10년 동안 생산비가 상승했는데, 그것도 빠르게 상승했다.[21] 2000년 이후로 세계 석유 부문의 운영비는 "두 배 이상 올랐고," 탐사 비용은 네 배가 되었으며, 1배럴의 석유를 생산하는 데 드는 한계비용은 1991년과 2007년 사이에 열 배나 상승했다.[22] 이런 한계비용, 즉 (우연히도, 흔히 미국에 소재하는) 최악의 유전에서 소요되는 생산비는 짧지 않은 기간 동안 세계 가격과 강하게 연계되어 있다.[23]

---

19. Cleveland et al., "Energy and the US Economy".
20. D. Northrup, *Indentured Labor in the Age of Imperialism* (Cambridge : Cambridge University Press, 1995) ; E.R. Wolf, *Europe and the People without History* (Berkeley : University of California Press, 1982) [에릭 R. 울프, 『유럽과 역사 없는 사람들』, 박광식 옮김, 뿌리와이파리, 2015].
21. Goldman Sachs, "Higher Long-Term Prices Required by a Troubled Industry" ; Kopits, "Oil and Economic Growth : A Supply-Constrained View".
22. World Bank, *Global Economic Prospects 2009* (Washington, D.C. : World Bank, 2009), 60 ; J. Simpkins, "The 'Cheap Oil Era' is Ending Soon …" *Money Morning* (January 10, 2006), www.moneymorning.com/2009/01/10/cheap-oil-era/ ; IMF〔International Monetary Fund〕, *World Economic Outlook* (Washington, D.C. : International Monetary Fund, 2008), 95.
23. C. Bina, "Limits of OPEC Pricing," *OPEC Review* 14, no. 1 (1990) : 55~73.

이와 같은 비용 상승의 동학이 "저렴한 석유의 종언"이라는 대중적인 관념 속 진실의 핵심이다.[24] 생산비가 상승하는 데 고갈이 어떤 역할을 수행한다는 것은 확실한데, 요컨대 석유 가격에 영향을 미친다. 하지만 금융화 역시 점점 중요해지는 사회생태적 벡터다. 금융활동(M-M′)이 실물경제에의 투자보다 더 매력적인 것이 됨으로써 엄밀한 의미의 추출장비에 있어서 장기적인 '과소투자'가 초래되었다.[25] 그런 과소투자는 2003년 무렵에 반전되었지만, 1980년대와 1990년대에 비하여 겨우 10분의 1만큼의 생산량 증가분 – 투자된 달러당 신규 석유 – 을 낳았다.[26]

금융화는 석유 가격에 상방 압력을 가할 뿐만 아니라 시장 유동성도 촉진한다. 금융활동이 탐사와 추출에의 투자보다 수익성이 더 있는 한, 금융화는 그 투자활동의 수익성이 부족하게 만드는데, 결국 이것은 고갈에서 비롯되는 생산비의 상승과 동등한 효과(그리고 그 상승을 강화하는 효과)다. 더욱이, 지금까지 금융화의 논리는 온갖 종류의 비용 삭감 – 자본의 유기적 구성을 낮추려는 노력 – 을 초래했는데, 그 결과는 끔찍하게도 2010년에 멕시코만에서 발생한 해상 석유시추선 '딥워터 호라이즌'호의 폭발과 같은 사건에서 명백해졌다. 석유와 가스, 석탄의 경우에, 전유에서 자본화로의 이행에는 엄청난 규모의 독소 오염으로의 기괴한 전환이 수반되었는데, 이를테면 유례없는 원유 유출사고에서 천연가스 추출용 '수력 파쇄'와 석탄 채굴용 산봉우리 제거에 이르기까지 후기 자본주의의 에너지 생산은 점점 더 인간 복지의

24. C.J. Campbell and J.H. Laherrère, "The end of cheap oil," *Scientific American* 278, no. 3 (1998) : 60~5.

25. IEA〔International Energy Agency〕, *Energy Technology Perspectives* (Paris : International Energy Agency, 2008).

26. Kopits, "Oil and Economic Growth".

조건 — 비인간 복지의 조건은 괘념치 말라 — 이 질적으로 부식되는 상황으로 현시된다.

세계생태혁명들

세계생태혁명은 생태잉여를 증가시키는 결과를 낳는다. '잉여'는 전유된 자연과 자본화된 자연 사이의 간극을 나타낸다. 전유에 의한 축적이 식량과 노동, 투입물의 가치구성을 중기적으로(40년에서 60년까지의 기간에) 현저히 낮추는 한, 이런 잉여는 '획기적인' 것이 된다. 필요소득과 생계수단을 임금 관계 바깥에서 얻는 준프롤레타리아 가구에 속하는 일꾼을 고용함으로써 자본이 이득을 보는 것과 꼭 마찬가지로,[27] 자본은 현금 결합 바깥에서(하지만 자본주의 세력권 안에서) 스스로 재생산할 수 있는 비인간 자연을 동원하기를 선호한다.

비교적 적은 양의 자본이 매우 큰 규모의 일/에너지를 가동할 때마다 거대한 생태잉여가 제공된다. 전유된 자연(일/에너지)의 규모가 매우 클 때, 자본주의 세력권에 속하면서 일상적 재생산과 세대 간 재생산을 위해 자본의 회로에 의존하는 오이케이오스의 비율이 감소한다. 이런 이유로 인해, 초기 근대 사탕수수 플랜테이션에서 후기 자본주의 브라질의 콩 프런티어에 이르기까지, 상품화가 최소로 이루어졌거나 전혀 이루어지지 않은 프런티어 — 상품 프런티어 — 가 자본주의 역사에서 매우 중요했다.

이런 일/에너지는 흔히 사용가치와 관련지어 논의된다. 사용가치

27. I. Wallerstein, *Historical Capitalism* (London : Verso, 1983). [이매뉴얼 월러스틴, 『역사적 자본주의/자본주의 문명』, 나종일·백영경 옮김, 창비, 1993.]

는, 지금까지 많은 급진적 비판자가 가정했듯이, '저쪽에' 있지 않은데, 요컨대 그것은 자본이 사용하도록 미리 주어진 효용이 아니다.[28] 지금까지 자본주의의 가치 법칙이 두드러지게 유연했던 이유는, 그것이 구조적으로 불변적인 자신의 법칙 — 상품화의 영역에서 노동생산성의 향상 — 을 취하면서 일련의 역사적 자연을 순차적으로 빠르게 공동생산할 수 있었기 때문이다. 이것은, 자본과 권력, 자연의 새로운 배치를 창조하고 유지하는 세계생태혁명을 통해서 새로운 사용가치가 생성됨을 뜻한다. 다시 말해서, 사용가치는 가치관계의 진화를 겪기에 그 자체로 역사적으로 특정적이다. 그러므로 '높은 무상 일 대비 낮은 자본 비율'(생태잉여)이 유일하게 필요한 출발점이다. 그 출발점은 진정한 의미로서의 자본주의의 역사를 반영하는 것이 아니라, **저**렴한 **자**연 프로젝트와 자본주의의 논리를 반영한다. 그 역사는, 자본의 중력장 안에서 자연을 질적으로 전환하는 잇따른 생태혁명을 통해서 자본주의적 행위자들 — 과학과 자본, 제국 — 이 세계의 지도제작과 관련하여 어떠했는지 탐구함으로써 드러나기 시작할 수 있다. 양이 질에 영향을 미친다. 질이 양에 영향을 미친다.

이런 질적인 전환 — 세계생태혁명 — 이 새로운 역사적 자연이 형성되는 국면이다. 이런 역사적 자연은 선형적 방식으로 '생산되는' 것이 아니라 생물권과 자본주의가 공동생산하는 것인데, 요컨대 역사적 자연은 자본주의의 생산물인 동시에 새로운 자본주의적 배치의 생산자다. 자본과 과학, 제국의 혁신들이 추상적인 사회적 노동과 추상적인 사회적 자연, 본원적 축적의 새로운 통일체를 구축할 때 생태혁명이 일어

---

28. S.G. Bunker and P.S. Ciccantell, *Globalization and the Race for Resources* (Baltimore : Johns Hopkins University Press, 2005)을 참조하라.

난다. 이런 통일체가 바로 세계생태체제다. 기술 혁신과 조직 혁신에 힘입어 노동생산성이 향상될 수 있다. 새로운 역사적 자연 – 그리고 새로운 사용가치 – 을 찾아내고, 수량화하며, 그것의 지도를 제작하는 방법들에 힘입어 무상 일/에너지의 전유가 증가할 수 있다. 더욱이, 영토 정복과 탈취라는 철저히 강압적인 과정들은 대체로 미상품화된 새로운 자연을 개척하여 지구적 가치관계에 편입한다. 이런 삼위 – 농산업혁명과 과학혁명, '새로운' 제국주의 – 가 자본주의 세계실천의 핵심을 형성한다. 이 세 가지 국면은 항상 불균등하지만, 체계 위기 기간에 수렴하는 경향이 있다. 그것들이 성공적으로 수렴하면 네 가지 저렴한 것이 회복된다.

이 상황은 기술, 특히 화석연료 기계장치가 근대 세계와 맺고 있는 관계에 관한 우리의 일반적인 생각을 변화시킨다. 기술이 아니라 테크닉스가 선도한다.[29] 그런 구분은 근본적인데, 그 이유는 기술 – 또는 기술/에너지 결합 – 을 생태위기의 견인차로 분리하는 관점이 환경주의 사상에 깊이 스며들어 있기 때문이다. 자본주의는, 독자적인 '특정한 인구 법칙'을 갖추고 있는 것과 꼭 마찬가지로,[30] 독자적인 '특정한 기술 법칙'도 갖추고 있다. 물론 새로운 기계장치는 중요한데, 그것은 "인간이 자연과 맺는 적극적 관계를 드러낸다."[31] 하지만 기술은 어떻게 중요한가? 그저 가치 생산용으로 중요한 것이 아니고, "누군가가 자신의 삶을 유지하고, 그리하여 자신의 사회적 관계들을 구성하면서 그 관계들에서 비롯되는 정신적 개념들도 구성하는 양식을 드러내게 하는 생산 공

29. 여기서 그리고 이 책 전체에 걸쳐서 멈퍼드의 영향력이 뚜렷이 나타나는데, 이를테면 Mumford, *Technics and Civilization* [멈퍼드, 『기술과 문명』]을 보라.

30. Marx, *Capital*, Vol. I, 784. [마르크스, 『자본론 I-하』.]

31. 같은 책, 493n. [같은 책.]

정"을 밝힘으로써 중요하다.[32] 여기서 맑스는 현재의 논증을 예상하는데, 요컨대 우리는 생산과 재생산, 추상적인 사회적 노동과 추상적인 사회적 자연을 다루고 있다.

이것은 사실상, 조선과 지도제작술에서 증기기관과 내연기관에까지 이르는, 자본주의의 획기적인 혁신의 역사다. 이들 혁신에 힘입어 물질적 생산량 – 인간(예를 들면, 노예와 그것의 '은폐된' 형태들)을 포함한 생산량 – 이 획기적으로 증가할 수 있었다. 그 혁신들 덕분에, 매우 잘 알다시피, 일반적으로 사회적 관계로 여겨지는 것, 즉 계급·정치·문화 등에서 일련의 획기적인 변화가 일어날 수 있었다. 하지만 이들 사회적 관계는 사회적인 것을 훨씬 넘어서지 않았던가? 인간 사회성 – 계급과 정치, 문화 – 의 개조는 물질적 생산량 자체의 '본성'에서 일어난 일련의 획기적인 변화에 뿌리를 두고 있었다. 결국 이런 변화는 행성적 자연을 보고 인식하며 수량화하는 방식에서 혁명이 일어나지 않았다면 상상도 못 할 일이었다. 그러므로 자본과 권력, 지식을 결합하는 테크닉스 덕분에 우리는 특정한 기계의 획기적인 영향을 더 분명히 판별할 수 있게 되고, 그리하여 저렴한 자연의 공동생산에 있어서 이들 획기적인 발명품의 근본적인 토대를 이해할 수 있게 된다.

축적의 장기 세기들은 각각 영원한 외부적 자연을 '활용'하지 않는다. 이들 장기파동은 각각 특정한 일단의 새로운 제약과 기회를 제공하는 역사적 자연을 창조하는 동시에 그 자연에 의해 창조된다. 순환의 시초에 작동하는 축적 전략 – 과학과 기술, 그리고 새로운 형태들의 영토성과 통치성을 통해서 특정한 역사적 자연을 창조하는 전략 – 은 네 가지 저렴한 것을 공급하는 재/생산의 관계들을 점진적으로 소진한다. 어

32. 같은 책 [같은 책]. 강조가 첨가됨.

떤 시점에, 이런 소진은 상품가격의 상승에 기입된다.

그러므로 자본주의의 거대한 문제는 '자연 일반'이 아니라 역사적 자연이다. 그 문제의 핵심은 자본주의 자체가 공동생산하는 역사적 자연이 제기하는 조건과 제약의 특정한 한계에 놓여 있다. 자본의 경우에 문제는, 주어진 어떤 시대에도, **네** 가지 **저**렴한 것을 창조하는 특정한 전략이 '일회성' 사태라는 점이다. 여러분은 무언가를 재차 찾아낼 수 없다.

지금까지 세계생태혁명들은, 역사적 자연의 자본화된 비율을 낮추면서 무상으로 전유될 수 있는 비율을 높임으로써, 세 가지 주요한 방식으로 작동했다. 첫째, 이들 혁명은 현행 생산 전환에 특유한 생태잉여를 증대했는데, 이를테면 더 많은 증기기관용으로 더 많은 석탄을 생산했다. 둘째, 그 혁명들은 새로운 종류의 자연을 생산했는데, 현존하는 증기기관용으로 더 많은 석탄을 생산했을 뿐만 아니라, 새로운 내연기관용으로, 그리하여 특별한 일단의 석유화학적 사용가치를 위해 석유와 휘발유도 생산했다. 셋째, 그리고 연계하여, 그 혁명들은 점점 더 지구화되는 규모로 새로운 역사적 자연을 생산했는데, 이를테면 린네의 분류법으로 절정에 이른 초기 자본주의의 "거대한 분류학적 행위〔들〕"이나, 또는 최근 수십 년 동안 이루어진 원격탐지의 행성적 감시에서 그러했다.[33] 본원적 축적의 모든 위대한 시대에는 전유와 자본화의 새로운 지리에 (특히) 적절한 새로운 농업경제학 지식과 식물학 지식, 지도제작술 지식이 수반된다.[34] 지금까지 이런 분류학 프로젝

---

33. J.F. Richards, *The Unending Frontier* (Berkeley : University of California Press, 2003), 19 ; T.W. Luke, "Developing Planetarian Accountancy," in *Nature, Knowledge and Negation (Current Perspectives in Social Theory)*, Vol. 26, ed. H. Dahms (New York : Emerald Group Publishing, 2009), 129~59.

34. 자본화와 본원적 축적, 추상적인 사회적 자연의 이런 국면들은, 토대/상부구조 관계이

트와 여타의 과학 프로젝트는 지구적 자연을 공짜 선물의 창고로 재구상하는 잇따르는 행위에 중요했다. 이런 잇따르는 과학혁명과 지도제작술 혁명, 척도 혁명이 비인간 부의 새로운 원천을 식별하고 수량화함으로써 세계생태혁명의 중요한 성취가 이루어질 수 있게 되었는데, 요컨대 자본화된 자연 대비 전유된 일/에너지의 비율을 증가시켜서 세계자연의 자본화된 구성을 감소시켰다. 이들 혁명이 지구적 전유를 통해서 체계 전체의 자본화를 감소시킴으로써 어떤 주어진 단위자본에 결부된 자연의 포상금 규모가 증가할 수 있게 되었다. 이 사태는 자본의 유기적 구성이 상승하는 경향을, 직접적으로 그리고 간접적으로, 억제했다. 이런 일은 원료(유동자본)의 저렴화를 통해서 직접적으로 일어날 뿐만 아니라, 고정자본에 미치는 저렴한 투입물의 영향(예를 들면, 더 저렴한 강철은 더 저렴한 고정자본을 의미했다)을 통해서 간접적으로도 일어난다. 도중에, 이들 혁명은 새로운 축적의 '장기파동'을 위한 조건을 창출했다.

이와 같은 전유와 자본화의 변증법은 자본주의의 장기파동에 관한 우리의 일반적인 생각을 뒤집는다. 사실상, 지금까지 자본주의의 거대한 문제는 너무 적은 자본화가 아니라 너무 많은 자본화였다. 자본주의의 최대 강점은 '줄곧 아래로' 유전체genome에까지 이르는 자본화를 향한 움직임이었던 것이 아니고,[35] 오히려 전유였는데 … 줄곧 아래로 내려가고, 가로지르며, 통과했다. 잇따르는 산업혁명과 농업혁명으로 점철된 자본주의의 장기 역사와 관련된 사회기술적 혁신들이 성공적이었던 이유는 그 혁신들이 무상 일/에너지, 특히 화석연료(수백만 년 동안)와

기는커녕, 쏟아지는 일련의 우발적이면서 준결정적이고 '원격으로 연결된' 과정으로 여겨져야 한다.

35. Smith, "Nature as Accumulation Strategy."

비옥한 토양(수천 년 동안), 농민사회의 '농장에서 벗어난' 인간(수십 년 동안)의 축적된 일/에너지를 전유할 기회를 극적으로 확대했기 때문이다. 암스테르담에서 맨체스터를 거쳐 디트로이트에 이르기까지 이들 혁명 각각에서 고도로 자본화된 생산이 집중된 도시가 나타난다는 것은 사실이다. 하지만 기술혁명은 세계생태 공간을 변혁한 제국주의 프로젝트와 과학 프로젝트에 결부될 때에만 획기적인 것이 되었다. 기술적 역동성만으로 충분했다면, 어쩌면 독일이 19세기 말에 영국 및 미합중국을 누르고 이겼었을 것이다. 오히려, 독자적인 대륙적 지리를 갖춘 미합중국의 수직계열화된 기업과 영국의 상업 및 금융 우위가 결합하여 독일 – 거의 틀림없이 당대의 선도적인 과학 강국 – 을 따돌렸다.

자본주의의 세계생태혁명은 자본화와 전유를 결합하여 **저**렴한 **자**연을 추구했는데, 그리하여 자본주의 세력권에 속하는 오이케이오스의 자본화를 감소시켰다. 이런 논리의 가장 두드러진 사례 중 하나는, 알다시피, 영국이 세계 헤게모니 국가였던 절정기와 '벨 에포크'에 해당하는 '두 번째' 19세기(대략 1846~1914년)의 지구적 철도 및 증기선의 혁명이다. 그 혁명의 최대 성취는 전유의 획기적인 진전이었는데, 자본주의의 강철 촉수가 남아시아에서 동유럽에까지 이르는 광범위한 농민 구성체를 관통하여 저렴한 노동력의 방대한 강을 방류했다.[36] 북아메리카 안에서 철도는 남북전쟁 이전에 일어난 재산관계의 혁명을 대륙적 현실로 만들었다.[37] 국제시장에 통합된 자본 집약적 가족농업은 철도화와 일치하는 것이었는데, 철도화에 힘입어 가족농업은 수천 년

36. Northrup, *Indentured Labor in the Age of Imperialism*; Wolf, *Europe and the People without History*[울프, 『유럽과 역사 없는 사람들』].

37. C. Post, *The American Road to Capitalism* (Leiden : Brill, 2011); J.W. Moore, "Remaking Work, Remaking Space," *Antipode* 34, no. 2 (2002) : 176~204.

동안 형성된 토양과 물을 대담하게 전유할 수 있게 되었다.[38] 결과적으로 철도화의 획기적인 특질은 전유의 철저한 확대에 달려 있었는데, 요컨대 **저**렴한 **자**연 — 그리고 특히 **저**렴한 **식**량 — 을 위한 새로운 조건을 창출했다. 결국, **저**렴한 **식**량으로 인해 유럽 농민계급이 해체되면서 수백만 명의 농민이 북아메리카와 그 밖의 지역들로 이주하게 되었다. 일단 도착하자, 그들은 철도화를 통해서 동원된 저렴한(고도로 전유된) 에너지와 저렴한 자원에 근거하여 경쟁력이 있던 공장에서 일했다. 이것이 바로 시간에 의한 공간의 전유였는데, 그 전유는 미합중국이 헤게모니 국가로 부상하는 데 중요한 요소였다.

기술적 분업에서 나타나는 자본집약도의 상승은 사회적 분업 내부의, 대체로 상동적이지만, 독특한 과정과 변증법적 긴장관계를 맺는다. 이 상황은 자본의 유기적 구성 상승이 세계자연의 자본화와 맞닥뜨리는 지점이다. 물론, 자연은 결코 완전히 자본화될 수는 없는데, 그런 일은 현실과 너무나 거리가 멀다. 자본화는 일/에너지를 넘겨주는 관계들을 소진함으로써 일/에너지를 추출하는 중기 비용을 증가시키는데, 결과적으로 초래되는 전형적인 결과는 절대적 하강이라기보다는 상대적 정체다. 하지만 자본은 언제나 세계자연의 점점 더 많은 부분을 자본화하지 않을 수 없는데, 그것이 여전히 미자본화된 상태로 있어야만 최대의 선물을 누릴 수 있는데도 말이다. "강제적인 경쟁 법칙"에 의해 자본은 어쩔 수 없이 나머지 자연을 사회적 필요회전시간 — 광산과 유전, 대수층은 말할 것도 없고, 숲과 들의 재생산 시간과도 큰 차이가 있는 시간 — 의 논리에 따라 개조하게 된다.[39] 사회적 필요회전시간이 증가하

38. H. Friedmann, "World Market, State, and Family Farm," *Comparative Studies in Society and History* 20, no. 4 (1978) : 545~86 ; "What on Earth is the Modern World-System?" *J. World-Systems Research* 6, no. 2 (2000) : 480~515.

지 않도록 하기 위해, 지금까지 자본주의는 되풀이되는 지구적 팽창의 돌발 사태 속에서 전유된 자연의 권역을 주기적으로 확대했다. 그래서 사회생태적 관계 중 자본의 순환에 의존하는 부분과 자본주의 세력권에 속하지만 자신의 재생산을 아직은 자본에 의존하지 않는 부분 사이에 긴장관계가 존재한다.

생산성을 극대화하는 기술은 미자본화된 자연의 방대한 전유를 개시함으로써 체계 전체의 축적을 되살린다. 모든 암스테르담에 대해서 비스와강 유역이 존재한다. 모든 맨체스터에 대해서 미시시피강 삼각주가 존재한다. 이런 이유로 인해 초기 자본주의는 농민 일/에너지의 '원原산업적' 전유로 추진되었는데, 그리하여 간단한 제조업의 과실이 출산율의 기반을 약화하지 않으면서 전유될 수 있었다.[40] 또한, 이런 이유로 인해, 20세기 포드주의는 북아메리카와 중동의 석유 프런티어(**저**렴한 **에**너지)가 없었다면 상상도 못 할 일이었다.

그러므로 전유 기회의 상대적 축소는 신자유주의적 자본주의에 관해 무언가 중요한 것을 알려준다. 1970년대의 경기침체 이후에 실행된 중심부 지배계층의 계급 공세, 쇼크 독트린과 착취의 가속화, 그리고 금융적 팽창은 동종의 것이었다. 그것들은 모두, '제3차' 과학기술혁명이 일어나지 않아서 노동생산성의 비약적 개선의 약속이 이루어지지 않은 상황에서 현시된, 중심부 '실물경제'의 점진적인 황폐화에 직면하여 부를 재분배하는 것을 목표로 삼았다.[41] 이와 같은 신자유주의 반혁명의 야만적 본성은 전유 기회의 상대적 축소에서 얼마간 기인함

39. Marx, *Capital*, Vol. I, 44 [마르크스, 『자본론 I-상』]; Harvey, *Spaces of Capital*.
40. Seccombe, *A Millennium of Family Change*.
41. G. Balakrishnan, "Speculations on the Stationary State," *New Left Review* II, no. 59 (2009): 5~26.

이 확실하다.

식민주의와 인클로저, "탈취에 의한 축적" – M-C-M′(자본화) 관련 비용과 위험 없이 추상적인 사회적 자연을 산출하는 것을 목표로 삼았다 – 의 긴 역사는 이런 견지에서 이해될 수 있을 것이다. 그러므로 생태잉여는 관계적 운동인데, 이를테면 자본과 노동의 관계, 도시와 농촌의 관계, 중심부와 프런티어의 관계, 자본화와 전유의 관계에서 비롯되는 운동이다. 주어진 모든 상품의 가치가 그 상품의 추상적인 사회적 노동에 의해 결정되고, 게다가 이처럼 상품 속에 묻어 들어가 있는 사회적 노동의 평균 분량이 장기간에 걸쳐 가격 움직임을 결정한다면, 높은 노동생산성이 모든 자본주의 프로젝트의 첫 번째 우선 사항이다. 높은 노동생산성 덕분에 자본가는 생산성이 더 낮은 경쟁 생산자의 잉여가치를, 시장을 경유하여, 포획할 수 있게 된다. 이것에 대한 큰 애로점은, 알다시피, 노동생산성의 향상이 흔히 자본집약도(자본의 가치구성)의 상승을 통해서 매개된다는 것이다. 이로 인해 이윤율 저하를 향한 경향이 개시된다.[42] 하지만 해당 불변자본을 증가시키지 않은 채 노동생산성을 향상할 수 있는 수단을 찾아낼 수 있다면, 일단의 새로운 가능성이 출현한다.

이런 가능성은 지금까지 자본주의의 최대 축적 파동들을 특징지은 방대한 전유의 프런티어를 통해서 형성된다. 지금까지 세계생태혁명들은 지구적 전유를 통해서 세계자연의 자본화를 감소시킴으로써 자본의 가치구성이 증가하는 경향을 억제했다. 이들 혁명은 직접적으로는 원료(유동자본)를 저렴하게 만들었고, 간접적으로는 고정자본 자체의 가치구성을 낮추었다. 예를 들면, 저렴한 석탄 덕분에 철이

42. Marx, *Capital*, Vol. III. [마르크스, 『자본론 III-상·하』.]

저렴해질 수 있었고, 특히 1860년대 이후에는 강철이 저렴해질 수 있었다. 미합중국의 강철 생산량이 급증함 — 1865년과 1895년 사이에 네 배 증가함 — 에 따라 고정자본의 가격이 폭락했다. 강철 레일의 가격은 80% 이상 하락했다.[43] 그렇다면 '전유 정점'이 자본의 가치구성 상승을 최대로 억제하였던 바로 그 시기인 1890년과 1970년 사이에 미합중국의 노동생산성이 사상 최고치로 급상승했다는 사실은 별로 놀랄 일이 아니다.[44]

그러므로 자본은 **네** 가지 **저**렴한 것에 의존하며, 그리고 **저**렴한 **자**연이라는 이런 해결책을 얻을 방법은 오직 한 가지만 있을 뿐인데, 그것은 바로 프런티어다. 이런 명령에 대한 지금까지의 반응은 끝없는 지리적 팽창과 끝없는 혁신이었다. 그것들은 서로 독립적이지 않다. 자본을 축적할 수 있게 한 위대한 혁신은 그것이 여태까지 미자본화된 무상 일/에너지를 빠르게 전유할 수 있게 한 정도만큼 '위대'했다. '자본집약적'이고 획기적인 혁신 — 초기 근대 조선-지도제작술의 혁명과 19세기 증기기관, 20세기 내연기관 — 의 역사는 특정한 장소, 특히 네덜란드 헤게모니와 영국 헤게모니, 미국 헤게모니 각각의 심장부에서 생산의 자본집약도를 단계적으로 상승시킨 중요한 기술적 진전으로 특징지어졌다.

이와 같은 상품생산의 혁신들이 나타낸 획기적인 특질은 새로운 일/에너지의 지구적 전유에서 기인했다. 산업혁명이 최고의 사례다. 맨체스터의 직물공장은 미합중국 남부의 면화 프런티어와 변증법적으로 결부되어 있었다. 한편으로, 이 프런티어는 휘트니의 조면기와 결부되어 있었는데, 그리하여 짧은 섬유 면화의 지리적 팽창이 빠르게 이

43. Rostow, *The World Economy*, 179.

44. R.J. Gordon, "Is U.S. Economic Growth Over?" (Working Paper 18315, National Bureau of Economic Research, 2012).

루어질 수 있었다. 더욱이, 이런 팽창은 스코틀랜드의 공장과 런던시의 금융기관이 선도한 신용 사슬을 지구화함으로써 가능해졌다.[45] 여기서 우리는 고도로 자본화된 생산 지역들의 복합적이고 불균등한 발전과 자연 전유의 지구화를 하나의 변증법적 통일체로 초점을 맞출 수 있다. '기술'혁명은 헤게모니적 프로젝트와 생성적 관계를 맺고, 세계생태 공간을 변혁하며, 증가하는 생태잉여를 창출함으로써 획기적인 것이 되었다. 세 번의 위대한 헤게모니 시대 – 네덜란드 헤게모니 시대와 영국 헤게모니 시대, 미합중국 헤게모니 시대 – 에는 비교적 최소의 자본이 지출되면서 통나무와 석탄, 석유가 공짜로 전유되었다. 지금까지 각각의 획기적인 혁신은, 자본의 회로에 직접 의존하는 역사적 자연의 비율을 일시적으로 낮추는 세계역사적 행위에 생산성과 약탈을 합류시켰다.

이 상황은 자본주의의 거대한 기술적 해결책이 지구적 팽창 운동과 왜 그리고 어떻게 뒤엉켜 있었는지에 대하여 어느 정도 설명한다. 모든 기술적 해결책은 지리적 해결책이자 세계생태적 해결책이다. 생물권이 불안정해지고 자본주의의 위기가 전개되는 사태에 대한 기술적 해결책을 황급히 모색하고 있는 오늘날, 이 사실은 쉽게 무시당한다. 자본주의 아래서 기술은 자본주의적 테크닉스 – 대단히 선택적이고 낭비적인 방식으로 일/에너지를 가치로 전환함을 전제로 하는 것 – 의 특정한 표현이다. 이런 테크닉스 – 자본화와 전유의 변증법 – 에 속하는 자본주의 기술의 역사는 2단계 과정으로 환원될 수 있는데, (1) 20세기 초 말레이시아의 플랜테이션 혁명에 앞서 이루어진 아마존 숲 고무 수액 채취의 경우처럼 가장 쉽게 얻어진 잉여를 거두어들이는 단계가 있

---

45. McMichael, "Slavery in Capitalism".

고,[46] 그리고 (2) 20세기 말 이후 세계적으로 이루어진 임산물 산업의 점진적 합리화의 경우처럼 넓어지는 세계자연의 권역을 점점 더 자본주의적인 토대 위에 재조직하는 단계가 있다.[47]

그러나 이런 2단계 과정을 단순히 논리역사적 연쇄로 여기는 것은 잘못일 것이다. 여기서 두 번째 단계를 특징짓는 자연의 자본화가 단기적 횡재를 초래함은 확실하다. 그것은, 초기 근대에 노예들이 신세계 토양에 유라시아 사탕수수를 심었을 때 그 농장주들이 누렸던 "수확률 허니문"의 두드러지게 근대적인 변양태다.[48] 우호적인 생명물리학적 조건과 첨단 농업경제학의 조화로운 결합은 50~75년의 기간에 걸쳐(후기 자본주의에서는 더 빨리) 어김없이 소멸하는 단기적인 수확률 급상승을 초래한다. 수확률 호황을 창출하는 바로 그 혁신이 중기적으로는 공급조건의 기반을 어김없이 약화한다. 오이케이오스의 관점에서 바라보면, 이들 모순은 통일되면서 그 표현들이 달라지는데, 요컨대 '생물물리학적' 되먹임(잡초 통제의 경우처럼)에 못지않게 '사회적' 전환(예컨대, 지구적 농식품체제에 있어서)을 구성한다. 이들 모순이 축적을 제한하는 방식으로 전개됨에 따라, 새로운 프런티어에 대한 탐색이 야만적인 권력과 함께 다시 이루어진다. 프런티어를 얻지 못한다면 포악한 재분배 행위가 유효한 저항 능력이 가장 미약한 인간 집단에 가해지는데, 그리하여 빈자에서 부자로(신자유주의의 경우처럼),

46. L.H. Brockway, "Science and Colonial Expansion," *American Ethnologist* 6, no. 3 (1979) : 449~65 ; R.P. Tucker, *Insatiable Appetite* (Berkeley : University of California Press, 2000).

47. R.A. Rajala, *Clearcutting the Pacific Rain Forest* (Vancouver : University of British Columbia Press, 1998).

48. P. Dark and H. Gent. "Pests and Diseases of Prehistoric Crops," *Oxford Journal of Archaeology* 20, no. 1 (2001) : 59~78 ; Moore, "Ecology and the Rise of Capitalism".

아니면 농민계급에서 중공업화 지대(소비에트 집산화의 경우처럼)로 부가 이전된다.

자연의 자본화로 제기되는 중요한 문제는 내부모순의 외부 배출구를 찾아내기만 한다면 극복될 수 있다. 자본의 유기적 구성이 상승하면 사회생태적 불균형이 초래되는 경향이 있는데, 그 불균형의 체계적 표현은 세계자연의 자본화된 구성이 상승하는 현상이다. 알다시피, 이 현상은 생태잉여가 저하하는 경향이다. 그 경향은 양적으로도 이해되고(더 많은 공간) 질적으로도 이해되는(새로운 역사적 자연) 지리적 팽창을 통해서 상쇄될 수 있다. 하지만 관계적 과정을 인식하자. 일단 지리적 팽창이 임계 규모에 이르게 되면 대규모의 사용가치가 쉽게 거둬질 수 있다는 것은 결코 아니다. 더 중요한 것은, 일단 임계 규모에 이르게 되면 현금 결합에 의존하는 사회화된 자연의 분량이 감소한다는 점이다. 장기 16세기의 경우에도 마찬가지 상황이었고, '새로운 제국주의'의 고전적 사례인 장기 20세기의 초엽에도 마찬가지였다. 오늘날에는 지리적 팽창에 관한 그런 낡은 모형이 더는 작동하지 않는다.

자본주의 세력권 안에 있는 자연은 (여전히) 자본화되지 않은 채로 사회화될 수 있을 것이다. 자본주의 권력을 새로운 프런티어로 확대하는 것은 두 가지 조건이 성립되기만 한다면 세계 축적을 추진하도록 작용하는데, 그것들은 (1) 새롭게 편입된 구성체가 비교적 자본과 독립적으로 자신을 재생산하면서도 생태잉여에 상당히 이바지한다는 조건, 그리고 (2) 거둬들인 사용가치의 규모가, 상품생산에서 소요되는 일/에너지의 자본화된 비율을 줄일 수 있도록, 가치 축적과 대비하여 충분히 크다는 조건이다. 지리적 팽창이 자본화의 증가와 대비하여 느릴 때, 현금 결합에 의존하는 사회화된 자연의 분량은 증가한다. 시간이 흐름에 따라 상품화의 진전은 급변점에 도달하고, 사회화된 자연은 자본화된 자연으로 대체된다. 이것은 자본주의의 이행 국면인데, 여기서는 지배구조도 생산구조도, (새롭게 전환된) 숲, 들, 가구, 그리고 다른 생태들도 현금 결합을 통하지 않고서는 자신을 재생산할 수 없다.

그런 사회적 생태들 — 들, 숲, 어장 등 — 이 더욱더 자본화된 생태가 될수록, 그것들의 재생산은 자본의 재생산 안에 더욱더 연행된다. 자본화의 증가는 중단기적 횡재를 산출하는 경향이 있지만, 중장기적으로는 체계적 축적조건의 기반을 약화한다. '자연적 비옥도'가 고정자본처럼 작용함으로써 이윤율 저하 경향을 억제할 수 있다면, 토양 소진과 자원 고갈이 수익성의 극적인 반전을 위한 무대를 설정할 수 있는데, 요컨대 이것은 장기적 축적 파동의 저평가된 국면이다.

공간을 가로지르는 팽창(전유)이 이윤율 저하에 대한 한 가지 해결책을 나타낸다면, 시간을 관통하는 혁신(자본화)은 두 번째 해결책을 나타낸다. 두 해결책 중 어느 쪽도 끝없이 증폭될 수는 없다. 지구적 공간은 관계적일 뿐만 아니라, 끝없는 축적의 관점에서 바라보면 점점 끝이 보일 정도로 유한하기도 하다. 한편으로, 경쟁으로 인해 자본주의는 상품화 비율이 낮고 전유 기회가 높은 지역을 향해 지리적으로 팽창하지 않을 수 없다. 언제나 국가 및 제국과 얼마간 보조를 맞추는 자본이 '규모를 급증시킬' 수 있기만 하다면, 그로 인해 투입물과 노동력의 비용을 낮출 수 있고, 그리하여 이윤율을 증가시킬 수 있다. 다른 한편으로 이런 상황에서는, 기성의 생산 지역에서 투입물의 비용과 노동비용이 상승할 때 지리적 팽창에의 충동을 한층 더 강화하는, 지리적으로 팽창적인 생산 공정에 외부적 자연을 편입하는 것이 가속된다. 이런 식으로, 자본주의가 생물물리학적 자연과 지질학적 자연을 전환하는 속도가 항상 가속되는 현상(시간의 정복)은 새로운 전유 프런티어에 대한 자본주의의 탐욕과 연계된다.

세계생태체제들

다시 말하면, 자본주의는 생태체제를 갖추고 있지 않다. 자본주의가 바로 생태체제다.

생태체제로 나는, 장기 16세기 이후로 잇따른 각각의 세계 축적 단계를 유지하고 추진한, 비교적 지속적인 (공식적 및 비공식적) 지배 패턴과 기술 혁신, 계급구조를 부각한다. 최소한, 이런 체제는 세계 축적의 조직 중심지에 저렴한 에너지와 식량, 원료, 노동력의 적절한 흐름을 보장하는 데 필요한 생산 메커니즘과 제도적 메커니즘, 시장으로 구성된다. 하지만 이야기는 여기서 끝나지 않는다. 이런 잉여물을 소비하고 나머지 자연에 대한 새로운 (그리고 모순적인) 수요를 개시하는 재/생산 복합체에도 주목해야 한다. 말하자면, 도시-농촌 적대관계 — 핵심부/주변부 분할과 겹치지만, 그 분할과 구분되는 관계 — 가 중추적인 지리적 관계다. 이런 점에서, 생태체제는 역사적으로 안정화된 축적의 확대 과정 및 조건을 의미하고, 생태혁명은 잠정적으로 안정화된 이런 과정 및 조건의 격렬한 소멸과 갱신을 나타낸다.

우리는 어떻게 자본의 논리에서 자본주의의 역사로 이동하기 시작할 수 있을까? '생태체제'라는 구성물이 유용한 것으로 판명되면, 그것은 거대한 서술적 범주 이상의 것임이 틀림없다. 어떤 의미에서 이런 시각이 근대 세계체계의 발흥과 미래 죽음에 관한 중요한 것을 설명할 수 있는가? 우리는 조반니 아리기의 '체계적 축적순환' 시각[49]과 하비

49. Arrighi, *The Long Twentieth Century*. [아리기, 『장기 20세기』.]

의 공간적 해결책 이론[50]에서 도움을 구할 수 있을 것이다.

아리기의 경우에, 우세한 세계 강국들 — 네덜란드와 영국, 미합중국 — 은 자본주의 권력 및 영토권력의 구조에 있어서 다양한 '조직혁명'을 통해서 지구적 우위(헤게모니) 국가에 올랐다. 잇따른 팽창과 축소의 '장기 세기'에 걸친 자본 축적에 대한 아리기의 모형은 다음과 같다. 축적 위기는 자본과 세계 권력의 모순에서 형성되는데, 그 위기의 특정 형태는 장기 세기마다 다르다. 그런 위기에서 벗어나는 방법은 신흥 세계 강국이 구체화하는 조직 혁신과 기술 혁신으로 제공되는데, 예를 들면, 19세기 말에 영국의 산업과 대비되는 미합중국의 대량생산 모형이 제시되었다. 이들 혁신에 힘입어 자본 축적이 '물질적 팽창' 단계들을 거쳐 되살아날 수 있게 된다. 이들 단계가 팽창적인 것은 상품의 물리적 생산량의 증가와 자본 축적, 지리적 팽창의 견지에서 그렇다. '실물'경제에서 자본에 대한 수확체증으로 특징지어지는 물질적 팽창 단계들은 체계적 축적순환의 개시를 나타낸다. 시간이 흐름에 따라, 물질적 팽창은 헤게모니 중심부 바깥에서 새로운 경쟁국을 가동한다. 이 경쟁국은 헤게모니 국가의 잉여이윤을 잠식함으로써 핵심부 전체에 걸쳐 이윤율을 균일하게 하여서 생산 회로(M-C-M′) 내부의 수익 창출 기회를 소진한다. 헤게모니 중심부 안에서는 자본에 대한 수확체감으로 인해 물질적 팽창 상황에서 수익을 내면서 (재)투자될 수는 없는 잉여자본의 규모가 증가하게 된다. 수익성이 악화할 때, 자본가는 자본을 생산에서 금융(M-M′)으로 재할당한다. 이런 재할당으로 인해 '금융적 팽창' — 가장 최근의 것은 1970년대에 개시되었다 — 이 초래되었는데, 이것은 "교역과 생산의 팽창을 위한 화폐투자〔M-C-M′〕가 더는

50. Harvey, *The Limits to Capital*. [하비, 『자본의 한계』.]

자본가 계층에게 순수한 금융 거래만큼 효과적으로 현금 흐름을 증가시키는 목적을 달성해 주지 못하는 상황에 대한 징후다. 그런 상황이 되면, 교역과 생산에 투자된 자본은 화폐형태로 전환되어 더 직접적으로 축적되는 경향이 있다."[51] 즉, M–M′ 과정을 따른다. 그런 팽창은 물질적 팽창의 말미에 수반되는 지정학적 경쟁의 증대로 유지된다. 이런 금융적 팽창은, 지리적으로 더 팽창적인 헤게모니 중심지에서 영토적 행위자들과 자본주의적 행위자들의 새로운 동맹으로 초래되는 새로운 혁신 순환을 위한 무대를 설정한다.

현재의 탐구에 적절한 것은 이전에 물질적 축적을 자유롭게 해 준 바로 그 '조직구조'의 소진을 통해서 체계 위기가 구성된다고 여기는 아리기의 관점이다.[52] 이런 소진에서 당대의 거대한 위기에 대한 계급과 국가, 기업체의 창의적 대응, 즉 조직혁명이 형성된다. 아리기의 경우에, 이런 혁명은 산업화로 환원될 수 없는데, 요컨대 산업적 이행은 자본주의적이자 영토주의적인 조직의 혁신을 통해서 세계역사적 사실이 된다. 이 상황은 거의 언제나 사회환원론적 견지에서 이해되지만, 아리기는 그것을 다르게 이해했다. 각각의 장기 축적 파동은 새로운 헤게모니 국가에 "세계의 인간 자원과 비인간 자원에 대한 유례없는 통제권"을 부여한 조직혁명으로 가능하게 되었다.[53] 이런 새롭고 유례없는 통제권은, 자본과 국가, 자연 속에서 그리고 그것들을 통해서 공동생산된 '과학체제들'로 이루어진, 포괄적으로 구상된 영토주의적이자 자본주의적인 조직을 통해서만 실현될 수 있을 뿐이었다.[54] 자연을 '통제한

51. Arrighi, *The Long Twentieth Century*, 8~9. [아리기, 『장기 20세기』.]
52. 같은 책, 226. [같은 책.]
53. 같은 책, 223. [같은 책.]
54. R. Lave, "Neoliberalism and the production of environmental knowledge," *Envi-*

다'는 것, 그리하여 자본을 빠르게 축적한다는 것은 자연을 축적을 위해 판독하기 쉽게 만드는 어렵고 장기적인 과정을 포함하는데, 이것이 8장에서 고찰하는 추상적인 사회적 자연의 생산과정이다.

이런 조직혁명은 이중 특질을 지닌다. 한편으로, 신흥 헤게모니 국가의 경우에, 그것은 정치·군사적 힘과 경제력의 행사에 있어서 경쟁 우위를 산출한다. 다른 한편으로, 그것은 경쟁국들이 모방하는 헤게모니 발전 모형을 창출한다. 그리하여 이런 조직혁명에 힘입어 잇따른 각각의 장기 세기에 걸쳐서 축적의 갱신과 팽창이 가능하게 되었지만, 결국에는 모순의 갱신과 팽창이 생성되었을 뿐이다. 한 헤게모니 국가가 자신의 조직혁명이 돌려주는 보상을 거둬들일 때, 그 성공으로 인해 경쟁국들이 모방하게 되고 혁신하게 되면서 점점 더 큰 성공을 거두게 된다. 애초의 혁명이 거둔 바로 그 성공이 헤게모니 국가가 벗어날 수 없는 철장이 된다. 젊은이의 유연성이 노인의 경화증으로 전환된다.

아리기의 도식 – 영토주의적이자 자본주의적인 조직을 기술 혁신과 융합하는 도식 – 에서 조직적 국면은 시공간적 국면으로 보완된다. 아리기는, 하비에게 영향을 받아서,[55] 시간과 공간을 체계적 축적순환의 형성과 해체에 중요한 것으로 삼는다. 여기에 세계생태론적 독법에의 중요한 입구가 있다. 아리기의 접근법은 장기지속 모순 – (자본의 논리 안에서 가능한) 자본의 끝없는 축적과 (오이케이오스 안에서 불가능한) 공간의 끝없는 전유 사이의 모순 – 을 제시한다. 그러므로 장기지속은, 아리기가 누적적이고 순환적인 차원에서 이루어지는 체계적 구조조정을 예증하

---

ronment and Society 3, (2012) : 19~38.

55. Harvey, *The Limits to Capital*. [하비, 『자본의 한계』.]

기 위해 중기 위기를 강조하는 배경이 된다. 혁신과 조직혁명은 자본주의의 누적적 발전의 제약과 가능성 안에서 전개되는데, 그 발전은 시간적이면서 공간적이고, 게다가 오이케이오스를 통해서 전개된다.

이것은 질적 국면 – 구조조정과 혁신 – 이 양적 국면을 삭제하지 않음을 뜻한다. 조직혁명은 이전 시대의 축적된 (양적) 모순들에 대응하여 – 그리고 그것들에 바탕을 두고서 – 자신의 질적 변화를 이룬다. 순환적 구조조정은 누적적 한계 안에서 일어난다. 첫째, 자본의 자기 팽창에 대한 한계는 지리적으로 현시되며, 그리고 이런 지리적 한계는 축적체제 자체에 의해 산출된다. 중심부 경쟁국들은 헤게모니 국가의 발전모형을 모방함으로써 '따라잡고', 그다음에 넘어서고자 한다. 둘째, 현존하는 분업체제 안에서 투자 기회의 감소는 과잉축적을 시사한다. 두 국면 모두 시장의 심화·확대를 통해서 구조조정에 대한 압력을 축적하기 시작한다. 항상 증가하는 체계의 '동적 밀도'에 연루된 위기를 극복하기 위해, 잇따른 각각의 헤게모니 복합체가 일으킨 조직혁명은 자신의 조직 중심부의 지리적 규모에 있어서 비약적인 전진을 선도했다. 자본은 공간을 소진되지 않고 무한히 대체할 수 있는 전유와 상품화의 영역으로 여길 것이지만, 아리기는 각각의 세계체계적 팽창이 장기지속 동안 점진적으로 소진되는 조건에 근거하는 특정한 자극의 산물임을 밝힌다.

지리적 팽창(전유)과 그런 특정한 자극 – 증기기관과 내연기관 같은 자극 – 의 연결관계는 근본적이다. 그런 연결관계 덕분에 자본의 축적이 공간의 전유, 즉 역사적 자연의 전유임을 알 수 있게 된다. 그러므로 잇따른 축적순환에서 생성되는 위기는, 16세기의 제노바 도시국가에서 장기 20세기의 미합중국 대륙국가에 이르기까지, 지리적으로 점점 더 넓은 조직 중심부를 야기시켰다. 요지는 무엇인가? 혁신이 무한정 진전될 수 없는 이유는 지리적 팽창이 무한정 진전될 수 없기 때문이다.

외관상 자연을 염두에 두고 있지 않은 아리기의 도식에 (오이케이오스로서의) 자연은 어떻게 중요할 수 있을까? 아리기의 모형은 일상생활을 권력과 자본이 세계적 규모에서 맺은 관계들과 통합할 가능성을 가리킨다. 아리기는 물질생활과 연결된 이런 관계를 괄호에 넣었지만 배제하지는 않았다. 축적과 일상생활에 관한 물음을 재개하기 위해, 금융화와 물질생활의 관계가 순환적으로 심화하는 현상을 가리킬 수 있을 것이다. 예를 들면, '제노바의 시대'(1557~1648년)는 안데스산지 생활의 상품중심적 개조와 직접 연계되었고, 브라질에서 폴란드를 거쳐 동남아시아까지 전개된 17세기의 생태혁명에 철저히 속박되었다.[56] 마찬가지로, 신자유주의적 자본주의의 금융화도 규모와 범위에서 비길 데 없는 세계생태혁명을 통해서 실현되었다. 지구적 남부의 '세계농장'으로의 전환,[57] 지구적 남부의 산업화,[58] 그리고 암 유행에서 지구온난화까지 모든 것을 초래한 생물물리학적 비용의 급진적 외부화가 모두 신자유주의 시대 동안 오이케이오스의 금융적 전유가 이례적으로 팽창하는 특질의 두드러진 원인이 된다.

금융화와 물질생활의 관계에 관한 이런 소견은 시작일 뿐이다. 또 하나의 생태역사적 곡절을 더 고찰할 수 있을 것이다. 여기서 우리는, 체계적 축적순환이 "그 활성의 기반이 팽창 자체로 인해 점진적으로 약화되는 특정한 조직구조〔들〕"의 활성을 중심으로 돌아간다는 아리

56. Moore, " 'Amsterdam Is Standing on Norway' Part I" and "Part II".

57. P. McMichael, "A Food Regime Analysis of the World Food Crisis," *Agriculture and Human Values* 26 (2009) : 281~95.

58. G. Arrighi et al., "Industrial Convergence, Globalization, and the Persistence of the North-South Divide," *Studies in Comparative International Development* 38, no. 1 (2003) : 3~31.

기의 유용한 관념을 지적할 수 있다.[59] 우리가 오이케이오스를 그런 틀에 넣는다면, 경쟁과 반체제운동 이상의 것이 잇따른 축적순환에서 수익성의 기반을 약화한다는 점이 분명해진다. 사실상, 경쟁과 국가 간 대립, 반체제 투쟁은 바로 사회생태적 다툼인데, 그 다툼은 자원전쟁이나 환경정의 투쟁이라는 명백한 형태가 반드시 필요하지는 않다. 그런 수익성의 위기를 '초래하는' 것은 어떤 추상적이고 비역사적인 자연의 절대적 소진이 아니다. 오히려, 한 체계적 순환에서 그다음 체계적 순환으로의 이행을 유발하는 것은 사회생태적 관계들의 특정한 복합체의 소진이다. 간단히 말하면, 낡은 축적체제에 특정한 역사적 자연과 조직구조가 동시에 소진된다.

이렇게 해서 우리는 '자연적 한계' 사유를 벗어날 수 있게 된다. 모든 사회적 한계와 자연적 한계는 환원 불가능하게도 사회생태적이다. 이런 한계들은 국가 규제와 반체제운동에서 삼림 벌채와 기후변화에 이르기까지 다양한 형태로 나타난다. 요점 – 그리고 맑스가 자본의 한계는 자본 자체라고 주장할 때 강조하는 바로 그것인 이 요점 – 은, 모든 한계는 오이케이오스를 통해서 역사적으로 구성된다는 것이다. 문제는 인간 자연과 비인간 자연의 '분리'가 아니고, 오히려 그 둘을 꼭 끼워 맞추는 방법이다. 이런 배치는 자연 전체를 개조하는 인간의 특정한 프로젝트를 통해서 출현하는데, 바로 이것이 아리기가 구상한 조직혁명의 진정한 모습이다.

아리기의 경우에, 체계적 순환이 개시되면서 형성된 조직구조가 자본에 대한 수확체증을 생성할 수 있는 자신의 능력을 소진할 때 축적 위기가 발생한다는 점을 회상하자. 여기서 우리는 다시 표현할 수

---

59. Arrighi, *The Long Twentieth Century*, 226. [아리기, 『장기 20세기』.]

있는데, 낡은 조직구조가 축적된 자본의 규모와 대비하여 무상 일/에너지의 상승 흐름을 더는 유지할 수 없을 때 위기가 발생한다. 문제는 순환 초기에 구성된 관계들의 소진에 관한 의문이다. 아리기의 해설은 단호히 사회학적이지만, 한편으로 그가 선호한 변화의 축들 – 지정학적 대립과 자본가 간 경쟁, 계급갈등 – 을 각각 역사적 자본주의의 역사적 자연 속 부분적인 총체로 다시 자리매김할 만한 충분한 이유가 있다. 이것은 환경적 요소를 '부가하는 것'과는 전혀 다르다. 세계 헤게모니는 단지 자원체제와 식량체제를 조직하는 것만은 아닌데, 세계 헤게모니는 바로 사회생태적 프로젝트다. 네덜란드 헤게모니는 캐나다에서 동남아시아의 향신료 제도까지 전개된 세계생태혁명을 통해서 출현했고, 영국 헤게모니는 석탄/증기력과 플랜테이션의 혁명을 통해서 출현했으며, 미합중국 헤게모니는 석유 프런티어와 스스로 가능케 한 농업의 산업화를 통해서 출현했다. 각각의 시대에서는 이전의 낡은 한계가 극복되었다. 자본주의의 각 단계에 대한 사회생태적 한계가 반드시 그 다음 단계에 대한 한계인 것은 아니다.

하비의 공간적 해결책 이론[60]은 대단히 중요한 두 가지 연결관계를 더 추가한다. 첫 번째는, 아리기의 시각에 매우 중요한, 근대의 거대한 금융적 팽창이 '탈취에 의한 축적'과 변증법적으로 연결되어 있다는 주장이다.[61] 금융과 영토권력, 탈취를 연계하는 '탯줄'에 관한 하비의 구상은 신자유주의 시대를 부각하면서 우리가 올바른 방향을 바라보게 한다.

60. Harvey, *The Limits to Capital*. [하비, 『자본의 한계』.]
61. Harvey, *The New Imperialism*. [하비, 『신제국주의』.]

탈취가 행하는 [바는], (노동력을 포함하는) 일단의 자산을 매우 낮은 비용으로 (그리고 몇몇 경우에는 공짜로) 양도하는 것이다…(예를 들면, 영국에서 사회주택, 전자통신, 교통, 물 등의) 민영화는…과잉축적된 자본이 장악할 방대한 분야들을 개방했다…〔과잉축적 문제를 해결할〕 다른 한 방법은…(석유 같은) 저렴한 원료를 체계에 양도하는 것이다. **투입비용이 하락하고, 그리하여 이윤이 증대될 것이다**…이처럼 새로운 축적 지형이 개척되지 않았었더라면 최근 30년 동안 과잉축적된 자본에 무슨 일이 일어났었을 것인가?[62]

두 번째로, 공간적 해결책과 자본의 초기 유연성, 전환시간의 가속에 관한 하비의 더 넓은 이론에서 제시된 대로, 한 시대의 자본에 유리하게 '형성된 환경'(도시 공간)을 통해서 맺어진 연결관계는 그다음 시대의 축적에 대한 족쇄가 된다. 하지만 이 논증의 논리는 형성된 환경을 훌쩍 넘어 확대되지 않는가? 축적을 해방하기 위해 창출된 역사적 자연은 "자본주의적 발전의 미래 경로를 구속하는" 데에도 쓸모 있다.[63]

아리기와 하비는, 장기지속에 걸쳐서 자본주의적 호황과 불황의 사회생태적 조건을 조명하는 자본주의적 발전 이론을 지향한다. 아리기의 경우에는 조직혁명과 기술 혁신이 오이케이오스를 통해서 전개된다는 점을 덧붙일 수 있을 것이다. 하비의 경우에는 공간적 해결책에 관하여 마찬가지로 말할 수 있고, 게다가 무상 일/에너지의 전유를 촉진하고 **네** 가지 **저**렴한 것을 회복하기만 한다면 '탈취'가 유효하게 작용한다는 점을 덧붙일 수 있다. 이런 식으로 고려하면, 추상적인 '성장

62. 같은 책, 149~50. [같은 책.] 인용 순서가 바뀌었고, 강조가 첨가됨.

63. D. Harvey, "Geography," in *The Dictionary of Marxist Thought*, ed. T. Bottomore (Cambridge, MA : Basil Blackwell, 1991), 219.

의 한계'는 자본주의 자체에서 주어지는 역사적 조건과 축적의 한계로 대체된다. 잇따른 각각의 자본주의 단계는 축적 동학의 생태혁명(문명적 프로젝트)과 자본주의 중력장 내부의 사회생태적 관계(역사적 과정)를 통해서 전개되었다. 이들 세계생태혁명은 자본주의적 행위자들과 영토주의적 행위자들이 실행한 지배의 그물 속 조직혁명일 뿐만 아니라, 구축된 자본화 및 전유 환경의 혁명이기도 했다. 그런 혁명들이 달성한 탁월한 위업은, 자본화와 대비하여 급진적인 전유 기회의 팽창을 통한 생태잉여의 급진적인 증대였다.

하비의 말을 되풀이하면, 이런 세계생태혁명은 먼저 축적을 해방한다. 이것이 '제1차' 19세기(대략 1763~1848년)에 영국 헤게모니가 달성한 세계역사적 위업이 아니었던가? 하지만, 시간이 흐름에 따라, 이처럼 역사적 자연을 조직하는 새로운 방법 – 계급투쟁은 말할 것도 없고, 정치적 규제, 형성된 환경, 산업 조직, 농업혁신을 통한 방법 – 은 약탈과 생산성의 부식 효과를 통해서 모순을 생성하고, 상승하는 국가와 자본가, 위험계급에서 제기되는 난제를 증대시킨다. 자본화의 확대·심화 운동은, 인간 자연과 생물물리학적 자연이 자본의 회로와 독립적으로(또는 비교적 독립적으로) 자신을 재생산할 수 있는 역량의 기반을 약화한다. 조만간, 재생산의 규칙은 자본에 의존하는 방향으로 바뀐다. 농민 경작자는 자본주의적 농부가 된다. 오래된 나무숲은 나무 플랜테이션으로 대체된다. 세대 간 재생산은 현금 결합으로 매개된다. 세계자연의 자본화가 증가함에 따라 생태잉여는 저하한다. 이 상황은 축적 팽창의 토대를 약화하고 발전적 위기로 끝이 난다.

이런 발전적 위기에서 출현하는 생태체제는 역사적으로 특정한 자연을 해방과 구속의 그물로서 직면했고, 사실상 생산했다. 이 사실은, 모든 '자본의 한계'가 인간이 나머지 자연과 맺은 관계에서 역사적으로 출현한다는 관념을 진지하게 여긴다면, 아무리 강조해도 지나칠 수가 없다. 이런 역사적 특화는 개별 사례를 서술하는 것이 아니고, 오히려 오이케이오스의 중층적인 시공간적 특질을 인정한다. 신자유주의가 생산한 자연은 역사적 자본주의의 시대적 특질 안에서 작동하고, 게다가 어쩌면 신석기 혁명 이후 인류에게 형성된 일종의 문명적 본성 안에서 작동할 것이다. 이처럼 역사적 자연을 (오이케이오스로서) 중층적으로 파악함으로써 현재의 국면에서 누적적인 것과 순환적인 것과 진정으로 새로운 것을 구분할 가능성이 열린다. 여기서 다시 말하면, 한 역사적 체계 — 또는 자본주의의 한 단계 — 에 대한 한계는 다른 한 역사적 체계에 대한 한계가 아닐 수도 있다. 그러므로 우리는 자본주의의 잇따른 각각의 단계를 점점 더 자본화된 세계생태를 창출하고 그것에 의해 창출되는 것으로 여기기 시작할 수 있을 것이다. 초기 자본주의 생태체제는 19세기 중엽에 역사적 한계 — 예를 들면, 중부 유럽과 서유럽에서 나타난 농업적 소진과 상대적인 에너지 부족 — 에 도달하게 되었다. 이 한계는 당시에 구성된 대로의 자본 축적에 대한 생태역사적 한계다.

결론

자연-속-인류의 한계가 역사적 문제라면, 우리는 아리기의 세 가지 물음에 기댈 수 있을 것이다. 무엇이 누적적인 것인가? 무엇이 순환적인 것인가? 무엇이 새로운 것인가? 현재의 국면은 이전의 사회생태적 위기들과 어떻게 다른가? 이런 물음들에서 21세기 자본주의 위기의 윤곽을 식별하기 시작할 수 있을 것이다. 이것들은 갱신된 자본화의 과정 — 상품화의 확대와 기술 혁신, 금융화로 구성된 과정 — 이 신자유주의의 발전적 위기를 해소하지 못할지도 모른다는 점을 시사한다. 향후 어디에서 생태잉여의 거대한 팽창이 비롯될 것인가? 이것은 알기 어렵다. 자본 전체와 대비하여, 전유 기회가 결코 더 적었던 적이 없었고, 한편으로 그런 전유에 대한 수요는 결코 더 컸던 적이 없었다. 여기에 거대한 프런티어의 장기지속적 소진에 직면한 자본주의의 현행 전환을 이해하는 데 소중한 실마리가 있다.

3부
역사적 자연과 자본의 기원

7장

인류세인가 자본세인가? : 현행 생태위기의 본성과 기원에 관하여

기후변화와 관련하여 많은 학자 – 그리고 많은 시민 – 가 느끼는 긴급성은 부인할 수 없다. 기후변화, 생물다양성의 여섯 번째 대멸종, 해양 산성화, 그리고 그 밖의 엄청나게 심각하고 다양한 문제가 표출되는 긴급한 현실에 대해서는 거의 의문의 여지가 없다. 하지만 생물권 변화의 현실을 전달할 긴급성이 그 문제에 대한 적절한 역사적 해석의 필요성에 우선하는가? 어떤 문제의 개념화와 그 문제를 해결하려는 노력은 항상 밀접히 연계되어 있다. 또한, 문제의 기원에 관해 생각하는 방식과 가능한 해결책을 고안하는 방법도 마찬가지다.

지난 10년에 걸쳐서 한 가지 구상이 학자들과 대중을 공히 사로잡았는데, 그것은 바로 인류세라는 개념이다. 모든 유행하는 개념의 경우와 마찬가지로, 지금까지 인류세도 다양하게 해석되었다.[1] 하지만 한

---

1. 인류세의 시대구분을 둘러싼 논쟁이 맹위를 떨치고 있다. 현재 일부 고고학자는, 홀로세의 시초에 발생한 거대동물 멸종이나, 아니면 대략 11,000년 전에 시작된 농업의 기원으로부터, 홀로세의 대부분 기간 또는 전 기간을 인류세로 전환하려는 시도를 옹호하는 논변을 펼친다(M. Balter, "Archaeologists Say the 'Anthropocene' Is Here – But It Began Long Ago," *Science*, 340 (April 19, 2013) : 261~2에 요약되어 있음. Ruddi-

가지 해석이 지배적이다. 이 해석은 근대 세계의 기원이 19세기에 접어들 바로 그 무렵의 영국에서 발견될 수 있다고 말해준다.[2] 이런 시대 전환의 배후에 있는 원동력은 무엇인가? 두 낱말로, 석탄과 증기다. 석탄과 증기의 배후에 있는 구동력은 무엇인가? 계급은 아니다. 자본도 아니다. 제국주의도 아니다. 문화도 아니다 … 추측해 보라. 그것은 바로 안드로포스Anthropos, 즉 미未분화된 전체로서의 인류다.

인류세는 쉬운 이야기를 만들어낸다. 그 이야기가 쉬운 이유는 인류세라는 개념이 근대성의 전략적인 권력관계와 생산관계에 새겨진 자연화된 불평등과 소외, 폭력에 이의를 제기하지 않기 때문이다. 그것이 말하기 쉬운 이야기인 이유는 우리가 이들 관계에 관해 생각하도록 전혀 요구하지 않기 때문이다. 생명의 그물 속 인간 활동의 모자이크는 추상적인 **인**류, 즉 균일한 작용 단위체로 환원된다. 불평등, 상품화, 제국주의, 가부장제, 인종적 구성체, 그리고 그 밖의 많은 것은 대

---

man, *Plows, Plagues, and Petroleum* [러디먼, 『인류는 어떻게 기후에 영향을 미치게 되었는가』]; "The Anthropocene," *Annual Reviews in Earth and Planetary Science* 41, nos. 4.1~4.24 ([online first], 2013); J. Gowdy and L. Krall. "The Ultrasocial Origin of the Anthropocene," *Ecological Economics* 95 (2013): 137~47을 보라.) 대략 2,000년 전에 인류세가 시작되었다고 주장하는 사람들도 있다(G. Certini and R. Scalenghe. "Anthropogenic Durées are the Golden spikes for the Anthropocene," *The Holocene* 21, no. 8 [2011]: 1269~74를 참조하라). 한편으로, 약하게 주장하지만, 1945/1960 이후 시대구분을 옹호하는 사람들도 있다(J. Zalasiewicz et al., "Are We Now Living in the Anthropocene?" *GSA Today* 18, no. 2 [2008]: 4~8). 인류세 같은 경험주의적 개념들은 흔히 개념적 난장판이자 역사적 난장판이 되는데, 그 이유는 바로 그 개념들이, 숫자들이 역사적 의미를 부여받을 수 있게 되는 현실적으로 존재하는 역사적 관계들을 식별하기에 앞서, 현실을 수량적 집합체들의 다발로 포착하도록 제안하기 때문이다. 역사적 사실을 추가한다고 해서 역사적 해석이 형성되는 것은 아니다(Carr, *What is History?* [카, 『역사란 무엇인가』]를 참조하라).

2. Steffen et al., "The Anthropocene: Are Humans Now Overwhelming the Great Forces of Nature?"; "The Anthropocene: Conceptual and Historical Perspectives"; "The Anthropocene: From Global Change to Planetary Stewardship"; Chakrabarty, "The Climate of History".

체로 고려되지 않는다. 이들 관계는 인식되지만, 기껏해야, 문제의 틀을 잡는 작업에 대한 사후 첨가물로서 그럴 뿐이다. 이런 틀 잡기 작업은 두드러지게 상식적인, 하지만 내 생각에는 대단히 오해를 불러일으키기도 하는, 서사에서 전개되는데, 요컨대 그것은 '인간의 사업'이 '거대한 자연력'에 대항하도록 설정된 서사다.[3] '안드롬'Anthrome [4] — 인간의 지배를 받음으로써 '야생적'이지 않은 생태계 — 의 분류학이 역사적 해석에 우선하고, 그리하여 시간과 공간에 대한 대단히 선형적인 관념이 역사지리적 변화를 대체한다. 동시에 인류세 학자들은, 인간들도 자연 안에서 작용하는 '지구물리적 힘' — 여기서 단수형이 중요하다 — 이라는 결론을 내릴 수밖에 없다.[5] 이것은 녹색 사상의 비판적인 주류 표현들이 공유하는 '한 체계/두 체계' 문제다. 철학적으로, 인류는 생명의 그물 속 종으로 인식된다. 하지만 우리의 방법론적 틀과 분석적 전략, 서사 구조의 견지에서는 인간 활동이 개별적이고 독립적인 것으로 여겨지기에 인류는 **인**류가 된다. 그리하여 '인간적' 구성물과 '자연적' 구성물이 존재하는데,[6] 인간이 지구물리학적 힘으로 인식되더라도 말이다. 이런 부조화는 빛보다 안개를 더 많이 만들어내는데, 그 이유는 자연-속-인류라는 인식이 **인**류 및 **자**연에 관한 환원론적 서사에 대한 일종의 철학적 포장이 되었기 때문이다.

오늘날 인류세 논증에는 두 가지 주요한 차원이 존재한다. 한 차

3. Steffen et al., "The Anthropocene : From Global Change to Planetary Stewardship" ; "The Anthropocene : Are Humans Now Overwhelming the GreatForces of Nature?".
4. E.C. Ellis et al., "Anthropogenic Transformation of the Biomes, 1700 to 2000," *Global Ecology and Biogeography* 19, no. 5 (2010) : 589~606.
5. Steffen et al., "The Anthropocene : From Global Change to Planetary Stewardship", 741.
6. J. Zalasiewicz et al., "The Anthropocene : A New Epoch of Geological Time?" *Philosophical Transactions of the Royal Society A* 369 (2011) : 837.

원에서는 대기권 및 지질학적 변화와 더불어 그 변화의 직접적인 원인을 철저히 강조한다. 나머지 한 차원에서는 역사에 관한 주장이 제시되고, 그러므로 오늘날 위기에 관한 주장이 제시된다. 그 두 가지 차원 사이에는 빈번한 미끄러짐이 있다. 후자의 차원에서는 지배적인 인류세 논증이 지구시스템과학의 영역을 넘어서 역사적 분석의 바로 그 핵심 — 역사적 행위자와 시대구분에 관한, 변증법적으로 결부된 물음들 — 로 진입한다.

인류세 논증은 생물지질학적 문제와 사실 — 다양하게 유의미한 층서학적 신호의 존재에 달린 것[7] — 들을 역사적 시대구분의 적절한 토대로 여긴다. 두 가지 미묘하지만 강력한 방법론적 결단이 이런 접근법을 떠받친다. 첫 번째 경우에는 경험적 초점이 인간 활동의 결과로 좁혀서 집중된다. 이런 점에서, 인류세 논증은 녹색 사상의 결과주의적 편향을 구체화한다. 인류의 지구 지배를 옹호하는 논변은 유의미한 생물권적 결과 목록에 거의 전적으로 근거하여 구성된다. 그런 결과의 원인은 일반적으로 산업화, 도시화, 인구, 기타 등등의 매우 넓은 '블랙박스' 범주들로 환원된다.[8]

두 번째 방법론적 선택은 인류를 '집단적' 행위자로 구성하는 것을 중심으로 이루어진다.[9] 여기서 분화와 정합성의 역사지리적 패턴들은 서사적 단순성을 위해 삭제된다. 이런 삭제와 더불어 인류를 집단적 행위자로 격상함으로써 몇 가지 중요한 오해가 조장되었다. 1) 인구에 관한 신맬서스주의적 관점을 취함으로써 근대 세계체계의 가족구성과

---

7. Zalasiewicz et al., "Are We Now Living in the Anthropocene?"; "Stratigraphy of the Anthropocene" *Philosophical Transactions of the Royal Society A* 369 (2011) : 1036~55.
8. Steffen, et al., "The Anthropocene : Conceptual and Historical Perspectives"; "The Anthropocene : From Global Change to Planetary Stewardship".
9. Zalasiewicz et al., "Stratigraphy of the Anthropocene".

인구이동의 패턴들을 무시하였다.[10] 2) 역사적 변화에 대하여 기술-자원 복합체가 역사적 변화를 견인한다는 관점을 취하였다. 3) 자본과 계급, 제국의 역사적 관계들에서 희소성의 개념이 추출되었다. 4) 근대 세계역사를 응집한 자본과 제국의 힘을 인정하지 않으면서 집단적 행위자로서의 인류에 관한 메타이론을 제시하였다.

두 가지 주요한 틀 잡기 장치 – 결과가 시대구분을 결정한다, 인류가 이런 결과의 원인이다 – 는 데카르트적 이원론으로 불릴 수 있는 철학적 관점에서 비롯된다. 데카르트의 경우와 마찬가지로, 인간과 나머지 자연의 분리 – "인간은 거대한 자연력을 압도하고 있는가?"[11] – 는 자명한 현실처럼 보인다. 가장 단순한 형태의 이원론 철학은 **인**간 활동을 한 상자에 집어넣고, **자**연 활동을 다른 한 상자에 집어넣는다. 이러한 두 가지 작용 단위체는 서로 상호작용하고 영향을 미침이 확실하다. 하지만 각각의 작용 단위체 사이의 차이와 그 내부의 차이는, 한 단위체의 변화가 상대방 단위체의 변화를 반드시 수반할 정도로 서로 구성적이지는 않다. 이런 이원론으로 인해 인류세 옹호자들은 1800년 이후의 역사 시기를 산술적 토대 위에 구성하게 되는데, 요컨대 "인간 활동 더하기 현저한 생물권적 변화가 인류세와 같다." 또한, 이런 점에서, 인류세 시각은 녹색 산술의 상식 – "**사**회 더하기 **자**연은 환경학과 같다" – 을 편입한다.

이번에도 그것들은 모두 어느 정도까지는 유의미하다. 하지만 부분들의 총합이 전체인 것은 아니다. 인간 활동이 생물권적 변화를 생

---

10. Fischer-Kowalski et al., "A Sociometabolic Reading of the Anthropocene"; E.C. Ellis et al., "Used Planet," *Proceedings of the National Academy of Sciences* 110, no. 20 (2013) : 7978~85을 참조하라.
11. Steffen et al., "The Anthropocene : Are Humans Now Overwhelming the Great Forces of Nature?".

산하는 것만이 아니고, 인간들 사이의 관계 자체도 자연을 통해서 생산된다. 이런 자연은 자원-으로서의-자연이 아니고, 오히려 매트릭스-로서의-자연이다. 그것은 우리 몸의 안팎에서(기후변화에서 미생물 군집에 이르기까지) 작용할 뿐만 아니라, 우리의 육화된 마음을 비롯하여 우리 몸을 통해서도 작용하는 자연이다. 인간은 우리 역사에 근본적인 종내 분화를 생산하는데, 특히 모든 종류의 성별화되고 인종차별적인 우주론으로 굴절된 계급 불평등을 생산한다. 그런 분화로 인해 지금까지 인간 역사—특히 근대 세계역사—는 우연성과 급격한 변화로 가득 차게 되었다. 지금까지 그런 분화가 비선형적 변화를 생산했던 것만이 아니다. 그런 분화 역시, 생명의 그물과 이미 다발을 이루면서 서로 다발을 이룬 권력과 부의 비선형적 관계에 의해 생산되었다.

그리고 바로 여기서 우리는, 급격하고 근본적인 생물권적 변화 문제의 기원을 곰곰이 생각할 때, 인류세 논증과 관련하여 중요한 역사적이면서 정치적인 문제를 찾아낸다. 우리의 방법을 환경영향을 지나치게 우선시하는 것에서 생산자/생산물 관계를 우선시하는 것으로 바꾸면, 인류세 문제에 대한 매우 다른 관점이 명확해진다. 이런 관점에서 바라보면, 환경형성의 새로운 패턴의 기원은 장기 16세기 동안 대서양 세계에서 시작되었다. 이것은 왜 '그저' 역사적인 문제일 뿐만 아니라, 정치적인 문제이기도 한 것인가? 요약하면, 근대 세계의 기원을 증기기관과 탄광으로 자리매김하는 것은 증기기관과 탄광(그리고 그것들의 21세기 화신들)을 폐쇄하는 것을 우선시하는 것이다. 근대 세계의 기원을 1450년 이후 자본주의 문명의 발흥과 더불어 지구적 정복과 끝없는 상품화, 가차 없는 합리화를 추진하는 그 문명의 대범한 전략들로 자리매김하는 것은 무엇보다도 화석자본주의를 매우 치명적인 것으로 만든 권력과 자본, 자연의 관계들을 우선시하는 것이다. 화력발전소를 폐쇄하면 지구온난화를 하루 늦출 수 있고, 화력발전소를 만든 관계들을 폐쇄하면 지구온난화를 영원히 멈출 수 있다.

그러므로 자본주의의 초기 근대 기원을 삭제하는 것과 더불어 증기기관이 등장하기 오래전에 자본주의가 지구적 자연을 개조한 특별한 작용을 무효화시키는 것은 우리 정치 — 기후변화의 정치를 훨씬 넘어설 뿐만 아니라 심지어 '환경'정치도 넘어서는 정치 — 에 상당히 중요하다. 우리가 어떤 위기의 기원을 개념화하는 방법은 그 위기에 대응하기로 선택하는 방법과 전적으로 관련되어 있다. 그러므로 역사적 시대들을 둘러싸고 어떻게 그리고 언제 구분할 것인가에 관한 물음은 결코 작은 문제가 아니다. 역사가에게 물어보면 그는 이렇게 말할 것이다. 역사의 시대를 구분하는 방법이 사건에 대한 해석을 형성하고, 그리하여 중요한 관계에 대한 선택을 결정한다. 제임스 와트가 회전식 증기기관을 발명한 1784년을 시대의 시점으로 잡으면,[12] 영국 또는 네덜란드의 농업혁명을 시점으로 잡거나, 콜럼버스와 아메리카의 정복을 시점으로 잡거나, 아니면 1450년 이후 풍경 전환의 획기적 이행을 가리키는 최초의 징후를 시점으로 잡았을 때와는 매우 다른 역사관 — 그리고 근대성에 대한 매우 다른 관점 — 을 갖추게 된다. 우리는, 이상하게도 유럽중심적인 인류의 풍경으로 되돌아가면서 자원결정론과 기술결정론이라는 유서 깊은 관념들에 의존하는 인류세에 정말로 살고 있는가? 아니면 우리는, 자본의 끝없는 축적을 특별히 우선시하는 관계들로 형성된 역사적 시대인 자본세에 살고 있는가?[13]

---

12. P.J. Crutzen, "Geology of Mankind : The Anthropocene," *Nature* 415 (2002) : 23.
13. 의문의 여지가 없게도, 자본세는 추한 체계의 추한 낱말이다. 자본주의 시대는 미학적으로 유쾌한 별칭을 누릴 자격이 없다. (나는 그 사실을 환기해준 점에 대해 다이애나 길데아에게 감사한다.)

이런 역사적 물음들에 대해 답변하는 방식이 현재의 위기에 대한 분석 – 그리고 반응 – 을 결정한다.

자연을 조직하는 방법으로서의 자본주의

인류가 나머지 자연과 맺은 근대적 관계에 관해 묻는 것은 이런 관계의 결과에서 이런 결과를 접고 펼치는 관계로 우리의 초점을 이동시킨다. 결과는 정말 중요하다. 기후변화에서 비롯되는 결과가 특히 두드러지는데, 어쩌면 세계농업의 토지생산성과 노동에 미치는 억압적인 영향에 있어서 특히 그럴 것이다. 하지만 결과 – 또는 산업혁명에 대한 고도로 유형화된 해석 – 에 근거하여 역사적 변화의 시대를 구분하는 것은 처음부터 우리의 시야를 가리는 것이다. 물론, 우리는 지배적인 권력관계와 생산관계, 계급관계와 상품관계의 주요한 변화로 시작해야 한다. 하지만 그 정도에서 그치면, 새로운 것은 전혀 말해주지 않는다. '석탄과 자본주의' 논증의 더 정교한 판본들이 이해하는 바는, 장기 16세기에 일어난 권력관계와 생산관계의 전환이 인간들 사이의 관계를 넘어선 것이었다는 점인데, 또한 그것은 인류가 나머지 자연과 맺는 관계의 전환도 반드시 수반했고, 그리하여 인류의 자기관계도 전환되었다.[14]

나는 더 나아갈 것이다. 역사는 **사**회라는 한 행위자가 **자**연이라는 다른 한 행위자와 역사적 힘을 되받아치는 세계역사적 탁구 경기가 아니다. 역사적 변화는 일련의 환경형성 과정과 관계로 여기는 것이 더 나은데, 그것들을 통해서 인간 자연과 비인간 자연의 특정한 다발들

---

14. M.T. Huber, "Energizing Historical Materialism," *Geoforum* 40 (2008) : 105~15 ; Malm, "The Origins of Fossil Capital : From Water to Steam in the British Cotton Industry"를 참조하라.

이 흐르는 동시에 이들 다발은 그것들에 작용하여 환경을 개조한다. 18세기 말 수십 년 동안 열기를 더한 전환들의 다발은 인간 자연과 비인간 자연이 공동생산하였다(여기서 비인간 자연은 이른바 사회를 직접 구성하는 요소이기도 하다). 이런 상황은 결과의 층위에서도 마찬가지였고, 자본주의의 전략적 관계에 대해서도 마찬가지였다. 공동생산의 패턴은 우연적이면서도 안정적이고 정합적이었다. 이런 정합성은 풍경 변화에 대한 통상적인 추산을 훌쩍 넘어서는 특정한 환경형성 패턴에서 드러난다. 그런 정합성은 특정한 재생산 규칙 — 권력의, 자본의, 생산의 재생산 규칙 — 을 통해서 실현되고 재생산된다. 자본주의 문명의 경우에 이들 규칙은, 그야말로 가치가 있다고 여겨지는 것과 그렇게 여겨지지 않는 것을 결정하는 가치관계를 구현한다. 알다시피, 문명마다 가치관계가 다르기에 다른 형태의 부와 권력, 생산을 우선시한다. 역사적 자본주의에서 추상적인 사회적 노동은 자연이 제공하는 '공짜 선물'의 전유와 제국주의적 인클로저의 광범위한 레퍼토리를 통해서만 축적될 수 있을 것이다. 자본은 운동-중인-가치이자 자연-속-가치다. 그러므로 토양의 자연적 비옥도는 "고정자본의 증가처럼 작용"할 것인데,[15] 이것은 자본 축적의 분석에 대한 사회생태적 함의가 풍부한 소견이다.

여기서 전환 문제, 즉 자본과 과학, 국가가 일/에너지를 가치로 전환하는 동학 문제로 다시 돌아가자. 일부 에너지만이 일이 되고, 일부 일만이 가치가 된다. 대체로 엔트로피적인 이런 전환은 자본관계의 자기소모적 특질을 부각하는데, 자본관계는 자신의 생물물리학적 필요조건(일꾼이 포함됨)을 통해서 연소하면서 자본의 유기적 구성을 상승시키는 경향이 있다.[16] 그러므로 자본주의의 **저**렴한 **자**연 전략, 그리고

---

15. Marx, *Grundrisse*, 748. [마르크스, 『정치경제학 비판 요강 3』.]

2003년까지 되풀이된, 항상 더 저렴한 자연에 우호적인 순환운동[17]은 소중해지는 **네** 가지 **저**렴한 것의 주기적인 위협과 관련지어 이해될 수 있을 것이다.[18] 값비싼 자연은 상품화의 심장부 안팎의 상품 프런티어에서 무상 일을 전유함으로써 저렴해진다.[19] 이런 프런티어 운동은 지구적 자연의 자본화와 그 대응 현상, 즉 생태잉여의 저하 경향을 상쇄한다. 프런티어 덕분에 자본은 생산비를 파괴적으로 증가시키지 않으면서 무상 일의 지질학적 축적과 생물학적 배치를 탐욕스럽게 소비할 수 있게 되었다. 자본주의의 산업적 역동성과 팽창에 대한 신념을 고려하면, 부단한 위험은 투입물의 가치가 상승하여 이윤율이 저하할 것이라는 점이다.

세계생태적 재구성은 이원론적인 '사회적 견인차 더하기 환경영향' 모형에 전제를 두고 있는 어떤 시대구분 – 예를 들면, 산업혁명 – 도 의문시한다. 이것은, 지역학이 그런 이원론을 극복한 지 오래되었는데도, 여전히 지구적 환경학에 속하는 헤게모니적 모형이다.[20] 이런 관점에서 바라보면 인류세 논증은, 인간을 자연과 별개의 것으로 여기고 자본주의를 방정식에서 소거하기에, 철학적으로도 이론적으로도 문제가 있을 뿐만 아니라 역사적 시간에 관한 지나치게 협소한 구상도 제공한다. 이 사태는 두 가지 층위에서 일어난다. 한편으로는 시간에 관

---

16. Marx, *Capital*, Vol. I, 377~80 [마르크스, 『자본론 I-상』]; Luxemburg, *The Accumulation of Capital*, 328~47 [룩셈부르크, 『자본의 축적』].

17. J. Grantham, "Days of Abundant Resources and Falling Prices Are Over Forever," *GMO Quarterly Newsletter* (April 2011).

18. Mandel, *Late Capitalism*; Rostow, *The World Economy*.

19. A.R. Hochschild, *The Second Shift* (New York: Viking, 1989) [앨리 러셀 혹실드, 『돈 잘 버는 여자 밥 잘 하는 남자』, 백영미 옮김, 아침이슬, 2001]; Moore, "Sugar and the Expansion of the Early Modern World-Economy".

20. White, *Organic Machine* [화이트, 『자연 기계』]; Kosek, *Understories*.

한 지질학적 관념이 역사적 변화의 시대구분과 어색하게 융합된다. 다른 한편으로는 인류세가 '실제' 근대성의 '실제' 변화가 18세기 말에 시작되었다고 여긴 구식의 역사서술학적 풍경을 회복시킨다.

이런 점에서, 인류세 논증은 녹색 사상이 근대성에 대한 두 세기 모형 — 산업사회, 산업문명, 산업자본주의 — 과 오랫동안 지속한 연애 사건에 편입된다. "그것은 모두 산업혁명으로 시작되었다"라는 관념이 우리와 함께한 지는 오래되었다.[21] 두 세기 모형과 관련된 문제는 그저 그것이 무언가 중요한 것을 빠뜨렸다는 것이 아니고, 장기 16세기에 시작된 토지와 노동의 두드러진 개조를 녹색 사상이 볼 수 없게 한다는 것이다. 녹색 사상의 메타서사에서는 여전히 산업화가 석탄과 증기력에 의해 세계역사적 무대로 떨어진 데우스 엑스 마키나deux ex machina로 나타난다.

여기서 두 가지 의문이 제기된다. 첫째, 산업화는 근대성의 빅뱅인가, 아니면 오히려 16세기부터 이어진 자본주의의 순환적 현상인가? 둘째, 산업화는 지난 다섯 세기에 걸쳐 자본과 권력, 자연이 나타낸 대규모의 장기 패턴을 설명하는 가장 유용한 개념인가? 첫 번째 의문은 1970년대와 1980년대 동안 다루어졌지만,[22] 두 번째 의문은 거의 제기되지 않는다.

기껏해야, 산업화는 기술과 권력 사이의 긴장관계, 생산'력'과 생

---

21. 생태위기의 기원에 관한 '산업화 논제'는 유달리 대중적이다(Moore, "Nature and the Transition"). 예를 들면, Daly and Farley, *Ecological Economics*; Heinberg, *The Party's Over* [하인버그, 『미래에서 온 편지』]; D. Jensen, *Endgame*, Vol. 1: *The Problem of Civilization* (New York: Seven Stories Press, 2006) [데릭 젠슨, 『문명의 엔드게임 1: 문명의 문제』, 황건 옮김, 당대, 2008]; Malm, "The Origins of Fossil Capital"; Steffen et al., "The Anthropocene"; E.A. Wrigley, *Continuity, Chance and Change* (Cambridge: Cambridge University Press, 1990)을 보라.
22. I. Wallerstein, "The Industrial Revolution: *Cui Bono*?" *Thesis XI* 13 (1986): 67~76.

산'관계' 사이의 긴장관계를 가리키는 축약어다. 이들 긴장관계는 전혀 새로운 역사적 문제가 아니다. 하지만 지금까지 그것들은, 거의 보편적으로, 이원론적 견지에서 구상되었다. 이것은 데카르트적 이원론의 문제인데, 요컨대 자연을 통해서 전개되기보다는 오히려 자연에 작용하는 것으로서의 산업화에 관한 헤게모니적 서사에서 쓴 열매를 맺는 것이다. 철학적 구성물로서의 데카르트적 이원론이 각양각색의 녹색 사상에서 널리 의문시되고 있는 시기에,[23] 그런 이원론은 세계역사적 변화에 관한 방법과 이론, 서사적 틀에 대해서 헤게모니를 유지한다.

인류세 논증이 생물권적 결과로 시작하여 사회 이론으로 움직이는 한편으로, 비통상적인 위기 배열은 인간과 나머지 자연 사이(그리고 인간들 사이)의 변증법으로 시작하여 지질학적이고 생물물리학적인 변화로 움직인다. 결국 이 결과는 장기지속 전체에 걸쳐 잇따른 자본주의적 재구성의 시대에 대한 새로운 조건을 구성한다. 자연 안에서 공동생산된 권력관계와 생산관계가 결과를 접고 펼친다. 이런 시각에서 바라보면, 자연은 전체의 관계로서 서 있다. 인간은 생명의 그물 속에서 특정한 재능을 부여받은(하지만 특별하지는 않은) 환경 형성 종으로서 살아간다.

인간이 환경을 형성하는 일에 어떻게 착수하는지 – 그리고 권력과 자본, 자연이 어떻게 유기적 전체를 구성하는지 – 를 파악하기 위해서는 어쩌면 테크닉스에 관한 멈퍼드의 관념에 의지할 수 있을 것이다.[24] 멈퍼드는 초기 근대 시대에 새로운 테크닉스가 출현했음을 파악했는데,

---

23. D. Harvey, *Justice, Nature, and the Geography of Difference* (Oxford : Basil Blackwell, 1996) ; Latour, *We Have Never Been Modern* [라투르, 『우리는 결코 근대인이었던 적이 없다』] ; Plumwood, *Feminism and the Mastery of Nature* ; Braun and Castree, eds., *Remaking Reality* (1998) ; Castree and Braun, eds., *Social Nature*를 참조하라.

24. Mumford, *Technics and Civilization*. [멈퍼드, 『기술과 문명』.]

그 테크닉스는 인간과 자연 둘 다를 추상관념으로 환원한 새로운 세계실천에서 도구와 지식, 자연과 권력을 구체화했다. 멈퍼드의 경우에, 자본주의에서 권력과 생산은 근대성에 특정한 형태의 기술적 진보에 대한 원인과 조건이자 그 결과인 방대한 문화·상징적 레퍼토리를 구현하고 재생산한다. 멈퍼드가 명백히 밝힌 대로, 이것은 찬양받을 이야기는 아니었다. 오히려 그것은, 그 독특함에 대해서, 인식되고 비판받아야 할 이야기였다. "북유럽 사람들보다 훨씬 이전에 중국인들, 아랍인들, 그리스인들은 기계를 향한 첫걸음을 이미 내디뎠다 … 이들은 분명 풍부한 기술적 능력을 갖추고 있었다 … 그들은 기계를 보유하고 있었지만, '거대 기계'를 발전시키지는 않았다."[25] 여기서 어쩌면 멈퍼드는, 매우 많은 녹색 사상가가 그랬듯이, 멈출 수도 있었을 것이다. 하지만 그는 멈추지 않았다. 멈퍼드가 펼친 논증의 핵심에 놓여 있던 것은 자본주의 문명의 소외된 폭력과 기계, 테크닉스가 생명의 그물을 통과하여 움직인다는 관념이었다.

> 서양 세계의 경우에 십자군전쟁과 마르코 폴로의 여행과 포르투갈 사람들의 남쪽을 향한 모험으로 시작된 발견의 시대에서 가장 중요한 부분은 전체로서의 자연의 발견이었다. … 17세기의 철학과 역학에서 자연 탐구 절차의 윤곽이 명확히 부각되자마자, 인간 자체가 그 그림에서 배제되었다. 이런 배제로 인해 테크닉스는 어쩌면 일시적으로는 이득을 보았을 것이지만, 장기적으로는 그 결과가 불행한 것으로 판명될 것이었다. 인간은 권력을 장악하려고 시도하면서 자신을 추상관념으로 환원하는 경향이 있었다.[26]

25. 같은 책, 4. [같은 책.] 강조가 첨가됨.

테크닉스에 관한 관계적 구상이 없는 대부분의 녹색 사상은 산업혁명과 근대성을 융합한다.[27] 기원의 문제는 이산화탄소 배출량의 증가와 생태적으로 중요한 여타 현상의 획기적인 영향에 전제를 두고 있는 메타서사에 의지함으로써 은폐된다. 세계생태위기의 기원에 관한 물음은 공리적으로 19세기 산업화의 견인차와 결과의 피상적인 표상으로 환원된다.

산업화라는 숭배 대상은 재빨리 다른 숭배 대상들을 낳는다. 기계장치에 대한 양식화된 열광은 재빨리 자원에 대한 양식화된 열광을 낳는다. 계급관계적 접근법을 선호하는 좌파 인물의 경우에도, 말름이 석탄을 자본의 엔진에 불을 붙이는 불꽃으로 제안할 때처럼, 어떤 화석연료 물신주의가 나타난다.[28] 이런 설명에서 자본은 생명의 그물과 독립적으로 형성되고, 외생적 힘으로서 자연에 개입하는데(또는 반대의 경우도 마찬가지다), 그리하여 미리 주어진 "인류와 자연의 전통적인 균형"에 다양한 방식으로 침입하여 교란한다.[29] 자본주의를 생명의 그물과 관련하여 내생적이기보다는 오히려 외생적인 행위자로 여기는 관점은 지금까지 자연을 **자**연, 즉 **인**간에 의해 각양각색으로 보호되거나 파괴될 수 있는 실체로 환원하는 역설적인 결과를 낳았다.[30]

---

26. 같은 책, 31. [같은 책.] 강조가 첨가됨.

27. Steffen et al., "The Anthropocene : Conceptual and Historical Perspectives"; "The Anthropocene : From Global Change to Planetary Stewardship"; Malm, "The Origins of Fossil Capital".

28. Malm, "The Origins of Fossil Capital". 또한 Altvater, "The Social and Natural Environment of Fossil Capitalism"; Huber, "Energizing Historical Materialism"을 보라.

29. J.B. Foster, *The Vulnerable Planet* (New York : Monthly Review Press, 1994), 40. [존 벨라미 포스터, 『환경과 경제의 작은 역사』, 김현구 옮김, 현실문화, 2001.]

30. J. Martinez-Alier, *The Environmentalism of the Poor* (Cheltenham, UK : Edward Elgar, 2002)를 참조하라.

"'손가락으로 만져질' 수 있는 실재적인 것들의 견지에서 생각하는" 것은 구미가 당기는 것이다.[31] 이런 사고방식 – 부르디외는 그것을 '실체주의'라고 부른다[32] – 에 따르면, 실체는 특정한 유형의 사건들로 응집되는 환경을 통해서 발달하기보다는 오히려 사건과 관계의 장에 선행하여 독립적으로 형성된다.[33] 이런 의미에서 실체주의는, 인류를 자기재생산의 비인간 조건에서 격리하는 '인간 예외주의' 사회 이론의 핵심에 놓여 있다.[34] 그 결과는 인류를 존재론적으로 독립적인, 지구/생명이라는 '실체'와 별개의 것인 일종의 인간 실체로 여기는 사고방식이다. 실체주의는, 자신의 공공연한 목표가 전체론일 때에도, 종합을 향한 움직임을 구속한다.[35] 왜? 대체로 그 이유는 인간 예외주의 사회 이론 – 그리고 대부분의 사회 이론은 여전히 인간 예외주의적이다[36] – 이 그 속에서 인간 활동이 전개될 뿐만 아니라 인간 활동이 적극적으로 기여하는 자연들로 이루어진 전체에 대한 역사적 규정이 이루어지지 않은 상태에서 인류의 특이성을 전제하기 때문이다.[37] 그 과정에서, 인류의 '변증

---

31. Bourdieu and Wacquant, *An Invitation to Reflexive Sociology*, 228. [부르디외·바캉, 『성찰적 사회학으로의 초대』.]
32. 같은 책. [같은 책.]
33. Birch and Cobb, *The Liberation of Life*, 79~96. [버치·캅, 『생명의 해방』.]
34. Haraway, *When Species Meet*.
35. J.B. Foster, "The Epochal Crisis," *Monthly Review* 65, no. 5 (2013) : 1~12.
36. G. Ritzer, ed. *Encyclopedia of Social Theory*, 2 vols. (Thousand Oaks, CA : Sage, 2005).
37. 현재 유의미한, 대체로 친환경적인 사회 이론의 탁월한 업적을 부인하는 것은 어리석은 짓일 것이다. 사실상, 현재의 논증이 가능한 바로 그 이유는 녹색 사회 이론이 자연을 무시하는 이론화를 비판하면서 '사회 이론과 환경'이라는 전통의 이원론을 극복하기 위한 논증을 펼칠 수 있게 하였기 때문이다(예를 들어, J. Barry, *Environment and Social Theory*, 2nd ed. 〔New York : Routledge, 2007〕 [존 배리, 『녹색사상사』, 추선영·허남혁 옮김, 이매진, 2004]; D.A. Sonnenfeld and A.P.J. Mol, eds., *Social Theory and the Environment in the New World (dis)Order*, special issue of *Global Environmental Change*, 21, no. 3 〔2011〕 : 771~1152를 보라).

법적 역사성'을 확립할 바로 그 절차가 거부당한다.[38]

누구나 (임신의 경우와 마찬가지로) 얼마간 데카르트적일 수는 없는 것으로 판명된다. 그 이유는, 자연은 추상적이고 외부적이거나, 아니면 우리가 문명으로 부르는 권력과 생산의 대규모의 장기적 패턴들을 비롯하여 인간이 행하는 모든 것에 내재적인 동시에 역사적이기 때문이다. 인류세 논증으로 밝혀진 지형에서 우리는 초기 자본주의의 특정한 관계들 — 생명의 그물 속에서 공동생산된 관계들 — 이 석탄을 지하 암석에서 화석연료로 어떻게 변환했는지 고찰할 수 있을 것이다. 그 다음에 우리는 지질학적 사실이 어떻게 역사적 과정이 되는지 물을 수 있을 것이다.

물질적 흐름은 정말 중요하다. 하지만 그 흐름의 역사적 의의는 물질성에 대한 실체주의적 관점이라기보다는 오히려 관계적 관점을 통해서 가장 잘 이해된다. 자원의 흐름, 자본의 회로, 그리고 계급과 국가의 다툼이 하나의 변증법적 전체를 형성한다. 지질학은 기초적 사실인데, 그것은 오이케이오스를 거쳐서 전개되는, 자원생산의 역사적으로 공동생산된 특질을 통해서 역사적 사실이 된다.[39] 다시 말해서, 지질학은 권력과 생산의 인간 패턴들과 다발을 이루면서 권력과 생산을 공동생산하는데, 그러므로 에너지 체제가 목탄과 이탄에서 석탄으로 이행된 18세기 말의 북대서양 지역의 전역에 걸쳐 자본주의적 관계들의 다발이 재구성되었다. 특정한 역사적 환경 아래서 특정한 지질학적 구성체는 인간 활동의 대상이 되는 동시에 역사적 변화의 주체도 될 수 있다. 그리하여 우리는 문명이 나머지 자연을 우회하는 것이 아니라 통과하

38. Mészáros, *Marx's Theory of Alienation*.

39. Carr, *What is History?* [카, 『역사란 무엇인가』.]

여 움직임을 알 수 있게 된다.

관계적 관점 덕분에 우리는, 녹색 역사관을 흔히 형성하는 자원결정론에서 벗어나게 된다. 그 관점으로 인해 우리는 석탄이 새로운 권력관계와 생산관계를 통해서 석탄이 되는 방식과 그 반대 상황의 방식에 주목하게 된다. 알다시피, 가장 중요한 녹색 서사 중 하나는 1800년 무렵 어느 시기에 개시된 '화석자본주의'의 이야기를 전해준다. 하지만 영국 석탄생산의 혁명은 18세기가 아니라 16세기에 시작되었다. 이제 알게 되듯이, 이 사실은 자본주의의 발흥을 특징짓는 환경형성의 혁명과 밀접히 연계되어 있다.

인류세가 1800년이 아니라 장기 16세기에 개시되었다면, 우리는 21세기의 세계생태위기를 초래한 원인에 관해 사뭇 다른 물음을 제기하기 시작한다. 1530년 무렵에 영국 석탄혁명이 개시되었다는 사실로 인해 우리는 본원적 축적과 농업적 계급구조의 관계들, 근대 세계시장의 형성, 새로운 형태의 상품중심적 풍경 변화, 국가권력의 새로운 기구에 주목하게 된다. 이런 논증 노선이 '사회적 관계'로 돌아가는 것처럼 보일 뿐인 이유는 데카르트적 사상의 유산이 여전히 국가 형성과 계급구조, 상품화, 세계시장이 인간들 사이의 관계와 전적으로 관련되어 있다고 말해주기 때문인데 … 그것들은 그렇지 않다. 국가와 계급, 상품의 생산과 거래도 역시 인간 자연과 비인간 자연의 다발이다. 그것들은 자연-속-인류의 관계를 크고 작은 지리 안에 공히 재배치하는 과정과 프로젝트다.

이런 관점에서 바라보면, 석탄의 경우에, 지질학이 역사적으로 특정한 관계들의 다발로서의 에너지 체제를 공동생산한다고 말할 수 있는데, 요컨대 지질학은 주체이자 대상이다. 하지만 지구물질적 특이성이 사회 조직을 결정한다는 견해는 역사적 변화에서 지질학이 수행하는 역할을 부각하지 않고, 오히려 보지 못하게 가린다. 이 견해가 그런 것은 밀접히 연계된 두 가지 이유 때문이다. 첫째, 지질학이 역사적 변화를 결정한다고 말하는 것은 지질학적 사실을 역사적 사실로 혼동하는 것이다. 둘째, 지질학적 사실을 역사적 사실과 융합하는 것은 특정한 종류의 환경결정론 — **자**연 더하기 **사**회의 산술 — 에 관여하는 것이다. 그리하여 우리는 우리의 후렴구로 되돌아갈 것이다. **자**연 더하기 **사**회는 이치에 맞지 않는다. 어쩌면 가장 중요한 사실은, 환경결정론이 아무리 편파적이거나 정교하더라도 그것은 **사**회와 **자**연이 상호 침투하기보다는 오히려 상호작용하는, 세상의 데카르트적 질서를 건드리지 않고 그대로 둔다는 점일 것이다. 대안적 견해는 지질학이 오이케이오스를 통해서 역사적 변화를 공동생산한다고 여긴다. 이 대안 덕분에 우리는 에너지 체제 — 심지어 문명 전체 — 가 나머지 자연을 우회하기보다는 오히려 통과하여 움직인다고 여길 수 있게 된다. 초기 자본주의의 특정한 관계들 — 생명의 그물 속에서 공동생산된 관계들 — 이 석탄을 무상 일/에너지로 변환했고, 무상 일/에너지를 자본으로 전환했다. 물질적 흐름과 그 특이성은 중요한데, 그것도 상당히 중요하다. 하지만 그 흐름의 역사적 의의는 물질성에 대한 실체주의적 관점이라기보다는 오히려 관계적 관점을 통해서 가장 잘 이해되는데, 관계적 관점에 따르면 자원의 흐름과 자본의 회로, 계급과 국가의 다툼이 하나의 변증법적 전체를 형성한다.

산업화가 나머지 자연을 형성한 것만큼이나 물질적 특수성이 산업화를 형성했다는 벙커의 통찰은 지배적인 지혜에 대한 중요한 교정 수단이다.[40] 대부분의 녹색 좌파 — 인류세 논증과 근본적인 차이를 거의 찾

---

40. Bunker and Ciccantell, *Globalization and the Race for Resources*.

아볼 수 없다 — 에게 산업화는, 화석화된 탄소에 의존하고 온갖 종류의 불쾌한 유출물을 토해내면서 지구에 작용하는 사회의 문제다. 산업화와 그것의 자본주의와의 융합에 대한 이런 실체주의적 관점은 '화석자본주의'에 대한 비판에서 급진적 학자들도 재생산한 강력한 신진대사 숭배를 고무했다.[41] 이런 세계상에서는 '물질적 흐름'이 그 흐름을 통해서 형성되고 접히며 전개되는 관계보다 존재론적으로 우선하는 지위를 부여받는다. 물질적 흐름과 (특히) 계급관계의 관계성은 연구할 수 없는 문제로 치부된다. 데카르트적 실행 가능성은 계급과 자본의 운동을 분석에서 전적으로 배제한다![42] 급진적 학자와 주류 학자에게는 공히 '비역사적이고 비정치적인 결말'을 낳는 외생적 자연을 환기하는 경향이 있다.

신진대사 숭배, 그리고 그로 인한 다양한 자원결정론과 에너지결정론은 양적으로 정당화하기 쉽다. 에너지가 더 많이 소요될수록, 광물이 더욱더 많이 추출되고 금속이 더욱더 많이 생산되며, 도시·산업 노동자가 더욱더 늘어나고 농업 생산자가 더욱더 줄어들며, 기타 등등. 이런 이유로 인해 어쩌면 산업혁명에 관한 대부분의 환경지향적인 역사가는 수학화가 용이하다는 매력 덕분에 에너지를 분석하기를 (예컨대, 의회 인클로저보다) 선호했었을 것이다.[43] 하지만 수는 까다로운 것이다. 수는 세계관계적 과정 안에 수량적 데이터를 접어 넣을 수 있는 대

41. Altvater, "The Social and Natural Environment of Fossil Capitalism".

42. H. Haberl et al., "Quantifying and Mapping the Human Appropriation of Net Primary Production in Earth's Terrestrial Ecosystems," *Proceedings of the National Academy of Sciences* 104, no. 31 (2007) : 12942~7 ; "A Socio-Metabolic Transition Towards Sustainability?" *Sustainable Development* 19, no. 1 (2011) : 1~14.

43. E.A. Wrigley, *Energy and the English Industrial Revolution* (Cambridge : Cambridge University Press, 2010) ; R.P. Sieferle, *The Subterranean Forest* (Cambridge : The White Horse Press, 2001) ; Malanima, "Energy Crisis and Growth 1650~1850".

안을 수를 취급하는 사람에게 보이지 않게 하는 경험주의적 논리를 쉽게 연행한다.[44] 굴드는 "수는 암시하고 제약하며 반박하지만, 수는 단독으로 과학 이론의 내용을 규정하지는 않는다"라는 점을 우아하게 상기시킨다.[45] 훨씬 더 정곡을 찌르는 것은, 수를 설명으로 혼동하는 행위가 "해석자를… 자신의 수사법〔의 논리에〕" 빠뜨리는 경향이 있다는 점이다. "해석자는 자신의 객관성을 믿는 〔경향이 있고〕, 그리하여 자신의 수와 정합적인 다수의 〔다른 해석〕 중에서 한 가지 해석으로 이끄는 편견을 식별하지 못한다."[46] 그리하여 우리는 많은 가능한 시대구분을 낳은 인류세 사유 노선을 갖게 되는데, 다만 그 노선은 장기 16세기의 전환점만 제외한다.[47]

자본주의의 기원 : 생태에서 세계생태로

1800년의 자본주의는 석탄기 제우스의 머리에서, 온전히 성장하여 무장한 채, 불쑥 튀어나온 아테나가 아니었다. 문명은 빅뱅 사건을 통해서 형성되지 않는다. 문명은 생명의 그물 속 인간 활동의 연쇄적인 전환과 분기를 거쳐 출현한다. 이런 연쇄의 기원은 흑사병이 유행한 시기(1347~1353년) 이후 발생한 봉건제 문명의 획기적 위기에 뒤따른 혼돈에서 발견되는데, 뒤이어 장기 16세기의 "방대하지만 미약한" 자본

---

44. B.J. Silver, *Forces of Labor* (Cambridge : Cambridge University Press, 2003) [비버리 실버, 『노동의 힘』, 백승욱 외 옮김, 그린비, 2005]에서 그런 접힘의 모범 사례가 제시된다.

45. S.J. Gould, *The Mismeasure of Man* (New York : W.W. Norton, 1981), 106. [스티븐 제이 굴드, 『인간에 대한 오해』, 김동광 옮김, 사회평론, 2003.]

46. 같은 책. [같은 책.]

47. 하지만 S.L. Lewis and M.A. Maslin, "Defining the Anthropocene," *Nature* 511 (2015) : 171~80을 보라.

주의가 출현하게 된다.[48] 인간과 나머지 자연 사이 관계가 전환된 새로운 시대를 지적할 수 있다면, 그것은 바로 이 시대다. 이 시대는 인간 주도의 환경형성에서 비롯된 특별한 혁명의 세기들이었는데, 지리적으로는 초기 근대 대서양 지역의 포괄적인 상품중심적 관계들에 집중되어 펼쳐졌다. 1450년 이후에 자본주의가 발흥한 사건은 인류와 나머지 자연 사이 관계의 역사에서 전환점을 나타내었는데, 요컨대 농업과 최초의 도시가 발흥한 이후로 생겨난 어떤 분기점보다 더 큰 전환점이고, 게다가 관계적 견지에서는 증기기관이 등장한 사건보다 더 큰 전환점이다. 새로운 획기적인 관계들의 여파로 인해 두드러진 결과와 양적 팽창이 궁극적으로 발생한다는 점에 대해서는 어떤 역사가도 놀라지 않을 것이다. 하지만 즉각적인 결과도 극적이었다.

1450년 이후에 대서양 세계와 그 이상의 지역에서 일어난 풍경 전환의 규모와 속도, 범위의 획기적 변화로 인해 자본주의가 발흥할 수 있게 되었다. 장기 17세기에 폴란드의 비스와강 유역과 브라질의 대서양 우림에서 자행된 삼림 벌채는 중세 유럽에서 발생한 어떤 사태보다도 다섯 배에서 열 배만큼이나 더 큰 규모와 속도로 이루어졌다.[49] 봉건제 유럽에서는 서유럽과 중부 유럽의 광활한 숲이 벌채되는 데 수

48. Moore, "Ecology and the Rise of Capitalism" ; Wallerstein, *The Modern World-System I* [월러스틴, 『근대세계체제 I』] ; M. Małowist, *Western Europe, Eastern Europe and World Development, 13th~18th Centuries* (Leiden : Brill, 2009) ; F. Braudel, "European Expansion and Capitalism, 1450~1650," in *Chapters in Western Civilization*, ed. Contemporary Civilization Staff, Columbia College (New York : Columbia University Press, 1961), 245~88.

49. Moore, "Ecology and the Rise of Capitalism" ; " 'Amsterdam Is Standing on Norway' Part II" ; H.C. Darby, "The Clearing of Woodland in Europe," in *Man's Role in Changing the Face of the Earth*, ed. W.L. Thomas, Jr. (Chicago : University of Illinois Press, 1956), 183~216 ; M. Williams, *Deforesting the Earth* (Chicago : University of Chicago Press, 2003).

세기가 걸렸다. 1450년 이후에는 비견할 만한 삼림 벌채가 수 세기가 아니라 수십 년에 걸쳐 이루어졌다. 일례를 들면, (프랑스 북동부에 위치한) 중세 피카르디 지방에서는 12세기부터 1만 2천 헥타르의 숲을 벌채하는 데 200년이 걸렸다.[50] 4세기가 지난 후, 1650년대에 사탕수수 호황이 최고조에 이르렀을 때 북부 브라질에서는 1만 2천 헥타르의 숲이 단 일 년 만에 벌채될 것이었다.[51] 이들 사례는, 장기 중세 위기 동안에 일어난 권력과 부, 자연 사이 관계들의 획기적 전환과 1450년 이후에 개시된 팽창에 대한 소중한 실마리다.

1450년대에서 산업혁명의 전야에 이르기까지 초기 자본주의에 의한 토지와 노동의 전환에 대한 적당한 목록은 다음과 같은 상품중심적인 변화와 상품에 영향을 받은 변화를 포함할 것이다.

1) 저지대 국가들의 농업혁명(대략 1400~1600년) – 중세 간척공사에서 비롯된 이탄 습지 침하의 위기로 촉발된 혁명 – 덕분에 네덜란드 노동력의 4분의 3이 농업의 외부에서 일을 할 수 있게 되었다.[52]

2) 중부 유럽 전역에서 숲의 정치생태를 철저히 전환한 그 지역의 채광 및 야금술의 혁명.[53]

---

50. R. Fossier, *La Terre et les Hommes en Picardie jusqu'à la Fin du XIIIe Siècle*, 2 vols (Paris : B. Nauwelaerts, 1968), 315.

51. Moore, "Ecology and Rise of Capitalism", ch. 6.

52. B. van Bavel, "The Medieval Origins of Capitalism in the Netherlands," *BMGN-Low Countries Historical Review* 125, nos. 2~3 (2010) : 45~79 ; R. Brenner, "The Low Countries in the Transition to Capitalism," *Journal of Agrarian Change* 1, no. 2 (2001) : 169~241.

53. J.U. Nef, *The Conquest of the Material World* (New York : Meridian, 1964) ; J. Vlachovic, "Slovak Copper Boom in World Markets of the Sixteenth and in the First Quarter of the Seventeenth Centuries," *Studia Historica Slovaca* 1 (1963) : 63~95 ; Moore, "Ecology and the Rise of Capitalism".

3) [북대서양] 마데이라 제도에서 발흥하여 급속한 삼림 벌채에 맞춰 빠르게 쇠퇴한(1452~1520년대) 근대적 사탕수수-노예 결합의 최초 징후들.[54]

4) 마데이라 제도의 위기에 뒤이어 곧장 사탕수수 프런티어가 [서아프리카 기니만의] 상투메섬으로 이동되면서(1540년대~1590년대) 최초의 근대적인 대규모 플랜테이션 체계가 확립되었는데, 그 결과 1600년 무렵에 그 섬의 3분의 1 지역에서 벌채가 이루어졌고 대규모 노예반란이 촉발되었다.[55]

5) 1570년 이후 세계 사탕수수 경제의 절정기에 브라질 북동부 지역이 상투메를 대체했는데, 이로부터 브라질의 대서양 우림 벌채의 첫 번째 거대한 파동이 개시되어 유례없는 속도로 전개되었다.[56]

6) 한편으로, 16세기 말에 아프리카 '노예 프런티어'가 기니만에서 앙골라와 콩고로 바뀌었는데, 이 사태는 노예무역의 여러 주요한 팽창 중 최초의 것을 나타내었다.[57]

7) 1545년 이후에 [볼리비아] 포토시가 세계의 선도적인 은 생산지로 등장했고, 게다가 [독일] 작센과 보헤미아의 은 광산이 고갈한 직후인 1571년 이후에 획기적인 구조조정이 또다시 이루어졌는데, 그 자체가

---

54. Moore, "Madeira, Sugar, and the Conquest of Nature, Part I"; "Madeira, Sugar, and the Conquest of Nature, Part II".

55. J. Vansina, "Quilombos on São Tomé, or In Search of Original Sources," *History in Africa* 23 (1996) : 453~9 ; B.L. Solow, "Capitalism and Slavery in the Exceedingly Long Run," in *British Capitalism and Caribbean Slavery*, ed. B.L. Solow & S.L. Engerman (Cambridge : Cambridge University Press, 1987), 51~77.

56. Schwartz, *Sugar Plantations in the Formation of Brazilian Society* ; Dean, *With Broad Ax and Firebrand*.

57. J.C. Miller, *Way of Death : Merchant : Capitalism and the Angolan Slave Trade 1730-1830* (Madison : University of Wisconsin Press, 1988).

삼림 벌채와 광석 품질의 하락, 노동 불안정에 의해 좌우되었다.[58]

8) 1550년 무렵 중부 유럽에서 채광과 야금이 쇠퇴함으로써 철과 구리 생산에도 영향을 미쳤는데, 그 결과 영국 철이 선호되었고(1620년까지), 특히 스웨덴의 철과 구리 생산이 발흥했다.[59]

9) 아메리카의 은 생산은 유럽의 조선용 통나무에 의존했는데, 그리하여 포토시가 개화한 사태에는 1570년대에 임산물 프런티어가 폴란드-리투아니아에서 노르웨이 남부 지역으로 이동한 상황이 수반되었고, 뒤이어 1620년대에 [폴란드] 단치히의 배후지로 (또다시) 이동하였으며, 연이어 순차적으로 쾨니히스베르크, 리가, 비보르크로 이동했다.[60]

10) 한편으로, 1550년대에 저렴한 곡물을 해안 저지대 국가들에 수출한 [폴란드] 비스와강 곡창 지대의 발흥에 뒤이어 1630년대에 폴란드의 시장지향적인 농업이 농업생태적으로 소진되었다.[61]

11) 폴란드의 농업생태적 하락 추세에서 비롯된 모든 부족분은 영국의 농업혁명으로 재빨리 벌충되었는데, 그 혁명에 힘입어 1700년 무렵에 영국은 유럽의 곡창 지대가 되었지만, 생산성이 정체된 1760년대 이후에는 농업생태적 토대가 불안정해졌다.[62]

---

58. P. Bakewell, *Miners of the Red Mountain* (Albuquerque : University of New Mexico Press, 1984) ; Moore, "Madeira, Sugar, and the Conquest of Nature, Part II".
59. U. Sundberg, "An Energy Analysis of the Production at the Great Copper Mountain of Falun During the Mid-Seventeenth Century," *International Journal of Forest Engineering* 1, no. 3 (1991) : 4~16 ; K-H. Hildebrand, *Swedish Iron in the Seventeenth and Eighteenth Centuries*, trans. P. Britten Austin (Stockholm : Jernkontorets Bergshistoriska Skriftserie, 1992) ; P. King, "The Production and Consumption of Bar Iron in Early Modern England and Wales," *Economic History Review* 58, no. 1 (2005) : 1~33.
60. Moore, " 'Amsterdam Is Standing on Norway' Part II".
61. W. Szcygielski, "Die Okonomische Aktivitat des Polnischen Adels im 16~18. Jahrhundert," *Studia Historiae Oeconomicae* 2 (1967) : 83~101 ; Moore, " 'Amsterdam Is Standing on Norway' Part II".
62. M. Overton, *Agricultural Revolution in England* (Cambridge : Cambridge Uni-

12) 17세기 팽창 시기에 영국의 숲은 재빨리 전유되었고, 그리하여 1620년의 선철銑鐵 생산량이 수요가 증가함에도 1740년까지 최고치를 차지했었는데, 나머지 수요는 수입으로, 특히 스웨덴에서의 수입으로 충당되었다.

13) 그리고, 철 생산의 중심지가 급속히 새로운 삼림 지역으로 이동하는 속도에 발맞추어 철이 숲을 집어삼킴에 따라, 스웨덴의 풍부한 삼림도 빠르게 줄어들었다.[63]

14) 1620년 이후 영국의 철 생산량이 정체된 상황은 철 생산지를 연료비가 훨씬 더 저렴한 아일랜드로 이동하도록 자극하였다. 단 일 세기 만에 아일랜드의 삼림 비율은 12.5%에서 겨우 2%로 하락했고, 그리하여 18세기 중엽에는 철이 거의 생산되지 않을 것이었다.[64]

15) 저렴한 국내 이탄의 추출에 집중된 네덜란드 에너지 체제는 17세기에 정점에 이르렀는데, 쉽게 추출할 수 있는 지역들은 재빨리 고갈하였기에 1750년 이후에는 생산량이 급격히 감소했다.[65]

16) 동남아시아에서는 1650년대와 1670년대 사이에 네덜란드가 새

---

versity Press, 1996) ; Jackson, "Growth and Deceleration in English Agriculture, 1660~1790".

63. King, "The Production and Consumption of Bar Iron in Early Modern England and Wales" ; Thomas, *The Industrial Revolution and the Atlantic Economy* ; R. Fouquet, *Heat, Power and Light : Revolutions in Energy Services* (Northampton, MA : Edward Elgar, 2008), 59~60 ; P. Mathias, *The First Industrial Nation : The Economic History of Britain, 1700~1914* (London : Methuen & Co., 1969) ; Hildebrand, *Swedish Iron in the Seventeenth and Eighteenth Centuries*.

64. R. Kane, *The Industrial Resources of Ireland*, 2nd ed. (Dublin : Hodges and Smith, 1845), 3 ; E. McCracken, *The Irish Woods Since Tudor Times* (Newton Abbot, Ireland : David & Charles, 1971), 15, 51 ; E. Neeson, "Woodland in History and Culture," in *Nature in Ireland : A Scientific and Cultural History*, eds. J.W. Foster and H.C.G. Chesney (Montreal : McGill-Queen's University Press, 1997), 143~56.

65. De Zeeuw, "Peat and the Dutch Golden Age".

로운 식민지체제를 시행했는데, 그리하여 대량의 '비인가' 정향나무를 제거하고, 대규모의 토착민을 오지에서 노동을 징발하기에 적절한 새로운 식민지 행정 단위체로 이주시키며, [인도네시아] 자카르타 핵심부 바깥에 새로운 조선소를 건립함으로써 1650년대에 정향 무역에 대한 독점권을 확보했다.[66]

17) 17세기 초엽부터, 영국에서 [남아메리카] 페르남부쿠와 수리남까지, 로마에서 [스웨덴] 예테보리까지, 대서양 세계 전역에서 습지가 간척되었는데, 흔히 그 간척공사는 네덜란드 기술자들이 시행했다.[67]

18) '첫 번째' 16세기(대략 1450~1557년) 동안 이베리아와 이탈리아가 급팽창함으로써, 처음에는 이탈리아와 포르투갈의 숲에서 시작하여 얼마간 지난 후에는 스페인의 숲에 이르기까지, 지중해 삼림이 상대적이지만 광범위하게 소진되었고, 특히 17세기 초엽에는 양질의 조선용 통나무를 공급할 수 있는 능력이 소진되었다.[68]

---

66. C. Boxer, *The Dutch Seaborne Empire, 1600-1800* (London : Hutchinson, 1965), 111~2 ; C. Zerner, "Through a Green Lens : The Construction of Customary Environmental Law and Community in Indonesia's Maluku Islands," *Law and Society Review* 28, no. 5 (1994) : 1079~122 ; P. Boomgaard, "Forest Management and Exploitation in Colonial Java, 1677~1897," *Forest and Conservation History* 36, no. 1 (1992) : 4~14 ; N. L. Peluso, *Rich Forests, Poor People* (Berkeley : University of California Press, 1992), 36~43.
67. C.H. Wilson, *The Dutch Republic and the Civilisation of the Seventeenth Century* (New York : McGraw Hill, 1968), 78~81 ; T.D. Rogers, *The Deepest Wounds* (PhD dissertation, Department of History, Duke University, 2005), 51 ; Richards, *The Unending Frontier*, 193~241 ; Boomgaard, "Forest Management and Exploitation in Colonial Java".
68. F. Braudel, *The Mediterranean and the Mediterranean World in the Age of Philip II*, Vol. I (New York : Harper & Low, 1972) [페르낭 브로델, 『지중해 : 펠리페 2세 시대의 지중해 세계 1』, 주경철·조준희 옮김, 까치, 2017] ; C. Cipolla, *Before the Industrial Revolution : European Society 1000-1700* (New York : W.W. Norton, 1976) ; Moore, " 'Amsterdam Is Standing on Norway' Part I" ; J.T. Wing, "Keeping Spain Afloat," *Environmental History* 17 (2012) : 116~45 ; F.C. Lane, "Venetian Shipping During the

19) 그 결과, 스페인의 조선소가 쿠바로 이전되면서 1700년 무렵에는 선단의 3분의 1일이 그곳에서 건조되었고, 게다가 [브라질] 살바도르 데 바이아와 [인도] 고아에서 포르투갈의 조선이 비교적 수수하지만 유의미하게 팽창하였다.[69]

20) 뒤이어 18세기에는 북아메리카에서 주요한 조선 중심지들과 더불어 통나무와 선박용품의 중요한 프런티어들이 출현했다.[70]

21) 임산물 프런티어와 조선 프런티어의 수그러들 줄 모르는 지리적 팽창은 북대서양의 해양단백질 원천을 탐색하여 집어삼킨 방대한 청어와 대구, 고래잡이 선단의 점진적 증가와 결부되어 있었다.[71]

22) 생선에 대한 추구는 모피에 대한 추구로 보완되었다. 모피 무역은, 세계 축적에 기여한 바는 미약했지만, 북아메리카 전역에서(또한 시베리아에서) 꾸준히 성장하여 (그리고 모피동물의 연쇄적인 절멸과 더불어) 18세기 무렵에는 광활한 5대호 지역으로 확대되면서 식민권력의 유의미한 하부구조를 조장했다.[72]

23) 1650년 이후에는 세계 사탕수수 시장이 팽창하고 브라질 사탕수수 생산이 상대적으로 쇠퇴함으로써 서인도 제도에서 사탕수수의 혁명이 연이어 일어나는 데 우호적인 상황이 조성되었고, 그 여파로 아

Commercial Revolution," *American Historical Review* 38, no. 2 (1933) : 219~39.

69. J.H. Parry, *The Spanish Seaborne Empire* (Berkeley : University of California Press, 1966) ; F.W.O. Morton, "The Royal Timber in Late Colonial Bahia," *Hispanic American Historical Review* 58, no. 1 (1978) : 41~61 ; Boxer, *The Dutch Seaborne Empire*, 56~7.

70. J. Perlin, *A Forest Journey* (Cambridge, MA : Harvard University Press, 1989) [존 펄린, 『숲의 서사시』, 송명규 옮김, 따님, 2002] ; Williams, *Deforesting the Earth*.

71. Richards, *The Unending Frontier*, 547~616 ; B. Poulsen, "Talking Fish," in *Beyond the Catch*, eds. L. Sicking and D. Abreu-Ferreira (Leiden : Brill, 2008), 387~412.

72. Wolf, *Europe and the People without History*, 158~94 [울프, 『유럽과 역사 없는 사람들』] ; Richards, *The Unending Frontier*.

프리카 흑인 노예들의 무덤과 황폐해진 풍경의 흔적이 남게 되었다.[73]

24) 인간 생태 역시 다양한 방식으로 변환되었는데, 특히 1550년 이후 유럽에서는 농민 식단의 대단히 불균등한 '곡물식화'와 더불어 귀족 및 부르주아 식단의 '육식화'가 일어났다.[74]

25) 18세기에 나타난 멕시코 은 생산의 재기와 그에 따른 멕시코의 이미 성긴 숲의 벌채.[75]

26) 1530년부터 이루어진 영국 석탄생산의 혁명.[76]

27) 더욱이, 어쩌면 가장 중요한 사건은 획기적인 '콜럼버스의 교환'일 것인데, 요컨대 구세계 질병과 동물, 곡물이 신세계로 유입되고, 감자와 옥수수 같은 신세계 곡물이 구세계로 유입되었다.[77]

그런데도, 어쩌면 이런 풍경 변환은 본질적으로 전前산업적 문명의 산물이 아니었겠느냐고 이의를 제기할 수도 있을 것이다. 인류세 논증의 경우에, 이것이 상식적인 출발점이다. 여기서 산업화가 자본주의적 테크닉스의 결정적인 두 가지 국면으로 이루어져 있다고 간주하자. 한 국면은 노동시간 대비 기계장치와 투입물의 규모 증가 — 맑스에 따르면, 자

73. D. Watts, *The West Indies* (Cambridge : Cambridge University Press, 1987).

74. Braudel, *The Structures of Everyday Life*, 190~9 [브로델, 『물질문명과 자본주의 I : 일상생활의 구조』]; J. Komlos, "Height and Social Status in Eighteenth-Century Germany," *Journal of Interdisciplinary History* 20, no. 4 (1990) : 607~21 ; Komlos, "Shrinking in a Growing Economy?".

75. P.J. Bakewell, *Silver Mining and Society in Colonial Mexico* (Cambridge : Cambridge University Press, 1971) ; D. Studnicki-Gizbert and D. Schecter. "The Environmental Dynamics of a Colonial Fuel-Rush," *Environmental History* 15, no. 1 (2010) : 94~119.

76. M. Weissenbacher, *Sources of Power* (New York : Praeger, 2009) ; J.U. Nef, *The Rise of the British Coal Industry*, 19~20, 36, 208.

77. Crosby, *The Columbian Exchange* [크로스비, 『콜럼버스가 바꾼 세계』]; *Ecological Imperialism* [『생태제국주의』].

본의 기술적 구성의 상승—를 가리키는 축약어로서의 산업화다. 어쩌면 이런 과정은 기계화라고 부르는 것이 더 유익할 것이다. 나머지 다른 한 국면은 표준화와 합리화를 가리키는 축약어로서의 산업화인데, 그 초기 형태는 20세기의 조립라인과 테일러주의에서 예시되었다.[78] 이런 임시변통의 정의가 성립한다면, 와트의 회전식 증기기관이 발명되기 3세기 전 사례들이 부족하지 않은데, 이를테면 1500년 무렵에 2천만 권의 책이 인쇄될 정도로 1450년 이후에 노동생산성이 2백 배 향상되었음을 보여주는 가장 예시적인 사례로서 인쇄술이 있다.[79] 그 밖에도, 순차적으로 노동생산성을 향상한 식민지의 사탕수수 공장과 대도시의 제당 공장,[80] 매우 거대한 제철용 용광로,[81] 조선의 노동생산성을 네

---

78. 이 축약어는 기계장치에 적용될 뿐만 아니라 이런 기계를 작동하는 데 필요한 인간 및 비인간 관계들의 합리화에도 적용되는데, 20세기 초에 수행된 테일러의 시간과 운동 연구(1914; 또한, Braverman, *Labor and Monopoly Capital* [브레이버맨, 『노동과 독점자본』])는 자본주의의 잇따른 산업혁명에 수반되는 인간/비인간 관계들의 상징적 코드화와 지도제작, '합리적' 재구성을 알려주는 징후이지만, 20세기의 새로운 현상은 거의 아니었다. 예를 들면, 남북전쟁 이전 미합중국 정육업의 '해체라인'(Cronon, *Nature's Metropolis*)이나 초기 근대 사탕수수 플랜테이션에 필요한 노동과정과 풍경의 합리화(Mintz, *Sweetness and Power* [민츠, 『설탕과 권력』]; Moore, "Ecology and the Rise of Capitalism")를 고려하라. 직접적인 생산과정을 넘어서 짚어보면, 초기 자본주의의 시간과 공간 전체를 가로질러 작용하고 있는, 길게 이어진 일련의 합리화 과정을 볼 수 있는데, 이 사태는 베버의 형식적 합리성, 푸코의 생명정치, 좀바르트의 복식부기 '계산 기술'에 관한 논제, 그리고 그 밖의 많은 구상에 의해 부분적일지라도 다양한 방식으로 암시되었다. 각각, M. Weber, *The Theory of Social and Economic Organization* (New York : Free Press, 1947) ; Foucault, *Society Must be Defended* [푸코, 『사회를 보호해야 한다』]; W. Sombart, *The Quintessence of Capitalism*, M. Epstein, trans. and ed. (New York : E.P. Dutton & Co., 1915)를 보라.
79. L. Febvre and H. Martin, *The Coming of the Book* (London : Verso, 1976), 186 ; A. Maddison, *Growth and Interaction in the World Economy* (Washington, D.C. : AEI Press, 2005), 18.
80. J. Daniels and C. Daniels. "The Origin of the Sugarcane Roller Mill," *Technology and Culture* 29, no. 3 (1988) : 493~535 ; A. van der Woude, "Sources of Energy in the Dutch Golden Age : The Case of Holland," *NEHA-Jaarboek voor economische, bedri-*

배 향상한 네덜란드의 플라이트 같은 새로운 선박,[82] 네덜란드가 주도하여 스미스적 분업화(업무 단순화)와 부품 표준화·조직 혁신(공급체계들의 통합)·기술적 변화(값비싼 숙련 노동을 대체할 제재용 톱)를 결합함으로써 노동생산성을 세 배 향상한 새로운 조선체제,[83] 농업에서 사용 빈도가 빠르게 확대된 철제기구,[84] 신세계 은 생산에 도입된 수은 아말감화 공정,[85] 정교해지고 널리 보급된 스크루 압착기,[86] 중부유럽 구리-은 금속 복합체의 액화 공정과 1540년 이후 개발되어 1590년 무렵에 스웨덴에 도입된 배수에 효과적인 로드엔진,[87] 면직물 제조

---

jfs, en techniekgeschiedenis 66 (2003) : 64~84.

81. Braudel, *The Structures of Everyday Life*, 378~9. [브로델, 『물질문명과 자본주의 I : 일상생활의 구조』.]
82. R.W. Unger, "Technology and Industrial Organization : Dutch Shipbuilding to 1800," *Business History* 17, no. 1 (1975) : 56~72 ; J. Lucassen and R.W. Unger, "Shipping, productivity and economic growth," in *Shipping and Economic Growth 1350~1850*, ed. R.W. Unger (Leiden : Brill, 2011), 3~44.
83. 새로운 제재용 톱 기술은 빠르게 확산되었으며 "1621년 무렵에는 브리타니에서, 1635년에는 스웨덴에서, 1623년에는 맨해튼에서, 그리고 얼마 지나지 않아서 코친과 자카르타, 모리셔스에서 찾아볼 수 있었다." P. Warde, "Energy and Natural Resource Dependency in Europe, 1600~1900" (BWPI Working Paper 77, University of Manchester, 2009), 7을 보라.
84. R. Wilson, "Transport as a Factor in the History of European Economic Development," Journal of European Economic History 2, no. 2 (1973) : 320~37 ; J. de Vries, "The Labour Market," in *The Dutch Economy in the Golden Age*, eds. K. Davids and L. Noordegraaf (Amsterdam : Nederlandsch Economisch-Historisch Archief, 1993) : 55~78 ; L. Noordegraaf, "Dutch industry in the Golden Age," in The Dutch Economy in the Golden Age, 131~57.
85. P. Bairoch, "Agriculture and the Industrial Revolution, 1700~1914," in *The Industrial Revolution — Fontana Economic History of Europe*, Vol. 3., ed. C. Cipolla (London : Collins/Fontana, 1973), 452~506.
86. P.J. Bakewell, "Mining," in *Colonial Spanish America*, ed. L. Bethell (Cambridge : Cambridge University Press, 1987), 203~49.
87. H. Kellenbenz, "Technology in the Age of the Scientific Revolution 1500~1700," in *The Fontana Economic History of Europe*, II, ed. C.M. Cipolla (London : Fontana/

에서 그것 자체로 노동생산성을 세 배 향상했고, 축융 가공과 털 세우기 기술의 보급이 수반됨으로써 생산성이 훨씬 더 향상되어 빠르게 보급된 "색스니 휠"[88], 중세 시대에 이미 넓게 산개되었고, 1450년 이후 3세기 동안 그 수가 두 배 증가하였으며, 총 마력이 세 배 증가한 물레방아,[89] 특별히 그 수가 증대한 기계식 시계[90]가 있다. 이들 사례는 일부일 뿐이다.

이들 전환은 무엇을 암시하는가? 일반적 소견은 토지와 노동 사이의 관계, 생산관계와 권력관계의 질적 변화를 가리킬 것이다. 이들 사례 중 일부가 오히려 중세적 발전의 양적 증폭처럼 보일지라도, 전체로서 그것들은 질적 변화를 구현한다. 이들 전환 중 다수가 수공업과 기계공업을 구분하는 맑스의 도식에 매끈하게 들어맞더라도, 일부는 훨씬 더 근대적 산업처럼 보이는데, 특히 사탕수수 플랜테이션과 조선업, 대규모 야금업이 그렇다. 이런 질적 변화에 대한 모든 설명은, 잉여 전유의 직접적인 관계로서의 토지 통제에서 상품생산체제 안에서 노동생산성을 향상하기 위한 조건으로서의 토지 통제로의 이행이 있었다는 사실을 파악해야 한다. 이런 이행 국면은 물론 엄청나게 불균등했고 혼란스러웠다. 그러므로, 초기 근대 유럽의 전역에서 소작농 경작이 유지되었다는 점에서, 풍경 전환의 중세적 리듬과 근본적으로 단절되지는 않았는데,[91] 예외적으로 17세기 폴란드의 경우처럼 환금작물 재배로

Collins, 1974), 177~272.

88. I. Blanchard, *International Lead Production and Trade in the 'Age of the Saigerprozess'* (Wiesbaden : Franz Steiner Verlag, 1995) ; G. Hollister-Short, "The First Half-Century of the Rod-Engine (c.1540~1600)," *Bulletin of the Peak District Mines Historical Society* 12, no. 3 (1994) : 83~90.

89. J-C. Debeir et al., *In the Servitude of Power* (London : Zed, 1991 〔1986 orig.〕), 90~1, 76.

90. D. Landes, *Revolution in Time* (Cambridge, MA : Harvard University Press, 1983).

91. N. Plack, "Agrarian Reform and Ecological Change During the Ancien Régime,"

인해 소작농이 삼림 지역으로 직접 밀려난 상황이 있었다.[92] 화전은 그냥 화전인데, 자본주의적 전유조건 아래에서는 그것이 상품 프런티어가 된다. 하지만 일차상품 생산이 침투하는 곳이라면 어디에서나 풍경 전환의 속도가 가속되었다. 상황이 왜 이러해야 하는가? '첫 번째' 16세기(1450~1557년)에 사실상 기술 변화의 속도가 빨라졌더라도, 그리고 기법 확산의 속도는 훨씬 더 빨라졌더라도, 이 사태는 풍경 전환의 획기적인 변화가 일어나지 않을 수 없을 만큼 충분하지는 않았다. 그런 변화는, **저**렴한 **자**연의 전유에 전제를 두고서, 노동–토지 관계의 반전(생산력으로 사용되는 토지)과 부의 척도로서 노동생산성의 우위를 중심으로 진전된다. 여기서 우리는 추상적인 사회적 노동의 체제로서 자본주의의 빈약하고 잠정적인 형성과 사회적 필요노동시간의 신흥 규율을 엿볼 수 있을 것이다.

잠정적인 종합을 향하여 : 자본세의 기원

나는 이들 전환이 획기적 이행에 대한 실마리라고 말했다. 하지만 어떤 종류의 이행에 대한 실마리이고, 어떤 종류의 자본주의에 대한 실마리인가? 나는 두 가지 작업가설을 제시할 것인데, 하나는 설명적 가설이고 나머지 다른 하나는 해석적 가설이다. 첫째, 이들 전환은 상품 생산 및 거래의 체제 안에서 일어난 노동생산성의 초기 근대 혁명을 나타내었다. 이것들은 전유에 의한 축적이라는 특정한 우선 사항을 염두에 둔 환경형성의 혁명이 낳은 생산물이자 그 혁명의 생산자

French History 19, no. 2 (2005) : 189~210을 참고하라.

92. J. Blum, "Rise of Serfdom in Eastern Europe," *American Historical Review* 62, no. 4 (1957) : 807~36 ; Moore, " 'Amsterdam Is Standing on Norway' Part II".

다. 노동생산성의 혁명은, 유럽 안의 전유를 비롯하여, 지구적 전유의 테크닉스에서 일어난 혁명으로 가능해졌다. 이런 국면이 유럽 제국주의의 직접적인 실천과 구조에서 현시되었던 것만은 아닌데, 더 근본적으로 초기 근대의 '새로운' 제국주의는 현실을 바라보고 정렬하는 새로운 방식이 없었다면 불가능했다. 우리는 지구를 볼 수 있을 때만 지구를 정복할 수 있을 것이다.[93] 여기서 외부적 자연과 추상적 공간, 추상적 시간의 초기 형태들 덕분에 자본가와 제국은 착취와 전유, 계산과 신용, 재산과 이윤의 지구적 그물을 유례없는 규모로 구성할 수 있게 되었다.[94] 요약하면, 초기 근대 노동생산성의 혁명은 거대한 프런티어 – 그저 저쪽에 있는 것이 아니라, 상상되고 구상되며 보여야 하는 '거대한 프런티어' – 에 달려 있었다.[95] 초기 자본주의가 노동생산성을 향상하고 세계 축적을 촉진하는 주요 수단으로 지구적 팽창에 의존했다는 사실은 초기 자본주의의 전근대적 특질이 아니라 두드러진 조숙함을 보여준다. 이런 조숙함 덕분에 초기 자본주의는 호황과 불황의 전근대적 패턴을 따르지 않을 수 있게 되었는데,[96] 1450년 이후에는, 심지어

---

93. T. Ingold, "Globes and Spheres," in *Environmentalism*, ed. K. Milton (New York : Routledge, 1993) : 31~42 ; M.L. Pratt, *Imperial Eyes : Travel Writing and Transculturation* (New York : Routledge, 1992) [메리 루이스 프랫, 『제국의 시선』, 김남혁 옮김, 현실문화, 2015].

94. Merchant, *The Death of Nature* [머천트, 『자연의 죽음』] ; Lefebvre, The Production of Space [르페브르, 『공간의 생산』] ; M. Postone, *Time, Labor, and Social Domination* (Cambridge : Cambridge University Press, 1993) ; Crosby, The Measure of Reality [크로스비, 『수량화혁명』] ; Pickles, *A History of Spaces* ; Sombart, *The Quintessence of Capitalism* ; P. Chaunu, *European Expansion in the Later Middle Ages* (Amsterdam : North Holland Publishing Company, 1979).

95. Webb, *The Great Frontier*.

96. Brenner, "The Agrarian Roots of European Capitalism" [브레너, 「유럽자본주의의 농업적 뿌리」] ; J.A. Goldstone, "Efflorescences and Economic Growth in World History," *Journal of World History* 13, no. 2 (2002) : 323~89.

17세기의 '위기' 시기에도, 체계적 규모에서 상품화의 반전은 일어나지 않을 것이었다. 왜? 요약하면, 초기 자본주의의 테크닉스 – 도구와 권력, 지식과 생산의 구체화 – 는 지구적 공간의 전유가 특정적으로 근대적인 형태로서의 부, 즉 자본으로서의 부를 축적하기 위한 토대라고 여기도록 특정적으로 조직되었기 때문이다.

이렇게 하여 우리의 해석틀에 달려 있는 두 번째 명제에 이르게 된다. 우리가 식별한 세 가지 혁명 – 풍경 전환의 혁명, 노동생산성의 혁명, 지구적 전유 테크닉스의 혁명 – 은 가치 법칙에 관한 정통적 사고방식과 혁명적 사고방식을 모두 수정할 것을 시사한다. 나는 맑스주의자들이 근대 세계체계에 있어서 가치관계의 중요성을 폄하했다고 생각한다. 첫째, 장기 16세기 동안 방대하지만 약한 가치 법칙이 구체화되었다. 표준적 관점에서 바라보면, 지금까지 가치관계는 추상적인 사회적 노동의 '경제적' 형태로 환원 가능한 현상으로 규정되었다. 하지만 그런 해석은 가치관계의 획기적인 영향력을 상당히 폄하한다. 가치 법칙 – 자본주의적 세계생태의 장기적인 대규모 패턴들에 오랫동안 영향력을 행사하는 중력장으로 이해되는 법칙 – 은 경제적 현상만이 아니고, 오히려 중추적인 경제적 국면(추상적인 사회적 노동)을 갖춘 체계적 과정이다. 둘째, (추상적 노동으로서) 가치의 축적 국면은, 식별하고, 수량화하고, 조사하고, 그렇지 않으면 상품생산을 진전시킬 수 있을 뿐만 아니라 저렴한 자연의 전유도 항상 더 팽창시킬 수 있는 데 필요한 과학체제와 상징체제의 발달을 통해서 역사적으로 구현되었다.

근대적 의미에서 **저**렴한 **자**연은, 자본주의적 발전에 필요하지만 화폐경제를 통해서 직접 재생산되지('지급되지') 않는 다양한 인간 활동과 비인간 활동을 포괄한다. 여기서 **네** 가지 **저**렴한 것이 중요하다. 그것들은 자본이 전유된 자연의 규모와 대비하여 자본의 규모가 너무

빨리 증대하지 못하게 막는 주요한 방식이다. 4대 투입물의 인도량이 세계 상품생산의 평균 가치구성에 접근하면, 세계생태잉여가 저하하고 축적 속도가 느려진다. 그래서 자본주의 시대에 저렴한 자연의 중요성은 가치를 자연을 조직하는 방법으로 여기는 탈데카르트적 틀을 통해서만 적절히 해석될 수 있다. 가치관계가 전유와 착취의 모순적 통일을 포괄하기 때문에, 데카르트적 분열에 상관하지 않은 채, 자연-속-인류의 본질적 통일성에서 진전되는 분석만이 우리를 전진시킬 수 있다. 그 목표는 자본주의에 의한 노동력(유상 일)의 착취와 가족에서 생물권에 이르기까지 지구적 재생산(무상 일) 영역의 전유 사이의 잇따른 모순적 통일체를 형성하고 개조하는 오이케이오스의 관계들에 집중하는 것이다.

이런 사유 및 탐구 노선으로 인해 나는 스스로 예상하지 못한 주장을 제기하게 된다. 나는 이들 세기에 새로운 가치 법칙이 생성되고 있음을 볼 수밖에 없는데, 요컨대 이 사태는 두 가지 획기적인 운동으로 표현되었다. 한 운동은 자연을 영원한 것으로, 공간을 평평하고 기하학적인 것으로, 시간을 선형적인 것으로 구성한 지식체제와 상징체제의 번성이었다. 나머지 다른 한 운동은 (상품화 영역 안의) 착취와 (상품화 영역 바깥에 있지만 그 영역에 예속된) 전유의 새로운 배치였다. 이 후자의 운동(가치의 생산과 축적)에는 스스로 형성되지만 자신의 구성적 외부가 없다면 형성될 수 없는 것으로서 가치의 역설이 있다. 추상적인 사회적 노동과 더불어 우리는 이 역설이 역사적으로 해소된 방식에 대한 실마리를 얻게 된다. 한편으로, 자본주의는 상품화의 영역과 그 안에서 이루어지는 노동력의 착취를 중심으로 진전되는 문명이다. 다른 한편으로, 상품화 전략과 착취 전략은 미상품화된 자연이 아무튼, 공짜로 또는 매우 적은 비용으로, 일하게 되는 한에 있어서만 작동할 수 있다. 요약하면, 자본주의는 생명/일을 상품화해야 하는데, 그렇게 하기 위해 오히려 미상품화된 생명/일의 '무임승차'에 의존한다. 그러므로 프런티어가 중요하다. 역사적으로, 이 역설은 폭력, 무력 외교, 쇼크 독트린, 그리고 여타의 것을 통해서 부분적으로 해소되었다. 하지만 무력은 비용이 많이 든다. 아무리 필요하더라도, 폭력은 자본의 장기 축적을 위해 자연의 부를 개방하여 동원하는 데 단독으로는 불충분했다. 이베리아반도 제국들로 시작하여 장기 20세기를 통과하면서 거대 제국과 국가들이 가장 먼저 행하는 일 중 하나는 세계의 지도를 제작하고, 세계를 범주화하며, 세계를 조사하는 새로운 방법들을 확립하는 것이다.[97] 이것들은 다음 장에서 집중적으로 다룰 추상적인 사회적 자연의 생산을 나타내는 전략적 표현이다. 지금까지 그런 작업들이 중요했던 이유는 자기소비적 전략, 즉 상품화를 가능하게 하는 프런티어 주도의 **저**렴한 **자**연 전유를 허용하기 때문이다. 훨씬 더 작은 일단의 (인간) 자연이 착취당할 수 있도록 (인간을 비롯하여) **저**렴한 **자**연을 전유하는, 강압적으로 시행되었음이 틀림없는, 세계실천이 상품체계(추상적인 사회적 노동의 장) 안에서 노동생산성을 향상하기 위한 결정적 조건을 지금까지 제공했다. 나는 이와 같은 추상적인 사회적 노동과 추상적인 사회적 자연의 두 가지 운동이 모든 가능성을 망라한다고는 생각하지 않지만, 그 운동들이 자연을 조직하는 방법으로서 자본주의의 역사를 펼치기 위해서는 없어서는 안 될 토대를 제공한다는 결론을 내릴 수밖에 없다.

97. Cañizares-Esguerra, "Iberian Science in the Renaissance"; T.J. Barnes and M. Farish, "Science, Militarism, and American Geography from World War to Cold War," *Annals of the Association of American Geographers* 96, no. 4 (2006) : 807~26.

8장

추상적인 사회적 자연과 자본의 한계

우리는 인류 및 자연에서 자연-속-인간의 역사적 서사와 분석 전략, 방법론적 틀로 어떻게 이동하는가? 2장에서 우리는 자연을 조직하는 방법으로서의 가치관계에 관한 이론을 탐구했다. 여기서, 우리는 이 이론을 세계생태로서의 자본주의를 역사적으로 재구성할 수 있는 방법으로 작동하게 할 가능성을 집중적으로 다룰 것이다. 이런 재구성을 실행할 때, 나는 네 가지 명제를 특별히 내세운다. 첫째, 자본의 축적은 지구(그리고 그 생명체들)의 변환이다. 둘째, 가치의 실체는 추상적인 사회적 노동이지만, 가치의 관계는 무상 및 유상 일/에너지의 관계를 포괄하고 통일한다. 셋째, 가치의 생산이 자본의 회로 바깥에 있지만 자본주의 세력권 안에 있는 무상 일의 전유에 전제를 두고 있기에 가치법칙은 **저**렴한 **자**연의 법칙이다. **저**렴한 **자**연이 비싸지게 되면, 축적은 멈추게 된다. 넷째, **저**렴한 **자**연의 프런티어는 '바로 저쪽에' 있는 것이 아니라, '정신적' 일과 '육체적' 일(토대/상부구조)을 통일하는 동시에 소외시키는 상징적 실천과 물질적 변환을 거쳐 적극적으로 구성된다.

가치관계를 인간 일과 비인간 일의 공동생산물로 여기는 이런 독법은 추상적인 사회적 노동을 가치의 실체로 생각한 맑스의 구상에서 전개된다. 하지만 나는 이보다 더 나아가고 싶다. 2장에서 이해한 대로, 지금까지 맑스주의자들은 가치를 체계적 함의를 품은 경제적 현상으로 여겼다. 나는 이런 관점이 현실을 뒤집는다고 생각한다. 가치관계는 중추적인 경제적 국면을 갖춘 체계적 현상이다. 가치형태(상품)와 그 값어치를 표현하는 필요가치관계 사이에는 역사적 및 논리적 비동일성(하지만 구성적 관계)이 존재한다는 점이 중요하다. 다양한 상품체제와 생산체계 — 조립라인에서 단일 재배 농법에 이르기까지 — 를 통해서 생겨나는 사회생태적 삶의 단순화와 합리화, 균질화는 (유상 일의) 착취와 (무상 일의) 전유의 동반 과정을 거쳐 작동한다. 이런 이중적인(그러나 이원적이지는 않은) 과정은 동시에 일어나야 하는데, 그 이유는 자본의 회로 안에서 이루어지는 생명활동이, 맑스가 노동일에 관한 자신의 논의에서 강조하듯이, 가차 없이 소진될 수 있기 때문이다. 어떤 일이 가치가 있음의 조건은 대부분의 일이 가치가 없다는 것이다.

미자본화된 일/에너지가 항상 획득된다. 자연의 선물은 결코 공짜가 아니다. 이것이 전유에 의한 축적의 지형이다. 그 사태는 추상적인 사회적 노동과 대조 관계를 이루는 추상적인 사회적 자연의 체제에 의해 가능해진다. 추상적인 사회적 자연의 실체가 '실재적 추상관념' — (선형적) 시간과 (평평한) 공간, (외부적) 자연 — 의 생산물이라면, 그것의 역사적 표현은 자본가와 국가 기구가 인간 자연과 비인간 자연을 자본 축적을 위해 판독할 수 있게 만드는 일단의 과정에서 나타난다. 저렴한 자연의 역사적 조건은 자본-노동의 관계에서 찾아볼 수 있을 뿐만 아니라, 무상 일을 식별하고 전유하는 데 필요한 지식-실천의 생산에서도 찾아볼 수 있다. 그런 틀 — 인간 활동 영역과 비인간 활동 영역, 유상 일과 무상 일을 통합하는 틀 — 이 오늘날 위기, 즉 하나의 통일체로서 자본화와 전유의 위기 — 저렴한 자연이 소진되는 위기 — 를 파악하는 데 필수적이다. 향후 21세기에 근대성이 파탄이 남에 따라, 그런 변증법적 통일이 효과적인 분석과 해방정치를 전개하기 위한 열쇠일 것이다.

역사적 자연 : 가치, 세계실천, 그리고 추상적인 사회적 자연

추상적인 사회적 자연은, 국가와 자본가가 인간 자연과 비인간 자연이 자본 축적에 도움이 되도록 이들 자연의 지도를 제작하고, 그것들을 식별하고, 정량화하고, 측정하며, 코드화하는 일단의 과정을 가리킨다. 이런 일단의 과정은 자본주의의 가치 법칙에 내재하는데, 요컨대 그 실체가 추상적인 사회적 노동인 자본의 장기적인 자기 팽창을 조장하고 유지하는 관계들을 직접 구성한다. 이와 같은 추상적인 자연과 추상적인 노동의 변증법이 잇따른 축적의 장기 세기의 원인이자 결과이면서 그 전개 조건인 역사적 자연의 핵심에 놓여 있다. 이런 접근법에 힘입어 우리는 일석이조의 성과를 거둘 수 있게 된다. 첫째, 그 접근법에 힘입어 우리는 **자연/사회** 이원론을 넘어섬으로써 자본 축적에 있어서 '유상' 일과 '무상' 일에 대한 역사적으로 구체적인 해석을 부각할 수 있게 된다. 둘째, 그 접근법에 힘입어 우리는 자본주의적 환경형성의 역사에 있어서 토대/상부구조 이원론을 넘어설 수 있게 된다.

지구적 환경 변화에 관한 흔히 흥미진진한 문헌에는 불미스러운 저류가 있는데, 그것은 속류 유물론의 일종이다. 이 저류는 나에게 근대 세계의 형성에 있어서 (특히) 과학과 문화를 일축한다는 인상을 주는 관점이다. 지구적 환경을 연구하는 학자가 넓은 의미에서 과학의 중요성을 인식하지 못한다고 주장하는 것이 내가 의도하는 바는 아닌데, 요컨대 급진적 논증과 주류 논증은 공히 자연과학을 열심히 포용한다. 하지만 역사적 변화에 대한 결과적 해석 — 이를테면, '거대한 가속'

이나 독점자본주의 이론[1] — 은 근대 세계의 역사에서 생겨난 관념들의 흐름을 위한 여지가 거의 없다.[2] 여기서 우리는 지구적 환경 분석가의 토대/상부구조 접근법이 **자연**/**사회** 이원론과 어떻게 상봉하는지 알게 된다. 함의는? 인간 사유가 생명의 그물 속에서 정말로 구현되지 않는다는 점을 함축하는데, 어쨌든 인간 사유는 제외된다. 이 상황은 인간 예외주의 사회과학에 대한 지속적인 정당화일 뿐만 아니라, 자연-속-인류를 이해하는 데 방해가 되는 주요한 걸림돌이기도 하다.

생산력은 바로 도구이자 기술적 체계인데, 또한 그것은 이들 이상의 것이기도 하다. 그 이유는 자연-속-인류의 신진대사가 종 특정적이고 가소성이 높은 형태의 사회성 — 생명을 생산하고 재생산하는 특정 방식을 향한 "어떤 사회적 지식체의 응용과 발달" — 에 의해 구성되기 때문이다.[3] 요약하면, 자본주의 역사에서 관념이 중요하다.

---

1. Steffen et al., "The Anthropocene : Are Humans Now Overwhelming the Great Forces of Nature?"; Foster et al., *The Ecological Rift*.
2. 그러나 G. Pálsson et al., "Reconceptualizing the 'Anthropos' in the Anthropocene," *Environmental Science and Policy* 28 (2013) : 3~13을 보라.
3. "그렇다면 '생산력'이란 무엇인가? 그것은 실제 생명을 생산하고 재생산하는 모든 수단이다. 그것은 특정 종류의 농업적 생산이나 산업적 생산으로 여겨질 수도 있지만, 그런 종류들은 모두 이미 어떤 형태의 협동이면서 어떤 사회적 지식체의 응용과 발달이다. 이런 특정한 사회적 협동의 생산이나 이런 특정한 사회적 지식의 생산 자체가 생산력을 통해서 수행된다"(R. Williams, *Marxism and Literature* 〔Oxford : Oxford University Press, 1977〕, 71, 91). 생산력 역시 그 위에서 권력이 전개되는 기본 관계는 아닌데, "생명의 그물 속 권력과 생산"을 말하는 것은 이들 계기의 상호 침투를 생물권 전체에 연루시키는 것이다. "모든 생산관계 중 최초의 것은 없고, 게다가 이들 관계와 나란히 또는 그 위에 그것들을 수정하거나 교란하고, 아니면 더 일관되거나 정합적이거나 안정하게 만드는 권력의 메커니즘도 없다… 권력의 메커니즘은 이 모든 관계의 내재적인 부분이고, 어떤 순환적 방식으로, 그것의 결과이자 원인이다(M. Foucault, *Security, Territory, Population* 〔New York : Picador, 2007〕, 17) [미셸 푸코, 『안전, 영토, 인구』, 오트르망(심세광·전혜리·조성은) 옮김, 난장, 2011]. 푸코가 생산을 쓰는 것에 비하여, 우리는 자본을 말할 수 있지 않겠는가? 푸코가 권력의 메커니즘을 말하는 것에 비하여, 우리는 자연의 관계를 말할 수 있지 않겠는가?

그러나, 정확히, 관념은 어떤 식으로 중요한가? 근대의 되풀이되는 과학혁명, 식물학 혁명, 지도제작술 혁명, 농업경제 혁명, 화학 혁명으로 시작할 수 있을 것이다. 이것들은 자본 축적에 내재적이다. 근대 세계에서는, 기술과 마찬가지로, 과학도 '생산력'이다.[4] 그렇다. 사회의 지배적 관념은 지배계급의 관념이다. 하지만 이 사실은 문제를 전혀 명확히 할 것 같지 않다. 지배계급은 잉여의 생산에 힘입어 지배하지만, 이것은 사회적 지식과 독립적인 단순한 경제적 과정이 결코 아니다. 지식의 생산 자체가 자본주의적 세계실천과 그 삼위 – 추상적인 사회적 노동, 추상적인 사회적 자연, 본원적 축적 – 의 구성요소다. 지식이 생산되지 않았다면, 상품화의 '삼중나선'(노동과 토지, 생산된 상품)은 넓은 공간과 오랜 시간에 걸쳐 발달할 수 없었을 것이다.

자연을 자원이라기보다는 오히려 매트릭스로 생각하자. 이 제안은 우리가 더는 자원에 관해 말할 필요가 없음을 뜻하는가? 전혀 그렇지 않다! 그것은 우리가 자연에 대한 부르주아적 표상 – 물자체로서의 자원 – 을 하나의 맹목적 숭배물이자 특정한 역사적 과정으로 인식함을 뜻한다. 그 맹목적 숭배물을 극복하기 위해, 우리는 자원을 지질·생물학적 특성 자체라기보다는 오히려 관계들의 다발로 여길 수 있을 것이다. 지질학에서 지구역사로의 여행은, 그 자체가 생명의 그물 속에서 관계적으로 이미 구성된 인간 조직에서 권력의 물질·상징적 구성을 파악하는 역사적 방법이 필요하다. 그러므로, 예컨대, 1800년 이후 석탄의 '행위주체성'에 대한 세계생태론적 관점 덕분에 우리는 석탄의 지질학과 석탄의 지구역사를 구분하고, 그리하여 지질학적 사실과 역사적 사실을 구분할 수 있게 된다. 지구역사적으로 말하자면, 자본을 이

4. Marx, *Capital*, Vol. I, 341. [마르크스, 『자본론 I-상』.]

야기하는 사람은 누구나 석탄을 대규모 산업 시대에 연루시킨다. 화석연료가 산업자본주의를 형성한다고 말하는 사람들은 비관계적 객체(석탄)를 자본 축적의 관계적 과정에 편입한 행위만큼 잘못을 저지르는 것은 아니다. 석탄은 단독으로는 잠재적 행위자일 뿐이다. 하지만 19세기에 계급과 제국, 전유의 관계들과 다발을 이루게 되면서 석탄은 전적으로 다른 것이 된다. 그것은 19세기 자본주의의 모든 전략적 관계에서 그 존재가 느껴진 대중 상품을 부르는 방식이 되었다. 19세기 자본은 모든 구멍에서 석탄을 우려내었다. 그때 자원은 적극적으로 공동생산되는데, 요컨대 자원은 잇따른 자본주의적 발전의 시대에서 기회와 제약의 범위를 규정하는 데 도움이 되는 역사적 자연의 표지이자 창조자다. 이런 감각이 이론적으로 기입된 지는 오래되었지만,[5] 자원 추출의 역사서술학은 관계적 논점을 진지하게 여긴 적이 거의 없었다.[6]

관계적 논점을 진지하게 여긴다는 것은 과연 무엇을 뜻할 것인가? 나는 간단한 소견으로 시작할 것이다. 오이케이오스의 조건이 변함에 따라, 즉 새로운 역사적 자연이 출현함에 따라 무엇이 '자원'으로 여겨지는지가 바뀐다. 알다시피, 석탄은 석탄이다. 석탄은 특정 조건 아래서만 화석연료가 되면서 역사적 시대 전체를 형성하게 된다. 역사적 자연은 자본주의나 여타 종류의 인간 조직의 산출물로 여겨지지 말아야 한다. 자본주의는 자신의 필요에 따라 외부적인 '역사적' 자연을 생산하지 않는다(기능주의적 관점). 자본주의는 자연의 외부적 변화에 단순히 대응하지도 않는다(또 하나의 기능주의적 관점). 오히려, 잇따른 자본주의적 발전단계는 세계생태의 근본적 재조직의 원인이자 결

5. Harvey, "Population, Resources, and the Ideology of Science".
6. Bunker and Ciccantell, *Globalization and the Race for Resources*; Wrigley, *Energy and the English Industrial Revolution* 을 참조하라.

과다. 자본과 자연 둘 다 이런 재조직을 통해서 새로운 역사적 특성을 획득하는데, 이 덕분에 우리는 분화된 통일체 — 역사적 자본주의/역사적 자연 — 에 실제 역사적 내용을 부여할 수 있게 된다.

이런 재조직은 상호작용하는 행성적 변화 패턴들 — 브로델이 명명한 지질학적 시간의 "초장기지속"에 걸쳐 구축된 패턴들[7] — 과 축적의 장기 세기에 걸쳐 자본주의가 구축한 권력과 생산의 배치를 통해서 펼쳐진다. 다시 말해서, 역사적 자연은 특정 기회와 한계를 전면에 드러내는 전체(생명의 그물)와 부분(인류의 양식들) 사이의 변증법적 춤이다.[8] 역사적 자연에 관한 물음은 역사적 시간 층들이 서로 형성하는 방식에 관한 물음이다.[9] 이 역사는 흔히 이원론적 견지에서 이야기된다. 하지만 거대 문명의 흥망과 기후의 밀접한 관계 — 예컨대, 로마 기후 최적기 동안의 로마 또는 중세 온난기 동안의 봉건제 유럽 — 는 역사적 자연에 관한 다른 견해를 제시한다. 이 대안적 관점에 따르면, 생명의 그물의 꼬리에 꼬리를 무는 움직임이 권력과 생산의 특정한 역사·지리적 배치로 진입한다. 인간의 사회성이 이들 관계를 부각한다면(이 낱말 자체의 이중적 의미로, 연결하고 현시한다면), 생물권은 그것의 외피다. 역사적 자연은 그런 특정한 부분-전체 조합인데, 여기서 특정한 "지질학적, 수로학적, 기후적, 그리고 〔생물지리학적〕" 조건이 가장 친숙하면서 가장

---

7. F. Braudel, "History and the Social Sciences : The *Longue Durée*," *Review* 32, no. 3 (2009/1958 orig.) : 195.

8. 자연을 자본 축적에 대한 제약이자 기회로 여기는 관점은 핸더슨과 보이드 등에 의해 부각되었지만, 그들은 자본주의 전체의 역사지리학을 가로지르기보다는 각각 지역 역사적 견지 또는 체계론적 견지에서 그러했다(G.L. Henderson, *California and the Fictions of Capital* 〔Oxford : Oxford University Press, 1998〕 ; Boyd et al., "Industrial Dynamics and the Problem of Nature").

9. Braudel, *The Mediterranean and the Mediterranean World in the Age of Philip II*, Vol. I, 73. [브로델, 『지중해 : 펠리페 2세 시대의 지중해 세계 1』.]

광활한 인간 역사의 영역에 진입한다.[10]

이런 역사적 자연은 주어진 모든 시대에서 자본 축적의 조건과 제약이 펼쳐지는 장이다. 그런 제약과 조건은 특정할 수 있는 관계들의 다발 – 예컨대, 농업이나 종교나 시장 – 로 가장 잘 이해될 수 있다. 이 다발이 종-환경 관계들의 특정한 배치를 가능하게 하는 것이자 표현하는 것이다. 자본과 노동, 권력의 관계들은 자연의 주위를 움직이는 것이 아니라 자연을 관통하여 움직이는데, 그리하여 그 관계들은 "특정하게 이용되는 자연력"이다.[11] 자본은 외부적 대상으로서의 자연과 상호작용하는 것이 아니고, 오히려 특정하게 이용되는 자연력이다. 그 자체가 공동생산되는 자본은 결국, 대체 가능하고 수동적이며 유순한 생명의 세계를 향한 자본주의의 욕망에 대한 저항과 마찰이 가득한 조건 아래서 이루어지더라도, 특정한 역사적 자연의 공동생산물이다. 그 결과는? 세계경제는 세계생태와 상호작용하지 않는데, 세계경제가 바로 세계생태다.

근대 세계에서 잇따른 역사적 자연은 상품화와 전유의 변증법을 통해서 생산되었다. 이 사태는, 한편으로는 토지와 노동을 현금화함으로써, 다른 한편으로는 무상 생명활동을 상품화에 도움이 되도록 이용함으로써 일어났다. 상품화라는 후자의 계기는 제국주의론이 오래전에 파악하였다.[12] 하지만 지금까지 그 이론은 축적 이론의 근거에 둔 기반이 단지 허약할 뿐이어서 자본의 회로를 닫힌 체계로 여기는 경향이 있었다. 부분적으로는 이런 이유로 인해 맑스주의자들이 2008년 이

10. Marx and Engels, *The German Ideology*. [마르크스·엥겔스, 『독일 이데올로기 1·2』.]

11. Marx, *Grundrisse*, 612. [마르크스, 『정치경제학 비판 요강 3』.]

12. Luxemburg, *The Accumulation of Capital* [룩셈부르크, 『자본의 축적』]; Wallerstein, *The Modern World-System I* [월러스틴, 『근대세계체제 I』].

후 시대에 대한 경제적 비판을 수행하면서 자연을 도외시하게 된다.[13]

전유를 가능하게 하는 것은 무엇이고, 자본주의 역사에서 그런 강력한 계기는 무엇인가? 그 대답의 일부는 근대 세계의 문화와 이데올로기, 헤게모니에 대한 분석의 장기 역사에서 찾아볼 수 있는데, 이를테면 샤피로가 '문화적 해결책'으로 부르는 것을 나타낸다. 이런 문화적 해결책에는

> 그람시적 헤게모니와 모든 형태의 문화적 및 사회적 습관과 제도, 정체성의 형성이 폭넓게 포함된다. 문화적 해결책은 계급협약의 계기를 다룰 뿐 아니라, 노동계급이 …〔자신에〕 맞서 싸우게 되는 메커니즘 — 자본주의가 자체 경쟁을 노동계급으로 수출하는 계기 — 도 다룬다. 공간적 해결책과 문화적 해결책은 자주 겹치기도 하는데, 이를테면 주택 투쟁에는 도시생태 안에서 노동계급 정체성을 변화시키는 방식을 통해서 빈민가를 일소하여 고급 주택지로 전환하는 실천이 포함된다 …〔더욱이, 자본의〕 단일한 회전주기보다 더 긴 시간에 걸쳐 이루어지는 계급 정체성과 관계의 재생산을 비롯한 사회적 및 문화적 문제들을 〔포괄하는〕 문화적 해결책의 역할은 자본 〔축적〕에 피상적인 것이 아니라 본질적이다.[14]

문화적 해결책은 자본과 직접적인 생산자 사이의 잇따른 헤게모니 협약을 다지는 한편으로,[15] 직접생산의 권역 너머로도 확대된다. 필연적

---

13. J.B. Foster and R.W. McChesney, *The Endless Crisis* (New York : Monthly Review Press, 2012) ; S. Gindin and L. Panitch, *The Making of Global Capitalism* (London : Verso, 2012)를 참조하라.
14. S. Shapiro, "The World-System of Capital's Manifolds : Transformation Rips and the Cultural Fix," unpublished paper, Department of English and Comparative Literary Studies, University of Warwick (2013).

이게도, 문화적 해결책은 임금 관계의 인간/비인간 이중 경계를 무상 일로 넘어선다. 그런 해결책은 자본이 인간의 무상 일 — 무엇보다도 노동력의 재생산 — 을 전유하는 실천을 자연화할 뿐만 아니라, 비인간 자연의 무상 일을 전유하는 새로운 획기적인 실천도 자연화한다. 예를 들면, 오늘날의 육류산업 복합체는 인간과 비인간 동물의 관계가, 상징적으로 그리고 물질적으로, 더 직접적이고 친밀했던 초기 자본주의 시대에 살고 있던 사람에게는 상상도 못 할 일이었을 것이다.[16] 문화적 해결책은, 다른 상황에서는 용납할 수 없는 지구적 인간 자연과 비인간 자연의 전유를 정상화하는 데 기여한다. 그러므로 젠더 혁명과 자연 혁명은 밀접히 묶여 있고, 물질적으로 제도화되며, 상징적으로 실천되는데, 요컨대 자연/젠더에 관한 '관념들'은 그저 체계의 산출물에 불과한 것이 아니라, 자본이 그 대가를 지불할 수 없어서 (재생산 비용이 상승하여 축적이 약화되지 않도록) 전유해야만 하는 생명과 노동력의 세대 간 재생산에 연루되어 있다. 이런 경향은 초기 근대의 과학혁명과 '원산업적' 인구 재편이라는 상보적 운동들에서 획기적인 표현을 나타내었다.[17] 이런 관점에서 바라보면, 문화적 해결책은 **네** 가지 **저**렴한 것을 전유하는 '장기파동'에 필요한 상징적 조건인 것처럼 보인다.

문화적 해결책이 자본주의가 권력과 자본, 자연을 단속적으로 전환하는 실천을 자연화한다면, 추상적인 사회적 자연의 생산은 그런 전환을 가능하게 만든다.

---

15. Silver and Slater, "The Social Origins of World Hegemonies". [실버·슬레이터, 「세계 패권의 사회적 기원」.]
16. Weis, *The Global Food Economy*; Hribal, "Animals Are Part of the Working Class"를 참조하라.
17. Merchant, *The Death of Nature* [머천트, 『자연의 죽음』]; Seccombe, *A Millennium of Family Change*.

추상적인 사회적 자연은 세계를 자본 축적을 위해 판독할 수 있게 만드는 것에 직접 연루된, 과학적 실천과 그 제도적 형식을 통한 전유의 관계를 의미한다. 사회적 필요노동시간은 추상적인 사회적 자연을 통해서 가능해진 무상 일의 전유와 자본-노동 관계의 변증법을 통해서 형성된다. 표현이 투박하다. 사회적 변화에 관한 데카르트적 어휘는 완고하다. 우리는 **자연**/**사회**의 데카르트적 결합으로 작업하고 있는 것이 아니라, 자연-속-노동과 노동-속-자연의 이중 내부성으로 작업하고 있음이 틀림없다.[18] 아무리 투박하더라도, 그 표현은 다음과 같은 필연적 논점을 제기한다. 가치관계는 생명형성의 적극적 관계, 즉 오이케이오스를 통해서 형성되고 개편된다. 운동 중인 가치는 자연-속-가치다.

사회적 필요노동시간은 상품화 이상의 것에 의해 정해진다. 여기서 우리는 부분-전체를 주의해서 구분해야 한다. 노동시간은 무상 일/에너지를 식별하여 가치 결정에 편입될 수 있게 하는 권력과 지식의 관계들을 통해서 또한 형성되는데, 이것은 일의 가치로의 전환이다. 추상적인 사회적 자연의 주요 표현들이 지도제작과 수량화하기, 그 밖에 오이케이오스를 판독할 수 있게 하는 행위 같은 가치를 조성하는 실천과 연관되어 있다면, 우리는 이런 일단의 실천을 그 관계적 핵심과 융합하지 말아야 한다. 그 관계적 핵심은 자본-노동 관계/자본-무상 일 변증법의 전용 유사물을 활성화한다. 추상적인 사회적 노동이 잉여가치가 산출되게 하는 자본-노동의 관계를 지칭한다면, 추상적인 사회적 자연은 장기간에 걸쳐 노동생산성이 향상될 수 있게 하는 자본-무상 일의 관계를 지칭한다.

---

18. 여기서 나는 파사드 아라기의 통찰력 있는 개념인 자연-속-노동을 동원하는데, Araghi, "Accumulation by Displacement"을 보라.

이런 작업 개념을 구상함으로써 두 가지 주요 쟁점이 해결될 수 있다.

첫째, 추상적인 사회적 노동은 상품체계의 범위 안에서만 작동하기에 추상적인 사회적 노동의 체제는 표준화, 수량화, 수학화 등의 관계적 과정들을 육성하고, 결국 그 과정들에 의해 유지된다. 이들 과정이 없었다면, 가치는 존재할 수 없었을 것이다. 그리고 부의 척도로서 노동생산성을 향한 장기 16세기의 움직임 – 토지생산성에 대한 봉건주의의 강조를 탈피하는 움직임 – 이 없었다면, 추상적인 사회적 자연의 체제를 향한 움직임은 일어날 수 없었을 것이다. 우리는 지식과 생산, 시장, 국가, 계급이 전환되는 국면을 바라보고 있다. 변증법적으로 말하자면, 새로운 문명의 출현은 그 생성과정에 의해 규정된다. 생성은 한낱 전제조건에 불과한 것이 아니다. 생성은 새로운 역사적 체계의 첫 번째 국면이기도 한데, 그 체계의 핵심 패턴은 일화적이고 '미성숙한' 형태에서 언뜻 엿보인다.

우리의 두 번째 문제는 추상적인 사회적 자연의 표준화와 단순화, 지도제작, 수량화 실천들 – 전유 구역에 집중되는 실천들 – 도 상품생산체계 안의 유사한 실천과 관련되어 있다는 것이다. 이 두 계기가 어떻게 유사한지 그리고 어떻게 구별되는지 – 상품생산체계 안의 표준화 및 단순화 과정과 사회·생태적 재생산의 구역들을 가로지르는 그 과정들 – 는 현재의 논증이 제기하지만 해결할 수는 없는 물음이다. 예비적으로 나는, 20세기 초의 '과학적 경영'의 혁명을 위한 기초를 제공한 테일러의 유명한 '시간과 운동' 연구[19] 같은 것은 추상적인 사회적 노동의 영역에 속하며 기성의 상품화된 관계를 개편한다고 말할 것이다.[20] 다른 한편

19. F.W. Taylor, *The Principles of Scientific Management* (New York : Harper & Brothers, 1914). [프레드릭 테일러, 『과학적 관리법』, 방영호 옮김, 21세기북스, 2010.]

20. Braverman, *Labor and Monopoly Capital*. [브레이버맨, 『노동과 독점자본』.]

으로, 혁명기 프랑스에서 이루어진 도량형 체계의 시행 같은 것은 추상적인 사회적 자연의 영역에 속하며 자본주의 권력의 약하게 상품화된 재생산관계로의 진출을 나타낸다.[21] 위에서 시도한 구분은 추상적인 사회적 자연과 문화적 해결책 사이뿐만 아니라 상품생산 내부에서의 단순화(예를 들면, 과학적 경영)와 비교해서도 허점투성이의 구분임이 당연하다. 엄격한 구분은 경계해야 하더라도, 추상적인 사회적 노동으로 표상되는, 물질생활의 '단단한' 전환은 자본주의적 세계생태에서 이루어지는 상징적 실천과 지식구성의 '부드러운' 과정으로 보완되고 가능하게 된다. (본원적 축적이 그 두 계기 사이의 순환적 매개로서 필요하다.) 그런 '연성' 기법 – 그 배후에 항상 국가와 제국의 폭력이 있는 기법 – 의 목표는 가능한 한 대가를 치르지 않은 채로 최소로 상품화되었거나 미상품화된 자연에 대한 접근권을 확보하는 것이다.

추상적인 사회적 자연의 지도를 제작하고 그 자연을 수량화하는 실천은 느닷없이 출현하지 않았다.[22] 초기 근대 세기들에 걸쳐 형성된 이들 실천은 18세기와 19세기 동안 전환점에 이르렀다. 어쩌면 가장 극적인 것은 1789년 이후에 미터법이 일반화된 사태일 것이다. 여기서도, "도량형 혁명"[23]의 전제는 초기 자본주의의 새로운 행성적 의식

---

21. K.L. Alder, "A Revolution to Measure," in *The Value of Precision*, ed. M.N. Wise (Princeton : Princeton University Press, 1995), 39~71 ; Kula, *Measures and Men*.

22. "소수까지 사용한 계산과 대수가 십진법이 발명된 인도에서 지금까지 실행되었다. 하지만 십진법은 서양에서 발전 중인 자본주의에 의해 활용되었을 뿐인데, 한편으로 인도에서는 십진법이 근대적 산술이나 부기를 낳지 못했다. 수학과 역학의 기원 역시 자본주의적 이해관계에 의해 결정되지는 않았다. 하지만 대중의 생활조건에 매우 중요한, 과학적 지식의 기술적 활용이 서양에서는 그 활용에 대단히 유리한 경제적 고려에 의해 고무되었다는 점은 확실하다." (M. Weber, *The Protestant Ethic and the Spirit of Capitalism* 〔New York : Routledge, 1992〕, xxxvii). [막스 베버, 『프로테스탄티즘의 윤리와 자본주의 정신』, 김덕영 옮김, 길, 2010.]

23. Kula, *Measures and Men*.

에 놓여 있었는데, 그 의식은 식민지 팽창과 지도제작술 혁명에 수반된 대범한 정복과 지구적 공간의 재구상에서 비롯되었다.[24] 일 미터는 북극에서 적도까지 거리의 1만분의 1로 정의되었고, 그리하여 지구적 상상을 일상생활의 현실에서 멀리 떨어진 "극단적 탈속성"과 결합한다.[25] 19세기 말 무렵에 프랑스 혁명가들이 개시한 미터법 체계는 "총구를 뒤따르는 경향이 있는데, 독일에서는 1868년에, 오스트리아에서는 1871년에, 러시아에서는 1891년에, 중국에서는 1947년에 제도화되었을 뿐이고 미합중국에서는 당연히 결코 제도화되지 않았다."[26] 미터법 체계의 진전이 왜 그렇게 중요했는가? "합리적 언어 – 미터법 체계 – 가 구체제 정치경제의 손아귀에서 벗어나서 근대적 교환 메커니즘의 보편적 어휘로서 자신의 역할을 수행하도록 의도적으로 고안된 방식에 관한 사연"이 가장 중요한 이유 중 하나임이 틀림없다.[27]

미터법 체계는 그저 부르주아 계급이 앙시앵 레짐에 맞서 투쟁하는 데 동원한 무기일 뿐만이 아니었다. 또한, 그것은 시골에서 벌어진 계급투쟁에도 연루되어 있었다. 초기 근대 유럽 전역의 농촌공동체의 경우에,

> 주관적인 〔그리고 지역적인〕 측정 형식은 … 〔완전히 수용될 수 있는 것이었다〕. 의견 불일치가 있었지만, 그것은 직접적으로 타협이 이루어질 수 있었다. 비공식적인 측정은 비교적 자율적인 이들 공동체의 얼개에서 분리될 수 없었다 … 〔이와는 대조적으로〕 미터법 체계는 농민을 위

24. Pratt, *Imperial Eyes* [프랫, 『제국의 시선』]; Grove, *Green Imperialism*.
25. T.M. Porter, *Trust In Numbers* (Princeton : Princeton University Press, 1995).
26. P. Mirowski, *The Effortless Economy of Science?* (Durham, NC : Duke University Press, 2004), 150.
27. Alder, "A Revolution to Measure", 39.

해 고안되지 않았다. 그 체계는 〔지역마다 다른〕 정확한 부셸을 다시 도입한 것이 아니라, 전적으로 낯선 양과 이름들의 체계를 위해 부셸을 폐기했는데, 그것들 대부분은 이질적인 죽은 언어에서 유래되었다. 미터법 체계의 제도화에 특별한 난점들이 포함된 이유는 그 체계에 형식을 부여하는 데 도움이 된 보편주의에 대한 열망 때문이었다. 이런 보편주의는 혁명의 이데올로기와 정합적이었고, 더 특별하게도 제국의 이데올로기와 정합적이었다.[28]

이런 도량형 혁명은 추상적인 사회적 자연의 체제에서 일어나는 더 광범위한 전환을 암시한다. 또 그것은, 국가와 자본의 주도 아래 "〔인간과 나머지 자연이〕 중앙집권적으로 기록되고 감시당하게 하는 표준 계통을 〔부과하는〕 … 단순화"를 반드시 수반한다.[29] 더욱이, 그것은 "노동규율 기술로 서술될 수 있는 … 감시와 위계, 검사, 부기, 보고의 체계 전체"도 포함한다.[30] 추상적인 사회적 노동의 특징이 통제와 착취라면, 추상적인 사회적 자연을 규정짓는 특질은 통제와 전유다. 우리는 자본주의가 항상 더 넓어지는 "경험 영역들을 체계적" 질서와 통제 아래 가져오는 방법의 형태로서 측정과 지도제작의 역사적 과정들을 살펴보고 있다.[31] 경험 영역들을 합리화하고 통제하는 이 포괄적(이고 확장적)인 과정들은 데카르트적 이항 구조를 명백히 가로지르는데, 요컨대 자본 축적에 유용할 수 있는 모든 형태의 생명활동 — 엄청나게 오래

28. Porter, *Trust In Numbers*, 223.
29. Scott, *Seeing Like a State*, 2~3. [스콧, 『국가처럼 보기』.]
30. Foucault, *Society Must Be Defended*, 242. [푸코, 『사회를 보호해야 한다』.]
31. M.N. Wise, "Introduction," in *The Values of Precision*, ed. M.N. Wise (Princeton : Princeton University Press, 1995), 3~16.

된 생명의 응고물(화석연료)형성을 포함하는 활동 – 을 식별하여 울타리를 치고자 한다.

가치와 추상적인 사회적 자연

영어로 가치는 두 가지 것을 의미한다. 첫째, 가치는 값으로 환산할 수 있는 대상과 관계를 가리킨다. 둘째, 근대 사상에서 매우 확연해진 사실/가치 대립쌍의 경우처럼, 가치는 도덕의 관념을 가리킨다. 맑스가 '가치 법칙'을 전개한 목표는, 추상적인 사회적 노동의 확대재생산에 근거를 둔 자본주의의 관계적 핵심을 식별하는 것이었다. 맑스 이후로 맑스주의자들은 가치의 첫 번째 의미, 즉 자본주의 문명이 값으로 환산할 수 있다고 여기는 대상과 관계를 포괄하는 경제적 과정으로서의 가치 법칙을 (때로는 생략했지만)[32] 옹호하였다. 그러므로 가치 법칙의 작동 – 추상적 노동의 양적 확대를 가능하게 하는 가치관계의 확대재생산 – 이 두 가지 의미를 모두 포괄할 수 있다고 주장하기는 사실상 어려웠다.

어려운 일이지만, 불가능한 일은 아니다. 역사적으로 말하자면, 새로운 지식과 상징적 실천 – 예컨대, 지도제작술과 복식부기 – 이 자본주의의 형성에 중요했다는 점을 부인하기는 힘들다. 어쩌면 초기 자본주의가 조숙한 가치체제였을 것이라는 점은 흔히 의심받거나 심지어 일축당한다. 건성으로 이루어지는 일축은 전혀 합당하지 않은 것처럼 보이는데, 그 이유는 추상적 시간과 공간, 화폐와 자연에 전제를 두고서 이루어진 제국과 자본에 의한 세계실천은 진지하게 고찰되어야 하기

32. Wallerstein, *The Modern World-System I*. [월러스틴, 『근대세계체제 I』.]

때문이다. 그런 상징·문화적 사태를 가치에 편입하는 것은 당연히 대부분의 정치경제학이 전제하는 주관적/객관적 이항 구조를 불안정하게 만드는 것이다. 진실은, 지금까지 객관적인 가치세계는 "자본의 상상"이 빚어낸 주관적인 것들을 통해서 구축되었다는 것이다.[33] 가치의 계산적 특질은 이원론과 수량화에 전제를 두고서 객관적 지식을 사용하는 자본의 문제가 아니라, 가치관계의 임의적 특질을 객관적인 것으로 표상할 수 있는 자신의 상징 능력을 전개하는 자본의 문제다.[34] 이것이, 미첼이 20세기 초에 식민지 이집트에서 이루어진 영국의 경제형성을 그저 제국의 객관적 도구로서뿐만이 아니라 권력과 계급, 자연의 다발화에 내재하는 프로젝트로서 계산 가능성에 중점을 두고서 전개한 설명의 요점이다. 아쉽게도 이런 논증 노선은 정치경제보다 정치에 더 많은 중점을 두었다. 이 노선은 게임의 결정적인 판돈을 정하는 가치관계에는 충분히 주목하지 않으면서 권력의 권역에는 아낌없이 주목한다. 자본이 권력과 독립적으로 작동한다는 것은 사실이 아니다. 오히려, 체계적 재생산 규칙은 권력 일반이나 영토권력이 정하는 것이 아니라, 자연-속-가치의 법칙을 통해서 전개되는 동인들이 정한다.

이런 재구성은 유상 일과 무상 일의 배치를 명료화하는 데 도움이 될 것이다. 수 세기 동안 이어진 도덕경제적 항의와 논증의 역류에도 불구하고, 경제적 과정의 '객관적' 세계는 도덕적 비판을 오랫동안 면제받았다.[35] 하지만 이런 사실/가치 이율배반 자체가 무상 일과 유상

---

33. M. Haiven, "Finance as Capital's Imagination?" *Social Text* 29, no. 3 (2011) : 93~124.
34. P. Bourdieu, "Symbolic Power," *Critique of Anthropology* 4 (1979) : 77~85 ; Bourdieu and Wacquant, *An Invitation to Reflexive Sociology* [부르디외·바캉, 『성찰적 사회학으로의 초대』].
35. E.P. Thompson, "The Moral Economy of the English Crowd in the Eighteenth Century," *Past and Present* 50, no. 1 (1971) : 76~136.

일 사이의 본질적으로 임의적인 경계를 합리적인 것으로 만드는 전략적 방법이 아니었을까? 말하자면, 도덕과 경제로서 가치의 두 가지 일반 용법이 자본주의의 가치 법칙에 내포되어 있지 않은가?

앞서 제시된 논증은 추상적인 노동으로서의 가치와 지식/문화가 사실상 밀접히 연계되어 있음을 시사한다. 하지만 어떻게? 그 논증은 아주 간단하게 진술될 수 있다. 추상적인 사회적 자연은, 추상적인 노동을 양적으로 확대하는 데 도움이 되도록 세계를 단순화하고, 표준화하며, 그 밖에 그 지도를 제작하는 것을 목적으로 삼는 체계적인 일단의 과정들을 가리킨다. 이런 독법에 따르면, 추상적인 사회적 자연은 무상 일을 식별하여 그 전유를 촉진하는 시공간적 실천을 의미한다. 이런 전유 행위는 필요한 원료를 공급하는 일 이상의 것을 행하는데, 요컨대 '사회적' 필요노동시간을 공동으로 정한다. 이 관점에 따르면, 추상적인 사회적 자연은 상품 생산과 거래의 일반화를 위한 조건을 창출할 때 가치관계를 직접 구성하는 것으로 이해될 수 있다. 추상적인 사회적 자연은 새로운 지식이 선도하거나 아니면 상품화의 파생물로서 선형적 연속물이었던 적이 결코 없다. 오히려 그것은, 상품화와 자본 축적, 상징 혁신의 꼬리에 꼬리를 무는 과정들이 근대 세계 발전의 선순환을 구성한 국면이다. 나는, 자본의 실체는 바로 추상적인 사회적 노동이라고 언명하는, 엄밀한 의미에서의 맑스의 가치 법칙을 수정하자고 제안하지 않는다. 하지만 추상적인 노동을 증대시킬 수 있는 관계들은 경제적 권역으로 환원될 수 없는데, 요컨대 이들 관계는 자본주의 권력의 테크닉스와 자본의 확대재생산을 위한 조건에 기반을 두어야 한다. 가치 법칙에 대한 경제주의적 독법 안에서는 자본주의의 적절한 역사도 가능하지 않고, 자본주의적 한계에 관한 충분히 역동적인 이론도 가능하지 않다.

자본주의의 한계를 이론화하는 데 중요한 것은 특정 상품들의 "자연적 독특함"을 "경제적 등가물"로 전환하고[36] 특정 노동과정들을 "일반적 유형의 작업 동작"으로 전환하려는 가치 법칙의 추동력이다.[37] 우리는 이것들이 "사회학과 경제학이 서로 스며드는" 가치관계임을 아는데,[38] '경제적' 가치관계는 부르주아와 프롤레타리아의 계급투쟁을 반드시 수반한다. 하지만 생태학은 어쩔 것인가? 이것은 논점을 벗어난 것인가?

프로젝트로서의 자본주의는 세계를 자본의 형상대로 만들어내고자 하는데, 여기서 인간 자연과 비인간 자연의 모든 요소는 사실상 교체될 수 있다. 신고전주의 경제학의 환상 속에서는 한 '요소'(화폐, 토지, 자원)가 다른 한 요소로 교체될 수 있는데, 그리하여 생산요소는 지구적 공간 전체를 가로질러 쉽게 그리고 아무 노력도 없이 이전될 수 있다.[39] 세계를 자본의 형상대로 만들어내고자 하는 이런 노력은 자본주의의 대응 사업인데, 그 사업을 통해서 자본은 나머지 세계가 '경제적 등가물'의 우주에 대한 자신의 욕망에 대응하지 않을 수 없게 만들고자 한다. 하지만 당연히 그 세계 — 모든 종류의 비인간 자연과 더불어 재/생산하는 계급도 포함한 세계 — 는 자본주의적 등가성의 세계를 그다지 원치 않는다. 어떤 층위에서는 모든 생명이, 농장에서 공장에 이르기까지, 근대성의 가치/단일재배 결합에 맞서 반란을 일으킨다. 아무도, 어떤 존재자도 매일, 온종일 같은 일을 하고 싶어 하지 않는다. 그

---

36. Marx, *Grundrisse*, 141. [마르크스, 『정치경제학 비판 요강 1』.]

37. Braverman, *Labor and Monopoly Capital*, 125. [브레이버맨, 『노동과 독점자본』.]

38. J.A. Schumpeter, *Capitalism, Socialism and Democracy* (New York : Harper & Row, 1950 〔1942 orig.〕), 45. [조지프 슘페터, 『자본주의·사회주의·민주주의』, 변상진 옮김, 한길사, 2011.]

39. Perelman, "Scarcity and Environmental Disaster".

러므로 인간과 나머지 자연 사이 관계를 둘러싼 투쟁은 필연적으로 계급투쟁이다. (하지만 그저 계급투쟁에 불과한 것은 아니다.) 상품화의 지배를 둘러싼 투쟁은, 무엇보다도, 생명과 일에 대한 경쟁적 시각들의 다툼이다. 비인간 자연 역시 경제적 등가성의 가차 없는 강제에 저항하는데, 이를테면 슈퍼잡초가 유전자조작 농업을 좌절시키고, 동물이 생산 대상과 생산력으로 할당된 자신의 역할에 저항한다. 이런 식으로, 자본주의의 대응 사업은 온갖 종류의 경쟁적이고 논란이 많은 시각과 저항을 맞닥뜨려서 모순적인 역사적 과정을 창출한다.

이들 모순적인 것 중에서 자본의 회전시간을 늦추고 급진적으로 단순화하는 자본의 규율을 거부할 위험이 있는 대항력을 제일 먼저 만나게 된다. 산업생산의 중심부에서 일어나는 노동계급의 투쟁이 좋은 사례다.[40] 근대 농업에서 나타나는 비인간 자연의 반란 역시 좋은 사례인데, 여기서 한 가지 두드러진 형태의 투쟁, 즉 골칫거리 해충과 "잡초와의 전쟁"이 현시된다.[41] 살충제/제초제 쳇바퀴(그리고 그 동족의 것들)는 생산지와 세계 축적의 규모에서 진화적 적응을 조장하는 **저**렴한 **자**연 전략과 결부되어 있다. 한편으로, 2010~2011년에 미합중국의 GMO 콩 재배 지역 전체를 휩쓴 '슈퍼잡초'에 관한 뉴스 보도의 돌풍이 밝혔듯이, 이제 생물학적 자연은 그것을 통제할 수 있는 자본의 역량보다 더 빨리 진화하고 있는 것처럼 보이는데, 그 결과 "가속된 다윈주의적 진화"를 낳았다.[42] 다른 한편으로, 비인간 자연의 반란

---

40. D. Montgomery, *Worker's Control in America* (Cambridge : Cambridge University Press, 1979) ; Silver, *Forces of Labor* [실버, 『노동의 힘』].
41. N. Clayton, "Weeds, People and Contested Places," *Environment and History* 9, no. 3 (2003) : 301~31.
42. W. Neuman and A. Pollack, "Farmers Cope with Roundup-Resistant Weeds" (*New York Times*, May 3, 2010).

은 축적 자체의 혁명적 지리학으로 촉진되는데, 근대의 기원부터 "자본 축적은 … 이질적인 외래종의 축적과 강하게 그리고 적극적으로 연관되어 있다."[43] 요약하면, 자본주의의 가속과 지리적 합리화는 자연의 배치를 둘러싼 투쟁뿐만 아니라 마찬가지로 자본주의 공간의 배치를 둘러싼 투쟁도 시사한다. 이것은, 가치의 중력 효과 안에 모든 환경을 포괄하기 위해 구축된 환경을 훌쩍 넘어 펼쳐지는 "지리적 관성"[44]을 향한 체계적 경향을 둘러싸고 진행 중인 다툼이다.

압축된 시간과 단순화된 공간의 시공간적 모순들은 어떻게 해소되었는가? 대체로, 지리적 팽창과 재편을 통해서 해소되었다. 그 두 국면은 지리적으로 구분되지만 통일된다. 그 국면들은 모두 비용의 외부화와 무상 일의 전유를 중심으로 진전되는데, 내부적으로는 재생산의 관계들을 향해(예를 들면, 1970년대 이후로 지구적 북부에서 일어난 맞벌이 가구에의 전환) 그리고 외부적으로는 **저**렴한 **자**연의 최소로 상품화된 구역들을 향해 나아간다.

지리적 팽창과 재편이라는 짝을 이룬 운동은, 잇따른 과잉축적의 콩종튀르를 이행시키는 데 필요한 자본주의의 잇따른 공간적 해결책의 핵심에 놓여 있다. 그들 해결책은 이중 운동 – 1) 상품화(가치생산/추상적인 사회적 노동) 구역의 확대 및 심화와 2) 더 큰 규모로, 전유 구역의 확대 및 심화 – 을 통해서 구성된다. 이런 전유 운동은 추상적인 사회적 자연의 생산을 중심으로 진전되는데, 추상적인 사회적 자연은 **네** 가지 **저**렴한 것을 갱신하기 위한 조건을 확보하는 데 필요한 생명정치적인

43. C. Perrings, "Exotic Effects of Capital Accumulation," *Proceedings of the National Academy of Sciences* 107, no. 27 (2010) : 12063~4 ; Crosby, *The Columbian Exchange* [크로스비, 『콜럼버스가 바꾼 세계』].

44. Harvey, *The Limits of Capital*, 428~9. [하비, 『자본의 한계』.]

지식과 실천, 지리적인 그것들, 그리고 과학기술적인 그것들을 통해서 생산된다. 이 사실은 무상 일의 새로운 '프런티어'가 식별되어 자본 축적에 동원되어야 함을 뜻한다.

가치 법칙에 대한 이런 독법 덕분에 우리는 역사적 프로젝트로서의 자본주의와 역사적 과정으로서의 자본주의의 차이를 판별할 수 있게 된다. 프로젝트로서의 자본주의 문명은 데카르트적 이원론에 자체적 진실의 핵심을 부여하는 상징적 형식들과 물질적 관계들을 모두 생산한다. 자본주의는 외부 대상으로서의 '그' 환경이라는 관념과 심지어 그것의 어떤 실재성을 만들어낸다. 외부 대상으로서의 환경이라는 관념은 전적으로 그릇된 것이라기보다는 오히려 자본주의적 세계생태의 역사적 창조물이다. 환경학의 오류는 자본주의의 세계실천 – 외부 대상으로서의 환경을 재생산하는 실천 – 을 자본주의의 세계과정과 혼동한 것이었다. 그런 역사적 과정에서 환경은 물질적인 동시에 상징적인, 우리의 내부 및 외부에 항상 존재한다. 공동생산되는 역사적 실재로서의 자본주의는 그 프로젝트가 자연을, 가치의 유토피아적 환상이든 그 환상의 경제적 등가물의 우주이든 간에, (오이케이오스로) 다루도록 강요한다.

추상적인 사회적 자연과 자본주의의 발흥

장기 16세기에는 새로운 추상화의 시대가 개시되었다. 이제 우리는 추상적인 사회적 자연이 신흥 가치 법칙의 핵심에서 권력과 생산의 물질적 기구와 상징적 기구 둘 다를 동원함을 알기 시작한다. 물질적 과정과 밀접히 결부된 이들 상징 혁명 중 주목할 만한 것은 보는 방식과 아는 방식의 두드러진 혁신이었다.

새로운 접근법은 간략히 이렇게 서술된다. 당신이 생각하려고 시도하고 있는 것을 그 정의가 요구하는 최소의 것으로 환원하라. 모직물 가격의 변동이든 … 하늘을 가로지르는 화성의 경로든, 그것을 종이 위에 그리거나, 아니면 적어도 당신의 마음에 그린 다음에 … 동일한 분량으로 나누어라. 그리하여 당신은 측정할 수 있는데, 다시 말해서, 그 분량들을 셀 수 있다.[45]

초기 근대의 획기적인 추상관념들은 그 시대의 새로운 지도제작술과 새로운 시간성, 새로운 평가 형식들과 재산 형성, 회화 및 음악의 유파들, 회계 실무, 과학혁명을 통해서 기입되었다.[46] 이것들은 함께 추상적인 사회적 자연의 방대하지만 허약한 체제를 구성했다. 중세의 전체론과 신성 목적론을 퇴위시킨 초기 근대 유물론의 혁명은 봉건주의에서 자본주의로의 획기적 전환에 연루되어 있었다. 초기 자본주의의 과학혁명은 봉건적 배치에 우호적인 추리 양식을 끝없는 축적에 도움이 되는 수학적 추상화와 지도제작 투시법의 새로운 추리 양식으로 대체했다.[47] 그 기획의 대담성은 아무리 과장해도 지나치지 않은데, 요컨대 자연을 "닫힌 체계로서 정해질 수 있고 탐구될 수 있게 하는 방식으로, 즉 〔자연〕 전체가 … 수량적으로 파악될 수 있도록 〔개념화되는〕 방식으로, 미리"[48] 둘러싼다.

---

45. Crosby, *The Measure of Reality*, 228. [크로스비, 『수량화혁명』.]

46. Capra, *Turning Point* [카프라, 『새로운 과학과 문명의 전환』]; D. Cosgrove, *Geography and Vision* (London : I.B. Tauris, 2008); Crosby, *The Measure of Reality* [크로스비, 『수량화혁명』]; Mumford, *Technics and Civilization* [멈퍼드, 『기술과 문명』]; Postone, *Time, Labor, and Social Domination*; Landes, *Revolution in Time*.

47. Pickles, *A History of Spaces*, 75~106; Merchant, *The Death of Nature* [머천트, 『자연의 죽음』].

48. S. Elden, *Speaking Against Number* (Edinburgh : Edinburgh University Press,

추상적인 노동과 추상적인 자연을 조합한 이런 방대하지만 허약한 체제는 일찍이 16세기 말 무렵에 급변점에 도달했다. 추상적인 사회적 자연의 역동적 중심부는, 놀랍지 않게도, 저지대 국가들이었고, 1600년 이후에는 네덜란드 공화국이었다. 여기서 시간과 공간, 화폐는 사상 초유로 합리화되었고 추상화되었다. 1575년 이후에 북부 네덜란드에서는 지도제작의 양과 질 모두에서 뛰어난, 그 시대의 선도적인 지도제작자들이 존재했다.[49] 이를테면, 지도제작술 지식은 네덜란드 동인도회사(이하 VOC)에 매우 중요해서 VOC 선박의 항해사들은 새로운 영토의 지도를 자세히 제작하도록 정기적인 교육을 받았다. 1619년 무렵에 그 회사는 지리적 지식의 흐름을 조정하기 위해 사내에 지도제작 부서를 설치했다.[50] 이런 지도제작 원동력이 엄격히 식민주의적인 것도 아니었다. 북부 네덜란드 내부에서는 간척, 물 관리, 자본주의적 농업이 그 조사가 매우 상세하여 두 세기 동안 대체되지 않게 될 토지대장의 혁명을 추진했다.[51] 더욱이, 노동일 역시 "모든 축일을 폐기한" 개혁교회의 1574년 회합 후에 '근본적 합리화'의 대상이 되었으며, 1650년 무렵에는 연간 노동일수가 20% 늘어났다.[52]

2006), 121에서 인용된 하이데거의 표현.

49. R.W. Unger, "Dutch Nautical Sciences in the Golden Age," *E-Journal of Portuguese History* 9, no. 2 (2011) : 68~83 ; C. Koeman et al., "Commercial Cartography and Map Production in the Low Countries, 1500~ca. 1672," in *History of Cartography*, Vol. 3 (Part 2) : *Cartography in the European Renaissance*, ed. D. Woodward (Chicago : University of Chicago Press, 1987), 1296~383.

50. K. Zandvliet, "Mapping the Dutch World Overseas in the Seventeenth Century," in *History of Cartography*. Vol. 3 (Part 2), ed. D. Woodward (Chicago : University of Chicago Press, 1987), 1433~62.

51. R.J.P. Kain and E. Baigent, *The Cadastral Map in the Service of the State* (Chicago : University of Chicago Press, 1992). [로저 J. 케인·엘리자베스 베이전트, 『세계 지적도의 역사 1』, 김욱남 옮김, 신성, 2008.]

52. J. de Vries, "The Labour Market", 60 ; *The Industrious Revolution* (Cam-

공간과 일의 경우와 마찬가지로 화폐도 합리화의 대상이 되었다. 여기서도 VOC가 중요하게 여겨졌다. 1602년에 VOC가 구성됨으로써 세계 화폐 및 신용 창출에 새로운 형태가 부여되었는데, 같은 해에 암스테르담 보르스(증권거래소)가 설립되고 1609년에 암스테르담 외환은행이 설립됨으로써 극적으로 표현되었다. 아메리카의 은 – 기계적 독창성에 못지않게 생명정치적 독창성으로 땅에서 입수된 은[53] – 이 암스테르담으로 유입됨에 따라 그것은 불환화폐의 발흥을 위한 조건을 제공했다.[54] 미첼이 분명히 밝히듯이, 세계 화폐는 "항상 계산적일 뿐만 아니라 물질적이기도 하"고, 게다가 항상 세계생태적이다.[55] 보르스의 경우에, 네덜란드 동인도회사의 주식이 거래되었을 뿐만 아니라, 얼마 지나지 않아서 거래되는 상품의 수가 점점 더 증가했고(1639년 무렵에는 그 수가 360개가 되었다!) 심지어 옵션 파생상품(선물)도 거래되었다.[56] 보르스의 물질적 배치와 상징적 "합리성은 전근대적 세계 금융과 별도로 네덜란드〔가 주도하는 세계의〕 금융 질서를 설정하는 데 기여했던 세계 신용 업무의 보편화와 심화를 위한 기초를 제공했다."[57]

초기 근대의 발전을 다시 한번 강조하면서 나는 16세기의 획기적 전환을 부각하고 싶은데, 그 전환의 가장 강력한 원동력은 장기 19세기의 화석연료에의 전환에서 갱신되고 증폭되었다. (화석연료에 중점을 둔) 새로운 전유 단계를 거쳐서 공동생산된 대규모 산업의 발흥은

---

bridge : Cambridge University Press, 2008), 88~9.

53. Moore, "Amsterdam Is Standing on Norway, Part II".

54. S. Quinn and W. Roberds, "The Bank of Amsterdam and the Leap to Central Bank Money," *American Economic Review* 97, no. 2 (2007) : 262~5.

55. Mitchell, *Carbon Democracy*. [미첼, 『탄소 민주주의』.]

56. L.O. Petram, "The World's First Stock Exchange" (PhD dissertation, University of Amsterdam, 2011).

57. P. Langley, *World Financial Orders* (New York : Routledge, 2002), 45.

추상적인 시간과 공간, 화폐, 자연을 생산하는 이들 상징적·물질적 혁명이 없었다면 생각할 수 없는 것이었다. 이런 일단의 추상관념은 증기기관이 충분히 발달하기 3세기 전에 일어난 대서양 중심의 자본주의적 세계생태의 혁명적 전환에 중요했다.

이런 사유 노선 덕분에 우리는, 잇따른 자본 축적 단계에서 그리고 이들 단계를 거쳐서 각기 다른 역사적 자연을 적극적으로 공동생산한 일련의 과학혁명을 통해서 자본주의의 역사를 읽을 수 있게 된다. 이들 과학혁명은 자본과 국가를 위한 새로운 기회를 제공했을 뿐만 아니라, 자연 전체에 대한 우리의 이해, 그리고 어쩌면 가장 중요하게도, 인간과 나머지 자연 사이의 경계에 대한 이해도 전환했다.[58] 이 점은 신자유주의가 지구시스템과학과 생명과학의 혁명을 쇼크 독트린과 체계적으로 조합함으로써 부각되었는데, 결국에는 축적을 위해 토지뿐만 아니라 생명도 확보하고자 하는 새로운 소유체제와 밀접히 연계되었다.[59] 이 사태는 지구적 규모와 분자적 규모의 연결점에서 전개되었다.[60] 한편으로, 1973년 이후에 (재조합 DNA의 발명으로) 출현한 새로운 생명과학은 재분배와 투기 ― 1980년에 미합중국 대법원의 판결로 인정받은 미생물로 시작된, 생명형태의 특허권 확보 ― 에 전제를 둔 새로운 축적조건을 생산하기 위한 강력한 수단이 되었다. 그 야심은 "생명 자체의 재생산을 부채 형식의 약속어음적 축적 안에" 둘러싸는 것이었다.[61] 다른 한편으로, 지도제작 과학(예를 들면, 원격감지, 지리정보시

---

58. Young, "Is Nature a Labor Process?".

59. N. Klein, *The Shock Doctrine* (New York : Metropolitan Books, 2007) [나오미 클라인, 『쇼크 독트린』, 김소희 옮김, 살림Biz, 2008]; M. Cooper, *Life as Surplus* (Seattle : University of Washington Press, 2008) [멜린다 쿠퍼, 『잉여로서의 생명』, 안성우 옮김, 갈무리, 2016]; B. Mansfield, ed., *Privatization* (New York : Routledge, 2009).

60. McAfee, "Neoliberalism on the Molecular Scale".

스템 등)의 도움을 상당히 받은 지구시스템과학은

> 지구를… 기성의 자원공급 센터 그리고/또는 이용 가능한 쓰레기 하치장으로 기능하는 한낱 방대한 저장고에 불과한 것으로 [환원하고자 했다]…〔그 과학은〕 상업적 생산품이 남기는 모든 부산물을 위한 개수대와 수거장, 황무지뿐만 아니라 에너지와 물질, 정보의 자원화된 흐름의… 가장 생산적인 용도를 조사하여 평가하기를 열망한다.[62]

이런 시각에서 바라보면, 신자유주의의 역사에서 매우 확연해진 과학과 자본, 권력의 조합들은 더 긴 역사 안에 유익하게 자리매김할 수 있을 것이다. "생물 탐사"[63] 같은 것은 초기 자본주의의 식민지화 추진력에 깊이 뿌리박고 있는데,[64] (그때도 지금처럼) 식물학이 "거대과학"이었을 뿐만 아니라 "거대 사업"이기도 했었던 시대였다.[65] "애초부터 〔초기 근대〕 식물학은 초국적 상인자본의 필요에 봉사했다."[66] 하지만 상인자본뿐이었을까? 여기서, 식민지 사업의 수익성 대부분이 비유럽 식물의 "자연사적 탐사와 정확한 식별 및 효과적인 재배"에 달려 있었던 시대에서, 추상적인 사회적 자연의 핵심적인 최초 계기가 나타난다.[67] 이들 과정은 "과학과 자본, 권력"을 통합하면서[68] 자본주의적 세계생태

---

61. Cooper, *Life as Surplus*, 31. [쿠퍼, 『잉여로서의 생명』.]
62. Luke, "Developing Planetarian Accountancy," 133 ; Costanza et al., "The Value of the World's Ecosystem Services and Natural Capital".
63. K. McAfee, "Selling Nature to Save it?" *Society and Space* 17, no. 2 (1999) : 133~54.
64. L.L. Schiebinger, *Plants and Empire* (Cambridge : Harvard University Press, 2004).
65. L.L. Schiebinger and C. Swan, "Introduction," in *Colonial Botany*, ed. by authors (Philadelphia : University of Pennsylvania Press, 2005), 3.
66. Cañizares-Esguerra, "Iberian Science in the Renaissance", 99.
67. Schiebinger and Swan, "Introduction," in *Colonial Botany*, 3.

의 초기 국면부터 가동되었다. 또한, 사탕수수가 마데이라 제도를 개조하고 있던 15세기 말부터[69] 포르투갈 사람들은 "순응 식물원의 체계를 발전시키고… 복잡한 일련의 식물 이식을 수행하고" 있었는데, 그리하여 인도양을 서아프리카, 카리브해, 브라질과 연계했다.[70]

그런 움직임들은 추상적인 사회적 자연을 생산하고자 하는 초기 자본주의의 대담한 지구적 프로젝트를 나타낸다. 이것들은 18세기에 린네와 더불어 "대대적인 분류학적 활동"에서 절정에 이를 것이었다.[71]

> 〔1738년에〕 린네가 스웨덴에 돌아왔을 때, 그는 식물의 산업적 및 약리학적 용도를 위한 다양한 임무를 달성했다… 그리고 웁살라대학 식물원의 원장으로서 린네는 식민지 위성국들에서 가져온 씨를 심어 묘목을 키우고 이식 식물을 재배하는 데 헌신했다. 그 시기의 다른 식물학자들과 마찬가지로, 린네는 저렴한 식민지 노동을 이용할 수 있는 지역에서 식물재배의 가능성을 탐구하면서 본국에서 성장한 것이 수입된 것을 대체할 수 있는지를 결정하기 위해 자원식물을 연구했다.[72]

앞선 이베리아 및 네덜란드의 식물학적 계획에 기반을 둔 린네의 혁명은 정교해지고 확대될 어떤 과정을 가동했는데, 먼저 19세기 말 영국 제국의 큐가든 왕립식물원으로, 그다음에 2차 세계대전 이후 아메리

68. Brockway, "Science and Colonial Expansion", 461.
69. Moore, "Madeira, Sugar, and the Conquest of Nature, Part I"; "Madeira, Sugar, and the Conquest of Nature, Part II".
70. Grove, *Green Imperialism*, 73~4.
71. Richards, *The Unending Frontier*, 19.
72. A. Boime, *A Social History of Modern Art*, Vol. 2 (Chicago : University of Chicago Press, 1990).

카 제국의 국제농업연구센터로 이어졌다.[73] 각각은 새로운 역사적 자연을 반드시 수반했는데, 요컨대 그것은 세계 전역의 유상 일과 무상 일의 새로운 조합을 구축하면서 이루어진 자본주의적 생산과 과학, 권력의 혁신에서 창발하였다.

자연을 조직하는 방법으로서 새로운 가치 법칙은, 가장 일찍이, 그리고 가장 극적으로, 두 가지 영역에서 현시된다. 첫 번째 영역은 대서양 세계 전역과 그 너머의 특별하고 꼬리에 꼬리를 무는 일련의 풍경 전환과 신체적 변형에서 찾아볼 수 있을 것이다(7장을 보라). 두 번째 영역은, 유럽 국가들과 자본이 시간과 공간, 자연을 인간관계에 외부적인 것으로 여길 수 있게 하는 일단의 신흥 시각에서 찾아볼 수 있을 것이다. 자본의 책략은, 바로 그 기원부터, 신의 책략을 통해서 세계를 표상하는 것이었는데, 특정적으로 자본주의적인 세계질서를 '자연적'인 것으로 다루면서 자신이 재구성하고자 하는 세계를 반영하기를 요구했다.[74]

보는 방식과 아는 방식에서의 이런 두드러진 혁신은, 무엇보다도, 새로운 수량주의에 전제를 두고 있었는데, 그 모토는 현실을 셀 수 있는 것으로 환원한 다음에 "수량을 세라"라는 것이었다.[75] 그런 양적 환원론은 공간을 외부에서 바라볼 수 있는 것으로 전환하는 관점과 긴밀한 짝을 이루었다. 여기서, 북부 이탈리아에서 유클리드 기하학이 부활한 사건과 밀접히 연계된,[76] 르네상스 회화에서 원근법이 출현한

---

73. Brockway, *Science and Colonial Expansion*; R. Drayton, *Nature's Government* (New Haven: Yale University Press, 2001); Kloppenburg, *First the Seed* [클로펜버그 2세, 『농업생명공학의 정치경제』].

74. B. Warf, *Time-Space Compression* (New York: Routledge, 2008), 40~77.

75. Crosby, *The Measure of Reality*, 228. [크로스비, 『수량화혁명』.]

76. "결정적인 진보는 유클리드에 대한 재평가가 이루어지고 기하학이 인간 지식의 초석

사건의 중요성은 미학적 영역을 훨씬 넘어섰다. 르네상스 원근법은 "대상들의 상징적 관계를 시각적 관계로 전환했는데, 결국 그 시각적 관계는 양적 관계가 되었다. 새로운 세계상에서 크기는 인간이나 신의 중요성이 아니라 거리를 뜻했다."[77] 이런 양적 환원론에서 "공간은 그 실체적 유의미성을 박탈당하여 추상적인 선형 좌표의 질서정연하고 균일한 체계가 되었다."[78] 이 결과는 세계에 관한 새로운 지도를 제작하는 데 중요했는데, 그 지도가 없었다면 근대 세계시장과 근대 국가 구성체, 근대 소유권은 형성될 수 없었다. 초기 근대에 일어난 지도제작 기법의 전환은 자본주의의 발흥 시기에 출현한 "소유권과 정체성에 관한 일련의 구체적인 관심사"에서 형태를 갖추었다고 피클즈는 주장한다.[79] "첫째, 새로운 공동체들을 구상하고 강화하기 위해 지도가 필요했는데, 그리하여 영토적으로 구획된 국가들과 인민들의 개별적인 통일체들, 즉 국민국가들을 점점 더 상상하게 되었다." 둘째, "토지 양도와 판매의 자본주의적 관행이 점점 더 표준이 되"면서 측량이 부르주아 재산권에 중요해졌다.

여기서 우리는 가장 초기 형태의 추상적인 사회적 자연을 보게 된다. 특히, 17세기 영국의 경우처럼, 부르주아 소유권과 관련하여 이 새로운 보는 방식과 지도제작 방식을 과장하기는 어렵다. 새로운 측량법은 그런 공간을 "기하학적"이고 "계산할 수 있는" 것으로 재해석함으로

으로 격상된 사태에서 비롯되었는데, 구체적으로 그 진보는 한 점 투시 이론과 기법을 통해서 삼차원 공간을 표현하는 데 응용되었다"(D. Cosgrove, "Prospect, Perspective and the Evolution of the Landscape Idea," *Transactions of the Institute of British Geographers* 10, no. 1 〔1985〕 : 47).

77. Mumford, *Technics and Civilization*, 20. [멈퍼드, 『기술과 문명』.]

78. M. Jay, *Downcast Eyes* (Berkeley : University of California Press, 1994), 52. [마틴 제이, 『눈의 폄하』, 전영백 외 옮김, 서광사, 2019.]

79. Pickles, *A History of Spaces*, 99.

써 "재산을 재편"하는 데 도움이 되었다.[80] 토지 소유권은, 특히 영국에서(그러나 그뿐만 아니라), "이전에 장원 공동체를 규정하는 것으로 여겨졌던 의무와 책임감의 매트릭스를 불가피하게 훼손시키는 구상물인 사실과 숫자로"[81] 환원되었다. 괜히 근대 지도는 "사실상 16세기의 발명품이었다"[82]라고 말하는 것이 아니다. 이들 새로운 보는 방식은, 정치경제와 제국의 파생물이기는커녕, 유럽 안팎에서 상품화와 전유의 잇따른 분출을 제한하는 동시에 가능케 한 역사적 자연들을 공동으로 구성했다.[83] 공간 지도의 제작은 그저 지구적 정복을 표상하는 것이 아니라 오히려 그것을 구성했다. 무상 일/에너지의 지구적 상품화와 지구적 전유는, 추상적이었지만 자본과 제국에 유용한 방식으로 천문학적 관찰의 "실제 활동들"을 표상하는 것에 달려 있었다.[84] 지도제작자이면서 사실상 자본가였던 메르카토르의 대단한 획기적인 업적은

> 자오선들이 북극과 남극에 수렴하는 지구본의 사실적 표상의 경우와 달리 서로 평행한 것처럼 그리는 평면 표현법을 [구축한 것이었다] … 메르카토르가 이룬 혁신의 중요성은 정확한 항해 실무와 상업적 이윤과 관련하여 꽤 확실했다. 그의 새로운 투영도법 덕분에, 선내에서 지구본이나 포르톨라노 해도의 표면을 가로질러 헷갈리거나 부정확한 위치를 취하는 대신에, 평면 표면을 가로질러 직선을 정확히 그릴 수 있

---

80. N. Blomley, "Disentangling Property, Making Space," in *Performativity, Space and Politics*, eds. M. Glass and R. Rose-Redwood (New York : Routledge, 2015).
81. A. McRae, "To Know One's Own : Estate Surveying and the Representation of the Land in Early Modern England," *Huntington Library Quarterly* 56, no. 4 (1993) : 341.
82. P.D.A. Harvey, *Maps in Tudor England* (Chicago : University of Chicago Press, 1993), 8.
83. Moore, "Ecology and the Rise of Capitalism".
84. Cosgrove, *Geography and Vision*, 21.

게 되었는데, 그리하여 항해술에 대한 그 도법의 유용성을… 명시적으로 전면에 내세웠다… 이어서 메르카토르는 조타수와 항해사를 염두에 두고서 자신의 지도를 가로지르는 직선들의 정확한 격자를 채택할 수 있게 하는 수학적 절차의 개요를 제시했다.[85]

초기 근대의 이 혁명 – 추상적인 사회적 자연의 탄생 – 은 공간과 비인간 자연에만 한정되지 않았다. 노예무역에서도 추상적인 사회적 자연이 작동함을 볼 수 있다. 오늘날 정육업자가 공급업자에게 '표준돼지'를 요구하는 것과 마찬가지로,[86] 17세기 카리브해의 노예시장도 '표준'노예, 나이가 30세에서 35세까지이고 키가 5피트와 6피트 사이인 남성에 관련지어 측정되었다. 이런 표준노예는 온전한 인디언의 조각pieza de India이었다. 그에 미달하는 개체는 어떤 분수로 환원되었다(그리고 계산되었다).[87] 그것은, 등가성과 교환 가능성에 관련지어 비인간 자연이나 지역적 특성, 지구적 공간을 고려하는 것에서 인간 자연을 같은 방식으로 고려하는 것으로 움직이는 작은 발걸음이었다. 인디언의 조각은 흔히 한낱 과세용 측정단위에 불과한 것으로 여겨지는 한편으로,[88] 17세기에는 앙골라에서 카리브해에 이르기까지 노동력을 측정하는 단위로 널리 사용되었다.[89] 인디언의 조각은

---

85. J. Brotton, *Trading Territories: Mapping the Early Modern World* (Ithaca: Cornell University Press, 1997), 166.
86. F. Ufkes, "Lean and Mean: US Meat-Packing in an Era of Agro-Industrial Restructuring," *Environment and Planning D: Society and Space* 13, no. 1 (1995): 683~705.
87. E. Williams, *From Columbus to Castro* (New York: Harper and Row, 1970), 139.
88. J.F. King, "Evolution of the Free Slave Trade Principle in Spanish Colonial Administration," *Hispanic American Historical Review* 22, no. 1 (1942): 34~56.
89. P.C. Emmer, "The History of the Dutch Slave Trade: A Bibliographical Survey," *Journal of Economic History* 32, no. 3 (1972): 736.

> 개체의 척도가 아니라 잠재적 노동〔노동력〕의 척도였다. 노예가 온전한 한 조각으로서 자격을 갖추려면, 그는 크기와 육체조건, 건강에 대한 어떤 구체적 규정을 충족하는 젊은 남성이어야 했다. 어린이와 노인, 여성은 상업적 목적을 위해 인디언의 온전한 한 조각의 분수에 해당하는 부분으로 규정되었다. 그 척도는 스페인 제국의 경제를 계획하는 데 편리했는데, 요컨대 필요한 것은 주어진 수의 개체가 아니라 주어진 양의 노동력이었다.[90]

이런 사태 전개는 초기 자본주의가 사실상 매우 실질적이고 근대적이었음을 드러낸다. 토지생산성에서 노동생산성으로의 이행은 새로운 가치 법칙을 나타내었다. 하지만 이 새로운 법칙은 추상적인 사회적 노동에 전제를 둔 가치증식 이상의 것이었다. 그것은 두 번째 변증법적인 계기, 즉 추상적인 사회적 자연을 반드시 수반했다. 그 이유는 인간이 자본에 불균등하게 착취당하고, 자본을 위해 전유되었기 때문이다. 상품생산 안에서의 노동력의 가치증식은 상품생산 바깥에서의 노동력의 비非가치화를 반드시 수반했고 필요하게 만들었다. 지금까지 유상 일과 무상 일의 이런 변증법이 맑스주의적 정치경제학에서 몇 가지 잘못된 인식을 초래한 이유는 인간 일이 착취되고(예를 들면, 임금노동) 전유되기(예를 들면, 무상 가사노동) 때문이다. 그러므로 인간은, 종 가운데 홀로, 자신이 자본에 불균등하게 착취당하는 동시에 전유됨을 알아챘다. 지난 5세기에 걸쳐 온갖 종류의 인종차별적이고 성차별적인 매개 — 샤피로의 문화적 해결책을 연상시키는 매개 — 가 인류의 공짜 선물의 전유를 정상화하는 데 기여했다. 자본주의 자체가 우리의 주의를

90. P.D. Curtin, *The Atlantic Slave Trade* (Madison : University of Wisconsin Press, 1969), 22. 강조가 첨가됨.

자본의 회로 안의 노동력에 한정한 일종의 인간 예외주의 – 심지어 많은 급진적 정치경제학자도 내면화한 주의 – 를 실행했다는 사실이 판명된다. 이것은 자본 축적에 대한 모든 분석의 기둥이다. 하지만 너무 과도하게 고려하여 자본주의적 발전의 틀을 이런 견지에서만 구성하는 것은 축적의 복합적이고 불균등한 지리를 이해하기에는 지나치게 협소한 토대를 제공한다. 모든 착취 행위는 훨씬 더 큰 전유 행위를 반드시 수반한다.

자본주의적 세계생태의 초기 국면부터 나타나는 것은 이중 변증법을 통해서 출현하는 가치 법칙이다. 첫 번째 변증법은 착취, 즉 추상적인 사회적 노동/자본 그리고 임금노동에 전제를 두고 있다. 두 번째 변증법은 전유, 즉 추상적인 사회적 자연/자본 그리고 무상 일/에너지에 전제를 두고 있다. 이렇게 해서 축적 전략들 – 자본화와 전유 – 의 역사적 조합이 가능해졌다. 노동생산성은 자본화를 통해서 생산의 가치구성을 상승시킴으로써 향상하는 한편으로, 전유를 통해서 **저**렴한 **자**연을 장악함으로써, 그리하여 생산의 가치구성을 낮춤으로써 향상한다.

가치관계의 체계적 구성은 1450년 이후에 대서양 세계에서 꼬리에 꼬리를 문 일련의 크고 작은 변동을 통해서 이루어졌다. 이들 변동은 경제, 문화, 정치 등의 편리한 경계를 초월했는데, 요컨대 그것들은 수학화되고 기계적인 세계실천을 고무한 실재관과 물질적 변환 행위를 선호했다. 동시에, 자본주의적 세계실천의 출현은 1450년 이후 상품 생산과 거래의 폭발적 증대에 의존했는데, 그런데도 그 팽창은 대서양 세계생태의 전체 무게에 있어서 얼마 동안 양적으로 대단하지 않았으며 그것만으로 자본주의를 발흥시키기에는 불충분했다. 봉건제 유럽과 대비하여 초기 근대 상품화의 묘책은, 풍경 전환의 규모와 속도가 상품화 자체의 양적 성장을 능가하도록 저렴한 자연을 전유함으로써 상품화가 부각된다는 것이다. 이 덕분에 협소한 권역 안에서 노동생산성이 향상할 수 있게 되는데, 그것도 극적으로 향상할 수 있게 된다. 그 이유는 바로 초기 자본주의의 프런티어에서 기계화와 전유의 최대 조합이 생겨났기 때문이다. 나중에 증기기관과 석탄의 '수직적' 프런티어가 도래함으로써 상황이 많이 달라졌는가? 1450년 이후에 나타나고 있는 것은 새로운 재생산 규칙이 출현했고 그 게임의 새로운 이권이 확립되었던 이행과정인데, 그리하여 그 과정은 권력과 생산의 새로운 논리를 창출했다. 그것이 거대한 역사적 이행의 마법이다. 그 게임의 새로운 규칙과 이권은 상품화를 중심으로 진전되었는데, 1450년 이후 상품화의 급진적 팽창은 구체적 노동을 화폐자본과 추상적 노동으로 상징적으로 그리고 물질적으로 추상화하는 데 달려 있었다. 이런 추상화는 잉여생산물의 전유에서 잉여가치의 축적으로 이행하는 데 필요했다.

그것은 필요하지만, 충분하지는 않다. 이런 이행에는 추상적인 사회적 노동 이상의 것이 포함되어 있었다는 사실은 오래전에 인식되었다. 자본 축적의 필요조건을 확보하기 위한 국가권력의 역할과 본원적 축적에 관한 문헌은 상당히 많이 있는데, 그 대부분은 지난 10년에 걸쳐 저술되었다.[91] 하지만 상품생산에 있어서 자본주의적 혁신과 국가 폭력의 어떤 조합도 세계의 지도를 제작하고, 세계를 항해하고, 조사하며, 계산하는 데 필요한 지식을 생산할 수 없었다. 우리는 세계와 관련된 이런 일단의 과정을 추상적인 사회적 자연으로 부르면서 과장하지 말아야 한다. 이베리아의 선구자들은 북유럽에서 발달한 17세기 과학

---

91. M. Perelman, *The Invention of Capitalism* (Durham : Duke University Press, 2000) ; Harvey, *The New Imperialism* [하비, 『신제국주의』] ; De Angelis, *The Beginning of History* [데 안젤리스, 『역사의 시작』]를 참조하라.

의 수학화 및 기계화 절차들과는 확실히 다른 방식으로 지도제작술과 자연사, 항해에 뛰어났다.[92] 우리는 이처럼 새로운 지식을 생산하는 최초의 단계가 후속 시대에 부합되는 이념형 모형과 닮았다는 환상에 사로잡히지 말아야 한다. 하지만 또한 우리는, 새로운 "장거리 통제" 테크닉스를 통해서 가능해진,[93] 이베리아의 해외 제국 건설의 효험까지 과소평가하지 않도록 주의해야 할 것이다. 이런 테크닉스에 힘입어 세계역사에서 이전에는 나타나지 않은 대양횡단 제국이 지속할 수 있게 되었다. 그중 아무것도 지적 권역의 자율성을 시사하지는 않고, 오히려 지구를 자신의 극장으로 삼은 약하지만 방대한 가치 법칙을 형성하는 데 이바지한 지적 권역의 구성적 역할을 시사한다.

그런데 이들 과정을 추상적인 사회적 자연으로 부르는 것과 관련된 부가가치는 무엇인가? 세 가지 이유가 두드러진다. 우선, 가치를 경제적으로 환원되는 것으로 구상하는 모든 시도는 권력과 자본, 자연의 통일체로서 자본주의의 발흥을 설명할 수 있는 우리 능력의 토대를 약화한다. 둘째, 역사적으로 말하면, 경제적 과정들이 자본주의에의 이행을 추진했다는 선험적인 주장은 모든 정합적인 경험적 근거에 따라 유지하기 어렵다. 내가 보기에, 이 논점은 합리화를 맹목적으로 애호하는 자본주의적 정신이 자본주의에의 이행을 추진했다고 주장하는 베버주의적 접근방식을 뒤집은 것이다. 오히려, 16세기에는 상품화와 전유의 혁명적 배치를 가능케 한 일단의 과정 – 서로 어느 정도 의존적이면서 어느 정도 독립적인 과정들 – 이 나타났다. 나는 새로운 '실재의 척도' – 회계, 시간의 계측, 공간 지도의 제작, 자연의 외부화에 동원된 척

92. Cañizares-Esguerra, "Iberian Science in the Renaissance".
93. J. Law, "On the Methods of Long Distance Control," in *Power, Action and Belief*, ed. J. Law (New York : Routledge, 1986), 234~63.

도 — 를 핵심 상품 부문들의 새로운 기계화보다 이행과정에서 도대체 덜 결정적인 것으로 여기기가 어렵다. 오히려 자본주의의 승리를 촉진한 — 그러나 보장하지는 않은 — 꼬리에 꼬리를 무는 과정들은, 가끔은 상품화에서 비롯되었고, 가끔은 제국 및 국가 기구에서 비롯되었으며, 가끔은 지식생산의 새로운 양식(추상적인 사회적 자연)에서 비롯되었다. 그리하여 우리는 자본주의 발흥의 세계역사적 삼위, 즉 추상적인 사회적 노동, 본원적 축적, 추상적인 사회적 자연으로 되돌아간다. 당연히 삼위는 각각 서로 함축하고, 게다가 각각의 세계역사적 무게는 16세기에 새로운 세계실천이 형성되면서 바뀌게 된다.

마지막으로, 추상적인 사회적 자연으로 우리는 이 과정에 관한 국가중심적인 표현에서 벗어날 출구를 찾아내게 되는데, 이 출구는 "국가 단순화"에 관한 스콧의 논증뿐만 아니라[94] 통치성과 생명권력에 관한 푸코의 포괄적인 논의에서 훌륭히 구체화된다.[95] 추상적인 사회적 자연의 생산물이 흔히 제국권력 및 국가권력과 밀접히 결부되어 있었더라도, 그런 정치적 구조는 세계 축적과 전혀 독립적이지 않았다. 국가 및 시장 주도의 단순화는 생명활동을 개조하는 과정을 드러내는데, 요컨대 자본 축적을 촉진하기 위해 자연을 표준화하고 기하학적으로 코드화하며 자연의 지도를 제작하는 것을 목표로 삼은 다양한 과정을 연행한다. 이런 시각에 따르면, '여성과 자연, 식민지'의 무상 일은 약탈당할 뿐만 아니라 상징적 실천과 정치권력, 자본 축적을 통해서 적극적으로 창출된다. 이런 적극적 창출 과정은 역사적 자연/추상적인 사회적 자연/추상적인 사회적 노동의 결합으로 표시된다. 이런 의미에서,

---

94. Scott, *Seeing Like a State*. [스콧, 『국가처럼 보기』.]
95. Foucault, *Society Must Be Defended*. [푸코, 『사회를 보호해야 한다』.]

가치에 대한 우리의 독법은 근대 세계역사에서 나타난 것 — 가치 법칙에 내재하는 급진적 단순화를 닮은 동시에 (그것에 이의를 제기하거나 그것을 조절하면서도) 재생산하는 풍경과 문화, 시장, 국가, 재/생산(그리고 훨씬 더 많은 것)의 세계들 — 에 대한 해석적 토대를 확립한다.

가치 법칙 덕분에 우리는 평범한 시야에는 드러나지 않았던 바로 그것 — 인류의 환경형성 관계에 있어서 16세기에 시작되었고 오늘날 한계에 이른 획기적 이행 — 을 설명할 수 있게 된다. 가치관계에 대한 세계생태론적 독법은 이런 이행의 한계를 그 자체가 생명의 그물 속 생산자/생산물인 자본주의를 통해서 관계적으로 구성된 것으로 부각한다. 이 접근법에 따르면, 가치 법칙은 자본주의의 근본논리를 발굴할 수 있게 하는 방법론적 전제가 된다. 이 논리는 노동생산성을 포괄적인 부의 척도로 코드화하고 — 그리하여 전근대 문명에서 오랫동안 지속한 토지생산성의 우위를 뒤집었고 — 나머지 자연을 노동생산성에 이바지하도록 동원한다. 추상적인 사회적 노동의 견지에서만 이해되는 가치관계는 자본의 회로 바깥에서 이루어진 무상 일/에너지의 장기 동원을 설명할 수 없다. 국가와 과학 역시 사실상 자본 축적과 독립적인 외부 요소로 작용하지 않는다. 국가와 과학, 자본은 단일한 과정을 구성하는데, 그 과정은 이중 명령 — 자연을 단순화하라는 명령과 전유 영역을 착취 구역보다 더 빨리 확대하라는 명령 — 으로 실현된다. 토지 비옥도가 고정자본처럼 작용할 수 있다는 맑스의 통찰은 그냥 툭 던지는 논평이 전혀 아니었는데, 요컨대 그것은 미자본화된 자연에 대한 자본주의의 왕성한 탐욕을 가리키는 소견이다. 그런 탐욕이 없다면 자본의 노동생산성 혁명은 상상도 못 할 일이다.

4부
저렴한 자연의 발흥과 죽음

9장

저렴한 노동? : 시간, 자본, 그리고 인간 자연의 재생산

> 인간의 생산력을 낭비하고 파괴하는 이런 정책으로 자본주의는 자신을 규탄한다…자신의 권역 바깥에서 생산된 노동가치의 역사적 흡입을 금지당하고 이윤율 저하에 대한 주요한 제동장치를 박탈당한 자본주의는 자신이 너무나 값비싼 생산양식이어서, 초기에 그러했던 대로, 생산력을 성공적으로 동원하지 못하고, 그리하여 진보를 보증할 수 없음을 보여줄 것이다. 더욱이, 도래할 '최후의' 위기가 현재 상황에 의해 예고될 것이다. — 메이야수[1]

자본화와 전유의 변증법은 근본적으로 인간이 재생산되는 관계를 중심으로 진전된다. 그러므로 **저**렴한 **노**동력이 중요하다. 그것이 없다면, 축적은 붕괴한다. 맑스의 경우에,

> 가치증식〔자본의 자기 팽창〕의 수단으로서 자본에 끊임없이 다시 편입되어야 하고, 자본에서 벗어날 수 없으며, 그것을 구매하는 개별 자본가가 바뀌기에 자본에 예속되어 있음이 은폐될 뿐인 노동력의 재생산은, 사실상, 자본 자체의 재생산에 〔필수적인〕 요소를 이룬다. 그러므로 자본 축적은 프롤레타리아 계급의 증식이다.[2]

---

1. [옮긴이] C. Meillassoux, *Maidens, Meal and Money* (Cambridge : Cambridge University Press, 1981).
2. Marx, *Capital*, Vol. I, 763~4 [맑스, 『자본론 I-하』]; 괄호 안에 넣은 어구들은 1967년 판 Marx, *Capital*, Vol. I, 575~6에서 인용됨. 강조가 추가됨.

맑스의 유명한 소견에 우리는 이제 이렇게 덧붙일 수 있을 것이다. 자본 축적은 프롤레타리아 계급의 증식이고, 이는 곧 무상 일/에너지의 전유다. "피를 자본으로" 전환할 때,[3] 자본관계는 가치로서 부의 생산과 가치조건으로서 무상 일(생명의 재/생산)의 전유를 전개한다. 자본주의는 특정한 지리적 조건 아래서 이런 일을 수행한다. 지리적으로 빠르게 팽창하는 상황 속에서 추상적인 사회적 노동의 체제가 출현했고, 게다가 대규모 산업도 출현했다.[4] 하지만 자본주의의 발흥에 중추적인 것으로서 이 관계의 함의는 지구적 팽창에 관한 주장보다 더 중대하다.[5] 추상적인 사회적 노동은 프런티어를 창출하기보다는 오히려 바로 프런티어 과정 자체다. 그 프런티어는 상품화된 생명과 미상품화된 생명의 경계이고, 자본은 추상적인 사회적 자연의 지도제작과 수량화 테크닉스를 통해서 그 경계를 건너간다. 자본의 '자기완결적' 특질에도 불구하고, 잉여가치의 생산은 노동의 프롤레타리아화와 자본 축적일 뿐만 아니라 지구적 전유 공간의 생산이기도 하다.

맑스는 노동력의 재생산을 상품소비로 환원시킨다고 자주 비판받았다. 그 과정에서, 맑스가 무상 일(특히 집안일)의 기여를 무시했다고들 한다.[6] 이런 주장은 전적으로 올바른 것처럼 보이지는 않는다. '노동일'에 관한 자신의 고전적 논의에서 맑스는, 노동력의 재생산을 상품체계 안에 한정하는 모든 시도는 재빨리 노동비용의 상승과 축적의 불안정화를 초래할 것이라는 점을 명확히 한다. "자본은 자신의 이

---

3. Marx, *Capital*, Vol. I, 382. [마르크스, 『자본론 I-상』.]

4. Moore, "Ecology and the Rise of Capitalism"; Tilly, "Demographic Origins of the European Proletariat".

5. Wallerstein, *The Modern World-System I*을 참조하라.

6. Meillassoux, *Maidens, Meal and Money*; S. Federici, *Revolution at Point Zero* (Oakland : PM Press, 2012) [실비아 페데리치, 『혁명의 영점』, 황성원 옮김, 갈무리, 2013].

익을 위해 표준노동일을 인정하는 방향으로 나아가야 하는 것처럼 보일 것이다."[7] 더 긴 노동일과 더 집중적인 일은 더 큰 "인간 노동력의 퇴화"[8]로 이어진다. 자본주의가 "산업병리학이 출범하는 계기를 … 제공한 … 최초의 체계"[9]인 데는 충분한 이유가 있다. 처음에는 그런 노동력의 퇴화가 자본의 자기 이익에 어긋나는 것처럼 보이는데, 그 이유는 "소모된" 노동력이 대체되어야 하기에 "값비싼" 일이 되기 때문이다.[10] 하지만 "노동력의 가치에는 일꾼의 재생산에 필요한 상품들의 가치가 포함된" 한편으로, 이들 상품의 가치는 자본화된 일과 전유된 일 – 유상 일과 무상 일 – 의 조합으로 결정된다. 노동력의 평가 가치가 일꾼의 재생산에 필요한 상품들의 가치를 직접 정한다. 이와 동시에, 재생산에 투입된 무상 일이 그 상품들의 가치를 정립하는 사회적 필요노동시간을 공동으로 정한다. 알다시피, 이런 무상 일/에너지는 가구에만 한정되는 것이 아니라 저렴한 자연의 체계 전체로 확대된다. 필요노동시간은 자본화와 전유를 통해서 공동생산된다.

왜 공동생산되는가? 그 이유는 자본이 미상품화된 일(무상 일)의 영역에 반드시 의존하기 때문인데, 요컨대 노동력의 재생산은 상품 생산과 거래의 구역 안에서 단지 부분적으로 일어날 뿐이다. 상품체계 안에서 가구 재생산의 비용 전체를 유지하면 축적 과정은 재빨리 멈추게 될 것이다. 그러므로 오늘날 자본주의에서도 완전히 프롤레타리아적인 가구는 대단히 드문데, 사실상 보수를 많이 받는 전문직 종사자(변호사, 의사, 교수 등)에 거의 전적으로 한정된다. 역사적으로, 프롤

---

7. Marx, *Capital*, Vol. I, 377. 강조가 첨가됨. [맑스, 『자본론 I-상』.]
8. 같은 책, 376. [같은 책.]
9. 같은 책, 484. [맑스, 『자본론 I-하』.]
10. 같은 책, 377. [맑스, 『자본론 I-상』.]

레타리아화의 심장부에서도, 노동력의 재생산은 온갖 종류의 무상 일이나, 또는 그것만으로는 노동력을 재생산하기에 불충분한 수준으로 그 대가를 지불받는 일에 의존했다. 마지막 사항이 중요한데, 그 이유는 우리가 "반半프롤레타리아적 가구"에서 유상 일과 무상 일의 배치를 변경하는 무상 일의 상대적 정도를 다루고 있기 때문이다.[11] 예를 들면, 미합중국의 대도시에서 이민자가 다수였던 시기인 20세기 초에 미합중국의 도시에 거주하는 모든 이민 여성의 절반이 하숙비에 해당하는 활동, 즉 온갖 종류의 세탁과 요리, 감정노동을 수반한 활동에 종사했다. 사실상 중규모의 산업도시에서도 모든 노동계급 가족의 절반 정도가 느지막이 1920년대에도 작은 텃밭을 경작했다.[12]

자본화와 전유를 통해서 공동생산되는 것으로서 추상적인 사회적 노동의 이런 현실을 인정하는 동시에 맑스가 그 문제를 인식했음을 부인하고 싶은 유혹이 있다.[13] 그런데 맑스가 옳았는지, 아니면 틀렸는지와 전적으로 관련된 문제라면, 그것은 언쟁을 벌일 가치가 전혀 없을 것이다. 맑스가 노동력의 재생산에 관한 논증을 구성한 방법에 주의를 집중하는 것이 좋을 것이다. 그 이유는 맑스가 생산 일반이나 인구 일반이나 교환 일반 같은 일반적인 추상관념에서 연이어 더 특정적인, 또는 확정적인 추상관념으로 일관되게 이동하기 때문이다.[14] 이해를 돕는 한 구절에서 맑스는 노동에 관한 일반적인 추상관념과 특정적인

11. J. Smith and I. Wallerstein, *Creating and Transforming Households* (Cambridge : Cambridge University Press, 1992).
12. L. Gordon, "US Women's History," in *The New American History*, ed. E. Foner (Philadelphia : Temple University Press, 1990), 271.
13. Federici, *Revolution at Point Zero*을 참조하라. [페데리치, 『혁명의 영점』.]
14. Marx, *Grundrisse* [마르크스, 『정치경제학 비판 요강 1·2·3』]; P. Murray, *Marx's Theory of Scientific Knowledge* (Atlantic Highlands, NJ : Humanities Press, 1988).

추상관념을 모두 제시하면서 전자에서 후자로 이동한다.

> 이런저런 형태로 자연적 요소의 전유를 지향하는 유용한 활동으로서의 노동은 사회형태와 전적으로 독립적인 인간 실존의 자연적 조건, 즉 인간과 자연 사이 물질적 교환의 조건이다. 다른 한편으로, 교환가치〔상품화된 노동력〕를 상정하는 노동은 특정한 사회적 형식의 노동이다.[15]

『자본론』에서 맑스가 자본 축적에 대한 '순수' 모형에서 더 특정적인 추상관념으로 일관되게 이동함을 알게 된다. 「노동일」이라는 장에서 전개되는 논증은 자본주의가 나타내는 노동력 과소생산 경향과 이 모순을 완화하기 위한 비시장 메커니즘에 관한 암묵적 이론을 제시한다. 이런 점은 특히 맑스가 노동력의 재생산을 다룰 때 명백하다. 맑스가 애초에 노동력의 가치를 상품의 가치로 규정한 추상관념은 이후에 전유 구역을 중시하는, 역사적으로 특정적인 새로운 추상관념으로 수정된다.[16] 여기서 노동예비군이라는 '잠재적' 계층이 중요하다.[17] "인민의 활력의 근원을 장악하고 … 산업인구의 퇴화가 단지 농촌으로부터 원시적이고 자연적인 〔'물리적으로 타락하지 않은' 인간〕 요소들의 끊임없는 흡수에 의해서만 늦추어지는"[18] 그런 운동은 나중에 본원적 축적에 관한 맑스의 유명한 논의에서 검토된다. 맑스는 케언스의 글을 동의하면서 인용함으로써 이렇게 주장한다.

---

15. K. Marx, *A Contribution to the Critique of Political Economy*, trans. N.I. Stone (Chicago : Charles H. Kerr & Co., 1904 〔orig. 1859〕), 33. [카를 마르크스, 『정치경제학 비판을 위하여』, 김호균 옮김, 중원문화, 2017.]
16. Marx, *Capital*, Vol. I, 276~7. [맑스, 『자본론 I-상』.]
17. 같은 책, 796. [맑스, 『자본론 I-하』.]
18. 같은 책, 380. [맑스, 『자본론 I-상』.]

〔노동력을〕 외국의 사육장에서 공급받을 〔수 있게 되면〕 … 〔일꾼의〕 수명은 그가 생존하는 동안의 생산성보다 덜 중요한 문제가 된다. 따라서 노예 수입국에서 노예를 관리하는 원칙은, 가능한 한 가장 짧은 시간에 가능한 한 많은 양의 노동을 인간 노예에게서 짜내는 것이 가장 효과적인 경제적 활용이라는 것이다.[19]

여기에 맑스는 덧붙인다. "이름은 다르지만, 너를 두고 하는 말이다! 노예무역 대신에 노동시장으로, 〔노예무역의〕 켄터키와 버지니아 대신에 아일랜드 그리고 잉글랜드와 스코틀랜드, 웨일스의 농업지역으로, 아프리카 대신에 독일로 바꾸어 읽어보라."[20] 노동력 대신에 자연으로 바꾸어 읽어보라. 맑스는 다음과 같이 직접 연관 짓는다.

자본은 노동력의 수명에 관해 아무것도 묻지 않는다. 자본이 관심을 두는 것은 오로지 하루 노동일에 가동할 수 있는 노동력의 최대치다. 자본은 노동력의 수명을 단축함으로써 이 목표를 달성하는데, 이는 마치 탐욕스러운 농장주가 토양의 비옥도를 약탈함으로써 수확량을 늘리는 것과 마찬가지 방식이다.[21]

마찬가지 방식이다 … 여기에 자본관계가 오이케이오스를 통해서 전개되는 방식에 관한 통찰력 있는 변증법적 진술이 있다. 3장에서 이해했듯이, "사회적 신진대사의 상호의존적 과정"은 인간 자연과 비인간 자연의 단일하지만 역사적으로 분화된 신진대사를 중심으로 진전된다. 여

19. J.E. Cairnes, *The Slave Power*; Marx, *Capital*, Vol. I, 377 [맑스, 『자본론 I-상』].
20. Marx, *Capital*, Vol. I, 378. 강조가 첨가됨. [맑스, 『자본론 I-상』.]
21. 같은 책, 376. [같은 책.] 강조가 첨가됨.

기서 우리는 데카르트적 이항 구조의 상징적 폭력을 부각할 수 있는데, 요컨대 그 구조는 일꾼의 '수명 단축'과 토양의 '약탈' 사이의 연결조직을 보이지 않게 한다.

대부분의 녹색 사상에서는 이들 연결조직을 보기 어렵다. 한밤중에 환경론자를 깨우고 물어보라. "어디에서 소진과 고갈이 나타나는가?" 그 대답은 이미 정해져 있다. 식물상과 동물상에서, 토양과 자원에서 나타난다. 하지만 그 대답을 뒤집고 일꾼의 소진과 세계체계의 소진이라는 관점에서 바라보면, 무슨 일이 일어나는가? 그런 반전이 인간중심적일 필요는 없는데, 그 반전을 통해서 우리는 자본주의적 세계생태에서 인간 자연과 비인간 자연을 소진하는 통합관계를 부각할 수 있을 것이다.

일꾼의 소진이 가장 중요하다면, 우리는 중대한 의문 하나를 제기해야 한다. 누가 일꾼인가? 일꾼은 단지 임금노동자가 아님이 확실하고, 오히려 자본주의의 가치관계 안에서 '일을 하는' 모든 생명활동이다. 알다시피, 이런 일 중 일부는 공식적이지만, 대부분은 그렇지 않다. 그중 매우 작은 분량은 공장과 사무실, 상점에서 발생하지만, 대부분은 그렇지 않다. 우리는 5장에서 처음 맞닥뜨린 두 가지 주요한 소진형태 – '한도 초과'와 '기진맥진' – 를 재고할 수 있다. 가장 전형적인 형태는 전자인데, 어떤 주어진 노동인구가 일/에너지의 상승 흐름을 자본의 회로에 더는 넘겨줄 수 없을 때 그들은 한도를 초과한 상태에 이르게 된다. 오늘날 미합중국 노동계급은 임박한 육체적 붕괴의 의미에서 소진되는 것이 아닌데, 오히려 그 계급이 자본에 넘겨주는 무상 일의 양을 증가시킬 수 있는 역량이 고갈한다는 바로 그 의미에서 소진된다. 무상 일을 넘겨줄 수 있는 잠재력이 한도를 초과하게 된다. '교대 근무' – 유상 일과 무상 일의 2교대 및 3교대 근무 – 의 번성과 한 주 노동시간의 신자유주의적 연장은 미합중국 일꾼이 지금보다 더 많이, 또는 더 열심히 일할 수는 없다고 생각할 이유를 우리에게 제공한다.[22] (어쩌면 주변부에서 약간의 여지가 있겠지만 지금보다 더는 늘어나지 않을 것이다.)

그런 소진은 또한 우리의 두 번째 '기진맥진' 국면에도 연루된다. 이것은 일/에너지 흐름에 있어서 그저 상대적인 감소가 아니라 절대적인 감소라는 유령이다. 그것은 1980년대 이후로 지구적 남부 전역에서 정신 건강 문제가 급격히 증대하고,[23] 흡연이 많이 감소한 후에도 암이 유행하며, 진단법의 진보가 쫓아갈 수 없는 상황에서 찾아볼 수 있다.[24] 이것이 의미하는 바는 직설적인데, 요컨대 소진은 다양한 형태를 취하고 생물물리학적 붕괴로 환원되지 않는다. 건강 문제의 증가 외에, 출산율 저하 현상 – 최근 수십 년 동안 북대서양 지역 전역에서 지속하였고 이제는 산업화한 동아시아 지역으로 확대된 프롤레타리아 여성의 '출산 파업' – 도 볼 수 있을 것이다.[25] 이 상황은, 축적순환의 과정 동안, 예전에 현금 결합 바깥에 있던 재생산관계가 점진적으로 금전화됨을 시사한다. 재생산은 상품관계를 통해서 진척되고, 무상 일의 분량은 감소하거나 정체된다(그 규모는 반드시 그렇지는 않다). 오래된 생산 중심부에서 인간 자연은 점점 더 자본화하게 된다. 그런 자본화는 필시 계급정치를 수반하는데, 요컨대 노동력 재생산의 조건을 둘러싼 투쟁은

22. Hochschild, *The Second Shift*를 참조하라. [혹실드, 『돈 잘 버는 여자 밥 잘 하는 남자』.]

23. HHS〔U.S. Department of Health and Human Services〕, *Health United States 2010* (Washington, D.C.: U.S. Government Printing Office, 2010).

24. M. Davis, *Planet of Slums* (London: Verso, 2006). [마이크 데이비스, 『슬럼, 지구를 뒤덮다』, 김정아 옮김, 돌베개, 2007.]

25. G. Livingston and D. Cohn, "The New Demography of American Motherhood," (Pew Research, 2010), www.pewsocialtrends.org; *Economist*, "Women in South Korea: A Pram Too Far," *Economist*, (October 26, 2013).

더욱더 두드러진 양상을 띤다. 자본은 미상품화된 생명 재생산보다 오히려 상품화된 생명 재생산에 점점 더 의존하게 된다.

또다시 우리는 생태잉여가 저하하는 경향을 보게 된다. 그 경향의 가장 명백한 지표는 **4대** 투입물의 가격 상승이다. 노동과 식량, 에너지, 원료가 더욱더 비싸지게 된다.[26] **네** 가지 **저**렴한 것은 더는 저렴하지 않게 된다. 이런 일은 대체로 한꺼번에 일어나지 않지만, 2003년 이후로는 **네** 가지 **저**렴한 것이 모두 비싸지게 되었다. **네** 가지 **저**렴한 것이 더는 더 저렴해지지 않게 되면서 귀중해지기 시작하는 시점은 자본주의의 한 단계가 위기에 처한다는 징후인데, 그런 위기는 축적체제의 소진을 '시사한다'. 신자유주의적 자본주의의 경우에, 이런 징후적 위기 – 2008년에 금융체계가 거의 붕괴한 사건보다 훨씬 더 중요한 위기 – 는 2003년 무렵에 개시되었다. 그때 이후로 생태잉여가 저하하고 있는데, 임박한 시기에 반전될 기미는 거의 없다. 최대의 상품 프런티어는 이미 소진된 한편으로, 자본의 규모는 계속해서 증대하고 있다.

지금까지 그런 과잉축적의 위기 – 수익을 내며 재투자될 수 없는 '잉여'자본의 규모가 증대하는 현상으로 규정되는 위기 – 의 순환적 해소책은 **네** 가지 **저**렴한 것의 순환적 복원에 의존했다. 그러므로 생태잉여의 저하는 실물경제(M-C-M′)에서 수지맞는 투자 기회의 축소와 밀접히 연계되어 있다. 저렴한 석유나 저렴한 노동, 저렴한 금속은 새로운 혁신 – 각각의 당대에서 철도와 증기기관, 또는 자동차와 같은 혁신 – 이 이루어질 수 있게 한다. (그 과정은 당연히 꼬리에 꼬리를 무는 것이지, 먼저 **저**렴한 **자**연의 선형적 과정이 일어난 다음에 획기적인 혁신이 이루어지는 것이 아니다.) 이들 새로운 기계에 반드시 수반되는 생산체계와 도

26. 당연히, 각각의 투입물 사이에는 불균등성과 지리적 변동성이 있다.

시 공간, 하부구조의 발달이 거대한 양의 잉여자본을 흡수했다. 사실상, 1790년과 1960년 사이에 북대서양 지역에서 잇따른 산업화의 특별한 역사는 이들 획기적인 발명품(증기기관/석탄, 자동차/석유)이 지구적 오이케이오스를 개편하여 무상 일/에너지의 기여분이 증대할 수 있게 한 방법을 통해서 이야기될 수 있다. 흥미롭게도, 지난 40년 동안 진행된 정보기술'혁명'은 일/에너지의 새로운 흐름을 넘겨주거나 잉여자본을 흡수하거나 노동생산성을 향상하는 데 부적절함이 명백히 드러났다.[27] 그런 거대한 산업화의 파동들이 생겨날 수 있게 하는 **네** 가지 **저**렴한 것은 역사적 자본주의의 되풀이되는 과잉축적의 위기를 해소하는 데 중요하다. 그리하여, 잇따른 축적순환에서, **네** 가지 **저**렴한 것의 순환적 '종언'은 투자처가 없는 잉여자본의 규모가 증대하는 현상에 대응한다. 그 결과, 오늘날 상품 프런티어의 소진 — 체계 규모에서 무상 일의 증가 완화 — 은 1970년대 이후로 출현한 특이한 형태의 금융화와 강하게 연계되어 있다. 실물경제에서 축적이 비틀거림에 따라, 생산활동보다는 오히려 금융(M-C-M′이라기보다는 M-M′)에 이끌리는 자본의 분량이 증가한다.[28] 당연히, 어떤 시점에서, 이들 금융적 미래투자는 보상받아야 하는데, 그렇지 않다면 그 투자자는 파산하게 됨이 틀림없다.

생태잉여 — 자본 축적 대비 무상 일의 기여분 — 는 다양한 이유로 인해 줄어들 수 있다. 이들 이유 중 다섯 가지가 특히 두드러진다. 첫 번

---

27. Foster and McChesney, *The Endless Crisis*; Gordon, "Is US Economic Growth Over?".

28. M-M′은 자본주의의 잇따른 금융적 팽창 시기에 작동하게 된다(6장을 보라). Arrighi, *The Long Twentieth Century* [아리기, 『장기 20세기』]; A. Leyshon and N. Thrift, "The Capitalization of Almost Everything," *Theory, Culture and Society* 24, nos. 7~8 (2007): 97~115를 보라.

째 것은, 근대 영토주의의 조건과 추상적인 사회적 자연이 확대하는 상황에서, 현금 결합이 권력과 생산의 전前자본주의적 배치를 해체하는 경향이 있다는 점이다. 때때로 이런 해체는, 17세기에 스페인이 식민지 페루를 개편하면서 부락생활을 해체했을 때처럼, 식민주의의 형태로 나타난다.[29] 그런 해체 현상은 자본주의적 세계생태의 순환적 현상이다. 그런 해체는, 삼백 년이 지난 후에도, 자본주의적 발전이 '순환적' 이주에서 '비가역적' 이주로의 변화를 유발한 식민지 아프리카에서 여전히 작동했다.[30] 계급투쟁 자체가 생태잉여 저하의 두 번째 벡터다. 노동계급은, 재생산과 의료보험, 노령연금, 특수교육의 비용을 사회가 부담할 것을 요구하는 동시에, '가족임금'을 요구하는 경향이 있다.[31] 이런 요구의 결과로 자본은 더 높은 재생산 비용에 '갇히게' 되었는데, 특히 1970년대 이후로 지구적 북부에서 그러했다.[32] (지금까지 지구적 남부-북부 이주가 이런 경향을 저지하는 강력한 방책이었다.) 또한, 그때 이후로, 세계 전역에서 환경운동이 발흥하였는데, 이 사태가 세 번째 벡터다. 이 운동은 국가가 오염을 제한하고 이전에 발생한 오염의 비용을 청산하도록 압력을 가했다. 지금까지는 이것이 우리의 벡터 중 가장 약한 이유는 그 비용을 시간상으로는 다음 세대에게 미루고 공간적으로는 지구적 북부에서 남부로 이전할 수 있었기 때문이다. 향후 수십 년 안에 그것은 비용 증가의 가장 강력한 벡터일 것임이 거의 틀림없는데, 이 점은 다음 장에서 탐구되는 쟁점이다. 네 번째 요인은, 단일재배처럼, 농업생태계에서 자양분을 제거하고 해충친화적이고 잡초

---

29. Moore, "Amsterdam Is Standing on Noway, Part I".
30. Meillassoux, *Maidens, Meal and Money*, 110.
31. Wallerstein, *Historical Capitalism*. [월러스틴, 『역사적 자본주의/자본주의 문명』.]
32. J. Smith, "Transforming Households," *Social Problems* 34, no. 5 (1987) : 416~36.

친화적인 환경을 생산하는 급진적인 단순화 전략을 채택하는 경향이다. 이런 전략은 그 비용이 점점 더 증가하는 에너지와 독성 투입물을 증대시키는 경향이 있다. 마지막으로, 생태잉여의 저하는 에너지와 광물 원천의 고갈에도 연루되어 있는데, 그런 고갈 현상은, 농업의 경우처럼, 그 비용 — 그리고 독성 — 이 점점 더 증가하는 투입물을 요구하는 경향이 있다(예를 들면, 시안화물 금 추출 공정, 수력파쇄, 해양 시추).

무상 일의 상대적 기여분의 감소가 큰 문제라면, 자본은 왜 재생산의 자본화를 용인하고, 게다가 때때로 강하게 부추기는가? 결국, 자본은 두 가지 큰 이유로 인해 그렇게 한다. 첫째, 재생산의 과정을 자본의 회로 안에 편입함으로써 특정한 자본주의적 행위자(기업)가 세계 잉여가치의 지분을 둘러싼 경쟁에서 단기적인 이득을 얻을 수 있게 된다. 기업은 원료 못지않게 노동력을 규칙적으로 제공받아야 한다. 둘째, 체계적 층위에서, 노동력의 상품화는, 특히 경기 침체 시기에, 상품소비를 증가시킨다.[33] 여기서 식량의 상품화가 중요함은 명백하고, 게다가 "강요된 과소소비"(굶주림)에 대한 신자유주의적 경험은 식량의 시장화와 전혀 어긋나지 않는다.

노동력은 교훈적인데, 그 이유는 그것이 우리가 자연-속-자본주의의 분화된 통일체들을 통해서 생각하도록 고무하기 때문이다. 맑스가 주장하듯이, 자본주의는 불균등하더라도 단일한 관계를 통해서 토양과 일꾼을 소진한다. 그런 소진은 터무니없지만, 비합리적인 것은 아니다.

---

33. "프롤레타리아화의 배후에 있는 주요한 힘 중 하나는 세계의 노동인구 자체였다. 그들은 더 완전히 프롤레타리아화한 가구보다 반(半)프롤레타리아적 가구에서 착취〔나는 전유라고 말할 것이다〕가 훨씬 더 많이 이루어졌던 사실을 자칭 지적인 대변인들보다 흔히 더 잘 이해했다."(Wallerstein, *Historical Capitalism*, 36~7). [월러스틴, 『역사적 자본주의/자본주의 문명』.]

재생산 비용의 자본화는 중기적으로 50년에 걸쳐 무상 일을 극대화하는 경향이 있다. 50년을 넘어서면, 무상 일의 상대적 분량이 정체하기 시작한 다음에 감소하게 된다. 자연의 자본화된 구성이 상승한다. 생태잉여가 저하된다. 두 결과가 잇따라 발생하는데, 자본을 위한 재생산 비용이 상승하고, 자본이 새로운 노동 프런티어를 향해 흐른다.(그리고 흔히 노동은 역동적인 자본주의적 중심부를 향해 이동했는데, 이것이 특히 미합중국 자본주의의 역사다.) 자본 자체의 관심은 '지속 가능한' 재생산체제를 지향하는 것처럼 보일지라도, 자본의 단기주의와 사회·생태적 재생산의 유연성이 자본주의 역사에서 연쇄적인 호황/불황 계열을 추동하는데, 이런 사태는 자본화와 전유의 경향적 소진에 전제를 두고 있다. 이들 모순은 상품생산과 사회·생태적 재생산의 각기 다른 시간적 리듬을 통해서 약화된다. 유상 일의 시간은 "선형적이고 시계지향적"인 반면에, 가구 재생산의 무상 일은 "선형적이라기보다는 오히려 흔히 순환적으로 되풀이되는 리듬과 패턴에 기반을 두고 있고, 시계에 기반을 두기보다는 오히려 과업에 기반을 두고 있으며, 의미에 파묻혀 있다."[34] 자본은 재생산 작업의 유연성을 장악함으로써 일상생활에 침입하여 추상적인 사회적 노동의 논리 안에서 더욱더 많은 일을 포괄하는데, 그리하여 자본은 어느 정도까지는 추상적 시간의 규율을 둘러싸고 형성될 수 있다. 하지만 그런 유연성은 무한하지 않다. 무상 일과 유상 일의 실제 노동일은 무한정 연장될 수 없다.

상품생산은 매우 단기적인 틀에서 작동한다. 길어봤자, 이것은 경기순

34. M. Hilbrecht et al., " 'I'm Home for the Kids': Contradictory Implications for Work-Life Balance of Teleworking Mothers," *Gender, Work and Organization* 15, no. 5 (2008): 456~7.

환주기(7년에서 12년)다. 물론 생산주기는 훨씬 더 짧고, 게다가 자본주의적 생산의 '유연한' 형태가 엄청나게 많아진 데서 현시되듯이, 최근 수십 년 동안 더 짧아졌다.[35] 멜리사 라이트가 보여준 대로,[36] 그런 유연화는 지구적 남부 전역에서 여성 일꾼들의 빠른 전유와 뒤이은 소진에 전제를 두고 있었다. 신자유주의 시대에는 "제3세계의 가처분 여성 일꾼"이 **저**렴한 **노**동의 기둥이 되었다.[37] 일찍이 1970년대에 남한 여성 일꾼 중 30%가 "하루에 15시간 또는 훨씬 더 긴 시간"을 일했고, "〔게다가〕 산업재해로 인한 장애발생 건수가… 매년 평균 17%가 증가했다."[38] 당연히 이것은 새로운 전개 상황이 아니었다. 세콤베는 19세기 영국과 프랑스의 산업화 지역에 거주한 여성과 어린이에 대해서 비슷한 궤적을 기록한다.[39] 라이트와 세콤베가 부각하는 것은 **저**렴한 **노**동 상품 프런티어의 역사적으로 일시적인 특질이다. 어떤 시점에, 재생산적 무상 일의 유연성이 생태잉여를 계속 증가시키기에는 더는 충분하지 않게 된다.

그 함의는 평범하지만, 1990년대 이후로 (현실적 및 잠재적) 세계 노동인구의 "거대한 배가" 후에는 중시된다.[40] 저렴한 노동력은 자본주의 문명의 영원한 조건이 아니다. 노동력과 무상 일의 공급은 한낱 '사회적 문제'에 불과한 것이 아니고, 오히려 세계생태적 문제인데, 요컨대 노동력의 가치(저렴성)는 인간과 나머지 자연의 무상 일에 직접 얽매여 있다. 인간 노동력과 비인간 일의 관련성은 멀리 떨어진 것이 아니라,

---

35. Harvey, *The Condition of Postmodernity*. [하비, 『포스트 모더니티의 조건』.]
36. M.W. Wright, *Disposable Women and Other Myths of Global Capitalism* (New York : Routledge, 2006).
37. 같은 책, 29.
38. A. Lipietz, "Towards Global Fordism," *New Left Review* I, no. 132 (1982) : 33~47.
39. W. Seccombe, *Weathering the Storm* (London : Verso, 1995), 71~80.
40. R. Freeman, "What Really Ails Europe (and America)," *The Globalist* (June 3, 2005).

친숙하고 변증법적이며 직접적이다.[41]

데카르트적 시각 — "노동 및 자연의 착취"[42] — 대신에 나는 두 가지 형태의 자연-속-노동으로 시작할 것이다. 한 형태는 상품체계 안에 있는 유상 일이다. 나머지 다른 한 형태는 직접적인 상품생산 바깥에 있지만 자본주의적 분업체계 안에 있는 무상 일이다. 이중 내부성에 전제를 둔 방법에 힘입어 우리는 이들 별개의 국면을 통합할 수 있게 되는데, 그리하여 우리는 노동(자연-속-노동)을 고려할 때마다 전력을 다하여 곧장 노동-속-자연을 고려한 다음에 다시 자연-속-노동으로 돌아간다. 자연-속-노동은 노동-속-자연이다. 일은 인간과 나머지 자연의 공동생산물인데, 맑스가 주장한 대로, 사실상 그것은 신진대사다. 그리고 이 신진대사는, 자본화와 전유의 관계들을 거쳐서 재생산되는, 추상적인 사회적 노동과 추상적인 사회적 자연의 체제들을 통해서 유지되는 가치 법칙 — 연계적인 역사적 과정으로서 — 의 형식을 취한다.

이런 모순적 관계는 양 끝이 타오르는 양초의 관계였다. 이편에는 자본의 생산시간이 나타나고, 저편에는 생명의 재생산 시간이 나타난다. 태울 양초가 충분히 많이 있는 한, 그리고 새 양초를 쉽게 만들 수 있는 한, 이 전략은 작동한다. 그 이유는 일꾼이 될 수 있는 인간을 재생산하는 생명활동이 자본주의의 생혈이기 때문이다. 이런 일이 '저렴하게' 일어나지 않고, 오히려 더 비싸지게 되면, 가치의 바로 그 토대 — 상품화된 노동력 — 가 문제가 된다. 여기서 노동력의 세대 간 재생

---

41. 지금까지 녹색 비판자들은 식량과 에너지, 원료와 관련된 문제를 강조하였지만, 그들의 분석에서 노동은 여전히 부수현상적인 것이다. 예를 들면, Heinberg, *Peak Everything*; Foster, *The Ecological Revolution* [포스터, 『생태혁명』]; J.G. Speth, *The Bridge at the End of the World* (New Haven: Yale University Press, 2008) [제임스 구스타브 스페스, 『미래를 위한 경제학』, 이경아 옮김, 모티브북, 2008]을 보라.

42. Foster et al., *The Ecological Rift*, 80. 강조가 첨가됨.

산이 무대에 등장한다. 세콤베는 산업혁명 시대를 고찰하면서 이렇게 주장한다.

> 산업자본주의는 자신의 의기양양한 획기적 발전의 바로 그 순간에 그 어두운 면을 드러낸다. 개인 자본가들은, 경쟁의 채찍 아래, 프롤레타리아 계급의 생명 재생산의 가장 기본적인 전제조건에 대해, 그리고 특히, 노동력의 일상적 순환과 세대적 순환의 대립적 요구를 조정하려고 어쩔 수 없이 노력해야 하는 여성에 대해 파괴적인 무관심을 나타내었다.[43]

장기 20세기의 상황은 매우 달랐는가?

이런 "경쟁의 채찍"은 생산과 시장 둘 다에서 휘둘러진다. 그것은 모든 자본주의적 생산에 시간규율을 부과하면서 생산을 훨씬 넘어 확대된다. 자본이 노동생산성을 부의 척도로 공약하는 것은 시간적 체제, 즉 "시간에 의한 공간의 소멸"[44]에 전념하는 체계로서의 자본주의를 드러낸다. 시간에 의한 공간의 소멸임은 확실하지만, 모든 생명활동이 자본의 리듬에 맞춰 작동하도록 강요하는 추진력인 추상적 시간에 의한 생명활동의 소멸이기도 하다. 톰슨이 "산업적 시간"[45]으로 부르는 것의 등장 – 여러 나라에서 산업혁명에 앞서 일어난 사건 – 은 단지 공장에 기반을 둔 현상이 아니었다. 그것은 마찬가지로 가족 현상이었고, 그래서 공장 전환과 가족 전환은 둘 다 그 자체가 산업적 시간에 맞춰 조직된 사탕수수 플랜테이션의 체계와 밀접히 연계되어 있었다. 19세기 영국에서,

---

43. W. Seccombe, "Marxism and Demography," *New Left Review* I, no. 137 (1983) : 44.
44. Marx, *Grundrisse*, 524. [마르크스, 『정치경제학 비판 요강 2』.]
45. E.P. Thompson, "Time, Work-Discipline, and Industrial Capitalism," (1967) : 56~97.

식량 선택은 온전히 상대비용과 관련지어 산정된 것이 아니라, 부분적으로 가용시간과 관련지어 산정되었다. 가족 내 분업이 영국의 식량 선호의 진화를 형성했는데, 이를테면 아내가 집을 나서 임금을 벌어들인 일이 가족 소득은 증가시켰을 것이지만 가족 식단을 제한하는 영향을 끼쳤다…〔공장체계가〕 사탕수수와 그 부산물에 대한 〔이례적인 접근 기회를 산업노동자에게 제공했다〕는 것은 확실한 듯 보이는데, 〔그 이유는 이들 식량 덕분에〕 시간을 절약할 수 있게 되었고, 〔그리하여〕 그 체계가 여성과 어린이에게 제공한 소모적인 일자리를 〔부분적으로 보완했기 때문이다〕. 가정에서 빵을 굽는 행위가 감소한 사태는 연료와 시간이 많이 소요된 전통적인 요리체계에서 '편의식'으로의 이행을 보여주는 대표적 사례였다. 냉장되지 않고서 상하지 않은 채로 무한정 보존될 수 있는 설탕절임〔잼〕은 저렴했고 어린이의 마음을 끌었던 동시에 상점에서 구매한 빵에 발라 먹으면 더 비싼 버터보다 맛이 더 좋았기에, 차가 우유를 대체한 것과 마찬가지로, 포리지를 능가하거나 대체했다… 사실상, 편의 식량은 직장에 다니는 여성을 매일 1회 또는 2회까지 이르는 음식 준비에서 해방하면서 가족 모두에게 다량의 칼로리를 제공했다.[46]

지금까지 페미니스트 학자들은 흔히 생명의 재생산 시간과 자본의 재생산 시간 사이 모순의 중요성을 주장했다. 하지만 아직은 그 모순의 함의가 생명의 그물 속 자본까지 연장되지 않았다. 생명과 자본의 시간적 모순을 자본주의 문명의 한계로 파악할 수 있으려면, 우리는 **자연/사회** 이항 구조 안에 더는 머무를 수 없다. 외부적 자연이 문명의 한

---

46. Mintz, *Sweetness and Power*, 130. [민츠, 『설탕과 권력』.]

계라고 말하는 것은 불가능해지는데, 요컨대 그런 한계는 전체로서의 자연 안에서 인간에 의해 공동생산된다는 매우 좋은 이유로 인해 그렇다. 자연은 공동생산된다. 자본주의는 공동생산된다. 한계는 공동생산된다.

환경사학자들의 큰 관심사가 지금까지 공간이었다면,[47] 이제는 시간-속-공간(그리고 공간-속-시간)을 고찰할 수 있다. 가치 법칙에 중요한 것은 자본의 사회적 필요회전시간을 영으로 줄이려는 추진력인데, 이를테면 21세기의 고빈도 통화 거래에서 가장 가깝게 현실화하는 야심이다. 사실상, 자본의 회전시간을 영으로 줄이려는 이런 추진력이 자본주의 환경사에서 중추적인 계기인데, 그리하여 자본주의는 생산과 거래, 수송, 통신의 영역들 너머에 도달한다.[48] 시간에 의한 공간의 소멸은 모든 생명과 공간을 가치 법칙의 인력 안에서 변환한다. 예를 들어, 육류 생산에서 일어난 '공장식 축산'의 혁명을 생각하자. 이 혁명의 결과로, 북아메리카에서 도축용 닭이 1955년에는 73일 키운 닭에서 1995년에는 42일 키운 닭으로 이행되었다.[49] 어쩌면 우리는 중국에서 일어난 돼지고기 생산의 전환에서 이 혁명의 훨씬 더 극적인 양상을 볼 수 있는데, 이 경우에는 도축용 돼지가 1978년에는 12개월 키운 돼지에서 2011년 무렵에는 6개월 키운 돼지로 이행되었다.[50] 여기서 "환경으로서의 공장"이 전면적으로 나타난다.[51]

---

47. 하지만 Cronon, *Nature's Metropolis*를 보라.
48. Harvey, *The Condition of Postmodernity* [하비, 『포스트 모더니티의 조건』]; Warf, *Time-Space Compression*.
49. W. Boyd, "Making Meat," *Technology and Culture* 42, no. 4 (2002) : 631~64.
50. M. Schneider, *Feeding China's Pigs* (Minneapolis : Institute for Agriculture and Trade Policy, 2011) ; M. MacDonald and S. Iyer, *Skillful Means : The Challenges of China's Encounter with Factory Farming* (New York : BrighterGreen, 2011).
51. C. Sellers, "Factory as Environment," *Environmental History Review* 18, no. 1

인간 일꾼의 경우에는 상황이 매우 다른가? 여기서 '공장식 축산'을 환경 문제로 여기고 '공장식 생산'을 사회 문제로 여길 위험이 있다. 하지만 그런 이원론은 시간과 공간, 자연의 자본주의적 생산과 관련된 너무나 많은 의문을 보이지 않게 할 뿐이다. 1980년 이후에 미합중국에서 일어난, 포드주의적 정육업에서 신자유주의적 정육업으로의 이행 ― 19세기 미합중국 정육업이 근대 조립라인의 기원임을 떠올릴 수 있을 것이다[52] ― 은 급료가 후하고 비교적 안전한 일에서 급료가 박하고 대단히 위험한 일로의 이행이었다. 이런 전환으로 인해 정육업이 미합중국에서 가장 위험한 산업적 일자리가 되었을 뿐만 아니라, 박테리아 오염의 발생이 만연하게 되면서 식품 안전의 토대도 근본적으로 허물어졌다.[53] 저렴한 노동력의 중요성을 고려하면, 어쩌면 신자유주의적 정육업 부문에서 라틴계 이민자들의 중요성도 강조할 수 있을 것이다. 이런 저렴한 노동의 공급은 양면적인 계급적 공세로 가능해졌다. 한 가지 공세는 국경 안에서 수행되었는데, 그 결과 농업의 프티부르주아 계급 세력과 산업의 노동계급 세력[54] ― 이 경우에는 중규모 가족형 돼지 축산업자들과 고도로 조직된 정육업체 일꾼들 ― 이 동시에 파괴되었다.[55] 계급투쟁의 다른 한 가지 운동은 신식민주의적이고 신자유주의적인 특

(1994) : 55~83.

52. Cronon, *Nature's Metropolis*.

53. L. Gouveia and A. Juska, "Taming Nature, Taming Workers," *Sociologia Ruralis* 42, no. 4 (2002) : 370~90.

54. K. Moody, *An Injury to All* (London : Verso, 1988) ; C. MacLennan and R. Walker, "Crisis and Change in U.S. Agriculture," in *Agribusiness in the Americas*, ed. R. Burbach and P. Flynn (New York : Monthly Review Press, 1980), 21~40.

55. Food and Water Watch, *The Economic Cost of Food Monopolies* (Washington, D.C. : Food and Water Watch, 2012) ; P.J. Rachlem, *Hard-Pressed in the Heartland* (Boston:South End Press, 1993).

질을 띠었는데, 이를테면 멕시코의 농업체제는 점진적으로 불안정해졌고, 특히 1994년 이후에 그러했다. 시간에 의한 공간의 소멸 – 그리고 공간-시간과 시간-공간의 새로운 배치에서의 그 좌표들 – 은 자본 축적과 권력 추구, 자연의 공동생산을… 모두 한꺼번에… 시사한다.

이와 같은 역사적 변화의 가속 – 생명과 공간의 시공간적 압축[56] – 은 최근의 것이 전혀 아니다. 그것은 자본주의 발흥의 본질적인 부분이다.[57] '추상적 시간'의 발흥이 중요했는데, 시간에 의한 공간의 소멸은 시간성이 '독립'변수로 파악될 수 있을 때에만 일어날 수 있었다.[58] 무엇과 독립적이었는가? 첫째로, 문명의 토대로서의 노동생산성과 독립적이었다. 봉건제 유럽이나 송대의 중국에서처럼 권력이 토지의 통제에 놓여 있었을 때, 문명적 시간은 계절의 시간, 파종과 수확, 탄생과 죽음의 시간, "대재앙과 축제"[59]의 시간이었다. 그것은 불규칙적인 종류의 시간이었다. 여기서도 우리는 여성과 남성이, 권좌에서 그리고 일상생활에서, 시간을 적극적으로 공동생산했다는 점을 기억해야 하는데, 그들은 '자연적' 순환의 수동적 주체가 아니었다. 그런데도, 자연적 순환의 영향력이 강했고, 이들 문명에서는 추상적 시간을 창조할 역량이나 동기(또는 둘 다)가 없었다. 그런 역량과 동기는 14세기 유럽에서 변화하기 시작할 것이었다. 13세기 말에 최초의 기계식 시계가 출현하였는데, 장기 14세기의 위기 동안 도시·산업적 유럽에서 시계는 일상생활의 특징이 될 것이었다. 시계에서 시계-시간으로의 이런 이행은 사실상 새로운 현상이었다. 이것은 기술의 문제가 아니라 테크닉스의 문제

56. Harvey, *The Condition of Postmodernity*. [하비, 『포스트 모더니티의 조건』.]
57. Moore, "Ecology and the Rise of Capitalism"; Warf, *Time-Space Compression*, 40~77.
58. Postone, *Time, Labor, and Social Domination*.
59. G.J. Whitrow, *Time in History* (Oxford : Oxford University Press, 1989), 110.

였는데, 요컨대 시계는 시간이다. 시계는 시계-시간이 됨으로써 기술과 권력, 자연을 오직 특정한 환경 아래 통합했다.[60]

화폐와 노동시간에 전제를 둔 문명은 매우 다른 종류의 시간을 내보인다. 결국, 유럽 봉건주의는 여전히 토지생산성과 프런티어 팽창, 영주-농노 관계의 동학에 전제를 둔 호황과 불황의 전근대적 패턴을 나타내었다. 하지만 그것 역시 권력과 부의 특별한 파편화에 전제를 둔 문명이었다. 이런 파편화에 힘입어 자본주의의 발흥을 예시한, 특히 13세기 말부터 두드러진, 프롤레타리아화와 제조업의 새로운 집중이 가능하게 되었다. "두에, 이프레, 또는 브뤼셀 같은 거대 의류 도시는 … 하나의 방대한 공장〔에 비유될 수 있었〕"는데, 종소리가 노동일의 시작과 끝을 규칙적으로 통제했다.[61] 14세기 초엽에는 종-시간이 시계-시간의 빠른 진보 앞에서 물러설 것이었는데, 종-시간은 여전히 추상적 시간이 없는 것이었지만 10세기의 농경-시계에서 점점 더 벗어난 것이기도 했다. 14세기 중엽에는 "60분이라는 균일한 시간이 곧 … 섬유산업에서 노동시간의 기본단위로서 하루를 〔대체하였다〕." 시간으로 분할된 새로운 노동일은 오래 이어진 봉건제 위기 동안 격심한 계급투쟁의 대상이 되었다.[62] 사실상, 바로 이런 획기적 위기의 시기에서 "시간은 돈이다"라는 감성을 갖춘 노동생산성에 관한 관념의 기원을 찾아볼 수 있다.[63]

---

60. 그래서, 예를 들면, 11세기 중국에서 소송(蘇頌)은 기계식 시계를 발명하였지만, 그것은 일상생활을 위해 고안된 것이 아니라 황제를 위해 고안된 것이었다. J. Needham et al., *Heavenly Clockwork : The Great Astronomical Clocks of Medieval China*, 2nd ed. (Cambridge : Cambridge University Press, 1986 〔1960 orig.〕).
61. E.M. Carus-Wilson, "The Woolens Industry," in *The Cambridge Economic History of Europe*, Vol. 2, eds. M. Postan and E.E. Rich (Cambridge : Cambridge University Press, 1952), 644.
62. Whitrow, *Time in History*, 108 ; J. Le Goff, *Time, Work and Culture in the Middle Ages* (Chicago : University of Chicago Press,1980), 43~52.

14세기 말엽에는 60분 시간과 더불어 시계-시간이 "서유럽의 도시화한 주요 지역들에서 확고히 정립되면서 시간의 기본단위로서 하루를 대체했다."[64] 그리고 추상적 시간의 최초 싹이, 적어도 프랑스에서, 1370년 무렵에 수도원에서 생겨났더라도, 시계-시간은 끊임없이 세속화되었다. "새로운 시간은 … 국가의 시간이 〔되어버렸다〕."[65] 이 새로운 시간을 구별 짓는 것은 단지 그 선형성과 규칙성이 아니라, 시간이 "생명에 외부적"인 것으로 표상되는 방식이었다.[66] (테크닉스로서) 시계는 르네상스 원근법이 공간에 대해서 한 일을 시간에 대해서 한다. 시계는 "시간을 인간 사건에서 분리하고 … 수학적으로 측정할 수 있는 계열의 독립 세계에 대한 믿음을 창출했다."[67]

장기 16세기가 개시될 무렵에는 유럽 자본가들과 국가들의 외향적 추진력이 시계-시간을 가장 넓은 의미에서의 '상인의 시간'과 융합하였다.[68] "단순히 시간을 기록하는 수단" 이상의 것인 새로운 형태의 세계시간, 즉 추상적 시간이 나타나기 시작했다. 추상적 시간은, 화폐와 상품생산, 국가권력의 새로운 태피스트리에서, 자연과 "인간의 행위를 동기화하는" 수단이 되었다.[69]

이런 "시간혁명"[70]은 초기 자본주의 공간혁명의 토대가 되었을 뿐만 아니라, 1450년 이후에 일어난 풍경 변화의 급격한 가속의 토대도

---

63. Landes, *The Wealth and Poverty of Nations*, 49~50. [랜즈, 『국가의 부와 빈곤』.]
64. Le Goff, *Time, Work and Culture in the Middle Ages*, 49.
65. 같은 책, 50.
66. A.J. Gurevich, "Time as a Problem of Cultural History," in *Cultures and Time*, ed. L. Gardet et al. (Paris : UNESCO Press, 1976), 241.
67. Mumford, *Technics and Civilization*, 15. [멈퍼드, 『기술과 문명』.]
68. Le Goff, *Time, Work and Culture in the Middle Ages*.
69. Mumford, *Technics and Civilization*, 14. [멈퍼드, 『기술과 문명』.]
70. Landes, *Revolution in Time*.

되었다(7장을 보라). 이런 가속은, 현실 세계에서 환경 변화가 대응되는 유토피아적 사업으로서 역사적 가치관계에 뿌리박고 있고, 그러므로 자본의 대응 사업이 중요하다. 알다시피, 이 사업은 생명의 시간을 축적의 시간으로 환원하고자 한다. 이런 일은 명백히 불가능하다. 그런데도, 순간적인 자본주의를 위한 욕망으로 인해 세계 축적의 가차 없는 강제가 활성화된다. 그런데 그 사업은 작동 중인 가치 법칙을 드러내는 풍경과 여타 자연의 '급진적 단순화'일 뿐만 아니라, '자연의 시간'을 '자본의 시간'에 훨씬 더 가깝게 만들려는 추진력이기도 하다.

이것이 자본주의의 대응 사업인데, 자본은 그 사업을 통해서 현실을 자신의 형상대로 그리고 자신의 리듬에 따라서 개조하고자 한다. 농촌 풍경이 소진되는 이유는 자본이 농업생태적 관계가 스스로 재생산할 수 있는 속도보다 더 빨리 무상 일을 추출해야만 하기 때문이다. 노동계급이 소진되는 이유는 자본이 가능한 한 빠르게 잉여노동을 추출해야 하기 때문이다. 특정 자본가들은 어쩌면 그 과정에서 이득을 취할 것이지만, 시간이 흐름에 따라 자본 전체가 손실을 보는 이유는 체계 규모로 이루어지는 재생산 비용의 자본화가 신속히 진전되기 때문이다. 무상 일의 분량이 감소한다. 생태잉여가 저하한다.

저렴한 자연의 발흥과 죽음 : 신자유주의적 국면

신자유주의 시대 동안 생태잉여의 저하 경향이 나타날 수 있는가? 높은 세계생태잉여는 높은 전유 대비 낮은 자본화의 비율을 나타냄을 떠올릴 수 있을 것이다. 이것이 축적을 회복시키기 위한 필요조건이다. 1983년 이후에 개시된 신자유주의적 '호황'은 식량과 에너지, 자원 가격의 두드러진 순환적 하락이 동반하거나, 또는 그 가격 하락에 의해 진전되었다. 식량의 경우에 상품가격은 1975년과 1989년 사이에 39% 하락했고, 금속은 절반 가격으로 하락했다. 한편으로, 석유는 1983년에 배럴당 가격이 대략 전후 시대 가격의 두 배에 안정되었고, 그 후 20년 동안 유지되었다.[71]

하지만 저렴해진 것은 비인간 자연만이 아니었다.

1980년대에 나타난 축적의 회복 국면 역시 **저**렴한 **노**동을 중심으로 진전되었다. 이 국면은 축적을 회복시키기에 충분한 규모로 유상 일과 무상 일을 모두 공급할 수 있는 축적체제를 반드시 수반했다. 공식적인 용어로, **저**렴한 **자**연의 재건은 노동력의 가치 저하를 뜻했다. 이 작업은 달성하기 쉽지 않았다. 1973년 이후에 **저**렴한 **자**연을 재건하려는 신자유주의적 프로젝트에는 다섯 가지의 주요한 차원이 있다. 첫 번째 차원은 임금 억제다. 1974~1975년 불황 이후에 지구적 북부 전역의 부르주아는 하나의 계급으로 조직화하기 시작했고, 노동조합에 공격적으로 대처했다.[72] 1970년대에 노동생산성 향상이 약화하는 국면에서, 즉 점점 더 영구적인 듯 보이는 감속 국면에서 임금 억제는 특별히 중요했다.[73] 둘째, 1970년대에 미합중국 산업에서 이윤율이 저하함으로써 미합중국 안팎의 자본가들은 '지구적 공장'을 향해 빠르게 이

---

71. P. McMichael, "Global Development and the Corporate Food Regime," in *New Directions in the Sociology of Global Development*, eds. F. Htel and P. McMichael (Oxford : Elsevier, 2005) ; M. Radetzki, "The Anatomy of Three Commodity Booms," *Resources Policy* 31 (2006) : 56~64 ; D. van der Mensbrugghe et al., "Macroeconomic Environment and Commodity Markets," in *Looking Ahead in World Food and Agriculture*, ed. P. Conforti (Rome : FAO, 2011) ; MGI 〔McKinsey Global Institute〕, "MGI's Commodity Price Index — an Interactive Tool" (2014), www.mckinsey.com.

72. Moody, *An Injury to All*.

73. R.J. Gordon, "Revisiting U.S. Productivity Growth over the Past Century with a View of the Future" (Working Paper 15834, Cambridge : National Bureau Of Economics Research, 2010) ; "Is U.S. Economic Growth Over?".

동하게 되었다.[74] 이것은 핵심부의 탈산업화와 동시에 지구적 남부의 빠른 산업화를 수반한 세계역사의 지각변동이었다.[75] 셋째, 지구적 공장은 1980년대 초에 개시된 "거대한 지구적 인클로저"에 의존했다.[76] 구조조정 계획과 시장 자유화를 통해서 실현된 이들 지구적 인클로저가 전 세계에서 농업적 계급관계를 개편하면서 수억 명의 농민이 토지를 탈취당했다. 중국에서만 대략 2~3억 명의 이주민이 농촌에서 도시로 이동했다.[77] 이 새로운 지구적 프롤레타리아 계급은 이전에 생겨났던 모든 것을 왜소하게 만들었다. 러시아와 중국, 인도가 세계시장에 개방되면서 1989년 이후에 세계 프롤레타리아의 수가 두 배가 되었다.[78] 넷째, 이런 '거대한 배가'는 여성 프롤레타리아 계급의 훨씬 더 큰 팽창을 나타내었는데, 요컨대 유례없는 규모로 무상 일에 더불어 유상 일이 추가되었다. 이 점을 고려하면, 혹실드가 지적한 대로, 신자유주의적 프롤레타리아화는 유상 일과 무상 일의 '2교대 근무'가 유례없이 지구적으로 팽창한 사태였다.[79] 마지막으로, 지구적 북부에서의 임금 억제와 (중국을 제외한) 지구적 남부 전역에서의 복지 하락으로 현시된 대로, '강요된 과소소비'의 새로운 체제를 통해서 저렴한 노동이 가능해졌는

---

74. R. Barnet, *The Lean Years* (New York : Simon and Schuster, 1980) ; D.M. Gordon et al., *Segmented Work, Divided Workers* (Cambridge : Cambridge University Press, 1982) [D.M. 고든 외, 『분절된 노동 분할된 노동자』, 고병웅 옮김, 신서원, 1998].

75. Arrighi et al., "Industrial Convergence, Globalization, and the Persistence of the North-South Divide".

76. F. Araghi, "The Great Global Enclosure of Our Times," in *Hungry for Profit*, eds. F. Magdoff et al. (New York : Monthly Review Press, 2000), 145~60. [파샤드 아라기, 「현대의 전 지구적 규모의 인클로저」, 『이윤에 굶주린 자들』, 프레드 맥도프 외 엮음, 윤병선 외 옮김, 울력, 2005.]

77. M. Webber, "The Dynamics of Primitive Accumulation," *Environment and Planning A* 44, no. 3 (2012) : 560~79.

78. Freeman, "What Really Ails Europe (and America)".

79. Hochschild, *The Second Shift*.

데, 이 점은 환경론자들에 의해 거의 보편적으로 무시당했다.[80]

2003년 무렵에 세계생태잉여는 더는 증가하지 않고 감소하기 시작했다. 느리게 전개된 다음에 빠르게 전개된 상품 호황으로 기입된 이 국면은 자연을 조직하는 방법으로서의 신자유주의가 드러낸 징후적 위기였다. 이런 위기 표현은 생태잉여의 순환적 축소가 개시되었음을 시사하는데, 그 상황에 대한 가장 명백한 지표는 금속과 에너지, 식량 상품의 가격 상승이었다. 하지만 이 국면이 한낱 여느 상품 호황에 불과한 것이 아니었던 이유는 특히 그 호황 국면이 이례적으로 오래 지속하였기 때문인데, 가격 정점을 (적어도 당분간) 지났음에도 그 국면은 가격이 1980~2000년 평균가격보다 여전히 꽤 더 높다는 의미에서 여전히 '호황'이었다. 외관상 끝없는 이런 상품 호황은 무엇을 가리키는가? 적어도, 이 호황 — 일차상품을 더 많이 포함했고, 더 오래 지속했으며, 근대 세계역사에서 이전에 나타난 모든 상품 호황보다 가격이 더 유동적이었던 호황[81] — 의 독특한 특질은 신자유주의의 **저**렴한 **자**연 전략이 소진되었음을 가리킨다. 주목할 만할 점은, **4대** 투입물의 가격을 하락시키기 위한 신자유주의의 전략이 최소한 2008년의 금융 사건이 일어나기 5년 전에 비틀거리기 시작했다는 것이다. 경제학자들은 이처럼 기본상품의 가격이 수십 년 동안 증가한 매우 장기적인 상품 호황을 '초超순환'이라고 지칭했다. 하지만 여태까지 그들은, 오늘날의 초순환이 자본주의의 장기지속적인 **저**렴한 **자**연의 체제에 대한 역사적 한계를 나타낼 가능성을 고려하기보다는 오히려 추상적인 "희소성의 세계"[82]를 환기했다.

---

80. Araghi, "Accumulation by Displacement".
81. World Bank, *Global Economic Prospects 2009*.
82. D.S. Jacks, "From Boom to Bust?" (NBER Working Paper No. 18874, March 2013.)

그런 공동생산된 한계를 시사하는 것은 **저**렴한 노동의 부식이다. 다시 말해서, 신자유주의의 징후적 위기는 상품 호황에 반영된 비인간 자연의 문제일 뿐만 아니라 인간 자연의 문제이기도 하다. 중국에서는 실질임금이 1990년과 2005년 사이에 300% 상승했다.[83] 제조업 임금은 인플레이션율보다 여섯 배나 빨리 상승했고, 단위노동비용은 2000년과 2011년 사이에 85% 증가했다.[84] 노동생산성의 극적인 향상을 참작하면 단위노동비용의 상승은 더욱더 특이한데, 요컨대 중국 노동자 1인당 생산량은 1993년과 2013년 사이에 매년 7.2%씩 증가했다.[85]

한편으로, 저임금 일꾼들을 뒷받침하는 무상 일의 새로운 흐름을 찾아서 **저**렴한 **자**연 프런티어로 이동하는 일반적인 전략은 가동하고 있지만 그 수확이 체감하고 있다. 중국의 경우에, 산업을 내륙으로 끌어들이고자 하는 정부의 '서진' 정책은 내륙 지역과 해안 지역 사이 노동비용을 "놀랍도록 … 작은 임금 격차"로 좁혔다.[86] 농촌에서 도시로의 이주는 최근에 상당히 느리게 진행되었다.[87] 2012년 무렵에는 캄보디아의 1인당 외국인 투자액이 중국을 앞질렀다.[88] 하지만 캄보디아는 중국보다 훨씬 작은 나라이기에 이 점이 더 광범위한 문제의 일부인데, 요컨대 자본이 과잉축적 문제를 해결하려면 훨씬 더 큰 상품 프런

---

83. Midnightnotes.org, "Promissory Notes. From Crisis to Commons" (2009).
84. USDC〔United States Department of Commerce〕, "Assess Costs Everywhere" (2013). 2013년 4월 24일에 https://acetool.commerce.gov/labor-costs에 접속함.
85. ILO〔International Labour Office〕, *Global Employment Trends 2014 : Risk of a Jobless Recovery?* (Geneva : International Labour Office, 2014), 52.
86. J. Scott, "Who Will Take Over China's Role as the World's Factory Floor?" *Saturna Sextant Newsletter* (August 2011), 1.
87. B. Fegley, "30 Years of Double-Digit Chinese Growth," *From the Yardarm* 7, no. 1 (2013).
88. K. Bradsher, "Wary of China, Companies Head to Cambodia," *New York Times* (April 8, 2013).

티어가 있어야 하는 바로 그 순간에 프런티어는 축소하고 있다. 한편으로, 지금까지 지구적 생산을 가능케 한 바로 그 정보기술과 통신기술이 이제는 계급투쟁에도 사용되고 있다.

> 오늘날 캄보디아의 노동자들은 겨우 몇 년 후에, 25년도 지나지 않은 후에 노동조합 활동을 시작했다. 그들이 받는 임금과 수당의 인상을 요구하는 파업과 압력이 있다. 이것은 당연히 다국적 기업이 캄보디아, 또는 미얀마, 또는 베트남, 또는 필리핀으로 옮겨가는 것의 가치를 감소시킨다. 이제 중국에서 이동함으로써 거두게 되는 절약이 기대한 만큼 크지 않은 것으로 판명된다.[89]

저렴한 **노**동의 현행 부식은 오로지 동아시아의 이야기인 것만은 아니다. 덜 이해되고 있지만, 그에 못지않게 중요한 것은 지구적 북부 전역에서 일어난 '2교대(그리고 3교대) 근무' — 임금노동 더하기 무상 재생산노동 — 에의 이행이다. 이런 이행은 역사적 자본주의의 마지막 거대한 상품 프런티어 중 하나를 발제하고 구현했다. 16세기 이후로 무상 가사노동은 끝없는 상품화의 기둥이었다.[90] 지구적 북부에서, 특히 북아메리카에서, 1970년 이후에 여성의 프롤레타리아화가 가속되었다. 이 상황은 포드주의적 외벌이 가정의 소멸과 '유연한' 맞벌이 가구의 발흥을 특징지었다. 이런 1970년대의 가속은 소비에트 발전주의에 의해 예시되었을 뿐만 아니라,[91] 1930년대 이후로 미합중국 여성의 유상 일에의

89. I. Wallerstein, "End of the Road for Runaway Factories?" *Commentary* 351 (April 15, 2013). 2013년 11월 14일에 www2.binghamton.edu/fbc/commentaries/archive-2013/351en.htm에 접속함.

90. Mies, *Patriarchy and Accumulation*. [미즈, 『가부장제와 자본주의』.]

91. M. Sacks, "Unchanging Times," *Journal of Marriage and Family* 39, no. 4

빠른 편입에 의해서도 예시되었다.[92] 또한 이것들은, 노동 잠재력의 점진적인 상품화와 (인간) 자연의 '공짜 선물'의 점진적인 전유로 특징지어지는 상품 프런티어였다. 그러므로 다중의 '교대 근무'가 부과되었고, 그리고 동시에 작용하는 자본화와 전유의 압력에 의해 여성의 시간이 이중으로 압착되었는데, 그리하여 일찍이 1960년대 중반에 미합중국 기혼 여성의 수가 증가함으로써 주당 55시간의 가사노동이 주당 76시간의 가사노동과 (유상) 일로 바뀌었다.[93] 이 사태는, 상품 프런티어에 관하여 혹실드가 평가한 대로,[94] 그 자체로 상품 프런티어의 개방이었다. 이게 전부였다면 덧붙일 것이 거의 없을 것이다. 상품 프런티어 이론은 짝을 이룬 상품화/전유의 잇따른 운동의 패턴을 조명할 뿐만 아니라, 이들 운동에 각기 새겨진 유한한 기회도 보여준다. 미합중국에서 노동력에 합류한 주부의 수가 특별히 빠르게 증가 – 1975년과 1995년 사이에 50% 증가[95] – 한 사태는 신자유주의가 (소비자의) 유효수요를 유지하면서 임금을 억제할 유력한 기회였을 뿐만 아니라 일괄타결 방안이기도 했다. 상품 프런티어는 편도 차표였다. 프런티어는 일단 전유되어 상품화되면 더는 프런티어가 아니다. 하지만, 1980년 이후로 지구적 남부 전역에서 여성에 대한 프롤레타리아적 관계가 양산된 상황에

(1977) : 793~805.

92. C. Goldin, "Gender Gap," in *The Concise Encyclopedia of Economics*, ed. D.R. Henderson (2008). 2013년 5월 1일에 www.econlib.org/library/Enc/GenderGap.html에 접속함.

93. H.I. Hartmann, "The Family as the Locus of Gender, Class, and Political Struggle," *Signs* 6, no. 3 (1981) : 366~94.

94. A. Hochschild, "The Commodity Frontier," (Working Paper No. 1, Center for Working Families, University of California, Berkeley, 2002).

95. BLS (Bureau of Labor Statistics), "Labor Force Participation Rate of Mothers, 1975~2007," *The Editor's Desk* (January 8, 2009). 2013년 5월 1일에 www.bls.gov/opub/ted/2009/jan/wk1/art04.htm에 접속함.

서 나타난 대로, 프런티어는 계속 이동한다.[96]

결론

무상 가사노동과 비인간 자연의 아낌없는 혜택 — 둘 다 무상 일 — 의 전유는 자본주의에서 이루어지는 실제 생산의 잔류물이 아니다. 오히려 무상 일의 전유 구역의 순환적이고 끊임없는 팽창은, 상품생산의 혁명화와 더불어, 축적의 결정적인 필요조건이다. 자본주의가 직면하게 되는, 무상 일의 구역을 오이케이오스의 자본화보다 더 빨리 팽창시켜야 한다는 명령은, 그것을 통해서 자본주의 권력이 '여성과 자연, 식민지'의 획기적 전유를 뭉뚱그리는 역사적 토대다.[97] 여성과 자연, 식민지 — 확실히 정형화된 목록 — 가 없다면 축적은 비틀거리게 된다. **4대** 투입물(노동력, 식량, 에너지, 원료)의 비용이 상승하기 시작하여 상품의 생산과 거래를 통한 축적(M-C-M′)의 기회가 축소하기 시작하지 않도록 하려면, 비非가치적 일의 전유가 일의 자본화를 반드시 능가해야 한다.

저렴한 **자**연의 '종언' 가능성은 자본주의적 분업의 중추적인 체계적 결합, 즉 식량과 노동력의 관계를 통해서만 적절히 이해될 수 있다. 이제 이 주제를 다루자.

---

96. N. Kabeer, *Marriage, Motherhood and Masculinity in the Global Economy* (IDS Working Paper 290, Institute for Development Studies, University of Sussex, 2007); McMichael, *Development and Social Change*, 5th ed. (2012) [필립 맥마이클, 『거대한 역설』, 조효제 옮김, 교양인, 2012].

97. Mies, *Patriarchy and Accumulation*. [미즈, 『가부장제와 자본주의』.]

10장

장기 녹색혁명 : 장기 20세기 저렴한 식량의 삶과 시대

지금까지 근대 세계에의 길은 **저**렴한 **식**량으로 포장되었다. 당연히 **저**렴한 **식**량은 항상 일부 사람들에게 저렴한 식량이었다. 상품가격이 저렴한 신자유주의 시대 동안에도 인류의 거의 3분의 1이 어떤 형태의 영양실조를 겪었다.[1] 아라기가 빈정대듯이, 지금까지 단 하나의 '식량'체제가 있었을 뿐이다. 여타의 것은 무엇인가? 기아 체제들이다.[2]

지금까지 **저**렴한 **식**량이 자본주의의 잇따른 시대에서 축적을 회복하기 위해 되풀이되는 조건이었다. 신자유주의도 예외가 아니었다. 1970년대 위기 이후에 세계역사에서 가장 저렴한 식량이 실현되었다. 에너지와 원료, 노동력을 다시 안정화하는 전략과 제휴한 **저**렴한 **식**량에 힘입어 1980년대 초에 축적이 회복되기 시작할 수 있었다. 2003~2012년의 – 밀접히 연계된 식량/연료 결합이 초래한[3] – 상품 호황은

1. Weis, *The Global Food Economy*.
2. F. Araghi, "The End of Cheap Ecology and the Future of 'Cheap Capital'" (Paper presented to the Annual Meeting of the Political Economy of World-Systems Section of the American Sociological Association, University of California-Riverside, April 11~13, 2013).
3. J. Baffes, "A Framework for Analyzing the Interplay Among Food, Fuels, and Biofu-

이들 **네** 가지 **저**렴한 것의 부식과 그에 뒤이은 투자 기회의 붕괴를 시사했다. 이런 이유로 인해, 상품 호황은 신자유주의의 징후적 위기를 나타낸다. 징후적 위기는 체제가 무상 일/에너지를 전유할 수 있는 역량, 다시 말해서, 체계 규모의 생산비를 증가시키기보다는 오히려 감소시키는 방식으로 중요한 투입물을 조달할 수 있는 역량이 급변점에 이르렀음을 알린다. 여전히 확인해야 하는 것은, 현재의 콩종튀르가 전적으로 신자유주의적 자본주의의 급변점인지, 아니면 **네** 가지 **저**렴한 것의 소진이 **저**렴한 **자**연의 장기지속 체제의 소진도 시사하는지 여부다.

저렴한 **식**량이란 무엇인가? 상품체계에서 더 적은 평균노동시간으로 더 많은 칼로리가 생산되는 것을 말한다. 이런 맥락에서, '더 많은 칼로리'와 '더 적은 노동시간'은 장기적 추세를 가리킨다. 이는 곧 칼로리가 더 많이 생산되면 될수록 사회적 필요노동시간은 더욱더 줄어든다는 것이다. 식량가격이 매우 중요한 이유는 그것이 노동력의 가치를 좌우하기 때문이다. 자본주의적 농업은 생산성을 향상하고 총급여액을 줄일 뿐만 아니라, 프롤레타리아화와 생산성 향상의 역동적인 결합도 가능하게 한다. 그런 일은 예전에 토지에 매여 있던 농민들과 여타 사람들을 '자유롭게' 함으로써 이루어졌고, 그와 동시에 노동력의 비용(가치구성)이 하락하면서 유의미한 기술적 진보가 없을 때에도 착취율의 상승을 촉진했다.

자본주의와 저렴한 식량의 중요성

자본주의와 농업의 관계는 지금까지 주목할 만한 관계였다. 자본

---

els," *Global Food Security* 2, no. 2 (2013) : 110~6.

주의는, 이전 문명들과 달리, 노동생산성의 향상에 전제를 두고서 잉여식량의 잇따른 특별한 팽창을 조직했다. 우리는 이들 팽창을 농업혁명으로 부른다. 자본주의 이전 문명들은 잉여식량의 두드러진 팽창을 초래할 수 있었고, 실제로 초래했다. 하지만 이들 문명은 국가와 시장이 강제한 생산성 모형에 전제를 두고 있지 않았다. 그 결과, 생산성이 낮다는 이유로 토지를 빼앗기지는 않을 수 있었던 농민이 여전히 경작을 맡고 있었기에 이들 문명의 '황금시대'는 어김없이 위기로 전환되었다. 이와는 대조적으로, 자본주의는 농촌에 부르주아 소유관계를 부과하여 농민 생산자에서 자본주의적 농부로의 이행을 강제함으로써 장기적 팽창을 달성했다. 자본주의에의 이행과 더불어, 새로운 소유관계는 농업에서 노동생산성의 향상과 식량 잉여의 증대를 가능하게 한 탈취 및 분화의 과정을 추진했다. 그다지 크지 않은 노력으로 매우 높은 수준의 식량생산을 달성한 비자본주의적 경작양식들이 확실히 존재했다. 1800년 무렵에 우유와 밀 중심의 영국 농업은 평균 '노동시간'에 대략 2천6백 칼로리를 산출한 것에 비하여, 대략 같은 시기에 카사바와 옥수수, 고구마 중심의 브라질 화전농업은 평균 '노동시간'에 7천~1만 7천6백 칼로리를 산출했다.[4] 하지만 자본주의가 발흥하기 전에는 농업에서 노동생산성의 향상이 장기지속 동안 그리고 방대한 지리에 걸쳐서 실현된 적은 결코 없었다.[5] 이런 농업생산성의 향상은 '불필요한' 인구를 토지에서 추방한 농업 계급구조에 의해 실현되고 강화되었다. 그것은 저렴한 노동력의 방대한 저장소와 이 노동을 계속 먹여 살리고

---

4. Clark, *Farewell to Alms*, 67~8. [클라크, 『맬서스, 산업혁명, 그리고 이해할 수 없는 신세계』.]
5. Moore, "Ecology and the Rise of Capitalism"; R. Brenner, "Agrarian Class Structure and Economic Development," *Past and Present* 70 (1976) : 30~75; Brenner, "The Low Countries in the Transition to Capitalism".

비교적 저렴하게 유지하는 방대한 농업 잉여를 창출하기 위한 필수조건이었다. 초기 근대 시대의 네덜란드 농업혁명과 영국 농업혁명에서 19세기 및 20세기의 가족농장과 녹색혁명에 이르기까지 자본의 피비린내 나는 강제수용은 이런 탁월한 위업에 근거하여 정당화되었다.

농업혁명은 두 가지 위업을 달성했다. 첫째, 농업혁명에 힘입어 잉여 식량이 획기적으로 증대되었는데, 그 식량이 '잉여물'인 이유는 확대된 사용가치 전체가 체계 규모의 노동력 재생산 비용을 끌어내릴 만큼 충분히 크기 때문이다. 세계 프롤레타리아 계급과의 관련성이 중요하다. 노동계급 재생산 비용은 식량가격에 강하게 좌우된다. 그러므로 잉여가치를 더 효과적으로 추출하는 한 가지 수단은 식량가격의 하락이고, 게다가 식량의 가치구성을 하락시키는 것은 노동력의 착취를 통해서 작동할 뿐만 아니라 무상 일/에너지의 전유를 통해서도 작동한다. 이것이 **저**렴한 **식**량의 실제적인 역사적 특정성이다.

둘째, 지금까지 농업혁명은 자본주의에서 네덜란드 헤게모니와 영국 헤게모니, 미합중국 헤게모니가 잇따라 발흥하는 데 중요했다. 식량과 농업은 세계 축적에 못지않게 세계 권력과 관련되어 있다. 헤게모니는 생태프로젝트이고, 각각의 강대국은 세계 최고를 향해 전진하면서 내부의 농업혁명 및 외부의 농업혁명을 함께 엮는다.

신자유주의의 역사에서는 이 두 가지 위업을 보기가 어렵다. 역사적으로 살펴보면, 상승세의 헤게모니 강국은 **저**렴한 **식**량의 조달을 획기적으로 증대시킨 농업혁명을 활용하여 임계 규모의 세계 프롤레타리아 계급이 생겨나게 했는데, 16세기와 17세기에는 네덜란드가 그랬고, 17세기와 18세기에는 영국이 그랬으며, 19세기와 20세기에는 미합중국이 그랬다.[6] 이들 혁명은, 아리기가 말하는 대로, '조직혁명'이었는데,[7] 다수의 규모에서 전개되면서 생산력의 혁신에서 계급구성과 새로운 형태의 신용 및 수송에 이르기까지 확대되었다.

신자유주의 시대는 농업생산성 향상의 점진적인 감속으로 특징지어지는 것만은 아닌데, 우리는 유례없는 반전의 징조가 나타남을 볼 수 있다. 신자유주의적 세계 질서 – 징후적 위기의 와중에 있지만 아직은 최종적 위기 상황에 이르지 않은 질서 – 는 자본주의를 브로델이 예전에 "반전된 농업혁명"으로 부른 것으로 이끌고 있는가?[8] 이 책에서 가장 긴 이 장에서는 근대 세계를 가능하게 한 **저**렴한 **자**연 모형의 발흥 – 그리고 오늘날 전개되는 체계적 와해 – 을 검토할 것이다.

20세기 말에 이르기까지 모든 획기적인 '경제 기적'은 스스로 지탱하기에 충분할 뿐만 아니라 세계를 이끌기에도 충분한 획기적인 농업혁명에 의존했다. 각각의 세계 헤게모니는 새로운 농업발전 모형을 제공했는데, 이를테면 17세기에는 네덜란드 공화국이 유럽 농업지식의 '메카'였다.[9] 그 후, 19세기와 20세기에는 영국인들에 이어 미합중국 사람들이, 어떤 방법으로도, 자신들의 농업경제적 지혜를 나머지 세계에 적용할 것이었다.[10] 우리가 사실상 지구적 농업의 미합중국 모형 – 1930년대에 개시된 '장기' 녹색혁명의 잇따른 변환[11] – 의 위기에 직면

---

6. Brenner, "The Low Countries in the Transition to Capitalism"; Friedmann, "World Market, State, and Family Farm"; R.A. Walker, *The Conquest of Bread* (New York : New Press, 2004).

7. Arrighi, *The Long Twentieth Century*. [아리기, 『장기 20세기』.]

8. Braudel, *The Mediterranean and the Mediterranean World in the Age of Philip II*, Vol. I, 427. [브로델, 『지중해 : 펠리페 2세 시대의 지중해 세계 1』.]

9. D.B. Grigg, *The Agricultural Systems of the World* (Cambridge : Cambridge University Press, 1974), 165.

10. Drayton, *Nature's Government*; Kloppenburg, Jr., *First the Seed* [클로펜버그 2세, 『농업생명공학의 정치경제』].

11. R. Patel, "The Long Green Revolution," *Journal of Peasant Studies* 40, no. 1 (2013) : 1~63.

하고 있다면, 미합중국 헤게모니의 위기와 세계농업의 위기는 일반적으로 생각하는 것보다 훨씬 더 밀접히 연계되어 있을 것이다.

산업형 농업의 두 혁명 : 미합중국 서부에서 장기 녹색혁명까지

우리는 5장에서 다룬 장기 18세기의 발전적 위기를 회상할 수 있을 것이다. 1740년대와 나폴레옹 전쟁이 끝난 1815년 사이에 유럽 전체 – 그리고 특히 영국 – 에서는 식량가격이 상승하였고 실질임금이 급격히 하락하였다.[12] 이런 발전적 위기에서 자본주의적 농업을 조직하는 새로운 방법, 즉 산업형 농업이 출현했다.

영국의 17세기 농업혁명 – 우리의 고전적 기준틀 – 은 '단순히' 윤작, 새로운 배수체계, 새로운 계급구조, 새로운 소유관계 등을 표현하는 것이 아니다. 이것들은 지리적 팽창의 이중 운동에 바탕을 두고서야 그 획기적 작업을 실행할 수 있었다. 첫 번째 운동은 질소가 풍부한 목초지의 경작지로의 '내부' 전환이었는데, 그리하여 영국 내부의 질소 프런티어를 개방했다.[13] 두 번째 운동은 영국령 카리브해 지역의 사탕수수 플랜테이션 단일재배지로의 '외부' 전환이었다. 영국 자본주의와 대영제국 자본주의는 이런 이중운동에 바탕을 두고 번성했다. 산업혁명 역시 자신의 토대 위에 실현되었는데, 이 경우에 첫 번째 운동은 잉여노동을 공급했고,[14] 두 번째 운동은 잉여자본을 공급했다.[15]

---

12. Van Bath, *The Agrarian History of Western Europe*, 222~36.
13. Overton, *Agricultural Revolution in England*.
14. Brenner, "Agrarian Class Structure and Economic Development in Pre-Industrial Europe".
15. R. Blackburn, *The Making of New World Slavery* (London : Verso, 1997).

1760년 무렵에 이 농업혁명은 소진의 조짐을 나타내고 있었는데, 특히 영국 안에서 그러했다. 18세기 중반 이후에는 1에이커당 수확률 증가가 정체되었다. 대부분의 유럽 농업은 같은 상황을 겪었다. 이 사태는 '토양 소진' – 생산성 향상을 유지하기에 충분하지 않은 영양분 – 의 사례였던가? 그렇기도 하고 아니기도 하다. 자본주의적 농업은, 곡물과 토양의 유형에 따라 상황이 대단히 다를지라도, 토양을 소진하는 경향이 있다. 그래서 우리가 비틀거리는 농업 모형을 볼 때마다 토양구조와 영양분 조성이 항상 개입되어 있다. 동시에, 18세기 말에 나타난 농업적 난국 – 우리의 현재 위기 국면과 놀랍도록 유사한 난국 – 을 해석하는 최선의 지침은 영국 농업혁명의 소진을 이중 내부성으로써 검토하는 것이다. 포메란츠의 경우에, 그 난국은 협소한 자원 고갈의 문제라기보다는 오히려 사회생태적 조직의 문제로 가장 잘 이해된다.

> 경작지 1에이커당 수확량과 총 수확량은 여전히 저조한 상태로 유지되었으며 더 감소할 위험이 상존했는데, 거의 1850년 이후에 영국이 비료를 채굴하고 수입하기 시작하며 나중에 합성하게 될 때까지 그러했다 … 영국인은 대륙의 관행과 고전적 영농법, 자신의 실험을 매우 열심히 연구했지만, 수확량을 증가시키면서 토양 비옥도를 유지하는 최선의 방안에 관해 습득한 지식의 대부분은 사실상 영국에서 적용되지 않았는데, 그 이유는 그 방안에 대단히 노동 집약적인 방법이 포함되어 있었고 영국의 자본가 농장주들이 … 노동비용을 최소화하고 이윤을 최대화하는 데 열중하고 있었기 때문이었다. 오히려 노동생산성을 향상하기 위해 그들이 채택한 방법은 최선의 영농행위에 관한 문헌 중 대부분과 근본적으로 단절되었고, 사실상 많은 경우에 토양 비옥도를 손상했다.[16]

이것은 결코 '자연적 한계'의 사례가 아니었다. 오히려, 생물물리학적 난국으로 나타난 것은 바로 자본주의적 관계들이 공동으로 생산한 한계였다. 포메란츠의 설명은 자본가 농장주의 계산에 중점을 두지만, 자본 전체의 관점에서 재해석될 수 있다. 나폴레옹 전쟁 이후에 농외 인산 비료를 이용할 수 있게 될 때까지,[17] 토지 수확률을 두드러지게 증가시키는 유일한 방법은 노동집약화를 거치는 것이었다. 이 과정은 어느 정도 이어졌는데, 그 이유는 18세기 후반에 농촌과 도시에서 모두 노동시간이 급격히 증가했기 때문이다.[18] 일반적인 패턴 – 1인당 소비량은 변하지 않은 채 노동시간은 더 길어진 패턴 – 과 관련하여 가장 놀라운 점은 그 패턴이 노동 집약적인 파종 및 수확 시기의 노동시간이 이미 길었던 농업에서 가장 뚜렷했다는 것이다.[19] 포메란츠에 의해 부각된 해결책 – '노동비용 최소화'에 어긋났었을 해결책 – 은 대영제국 자본주의가 타협할 수 없었던 유일한 것이었다. 그 이유는 산업화를 추진하는 동시에 전쟁의 인력수요를 충족시키기 위해 노동공급이 가장 필요한 국면에 그런 전환이 노동을 농업에 복귀시켰었을 것이기 때문이다.

그렇다면, 1815년 이후에 저렴한 식량은 어떻게 회복되었는가? 한마디로 말해서, 미합중국이다.

'제1차' 산업형 농업

---

16. Pomeranz, *The Great Divergence*, 216~7. 강조가 첨가됨. [포메란츠, 『대분기』.]
17. F.M.L. Thompson, "The Second Agricultural Revolution, 1815~1880", *Economic History Review* 21, no. 1 (1968) : 62~77.
18. H-J. Voth, "The Longest Years : New Estimates of Labor Input in England, 1760-1830," *Journal of Economic History* 61, no. 4 (2001) : 1065~82.
19. R.C. Allen and J.L. Weisdorf. "Was There an 'Industrious Revolution' Before the Industrial Revolution? An Empirical Exercise for England, c. 1300-1830," *Economic History Review* 64, no. 3 (2011) : 715~29.

19세기에 저렴한 식량은, "생산성과 약탈"의 결합을 통해서, 즉 증기선과 철도, 기계화 같은 새로운 기술 혁신이 북아메리카를 가로지르는 특별한 프런티어 운동과 결합함으로써 회복되었다.[20] 자본주의의 곡창 지대가 유럽에서 미합중국으로 옮겨갈 것이었다. 이것은 인간의 역사에서 특별히 전개된 사태였다. 이전에는 어떤 문명도 자신의 농업생태적 심장부를 이 대륙에서 저 대륙으로 이전한 적이 결코 없었다. 이런 이행은 '첫 번째' 19세기(대략 1763년~1830년대), 즉 도시와 농촌의 새로운 배치가 출현한 심대한 혼돈과 개편의 시대이자 (맑스가 말하곤 했듯이) "피와 오물이 흘러넘치는"[21] 시대의 일이었다. 대서양 세계 전역의 농민들은, 러시아에서 일어난 푸가초프의 반란에서 북아메리카에서 일어난 일련의 '오지' 폭동에 이르기까지,[22] 범대서양 농업에 대한 자본의 헤게모니를 심화하고자 한 본원적 축적의 세계적인 급증에 맞서 반란을 일으켰다. 이 점이 가장 두드러진 지역은 신생 미합중국이었는데, 이 국가의 근대적 정치형식은 1786년에 일어난 셰이즈의 반란으로 촉발되어 1789년에 헌법이 확정됨으로써 실현되었다. 그 이유는 강한 중앙집권적 국가의 탄생이 그 대륙의 전역에서 부르주아 재산의 확대재생산을 보증하는 추상적인 사회적 자연의 체제를 창출하는 데 근본적이었기 때문이다.[23] 따라서 계급투쟁과 정치지리학, 농업혁명은 자본주의적 발전의 잇따른 시대에서 유기적 전체를 형성한다.

---

20. 지엽적으로는, 전 세계적으로 백인 정착 식민주의를 통해서 이루어진 환금작물 팽창도 포함된다(P. McMichael, *Settlers and the Agrarian Question* 〔Cambridge : Cambridge University Press, 1984〕를 참조하라).

21. Marx, *Capital*, Vol. I, 926. [마르크스, 『자본론 I-하』.]

22. Wallerstein, *The Modern World-System III* [월러스틴, 『근대세계체제 III』] ; Slaughter, *The Whiskey Rebellion*.

23. C. Parenti, "The *Inherently* Environmental State : Nature, Territory, and Value" (Unpublished paper, Department of Global Liberal Arts, New York University, 2014).

그러므로 산업혁명과 농업혁명은 아무리 불균등하더라도 함께 전개된다. 영국의 산업화(1840년대~1870년대)는 미합중국 중서부 지역이 자본주의의 새로운 곡창 지대가 된 바로 그 시점에 만개하였다. 미합중국이 주도한 이 새로운 농업혁명의 여명에 자연과 자본, 경작의 또렷한 소용돌이가 발생했다.

> 1840년대에 유럽 정착민은 우거진 풀밭을 존 디어가 발명했고 제조한 강철 쟁기로 마침내 개간했다… 그 쟁기는 동물이 끌었는데, 그리하여 토착민의 농사라기보다는 오히려 유럽의 농사와 유사했다. 정착민의 견인용 동물과 카우보이가 지키는 소가 도살당한 토착 버팔로의 적소를 차지했다. 외래종 곡물과 동물은 모두 울타리를 쳐서 보호되어야 했다. 나무가 없는 평원에서 목재가 부족했기에 울타리 치기는 철조망이 발명된 이후에야 이루어졌다. 주거는… 통나무를 수입할 필요가 있었다. 농장을 세우고 울타리를 치기 위한 재료, 쟁기, 토지, 동물은 모두 농장의 외부에서, 심지어 그 지역의 외부에서 조달되었다. 그러므로 현금은 자연적 비옥도보다 더 모자랐고 더 시급한 것이었다. 이주한 외래인은 처음부터 가능한 한 많이 길러서 판매할 수밖에 없었다. 정착민 농부와 카우보이, 목장주는 수천 년에 걸쳐 자연에 의해 축적된 영양분을 채굴함으로써 이식된 종의 생산물을 할인 가격으로 구세계에 되팔 수 있었다. 하지만 갱신되지 않는 토양은 고갈된다. 정착민은 그레이트플레인스Great Plains의 지구적 순환주기보다 시장에 더 깊이 묻어 들어가 있었다.[24]

24. Friedmann, "What on Earth is the Modern World-System?", 491~2.

그러나 이들 지구적 순환주기는 폐기된 것이 아니라 새로운 종합에 연계되었다. 농경의 역사는 공동생산적이고 세계생태적인 사태인데, 요컨대 인간이 나머지 자연을 형성하는 방법과 자연이 인간 조직을 형성하는 방법의 역사다. 인류와 자연의 분리라는 신화에서는 그런 공동생산이 어김없이 잊힌다는 점이 **저**렴한 **식**량의 체제가 이룬 업적인데, "〔이 체제는〕 매우 많은 생태계와 공동체의 생산물〔과 관계〕들을 연결하고 통합함으로써 자신이 창출하는 데 이바지한 바로 그 연결관계를 보이지 않게 하였다."[25] 대규모 산업과 그 후예들의 시대에 특정적인 새로운 종합은 농업의 산업화, 또는 간단히 '산업형 농업'이었는데, 그것은 상징적 형태를 취했을 뿐만 아니라 물질적 형태도 취했다.[26] 산업형 농업의 거대한 두 단계 중 첫 번째 것은 남북전쟁이 일어나기 수십 년 전에 개시되었는데, 요컨대 1840년 이후에 미합중국의 산업화—직물업을 넘어 자본재 부문에서의 산업화—를 추진했을 뿐만 아니라 영국도 먹여 살렸다.[27]

그러나 농업의 산업화는 기계적 사태 이상의 것이었다. 그것은 대륙의 부를 전유하기 위해 권력과 자본, 과학을 전개하는 것과 관련이 있었다는 점이 매우 중요하다. 19세기에 미합중국 농업이 이룬 특별한 성취는 대륙의 공간을 노동생산성을 향상하는 데 중요한 것으로 이용할 수 있는 능력이었다. 토지생산성은 거의 또는 전혀 향상하지 않은 채 이루어진 농업혁명이 바로 여기에 있었는데, 이를테면 옥수수와 밀의 경우에 1930년의 1헥타르당 수확량이 1870년의 그것과 같

25. Cronon, *Nature's Metropolis*, 256~7.

26. Weis, *The Global Food Economy*; *Ecological Hoofprint*.

27. Post, *The American Road to Capitalism*; B. Page and R. Walker, "From Settlement to Fordism," *Economic Geography* 67, no. 4 (1991): 281~315.

았다.[28] 하지만 노동생산성은 급상승했는데, 특히 주요 곡물의 경우에 그러했다. 옥수수 재배에 소요된 노동시간은, 1840년과 1900년 사이에, 수확기 이전의 작업에서는 거의 3분의 2로 단축되었고 수확기 작업에서는 절반으로 단축되었다.[29] 그 후 30년 동안 그 노동시간은 더욱더 단축되었다.[30] 더욱이, 농외의 수송혁명으로 인해 생산성 향상이 증폭되었는데, 그리하여 남북전쟁이 발발하기 전에 식량가격이 급격히 하락했다.[31]

'생물학적 혁신'과 기계화가 이런 진보의 상당 부분에 대한 원인이었지만, 결정적인 변수는 프런티어의 피와 오물이었다. 한편으로, 이것은 폭력과 공간적 합리화의 특별한 혼합을 통해서 가능해진 프런티어였다. 더욱이, 성가신 원주민은 그 토지에서 쫓겨났다. 하지만 장기적으로 더 두드러진 것은 새로운 추상적인 사회적 자연의 혁신적 생산이었는데, 무엇보다도, 그 대륙을 자본 축적을 위해 판독하기 쉽게 만든 새로운 공간적 격자와 지질학적 조사였다. 그러므로 이런 농업혁명을 실현할 수 있게 하는 데 미합중국이라는 국가가 중요했다. 다른 한편으로, 중서부 프런티어와 그레이트플레인스 프런티어는 수천 년 동안 축적된 영양분(그리고 물)을 제공했는데, 그리하여 19세기 말 수십 년 동안 산업형 농업의 빠른 진전이 지속하였다. 1870년대에 서부 캔자스의 밀 농부는 유럽의 일부 경작자를 열 배 정도 능가하는 노동생

---

28. Kloppenburg, *First the Seed*, 89 [클로펜버그 2세, 『농업생명공학의 정치경제』].
29. W.N. Parker, *Europe, America, and the Wider World* (Cambridge : Cambridge University Press, 1991), 160, 174.
30. G. Smiley, "US Economy in the 1920s," in *EH.Net Encyclopedia*, ed. R. Whaples (2004). 2014년 6월 3일에 eh.net/encyclopedia/the-u-s-economy-in-the-1920s에 접속함.
31. D.C. North, *The Economic Growth of the United States, 1790~1860* (New York : W.W. Norton, 1966).

산성을 누렸다.[32] 하지만 20년이 채 지나지 않아서 서부 캔자스에서 노동생산성이 하락하기 시작했다. 1920년대의 1에이커당 수확량은 1890년대 정점의 4분의 1과 2분의 1 사이였다.[33] '제1차' 산업형 농업 모형은 20세기 초 수십 년이 지난 무렵에 소진되었는데, 대체로 그 이유는 프런티어가 닫힘에 따라 '토양 채굴' 전략 — 빠른 기계화와 결합한 전략 — 이 점점 더 반생산적인 것이 되어버렸기 때문이었다. 그 첫 번째 농산업 모형에 힘입어 영국이 세계의 공장으로 공고해졌다면, 미합중국이 세계의 조립라인이 되기 전에 새로운 농산업 모형이 나타나야 했었을 것이다.

'장기' 녹색혁명

흔히 냉전 프로젝트로 여겨진 녹색혁명은 1930년대에 미합중국에서 처음 출현하였다. 그 혁명은 고전적 모형에 따른 농업혁명이었는데, 일련의 조직 혁신과 기술 혁신, 농업경제적 혁신이 상호연결되었다. 이들 혁신은 일련의 적당한 기술적 조정을 넘어서 저렴한 식량의 공급에서 거대한 도약을 실현했다. 그리하여 그런 농업혁명에 힘입어 새로운 축적의 장기파동을 수반하는 세계 프롤레타리아 계급의 혁명적 팽창 — 그리고 뒤이은 저비용의 재생산 — 이 이루어질 수 있게 되었다.

자본주의적 견지에서, 이 장기 녹색혁명의 성공은 과장하더라도 그다지 지나치지 않다. 그 혁명의 지구적 국면은, 미합중국 공법 제480호의 제정(1954년)과 소비에트 곡물 생산량을 증대하라는 흐루쇼프

32. G. Cunfer and F. Krausmann, "Sustaining Durée Fertility : Agricultural Practice in the Old and New Worlds," *Global Environment* 4 (2009) : 29~30.
33. 같은 글 ; G. Cunfer, "Manure Matters on the Great Plains Frontier," *Journal of Interdisciplinary History* 34, no. 4 (2004) : 539~67.

의 독려(1953년)와 더불어, 1950년대 중반에 만개하였다. (소비에트 사람들은 산업형 농업을 미합중국 사람들에게서 배웠다는 사실을 잊지 말자![34]) 1950년과 1980년 사이에 지구적 곡물 생산량은 두 배 이상(126%) 증가했다.[35] 세계적으로, 1헥타르당 곡물 수확량은 1960년과 1980년 사이에 60% 증가했지만, 녹색혁명이 활발한 지역에서는 훨씬 더 빠르게 증가했다. 이를테면 인도에서는 (밀의 경우에) 87% 증가하였는데, 이것은 잡종 옥수수 혁명의 와중에 있던 미합중국의 경우와 기본적으로 같은 수확률 증가였다.[36] 세계 곡물 무역은 훨씬 더 빨리 팽창했다. '국가' 농업의 절정에서[37] 곡물 무역은 빠르게 성장했는데, 1952년과 1972년 사이에, 즉 전후 재건에서 비롯된 식량가격의 정점과 1972~75년 상품 호황의 전야 사이에 세 배 이상 늘어났다.[38]

저렴한 식량은 생산되었고, 생산되었으며, 심지어 '과잉'생산되었는데, 자본 전체에 대해서 식량이 너무 저렴한 일은 결코 있을 수 없지만 말이다. 식량 상품의 가격은 1952년 이후 20년 동안 매년 3%씩 하락했는데, 그 하락 속도는 20세기 평균보다 세 배나 더 빨랐다.[39] 쌀

---

34. D.K. Fitzgerald, *Every Farm a Factory* (New Haven : Yale University Press, 2003).
35. EPI 〔Earth Policy Institute〕, "Fertilizer Consumption and Grain Production for the World, 1950~2013" (2014)로부터 계산되었다. 2014년 7월 10일에 www.earth-policy.org/data_center/C24에 접속하였음.
36. EPI, "World Average Corn, Wheat, and Rice Yields, 1960~2012" (2013). 2014년 6월 10일에 www.earth-policy.org/data_center/C24에 접속하였음 ; EPI, "Wheat Production, Area, and Yield in India 1960~2011" (2012). 2014년 7월 10일에 www.earth-policy.org/data_center/C24에 접속하였음 ; W.W. Cochrane, *The Development of American Agriculture* (Minneapolis : University of Minnesota Press, 1979), 128로부터 각각 계산되었음.
37. H. Friedmann and P. McMichael, "Agriculture and the State System," *Sociologia Ruralis* 29, no. 2 (1989) : 93~117.
38. A. Warman, *Corn and Capitalism* (Chapel Hill, NC : University of North Carolina Press, 2003).

과 옥수수, 밀의 실질가격은 1960년과 20세기 말 사이에 60% 하락하였다.[40] 세계 도시화 – 프롤레타리아화의 임시변통적 지표 – 가 무시무시한 속도로 진전될 때도 주요 곡물의 세계시장 가격은 꾸준히 하락했다.[41] 1970년대 초의 위기 이후에도, 녹색혁명을 통해서 창출된 국영농장 부문의 활력에 힘입어 그다음 10년 동안 수확률이 강하게 증가했다. 1982년 이후에는 그 부문이 신자유주의적 농산물 수출지대로 전환하기에 알맞은 비옥한 토양을 제공했다.[42] 이런 전후 농업혁명은 우리의 리트머스 시험을 훌륭히 통과한다. 그것은 세계 프롤레타리아 계급이 혁명적으로 팽창하는 동안 잉여식량이 혁명적으로 팽창하는 사태였다.

우리는 장기 녹색혁명이 이룬 성취의 골자를 살펴보았다. 하지만 이 혁명은 어떻게 그 마법이 작동하게 했는가?

녹색혁명의 핵심 종합은 19세기의 역동적인 가족농장 모형을 새로운 소유체제의 생물학적 중추인 잡종 옥수수와 결합시켰다. 1930년대 중반에 미합중국에서 잡종 옥수수가 상업적으로 도입됨으로써 1에이커당 수확량이 증가하였고, 기계화와 급등하는 비료(와 살충제) 사용을 통해서 자본화가 증가하였다. 잡종 옥수수는 자본 중심의 생물학적 혁신에서 초기 전환점을 나타내었다. 미합중국 종자회사는 종자와 곡물 사이의 오래된 연결관계를 단절했다.[43] 그러므로 잡종화는 생

---

39. K.O. Fuglie and S.L. Wang, "New Evidence Points to Robust but Uneven Productivity Growth in Global Agriculture," *Amber Waves* 10, no. 3 (2012) : 2로부터 계산되었음.
40. FAO, *World Agriculture Towards 2015/2030* (Rome : FAO, 2002).
41. J.A. Davis, "The European Economies in the Eighteenth century," in *An Economic History of Europe*, ed. A. Di Vittorio (New York : Routledge, 2006), 92~134.
42. P. McMichael, "Rethinking Globalization," *Review of International Political Economy* 4, no. 4 (1997) : 630~62 ; D. Tilman et al., "Agricultural Sustainability and Intensive Production Practices," *Nature* 418, no. 6898 (2002) : 671~7.

명공학적 통제를 시장경쟁의 강압적인 성향과 결합시켰는데, 그리하여 본국의 농부들은 "기술적 쳇바퀴〔의〕 … 악순환"과 가속된 계급분화에 속박되었다.[44]

이 녹색혁명의 '마법'은 옛 문서를 새롭게 재해석함으로써 발견되었다. 새로운 모형은, 1930년대에 잡종 옥수수와 새로운 고수확 품종의 밀을 도입함으로써 실현된 자본화와 전유의 새로운 배치를 통해서 세계 권력과 축적, 자연을 개편했다.[45] 기계화를 포함할 뿐만 아니라 그것을 훨씬 넘어선 새로운 단계의 자본화와 19세기 말에 개시된 대학 주도 농업연구를 위한 거대한 국가기금을 통해서 잡종혁명의 잠재력이 증폭되었다. 1935년과 1970년 사이에 노동 투입량은 3분의 2 이상 감소했고 기계화는 213% 증가했다. 한편으로, 비료와 살충제 투입량은 이례적으로 1,338%만큼 증가했다.[46] 이것은 "새로운 식물과 비료, 살충제, 관개방식"을 체계적으로 결합시킨 "석유-잡종 복합체"였다.[47]

새로운 잡종 옥수수는 1935년과 1980년 사이에 수확률을 네 배 이상 향상했다.[48] 미합중국 농업의 노동생산성은 1929년과 1964년 사이에 매년 3.8%씩 급증했는데, 요컨대 산업 부문을 50% 이상 능가했다.[49] 하지만 잡종혁명은 농부 자치에 큰 희생을 치르고서 달성되었다. 그 이유는, 자연적으로 수분된 곡물과 대비하여 잡종 곡물은 저질의

---

43. Kloppenburg, *First the Seed*, 91~129. [클로펜버그 2세, 『농업생명공학의 정치경제』.]
44. 같은 책, 119. [같은 책.]
45. 같은 책. [같은 책.]
46. Cochrane, *The Development of American Agriculture*, 130~1로부터 계산되었음.
47. Walker, *The Conquest of Bread*, 150~1.
48. Kloppenburg, *First the Seed*, 89. [클로펜버그 2세, 『농업생명공학의 정치경제』.]
49. Mandel, *Late Capitalism*, 191로부터 계산되었음.

종자를 생산하기에 잡종화가 종자와 곡물을 '분리'하기 때문이다. 이런 상황으로 인해 농부는 매년 새로운 종자를 구매하기 위해 종자 상점을 순례하지 않을 수 없게 되었다.[50] 그러므로 잡종화는 농사의 자본화를 위한 새로운 기회를 개방한 강력한 전략적 쐐기였다. 미합중국 농업은 근본적으로 – 그리고 빠르게 – 외향적인 것이 되었다. 농업생산에서 시장 투입물과 비시장 투입물의 관계가 거의 갑자기 반전되었다. 1935년 이후 수십 년 동안, 구매된 투입물의 분량은 두 배 이상 증가한 한편으로, 비시장 투입물의 분량은 절반 이상 감소했다.[51] 그 사태의 직접적인 결과는 경쟁력이 없는 농부의 재빠른 퇴출이었다. 1935년과 1970년 사이에 거의 4백만 개의 농장이 사라졌다. 1969년 무렵에는 21만9천 개의 농장 – 상위 7% – 이 총생산량의 거의 53%를 생산했다.[52] 한편으로, 비농업 고용이 급증함 – 1970년 무렵에는 전체 고용의 95%에 이르렀다[53] – 에 따라 식비는 평균가구소득의 24%에서 14%까지 하락했다.[54] 이제 자연의 자본화는 전속력으로 진전되었고, 게다가 자연의 전유는 훨씬 더 빨리 진전되었다.

이처럼 빠른 자본화는 특별한 연금술, 즉 석유와 천연가스를 식량으로 전환하는 연금술로 가능해졌다. 1935년 이후에 농사는 더는 농사에 불과한 것이 아니었다. 그것은 석유농업이었다.[55] 그 결과, 1930년

---

50. Kloppenburg, *First the Seed*, 93. [클로펜버그 2세, 『농업생명공학의 정치경제』.]
51. Kloppenburg, *First the Seed*, 33 [클로펜버그 2세, 『농업생명공학의 정치경제』]; Cochrane, *The Development of American Agriculture*, 129~32.
52. Cochrane, *The Development of American Agriculture*, 133~4.
53. G. Jacobs and I. Šlaus, "Global Prospects for Full Employment," *The Cadmus Journal* 1, no. 2 (2011): 61.
54. H. Elitzak, "Food Cost Review, 1950~97," *Agricultural Economic Report No. 780* (Food and Rural Economics Division, Economic Research Service, U.S. Department of Agriculture, 1999), 20.

대 이후에는 획기적인 지리적 변동이 두드러졌다. 석유농업에 힘입어 일단의 프런티어 ― 지구적 프런티어와 지하의 프런티어 ― 가 활동할 수 있게 되었다. 이 상황은 전유에 의한 축적과 연관된 전략들의 레퍼토리에서 일어난 급격한 팽창이었다. 그리하여, 결코 전례가 없게도, 잠재적인 무상 일/에너지의 원천이 증식하게 되었다. 주요한 이행은, 주로 농사 지역 안에서 끌어낸 투입물에서 외부에서 끌어낸 에너지 집약적이고 화학물질 집약적인 투입물로의 이행이었다. 이런 이행이 거대한 비료 및 살충제-제초제의 혁명을 특징짓는다.

뒤이어 자본주의적 농업에서 두 가지 중요한 이행이 일어났다. 첫째, 자본주의적 농업은 에너지 사용에 있어서 엄청나게 비효율적인 것이 되었다. 자본주의적 농업에 오랫동안 잠재하여 있었지만, 1935년 ― 장기 녹색혁명 영년 ― 이후 '제2차' 미합중국 농업혁명은 노동/토지 에너지 예산을 이전 네 세기와 대비하여 폭발적으로 증가시켰다. 에너지 ― 저렴한 에너지 ― 는 중추적이었다. 이것은 노동생산성의 빠른 향상을 위한 조건이었다. 1930년대에는 1칼로리의 식량을 공급하는 데 대략 2.5칼로리의 에너지가 소요되었다. 그 후에 에너지 대 식량 비율이 급격히 상승하여 1950년대에는 7.5 : 1이 되었고 1970년대 초에는 10 : 1이 되었다.[56] 21세기 무렵에는 1칼로리의 식량을 농장에서 식탁까지 공급하는 데 15칼로리에서 20칼로리까지의 에너지가 필요했는데, 지구적으로 구입되는 과일의 경우에는 상당히 더 많은 에너지가 소요되었다.[57]

---

55. Walker, *The Conquest of Bread*.
56. J.S. Steinhart and C.E. Steinhart, "Energy Use in the U.S. Food System," *Science* 184, no. 4134 (1974) : 307~16 ; Pimentel et al., "Food Production and the Energy Crisis".
57. P. Canning et al., "Energy Use in the U.S. Food System" ; T.L. Acker et al., "Energy Inefficiency in Industrial Agriculture," *Energy Sources, Part B* 8, no. 4

장기 녹색혁명으로 개시된 두 번째 거대한 이행은 독성화였다. 최초로 농업은 독성화를 선도하는 매개자가 되었다. 살충제와 제초제 생산량은 1950년과 1980년 사이에 열 배만큼 증가했다.[58] 여러 해 동안, 이런 독성화의 상징은 DDT(디클로로-디페닐-트리클로로에탄)라는 살충제였다. 1945년과 1972년 사이에 미합중국에서만 대략 13억 파운드의 DDT – 그리고 강력한 발암물질 – 가 사용되었다.[59] 오늘날에는 미합중국 농업에서 매년 10억 파운드의 살충제와 제초제가 사용되고 있다.[60] 오래전에 인식된 보건 영향은 지금까지 널리 연구되었다.[61] 그런 '외부성'을 축적의 등록기로 옮기는 것은 부정확하더라도 그 규모는 인상적인데, 21세기 초 미합중국 농업의 경우에 치르지 않은 총비용이 거의 170억 달러에 이르렀다.[62] 이것은 뒤집어진 '생태계 서비스'의 일종이다. 하지만 자본주의적 계산 방식은 여전히 더 많은 독성화를 선호함으로써 정치적 대응을 가로막는데, 요컨대 외부성으로 여겨지는 건강보험에 소요된 170억 달러의 비용은 매년 330억 달러로 추산되는 잡초로 인한 손실 – 이 장의 뒤에서 살펴볼, 질주하는 기후변화와 발맞추어 빠르게 증가할

(2013) : 420~30.

58. Tilman et al., "Agricultural Sustainability and Intensive Production Practices".

59. EPA〔Environment Protection Agency〕, "DDT : A Review of Scientific and Economic Aspects of the Decision to Ban Its Use as a Pesticide" (Washington, D.C : United States Department of Commerce, 1975).

60. C.D. Cook, "The Spraying of America," *Earth Island Journal* (Spring, 2005).

61. R. Carson, *Silent Spring* (New York : Houghton Mifflin, 1962) [레이첼 카슨, 『침묵의 봄』, 김은령 옮김, 에코리브르, 2011] ; A. Wright, *The Death of Ramón González* (Austin : University of Texas Press, 1990) ; D. Steingraber, *Living Downstream* (New York : Vintage, 1997) [샌드라 스타인그래버, 『먹고 마시고 숨 쉬는 것들의 반란』, 이지윤 옮김, 휴머니스트, 2012]을 참조하라.

62. E.M. Tegtmeier and M.D. Duffy, "External Costs of Agricultural Production in the United States," *International Journal of Agricultural Sustainability* 2, no. 1 (2004) : 1~20.

가망이 있는 손실[63] — 을 방지한다는 점과 대비하면 별것 아니다.

석유농업의 지구화 — 멕시코에서 펀자브 지역까지의 지구화 — 는 미합중국 농업의 경로를 충실히 좇았는데, 이 사태는 냉전의 지정학과 농지 계급투쟁에서 중요한 국면이었다.[64] 그런데도 이 장기 녹색혁명에서 결정적인 지리적 전환은 단지 부차적으로만 지구적이었는데, 여기서 지구적이라는 표현이 지구의 표면을 암암리에 뜻한다면 말이다. 농경지의 팽창은 정말 두드러졌지만 전례가 없는 일은 아니었는데, 1950년과 1980년 사이의 농업 팽창 속도(연간 0.83%)는 1840년과 1880년 사이의 그것(연간 1.03%)보다 현저히 더 느렸다.[65] 장기 녹색혁명의 정말로 혁명적인 행위는 지하를 공략한 것이었는데, 그리하여 막대한 양의 저렴한 에너지와 저렴한 물을 빨아들였다. 1950년과 1980년 사이에 세계농업은 농경지 팽창 속도보다 거의 세 배만큼 빠르게 물을 전유했다.[66] 미합중국에서, 곡물을 심은 면적은 사실상 감소한 한편으로 농업의 물 소비량은 80% 증가했다.[67] 에너지의 전유는 훨씬 더 빨리

---

63. T. Christopher, "Can Weeds Help Solve the Climate Crisis?" *New York Times* (June 29, 2008).

64. D.A. Sonnenfeld, "Mexico's 'Green Revolution,' 1940~1980," *Environmental History Review* 16, no. 4 (1992) : 28~52 ; J.H. Perkins, *Geopolitics and the Green Revolution* (Oxford : Oxford University Press, 1997).

65. 1955년과 1995년 사이의 농경지 팽창에 대한 식량농업기구의 추산치는 더 온건한데, 리처즈의 추산치(FAO, 2000 : 125로부터 계산됨)의 절반에 불과하다(연간 0.36%). J.F. Richards, "Land Transformation," in *The Earth as Transformed by Human Action*, ed. B.L. Turner II et al., (Cambridge : Cambridge University Press, 1990), 164 ; Mulhall, *The Dictionary of Statistics*, 7로부터 각각 계산하였음.

66. 위 문헌과 R.S. Chen, "Global Agriculture, Environment, and Hunger," *Environmental Impact Assessment Review* 10, no. 4 (1990) : 335~38 ; USGS 〔United States Geological Survey〕, "Irrigation Water Use" (2014)로부터 계산하였음. 2014년 7월 18일에 water.usgs.gov/edu/wuir.html에 접속하였음.

67. 같은 글.

증가했다. 세계 비료 사용량은 1950년과 1980년 사이에 729% 증가했는데, 농경지 팽창 속도의 거의 아홉 배에 달했다.[68] 이 사태는 주로 수평적인 것에서 주로 수직적인 것으로의 지리적 전환이었는데, 녹색혁명은 정말 지구화되었더라도 이 대륙에서 저 대륙으로의 전환이 아니라 – 주로 – 이 지질학적 층위에서 저 지질학적 층위로의 전환이었다.

장기 녹색혁명은 이전의 농업혁명과 어떻게 달랐는가? 그 이전의 모든 농업혁명과 마찬가지로, 녹색혁명은 농민 생태, 특히 남아시아와 동남아시아에서 농민 생태를 (야만적이지만) 적절히 재배치함으로써 세계생태잉여를 증가시켰다. 어떤 의미에서, 이것은 패턴이 된 지 오래되었는데, 그때까지 농업혁명은 항상 **저**렴한 **자**연을 전유함으로써 생태잉여를 증가시켰다. 알다시피, 이런 상황은 19세기 중반 미합중국 중서부 지역에서 일어난 '제1차' 산업형 농업혁명의 경우에도 마찬가지였다. 더욱이, 특히 아메리카 사탕수수와 폴란드 곡물의 (신)식민주의적 혁명과 더불어, 16세기 네덜란드 농업혁명과 17세기 영국 농업혁명의 경우에도 마찬가지였다. 하지만, 다른 한 의미에서, 녹색혁명은 그 패턴에 들어맞지 않는데, 요컨대 21세기의 신자유주의적인 농업생태적 난국을 예시한다. 그 이유는 이 혁명이 그보다 앞서 일어난 혁명들보다 더 낮은 생물물리학적 '지대'를 누렸기 때문인데, 게다가 이 사실은 이후 시기의 높은 투자율과 기술 변화의 속도도 설명하게 된다. 1840년대의 '제1차' 산업형 농업과 대비하여 1930년대 동안 개시된 장기 녹색혁명은 생태잉여의 (온건하고) 덜 극적인 팽창을 나타내었다. 이전 시대보다 자본화는 훨씬 더 빨리 증가했고, 전유는 비교적 더 느리게 증

68. EPI, "Fertilizer Consumption and Grain Production for the World, 1950~2013". 2014년 7월 10일에 www.earth-policy.org/data_center/C24에 접속하였음.

가했다. 그런데도 전유된 무상 일/에너지의 규모는 자본의 규모와 대비하여 계속해서 증가했는데, 그 이유는 자연은 매우, 매우 크고 자본은 1945년 이후에야 자신의 지구적 범위를 심화하기 시작했을 뿐이기 때문이다.

녹색혁명이 이룬 성공의 큰 부분 – 그것이 나름의 방식으로 성공적이었던 장소와 시기에 – 은 저비용 토지와 노동을 첨단기술과 결합시킨 점이었다. 이것은 식량가격을 끌어내렸고, 그러므로 모든 조건이 같다면, 노동력의 비용도 끌어내렸다. 다시 말해서, **저**렴한 **식**량은 자본의 총급여액에 대한 압력을 완화함으로써 이윤율 저하를 억제하였다. 지구적 남부 전역에서 농업은 미합중국의 전후 개발 계획의 특징인 산업화 추진력에 종속되었다.[69] 그리하여 외양의 층위에서 우리는 착각하게 되는데, 자본 투입의 새로운 흐름으로 인해 녹색혁명을 자본집약도의 견지에서 생각하게 된다. 하지만 이런 '혁명적인' 프로젝트가, 자본에 거의 또는 아무 비용도 부담시키지 않은 채, 양질의 토지와 물 접근권, 노동력을 전유하는 한, 수확물의 가치구성은 사실상 매우 낮다. 그러므로 **저**렴한 **식**량이다. 장기 녹색혁명은 생산성만큼이나 약탈에 힘입어 자신의 혁명적 위업을 달성했다.

신자유주의를 먹여 살리기 : 비혁명적인 농업혁명

장기 녹색혁명은 1970년대의 축적 위기 이후 적어도 10년 동안 생산성 향상을 지속했다. 장기 녹색혁명의 역사적 지리가 행성적 규모의 잇따른 단계에서 잇따른 미자본화된 자연의 '프런티어' 지역을 통해서

69. McMichael, *Development and Social Change*. [맥마이클, 『거대한 역설』.]

파괴됨으로써 소진되었기에 세계농업은 1980년에도 계속해서 상당한 잉여식량을 공급했다. 이 사태가 신자유주의적 재편의 초기 단계들을 지원한 1975년 이후 식량가격의 빠른 하락을 어느 정도 설명한다. 1975년과 1989년 사이에 세계 식량가격은 39% 하락했고, 게다가 그 후 10년 동안에도 여전히 하락했다.[70] 알다시피, 1970년대에 개시된 **저렴한 식량**의 시대는 2002년 이후에 파탄 나게 되는데, 자세한 내용은 다음 절에서 다루어진다. 당분간, 농업생산성 향상이 느려지기 시작한 1970년대 이후에는 **저렴한 식량**이 어떻게 유지되었는지 고찰하자.

1975년 이후에 나타난 식량가격의 급격한 하락은 특이한 종류의 농업혁명을 반영했다. 그것은 더 많은 식량이 더 저렴한 가격으로 공급된다는 의미에서 정말 혁명이었다. 하지만 생산성의 견지에서 그것은 대체로 비혁명적이었다. 이전의 농업혁명과는 대조적으로, 1970년대 이후로 생산성의 획기적 향상은 전혀 없었다. 사실상 정반대였다. 농업생명공학이 도입되고 비료와 여타 투입물의 사용이 일반화되었음에도 수확률 향상은 점진적으로 느려졌다.

생산성 감속의 징조는 1980년대 중반부터 명백했다.[71] 1982년 이후에 미합중국 곡물농사에서 수확률 증가가 느려졌는데, 총생산량 증가도 마찬가지로 느려졌다. 이 감속 사태는 온건했는데, 1981년과 2004년 사이에 10~15% 범위에서 이루어졌다.[72] 하지만 노동생산성 향상은

---

70. McMichael, "Global Development and the Corporate Food Regime", 279 ; FAO, "FAO Food Price Index".

71. F.H Buttel, M. Kenney, and J.R Kloppenburg Jr., "From Green Revolution to Biorevolution," *Economic Development and Cultural Change* 34, no. 1 (1985) : 31~55.

72. K.O. Fuglie et al., "Productivity Growth in U.S. Agriculture," *Economic Brief 9* (Washington, D.C. : US Department of Agriculture, Sep. 2007), 5 ; EPI, "U.S. Grain Production, Area, Yield, and Stocks, 1960~2012"에서 계산되었음. 2014년 7월 10일에 www.earth-policy.org/data_center/C24에 접속하였음.

1981~2004년 기간에 이전 40년 대비 3분의 1 이상 감속되었다.[73] 미합중국 곡물농업은 지구적 북부 전체와 대비하여 여전히 앞서 있었는데, 북부 전체의 수확률 향상은 1970~90년 시기와 1990~2010년 시기 사이에 놀랍게도 79%만큼 느려졌다.[74] 지구적 남부 전역에서 수확률 향상은 1982년 이후 10년 동안에 1967~82년 시기 대비 3분의 1만큼 느려졌다.[75] 밀의 경우에는 그런 감속 현상이 지연되었지만, 훨씬 더 빨리 하락하였다. 인도 밀의 경우에, 1헥타르당 수확률은 1982년과 1992년 사이에 연간 평균 3.4%씩 향상하였지만, 그다음 10년에 걸쳐 불과 0.6%까지 하락했다.[76] 사실상, 2002년 이후에 인도에서는 1인당 곡식 소비량이 감소했다.[77] 쌀의 경우에, 그것이 남아시아와 동남아시아의 식량공급에서 차지하는 중요성을 참작하면, 그 수확률 감속은 더 느렸지만 더 유의미했다. 벼 재배의 경우에, 그 수확률이 1962년과 1982년 사이에는 매년 2.5%씩 향상하였지만, 그다음 30년 동안에는 연간 불과 0.8%씩 향상하였다.[78] 이런 모든 상황과 더불어 세계 프롤레타리아계급의 팽창에서 비롯된 수요가 증가했음에도 식량가격은 2002년까지 계속해서 하락하였다.[79]

---

73. Fuglie et al., "Productivity Growth in U.S. Agriculture", 5.
74. FAO, *FAO Statistical Yearbook 2012* (Rome : FAO, 2012).
75. M. Strauss, "When Malthus Meets Mendel," *Foreign Policy* 119 (2000) : 107에서 계산하였음.
76. I. Matuschke and M. Qaim, "Adoption and Impact of Hybrid Wheat in India" (Paper presented to the International Association of Agricultural Economists Conference, Gold Coast, Australia, August 12~18, 2006), 2.
77. P. Patnaik, "The World Food Crisis," *People's Democracy* 35, no. 9 (2011). 2011년 3월 18일에 pd.cpim.org/2011/0227_pd/02272011_10.html에 접속하였음.
78. Economist, "Antibiotic Resistance : The Drugs Don't Work," *Economist* (May 3, 2014).
79. Freeman, "What Really Ails Europe (and America)".

농업생산성의 점진적인 감속을 고려하면, 제기해야 하는 올바른 물음은 다음과 같다. 1975년 이후에 저렴한 식량은 어떻게 회복되었는가? 이 물음에 답하기 위해서는 농업생태학에서 정치경제학의 핵심 관심사로 옮겨가야 한다.

팍스 아메리카나의 누적된 재난은 1970년대 초에 급변점에 이르렀다. 1971년에는 닉슨이 연방준비제도의 교환 창구를 폐쇄했다. 1972년에는 금속과 식량의 상품 호황이 개시되었고, 뒤이어 1973년 말에는 석유 가격이 엄청나게 급등했다. 이전의 두 세기에 "걸쳐 나타난 그 어떤 지속 기간보다 1972년과 1974년 사이 열여덟 달의 기간에 원료가격이 더 급격히 상승했다."[80] 21세기 초의 전개 상황을 예시하게도, 그 상품 호황은 세계경제를 1930년 이후로 가장 심각한 불황에 급히 빠뜨렸다. 1974~75년의 경제 하강은 이전 30년 동안의 팽창과 극명한 대조를 이루었는데, "지구적 북부에서 산업 생산량이 10% 감소했다. 미합중국 주식시장의 가치가 반 토막이 났고, 대공황 이후로 일어난 최대 규모의 두 가지 은행 파산 사건, 즉 미합중국의 프랭클린 내셔널 은행과 독일의 헤르슈타트 은행이 파산한 사건으로 세계체계가 흔들거렸다."[81] 1975년에는 뉴욕시가 파산을 선언했고, 그다음 해에는 영국 노동당 정부가 국제통화기금의 긴급차관을 받고서 초기 형태의 구조조정을 시행했다.[82] 1973년 이후 5년 동안에는 G-7 경제에서 제조업의 이윤율이 4분의 1만큼 저하했고 1983년까지 회복되지 않을 것이었는데, 심지

---

80. J. Kolko, *Restructuring the World Economy* (New York : Pantheon, 1988), 22.
81. McNally, *Global Slump*, 31. [맥낼리, 『글로벌 슬럼프』.]
82. 같은 책 ; D. Harvey, *A Brief History of Neoliberalism* (Oxford : Oxford University Press, 2005) [데이비드 하비, 『신자유주의 : 간략한 역사』, 최병두 옮김, 한울, 2007].

어 그 이후에도 전후 황금시대의 이윤율보다 훨씬 더 낮았다.[83]

이런 국면에서 **저**렴한 **식**량은 여느 때보다 더 중요해졌다. 1970년대에 축적이 느려짐에 따라 노동생산성 향상도 느려졌다. OECD 지역에서 노동생산성은 1973~1979년 기간에 1960년 대비 61% 폭락했다.[84] 1983년 이후에 G-7 경제의 수익성은 회복되었지만, 노동생산성은 회복되지 않았다. 어떻게 해서 수익성은 회복될 수 있었고, 노동생산성 향상은 정체되었는가? 부분적으로는 1974년 이후에 지구적 북부 전역에서 임금이 동결되었기 때문이었다. 브레너는 미합중국의 맥락을 논의하면서 "20세기 동안 전례가 없을 뿐 아니라, 어쩌면 남북전쟁 이후로도 전례가 없는 임금 억제"[85]를 거론한다. 그런데도 식비가 소득에서 차지하는 분량은 계속해서 감소한다. 1980년에서 20세기가 끝날 때까지 식비는 가구소득의 13.4%에서 10.7%로 하락했는데,[86] 식료품의 가격이 매우 높은 수준을 유지했는데도 이 비율은 2011년까지 거의 바뀌지 않았다.[87]

신자유주의의 특이한 농업혁명의 참신성은, 생산성 혁명은 전혀 없이

---

83. Brenner, *The Economics of Global Turbulence*, 145; McNally, *Global Slump* [맥낼리, 『글로벌 슬럼프』]; R. Went, *The Engima of Globalization* (New York: Routledge, 2002).

84. J. Crotty, "Slow Growth, Destructive Competition, and Low Road Labor Relations," *Working Paper Series 6* (Political Economy Research Institute, University of Massachusetts, Amherst, 2000), 6에서 계산되었음.

85. Brenner, *The Economics of Global Turbulence*, 3.

86. Elitzak, "Food Cost Review, 1950~97".

87. 하위 20%의 경우에 식량 가격은 중위 20%의 경우보다 대략 50% 정도 더 높다. "**저**렴한 **식**량"이 만인에게 저렴한 것은 아님이 분명하다. D. Thompson, "How America Spends Money on Food," *Atlantic* (March 8, 2013). 2014년 2월 12일에 www.theatlantic.com/business/archive/2013/03/cheap-eats-how-america-spends-money-on-food/273811에 접속하였음. D. Gambrell, "America's Shrinking Grocery Bill," *Business Week* (February 28, 2013).

강제적 과잉생산 및 강요된 과소소비와 결합한, 금융과 제국의 기묘한 혼합에서 드러난다. 우리는 이들 계기를 차례로 고찰할 수 있다.

첫째, 신자유주의가 성공하기 위해서는 세계시장 가격이 하락함에도 불구하고 경작자가 상품 생산량을 증가시키는 쳇바퀴를 계속해서 돌리게 하는 방법이 존재해야 했었다. 이 시기에는 농산물 수출 팽창의 두 가지 거대한 파동이 존재했다. 한 파동은 1970년대에 발생하여 1972~1974년 식량가격의 급등 사태를 예상한 동시에 그 사태에 의해 강화되면서 세계 농산물 수출액이 달러 가치로 네 배 증가한 1980년까지 지속하였다. 1970년대 전체에 걸쳐 농산물 교역량이 생산량보다 더 빨리 증가하였다가 1980년 무렵에는 그 두 성장곡선이 나란히 움직였는데,[88] 그때 신자유주의적 식량체제의 공고화에 있어서 중대한 전환점이 나타났다. 1985년 무렵에 또 하나의 수출 파동이 개시되었는데, 그 후 10년에 걸쳐 수출량이 두 배가 되었다.[89]

두 파동은 모두 부채로 견인되었지만, 각기 다른 방식으로 견인되었다. 1970년대에 지구적 남부는 **저**렴한 **화**폐로 넘쳐났다. 1974년과 1978년 사이에 "서양의 주요 은행들이 국제적으로 위험에 노출한 자금 규모는 2천8백억 달러에서 9천억 달러로 증가했다."[90] 이 사태는 (예전에 지배적이었던 다국 간 차관 방식에서 전환하는 중에) 뉴욕의 은행들이 선도했다. 어떤 차입 조치는 비생산적 목적에 할애되었지만, 대부분의 차입은, 특히 라틴아메리카에서, 포드주의 시대의 농산업화를 확

88. FAO, *The State of Food and Agriculture 1995. Agricultural Trade : Entering a New Era?* (Rome : FAO, 1995).

89. FAO, *The State of Food and Agriculture. Agricultural Trade and Poverty : Can Trade Work for the Poor?* (Rome : FAO, 2005).

90. A. Lipietz, "How Monetarism Has Choked Third World Industrialization," *New Left Review* I, no. 145 (1984) : 77.

대하는 데 바쳐졌다.[91] 지구적 북부의 과잉축적된 자본과 OPEC 지역의 석유달러의 조합으로 가능해진 **저**렴한 **화**폐는 신자유주의 시대에 농업 부문과 원료 부문의 설비과잉이 지속하기 위한 조건들을 확립하는 데 이바지했다.[92] 이들 조건은 부분적으로는 기반시설 사업 – 아마존 횡단고속도로 확장사업 같은 것 – 을 통해서 실현되었고, 부분적으로는 자본재 수입을 통해서 실현되었다. 하지만 그 경향은 지구적 남부에만 한정되지 않았다. 사실상 지구적 남부의 농업적 추출 설비의 과잉은 1980년대와 1990년대에 지구적 북부의 농부들에 의해 유지되었다. 이들 관계는 부채체제를 통해서 연계되었다. 1970년대에는 미합중국 농부의 부채 부담이 세 배가 되었다.[93] 전후 패턴과 단절한 미합중국 농부는 대체로 '부채성 외부자본'을 통해서 확장자금을 조달했는데, 그리하여 1980년대 초에 과잉생산 경향을 강화한 자산 호황을 부추겼다.[94] 2004년 무렵에는 미합중국 농장의 불과 3.4%가 가치의 견지에서 생산물의 45% 이상을 생산했는데, 이것은 1970년대에 대규모 농장들이 생산한 분량의 두 배에 달했다.[95] 2010년 무렵에는 미합중국 농부의 12%가 농산물 가치의 88%를 담당했다.[96]

91. R.J. Ortiz, "Latin American Agro-Industrialization, Petrodollar Recycling, and the Transformation of World Capitalism in the Long 1970s," *Critical Sociology* (online, 2014).

92. 같은 글.

93. M. Strange, *Family Farming* (Omaha : University of Nebraska Press, 1988), 21~2.

94. B.J. Barnett, "The U.S. Farm Financial Crisis of the 1980s," *Agricultural History* 74, no. 2 (2000) : 371 ; M. Kenney et al., "Midwestern Agriculture in US Fordism," *Sociologia Ruralis* 29, no. 2 (1989) : 131~48.

95. MacLennan and Walker, "Crisis and Change in U.S. Agriculture" ; M.K. Hendrickson et al., "Does the World Need U.S. Farmers Even if Americans Don't?" *Journal of Agricultural and Environmental Ethics* 21 (2008) : 311.

96. W. Hauter, *Foodopoly* (New York : The New Press, 2012), 13.

이런 집중 사태 중 일부는 역동적인 국민자본주의가 실현되었던 지구적 남부 전역에서 미합중국의 '개발 계획'이 거둔 성공으로 견인되었다. 1970년대 무렵에 미합중국은 산업 부문을 비롯하여 다른 부문에서도 국제적으로 경쟁국들의 도전을 받았다. 그 후 40년에 걸쳐 새로운 경쟁 압력을 겪으면서도 미합중국 농부의 수출의존도는 심화하였다. 1970년대와 1980년대에 출현한 "신흥 농업국들" – 태국과 브라질, 멕시코, 칠레 같은 국가들 – 이 1846~1929년 시기를 특징지었던 "세계시장을 두고 벌어진 격심한 수출경쟁을 되살렸"는데, 요컨대 지방 종자와 분말[97] 같은 주요 수출 부문에서 미합중국의 지배권을 위태롭게 하였다.[98] 한편으로, 유럽은 밀 수출업자가 되면서 아르헨티나의 부흥을 보충했다. 1975년과 1985년 사이에 그 두 지역은 합쳐서 세계시장 점유율을 거의 두 배로 늘렸다. 1980년대와 1990년대 초에는 30~40%에 이르렀던 미합중국 밀의 세계시장 점유율은 1995년 이후에는 폭락했는데, 사실상 그다음 10년 동안에 20~30%로 하락하였다.[99]

이런 경쟁적 역동성의 심화는 1980년대에 일어났다. 전환점은 1981~82년에 일어난 제3세계 부채위기와 세계불황의 국면이었다.

---

97. [옮긴이] 지방 종자(oilseed)는 오일을 제공하기 위해 재배되는 다양한 작물, 이를테면 대두, 유채, 해바라기 등의 씨앗을 가리킨다. 분말(meal)은 가루 형태의 농산물을 가리킨다.

98. 1980년 이후에 발달한 신흥 농업국들의 가장 큰 역할은 "과일과 야채, 가금, 씨앗, 유제품, 조개류 같은 … [이른바] 고가 식료품"을 공급하는 것이었다. 1980년대에 세계 곡물 교역량이 감소할 때 고가 식료품의 교역량은 매년 8%씩 증가했다(P. Rosset et al., "Thailand and the World Tomato," *International Journal of Sociology of Agriculture and Food* 8 〔1999〕 : 72) ; H. Friedmann, "The Political Economy of Food," *New Left Review* I, no. 197 (1993) : 29~57.

99. USDA, "U.S. Wheat Trade" (2013). 2014년 7월 22일에 www.ers.usda.gov/topics/crops/wheat/trade.aspx#.U_oeOPldXvQ에 접속함. T. Darr and G. Gribbons. "How US Exports Are Faring in the World Wheat Market," *Monthly Labor Review* 108 (1985) : 10~24.

1974~75년의 하강 국면 동안 전면에 등장했던 모순은 이제 신흥 부채 체제의 모순으로 강화되었다. 세계불황을 위한 무대는 1979년 10월에 발생한 '볼커 쇼크'로 세워졌는데, 요컨대 미합중국 연방준비제도가 그다음 2년에 걸쳐 실질이자율을 1965~79년 평균 대비 거의 세 배로 올림으로써 인플레이션 — 금융자본이 가장 두려워하는 사태 — 을 억제하였다.[100] 지구적 북부 — 그리고 알다시피, 또한 지구적 남부 — 에서, 1973년 이후에 실업이 증가하고 성장이 비틀거리며 이윤율이 낮아지면서 가계부채와 기업부채, 국가부채가 모두 불어났다.[101] 1981~82년의 세계불황은 새로운 모순 — 부채와 금융의 새로운 배치 주위를 빙빙 도는 모순 — 을 공고화한 동시에 해묵은 문제 — 국외에서는 자신감 넘치는 제3세계와 국내에서는 반항적인 노동계급 — 를 해결하는 데 동원되었다. 경제적으로 말하자면, 1981~82년의 불황이 1974~75년의 불황보다 더 나빴던 한편으로,[102] 그 불황의 질적 차원은 훨씬 더 중요했다.

---

100. "금전거래로 이윤을 얻고자 하는 자본가의 이해관계와 차입자금을 바탕으로 물질적 생산에 관여하여 이윤을 추구하는 자본가의 이해관계는 지금까지 항상 실질적으로 달랐다. 금융업자는 채권자인데, 채권자는, 무엇보다도, 자신의 수익을 침식하는 인플레이션을 방지하고, 높은 실질이자율을 유지하며, 자신의 자금을 사실상 주로 투기적인 최대 이윤을 찾아서 국가 안팎으로 이동할 완전한 자유를 갖고 싶어 한다. 더욱이, 생산적 투자 방법을 통해서 축적하기보다는 오히려 저렴해진 외국 자산의 인수와 취득을 통한 자본의 빠른 집중화가 금융자본이 선호하는 수단인데, 이것은 자금 흐름의 불안정화 영향에 전적으로 개방된 개발도상국에서 발생하는 소득 디플레이션과 더불어 주기적인 자산 디플레이션을 통해서 달성된다."(U. Patnaik, "Global Capitalism, Deflation and Agrarian Crisis in Developing Countries," *Journal of Agrarian Change* 3, nos. 1~2 〔2003〕: 34); Kolko, *Restructuring the World Economy*, 41~2; F.W. Engdahl, "The Financial Tsunami: The Financial Foundations of the American Century, Part II" (Centre for Research on Globalization, 2008). 2011년 1월 18일에 www. globalresearch.ca/index.php?context=va&aid=7813에 접속함.

101. Harvey, *The Condition of Postmodernity* [하비, 『포스트 모더니티의 조건』]; A. Kliman, *The Failure of Capitalist Production* (London: Pluto Press, 2012) [앤드루 클라이먼, 『자본주의 생산의 실패』, 정성진·하태규 옮김, 한울아카데미, 2012]; McNally, *Global Slump* [맥낼리, 『글로벌 슬럼프』].

1982년 8월에 멕시코의 재무장관이 자국이 더는 부채를 상환할 수 없다는 소식을 갖고서 워싱턴 D.C.에 도착했을 때, 이 상황은 세계 축적에 대해 중대한 문제를 제기했다. 1979년과 1982년 사이에 멕시코에 대한 이자 청구액이 세 배나 증가하였다. 1982년 무렵에, 멕시코와 브라질을 필두로 라틴아메리카의 채무국들은 부채 상환액이 수출 수익의 60%를 잠식한다는 사실을 알아챘는데,[103] 이 비율은 지구적 남부의 평균 비율의 세 배에 이르렀다. 그것은 빠르게 더 문제적인 것이 되었다. 포르티요 정부는 "멕시코의 민간은행들을 국유화하면서 그 은행들이 '국가를 어떤 식민주의 권력보다 훨씬 더 약탈했'었다"고 천명했다.[104] 1982년 부채위기는 지구적 북부의 권력을 공고화한 것만큼이나 신자유주의적 질서를 파괴할 위험이 있었고, 지구적 남부의 핵심 지역들에서 반혁명을 불러 일으켰다. 1970년 이후로 동유럽을 포함하여 '확대된' 제3세계의 부채가 12배 증가하였다.[105] 미합중국 은행들이 특히 취약했다. 1982년 무렵에 미합중국 대형 은행들이 차관을 제3세계 국가들 – 특히 멕시코와 브라질 – 에 확대했었는데, 그 액면가는 충격적이게도 전체 자본금과 유보금의 233%까지 이르게 되었다.[106]

그 부채위기의 가능한 결과는 두 가지였다. 첫 번째 위험은, 멕시코와 브라질, 그리고 다른 과다채무국들이 디폴트를 선언하고서 유의미한 구조조정을 시행하지 않은 채 부채 상환을 거부할 것이라는 점이었

102. Kolko, *Restructuring the World Economy*.

103. R.K. Schaeffer, *Understanding Globalization* (Lanham, MD : Rowman & Littlefield, 2003), 101 ; Panitch and Gindin, *The Making of Global Capitalism*, 214.

104. Panitch and Gindin, *The Making of Global Capitalism*.

105. Schaeffer, *Understanding Globalization*, 95.

106. Panitch and Gindin, *The Making of Global Capitalism* ; McNally, *Global Slump*, 98 [맥낼리, 『글로벌 슬럼프』].

다. 이런 사태는 대규모로 차입자본을 가치 없게 만들고 일차상품 가격을 다시 인상했었을 것인데, 그리하여 1980년 초의 심각한 경기 침체를 지구적 북부의 장기불황으로 전환했었을 것이다. 알다시피, 이런 일은 일어나지 않았다.

나머지 다른 가능성 — 실제로 일어난 일 — 은 부채체제의 팽창이었다. 1980년대에 라틴아메리카의 부채는 세 배로 늘어났다.[107] 지구적 남부의 채무국들은 1982년의 재정불안 사태 이후 새로운 부채체제 — 국내 금융 및 농업 부문의 신속한 자유화를 포함하는 체제 — 를 받아들였다. 가장 중요한 결과 중 하나는 일차상품의 '과잉수출'을 강화한 새로운 국제채무노동체계였다.[108] 그 새로운 체제는 "국가들이 토지와 노동의 상품화를 심화하도록 압력을 가했다. 토지와 천연자원 일반은, 흔히 부채를 상환하기 위해, 외화를 벌어들일 강화된 수출전략의 대상이 〔되었다〕."[109] 지구적 남부 전역에서 삼림 벌채가 진전되고 독성화가 심화하며 식생활이 어려워짐에 따라 흙과 육체의 광범위한 변형이 계속 일어났다.[110] 당분간 — 하지만 그저 당분간일 뿐이었다 — 은 이런 환경 변형이 세계 축적의 장부에 거의 기입되지 않았다.

그 결과는 즉각적이었다. 주변부에서는 부정적인 '가격 쇼크' — 실질가격이 전년 대비 10% 이상 하락하는 현상으로 규정된다 — 의 횟수가

---

107. Schaeffer, *Understanding Globalization*, 96.

108. P. McMichael, *Development and Social Change*, 4th ed. (Thousand Oaks, CA : Sage, 2008), 130. [맥마이클, 『거대한 역설』.]

109. P. McMichael, "The Global Crisis of Wage-Labour," *Studies in Political Economy* 58 (1999) : 26~7.

110. 같은 글, 11~40 ; Araghi, "The Great Global Enclosure of Our Times," 145~60 [아라기, 「현대의 전 지구적 규모의 인클로저」] ; W.F. Bello, *Dark Victory* (London : Pluto Press, 1994) ; S. George, *The Debt Boomerang* (Boulder : Westview Press, 1993) [수잔 조지, 『외채 부메랑』, 이대훈 옮김, 울력, 1999] ; M.W. Wright, *Disposable Women*.

1981~83년과 1984~86년 사이에 25회에서 90회까지 증가했다.[111] 전 세계적으로는 비에너지 원료의 가격이 1980년과 1992년 사이에 거의 절반만큼 하락했다.[112] 고완이 빈정대듯이 주장하는 대로, 지구적 북부 안에서, 새로운 부채체제는 "자신의 부채를 갚도록 하는" 불로소득 생활자와 "생산에 필요한 투입물용의 더 저렴한 수입품"[113] — 노동자용의 더 저렴한 식량은 말할 것도 없고 — 을 획득하는 산업자본을 위해 작동했다.

1982년 이후에 출현한 부채체제는 2차 세계대전 이후에 실현되었던 지구적 남부의 빈약한 국가농장 부문의 급진적 외향성을 강요했다. 이전의 농업혁명과 마찬가지로, 새로운 부채 주도 농식품의 체제는 사실상 경작자를 토지에서 추방했다.[114] 1980년 무렵에는 제3세계 농민계급의 상대적인 감소에서 절대적인 감소로의 중대한 전환이 개시되었다. 10년이 지난 후에는 지구적 남부에서 매년 2천만 명에서 3천만 명까지의 사람이 농촌에서 도시로 이주했다.[115] 하지만, 농업생산성의 유의미한 혁명이 일어나지 않았기에, 이런 탈농촌화 운동은 식량 '자급률'이 하락함으로써 가능해졌을 뿐만 아니라 일어날 수밖에 없었다. 19세기 동안 영국의 식량 수입량과 관련하여 살펴보았듯이, 식량 자급률이 하락하는 사태가 반드시 약함을 나타내는 징조인 것은 절대 아니

---

111. IMF, *Fund Assistance for Countries Facing Exogenous Shocks* (2003), 37. 2011년 3월 11일에 www.imf.org/external/np/pdr/sustain/2003/080803.pdf에 접속함.

112. Schaeffer, *Understanding Globalization*, 103.

113. P. Gowan, *The Global Gamble* (London : Verso, 1999), 103. [피터 고완, 『세계없는 세계화』, 홍수원 옮김, 시유시, 2001.]

114. F. Araghi, "Global Depeasantization, 1945~1990," *The Sociological Quarterly* 36, no. 2 (1995) : 337~68 ; Araghi, "The Great Global Enclosure of Our Times" [아라기, 「현대의 전 지구적 규모의 인클로저」].

115. 같은 글.

다. 아프리카에서는 1960년대와 1970년대 동안 식량 수입량이 인구보다 세 배 더 빨리 증가한 한편으로, 1974년까지 견실한 경제성장이 유지되었다.[116] 하지만 어딘가에서 농업혁명이 일어나지 않는다면, 식량 자급률의 하락은 훨씬 더 위험한 사태다. 1970년대와 1980년대에는 지구적 남부의 대부분 지역에서 식량 의존성이 증가했다.[117] 그 결과 중 하나는 10년간의 경기 침체와 더불어 기근과 기아의 발생빈도가 증가했다는 것이다.

그러나 1970년대 이후 지구적 북부에서도 **저**렴한 **식**량이 농식품 복합체의 빠른 자본화로 실현되었다. 신자유주의적 프로젝트는 지구적 북부 농업의 경쟁우위를 **저**렴한 **식**량을 회복하는 수단으로 전환했다. 미합중국에서는 산업형 농업의 노동생산성이 국민경제 전체의 그것보다 두 배 이상 향상했다.[118] 사실상, 전적으로는 아니지만 대체로 지구적 북부에 집중된 산업형 농업과 저투입 ('농민') 경작 사이의 생산성 간극은 녹색혁명이 지구화되는 동안과 그 후 신자유주의 시대 전체에 걸쳐 급격히 벌어졌다.[119] 2010년 무렵에 지구적 북부는 매우 인상적이게도 하루에 1인당 11,741칼로리를 생산하고 있었는데, 요컨대 이런 생산성은 동아시아 생산성의 두 배였고 남아시아 생산성의 거의

116. C.K. Eicher, "Facing up to Africa's Food Crisis," *Foreign Affairs* 61, no. 1 (1982) : 156 ; G. Arrighi, "The African Crisis," *New Left Review* II, no. 15 (2002) : 5~36.

117. P. Uvin, "The State of World Hunger," *Nutrition Reviews* 52, no. 5 (1994) : 3.

118. Fuglie and Wang, "New Evidence Points to Robust but Uneven Productivity Growth" ; Gordon, "Is US Economic Growth Over?", 1~6.

119. S. Amin, "World Poverty, Pauperization, and Capital Accumulation," *Monthly Review* 55, no. 5 (2003) : 1~9 ; D.F. Bryceson, "Sub-Saharan Africa's Vanishing Peasantries and the Specter of a Global Food Crisis," *Monthly Review* 61, no. 3 (2009) : 48~62 ; T. Kastner, et al., "Rapid Growth in Agricultural Trade : Effects on Global Area Efficiency and the Role of Management," *Environmental Research Letters* 9 (2014) : 1~10.

네 배에 이르렀다.[120] 이 성취는 농산물의 생산이 세계 전역의 거대 농장주의 손에 집중됨으로써 대체로 이루어진 것이었지만, 특히 유럽-아메리카 핵심부에 힘입은 바가 컸다.[121] 그 결과는? 지구적 남부에서 1982년 이후 시행된 구조조정과 선택적 농업 자유화의 영향을 받은 데다가 지구적 북부의 **저**렴한 **식**량이 지구적 남부로 흘러 들어감으로써 수백만 명의 농민이 쫓겨났다. 짜잔! **저**렴한 **식**량 더하기 자유화는 **저**렴한 **노**동을 생산한다.

신자유주의적 부채체제가 매우 잘 작동한 이유는 그것이 이전의 위기에서 일어났었던 그런 종류의 단절을 방지했기 때문이다. 1980년대에 아프리카가 겪은 복합적이고 불균등한 발전의 식생활 국면은 전혀 새롭지 않았다. 17세기 중반에는 네덜란드가 주도한 "국제채무노동체계" 아래 발트해 지역의 곡물이 폴란드에서 흘러나와서 암스테르담으로 흘러 들어감으로써 폴란드 농민의 식생활이 긴축 압박을 받았고, 게다가 토양 비옥도가 소진되었다.[122] 하지만 18세기 무렵 폴란드의 위기로 인해 폴란드가 세계무역에서 상대적으로 단절되었는데, 그 결과 폴란드는 거의 번영하지 않았지만, 농업추출적 탈취와 식생활의 궁핍화, 자원 고갈에의 노출은 크게 완화되었다.

신자유주의 시대의 여명에는 그런 완화가 전혀 일어날 수 없었다. 1980년대에 '워싱턴 컨센서스'로 융합된 금융제국주의 권력은 지구적

---

120. FAO, *FAO Statistical Yearbook 2012*, 35.

121. J.C. Franco and S.M. Borras Jr., eds., *Land Concentration, Land Grabbing and People's Struggles in Europe* (Amsterdam : Transnational Institute, 2013), 2014년 6월 13일에 www.eurovia.org/IMG/pdf/Land_in_Europe.pdf에 접속함. GRAIN, "2,4-D Soy : Waging War on Peasants," *GRAIN Report* (2014), 2014년 6월 4일에 www.grain.org/article/entries/4945-2-4-d-soy-waging-war-on-peasants에 접속함.

122. Wallerstein, *The Modern World-System I*, 121~2.

남부의 세계시장에서의 상대적인 퇴각을 방지하는 쪽으로 향하게 되었다. 그런 퇴각이 패턴이 된 지 오래된 이유는 세계경제의 축소가 주변부와 반주변부 지역들이 국내시장을 발전시키고 '핵심부처럼' 자본주의적 발전을 추구할 여지를 제공했기 때문인데, 이를테면 17세기 동안 멕시코가 그랬고, 1763년 이후에 영국령 북아메리카가 그랬으며, 1930년대에 라틴아메리카가 그랬다. 하지만 상대적인 퇴각은 바로 새로운 생산성 혁명의 와중에 있지 않은 신흥 축적체제가 용인할 수 없던 것이었다. 이 점은 생산성 향상이 매우 저조했던 10년이 지난 후인 1980년대 초에 더한층 중요했다. 신자유주의가 성공하기 위해서는 지구적 남부의 생산자들이 세계시장을 위해 계속 생산하도록 묶어두는 방법이 있었어야 했는데, 인간 자연과 비인간 자연의 강요된 '과소재생산'이라는 비용을 치르고서라도 말이다.

이런 조건 아래서, 새로운 부채체제로 인해 시장규율의 대상이 된 세계 경작자 중 '지구적 출혈 투매자'가 된 비율이 늘어났는데, 특히 지구적 남부에서 그랬지만 그 지역에서만 일어난 일은 아니었다.[123] 1980년대 이후로, 각각 독자적인 시간성을 갖춘 커피나 바나나, 해산물 같은 '고가' 식품의 생산자들은 시장가격이 하락했을 때도 생산을 증대하는 것밖에 대안이 거의 없었다.[124] 중요한 변동은 소규모 자작농 – 오늘날 세계 '농장'의 90%를 차지하면서 2.2헥타르보다 더 작을 정도로 규모가

123. Patnaik, "Global Capitalism, Deflation and Agrarian Crisis", 3.

124. MGI, "MGI's Commodity Price Index – an Interactive Tool"; F. Asche, "Global Seafood Markets in 2030." (Presentation to the Institute for Social and Economic Research, University of Alaska, October 24, 2012). 2014년 7월 12일에 greenandgold.uaa.alaska.edu/media/AscheAlaskaAnchorage.pdf에 접속함. FAO, *The World Banana Economy, 1985-2002* (Rome : FAO, 2003). 2014년 6월 29일에 www.fao.org/docrep/007/y5102e/y5102e00.htm에 접속함.

축소된 농지를 경작하는 농민 – 의 전환을 통해서 이루어졌던 것이 아니라, 오히려 산업형 농업의 지구적 확대를 통해서 이루어졌다.[125] 놀랍게도, 1990년 이후로 거의 모든 농경지 팽창은 수출지향적이었는데,[126] 이보다 '국민농업'의 시대와 더 극명한 대조를 이루는 것은 상상하기 힘들다.

신자유주의적 농업의 모순

신자유주의적 농식품 모형은 두드러지게 성공적이었다. 2000년 무렵에 식량농업기구의 식량가격지수는 92에 멈춰 섰다. 1983년 이후로 그 지수는 100 근처에서 오르락내리락했다. 그 타이밍은 우연적이지 않았다. 바로 이 시기에 지구적 북부 전역에서 축적이 되살아났다. 그리고 석유 가격 역시 20년 동안의 상대적 안정기에 접어들었다. 식량의 경우에, 2000년 지수는 장기 녹색혁명이 지구적 단계의 정점에 이르렀던 1960년대의 평균지수보다 거의 3분의 1만큼 낮았다.[127] 지구적 북부 노동계급의 경우에 가구소득에서 차지하는 몫 – 확실히 선택적 척도이지만, 임금 억제를 유지하는 데 중요한 척도 – 으로서 식량이 그토록 저렴한 적이 결코 없었다.[128]

---

125. GRAIN, "Hungry for Land," *Grain Report* (2014). 2014년 6월 18일에 www.grain.org/article/entries/4929=hungry-for-land-small-farmers-feed-the-world-with-less-than-a-quarter-ofall-farmland.pdf에 접속함.

126. Kastner et al., "Rapid Growth in Agricultural Trade".

127. FAO, "World Food Situation : FAO Food Price Index" (2014). 2014년 5월 16일에 www.fao.org/worldfoodsituation/foodpricesindex/en/에 접속함. FAO, "Food Price Index : Nominal and Real" (2014)로부터 계산됨. 2014년 8월 18일에 www.fao.org/fileadmin/templates/worldfood/Reports_and_docs/food_price_index_nominal_real.xls에 접속함.

2003년 무렵에 식량가격은 위쪽으로 움직이고 있었다. 처음에는 천천히 올라갔다. 그다음에 빠르게 올라갔다. 2008년 무렵에 식량가격은 2002년보다 62% 더 높았다. 2011년 무렵에는 77% 더 높았다.[129] 식량가격지수가 1974~75년의 이례적인 수준에는 결코 이르지 못했더라도, 최근 시기(2007~2014)의 가격은 1970년대(대략 1973~1981)보다 더 높았다. 더욱이, 1960년대의 '정상' 가격과 1970년대의 '높은' 가격의 차이는 2000년 이후로 나타난 것보다 상당히 작았다. 사실상, 1970년대의 식량가격지수는 1960년대의 평균지수보다 불과 7.6% 더 높았을 뿐이었다.[130] 이와는 대조적으로, 지난 10년 동안의 식량 인플레이션으로 인해 식량가격이 1990년대의 저렴한 식량 대비 50% 상승했다.[131] 더욱이, 식량가격이 궤도에서 귀환할 기미도 거의 보이지 않는다. 자본주의는 **저**렴한 **식**량을 역사의 쓰레기통으로 쓸어서 버린 것처럼 보인다.

최근에 높은 식량가격에 대한 다양한 설명이 제시되었는데, 이를테면 육류산업 복합체, 금융투기, 농업연료 팽창, 지구적 남부 전역에서 '신흥 중간계급'의 발흥, 기후변화의 가속, 에너지의 가격 상승, 인구 및 도시화의 증가, 세계 식량의 대부분을 산출하는 소규모 자작농의 탈취, 그리고 그 밖에 많은 것이 있다. 당연히, 이들 설명 중 많은 것이 겹친다. 이것들을 비롯하여 더 많은 것이 현재 국면에 연루되어 있음이 확실하다. 이 절에서 내 관심사는 식량가격 상승의 역사를 재구성

---

128. Thompson, "How America Spends Money on Food"; Elitzak, "Food Cost Review, 1950~97"; R. Schnepf, *Consumers and Food Price Inflation* (Washington, D.C.: Congressional Research Service, 2013).

129. FAO, "Food Price Index: Nominal and Real"(2014)로부터 계산됨.

130. 1962~1972년의 평균지수(133.6) 대비 1973~81년의 평균지수(143.7)에 대해 계산됨(각각의 평균지수는 FAO 자료로부터 계산됨).

131. 1993~2002년의 평균지수(101.6) 대비 2007~14년의 평균지수(152.6)에 대해 계산됨.

하는 것이 아니라, 오히려 이렇게 묻는 것이다. **저**렴한 **자**연은 회복될 수 있는가?

나는 예전의 대답이 이 물음에 적합하다고 확신하지 못한다. 지난 다섯 세기에 걸쳐서 농업혁명을 떠받친 프런티어는 대체로 사라졌다. 16세기 네덜란드는 폴란드의 비스와강 유역에서 산출된 저렴한 곡물 덕분에 부유해졌고, 19세기 영국은 아일랜드와 카리브해 지역, 미합중국 중서부가 있었다. 미합중국이 세계 강국이 되었을 때는 중서부 외에 남부와 캘리포니아, 그리고 라틴아메리카가 있었다. 모든 경우에 주요한 잉여식량이 새로운 테크닉스와 노동조직과 결합한 미개발 프런티어 지역에서 조달되었다. 그리고, 알다시피, 남아시아의 녹색혁명은 대체로 '수직적' 프런티어의 전유에 힘입었는데, 국내에서는 충분한 대수층이 있었고 국외에서는 비교적 저렴한 (비료용) 에너지가 공급되었다. 오늘날에는 저렴한 물과 비료로서 저렴한 에너지가 빠르게 사라지고 있다.[132] 더욱이, '새로운' 인클로저를 통해서 생명공학과 생물해적질에 힘입어 일부 자본가들이 매우 부유해졌지만, 그들은 이전의 모든 농업혁명이 했었던 바를 달성하기 위해, 즉 **저**렴한 **식**량을 회복시키기 위해 거의 아무 일도 행하지 않았다.

오늘날 **저**렴한 **식**량 모형의 모순이 심화하는 국면은 발전적 위기, 즉 자본주의 안에서 해결될 수 있는 위기를 수반하는가? 만약 그렇다면, 우리는 가장 역동적인 새로운 축적 중심인 중국에서 농업혁명이 실현되리라고 기대할 것이다. 중국에서 1979년 이후 단행된 '사실상의

132. M. Palaniappan and P.H. Gleick, "Peak Water," in *The World's Water 2008-2009*, ed. P.H. Gleick (Washington, D.C. : Island Press, 2008) ; Index Mundi, "DAP fertilizer Monthly Price — US Dollars per Metric Ton," *Index Mundi* (2014). 2014년 8월 13일에 www.indexmundi.com/commodities/?commodity=dap-fertilizer&months=360 에 접속함.

농업 사유화'는 비료 사용의 급증과 더불어 수확률과 생산량을 상당히 늘렸는데, 1960년대와 1970년대만큼은 아니었지만 말이다.[133] 그런데 1980년대 초에 수확률과 생산량이 급증한 이후에 중국 농업은 특별히 혁명적이었던 적이 없었다. 1979년과 1996년 사이에 곡물 생산량은 연간 300만 톤에서 500만 톤으로 증가했다.[134] 하지만, 1998년 이후로, 중국이 세계 최대의 생산국인 밀의 수확률 증가는 정체되었고, 그와 더불어 생산량 증가도 정체되었다.[135] 쌀의 경우에, 1990년대 무렵에 수확률 증가는 1960년대 증가 속도의 절반 이하로 느려졌고, 생산량은 4% 감소했다. 중국의 콩 수입량은 2003년에 최초로 국내 생산량을 넘어섰다.[136] 중국 '기적'의 주목할 만한 성취에도 불구하고, 산업생산성과 농업생산성은 둘 다 여전히 지구적 북부 안에서 얻어진 평균의 4분의 1(또는 그 이하)에 머물렀다.[137] 요약하면, 중국이 세계를 먹여

---

133. D. Wen and M. Li, "China : Hyper-Development and Environmental Crisis," in *Socialist Register 2007 : Coming to Terms with Nature*, ed. L. Panitch and C. Leys (London : Merlin, 2006), 130~46 ; J.Y. Lin, "Rural Reforms and Agricultural Growth in China," *American Economic Review* 82, no. 1 (1992) : 34~51.

134. Wen and Li, "China : Hyper-Development and Environmental Crisis".

135. B. Lohmar, *China's Wheat Economy : Current Trends and Prospects for Imports* (Economic Research Service, United States Department of Agriculture, 2004) ; W. Zhang et al., "Global Pesticide Consumption and Pollution : With China as a Focus," *Proceedings of the International Academy of Ecology and Environmental Sciences* 1, no. 2 (2011) : 125~44.

136. Z. Defeng, "Bridging the Rice Yield Gap in China," in *Bridging the Rice Gap in the Asia-Pacific Region*, ed. M.K. Papademetriou et al. (Bangkok : FAO, 2000) : 69~83 ; People's Daily Online, "Last Year Saw China's Soybean Import Hit a Record High in History," *People's Daily Online* (February 14, 2004). 2009년 11월 12일에 english.peopledaily.com.cn/200402/14/eng20040214_134838.shtml에 접속함. L. Brown, "Could Food Shortages Bring Down Civilization?" *Scientific American* (April, 2009).

137. G. Jefferson et al., "The Sources and Sustainability of China's Economic Growth," *Brookings Papers on Economic Activity* II (2006) : 1~47 ; S. Jin et al., "Agricultural

살릴 뿐만 아니라 자본주의를 새로운 황금시대로 이끌 농업혁명의 직전에 있다고 시사하는 것은 거의 없다.[138] 또한 중국은, 강국 네덜란드를 특징지은 발트해 지역의 농업혁명이나 강국 영국을 특징지은 카리브해 지역의 농업혁명 같은 그런 종류의 '외부적' 농업혁명을 주도하고 있는 것처럼 보이지 않는다.[139]

당연하게도, 신자유주의의 저렴한 식량 체제의 파탄은 다른 일차상품이나 더 넓은 축적 과정과 별개로 일어나지 않았다. 2003년 이후로, 식량가격 상승은 경제학자가 '상품 호황'이라고 부르는 국면에서 나타난 에너지 및 금속의 가격 상승과 밀접한 관련이 있었다. 그 개념의 호황 부분은 가격 상승을 가리키는데, 통상적인 정의에 따르면, 상품가격이 일단 정점에 이르면 호황은 끝이 나면서 가격은 '정상'으로 돌아간다. 통상적인 예상에 따르면, 호황 기간에 높은 가격은 새로운 생산설비로 이어지는 새로운 투자를 가동한다. 그다음에 자본주의적 투자의 마법이 우세해지고, 상품가격이 하락한다. 신고전주의적 경제 사상의 상상 전체가 이런 가정을 둘러싸고 확립되었는데, 그 가정은 매우 강한 역사적 기록을 시사할 수 있다. 1846년과 1972년 사이에 『더 이코노미스트』의 식량가격지수에서 각각의 정점은 바로 이전의 정점보다 두드러지게 더 낮거나, 아니면 더 높지 않았다.[140] (1차 세계대전이

Productivity in China," in *The Shifting Patterns of Agricultural Production and Productivity Worldwide*, ed. J.M. Alston et al. (Ames, IA : The Midwest Agribusiness Trade Research and Information Center, 2010), 229~77.

138. V. Smil, *China's Past, China's Future* (New York : Routledge, 2004) ; A. Camba, "Karl Marx in Beijing" (Paper presented to conference : From *The Long Twentieth Century* to the Twenty-First, Binghamton University, October 11~12, 2014).

139. Moore, "Ecology and the Rise of Capitalism" ; " 'Amsterdam Is Standing on Norway' Part II."

140. J. Baines, "Food Price Inflation as Redistribution," *New Political Economy* 19, no.

유일한 예외였고, 매우 단기적이었다.) 20세기 전체에 걸쳐서 상품가격은 연간 1%만큼씩 하락했다.[141] 오늘날 사람들은 이런 '올드 노멀'이 귀환할 것이라고 가정한다. 하지만 이런 일은 일어날 법하지 않은데, 특히 식량의 경우에 그렇지만 식량만이 그런 것은 아니다. '상품 호황'의 '종언' – 여기서 '종언'은 가격이 더는 상승하지 않음을 의미한다는 것을 기억하자 – 에 대한 더 낙관적인 예측도 저렴한 에너지나 원료에의 복귀를 예측하지 않는다. 어떤 대형 스웨덴 은행이 지구적 상품에 관한 최근의 보고 결과를 "느리게 움직이는 상품 호황"으로 규정했을 때처럼 뉴 노멀이 언뜻 보일 때에도 올드 노멀이 가정된다.[142]

사실상 매우 느리게 움직인다. 가장 최근의 호황은 개념을 다시 구상하는 행위를 정당화할 것이다. 가격이 생산비를 줄이고 물가를 내릴 새로운 효율성을 유인하지 않을 일이 가능할까? 20세기에 걸쳐 상품 호황은 전쟁 및 그 여파와 관련하여 생겨났거나, 아니면 1972~75년 호황의 경우처럼 OPEC 주도의 석유세 인상과 미합중국-소련 곡물거래의 조합과 관련하여 생겨났다. 이들 호황은 단기적인 경향이 있었는데, 1970년대에는 3년간 지속했고, 1915~17년에는 2년간 지속했으며, 1950년대(1950~57년)에는 더 길었지만 비교적 온건했다. 더욱이, 그것들은 단지 한두 개의 상품 집단을 수반했을 뿐이었는데, 요컨대 금속과 농업(1915~17년, 1950~57년)이나 석유와 농업(1972~75년)이었다. 2003년에 개시된 상품 호황은 달랐다. 첫째, 그것은 세 가지 상품 집단 – 우리의 **네** 가지 **저**렴한 것 중 세 가지 – 을 모두 수반했다. 둘째, 각각의 집단

---

1 (2014) : 79~112.

141. Fuglie and Wang, "New Evidence Points to Robust but Uneven Productivity Growth".

142. Handelsbanken, *A Commodity Bust in Slow Motion* (Stockholm : Handelsbanken, 2014). 강조가 첨가됨.

에 대한 가격이 서로 연동되어 움직이기 시작했는데, 특히 2008년 무렵에 그러했다. 이전에는 이런 일이 일어난 적이 없었다. 셋째, 그런 "가격 상승은 유례가 〔없었다〕 … 실질달러물가가 … " 2003년과 2008년 사이에 "대략 109% 인상되었다. 이와는 대조적으로, 이전의 주요 호황들에서는 물가 상승률이 결코 60%를 넘지 않았다."[143] 그리고 물가지수가 2008년 여름의 정점에서 빠르게 벗어났지만, 2009년 동안 물가 하락은 일시적이고 온건했다. 상품 호황은 지속하였다. 2011년 1월에서 2014년 중반에 이르기까지 물가지수는 이미 높았던 2005년 수준보다 여전히 80~90% 더 높았다.[144] 새로운 투자는, 이전의 순환에서처럼, 에너지 부문과 원료 부문에 투하되었다.[145] 하지만 생산비를 감축하기는커녕 정반대의 일이 일어났다.

> 더 깊은 광산과 저급 광물, 더 멀고 힘든 위치, 노동 및 장비의 부족이 비용을 밀어 올렸다 … 물가는 정점에 이르렀을 것이지만, 이것이 물가가 2002년 이전 수준으로 곧 복귀할 것이라는 점을 의미하지는 않는다. 비용은 상승했고 빠르게 하락할 가망이 없는데, 이에 힘입어 물가는 이전 수준보다 훨씬 높게 유지된다. 사실상, 일부 상품의 경우에는 생산량이 증가함에 따라 비용 압력이 계속 증대한다.[146]

---

143. World Bank, *Global Economic Prospects 2009.*
144. Index Mundi, "Commodity Price Index Monthly Price – Index Number," *Index Mundi* (2014). 2014년 8월 14일에 www.indexmundi.com/commodities/?commodity=commodity-price-index&months=360에 접속함.
145. Handelsbanken, *A Commodity Bust in Slow Motion* ; Kopits, "Oil and Economic Growth : A Supply-Constrained View".
146. M. Rider, "The Other Side of the Super Cycle," in *Investing in 2013* (Geneva : UBS Global Asset Management, 2012), 14~5.

생산비 상승은 추출에만 한정되지 않았다. 2002년과 2007년 사이에 에너지의 가격 – 2014년에도 2007년만큼 높았다[147] – 이 상승함으로써 미합중국 곡물 경작자의 생산비가 15%에서 20%까지 상승하게 되었다.[148] 신자유주의의 전형적인 '재배 곡물'인 콩의 경우에,[149] 그 궤적은 생산주의적 모형을 옹호하는 모든 사람의 마음을 심란하게 한다. 전 세계적으로, 콩 생산비는 2002년 이후 10년 동안 세 배 상승했다.[150] 그리고 경작의 지구적 우위를 두고서 미합중국을 능가할 조짐을 보이는 브라질에서는 콩 생산비가 2009년 이후로 매년 5%씩 상승했다.[151] 물가가 상승한 지난 10년을 조사한 세계은행 이코노미스트 존 바페스는 "처음에는 1950년 초반(한국전쟁)과 1970년대(석유위기) 동안 겪었던 것과 유사한 급등인 것처럼 보였던 2004년 이후 물가 상승은 더 영구적인 특징을 갖추고 있음이 점점 더 명백해지고 있다"고 냉정하게 주장한다.[152]

그러므로 2003년에 개시된 상품 호황은 경제학자 – 그리고 일부 급진파 – 의 풍부한 전제를 거역할 것이다. 지난 10년에 걸쳐 금융화

147. Index Mundi, "DAP Fertilizer Monthly Price"; Index Mundi, "Crude Oil (Petroleum), Price Index Monthly Price – Index Number," *Index Mundi* (2014). 2014년 8월 14일에 www.indexmundi.com/commodities/?commodity=petroleum-price-index&months=180에 접속함.

148. D. Mitchell, "A Note on Rising Food Prices," *Policy Research Working Paper 4682* (Development Prospects Group, The World Bank, 2008).

149. USDA, "USDA Agricultural Projections to 2017". 2013년 10월 13일에 www.ers.usda.gov/media/274754/oce20081_1_.pdf에 접속함.

150. Rider, "The Other Side of the Super Cycle".

151. AgroSouth News, "Soybean Production Costs Rise 5% Annually in Brazil", *Agro-South News* (July 21, 2014); S.B. Hecht and C.C. Mann, "How Brazil Outfarmed the American Farmer," *Fortune* (January 10, 2008).

152. J. Baffes, "A Framework for Analyzing the Interplay Among Food, Fuels, and Bio-fuels," 116. 강조가 첨가됨.

와 그 모순의 심화에 주의가 아낌없이 집중된 한편으로, 급진적 비판은 세계 축적의 주요 메커니즘과 관련된 식량과 에너지, 원료의 비용 상승에 관해서는 거의 침묵했다. 여기서 우리는 우리의 지적 풍경을 형성할 때 발휘되는 데카르트적 이항 구조의 특별한 힘을 다시 돌아보게 되는데, 그 구조는 우리가 정말로 결정적인 연결관계들을 (재)구성할 기회를 얻기 전에 우리의 실재관을 파편화한다. 이들 연결관계와 관련하여 세계 축적의 두 가지 주요한 발전적 전환이 드러난다. 한 가지는 역사적으로 물가 급등을 바로잡은 메커니즘의 붕괴가 진행 중이라는 점이다. 이 메커니즘은 사실상 이렇게 표현되는데, 더 많은 투자 더하기 더 많은 국가 주도의 구조조정은 **저**렴한 **자**연이다. 다른 한 가지는 외관상 끝없는 상품 호황 — 축적 과정 내부의 역동적 모순으로서 과소생산의 재현 — 으로 나타난 세계 축적에 대한 '압착'이 진행 중이라는 점이다.

이런 최근의 상품 호황 — 식량/에너지 연결관계가 매우 두드러지게 나타나는 사태 — 의 거동은 신자유주의적 자본주의의 위기를 이해하는 데 유용한 실마리를 제공한다. 그것은 현행 금융적 팽창과 밀접히 관련되어 있는데, 사실상 식량과 금융은 지난 10년에 걸쳐 매우 밀접히 얽히게 되어서 단일한 과정을 거론하는 것이 이치에 맞을 것이다.[153] 신자유주의가 자본주의의 한 단계 — 계급 프로젝트 또는 '시장규율적' 정책으로서의 신자유주의화와 구별되는 것[154] — 라면, 최근의 상품 호황으로 공표된 위기 국면은 특정한 종류의 징후적 위기다. 그런 위기는, 어떤 주

153. F. Kaufmann, *Bet the Farm* (Hoboken : John Wiley & Sons, 2012) ; J. Clapp, *Food* (Cambridge : Polity, 2012) [제니퍼 클랩, 『식량의 제국』, 정서진 옮김, 이상북스, 2013].

154. Harvey, *A Brief History of Neoliberalism* [하비, 『신자유주의 : 간략한 역사』] ; N. Brenner et al., "After neoliberalization?" *Globalizations* 7, no. 3 (2010) : 327~45를 참조하라.

어진 축적체제가 축적된 잉여의 규모 증대보다 더는 무상 일/에너지를 더 빨리 전유할 수 없을 때 발생한다. 전유된 일/에너지의 지구적 분량이 하락함에 따라 **네** 가지 **저**렴한 것의 비용이 (언제나 불균등하게) 상승하는 경향이 있고, 그리하여 축적이 비틀거린다. 2003년 이후로, 전략상품이 더욱더 저렴해지지 않고 더욱더 비싸짐에 따라 이런 징후적 위기가 작동함을 알 수 있다.

생명공학 : 농업혁명 또는 신들의 황혼

오늘날 자본은 새로운 **저**렴한 **식**량의 시대를 위한 조건을 어디서 찾아낼 것인가? 신자유주의는 온갖 종류의 '새로운 인클로저'와 연관된 농업혁명에 희망을 걸고 있다.[155] 그것은 농업혁명의 고전적 모형에 들어맞는데, 그것이 소득재분배(게다가 농부들의 계급 분화)를 초래하고, 국가와 준국가기관의 재산 형성 및 확보 역량으로 가능하게 되며, 자본의 일부 부문에 의한 유망한 축적 기회를 구성하는 한에서 그렇다. 그것은 그런 모형에 들어맞지 않는데, 그것이 새로운 체계적 축적순환을 위한 조건을 (저렴한 에너지와 저렴한 투입물과 연계하여) 창출할 만큼 충분히 큰 수확률 호황을 아직 산출하지 못하고 있는 한에서 그렇다. 지금까지 생명공학체제는 부와 권력을 경작자에서 자본으로 재분배했지만, 세계 프롤레타리아 계급의 극적인 팽창과 이들 노동자를 위한 식량의 저렴화를 촉진하는 그런 종류의 수확률 호황은 실현

---

155. J. Rifkin, *The Biotech Century* (New York : Putnam, 1998) [제레미 리프킨, 『바이오테크 시대』, 전영택·전병기 옮김, 민음사, 1999] ; V. Shiva, *Biopiracy* (Boston : South End Press, 1997) [반다나 시바, 『자연과 지식의 약탈자들』, 배기윤 외 옮김, 당대, 2000].

하지 못했다.

유전자변형유기체(이하 GMO) 곡물은 1996년에는 거의 재배되지 않았지만 2011년 무렵에는 세계 농경지의 10%에서 재배될 정도까지 증가했는데, 29개국에서 1억6천 7백만 명의 농부가 경작하였다. GMO 농경지의 43%(6천9백만 헥타르)를 차지하는 미합중국이 이런 전환의 심장부임은 의문의 여지가 없다.[156] 미합중국에서는 콩의 94%와 옥수수의 88%가 유전자변형 종자로 재배되는데, 특히 라운드업 레디 RoundUp Ready[157] 종자가 채택되지만 그것이 유일한 종자인 것은 아니다.[158] (이 점에 관해서는 곧 더 언급할 것이다.) GMO 농경지의 절반은 지구적 남부에 있다.[159]

농업생명공학은 내재적 수확률을 향상하는 데 거의 아무 역할도 하지 못했다. 세계 농업생산성의 향상은 1960년대에 연간 3%에서 1990년대에 불과 1.1%로 늦춰졌다.[160] 생명공학이 수확률에 미치는 집합적 효과에 대한 최초의 포괄적인 조사에서 거리언-셔먼은 거의 모든 향상이 내재적 수확률("잠재적 수확률로도 여겨질 수 있을" 것)에서 이루어진 것이 아니라 공정 수확률에서 이루어짐을 알아내었다.[161] 그런 보고는 마침 몬산토가 "유전자변형 작물의 주요한 용도는 제초

---

156. C. James, "Global Status of Commercialized Biotech/GM Crops : 2011" (Brief 43, International Service for the Acquisition of Agri-Biotech Applications, 2011) ; Hauter, *Foodopoly*, 243 ; FAO, *FAO Statistical Yearbook 2012*, 312~4.

157. [옮긴이] 몬산토가 1974년에 출시한 라운드라는 제초제에 내성을 지닌 유전자조작 작물을 가리킨다. 1996년에는 라운드업 레디 콩 종자가 출시되었으며, 1998년에는 라운드업 레디 옥수수 종자가 그리고 그 뒤를 이어 면화 종자도 출시되었다.

158. Hauter, *Foodopoly*, 243.

159. James, "Global Status of Commercialized Biotech/GM Crops".

160. R. Dobbs et al., *Resource Revolution* (New York : McKinsey Global Institute, 2011).

161. D. Gurian-Sherman, *Failure to Yield* (Cambridge, MA : Union of Concerned Scientists, 2009).

제 저항성과 살충제 저항성을 갖추게 하는 것이다. 그 작물은 본래적으로 수확률을 향상하지 않는다. 그 작물은 수확률을 지킨다."[162]라고 애처롭게 발표하도록 촉발했다. 하지만 라운드업 레디 작물은 수확률을 매우 잘 지키지 못하고 있다는 사실도 밝혀진다. '슈퍼잡초'가 유명한 제초제의 도살에서 살아남도록 진화되었는데, 특히 GMO 콩에서 그러했지만 유일하게 그런 것은 아니었다.[163] 이들 슈퍼잡초는 다음 절에서 탐구될 훨씬 더 근본적인 전환 – 잉여가치에서 부정적 가치로의 전환 – 을 대표한다. 2000년대 말 무렵에 분명해진 사실은 농업생명공학의 팽창이 새로운 농업혁명을 위한 공간을 적극적으로 제한하고 있다는 것이었다.

슈퍼잡초가 노동생산성에 미치는 극적이고, 여전히 지역적일지라도, 부정적인 영향은 신자유주의의 **저**렴한 **식**량 체제의 기반을 약화하는 더 넓은 일단의 힘을 가리킨다. GMO 곡물에서 슈퍼잡초가 생겨날 잠재성은 초기부터 어렴풋이 눈에 띄었다.[164] 2005년 무렵에는 슈퍼잡초가 대중의 주의를 끌만큼 충분히 큰 규모로 진화했다.[165] 콩이

---

162. E. Ritch, "Monsanto Strikes Back at Germany, UCS," *Cleantech.com* (April 17, 2009)에서 인용됨. 2009년 7월 18일에 접속함. 물과 토지의 제약이 새로운 유전자·화학적 조합을 통해서 극복될 수 있을지라도, 이것은 새로운 생산성 혁명에의 길을 전혀 개척하지 못할 것이다. 우선, '물 문제'는 일반적으로 인식되는 것보다 더 심각할 것이다(Palaniappan and Gleick, "Peak Water"). 둘째, 후기 자본주의적 농업의 대단히 자본 집약적이고 에너지 집약적인 토대는 수확률을 현저히 향상할 수 있는 능력에 대한 훨씬 더 심각한 제약을 창출한다. 기술적 통제체제 – 이 경우에는 잡초와 해충 통제 – 는 내성이 더 강해진 해충과 병원체의 진화를 유발할 가망이 있다(V. Ruttan, "Productive Growth in World Agriculture," *Journal of Economic Perspectives* 16, no. 4〔2002〕: 173).

163. C.M. Benbrook, "Impacts of Genetically Engineered Crops on Pesticide Use in the United States" (The Organic Center, 2009), www.organic-center.org.

164. J. Kling, "Could Transgenic Supercrops One Day Breed Superweeds?" *Science* 274, no. 5285 (1996): 180~1.

특별히 계시적인 사례였다. GMO 콩이 이미 세계 생산량의 57%를 구성한다는 사실과 미합중국이 여전히 선도적인 콩 생산국(37%)이라는 사실을 참작하면, 슈퍼잡초의 발흥은 세계역사적 사건에 상당하는 것이다.[166] 미합중국의 22개 주에서 수백만 에이커에 이르는 콩 재배 지역에서 집중적으로 성장한 13종의 잡초(지구적으로 21종이 있다)가 이제는 라운드업 레디에 대해 면역되어 있다.[167] 미합중국의 슈퍼잡초 프런티어는 2008년과 2011년 사이에 네 배 팽창하여 1천만 에이커에 이르렀다.[168] 2009년에 종자회사이자 농화학기업인 신젠타는 2013년 무렵에 잡초가 3천8백만 에이커를 차지하는 팽창 사태가 일어날 것이라고 예상했다.[169] 2013년 말에 '걱정하는 과학자 모임' — 다소 무관심한 집단 — 은 6천만 에이커가 슈퍼잡초에 영향을 받았음을 알아내었다.[170] 이것은 미합중국 농업에서 "줄뿌림 작물 경작지 4에이커당" 1에이커에

---

165. Benbrook, "Impacts of Genetically Engineered Crops"; Brown, "GM Crops Created Superweeds"를 참조하라.

166. G. Pechlaner and G. Otero, "The Third Food Regime," *Sociologia Ruralis* 48, no. 4 (2008): 351~371; T. Masuda and P. Goldsmith, "World Soybean Production: Area Harvested, Yield, and Long-Term Projections" (Working paper, National Soybean Research Laboratory, University of Illinois at Urbana-Champaign, 2008).

167. MCT News Service. "Roundup-Resistant Weeds Gain Strength," *MCT News Service* (May 13, 2010); J. Pocock, "Weed Revolt Marches On," *Corn and Soybean Digest* (January 17, 2012).

168. CFS, "Farmers and Consumer Groups File Lawsuit Challenging Genetically Engineered Alfalfa Approval." 2011년 3월 27일에 www.centerforfoodsafety.org/2011/03/18/farmers-and-consumer-groups-file-lawsuit-challenging-genetically-engineered-alfalfa-approval에 접속함.

169. Syngenta, "Leading the Fight Against Glyphosate Resistance" (2009). 2011년 3월 11일에 www.syngentaebiz.com/DotNetEBiz/ImageLIbrary/WR%203%20Leading%twentiethe%20Fight.pdf에 접속함.

170. UCS, "The Rise of Superweeds — and What to Do About It," *Policy Brief* (December 2013). 2014년 5월 22일에 www.ucsusa.org/assets/documents/food_and_agriculture/rise-of-superweeds.pdf에 접속함.

해당한다.[171]

슈퍼잡초 프런티어는 아르헨티나와 브라질의 GMO 콩 재배 지역에서도 빠르게 전진하였다.[172] 라틴아메리카 차원은 더욱더 시사적인데, 그 이유는 콩 혁명이 현존하는 경작지의 전환을 통해서 실현되었을 뿐만 아니라 대규모 삼림 벌채와 여타 형태의 농업적 팽창을 통해서도 실현되었기 때문이다.[173] 이것은 상품 프런티어의 고전적 모형인데, 요컨대 이 모형은 환금작물 농업 내부의 농업생태적 모순을 약화하는 데 항상 이바지했다. 예를 들면, 17세기 바베이도스에서 제초 작업이 생산성의 너무나 큰 걸림돌이 되었을 때, 사탕수수 프런티어는 자메이카 같은 더 큰 섬으로 이동되었다.[174] 하지만 라틴아메리카의 콩 상품 프런티어는 이전 시대와 대비하여 단지 온건한 '수확률 허니문'을 누렸을 뿐이었는데, 그 이유는 슈퍼잡초가 농업자본주의가 감당할 수 있는 것보다 더 빨리 전진하고 있기 때문이다.

몬산토가 자랑하는 라운드업 레디 작물이 이렇게 빠른 사회생태적 진전의 중심에 있다. 슈퍼잡초 경향에 대한 책임을 몬산토에게 전부 돌릴수는 없겠지만, 그런데도 근본적인 슈퍼잡초 경향은 그 기업의

---

171. W. Freese, "Testimony Before the Domestic Policy Subcommittee of the House Oversight and Government Reform Committee" (U.S. House of Representatives, Sept. 30 2010). 2011년 2월 28일에 truefoodnow.files.wordpress.com/2010/09/oversight-hearing-9-30-2010-freese-oral-final.pdf에 접속함.

172. J.L. Villar and W. Freese, *Who Benefits from GM Crops?* (Amsterdam : Friends of the Earth International, 2008) ; Agrolink, "Cultivo da soja deixou de ser fácil, diz agrônomo," (June 6, 2014), 2014년 7월 19일에 www.agrolink.com.br/noticias/NoticiaDetalhe.aspx?codNoticia=197813에 접속함.

173. M.A. Altieri and W.A. Pengue, "Roundup Ready Soybean in Latin America" (2006), 2011년 3월 24일에 www.rapaluruguay.org/transgenicos/Prensa/Roundupready.html에 접속함 ; P. Cremaq, "Brazilian Agriculture : The Miracle of the Cerrado," *Economist* (August 26, 2010), www.economist.com/node/16886442.

174. Moore, "Ecology and the Rise of Capitalism".

GMO 콩으로 멋지게 구체화되었다.[175] GMO 작물은 제초제와 살충제 사용을 줄이고 공정 수확률을 향상할 것이라고 약속했다. 그 약속은 독성 증가 및 수확체감과 더불어 재빨리 시큼하게 변했다.[176] 몬산토 및 다른 빅애그Big Ag 기업들의 주장에도 불구하고,[177] 라운드업 레디 콩 같은 제초제 내성 작물은 인간 건강에 미치는 불확실한 영향과 결부되어 있으며 제초제 내성 뿌리체계는 곰팡이 감염에 취약한 것처럼 보인다.[178] 이것에 공정 수확률 이득의 명백한 소진을 덧붙이면, 자본의 진짜 문제가 나타난다. "우리는 20년 전으로 되돌아갔다"라고 테네시주의 콩 경작자 에디 앤더슨이 2010년에 『뉴욕 타임스』에 말했는데, 그때 그는 예전의 개간 기법과 화학적 체제로 되돌아갈 채비를 갖추었다.[179] 하지만 이런 예전 기법은 더 유독했는데, 예를 들면 2,4-D 제초제가 그러했다. 게다가 그 기법은 비용도 더 들었다.[180] 2012~14년 무렵에 인디애나주의 콩 경작자들은 제초제 비용이 이전보다 3~5배 인상된 현실에 직면했다.[181] 그런 보도들은, [캐나다] 마니토바주에

---

175. Gurian-Sherman, *Failure to Yield*.

176. Benbrook, "Impacts of Genetically Engineered Crops".

177. Monsanto, "Monsanto, Dow AgroSciences Complete U.S. and Canadian Regulatory Authorizations for SmartStax Corn ; Plans Set to Launch Seed Platform on 3 Million to 4 Million-Plus Acres" (2009)를 참조하라. 2010년 10월 11일에 monsanto.mediaroom.com/index.php?s=43&item=729에 접속함.

178. R.J. Kremer and N.E. Means, "Glyphosate and Glyphosate-Resistant Crop Interactions with Rhizosphere Microorganisms," *European Journal of Agronomy* 31 (2009) : 153~61.

179. Neuman and Pollack, "Farmers Cope with Roundup-Resistant Weeds".

180. A.J. Price et al., "Glyphosate-Resistant Palmer Amaranth," *Journal of Durée and Water Conservation* 66, no. 4 (2011) : 265~75 ; GRAIN, "2,4-D Soy Waging War on Peasants".

181. M. Wines, "Invader Batters Rural America, Shrugging Off Herbicides," *New York Times* (August 11, 2014).

서 [미합중국] 조지아주까지, 북아메리카 농경지대 전역에서 찾아볼 수 있다.[182] 그것들은 슈퍼잡초가 들불처럼 퍼져나가면서 생산비가 급격히 상승하는 미래를 가리킨다. 2010년에는 미합중국 경작자들의 불과 12%가 농장에서 다수의 제초제 내성 잡초가 자란 사실을 보고했지만, 2011년에는 15%로 상승했고, 2012년에는 27%로 상승했다.[183]

제초제 내성 잡초의 이런 가속된 진화는 슈퍼잡초 효과의 첨단 현상이었다. 그 핵심에는 비인간 자연을 통제하면서 부합시키고자 하는 자본의 노력과 그 통제를 벗어나서 저항할 수 있는 비인간 자연의 공진화적 능력 사이의 긴장관계가 있다. 이것은 길들이기 순환인데, "〔자본이〕 자연적 과정을 더욱더 길들일수록 그 과정은 더욱더 통제할 수 없게 되는데, 그리하여 새롭고 더 공격적인 길들이기 조처를 하게 되어 점점 더 피해가 막심한 결과를 낳게 된다."[184] 이런 길들이기 순환의 중요한 문제는 자본 축적에 중요한 '시공간 압축'과 맺는 관계인데, 그런 압축은 생물물리학적 자연의 시공간 압축에 의존하는 동시에 언제나 변함없이 그것을 더 빨리 견인한다. 독성화에 관해서는 시간 지연이 있다. 역사적 자본주의에서, 애초에 비인간 자연은 그것을 지배하고자 하는 인간 주도의 통제전략보다 훨씬 더 느리게 움직였다. 이 사태는 자본의 급진적인 단순화 전략에 이의를 제기하는 비인간 자연의 현행 진화를 가렸지만 없애지는 않았다. 수 세기 동안, 새로운 프런티어로

182. Farm Industry News, "Glyphosate-Resistant Weed Problem Extends to More Species, More Farms," *Farm Industry News* (January 29, 2013); L. Rance, "Finding Better Ways to Fight Superweeds," *Winnipeg Free Press* (August 9, 2014).

183. Food and Water Watch, *Superweeds* (Washington, D.C.: Food and Water Watch, 2013); Farm Industry News, "Glyphosate-Resistant Weed Problem".

184. V. Wallis, "Species Questions," *Organization and Environment* 13, no. 4 (2000): 505.

이동할 가능성이 길들이기 순환의 가장 문제가 많은 양상을 일시 정지시키는 신기루를 창출했다. 하지만 전유의 프런티어가 닫힘에 따라, 자본화와 그것을 통한 통제전략의 혁신에 바탕을 둔 그 체계의 바로 그 역동성이 진화적 반응을 심화시켰다. 그리하여 비인간 자연이 자신에 가해지는 통제보다 더 빠르게 진화하고 있다.

슈퍼잡초 효과는 오늘날 자본의 규율에 대한 비인간 자연의 널리 번성하고 점점 더 예측 불가능한 반응을 확증한다. 라운드업 레디 작물의 단기적인 약속은 비용과 잡초를 동시에 줄임으로써 공정 수확률을 극대화하는 것이었다. 중기적으로는 더 많은 잡초와 더 많은 제초제, 더 높은 비용을 산출할 뿐만 아니라, 글리포세이트가 아트라진과 환경호르몬, 강력한 발암물질인 2,4-D 같은 '독성이 더 강한 제초제'와 결합하면서 독성화 역시 더 심화시킨다. 매우 도착적이게도, 새로운 모형이 새로운 수확률 호황을 산출한다면, 즉 더 적은 노동으로 더 많은 식량을 생산한다면, 그런 사태는 (자본에) 전적으로 용인될 것이다. 하지만 지금까지 이런 호황은 실현되지 않았다.

슈퍼잡초 효과는 지속하는 모순의 역사에서 양질 전환을 나타낸다. 자본주의의 농업생태적 통제체제의 긴 역사는 초기 근대 플랜테이션의 단일재배와 엄격히 관리된 노동규율로 시작되었다. 오늘날 그 역사는 분자적 프로젝트 및 다른 규율적 프로젝트로 세계역사적 문턱을 건너버렸다. 추상적인 사회적 자연의 기능성이 붕괴되고 있다. 이런 전환기는 비인간 자연이 저항하는 새로운 시대인데, 요컨대 단기적 해결책이 점점 더 단기적인 것이 될 뿐만 아니라 점점 더 유독한 것이 된다. 이전 시대에는 총체적 통제에 대한 자본의 필요가 두드러진 것이었지만 덜 포괄적이었는데, 한 지역에서 흔들리는 노동생산성은 새로운 지구적 팽창 과정을 통해서 '해결'될 수 있을 것이라는 탄탄한 이유로 인해 그러했다. 예를 들면, 18세기에 영국의 농업생산성과 관련된 문제는 영국 내에서 해결된 것이 결코 아니고, 오히려 잇따른 프런티어 운동, 특히 북아메리카에서의 운동을 통해서 해결되었다. 이전 시대에 상당한 규모의 전유 프런티어를 입수할 수 있었다는 사실은 자본의 통제 추구가 더 느긋했음을 뜻하는데, 요컨대 생산성을 향상할 수 있는 자본의 능력이 더 클수록 그것의 독성화 경향은 더욱더 약하다.

현 국면은 21세기 자본주의가 이전 세기와는 매우 다른 역사적 자연에 직면하고 있음을 시사한다.

저렴한 식량, 나쁜 기후 : 잉여가치에서 부정적 가치로

슈퍼잡초 효과라는 진화적 반응은 자본주의 역사에서 나타난 심대한 전환 – 잉여가치에서 부정적 가치로의 전환 – 과 결부되어 있다. 이 전환에서는 고갈이라는 '낡은' 모순이 쓰레기와 독성화라는 '새로운' 모순과 만나고 있다. 오래된 생산주의적 모형 – **저**렴한 **자**연의 법칙 – 은 자원 고갈에 대한 해결책을 찾아내는 데 능숙했다. 하지만 그 모형은 부정적 가치, 즉 **저**렴한 **자**연 해결책을 벗어나서 좌절시키는 그런 형태의 자연을 다루는 데에는 부적합했다. 슈퍼잡초가 이런 경향을 명백히 표현하는 것이다. 현재 슈퍼잡초는 오로지 거대한 독성화를 초래하고 더 거대한 비용을 들임으로써 통제될 수 있을 뿐이다. 한편으로, 자본주의적 농업에서 비롯된 직접적인 독성화와 간접적인 독성화가 모두, 점점 더 강력하게, 새로운 형태의 부정적 가치, 이를테면 기후변화, 암 유행 등에 반영된다.

그러므로 새로운 농업혁명에 대한 장벽은 특별하다. 농식품 자유화를 교착상태에 빠뜨린 지정학적 긴장관계를 고려하지 않고, 식량주권을 이유로 시장의존적인 '식량안보'에 이의를 제기한 아래로부터의 계급투쟁 역시 고려하지 않더라도, 이 점은 마찬가지다.[185] 현저한 생물물리학적 난제들의 목록은 이미 일/에너지 잠재력을 억제하고 있는 기후변화로 시작함이 확실하다. 유엔은 2050년 무렵에 지구의 12%에 대하여 순일차생산성(이하 NPP)이 '절대적으로 하락할 것'이라고 예견하지만,[186] 그 문제는 훨씬 더 즉각적이다. 지구적 NPP는 1982년과 1999년 사이에는 향상되었지만 – 이 국면은 그저 신자유주의 황금시대와 우연히 일치했었을 따름일까? – 2000년과 2009년 사이에는 하락하였다.[187] 지구적 영향이 지구적 남부에 집중되면서(인도네시아의 NPP는 거의 20% 하락했다) 그 10년은 일련의 심각한 가뭄으로 종식되었다.[188] 이런 가뭄 현상은 계속되었는데, 2010년에는 러시아에서 가뭄이 발생한 데 이어 2010~11년에는 중국 북부의 평원에서 심각한 가뭄이 발생했고, 2012년에는 북아메리카에서 발생했다. 기후변화에다가 우리는 에너지 비용의 상승, 경작지에 대한 농업연료와의 경쟁 심화, 외래종의 번성, 슈퍼잡초 효과, 지구온난화가 빙하를 녹이고 강우 패턴을 재편하며 대수층의 고갈을 견인함에 따른 저렴한 물의 종언, 그리고 비료가 수확률 향상에 미치는 효과의 감소를 추가할 수 있다.

그러나 기후변화는 단순히 자본주의의 누적적 고난에 추가될 또 하나의 '환경적' 문제에 불과한 것이 아니다. 19세기에 대기권을 자본의 오염을 처리하는 행성적 쓰레기통으로 개시한 사태는 이제 결정적

185. Weis, *The Global Food Economy*; McMichael, *Food Regimes*.

186. C. Nellemann et al., eds., *The Environmental Food Crisis* (Oslo: United Nations Environment Programme, 2009).

187. M. Zhao and S.W. Running, "Drought-Induced Reduction in Global Terrestrial Net Primary Production from 2000 Through 2009," *Science* 329 (2010): 940~3.

188. 같은 글.

국면에 이르렀다. 이 점은 생물권의 현행 '상태 전환'의 경우뿐만 아니라[189] 쓰레기가 세계 축적의 장부에 다시 반영되고 있는 방식의 경우에도 마찬가지다. 여기서도 역시 이중 내부성이 부각되는데, 요컨대 생물권은 자본주의의 모순을 내부화하고 자본주의는 이제 생물권의 변화를 내부화한다.

기후변화는 잉여가치에서 부정적 가치로의 전환이 진행되는 전형적인 국면이다. 자본주의가 어떤 유의미한 방식으로 기후변화를 다룰 수 있다고는 전혀 생각할 수 없는데, 그 이유는 기후변화가 오래된 생산주의적 모형에 근본적인 이의를 제기하기 때문이다. 그런 이의제기는 두 가지 주요한 방식으로 표현된다. 첫 번째 표현은, 생산체계는 온실가스 배출을 당연히 포함하는 쓰레기 비용을 내부화해야 한다고 말한다. 두 번째 표현은, 쓰레기 비용의 내부화는 그 자체가 지구를 대단히 오염시키고 있는 새로운 **저**렴한 **자**연 전략을 통해서 상쇄될 수 없다고 말한다. 다시 말해서, 기후변화에 대한 모든 유효한 반응은 무상 일과 무상 쓰레기의 신화 ― 그리고 실천 ― 없이 진전되어야 할 것이다.

무상 일/에너지를 전유하기와 생물권을 독성화하기라는 한 쌍의 공간적으로도 시간적으로도 불균등한 과정은 한계점에 이르렀다. 자본주의의 기원부터 내재하였지만 잠복하였던 부정적 가치의 축적은 이제 더는 기술적 재편이나 조직적 재편, 제국주의적 재편으로 '해결'될 수 없는 모순을 제기하고 있다. 현행 프런티어의 종결은 수익성의 지구적 결정에서 생산비의 상승과 쓰레기 규모의 기하급수적 증대의 효과를 줄일 수 있는 자본과 국가의 능력을 제한한다. 자본주의가 "미지불

189. A.D. Barnosky et al., "Approaching a State Shift in Earth's Biosphere," *Nature* 486 (2012) : 52~8.

된 비용의 경제"라면,[190] 청구서의 만기가 도래하고 있다. 더욱이 그것이 문제의 핵심이기만 하다면 좋을 텐데! 알다시피, 자본주의는 또한 무상 일의 체계인데, 요컨대 무상 일/에너지의 언제나 상승하는 흐름을 전유하는 데 이바지하도록 인간의 창의력을 동원하는 것에 의존한다. 우리는 부정적 가치로 사회생태적 외부성 이상의 것을 추적하고 있는데, 이런 외부성이 사실상 문제의 일부이지만 말이다. 고갈과 예측 불가능성의 결합 — 생산비 상승을 공동생산하는 결합 — 이 '잉여'가치에서 '부정적' 가치로의 현행 전환을 특징짓는 것이다. 자본 축적의 핵심 과정들은 이제 자본의 확대재생산에 대한 점점 더 직접적이고 즉각적인 장벽을 생성하고 있다. 부정적 가치에서 비롯되는 자본 내부의 이런 모순으로 인해 오늘날 자본을 넘어선 급진적인 존재론적 정치로의 전환이 유례없이 고무되고 있다. 그런 정치는, 식량과 관련하여 지속 가능성과 민주주의, 문화적 결정이 분리될 수 없다고 주장하는 '식량주권'을 위한 운동에서 극적인 표현을 찾아내었다. 그런 정치는 한 가지 대안, 즉 부르주아 계급의 파편화된 정치적 풍경과 경제적 풍경에 대한 관계적 전체론을 제시하기에 근대 세계체계에서 견해가 일치하는 중요한 점들을 불안정하게 만들 위험이 있다. 식량이란 무엇인가? 자연이란 무엇인가? 가치 있는 것은 무엇인가?

부정적 가치의 발흥

식량정의 운동이라는 새로운 정치는 자본주의의 농업혁명 모형의 소진에 대한 반응으로 이해될 수 있다. 우리는 신자유주의적 모형

190. K.W. Kapp, *The Social Costs of Private Enterprise* (New York : Schocken Books, 1950).

의 소진을 생명공학과 관련지어 조사하였다. 수확률 감속의 반전은 결코 없었고,[191] 그리하여 식량안보의 순이득도 전혀 없었다.[192] '탈취'가 급진적 담론에 매우 두드러지게 기입된 이유는 바로 신자유주의의 농업적 전환이 그 어떤 생산성 혁명도 없이 권력과 부를 빈자에서 부자로 재분배하기 때문이다.[193] 이런 농생태적 정체는 오늘날 자본주의적인 기술적 역동성에 관해 중요한 것을 말해준다. 무상 일/에너지의 유의미한 새로운 흐름을 식별하여 전유하지 못하면, 기술은 노동생산성을 두드러지게 향상할 수 없다. 여기서 장기 녹색혁명은 1970년대 이후로 체계 규모에서 나타난 노동생산성 향상의 감속을 반영한다.[194]

그러나 그 상황은 자원 고갈 모형과 영양분 고갈 모형이 제시하는 것보다 더 폭발적이었다. 한편으로, 일반적인 농업자본주의적인 기술적 해결책 — 또는 시도한 해결책 — 은 세계 축적의 새로운 순환을 위해 어쩌면 남아있을 모든 가능성의 기반을 약화하고 있다. 이런 움직임은 '수도꼭지'로서의 자연의 영양분 고갈과 자원 고갈을 향한 현행 경향을 강화한다. 다른 한편으로, '쓰레기 프런티어'의 현행 종결은 '개수대'로서의 자연의 주위를 선회하는 새로운 일단의 한계를 활성화하고 있다.

이 모순 — 수도꼭지-로서의-자연과 개수대-로서의-자연 사이의 모순 — 은 새로운 종류의 한계, 즉 부정적 가치라는 한계를 제기하고 있다.[195]

---

191. Gurian-Sherman, *Failure to Yield*.

192. UNCTAD 〔United Nations Commission on Trade and Development〕, *Wake Up Before It's Too Late* (New York : United Nations, 2013).

193. Harvey, *The New Imperialism* [하비, 『신제국주의』] ; Moore, "The End of the Road?".

194. Balakrishnan, "Speculations on the Stationary State" ; Gordon, "Is US Economic Growth Over?".

195. 이에 대해, 포스터는 자신의 자본주의 모형을 이론적으로 바꾸지 않으면서 개념적으로 현재의 주장에 근접한다. "자본 축적은 동시에, 세계의 다수 인민뿐만 아니라 생

부정적 가치는 **네** 가지 **저**렴한 것 – 식량과 노동력, 에너지, 원료 – 의 회복을 직접적으로 가로막는, 생명의 그물 속 자본에 대한 한계의 축적으로 이해될 수 있다. 알다시피, 식량/노동 결합이 특히 중요하다. 역사적으로, 부정적 가치의 축적은 잠복성 또는 잠재성의 형태를 띤다. 그것은 이제 후기 자본주의에 의한 생산주의와 지구적 무역과 수송, 그리고 독성화의 결합을 통해서 활성화된다. 21세기 초에 그 모순은 즉각적이고 직접적이며 심층적이다.

그러므로 부정적 가치의 축적은 자본의 회로에서 이루어지는 잉여가치 생산의 내재적 모순이다. 그것은 역사적 자본주의의 발전에서 비롯되는 더 광범위한 일단의 이른바 '환경적' 모순과 혼동되지 말아야 하는데, 대체로 그 이유는 부정적 가치가 인간과 비인간의 경계를 초월하기 때문이다. 여기서 (자기 팽창적인 가치로서의) 자본과 (역사적 체계로서의) 자본주의 사이의 구분이 열쇠다. 이런 시각에서 바라보면, 부정적 가치는 비용의 외부화와 1970년대 이후로 이런 외부화에 대응하여 전개된 사회운동 – 무엇보다도 환경주의 – 과 결부되어 있지만, 그것들로 환원되지는 않는다.

자본관계를 생명의 그물 속에서 그리고 그 그물을 통해서 공동생산되는 것으로 이해함은 자본주의의 내부 위기를 공동생산되는 것으로 개념화함을 반드시 수반하는데, 요컨대 자본의 유기적 구성의 상승은 지구적 자연의 자본화된 구성의 상승을 반드시 수반한다고 대체로 여겨진다. 그 둘은 단일하고 불균등하며 역사적인 과정의 다른 표현이다. 전자가 이윤율의 경향적 저하를 생성한다면, 후자는 전자를 강

물 종 일반에 대한 파국의 축적이다"(J.B. Foster, "Capitalism and the Accumulation of Catastrophe," *Monthly Review* 63, no. 7 〔2011〕: 16, 강조가 추가됨).

화하고(자본이 인간 자연과 비인간 자연에 대한 재생산 비용의 분량 증가를 감당하기 때문이다), 그뿐만 아니라 새로운 일단의 문제도 생성한다. 내가 분명히 하려고 시도할 이들 문제는 낡은 것과 새로운 것을 결합하는데, 부분적으로는 자원 고갈과 생산비의 상승을 결합한다.[196] 그런데 부분적으로는 수 세기 동안, 심지어 수천 년 동안 획득된 생물권 안정성의 조건과 생물학적 건강의 조건을 불안정하게 만든다.

그렇다면 부정적 가치는 세 가지 문제를 통일된 틀 안에 자리매김하는 수단인데, 그 문제들은 1) 생물권과 그 생물학적 체계들의 진행 중이고 임박한 비선형적 전환들, 2) 생산비의 상승, 그리고 3) 현행 자본의 과잉축적이다. 이들 세 가지 계기는 존재론적 근거에서 자본주의에 이의를 제기하는 새로운 급진 정치를 위한 비옥한 기반을 제공하는 자본 속 모순의 다발을 나타내는데, 요컨대 자본주의적 시장과 생산의 실제 생존력을 의문시하지만, 더 근본적으로, 근대 세계체제가 품은 가치와 자연의 존재론을 의문시한다.

수도꼭지-로서의-자연, 개수대-로서의-자연 : 부정적 가치의 복합적이고 불균등한 발달

자본주의적인 기술적 역동성의 '정상' 경로는 그것이 직면하는 에너지와 영양분, 자원의 문제를 해결하는 데 실패했을 뿐만이 아니다. 이들 문제가 악화하고 있고, 게다가 모든 선형적 예상의 범위를 벗어날 만큼 악화하고 있다. 왜? 그 이유는 일차생산에 대한 누적적 차원이 있기 때문이다. 최소의 '노력'과 최저의 환경영향으로 큰 '보상'을 받

---

196. Ponting, *A Green History of the World* [폰팅, 『녹색세계사』]; O'Connor, *Natural Causes*를 참조하라.

은 장기 시대는 보상 저하와 노력 증대의 비선형 곡선으로 대체되고 있는데, 이 국면은 환경 변화가 급격히 커짐을 의미한다.[197] 1930년대의 오클라호마주 재래식 시추시설을 오늘날의 멕시코만 해양 시추시설과 대비하자. 장기 녹색혁명의 세계역사적 궤적은 비슷한 과정을 드러내는데, 요컨대 (감속하는) 생산성 향상의 각 증가분을 생산하는 데 더욱더 많은 제초제와 비료가 필요하다.

수도꼭지-로서의-자연의 누적적 차원과 순환적 차원 – 과학혁명과 추출 혁명, 노동혁명, 농업혁명이라는 세계역사적 형식을 취하는 차원들 – 은 이제 개수대-로서의-자연의 누적적 차원과 만나고 있다. 무상 일/에너지의 새로운 흐름을 전유하는 모든 거대한 움직임은 불균형적으로 더 큰 규모의 쓰레기를 반드시 수반한다. 지금까지 그런 불균형성은 시간이 지남에 따라 증가했다. 그러므로 쓰레기의 차원은 축적과 위기에 대한 우리의 단순화된 모형에서 여태까지 빠져 있는 중대한 관계다. 가치와 쓰레기는 점점 더 불균형해지는 관계에서 변증법적으로 결부되어 있다. 하지만 농업은 꽤 최근까지 이런 모순에 비교적 영향을 받지 않았다. 장기 녹색혁명이 등장하고 나서야 농업은 독성화의 선봉 역할을 맡게 되었는데, 요컨대 석유농업의 유출물이 토양과 물, 공기에 넘치게 하였다. 당대인들이 중부 유럽의 신흥 광산 도시들에서 오염된 개울과 더러워진 공기를 목격한 16세기 이후로 도시화와 채광, 산업은 점점 더 많은 쓰레기를 생성하고 있었다.[198] 미합중국 주도의 개발주의를 통한 녹색혁명 – 그리고 그다음에 신자유주의적 구조조정 – 의 지구화가 그 상황을 변화시켰다. 이제는 농업이 지구를 오염하는 경주에서

197. Davidson et al., "The Effort Factor".
198. Nef, *Conquest of the Material World*.

선두에 나서게 되었는데, 부분적으로는 농업의 에너지 집약도와 화학물질 집약도 때문이고, 또한 다른 한편으로는 탄소를 가두어 두었을 삼림을 토지개간을 통해서 제거하기 때문이다.[199]

수도꼭지와 개수대에 대한 자본주의의 이중 압착은 특히 기후변화와 관련지어 인식되었지만, 내 생각에, 그 이중 압착의 획기적 함의는 과소평가되었다. 나는 이런 이중 압착의 두 가지 양상을 부각할 것이다. 하나는, 자본주의의 쓰레기가 이제 개수대를 넘쳐흘러서 자본의 장부로 확산하고 있다는 것이다. 또다시 기후변화가 이 현상을 가장 잘 표현하는 사례다. 그러므로 생물권 '상태 전환'과 축적 위기 사이의 연결관계는 일반적으로 인식되는 것보다 더 긴밀하다. 하지만 나는 (아직) 충분히 고찰되지 않은 또 하나의 심층적인 역사지리학적 문제가 있다고 생각하는데, 그것은 바로 수도꼭지-로서의-자연의 시간성이 개수대-로서의-자연의 시간성과 두드러지게 다르다는 점이다. 지금까지 새로운 일차생산체제는 쓰레기로 인한 비용보다 훨씬 더 빨리 발전할 수 있었다. 이들 모순을 앞지르는 것이 가능했던 이유는 '공짜 선물'이 추출될 수 있고 '공짜 쓰레기'가 처분될 수 있는 지리적 프런티어 – 대륙뿐만 아니라, 신체적 공간과 지하 공간, 대기권 공간 – 가 있었기 때문이다.

그다음에 대단히 비선형적인 동학이 작동하고 있다. 자본주의적 기술 진보는 산업생산이 자체 원료 공급을 능가하는 경향 – 맑스의 과소생산의 '일반법칙' – 을 산출하는 것만이 아니다. 또한 그것은 과잉오염의 일반법칙 – 새로운 프런티어를 찾아낼 수 있기도 전에 쓰레기 프런티어를 인클로저하고 가득 채우는 경향 – 도 산출한다. 그러므로 장기지속에 걸

199. T. Herzog, "World Greenhouse Gas Emissions in 2005" (WRI Working Paper, World Resources Institute, July 2009). 2014년 7월 4일에 www.papierenkarton.nl/uploads/world_greenhouse_gas_emissions_2005.pdf에 접속함.

쳐 쓰레기 축적 곡선에서 비선형적 변화가 나타났는데, 이를테면 1945년과 1975년, 2008년 이후에 급상승했다. '자원 질' — 졸렬한 용어 — 이 하락함에 따라 일/에너지를 추출하는 일은 더 큰 비용이 들 뿐만 아니라 더 유독해지고 있다. 예를 들면, 사광砂鑛 채굴에서 시안화물 금 채굴로의 이행이 그러했고, 세계 석탄생산에서 노천露天 채굴의 분량 증가도 그러했다.[200] 오늘날 그 결과는, 북극 빙하와 어린이 혈액 속 중금속에서 대서양과 태평양의 플라스틱 '쓰레기 지대'를 비롯하여 대기 중 이산화탄소의 농도 상승에 이르기까지 구석구석에 자본의 독소가 각인된 세계다.[201]

이런 불미스러운 융합 — 수도꼭지-로서의 자연과 개수대-로서의-자연의 융합 — 은 향후 20~30년의 중기간에 걸쳐 '정상' 자본주의가 살아남을 가능성의 기반을 빠르게 약화하고 있다. 지금까지 자본주의의 모순을 항상 회피할 수 있었던 이유는 비상구 — 프롤레타리아가 될 농민계급, 새로운 가용 유전, 환금작물 재배지로 전환될 새로운 숲 — 가 있었기 때문이었다. 점점 더 무자비해지는 조건에도 불구하고, 이런 과정은 지속한다. 오늘날 우리의 주목을 받을 만한 것 — 그리고 자연이 자본을 위해

200. Davidson et al., "The Effort Factor," *Global Environmental Change* 25, no. 1 (2014), 63~8.

201. S.M. Singh et al., "Atmospheric Deposition Studies of Heavy Metals in Arctic by Comparative Analysis of Lichens and Cryoconite," *Environmental Monitoring and Assessment* 185, no. 2 (2013) : 1367~76 ; L. Pawłowski, "How Heavy Metals Affect Sustainable Development," *Rocznik Ochrona Środowiska* 13, no. 2 (2011) : 51~64 ; C. Moore, "Trashed : Across the Pacific Ocean, Plastics, Plastics, Everywhere," *Natural History* 112, no. 9 (2003) : 46~51 ; R.A. Lovett, "Huge Garbage Patch Found in Atlantic Too," *National Geographic News* (March 2, 2010). 2014년 7월 29일에 news.nationalgeographic.com/news/2010/03/100302-new-ocean-trash-garbage-patch에 접속함. G.P. Peters et al., "Rapid Growth in CO2 Emissions After the 2008~2009 Global Financial Crisis," *Nature Climate Change* 2, no. 1 (2012) : 2~4.

일하는 방식(일/에너지 문제)이라기보다는 오히려 자본주의가 자연에 행하는 것(훼손 문제)에 지나치게 집중한 많은 녹색주의자가 지금까지 간과한 것 – 은 전적으로 새로운 특징을 지닌 한계를 자본이 제기하고 있는 방식이다.

부정적 가치의 두 가지 주요한 흐름은 즉시 식별될 수 있다.(이들 흐름은 유일한 것이 절대 아니기에 우리는 과정의 경계로서가 아니라 문제를 특정적으로 표현하는 것으로서의 명시적인 생물권적 국면과 생물물리학적 국면에 집중한다.[202]) 하나는 기후변화다. 더욱이, (토지 개간을 포함하여) 세계 농업과 임업은 온실가스 배출량의 4분의 1에서 3분의 1 정도만큼 차지하는데, 이는 산업이나 에너지 부문에 버금가거나 넘어선다.[203] 한편으로, 기후변화는 1990년대 이전에 이미 진행되고 있던 경향 – 대수층의 고갈 같은 경향 – 을 강화하고 있다. 다른 한

202. 부정적 가치에 대한 더 포괄적인 분석은 내가 여기서 직접적으로 지질생물학적인 측면을 강조한 분석을 넘어설 것인데, 예를 들면, 금융화가 식품시장에서 수행하는 역할과 더불어 '기업식량체제'에서 생산자와 소비자를 모두 압착하는 결과를 낳는, 곡물거래소에서 슈퍼마켓까지의 지구적 공급사슬을 형성하는 데 수행하는 역할도 분석할 것이다." 각각에 대해서는 Kaufman, *Bet the Farm* ; S.R. Isakson, "Food and finance : the financial transformation of agro-food supply chains," *The Journal of Peasant Studies* 41, no. 5 (2014) : 749~75 ; McMichael, "The land grab and corporate food regime restructuring"을 보라. 더욱이, (최근의 '토지횡령'을 비롯한) 농식품 관계의 금융화는 지구적 식량체계에서 권력관계와 생산관계가 여느 때보다도 더 명백해진 바로 그 순간에 식량의 물신화의 새로운 단계가 개시되었음을 알린다(특히 J. Clapp, "Financialization, distance and global food politics," *The Journal of Peasant Studies* 41, no. 5 〔2014〕 : 797~814를 보라). 그런 탐구 노선은 금융과 농사가 식량과 자본을 공동생산할 뿐만 아니라 기후, 권력, 그리고 그 밖의 많은 것을 공동생산한다는 점을 밝힌다.

203. Intergovernmental Panel on Climate Change, *Climate Change 2007 : Synthesis Report* (Geneva : Intergovernmental Panel on Climate Change, 2007), 36, 2014년 7월 26일에 www.ipcc.ch/pdf/assessment-report/ar4/syr/ar4_syr.pdf에 접속함 ; "Summary for Policymakers," in *Climate Change 2014 : Mitigation of Climate Change* (Geneva : Intergovernmental Panel on Climate Change, 2014), 2015년 1월 20일에 www.ipcc.ch/pdf/assessment-report/ar5/wg3/ipcc_wg3_ar5_summary-for-policymakers.pdf에 접속함.

편으로, 기후변화는 새로운 문제를 창출하고 있는데, 이를테면 4대 곡물(쌀과 밀, 옥수수, 콩)의 수확률을 억제하고, 강수 패턴을 변화시키며, 파종과 수확이 대체로 이루어지는 여름 계절이 점점 더 더워지면서 노동생산성을 억제한다.[204] 수확률 억제 현상은 이미 일어나고 있다. 1980년과 2008년 사이에 지구적 "옥수수와 밀 생산량은 기후변화 추세가 없다고 가정한 경우 대비 각각 3.8%와 5.5% 감소했다."[205] 농업은 2035년 무렵에는 기후변화에서 비롯되는 지구적 비용의 3분의 1을 감당할 것이고, 2060년 무렵에는 그 비용의 3분의 2를 감당할 것이다.[206] 여기서 부정적 가치가 작동하고 있는데, 요컨대 기후로 인한 농업생산성의 침식을 통해 매개된, 자본의 **저**렴한 **자**연 모형에 대한 직접적인 장벽을 산출한다.

기후변화와 특정 사건 사이에 어떤 단순한 인과관계도 설정될 수 없지만, 지구온난화와 가뭄 발생빈도, 지구적 불모도 사이의 연계관계

---

204. S. Peng et al., "Rice yields decline with higher night temperature from global warming," *Proceedings of the National Academic of Science* 101, no. 27 (2004) : 9971~5 ; C. E.P. Cerri et al., "Tropical agriculture and global warming : impacts and mitigation options," *Scientia Agricola* 64, no. 1 (2007) : 83~99 ; D.B. Lobell and C.B. Field, "Global scale climate – crop yield relationships and the impacts of recent warming," *Environmental Research Letters* 2, no. 1 (2007) : 014002 ; C.J. Kucharik and S.P. Serbin, "Impacts of recent climate change on Wisconsin corn and soybean yield trends," *Environmental Research Letters* 3, no. 3 (2008) : 034003 ; A.J. Challinor et al., "A meta-analysis of crop yield under climate change and adaptation," *Nature Climate Change* 4, no. 4 (2014) : 287~91 ; J. Zivin and M. Neidell, "Temperature and the Allocation of Time" (Working Paper, National Bureau of Economic Research, 2010) ; K. Gordon, ed., *Risky Business : The Economic Risks of Climate Change in the United States* (New York : Risky Business Project, 2014) ; S. Asseng et al., "Rising Temperatures Reduce Global Wheat Production," *Nature Climate Change* (2014), online first.

205. Lobell et al., "Climate Trends and Global Crop Production since 1980".

206. H. Braconier et al., "Policy Challenges for the Next 50 Years," *OECD Economic Policy Paper No. 9* (Paris : Organization for Economic Cooperation and Development, 2014).

는 잘 입증되어 있다.[207] 그러므로 미합중국에서 옥수수의 생산이 가뭄에 덜 민감한 방향이 아니라 더 민감한 방향으로 움직이고 있는 사실에 관해 다소 우려하며 읽게 된다.[208] 미합중국 중서부가 세계 옥수수 생산량의 3분의 1과 세계 수출량의 절반을 담당하고 있는데,[209] 그래서 미합중국 농업 심장부의 모든 심각한 가뭄은 세계역사적 사건이다. 2014년 1월 무렵에 미합중국의 선도적인 농업 주州인 "캘리포니아주의 거의 모든 지역이 극심한 가뭄 상태에 처했"고, 5월 무렵에는 미합중국의 절반 지역이 가뭄을 겪었는데, 그 결과 "전국 밀 작황의 54%와 옥수수 재배면적의 30%, 콩 작황의 22%, 건초 작황의 32%, 소의 48%"에 영향을 미쳤다.[210] 2014년이 끝나갈 무렵에는 캘리포니아주의 가뭄이 "지난 1,200년 동안에 … 가장 심각한 것"이었음을 알게 되었다.[211] 가뭄 그 자체는 예외적인 것이 아니지만, 2001년 이후 추세는 "더 길고 더 심각한 가뭄"으로 향하는데, 요컨대 이 추세는 수확률 – 그리고 생산비 상승 – 에 대하여 불길한 함의를 갖는 움직임이다.[212] 2014년 가뭄으로 인한 청구서는 캘리포니아주 농업에 대해서만

---

207. A. Dai, "Drought Under Global Warming," *Climate Change* 2, no. 1 (2011) : 45~65.
208. Lobell et al., "Climate Trends and Global Crop Production".
209. D.R. Ort and S.P. Long, "Limits on Yields in the Corn Belt," *Science* 344, no. 6183 (2014) : 484~5 ; NASA, "Drought Stressing California's Plantscape" (February 14, 2014). 2014년 5월 19일에 earthobservatory.nasa.gov/IOTD/view.php?id=83124에 접속함.
210. Ort and Long, "Limits on Yields in the Corn Belt". NASA, "Drought Stressing California's Plantscape". USDM〔United States Drought Monitor〕, "U.S. Drought Monitor" (May 15, 2014), 2014년 5월 18일에 droughtmonitor.unl.edu에 접속함. S. Horne, "US Drought Could Halve Wheat Harvest in Oklahoma," *Farmer's Weekly* (May 12, 2014), www.fwi.co.uk/articles/12/05/2014/144492/us-drought-could-halve-wheat-harvest-in-oklahoma.htm.
211. D. Griffin and K.J. Anchukaitis, "How unusual is the 2012~2014 California Drought?", *Geophysical Research Letters* 41, no. 24 (2014) : 9017.

15조 달러에 이르게 된다.[213] 설상가상으로, 온도 상승이 수확률과 노동생산성을 억제할 뿐만 아니라, 이산화탄소 농도 상승이 곡물의 영양 성분을 정확히 잘못된 방향으로 변경함으로써 영양부족이 대략 30억 명의 사람에게 이미 영향을 미치고 있는 시점에 단백질과 아연, 철 함량을 감소시킨다.[214]

슈퍼잡초 효과 : 단지 잡초만이 아니라 …

부정적 가치의 두 번째 축적 흐름은 더 미묘하지만, 오히려 문제적 현상이다. 이것은 슈퍼잡초 효과인데, 비인간 자연이 자본주의적 농업의 기술적 규율보다 더 빨리 진화하는 경향을 말한다. 본질적으로, 슈퍼잡초 효과는 자본 축적에 적대적인 일/에너지 형태의 공진화를 의미하고, 그 적대성은 일반적인 '길들이기 순환' 전략으로 쉽게 누그러뜨릴 수 없다.

슈퍼잡초 효과는 창조적인 동시에 파괴적이다. 잡초가 유전자변형 콩과 다른 작물에 필수적인 라운드업 레디 제초제(글리포세이트)에 살아남도록 진화되었다는 점에서 그 효과는 창조적이다.[215] 그리

---

212. P. Bump, "What's Exceptional about the Current Drought — And What Isn't," *Washington Post* (May 17, 2014), washingtonpost.com ; W. Schlenker and M.J. Roberts, "Nonlinear Temperature Effects Indicate Severe Damages to U.S. Crop Yields Under Climate Change," *Proceedings of the National Academy of Sciences* 106, no. 37 (2009) : 15594~8.

213. R. Howitt et al., "Economic Analysis of the 2014 Drought for California Agriculture" (Center for Watershed Sciences, University of California-Davis, 2014). 2014년 7월 17일에 watershed.ucdavis.edu/files/content/news/Economic_Impact_of_the_2014_California_Water_Drought.pdf에 접속함.

214. S. Myers et al., "Increasing CO2 Threatens Human Nutrition" *Nature* (online first, 2014) ; S. Keats and S. Wiggins, *Non-Staple Foods and Micro-Nutrient Status* (London : Overseas Development Institute, 2010).

215. N. Gilbert, "A Hard Look at GM Crops," *Nature* 497 (2013) : 24~6.

고, 작은 화를 면하려다가 큰 화를 당하는 것처럼, 이산화탄소 농도 상승은 외래종 잡초에 매우 유리한데, 그 효과는 온도 상승을 넘어선다.[216] 슈퍼잡초의 내성은 이제 농업생명공학 기업이 미합중국과 브라질, 아르헨티나, 남아프리카공화국에 2,4-D 내성 콩을 도입하려고 새롭게 노력할 것을 요청하고 있다. 어쩌면 베트남전쟁에 사용된 '에이전트 오렌지'Agent Orange의 핵심 성분으로 가장 잘 알려져 있을 2,4-D는 유명한 발암물질이자 환경호르몬이다. 만약에 성공한다면, 금번의 최신 GMO 도입은 "1990년대의 라운드업 레디 (글리포세이트 내성) 작물 도입의 재현"을 나타낼 것인데, "단지 이번에는 문제의 제초제가 훨씬 더 유독할 뿐이다."[217] 이런 우려가 그저 사변적인 것에 불과한 것도 아니다. 미합중국에서는 이미 2,4-D가 글피포세이트(예를 들면, 라운드업 레디) 사용과 더불어 신속히 적용되었는데, 2000년과 2012년 사이에 2,4-D의 사용이 90% 증가하였다.[218]

슈퍼잡초 효과는 잡초에만 한정된 것도 아니다. 육류산업 복합체가 부채질하고 서양의학 모형이 지원한 항생제 내성은 "의학을 일 세기 뒤로 되돌릴" 위험이 있는 정도까지 발달했다.[219] 세계보건기구WHO의 경우에 항생제 내성은 "임박한 공중보건 위기"인데,[220] 그 사태가 정말로 얼마나 임박한 위기인지 궁금하지만 말이다. 슈퍼잡초와 마찬가지로 '슈퍼버그'도 기후온난화의 시대에 번성함으로써 무차별

---

216. L.H. Ziska, "Evaluation of the Growth Response of Six Invasive Species to Past, Present and Future Atmospheric Carbon Dioxide," *Journal of Experimental Botany* 54 (2003) : 395~404.
217. GRAIN, "2,4-D Soy Waging War on Peasants".
218. Food and Water Watch, *Superweeds*.
219. Economist, "Antibiotic Resistance : The Drugs Don't Work".
220. WHO, *Antimicrobial Resistance* (Paris : World Health Organization, 2014).

적인 항생제 사용의 모순을 강화했다.[221] 이 권역에서 '사회적' 재생산의 비용 상승은 이미 명백하다. 미합중국에서만 항생제 내성으로 인해 210~350억 달러의 추가 비용과 8백만 일의 추가 입원일수, 연간 0.4%에서 1.6% 사이의 GDP 성장 지체가 초래되었다.[222] 여태까지 한계편익은 육류산업 복합체를 편들었는데, 이 경우에 항생제를 무차별적으로 사용함으로써 연간 대략 20억 달러의 추가 이윤을 얻을 수 있었다.[223] 그런 균형이 얼마나 오랫동안 유지될 수 있는지 – 자본주의적 논리 안에서 조차도 – 는 확실하지 않다. "모든 신흥 감염질환"의 적어도 4분의 3이 "이제 동물이나 동물 제품에서 비롯된다."[224] 항생제 내성과 기후변화, 인간 자연과 비인간 자연의 지구적 흐름의 결합은 향후 수십 년 동안 부정적 가치의 중요한 연결점으로서 질병을 가리킨다.

슈퍼잡초 효과의 창조성은 덜 명백하지만 불길한 파괴의 움직임과 짝을 이룬다. 이와 관련하여, 우리의 벌꿀이 처한 곤경과 불가사의한 '군집붕괴현상'colony collapse disorder은 시사적이다. 우리 시대의 전조인 군집붕괴현상을 실제로 이해하는 사람은 아무도 없는데, 그 현상은 모든 사람이 목격하지만 아무도 (아직은, 전적으로는) 실제로 이해하지 못하는 예측 불가능하고 무질서한 미지의 위기 벡터다.[225] 일부 종

---

221. WHO, *Climate Change and Human Health* (Paris : World Health Organization, 2003) ; S. Altizer et al., "Climate Change and Infectious Diseases," *Science* 341, no. 6145 (2013) : 514~9 ; T.P. van Boeckel et al., "Global Antibiotic Consumption 2000 to 2010," *The Lancet Infectious Diseases* (July 10, 2014, early online publication).

222. G. Dantas and M.O.A. Sommer, "How to Fight Back Against Antibiotic Resistance," *American Scientist* 102 (2014) : 42~51 ; WHO, *Antimicrobial Resistance*.

223. Pimentel et al., "Food Production and the Energy Crisis", 270.

224. L. Reynolds and D. Nierenberg, "Disease and Drought Curb Meat Production and Consumption," in *Vital Signs 20*, ed. the WorldWatch Institute (Washington, D.C. : Island Press, 2013), 51.

225. R. Jacobsen, *Fruitless Fall* (New York : Bloomsbury, 2010). [로완 제이콥슨, 『꿀벌

은 슈퍼잡초처럼 새로운 살충제에 직면하여 재빨리 진화함으로써 적응하고, 한편으로 일부 종은 즉각적인 선택지가 더 제한적이다. 붕괴는 독극물 학살에서 살아남는 것만큼이나 자본주의적 명령에 맞서는 반란이다. 군집붕괴현상의 직접적인 원인이 무엇인지 아직 확실히 밝혀지지 않았지만, 그 사회생태적 뿌리를 정확히 지적하는 일은 어렵지 않다. 코섹이 설명하는 대로, 자본주의적 양봉은

> 벌집의 구조와 행태를 … 근대적 공장을 모방한 전적으로 산업화된 벌집〔의 형태로〕 … 근본적으로 바꿔버렸다. 꿀벌의 영역 역시 2마일의 반경에서 근대적 꿀벌의 이주지리학으로 근본적으로 변경되었는데, 이제 꿀벌은 한 번에 8주 동안 단일 작물을 수분하기 위해 작은 트럭에 실려서 수천 마일을 여행하고 옥수수즙과 콩 단백질 보충제를 먹게 된다 … 결국 이런 이동성에 힘입어 양봉의 산업지리학이 발흥할 수 있게 되었는데, 현재 미합중국에서 벌집의 80%가 트럭에 실려 전국을 돌아다니면서 대규모 산업형 농업의 단일 작물 개화에 이바지한다. 이런 활동이 없다면, 현대 농업의 대부분은 생물학적으로든 경제적으로든 절대 가능하지 않을 것이다.[226]

오늘날 꿀벌 생산의 산업화는 급변점에 접근하고 있다. 꿀벌 군집 상실률이 20세기 후반부에 평균 10~15%에서 2006년 이후로 20~30%(흔히 30%)로 증가했다.[227] 우리가 먹는 식량의 3분의 1이 동물(특히 꿀

없는 세상, 결실 없는 가을』, 노태복 옮김, 에코리브르, 2009.]

226. J. Kosek, "The Natures of the Beast," in *Global Political Ecology*, ed. R. Peet et al. (London : Routledge, 2011), 245.

227. The White House, "The Economic Challenge Posed by Declining Pollinator Populations," (2014). 2014년 7월 14일에 www.whitehouse.gov/the-press-office/2014/06/20/

벌) 수분에, 직접적으로 그리고 간접적으로, 의존하고 있는 사실을 참작하면, 그런 사태는 절대 작은 문제가 아니다.[228] 대략 미합중국에서 190억 달러의 농업 생산량과 세계에서 2천억 달러의 농업 생산량이 이런 수분에 의존한다.[229] 수분 비용은 농업 비용의 작은 부분이지만, 그 추세는 고무적이지 않은데, 벌집 비용이 지난 10년에 걸쳐 세 배 증가하였다.[230] 중국 남서부 지역의 최근 경험도 고무적이지 않은데, 여기서는 인공수분이 일반적이고 "야생 꿀벌이 과도한 살충제 사용과 서식지 제거로 근절되어 버렸다."[231]

원인 중 하나는 1990년대 중반에 도입된 네오니코티노이드 살충제를 사용한 점이다. 그리고 군집붕괴현상의 원인으로 네오니코티노이드를 가리키는 증거가 쌓여 있지만,[232] 한편으로 그 문제는 20세기에 걸

---

fact-sheet-economic-challenge-posed-declining-pollinatorpopulations에 접속함. B. Plumer, "Honeybee Deaths Went Down Last Winter," *Vox* (May 15, 2014). 2014년 7월 13일에 www.vox.com/2014/5/15/5720232/good-newshoneybee-deaths-are-finally-declining에 접속함.

228. C.A. Kearns et al., "Endangered Mutualisms : The Conservation of Plant-Pollinator Interactions," *Annual Review of Ecology and Systematics* 29 (1998) : 83~112.

229. A. Fairbrother et al., "Risks of Neonicotinoid Insecticides to Honeybees," *Environmental Toxicology and Chemistry* 33, no. 4 (2014) : 719~31 ; S. Ingber, "As Honeybees Die Off, First Inventory of Wild Bees Is Under Way," *National Geographic* 〔online〕 (July 11, 2014). 2014년 7월 14일에 news.nationalgeographic.com/news/2014/07/140711-wild-bees-north-america-honeybees-science에 접속함.

230. J. Marcotty, "Nature's Dying Migrant Worker," *Star-Tribune* (July 6, 2014). 2014년 7월 14일에 www.startribune.com/local/264929101.html.에 접속함.

231. D. Goulson, "Decline of Bees Forces China's Apple Farmers to Pollinate by Hand," *China Dialogue* (October 2, 2012). 2014년 7월 18일에 www.chinadialogue.net/article/show/single/en/5193에 접속함.

232. V. Doublet et al., "Bees under Stress : Sublethal doses of a neonicotinoid pesticide and pathogens interact to elevate honey bee mortality across the life cycle," *Environmental Microbiology*, online (2014) ; R.J. Gill and N.E. Raine (2014), "Chronic impairment of bumblebee natural foraging behaviour induced by sublethal pesticide exposure," *Functional Ecology* 28, no. 6 (2014) : 1459~71.

쳐 자본주의적 양봉의 논리 — 현재 비틀거리고 있는 농업혁명 모형에 내재하는 논리 — 에 의해 조장되었음이 확실한 듯 보인다. 장기 녹색혁명의 심장부인 미합중국 중서부에서는 대략 45%의 꿀벌 종이 근절되어 버렸는데,[233] 이 사태는 지구적 환금작물 재배의 유독한 풍경 전체에서 슬프게도 반복되는 이야기다.[234]

군집붕괴현상은, 이를테면, 탄광 속 카나리아다.

사회주의적 세계생태를 향하여?

농업생명공학은, 알다시피, 저렴한 자연 모형을 확대하고자 하였다. 낙관주의적 추산은 다음 10년에 걸쳐 생산량 증가율이 3분의 2 — 연간 1.5%에서 1% — 로 하락할 것이라고 예상한다.[235] 그러므로 농업생명공학은 근대의 농업혁명 모형 — 이 모형이 없다면 우리가 알고 있는 대로의 근대성은 존재하지 않는다 — 을 재생산하지 못했다. 농업생명공학은 기껏해야 농부에게 단기적 이득을 제공했는데, 그리하여 농부는 그런 이득이 사라지면서 점점 더 무거워지는 부채 부담과 제초제 의존성만 자신에게 남게 됨을 재빨리 깨닫는다.[236] 하지만 매우 높은 농업생산성은 어쩌면 농업생태학과 퍼머컬처, 다른 비자본주의적 농법에 전제를 둔 대안적 농사 행위로 가능할 것이다. 벼강화체계SRI [237] — 1헥타르의

---

233. L.A. Burkle et al., "Plant-pollinator interactions over 120 years," *Science* 339, no. 6127 (2013) : 1611~5.

234. Jacobsen, *Fruitless Fall*. [제이콥슨, 『꿀벌 없는 세상, 결실 없는 가을』.]

235. OECD/FAO, *Agricultural Outlook 2014~2023* (Paris : OECD Publishing, 2014).

236. Gurian-Sherman, *Failure to Yield* ; A. Kumbamu, *Grounding Global Seeds* (PhD dissertation, Department of Sociology, University of Alberta, 2010).

237. N. Uphoff, "Agroecological Implications of the System of Rice Intensification (SRI) in Madagascar," *Environment, Development and Sustainability* 1, nos. 3~4 (1999) : 297~313.

농지에서 20톤 이상의 벼를 생산할 수 있는 체계[238] ― 의 일시적인지만 극적인 성공은 그런 대체 경로에 대하여 시사하는 바가 크다.

당연히 이런 대체 경로는 오로지 계급투쟁을 통해서만 추진될 수 있는데, 하지만 여기서 계급투쟁은 오이케이오스의 배치를 둘러싼 다툼으로 이해된다. 이것은 생명의 그물 속 생산과 재생산의 관계, 권력과 부의 관계로서의 계급투쟁이다. 이런 점에서, 새로운 농업혁명에 대한 장벽은 생명물리학적 자연 자체에 한정되지 않고, 그 자체가 자연을 통해서 공동생산되는 계급투쟁을 통해서 공동생산되는 것이기도 하다.

계급투쟁을 분석하기보다는 찬양하기가 훨씬 더 쉽다. 식량 ― 토지만이 아니라 ― 이 전적으로 전례가 없을 뿐만 아니라 30년 전에는 생각조차 할 수 없었던 방식으로 세계 계급투쟁의 중요한 현장이 되어 버렸다고 다소 자신 있게 말할 수 있다. 확실하게도, 식량을 둘러싼 투쟁은 계급투쟁 이상의 것이고, 다양한 형태의 식량정의는 꽤 온건한 듯 보이는데, 이를테면 유기농업, 지역농업시장, 전환마을 등에 대한 지지를 요청한다. 그런데 신자유주의적 주체들이 개체화 동학과 시장 동학을 때때로 미묘하게 수용하고 때때로 거칠게 수용하면서 존속하더라도, 우리는 2000년대 중반 이후로 중요한 전환이 일어나고 있는 현실을 목격하고 있는 것처럼 보인다. 이 전환은 '식량정의'를 향한 불균등하게 문화적이고 정치적인 운동인데, 요컨대 지구적 북부에서 나타나는 식량주권의 대중적 얼굴이다.[239] 신자유주의가 식량을 규정하면

238. J. Vidal, "Miracle Grow : Indian Rice Farmer Uses Controversial Method for Record Crop," *Guardian* (May 12, 2014). 2014년 5월 28일에 www.theguardian.com/global-development/2014/may/13/miracle-grow-indian-rice-farmer-sri-system-rice-intensification-record-crop에 접속함.

239. A.H. Alkon and J. Agyeman, eds., *Cultivating Food Justice* (Cambridge, MA : MIT

서 으스스한 존재론적 전환—녹색혁명의 칼로리 척도에서 현재 슈퍼마켓 선반에 정렬되어 있는 "음식 같은 물질"로의 전환[240]—을 전개했을 때, 식량을, 그리고 확대하면 자연을, 자유·평등·형제애에 관한 구좌파적 물음에 대해서 이전보다 훨씬 더 근본적인 것으로 만들어 버린 것처럼 보인다. 21세기의 계급투쟁은 다음과 같은 물음에 대답하는 방식을 중심으로 적잖게 진전될 것이다. 식량이란 무엇인가? 자연이란 무엇인가? 가치 있는 것은 무엇인가?

자본주의에 대한 가장 강력한 역사적 정당화—생산력—에 근거를 두더라도 자본주의는 현재 비틀거린다. 그 이유는 벼강화체계—이 개념의 문자적 의미와 은유적 의미 둘 다로 여겨지는 체계—로 제시된 대안이 식량과 자연, 가치에 관한 새로운 상상을 통하지 않고서는 일반화될 수 없기 때문이다. 바로 이런 의미에서 농업생태학적 대안은 자본주의에서 빠져나와서 사회주의적 세계생태로 나아가는 길을 가리키는 경로다.[241] 이 대안은 우리가 건설하고 싶은 문명에서 무엇이 가치 있는 것인지(그리고 무엇이 가치 없는 것인지)를 다시 정의하는 계급투쟁을 통해서만 실현될 수 있을 뿐이고, 게다가 현재에 조직될 수 있을 뿐이다.

인간과 나머지 자연에 대한 사회주의적 가치평가는 어떤 모습일까? 이 물음은 실제 활동과 반성적 이론화를 통해서만 대답될 수 있을 뿐이다. 하지만 지침으로 여겨지는 잠정적인 대답은 제시될 수 있다.

Press, 2011) ; A.H. Alkon and T.M. Mares, "Food Sovereignty in US Food Movements," *Agriculture and Human Values* 28 (2012) : 347~59 ; H. Friedmann, "Food Sovereignty in the Golden Horseshoe Region of Ontario," in *Food Sovereignty in Canada*, ed. H. Wittman et al. (Halifax : Fernwood, 2011), 168~89를 보라.

240. Pollan, *In Defense of Food*. [폴란, 『마이클 폴란의 행복한 밥상』.]

241. E. Holt-Giménez and M.A. Altieri, "Agroecology, Food Sovereignty, and the New Green Revolution," *Agroecology and Sustainable Food Systems* 37, no. 1 (2013) : 90~102.

내가 보기에, 사회주의적 세계생태의 요소들은 우리 주변의 도처에 존재한다. 더욱이 이들 요소가 식량에 한정되지 않더라도, 오늘날 식량 정책은 많은 사람이 보고 싶어 하는 미래에 대한 가장 희망적인 그림 중 일부를 제시한다. 미합중국에서는

> 유기농업과 도시농업, 공동체 지원농업, 게릴라 농업이 여전히 그림의 작은 부분이지만 효과적인 부분인데, 요컨대 초국적 식량 기업과 자본주의가 일반적으로 생산하는 것에 맞서는 반란이다. 이런 반란은 디트로이트의 방대한 개방공간에서, 웨스트오클랜드의 시내 농장에서, 샌프란시스코 알레마니Alemany 농장의 텃밭과 공영주택에서, 밀워키의 그로잉파워Growing Power라는 회사에서, 그리고 그 밖에 전국의 많은 장소에서 일어나고 있다. 이것들은 소외와 빈약한 보건, 굶주림, 다른 고난에 맞서 총이 아니라 삽과 씨앗으로 가하는 타격이다. 최선의 경우에, 자신의 정원을 가꾸는 것은 자신의 공동체와 정책을 가꾸는 것으로 이어지고, 궁극적으로는 공공 영역에서 물러서기보다는 그 영역에 진입하는 방법이 된다.[242]

이 진술이 얼마간 과장된 것 – 예를 들면, 농업의 방향을 민주적이고 지속가능한 실천으로 다시 잡으려면, 미합중국을 비롯하여 모든 곳에서, 국가권력이 필요할 것이다[243] – 이라는 점을 인정하더라도, 식량과 농업은 세계계급투쟁의 결정적인 전장이 되었다. 대체로 그것은 더는 지주에 맞선

242. R. Solnit, "The Revolution Has Already Occurred," *The Nation* (June 27, 2008).

243. 그런데도 국가권력의 그런 전개 상황이 어떤 모습일지 절대 분명하지 않다. 번스타인이 지적한 대로, 국가의 역할은 "방 안의 코끼리"인데, 식량주권뿐만 아니라 더 넓게는 적녹정치에 대해서도 그렇다(H. Bernstein, "Food Sovereignty via the 'Peasant Way'," *Journal of Peasant Studies* 〔2014〕 : 1~33).

농민의 투쟁이 아니다. 식량의 안보와 안전, 지속 가능성은, 베이징에서 보스턴에 이르기까지, 세계 프롤레타리아 계급의 일상생활에서 중요한 문제가 되었다.[244]

당연히 지구적 북부에서의 그런 전개 상황은 세계 시각에서 바라보면 여전히 온건하다. 이런 점에서, 비아캄페시나[245]의 발흥은 식량의 세계사에서 중요한 전개를 시사한다.[246] 그 이유는 대략 2억 명의 인민을 대표하는 비아캄페시나가 식량주권을 부각함으로써 농업에 스며든 자본주의적 생산주의의 바로 그 핵심에 이의를 제기하기 때문이다. 최선의 경우에, 식량주권은 혁명적인 식량의 존재론 — 동시에… 생물권적인 것이자 민주적인 것이자 문화적인 것으로서의 식량 — 을 주장한다.[247] 각 국면은 다른 국면들에 내포되어 있는데, 이를테면 '지속 가능성'은 민주적이고 평등주의적인 실천을 통하지 않으면 생각할 수 없는 것이다. 이런 시각에서 바라보면, 식량주권은

> 생태적으로 건전하고 지속 가능한 방법을 통해서 생산된 식량을 건강하고 문화적으로 전유할 인민들의 권리가 될 뿐만 아니라, 독자적인 식량체계와 농업체계를 규정할 권리도 된다. 그것은 시장과 기업의 요구를 식량체계와 식량정책의 핵심에 두기보다는 오히려 식량을 생산

---

244. H-M. Lam et al., "Food Supply and Food Safety Issues in China," *The Lancet* 381 (2013) : 2044~53.

245. [옮긴이] 스페인 말로 '농민의 길'을 뜻하는 비아캄페시나(La Via Compesina)는 1993년에 출범한 국제농민조직을 가리킨다.

246. 우리는 지구적 농민계급으로 붕괴할 수 없는 비아캄페시나의 계급 분할을 주의 깊게 자세히 분석해야 한다(Bernstein, "Food Sovereignty").

247. McMichael, *Development and Social Change* [맥마이클, 『거대한 역설』] ; H.K. Wittman et al., eds., *Food Sovereignty* (Halifax, NS : Fernwood, 2010) ; A.H. Akram-Lodhi, "How to Build Food Sovereignty" (2013).

하고 분배하며 소비하는 사람들의 열망과 필요를 그 핵심에 둔다. 식량주권은 다음 세대의 이해관계와 수용을 옹호한다. 그것은 현재의 기업 거래와 식량체제에 저항하고 그것들을 해체할 전략을 제시할 뿐만 아니라, 지역적 생산자들과 사용자들에 의해 결정된 식량체계와 농업체계, 목축업체계, 어업체계를 위한 방향도 제시한다. 식량주권은 지역경제 및 국민경제와 지역시장 및 국민시장을 우선시하고, 게다가 농민과 가족농장이 주도하는 농업, 영세어업, 목축민이 주도하는 방목, 그리고 환경과 사회, 경제의 지속 가능성에 바탕을 둔 식량의 생산과 분배, 소비를 강화한다. 식량주권은 소비자가 자신의 식량과 식생활을 통제할 권리를 보장할 뿐만 아니라, 모든 인민에게 공정한 소득도 보장하는 투명한 거래를 고무한다. 그것은 토지와 영토, 물, 종자, 가축, 생물다양성을 사용하고 관리할 권리가 식량을 생산하는 사람들의 수중에 있음을 보증한다. 식량주권은 남성과 여성, 민족, 인종 집단, 사회계급과 경제계급, 그리고 세대 사이의 불평등과 억압에서 자유로운 새로운 사회적 관계를 반드시 수반한다.[248]

그러나 계급투쟁이 항상 존재한다면, 그것은 빈번하게 '구조적' 형태를 취한다. 자본주의의 농업혁명 모형은 사실상 계급과 관련된 것이고, 자본과 관련된 것이며, 자연을 외부적이고 통제할 수 있으며 저렴한 것으로 만들려는 자본주의 프로젝트와 관련된 것이다. 권력과 자본, 자연은 유기적 전체를 형성한다.

248. Nyéléni Forum for Food Sovereignty, "Nyéléni Declaration on Food Sovereignty," *Journal of Peasant Studies* (2009 〔2007 orig.〕): 673~6.

결론

오늘날 자본주의적 농업은 획기적 전환 – 노동력의 비용을 줄임으로써 자본 축적에 기여하는 것에서 축적의 갱신을 위해 필요한 중기적 조건의 기반도 약화하는 것으로의 전환 – 을 향해 나아가고 있다. 부정적 가치의 발흥이 이런 전환의 전조가 된다. 생산지에서 나타나는 슈퍼잡초 효과는 현 시점에서 우리의 미래를 보여준다. 요컨대 우리는, 농업생태가 **저**렴한 **자**연의 법칙에 적대적인 일/에너지의 형태로 진화함에 따라 농업생태를 규율하기 위해 더욱더 에너지 집약적이고 화학물질 집약적인 전략을 택할 것이다. 생물권의 규모에서는 자본주의적 농업의 에너지 집약적 특징에 힘입어 현재 자본주의 전체를 점점 더 제한하는 지구온난화의 소용돌이가 배양된다.

지구온난화는 인류에게 근본적인 위협을 제기할 뿐만 아니라, 더 즉각적이고 직접적으로 자본에 근본적인 위협을 제기한다. 이 사태는 변화에 직면한 자본주의의 탄력복원성을 과장하는 급진적 비판의 일반적인 노선을 뒤집는데, 이런 과장은 자본주의를 생명의 그물을 통해서 발달하는 세계생태라기보다는 자연에 작용하는 사회적 체계로 여기는 관점에서 비롯된다. 부정적 가치를 잠복 상태로 유지하기 위한 조건은 상품생산에서 엔트로피를 이동시킬 가능성이었다. 오늘날에는 그런 잠복성 부정적 가치가 더는 이동할 수 없는데, 그 이유는 생물권의 변화가 지구적 재/생산관계에 이례적으로 강하고 현저하게 침투하기 때문이다. 앞으로 20년 동안 지구온난화는 지금까지 잠복하여 있던 부정적 가치 – 자본주의적 농업으로 조장된 다음에 **저**렴한 **식**량 모형의 기반을 약화하는 것 – 를 매우 철저히 동원할 것이기에 자본주의적 농업이 어떻게 살아남을 수 있을지 알기 어렵다.

이런 국면이 초래된 이유는 (자본의 회로 안에서 생성되는) 자본주의의 내부모순 때문만이 아니라, (자본주의 문명 안에서 시행되는) 자본주의의 가치증식 프로젝트 자체에 대한 새로운 존재론적 이의제기 때문이기도 하다. 부정적 가치는 잉여가치를 불안정하게 만들고, 게다가 도중에 해방적이고 평등주의적인 새로운 풍경을 가능한 것으로 만들고 있다. 이제부터 응고하는 부정적 가치는 자본 자체에 대한 장벽인데, 그 이유는 부정적 가치에 힘입어 새로운 존재론적 정치가 고무됨으로써 식량, 자연, 그리고 여타의 것에 대한 대안적 가치평가의 가능성이 제기되기 때문이다. 바로 이런 대안적 가치평가가 오늘날의 부정적 가치를 대안적이면서 변형적인 윤리·정치적 가치로 번역하는 데 중추적일 것이다. 자본주의의 가치관계를 "무의 가치"로 밝힐 때,[249] 새로운 모순과 새로운 운동이 공히 모든 것의 가치를 의문시한다. 저렴한 식량의 종언은 근대성의 종언일 것이고, 게다가 훨씬 더 좋은 것의 시작일 것이다.

249. Patel, *The Value of Nothing*. [파텔, 『경제학의 배신』.]

저렴한 자연의 종언? :
자본의 세계생태적 한계는 자본 자체다

우리는 이제, 지금까지 거의 밟지 않은 길을 따라, 더 나아가서 지구라는 생태적 전체 안에서 역사적인 사회적 체계들의 잇따른 공시적 패턴을 살펴볼 필요가 있다. — 월러스틴[1]

오늘날 자본주의는 **저**렴한 **자**연의 종언을 직면하고 있는가? 당연하게도, 전체론적 의미에서 자연은 절대 저렴하지 않다. **저**렴한 **자**연은 이원론에 전제를 둔 문명의 발명품이다. 다섯 세기 동안, 그 이원론은 특별히 잘 작동하는 것으로 판명되었다. 자연은 전유되었다. 자본은 축적되었다. 폐기물은 배 밖으로 버려졌다. 그런 논리 — 그리고 그 논리에 전제를 둔 전략 — 는 이제 자신의 특정한 길의 끝에 이르렀다. 다른 행로가 정해져야 한다.

나는 세 가지 명제, 즉 존재론적 명제와 방법론적 명제, 역사·분석적 명제를 차례로 주장했다. 첫째, 오이케이오스로서의 생태는 부분이 아니라 전체를 상징하는 기표다. 근본적인 존재론적 관계를 닮은 것이 존재한다면, 그것은 인간과 나머지 자연, 즉 오이케이오스 사이에 있

1. [옮긴이] I. Wallerstein, *The Modern World-System II* (New York : Academic Press, 1980), 159. [이매뉴얼 월러스틴, 『근대세계체제 II』, 서영건·현재열·유재건 옮김, 까치, 2013.]

다. 인간 경험의 어떤 영역도 오이케이오스와 독립적이지 않다. 자연의 생산과 권력의 추구, 자본의 축적을 통일하기 위한 틀로서의 세계생태론은 근대적 인간 경험의 다양성을 불가피하게도 그리고 환원 불가능하게도 사회·생태적인 것으로 다시 읽는 방법을 제공한다. 요점은, 자연은 역사적 관계라는 것이다. 하지만 자연을 분석의 양식과 방법에 '편입하기'에 대해서는 지금까지 너무나 적은 주의가 기울여졌다. 인간 및 비인간 관계들의 다발이 근대의 역사적 자연을 어떻게 구성하는지, 그리고 권력과 자본의 패턴들이 어떻게 그런 자연의 생산자인 동시에 생산물인지에 대한 탐구는 지금까지 거의 이루어지지 않았다. 통상적인 지혜는 근대성이 환경사를 형성한다고 말한다. 하지만 더 관계적인 명제, 즉 환경사로서의 근대성이 지지를 더 받을 수 있는 것이 아닐까?

방법론적으로, 일단 우리가 오래된 용기들(자연/사회)은 근본적으로 개조되어야 한다는 점을 인정한다면, 자본주의의 역사에 대한 다른 독법이 가능하다. 우리는 근대의 세계역사적 패턴들 — 토양 소진과 삼림 벌채, 실업과 금융 붕괴 — 을 잇따른 역사적 자연을 통해서 읽기 시작할 수 있다. 이들 표현 중 일부는 기저에서 작동하고, 일부는 축적의 단계에서 작동한다. 더 많은 과정이 그 사이에서 작동한다. 많은 표현이 결코 사회·생태적인 것처럼 보이지 않는데, 이를테면 금융화, 민족 정체성, 감옥-산업 복합체 등이 있다. 그리고 이것이 바로 핵심이다. 시야를 좁힘으로써 시작하는 시각은, 파악하기 어려운 금융적 계산 가능성의 논리가 지구적 자본주의의 보금자리를 지배하면서 일상생활 — 인간과 더불어 새와 벌과 벌레의 '일상생활'도 포함하는 것 — 의 구조를 이전과는 다르게 형성하는 시대에 가장 유용한 선택지는 아닐 것이다.

그 대안은 구체적 전체들이 출현하게 되는 부분-전체 접근법이다. 이 접근법은 "잇따른 결정으로 계속 움직여 나가면서 연이은 부분 – 그것 자체가 추상적 과정 – 들을 연속적으로 병치하고, 게다가 이런 식으로… 역사적 변화를… 해석하고 설명하는 데 필요한 전체를 구성하라고 명령한다."[2] 예를 들면, 3장에서 이해한 대로, 단일한 사회적 신진대사라는 개념은 다양한 부분(예를 들면, 자원 고갈과 도시화의 일화들)의 '연속적인 병치'를 통해서 출현하는 역사적으로 구체적인 관계로 여길 수 있는데, 요컨대 그 관계는 장기지속 동안 '잇따른 결정' 속에서 잠정적으로 안정화된다. 삼림 벌채와 자원 고갈은 전체의 움직임으로 여겨지는 그런 구체적인 움직임을 통해서만 역사적 사실이 된다. 다시 말해서, "전체도 부분도 영구적인 범주 또는 분석 단위가 아니다"라는 맥마이클의 주장의 취지에 맞게, 역사적 자연은 잇따른 세계 자본주의의 출현에 편입될 만하다.[3]

역사적 자연과 역사적 자본주의가 변증법적 통일체를 구성한다면, 자본에 관한 우리의 생각은 유의미한 변화를 겪는다. 우리는 자본의 논리가 생산의 자본화만큼이나 전유의 확대에 힘입어, 즉 생산성과 약탈의 변증법에 의해 성공했음을 알기 시작한다. 아무튼 궁극적으로는 내부적 '경제'위기와 융합하는 외부적인 것으로서 '생태'위기에 관한 주문을 극복할 수 있으려면 자본이 자본화와 전유 사이에서 불가피하게 취하는 균형을 인식하는 것이 중요하다. 그 이유는 외부성의 주장이, 탐구할 만한 바로 그 문제, 즉 근대 세계에서 인간과 나머지 자연 사이 관계의 적응성과 진화에 관한 물음을 제기하기 때문이다. 그러므로 내 관점은 자본주의의 본질적 유연성을 강조하는 아리기의 입장을 오이케이오스로 확대하는 것이다. "좌파의 주요 문제 중 하나는, 또한 우

2. Hopkins, "World-Systems Analysis", 147.

3. McMichael, "Incorporating Comparison Within a World-Historical Perspective", 386.

파도 마찬가지로, 역사적으로 자신을 재생산하는 오직 한 종류의 자본주의가 존재할 뿐이라고 생각하는 것인데, 하지만 지금까지 자본주의는 뜻밖의 방식으로 상당히 — 특히 지구적 기준으로 — 변환되었다."[4]

우리는 근대 세계체계에서 역사적 자연들에 관해서도 마찬가지로 말할 수 있지 않은가? (우리의 역사·분석적 명제다.) 초기 자본주의와 그것의 과학혁명을 통해서 생산된 자연은 미합중국 주도의 독점자본주의와 과학적 경영의 혁명을 통해서 생산된 자연과 같지 않았다. 더욱이, 2차 세계대전 이후 황금시대의 역사적 자연은 신자유주의와 "잉여로서의 생명"[5]을 창출하고자 하는 자체 프로젝트를 통해서 생산된 자연과 달랐다. 여기에, 신맬서스주의적 희소성을 상기하지 않으면서도, 사회생태적 한계에 대한 대중적 및 학술적 논쟁에 관여하는 방법이 있다. 전적으로 확실하게도, 한계는 정말 존재한다. 하지만 우리는, 역사적으로 그리고 현재의 국면에서, 이런 한계의 출현을 어떻게 식별하고 서술하며 설명할 수 있는가?

나는 이들 물음에 대답할 방법을 제시하려고 최선을 다했다. 나는 근대성의 한계에 대한 통상적인 접근법의 틀을 정한 이원론들이 충분하지 않을 것이라고 확신했고, 그래서 나는 독자가 적어도 부분적으로는 설득당할 것이라고 희망한다. 사실상, 이들 이원론이 문제의 일부다. 이 점이 우리가 구분하지 말아야 함을 뜻하는 것은 전혀 아닌데, 단지 더 훌륭하고, 더 변증법적이고, 더 역사적이고, 더 관계적인 구분 방식이 필요함을 뜻할 뿐이다. 맑스의 자본주의 비판에서 '자본'과 '노동'이 관계적으로 가치관계를 관통하는 것과 꼭 마찬가지로, 인간과

---

4. G. Arrighi, "The Winding Paths of Capital," *New Left Review* II, no. 56 (2009) : 92.
5. Cooper, *Life as Surplus*. [쿠퍼, 『잉여로서의 생명』.]

나머지 자연도 관계적으로 오이케이오스를 관통한다. 다시 말해서, **자연**/**사회**의 상호작용으로 환원될 수 없는 그런 관계를 관통한다. 오이케이오스를 통해서, 우리는 계급구조와 생산양식, 문명의 테크닉스가 겪는 진화적이고 단속적인 발전을 환경형성의 과정으로 여기기 시작할 수 있다. 이 관점은 세계역사에서 정합성과 차이를 식별하는 다양한 방식을 대체하지는 않고, 오히려 이들 방식의 근거를 잇따른 역사적 자연의 형성과 해체에 둔다. 이런 점에서, 계급, 인종, 젠더, 국가, 문화(그리고 그 밖의 더 많은 것)에 대한 우리의 이해가 지금까지 데카르트적 이원론의 양자택일적 편향에 의해 제한됨으로써 역사적 변화에 대한 우리의 해석은 사회환원론 아니면 환경결정론이라는 양자택일의 선택지로 몰리게 되었다. 두 주장은 모두 참이다. 또한, 두 주장은 모두 거짓이다.

더 '근본적으로 정직한' 접근법은, 어쩌면 레이먼드 윌리엄스가 말한 대로, 양자의 부분적 진실 – 그리고 부분적 허위 – 을 인식한다. 더욱이, 유효한 대안은 **사회**와 **자연**이 똑같이 중요하다고 말하는 것을 넘어선다. 범주들 자체가 산산이 부서지는데, 범주들은 실재가 검토되기 전에 그 실재를 미리 구상한다. 오히려 이중 내부성 – 인간 조직이 생명의 그물을 내부화하고 그 그물에 의해 내부화된다는 것 – 을 우리를 인도하는 실로 삼고서 시작한다면, 잇따른 역사적 체계에서 지배적인 인간 자연과 비인간 자연의 '다발'을 식별할 수 있을 것이다. 그 다발에는 문명이 무엇이 가치가 있는지 – 그리고 가치가 없는지 – 를 결정할 때 내리는 선택이 반영된다. '가치 법칙'이라는 맑스주의적 표현이 오늘날 시대에 뒤진 것처럼 보이더라도 – 그리고 더 나은 표현 방식이 있을지도 모른다 – 모든 문명은 어떤 관계가 다른 관계보다 더 가치가 있다고 여기기로 선택한다. 봉건주의에서는 봉건영주들에게 배분된 주권을 통해서 조직된 토지생산성이 더 가치가 있는 관계였고, 자본주의에서는 노동력의 착취와 **저**렴한 **자**연의 전유를 통해서 조직된 노동생산성이 그러했다. 지속 가능하고 사회주의적인 가치 법칙은 모든 자연에 대해서 건강하고 평등하며 민주적인 재생산관계를 특별히 우선시할 것이다. 그러므로 가치 법칙은 정치적으로 중요한 한편으로, 우리가 역사적 변화에서 인간 자연과 비인간 자연의 관련 다발을 식별하고 분석하는 데도 도움이 된다. 이런 전제는 이원론의 상징적 폭력에 굴복하지 않으면서 구분하는 새로운 수단을 촉진할 것이다.

또한, 그 전제는 우리가 자본주의가 역사적으로 되풀이되는 자신의 위기를 어떻게 극복했는지에 관해 더 많이 알게 되는 데 도움이 될 것이다. 모든 전환 국면에서 위기 해소는 오이케이오스의 재편과 더불어 양적 차원과 질적 차원에서 전개된 전유와 자본화의 변증법을 중심으로 진전되었다. 그런 구조조정은 인간과 비인간을 다발로 묶을 뿐만 아니라, 물질적인 것과 상징적인 것도 다발로 묶는다. 자본주의의 주기적인 구조조정은, 외부적 **자**연의 실천으로 이해되는 **저**렴한 **자**연이라는 전제와 프로젝트를 통해서 전개되었다.

그러므로 오늘날 **저**렴한 **자**연의 있음직한 죽음은 부정적 가치의 발흥으로 단속되는, 어떤 문명 모형이 소진되었다는 징조를 나타낸다. 다음 세기에 걸쳐 자본주의는 다른 모형, 또는 모형들로 대체될 것이다. 그러므로 새로운 존재론적 정치 – 식량주권, 기후정의, 탈성장, 그리고 동족의 운동들 – 의 중요성이 부각된다. **저**렴한 **자**연 모형의 소진이 더 좋은 것을 생성할지, 아니면 더 나쁜 것을 생성할지는 여전히 지켜봐야 한다. 하지만 녹색 정치에 스며든 두려움과 파국론의 정치는 향후 난제를 직면하는 데 필요한 명료성을 산출하지 못할 것이다. 그런 지적 명료성이 가장 필요하고 가장 영향력이 있는 기간은 바로 문명적 위기 — 세계생태로서 자본주의의 획기적 위기 — 의 시기다. 그런 국면에서는 관념도 물질적 힘이 된다.

어쩌면 명료성에 대한 최대의 욕구는 문명적 한계의 본성에 달려 있을 것이다. 기껏해야, 외부적 한계로서 자연에 관한 진부한 주장은 매우 일반적인 경향을 서술한다. 그런 주장은 지금까지 자본주의가 오이케이오스를 통해서 자기 형성의 한계를 공동생산한 방법을 설명할 수 없다. 왜? 그 이유는 한계에 관한 이원론적 구상이 자본주의의 이중 내부성에 관한 우리의 탐구를 중단시켜서 시작조차 할 수 없기 때문이다. 그 구상으로 인해 우리는 인간 조직이 출현하고 환경형성을 통해서 재생산하는 방법을 보지 못하게 되는데, 여기서 환경형성은 중층적 자연이 인간의 두드러지게 자연적인 신체와 관계의 안팎을 흘러 다니면서 끊임없이 자신을 부각하는 과정이다. 이원론은 환경변화의 역할을 강조하는 것처럼 보인다. 하지만 이것은 환각이다. 이원론은 사회적 관계를 오이케이오스의 관계로 인정할 수 없기에 인간역사에 대한 환경형성의 중요성을 근본적으로 깎아내린다. '그' 환경을 자연-속-인류의 이중 내부성이 지배하는 관계라기보다는 오히려 대상으로 여기는 인지적 습관과 개념적 실천이 만연함으로써 지금까지 자본주의를 가능하게 했으며 오늘날에는 점점 더 제약하는 관계들 — 오이케이오스를 통한 관계들 — 을 보지 못하게 된다.

가치의 발흥과 진행 중인 죽음

자본주의는 자신이 대단히 특별하고 유례없는 힘으로 자연의 일을 전유할 수 있게 한 역사적 관계를 소진해 버렸다. 오늘날 자본주의가 직면한 성장의 한계는 매우 실재적인데, 요컨대 그 한계는 자본주의를 통해서 공동생산된 '한계'다.

오늘날 우리가 바라보고 있는 것은 문명적 전략으로서의 **저**렴한 **자**연의 '종언'이다. 알다시피, **저**렴한 **자**연은 장기 16세기 동안 생겨났다. 이 전략의 핵심에는 토착민 문명화 계획이 있었는데, 그리하여 자연을 인간 활동에 외부적인 것으로 구축함으로써 상품생산 안에서 노동생산성을 향상하는 데 도움이 되도록 미상품화된 인간 자연과 비인간 자연의 일을 동원했다. 1450년 이후 3세기에 걸쳐서 나타난, 풍경 전환과 생물학적 전환의 규모와 범위와 속도의 혁명적인 변화 – 폴란드에서 브라질에 이르기까지, 북아메리카의 대구 어장에서 동남아시아의 향신료 제도에 이르기까지 확대된 변화 – 는 이런 견지에서 이해될 수 있을 것이다. 그런 전환은 미상품화된 인간 자연과 비인간 자연(노예, 숲, 토양)을 노동생산성과 상품에 이바지하도록 재편한 새로운 가치 법칙의 획기적 표현이다.

이 새로운 가치 법칙은 꽤 독특했다. 부의 척도로서 토지생산성에서 노동생산성으로의 이행을 협상한 문명은 이전에 결코 존재한 적이 없었다. 이런 기묘한 척도, 즉 가치는 서유럽과 중부 유럽 전체를 마찬가지로 기묘한 공간의 정복에 나서게 했다. 맑스는 이 기묘한 정복을 "시간에 의한 공간의 소멸"이라고 불렀는데, 우리는 장기 16세기에 걸쳐서 새로운 시간 형식, 즉 추상적 시간이 형성됨을 볼 수 있다. 어떤 의미에서 모든 문명은 다양한 지형을 가로질러 팽창하도록 구축되지만, 즉 모든 문명은 율동적으로 움직이지만,[6] 그때까지 어떤 문명도 이런 지형을 어떤 한 문명의 삶을 지배한 방식대로 외부적이면서 점진적으로 격리된 것으로 나타내지는 않았다. 외부적 자연 – 대문자 **자**

6. C. Chase-Dunn and T.D. Hall, *Rise and Demise* (Boulder : Westview, 1997).

연—은 초기 자본주의의 지리적 실천의 핵심에 놓여 있었다. 그 이후로도 여전히 그러했다.

초기 근대에 다양한 '공납'관계 속 토지생산성에서 다양한 '상품'관계 속 노동생산성으로 이행한 사태는 인간 자연과 비인간 자연이 공동생산한 과정들의 강력한 다발을 통해서 나타났다. 이들 과정에 관한 이야기는 방대한 역사서술의 주제인데, 이를테면 환경, 경제, 영토국가와 제국, 과학과 자연관, 문화, 그리고 그 밖의 훨씬 많은 것에 관한 역사서술의 주제다. 나는 '통일장' 안에서 권력관계와 재/생산관계를 연결해 볼 수 있는 방법을 보여주는 것을 목표로 삼고서 가능한 한 전력을 다해 이들 역사서술—게다가 많은 다른 문헌—에 의존하였는데, 여기서 통일장은 이원론적 사유 습관과 그것과 관련된 제도적 구조에 의해 배제되는 그런 종류의 장이다. 나는 여기서 제안된 다양한 모형과 서사가 자본주의적 발전에 관한 통합 이론—그리고 전체론적 서사—을 다듬을 가능성을 망라한다고 우길 생각은 없다. 하지만 오이케이오스를 중심으로 회전하는 접근법은 실체론적 회전축이라기보다는 관계적 회전축을 제공하는데, 그리하여 이 접근법은 통상적인 이원론의 확실한 대안일 뿐만 아니라 네트워크 절충주의의 대안이기도 하다.

프로젝트와 과정으로서의 자본주의는 오이케이오스 안에서 그리고 오이케이오스를 통해서 전개되는데, 오이케이오스는 종과 환경의 창조적이고 생성적이며 중층적인 관계다. 이런 오이케이오스 안에서, 인간 조직은 환경 변화의 생산자가 될 뿐만 아니라 환경 변화의 생산물도 되는데, 그리하여 환경형성의 패턴들과 깊이 관련되어 있다. 이것이 역사적 변화의 이중 내부성이다.

생명의 그물 속 인간의 지위에 관한 역사적으로 특정한 관념들을 구상한다는 점에서 인간이 독특하다는 것은 확실하다. 인간의 역사는 자연에 관한 관념들의 역사인데, 그 관념들은 사실상 인간이 행하는 모든 것에 관한 관념들이다.[7] 인간은 지구에서 가장 효과적인 '생태계 기술자'에 속하는데, 그렇다 하더라도, 인간 문명은 생명의 환경형성 활동으로 형성되고 해체된다. (오늘날 어느 누가 질병과 기후가 어느 모로 보나 제국이나 계급이나 시장만큼 역사를 형성한다는 점을 의심하겠는가?) 이런 관점을 취하는 것은 문명(또는 자본주의) 및 환경이라는 관념을 즉시 버리고, 그 대신에 자연-속-문명이라는 관념에, 즉 환경형성 과정으로서의 자본주의에 다시 초점을 맞추는 것이다. 이들 과정에는 숲에 못지않게 공장도 포함되고, 광산에 못지않게 가정도 포함되고, 농장에 못지않게 금융센터도 포함되며, 교외에 못지않게 도시도 포함된다.

환경형성이 항상 공동생산되는 것이어서 생산자이자 생산물로서의 이중 역할을 수행하는 인간 조직의 적응성을 드러내더라도, 자연에 관한 물음은 여전히 골치 아픈 문제다. 나는 자연 '일반'의 응결된 역사의 얼음을 깨뜨리려고 노력했다. 자연은 일반적이고, 본체로서 항상 저쪽에 존재한다. 자연-속-인류의 역사를 신봉하는 사람의 경우에는 상황이 그렇지 않을 것이다. 자연 일반은, '생산 일반'이 신자유주의적 구조조정과 유연한 축적, 생산의 지구화를 파악하는 데 도움이 되지 않는 것과 마찬가지로, 도움이 되지 않을 것이다. 역사적 자연이라는 구상만으로 충분할 것이다. 이런 의미에서, 역사적 자연은 자본주의가 펼쳐지는 장 – 그 경계가 수정되는 장 – 이자 자본주의의 대상으로 중복 기입되면서 작동한다. 이 후자가 **자**연으로서의 역사적 자연인데, 요컨대 자원지대와 쓰레기통, 생산과 재생산의 영역으로서의 역사적 자연이

---

7. Glacken, *Traces on the Rhodian Shore*. [글래컨, 『로도스 섬 해변의 흔적』.]

다. 역사적 자연 – 시간과 공간의 다양한 층에 속해 있는 자연 – 에 관한 문제에 관여하는 것은, 인간은 자연의 일부라고 말하는 것과 어울리는 애석한 마음의 철학하기에서 벗어나서 실행 가능한 분석학을 발달시키기 시작하는 것이다. 이들 역사적 자연 덕분에 우리는 역사적 변화를 인간과 나머지 자연이 적극적으로 공동생산하는 것으로 해석할 수 있게 된다. 전체론적 철학에서 관계적 역사로의 이런 이행이 세계생태론 논증의 핵심이다. 이런 추리 노선은 역사적 자연 – 매트릭스(과정)이자 대상(프로젝트)으로서의 자연 – 을 자본주의의 세계실천을 통해서 설명되어야 하는 것으로 여긴다는 사실이 중요하다. 그 이유는 **자**연은 외부화가 이루어질 때야 비로소 '저렴'하게 될 수 있기 때문이다. 그렇다. 인간 자연과 비인간 자연의 구분은 고대 그리스·로마 시대까지 거슬러 올라가는 긴 역사가 있다.[8] 하지만 근대 이전에는 외부 대상으로서의 **자**연이 문명을 조직하는 원리가 되었던 적이 결코 없었다.

자본주의의 근본 문제는 **저**렴한 **자**연에 대한 자본의 수요가 그것을 확보할 수 있는 자본의 능력보다 더 빨리 증가한다는 점이다. 생산비가 상승하고, 축적이 비틀거린다. 이 문제는 오래전에 맑스가 인식했는데, 기계장치의 '과잉생산'과 원료의 '과소생산'에 관한 그의 법칙에서 나타날 뿐만 아니라, 부르주아 계급은 "탐욕스러운 농부가 토양에서 그 비옥도를 강탈함으로써 더 많은 생산물을 획득하는 것과 마찬가지 방식으로 노동력"을 소진시킴으로써 자본을 축적하는 경향이 있다는 그의 예리한 소견에서도 나타난다.[9] 해결책은 무엇인가? 프런티어로 진출하라. 더욱이 그런 프런티어가 식민지라면 훨씬 더 좋다. 그러

8. 같은 책.

9. Marx, *Capital*, Vol. I, 376. [마르크스, 『자본론 I-상』.]

므로 맑스의 시대에는 아일랜드 노동자, 카리브해 사탕수수, 미시시피주 면화가 두드러졌다. 이런 이유로 인해 자본은, **자**연을 그 부富가 지도로 제작되고 개편되며 저렴하게 전유될 수 있게 자리매김하기 위해 끊임없이 자본가 권력과 부르주아 지식에 의존해야 함을 깨닫게 된다.

신자유주의적 자본주의를 통해서 초래된 역사적 자연의 소진은 순환적 현상 — 18세기가 끝나갈 무렵에, 또는 장기 1970년대 동안 나타난 것과 같은 현상 — 인가, 아니면 **저**렴한 **자**연의 종언인가? 현재 우리는 발전적 위기, 즉 자체 모순이 자본화와 합리화, 탈취의 갱신을 통해서 해소될 수 있는 위기를 겪고 있는가? 아니면, 오히려, 획기적 위기, 즉 향후 금세기에 부와 권력, 자연의 근본적으로 새로운 관계를 강제할 위기인가?

지금까지 이런 의문 제기의 노선은 오늘날 만연하는 경제위기와 생태위기에 관한 문헌에서 주변부적인 것이었다. 이 실태는 '생태위기'의 심대한 과소이론화와 비판적 학자들이 자연을 자본 축적의 구성요소로 설명하기를 꺼리는 태도에 대한 어떤 척도를 제시한다.

자본의 한계

인간과 나머지 자연에 의한 자본주의의 공동생산에 전제를 두고 있는 그런 설명의 모습은 어떠할까? 이 책은 그 물음에 대답하는 한 가지 방식을 제공했다.

나의 논증은 오늘날 자연과 자본, 한계를 둘러싸고 소용돌이치는 두 가지 큰 쟁점에 집중했다. 한 가지는 역사적 쟁점이다. 나머지 다른 한 가지는 개념적 쟁점이다. 먼저 우리는, 2003년 이후로 일어난 일련의 특이한 사건이 **네** 가지 **저**렴한 것(식량, 노동력, 에너지, 원료)의 순환적 '종언'을 나타내는지, 아니면 누적적 '종언'을 나타내는지 물어야 한다. 19세기 초엽 이후로 자본주의는 **4대** 투입물의 가격 상승과 관련된 실제적인(하지만 일시적인) 병목 현상을 극복하고 잠재적인(그러나 위협적인) 병목 현상을 방지하는 데 현저히 능숙했다. 그런 병목 현상을 극복하고 방지할 수 있는 이런 능력은 잇따른 획기적인 농업혁명에서 찾아볼 수 있는데, 이들 혁명은 **저**렴한 **식**량/**노**동 결합을 광범위하게 재생산하였다. 19세기 말 영국의 농업 정체와 식량가격 문제는 1840년 이후에 미합중국 농부가 기계화와 비옥한 프런티어를 결합함으로써 해결되었다. 20세기 초 서유럽과 북아메리카에서 나타난 자본주의적 농업의 생산성 정체는 잇따른 '녹색'혁명을 통해서 해결되었는데, 이들 혁명은 잡종화되고 화학화되며 기계화된 미합중국 농장 모형의 전후 지구화에서 현시되었다. 이런 시각에서 바라보면, 어쩌면 우리는 2008년 이후 국면을 발전적 위기로 부르는 것이 합당할 것인데, 요컨대 이 위기는 상품화 과정, 특히, 하지만 유일하지는 않은, 농업의 상품화 과정을 갱신함으로써 해소될 수 있다. 그렇지만, 알다시피, 최근에 나타난 자본주의적 농업혁명, 즉 농업생명공학의 물결은 생산성 감속을 아직 저지하지 못했다. 그러므로 자본주의가 획기적 위기의 시대에 진입해 버렸을 가능성도 있다.

발전적 위기와 획기적 위기는 장기지속 동안 자본주의를 지배하는 가치와 권력, 자연의 체제들에 새겨진 성숙한 모순을 표상한다. 우리는, 위기 융합 모형 대신에,[10] 우리 시대의 격변을 다양하게 표현되는 단일한 위기 — 자연을 조직하는 방법으로서 자본주의가 맞닥뜨린 위기 — 로 여길 수 있다. 식량과 기후, 금융과 에너지는 여러 형태의 위기가 아니

10. Foster, "The Epochal Crisis"를 참조하라.

라, 단일한 문명적 프로젝트 — 저렴한 자연의 법칙으로서의 가치 법칙 — 에서 비롯되는 다양한 형태의 위기를 표상한다.

이렇게 해서 우리는 자본주의가, 세 개의 독립적인 상자라기보다는 오히려 근대 세계체제의 누적적이고 순환적인 발달에 있어서 서로 관계를 맺는 계기로서 작용하는 부·권력·자연의 자체적인 특정한 배치를 구성하고 재구성하는 방식에 주의를 기울이게 된다. 이런 탐구 노선을 추구함으로써 우리는 자본주의의 가치 법칙의 지형으로 곧장 진입하게 된다. 그 이유는 자본과 권력, 자연의 창발과 발전, 순환적 구조조정이 자본주의의 가치관계에 결정적으로 좌우되기 때문이다.

우리는 가치관계에 관해 두 가지 주요한 방식으로 생각할 수 있을 것이다. 첫 번째 방식은 방법으로서의 가치다. 이런 접근법은 "유기적 전체 … 안에서 구별 짓기"로서 "실제 생명의 생산 및 재생산"을 통해서 역사적 자본주의를 재구성한다.[11] 이 덕분에 모순적 통일체, 즉 '실제 생명의 생산 및 재생산'에 유리하게 자연과 사회를 세계생태론적으로 개편할 수 있게 된다. 그것은 인간 활동과 나머지 자연 사이의 어떤 선험적인 경계도 가로지르고 불안정하게 만드는 통일체인데, 요컨대 '실제 생명의 재생산'에는 매 단계에서 인간과 얽힌 비인간이 포함된다. 우리는 생명의 생산 및 재생산을 우리를 인도하는 지침으로 삼음으로써, 인간 자연과 비인간 자연의 특정한 역사적 관계들에 유리하게, 경제적인 것과 생태적인 것 사이의 분열을 해소할 수 있게 된다. '경제'라는 맹목적 숭배 대상에서 일단 자유로워지면, 추상적인 사회적 자연과 추상적인 사회적 노동으로서 이중적으로 존재하는 가치의 끝없는 재

11. F. Engels, "Engels to J. Bloch in Berlin, London, September 21, 1890," *New International* 1, no. 3 (1934) : 81~5 ; Marx, *Grundrisse* (1973), 99~100 [마르크스, 『정치경제학 비판 요강 1』].

생산을 가능케 하는 권력관계와 (재)생산관계에 집중할 수 있게 된다.

추상적인 사회적 노동은 곧 사회적 필요노동시간이다. 모든 종은 어떤 방식으로 '일'을 하지만, 오직 인간만이 사회적으로 필요한 노동시간을 만들어내고 그에 따라 노동한다. 오직 인간만이, 게다가 그 점에서는 오직 일부 인간만이 그렇다. 가치 법칙 – 가치에 관한 이론이 아니라 가치의 실제적인 역사적 작용 – 은 매우 특정한 의미에서 인간중심적이다. 오직 인간의 노동력만이 가치를 직접 생산한다. 나무, 또는 말, 또는 지질학적 분화구는 대가를 지불받을 수 없다. 그런데도, 상품화된 노동력은 말이나 나무의 무상 일이 없다면 아무것도 생산할 수 없다. 사회적으로 필요한 무상 일이 사회적 필요노동시간의 토대다.

말이나 나무와는 달리, 무상의 인간 일은 그 대가를 지불받을 수 있을 것이다. 하지만 자본가는 자신의 경비를 지불하기 싫어하는데, 거기에는 그럴만한 이유가 있다. 노동력의 재생산을 완전히 상품화하게 되면, 축적이 만족스러운 이윤율로 진전될 수 있게 하는 무상 일이 사라져 버릴 것이다. 맑스주의자는 때때로 자본주의를 "자신의 노동력을 팔 수밖에 없는 무산 노동자들이 사회의 일 대부분을 수행하는" 체계로 규정할 것이다.[12] 하지만 이것은 확실히 일어날 수 없는 일이다! 자본주의 안에서 수행된 일의 대부분이 도대체 금전화될 수 있었다면, 노동력의 비용이 급증했었을 것이다. 우리가 알고 있는 대로의 자본축적은 불가능했었을 것이다.

이들 중 어느 것도 임금노동이 부수현상이라고 주장하지 않는다. 정반대다! 오히려, 프롤레타리아화는 자본주의적 세계생태에 근본적

---

12. E.M. Wood, *The Origin of Capitalism* (London : Verso, 2002), 2. [엘린 메익신즈 우드, 『자본주의의 기원』, 정이근 옮김, 경성대학교출판부, 2002.]

인 "역사적 연결 과정"으로 더 적절히 이해될 수 있을 것이다.[13] 이런 견지에서 바라보면, 가치 법칙은 근대 프롤레타리아 계급 자체의 발흥에 중점을 두고 있는 것이 아니라, "그 계급의 재생산 조건의 일반화"와 변증법적으로 연계된 임금노동의 불균등한 지구화에 중점을 두고 있다.[14] 추상적인 사회적 노동으로서의 가치는 자신의 편파성에도 불구하고 작동하는 것이 아니라, 그 편파성을 통해서 작동한다. 상품생산 바깥에 있지만 상품생산으로 부각되는 생명활동은 사회적으로 필요한 무상 일이다. 엄밀히 말하자면, 그런 생명활동이 상품화된 노동력과 같은 방식으로 수량화될 수 없는 이유는 수량화될 수 있는 추상적인 사회적 노동의 조건이 훨씬 더 큰 규모의 수량화될 수 없는 일이기 때문이다. 무상 일은 ('생태계 서비스'의 경우처럼) 측정될 수 있고 흔히 측정되지만, 그 가치를 평가할 수는 없다.

자본이 성취하고자 노력하는 것은 필요노동시간의 단축이다. 이 단축이 자본의 실존에 본질적이기에 자본주의는 토지생산성보다 노동생산성을 강조하고, 자본은 이런 강조가 이루어질 수 있게 하려고 **저**렴한 **자**연을 동원한다. 풍경 변화의 가속과 추상적인 사회적 노동의 잠정적이고 집요한 체제의 출현이 16세기에 발생한 자본주의 발흥의 두 측면이었다. 추상적인 사회적 노동은 **저**렴한 **자**연의 무상 일에 대한 새로운, 급격히 가속된, 관계에 기반을 두고서야 비로소 형성될 수 있었다.

통상적인 서사에 따르면, 노동생산성의 향상은 산업생산에 있어서 조직 혁신과 기술 진보의 이야기다. 이 이야기는 그런 대로 참이다. 하

13. McMichael, "Slavery in Capitalism," 343.
14. 같은 글.

지만 그것이 전체 이야기인가? 생산지에서 새로운 기계장치와 조직은 **4대** 투입물의 가치구성을 하락시키는 새로운 권력기술을 통해서 — 장기적으로 필요노동시간을 단축함으로써 — 만 노동생산성을 향상할 수 있을 뿐이다. **네** 가지 **저**렴한 것은 상품생산의 기성 구역 안에서 이루어진 혁신을 통해서 단지 부분적으로 복구될 수 있을 뿐인데, 역사적으로는 새로운 전유 전략, 즉 새로운 상품 프런티어에도 의존했다. 여기서 우리는 어떤 문명이 가치 법칙으로 응집될 수 있게 하는 자본주의 권력의 발흥과 자본의 축적이 체계적으로 연결되어 있음을 알게 된다. 필요노동시간을 단축하기 위해, 자본은 자본의 회로 바깥에 있지만 자본주의 세력권 안에 있는 생명의 무상 '일'을 극대화하고자 하는 문명을 가동하는 동시에 강제와 동의, 합리화의 다양한 조합을 통해서 그런 문명을 창출하려고 노력한다.

상품화를 통한 사회적 필요노동시간의 단축이 지금까지 내가 자본화라고 부른 것이고, 자본화에 이바지하는 무상 일의 극대화가 내가 전유라고 부른 것이다. 얼마간의 중첩이 있음은 확실하다. 데카르트적 틀이 인류와 자연의 분리를 전제하는 반면에, 세계생태론 논증은 생명의 그물 속 (많은 여타의 종 가운데) 인간의 독특함에서 진전되는 변증법적 통일체를 전제한다. 그러므로 우리의 초점은 자본화와 전유가 생명의 그물 속에서 가치와 권력을 재생산하는 패턴과 규칙으로서 함께 작동하는 방식에 집중된다. 이렇게 하여 우리는 역사적 자본주의의 장기지속에 걸친 환경형성의 패턴을 식별하고 설명할 방법을 얻게 된다.

축적 위기, 또는 프런티어로서의 자본주의

이런 환경형성 패턴은 새로운 종류의 지리적 팽창에 좌우되었다. 그 이유는 자본주의를 닫힌 체계로 이해할 수 없기 때문인데, 요컨대 자본의 끝없는 축적은 자연의 끝없는 내부화다. 자본주의는 프런티어 운동으로 규정된다. 초기 근대 지도제작술 혁명의 착상은 지구를 구체적 지리라기보다는 오히려 추상적 공간으로 여기는 것이었다. 지리적으로 특정한 것들(기후, 토양, 지형, 질병)이 추상적 공간에 대한 부르주아적 환상과 역동적인 긴장관계를 맺었을 때, 이론에서 폐기된 구체적 지리는 끊임없이 자신의 존재를 재확인시키곤 했다. 세계를 격자망으로 표상하고 자연을 외부 대상으로 표상하는 것의 큰 이점은 자본을 축적하는 데 대단히 효율적인 방식으로 자연의 일을 전유할 수 있다는 점이었다. 자본주의적 생산의 바로 그 역동성은 어떤 주어진 단위의 추상적 노동시간을 통해서 더욱더 많은 물질이 흐를 수 있게 한 프런티어 전유가 없다면 생각할 수 없는 것인데, 요컨대 가치의 자기팽창적 특성은 물질적 생산량의 급격한 증대에 의존하지만, 그 생산에 반드시 수반되는 추상적 노동은 그에 상응하여 증가하지 않는다. 이런 끊임없는 노동시간의 단축은 **네** 가지 **저**렴한 것이 전유를 통해서 확보될 수 있는 한에서만 일어날 수 있다. 그러므로 자본과 자본주의 권력은 서로 연계하여 **저**렴한 **자**연을 공동생산한다.

이런 이유로 인해, 프런티어는 일반적으로 인식되는 것보다 자본과 자본주의 권력의 확대재생산에 훨씬 더 중요하다. 하비가 프런티어의 종언에 직면한 자본주의는 그런 프런티어를 "적극적으로 제조할" 것이라는 의견을 개진했을 때, 그는 현대의 급진적 비판의 공통감각을 반영한다. 하지만 이것은 심대한 오독이다.[15] 사유화 과정과 금융 주도의

---

15. Harvey, *The New Imperialism*, 131. [하비, 『신제국주의』.]

탈취 과정은, 이들 과정이 자본화된 관계의 영역 안에서 작동하는 한, 축적을 재생시킬 수 없다. 사실상 신자유주의 시대에 이들 과정이 작동한 이유는 그것들이 최소로 상품화된 노동력과 식량, 에너지, 원료를 자본의 회로로 투하하게 되어 있었기 때문이다.

탈농민화, 세계시장을 향한 농민농업의 방향 재설정, 풍부한 에너지와 광물의 추출 같은 근대 세계역사의 거대한 운동은 프런티어 운동이었는데, 어떤 운동은 다른 운동보다 더 명백했다. 이들 전유 운동은 노동예비군을 증대시켰고, 식량공급을 세계 프롤레타리아 계급으로 확대했고, 풍부한 에너지 흐름을 상품생산에 향하게 하면서 그 체계 안에서 노동생산성을 향상했으며, 엄청난 양의 원료를 산업생산에 쏟아 넣는다. 간략히 서술하면, 자본주의 시대를 개시한 '거대한 프런티어'는 자연의 공짜 선물을 자본과 권력을 갖춘 이들이 다소간 저렴하게 입수할 수 있게 함으로써 자본주의 시대를 개시했다.

'거대한 프런티어'는 외부에 있을 뿐만 아니라 내부에도 있었다. 프런티어 전유는 자본주의의 바깥쪽 가장자리에서 일어났을 뿐만 아니라, 상품화의 심장부 안쪽 사회·생태적 재생산의 '수직' 축에서도 일어났다. 그다음에 식민지뿐만 아니라 여성의 무상 일도 (부분적) 상품화를 겪게 된다. 이런 프런티어 전유의 수평적 국면과 수직적 국면은 특정한 사회·생태적 굴곡이 있는, 각기 다른 지리적 구역에서 전개되었더라도, 이들 국면은 각기 축적 과정과 맺은 관계를 통해서 통합된다. 전유 구역에서 무상 일을 전유하여 이전하고 상품화 구역에서 재생산 관계에 중점을 둠으로써 상품 프런티어는 심장부와 배후지 둘 다에서 작동한다. 심장부에서는 여성의 무상 일의 전유가 노동력의 저렴한 재생산에 중요했고, 배후지에서는 비인간 자연(숲, 토양, 광맥)의 전유가 흔히 주된 일이었다. 가치 법칙의 비밀은 노동력 착취와 무상 일/에너지 전유의 이런 획기적 종합에 있다. 사회적 필요노동시간에 전제를 둔 추상적인 사회적 노동의 체제는, 새로운 전유 구역을 더 판독하기 쉽게 만든 추상적인 사회적 자연의 체제를 구성함으로써 역사적으로 출현했고 누적적으로 개편되었다.

이런 추상적인 사회적 자연 – 외부 대상으로서 세계를 합리화하고, 단순화하고, 표준화하며, 그리고 그 밖에 그 지도를 제작하고자 하는 일단의 체계적 과정 – 이 **저**렴한 **자**연을 직접 구성한다. 16세기부터, 상품화와 자본 축적, 상징 혁신의 꼬리에 꼬리를 물고 융합하는 과정들이 근대 세계 발전의 선순환을 구성했다. 나는 엄밀한 의미에서의 맑스의 가치 법칙 – 자본의 실체는 추상적인 사회적 노동이다 – 을 수정하자고 제안하지 않는다. 나는 가치관계를 자본/권력/자연이라는 삼위와 더불어 자본화와 전유의 변증법에 중점을 둔 방법론적 전제로 여기자고 정말로 제안한다.

이런 시각에서 바라보면, 가치관계는 추상적 노동과 추상적 자연의 잇따른 배치에 역사적으로 근거를 두고 있다. 그런 배치가 역사적 자연이다. 가치 법칙으로 공동생산된 각각의 역사적 자연에 힘입어 노동력의 착취와 무상 일로서 생명활동의 전유가 갱신될 수 있게 된다. 무상 일의 전유가 노동력의 착취를 능가해야 하는데, 그렇지 않다면 **네** 가지 **저**렴한 것이 회복될 수 없고 자본주의적 번영도 회복될 수 없다. 추상적인 사회적 자연은, 새로운 형태들의 상징적 실천과 지식 구성을 통해서 축적의 프런티어를 확대하는 과정들을 지칭한다.

그러므로 가치는 체계적 결과를 낳는 경제적 형식이 아니다. 오히려, 가치는 중추적인 '경제적' 표현(추상적인 사회적 노동)을 갖춘 체계적 관계다. 사회적 필요노동시간을 단축하려는 투쟁과 추상적인 사회적 노동이 없다면 자본 축적에 관해 생각할 수 없다. 같은 기준으로,

노동력의 착취를 왜소하게 만드는 규모로 무상 일을 전유할 수 있게 하는 추상적인 사회적 자연의 상징적 실천이 없어도 자본 축적에 관해 생각할 수 없다. 이 두 가지 계기를 통합하려면 자본의 회로와 생명의 전유를 통합하는 탐구양식 — 가치라는 중력으로 자연과 권력, 자본의 변동과 자본주의의 역사를 해석하기 위한 세계생태론적 틀 — 이 필요하다.

자본주의가 발흥하면서 자연을 조직하는 새로운 방법이 개시되었고, 토지생산성이 아니라 노동생산성에 전제를 둔 부의 척도가 최초로 동원되었다. 이것이 오늘날 빠르게 사라지고 있는 **저**렴한 **자**연의 원초적 계기다. 16세기의 생산 혁신과 방대한 프런티어 전유에서 형성된 이런 기묘한 가치 법칙에 힘입어 자본주의의 이례적인 역동성이 가능해졌는데, 요컨대, 자본주의는 착취율을 향상하기 위해 자신이 장악한 자연 전체를 전유했다. 1450년대부터 잇따른 생산성과 약탈의 운동이 개시되었다. 이들 운동은 자연의 공짜 선물의 방대한 전유를 생산과 수송의 특별한 기술 혁신과 결합했다. 녹색 사상이 산업혁명을 생태위기의 근원으로 여전히 잘못 알고 있는 시점에, 앞서 시도된 심층적인 역사적 고찰에 힘입어 우리는 매우 역동적인 것으로 판명된 자본주의의 관계들을 분석할 수 있게 된다. (사실상, 산업혁명은 초기 자본주의의 모순을 '고착시킨' 조직혁명을 가리키는 축약어로 여겨질 수 있을 것이다.)

초기 근대 시기에 일어난 토지생산성에서 노동생산성에의 이런 이행이 그 시기에 일어난 풍경 전환의 혁명적 속도의 원인을 대부분 밝힌다.[16] 장기 16세기에 북동부 브라질과 스칸디나비아, 폴란드의 토양

16. Moore, "Ecology and the Rise of Capitalism"; "Madeira, Sugar, and the Conquest of Nature in the 'First' Sixteenth Century, Part I,"; " 'Amsterdam Is Standing on Norway' Part I"; " 'Amsterdam Is Standing on Norway' Part II"; "Madeira, Sugar, and the

과 숲은 전유되어 소진되었고, 게다가 신세계 사탕수수 프런티어와 아프리카 노예 프런티어가 함께 작동하면서 인간 자연도 무상으로 전유되어 소진되었다. 18세기 이후에 폐기되기는커녕, 장기 19세기와 20세기에 나타난 축적의 거대한 파동도 마찬가지로 전유에 의존했는데, 이번에는 지하의 방대한 석탄과 석유 프런티어가 작동하였다. 이들 프런티어는 남아시아에서 남부 이탈리아까지 농민 구성체를 불안정하게 만든(그리고 그 노동을 전유한) 새로운 '제국의 도구' 및 중심부의 생산 역량에 언제나 중추적이었다. 이런 역사에 비추어 보면, 우리는 이렇게 물을 수 있을 것이다. 오늘날 자본주의는 새로운 축적 단계를 개시하기에 충분한 규모로 자연의 공짜 선물을 전유할 수 있는가, 아니면 우리는 16세기 이후로 자본 축적을 뒷받침한 생산성과 약탈의 변증법이 소진된 사태를 목격하고 있는가?

자본주의의 모든 파동은 거대한 프런티어 운동, 즉 중심부에 있어서 자본 축적의 공간적 및 생산적 '해결책'에 대한 농업적 대응물에 의존했다. 이들 전유 운동과 자본화 운동은 전유 정점을 위한 새로운 기회가 실현되어서 자본 축적이 극대화되는 세계생태혁명을 함께 구성했다. 이런 혁명 ─ 그리고 그 혁명이 반드시 수반하는 조직구조 ─ 은 농업과 자원 추출의 혁신에 못지않게 산업과 금융의 혁신을 포괄했다. 이들 혁신은 처음에는 축적을 해방했지만, 시간에 지나면서 프런티어 팽창의 거대한 횡재가 점진적으로 사라짐에 따라 축적을 속박했을 뿐이었다. 더욱이, 새롭게 프롤레타리아화한 노동자들은 조직하기 시작했고, 농업 지역은 소진되었고, 석탄 광층은 전부 채굴되었다. 그리하여 경향

Conquest of Nature in the 'First' Sixteenth Century, Part II"; "This Lofty Mountain of Silver Could Conquer the Whole World".

적 결과는 자본의 가치구성 상승과 생태잉여 감소를 향한 요동 운동이었다.

자본주의의 **저**렴한 **자**연 전략이 겨냥하는 목표는 생산의 가치구성을 낮추려는 노력의 일환으로 지구의 생물학적 능력과 지질학적 분포를 전유함으로써 이윤율의 경향적 저하를 저지하는 것이었다. 전유에 의한 축적의 기회가 축소됨에 따라, 우리는 공간적 해결책에서 시간적 해결책으로의 심대한 변화, 즉 공간의 전유에서 시간의 식민화로 움직이는 변화를 보리라고 기대할 것이다. 이것은 신자유주의적 금융화의 최대 장점이 아닌가? 21세기 초엽에 **저**렴한 **자**연의 종언이 목전에 닥쳤다. 1983년 이후 20년 동안 더 많은 폭력과 더 많은 생명권력, 더 많은 총이 **네** 가지 **저**렴한 것을 복원했다. 하지만 21세기에 접어들 무렵에 장미꽃이 떨어졌다. 전유가 비틀거리고 있었다. 농산물과 에너지, 광물의 생산비와 추출비용이 상승하기 시작했다. 2003년에 외관상 끝없는 상품 호황이 개시됨과 더불어 가격 움직임이 공식화되었다. 노동력은 저렴한 듯 보였지만, 여기서도 역시 **저**렴한 **자**연 전략은 마모의 징조를 보였다. 자연의 자본화된 구성의 상승도 거기서 멈추지 않았다. 전유는 모든 구식의 방식으로 불안정해졌을 뿐만 아니라, 이제는 가늠할 수 없는 새로운 독소의 악취도 풍기는데, 이를테면 수압파쇄된 대수층, 산꼭대기 제거, 멕시코만의 갑작스러운 황폐화가 있다.

오늘날 문제는 자본주의가 자신의 장기지속 생태체제를 소진하고 있다는 점이다. 금전과 에너지를 매우 적게 소비하면서 비인간 자연 ─ 그리고 인간 역시 ─ 이 일을 하게 하는 과정이 자본주의의 거대한 상품 프런티어의 역사, 즉 자본주의 축적의 장기파동의 역사다. 프런티어 토지와 노동의 전유가, 17세기의 네덜란드 헤게모니부터 1970년대와 1980년대의 신자유주의 발흥에 이르기까지, 자본 축적의 거대한 파동에 대한 필수 불가결한 조건이었다. 이들 상품 프런티어의 중요한 '일'은 그 대가를 지불받지 않았는데, 그런 실태에 근거하여 **저**렴한 **자**연 전략은 **네** 가지 **저**렴한 것을 갱신했다.

프런티어가 빠르게 폐쇄되면서 그 전략은 이중적 의미에서 실패하고 있다. 한편으로는 무상 일의 새로운 흐름이, 조금이라도 있다면, 느리게 구체화하고 있다. 다른 한편으로는 쓰레기와 독소의 축적이 현재 수행되고 있는 무상 일을 위축시키는데, 이 사태는 잉여가치에서 부정적 가치에의 이행이다. 여기서 기후변화가 최고의 사례다. 하지만 그것이 유일한 사례는 아니다. 지구온난화가 모든 새로운 자본주의적 농업혁명 – 그리고 그와 더불어 **저**렴한 **식**량의 회복 – 에 대해 극복하기 어려운 장벽이 된다는 점은 점점 더 확실해지고 있다. 이런 시각에서 바라보면, 21세기의 최대 문제는 자원 '수도꼭지'의 문제가 결코 아닐 것이다. 어쩌면 저렴한 쓰레기의 종언이 저렴한 자연의 종언보다 더 확연해질 것이다. 지금까지는 금융화로의 전환과 재생산 권역에서 자본화의 심화가 불가피한 후폭풍을 지연시키는 강력한 방법이었다. 그리하여 자본주의가 지금까지 생존할 수 있었다. 하지만 자본주의는 얼마나 더 오래 살아남을 것인가?

:: 참고문헌

Abad, L.A. et al., "Real wages and Demographic Change in Spanish America, 1530~1820," *Explorations in Economic History* 49, no. 2 (2012) : 149~66.

Abel, W., *Crises Agraires en Europe (XIlle-XXe Siecle)*, 2d ed. (Paris : Flammarion, 1973).

______, *Agricultural Fluctuations in Europe* (New York : St. Martin's Press, 1980 〔1966 orig.〕).

Acker, T.L. et al., "Energy Inefficiency in Industrial Agriculture," *Energy Sources, Part B* 8, no. 4 (2013) : 420~30.

Adams, C., "Oil majors pile on record debt to plug cash shortfalls," *Financial Times* (March 22, 2015).

AgroSouth News, "Soybean Production Costs Rise 5% Annually in Brazil", *AgroSouth News* (July 21, 2014).

Akram-Lodhi, A.H., "How to Build Food Sovereignty" (Conference Paper for Discussion at International Conference of *Food Sovereignty : A Critical Dialogue*, Yale University, September 14~15, 2013).

Alder, K.L., "A Revolution to Measure," in *The Value of Precision*, ed. M.N. Wise (Princeton : Princeton University Press, 1995), 39~71

Alkon, A.H. and J. Agyeman, eds., *Cultivating Food Justice* (Cambridge, MA : MIT Press, 2011).

Alkon, A.H. and T.M. Mares, "Food Sovereignty in US Food Movements," *Agriculture and Human Values* 28 (2012) : 347~59.

Allen, R.C., "Tracking the Agricultural Revolution in England," *The Economic History Review* 52, no. 2 (1999) : 209~35.

______, "Economic Structure and Agricultural Productivity in Europe, 1300~1800," *European Review of Economic History* 4, no. 1 (2000) : 1~25.

______, "The British Industrial Revolution in Global Perspective" (Unpublished paper, Department of Economics, Oxford University, 2006).

______, "Energy Transitions in History : The Shift to Coal" in *Energy Transitions in History*, ed. R.W. Unger (Munich : Rachel Carson Center/Federal Ministry of Education and Research, 2013), 11~6.

Allen, R.C. and J.L. Weisdorf. "Was There an 'Industrious Revolution' Before the Industrial Revolution? An Empirical Exercise for England, c. 1300-1830," *Economic History Review* 64, no. 3 (2011) : 715~29.

Altieri, M.A. and W.A. Pengue, "Roundup Ready Soybean in Latin America" (2006),

Altizer, S. et al., "Climate Change and Infectious Diseases," *Science* 341, no. 6145 (2013) : 514~9.

Altvater, E., "The Social and Natural Environment of Fossil Capitalism," in *Coming to Terms with Nature : Socialist Register 2007*, ed. L. Panitch and C. Leys (London : Merlin Press, 2006), 37~59.

Amin, S., "World Poverty, Pauperization, and Capital Accumulation," *Monthly Review* 55, no. 5 (2003) : 1~9.

Araghi, F., "Global Depeasantization, 1945~1990," *The Sociological Quarterly* 36, no. 2 (1995) : 337~68.

______, "The Great Global Enclosure of Our Times," in *Hungry for Profit*, eds. F. Magdoff et al. (New York : Monthly Review Press, 2000), 145~60. [파샤드 아라기, 「현대의 전 지구적 규모의 인클로저」, 『이윤에 굶주린 자들』, 프레드 맥도프 외 엮음, 윤병선 외 옮김, 울력, 2005.]

______, "Accumulation by Displacement," *Review* 32, no. 1 (2009) : 113~46.

______, "The End of Cheap Ecology and the Future of 'Cheap Capital'" (Paper presented to the Annual Meeting of the Political Economy of World-Systems Section of the American Sociological Association, University of California-Riverside, April 11~13, 2013).

Araghi, F. and P. McMichael, "Contextualizing (Post)modernity" (Paper presented to the Annual Meeting of the American Sociological Association, 2004).

Arrighi, G., "Towards a Theory of Capitalist Crisis," *New Left Review*, no. 111 (1978 ; 1972 original) : 3~24.

______, *The Long Twentieth Century* (London : Verso, 1994). [조반니 아리기, 『장기 20세기』, 백승욱 옮김, 그린비, 2014.]

______, "The African Crisis," *New Left Review* II, no. 15 (2002) : 5~36.

______, "The Winding Paths of Capital," *New Left Review* II, no. 56 (2009) : 61~94.

Arrighi, G. et al., "Industrial Convergence, Globalization, and the Persistence of the North-South Divide," *Studies in Comparative International Development* 38, no. 1 (2003) : 3~31.

Asche, F., "Global Seafood Markets in 2030" (Presentation to the Institute for Social and Economic Research, University of Alaska, October 24, 2012).

Asseng, S. et al., "Rising Temperatures Reduce Global Wheat Production," *Nature Climate Change* 5 (2014) : 143~7.

Atkin, M., *The International Grain Trade* (Cambridge : Woodhead, 1992).

Avallone, G., "Tra finanziarizzazione e processi ecologici," *Sociologia Urbana e Rurale*, no. 101 (2013) : 85~99.

Baffes, J., "A Framework for Analyzing the Interplay Among Food, Fuels, and Biofuels," *Global Food Security* 2, no. 2 (2013) : 110~16.

Baines, J., "Food Price Inflation as Redistribution," *New Political Economy* 19, no. 1 (2014) : 79~112.

Bairoch, P., "Agriculture and the Industrial Revolution, 1700~1914," in *The Industrial Revolution - Fontana Economic History of Europe*, Vol. 3., ed. C. Cipolla (London : Collins/Fontana, 1973), 452~506.

______, "Les Trois Révolutions Agricoles du Monde Développé," *Annales : E.S.C.* 44, no. 2 (1989) : 317~53.

Bakewell, P.J., *Silver Mining and Society in Colonial Mexico* (Cambridge : Cambridge University Press, 1971).

______, *Miners of the Red Mountain* (Albuquerque : University of New Mexico Press, 1984).

______, "Mining," in *Colonial Spanish America*, ed. L. Bethell (Cambridge : Cambridge University Press, 1987), 203~49.

Balakrishnan, G., "Speculations on the Stationary State," *New Left Review* II, no. 59 (2009) : 5~26.

Balter, M., "Archaeologists Say the 'Anthropocene' Is Here — But It Began Long Ago," *Science* 340 (April 19, 2013) : 261~2.

Barnes, D.G., *A History of English Corn Laws* (Abingdon, UK : Routledge, 1930).

Barnes, T.J. and M. Farish, "Science, Militarism, and American Geography from World War to Cold War," *Annals of the Association of American Geographers* 96, no. 4 (2006) : 807~26.

Barnet, R., *The Lean Years* (New York : Simon and Schuster, 1980).

Barnett, B.J., "The U.S. Farm Financial Crisis of the 1980s," *Agricultural History* 74, no. 2 (2000) : 366~80.

Barry, J., *Environment and Social Theory*, 2nd ed. (New York : Routledge, 2007). [존 배리, 『녹색사상사』,

추선영 · 허남혁 옮김, 이매진, 2004.]
Barnosky, A.D. et al., "Approaching a State Shift in Earth's Biosphere," *Nature* 486 (2012) : 52~8.
Barraclough, G., *An Introduction to Contemporary History* (New York : Penguin, 1967). [G. 배라클러프, 『現代史의 性格』, 김봉호 옮김, 三星文化財團, 1977.]
Bayly, C.A., *The Birth of the Modern World 1780-1914* (Oxford : Blackwell, 2004).
Bennett, J., "The Agency of Assemblages and the North American Blackout," *Public Culture* 17, no. 3 (2005) : 445~65.
Bello, W.F., *Dark Victory* (London : Pluto Press, 1994).
Benbrook, C.M., "Impacts of Genetically Engineered Crops on Pesticide Use in the United States," *Environmental Science Europe* 24 (2012) : 24.
Berg, M., *The Age of Manufactures, 1700-1820*, 2nd ed. (New York : Routledge, 1994).
Bernstein, H., "Food Sovereignty via the 'Peasant Way'," *Journal of Peasant Studies* (2014) : 1~33.
Bina, C., "Limits of OPEC Pricing," *OPEC Review* 14, no. 1 (1990) : 55~73.
Birch, C. and J.B. Cobb, *The Liberation of Life* (Cambridge : Cambridge University Press, 1981). [찰스 버치 · 존 캅, 『생명의 해방』, 양재섭 · 구미정 옮김, 나남출판, 2010.]
Blackburn, R., *The Making of New World Slavery* (London : Verso, 1997).
Blanchard, I., *International Lead Production and Trade in the 'Age of the Saigerprozess'* (Wiesbaden : Franz Steiner Verlag, 1995).
Blomley, N., "Disentangling Property, Making Space," in *Performativity, Space and Politics*, eds. M. Glass and R. Rose-Redwood (New York : Routledge, 2015).
BLS [Bureau of Labor Statistics], "Labor Force Participation Rate of Mothers, 1975~2007," *The Editor's Desk* (January 8, 2009).
Blum, J., "Rise of Serfdom in Eastern Europe," *American Historical Review* 62, no. 4 (1957) : 807~36.
Bohm, D., *The Essential David Bohm*, ed. L. Nichol (New York : Routledge, 2003).
Boime, A., *A Social History of Modern Art*, Vol. 2 (Chicago : University of Chicago Press, 1990).
Bois, G., "Against the Neo-Malthusian Orthodoxy," *Past and Present* 79 (1978) ; 60~9.
______, *The Crisis of Feudalism : Economy and Society in Eastern Normandy c. 1300-1550* (Cambridge : Cambridge University Press, 1984).
Boomgaard, P., "Forest Management and Exploitation in Colonial Java, 1677-1897," *Forest and Conservation History* 36, no. 1 (1992) : 4~14.
Bourdieu, P., "Symbolic Power," *Critique of Anthropology* 4 (1979) : 77~85.
Bourdieu, P. and L. Wacquant, *An Invitation to Reflexive Sociology* (Chicago : University of Chicago Press, 1992). [피에르 부르디외 · 로익 바캉, 『성찰적 사회학으로의 초대』, 이상길 옮김, 그린비, 2015.]
Bouwsma, W.J., *A Usable Past* (Berkeley : University of California Press, 1990).
Boxer, C., *The Dutch Seaborne Empire, 1600-1800* (London : Hutchinson, 1965).
Boyd, W., "Making Meat," *Technology and Culture* 42, no. 4 (2002) : 631~64.
Boyd, W. et al., "Industrial Dynamics and the Problem of Nature," *Society and Natural Resources* 14 (2001) : 555~70.
BP, *Statistical Review of World Energy 2014* (London : BP, 2014).
Braconier, H. et al., "Policy Challenges for the Next 50 Years," *OECD Economic Policy Paper No. 9* (Paris : Organization for Economic Cooperation and Development, 2014).
Bradsher, K., "Wary of China, Companies Head to Cambodia," *New York Times* (April 8, 2013).

Braudel, F., "European Expansion and Capitalism, 1450-1650," in *Chapters in Western Civilization*, ed. Contemporary Civilization Staff, Columbia College (New York : Columbia University Press, 1961), 245~88.

______, *The Mediterranean and the Mediterranean World in the Age of Philip II*, Vol. I (New York : Harper & Low, 1972). [페르낭 브로델, 『지중해 : 펠리페 2세 시대의 지중해 세계 1』, 주경철 · 조준희 옮김, 까치, 2017.]

______, *Afterthoughts on Material Civilization and Capitalism* (Baltimore : Johns Hopkins University Press, 1977). [페르낭 브로델, 『물질문명과 자본주의 읽기』, 김홍식 옮김, 갈라파고스, 2012.]

______, *The Structures of Everyday Life* (New York : Harper & Row, 1981). [페르낭 브로델, 『물질문명과 자본주의 I : 일상생활의 구조』, 주경철 옮김, 까치, 1995.]

______, *The Wheels of Commerce* (New York : Harper & Row, 1982). [페르낭 브로델, 『물질문명과 자본주의 II : 교환의 세계』, 주경철 옮김, 까치, 1996.]

______, "History and the Social Sciences : The Longue Duree," *Review* 32, no. 3 (2009/1958 orig.) : 195.

Braudel, F. and F. Spooner, "Prices in Europe from 1450 to 1750," in *The Cambridge Economic History of Europe*, Vol. IV, ed. E.E Rich and C.H. Wilson (London : Cambridge University Press, 1967), 378~486.

Braun, B. and N. Castree, eds., *Remaking Reality* (New York : Routledge, 1998).

Braverman, H., *Labor and Monopoly Capital* (New York : Monthly Review Press, 1974). [해리 브레이버맨, 『노동과 독점자본』, 강남훈 · 이한주 옮김, 까치, 1987.]

Brenner, N. et al., "After neoliberalization?" *Globalizations* 7, no. 3 (2010) : 327~45.

Brenner, R., "Agrarian Class Structure and Economic Development," *Past and Present* 70 (1976) : 30~75.

______, "The Agrarian Roots of European Capitalism," in *The Brenner Debate*, ed. T.H. Aston and C.H.E. Philpin (Cambridge : Cambridge University Press, 1985). [로버트 브레너, 「유럽자본주의의 농업적 뿌리」, 『농업계급구조와 경제발전』, T.H. 아스톤 · C.H.E. 필핀 엮음, 이연규 옮김, 집문당, 1991.]

______, "The Low Countries in the Transition to Capitalism," *Journal of Agrarian Change* 1, no. 2 (2001) : 169~241.

Bridge, G., "What Drives the Extractive Frontier?" Paper presented to the 1st World Congress of Environmental History, Copenhagen, August 3~8, 2009.

Brockway, L.H., *Science and Colonial Expansion* (New York : Academic Press, 1978).

______, "Science and Colonial Expansion," *American Ethnologist* 6, no. 3 (1979) : 449~65.

Broadberry, S. et al., "British Economic Growth, 1270-1870" (Unpublished paper, Department of Economic History, London School of Economics, 2011).

______, "When did Britain Industrialise?" *Explorations in Economic History* 50, no. 1 (2013) : 16~27.

Brotton, J., *Trading Territories : Mapping the Early Modern World* (Ithaca : Cornell University Press, 1997).

Brown, L., "Could Food Shortages Bring Down Civilization?" *Scientific American* (April, 2009).

Bryceson, D.F., "Sub-Saharan Africa's Vanishing Peasantries and the Specter of a Global Food Crisis," *Monthly Review* 61, no. 3 (2009) : 48~62.

Bukharin, N., *Imperialism and World Economy* (New York : International Publishers, 1929 〔1917 orig.〕). [니콜라이 부하린, 『세계경제와 제국주의』, 최미선 옮김, 책갈피, 2018.]

Bump, P., "What's Exceptional about the Current Drought — And What Isn't," *Washington Post* (May 17, 2014).

Bunker, S.G., "Modes of Extraction, Unequal Exchange, and the Progressive Underdevelopment of an Extreme Periphery," *American Journal of Sociology* 89, no. 5 (1984) : 1017~64.

Bunker, S.G. and P.S. Ciccantell, "Economic Ascent and the Global Environment," in *Ecology and the World-System*, ed. W.L. Goldfrank et al. (Westport, CT : Greenwood Press, 1999).

______, *Globalization and the Race for Resources* (Baltimore : Johns Hopkins University Press, 2005).

Burbach, R. and P. Flynn, ed., *Agribusiness in the Americas* (New York : Monthly Review Press, 1980).

Burkett, P., *Marx and Nature* (New York : St. Martin's Press, 1999).

Burkle, L.A. et al., "Plant-pollinator interactions over 120 years," *Science* 339, no. 6127 (2013) : 1611~5.

Buttel, F.H., M. Kenney, and J.R Kloppenburg Jr., "From Green Revolution to Biorevolution," *Economic Development and Cultural Change* 34, no. 1 (1985) : 31~55.

Caffentzis, G., *In Letters of Blood and Fire* (Oakland : PM Press, 2013). [조지 카펜치스, 『피와 불의 문자들』, 서창현 옮김, 갈무리, 2018.]

Cain, P.J. and A.G. Hopkins, "Gentlemanly Capitalism and British Expansion Overseas II," *Economic History Review* 40, no. 1 (1987) : 1~26.

Cairnes, J.E., *The Slave Power* (London : Parker, Son and Bourn, 1862).

Camba, A., "Karl Marx in Beijing" (Paper presented to conference : From *The Long Twentieth Century* to the Twenty-First, Binghamton University, October 11~12, 2014).

Campbell, B., "Nature as Historical Protagonist," *Economic History Review* 63, no. 2 (2010) : 281~314.

Campbell, C.J. and J.H. Laherrère, "The end of cheap oil," *Scientific American* 278, no. 3 (1998) : 60~5.

Cañizares-Esguerra, J., "Iberian Science in the Renaissance," *Perspectives on Science* 12, no. 1 (2004) : 86~124.

Canning, P. et al., "Energy Use in the U.S. Food System" (Economic Research Report Number 94, Washington : United States Department of Agriculture, 2010).

Capra, F., *The Turning Point* (New York : Bantam, 1982). [프리초프 카프라, 『새로운 과학과 문명의 전환』, 구윤서 · 이성범 옮김, 범양사, 2007.]

______, *The Web of Life* (New York : Anchor, 1996). [프리초프 카프라, 『생명의 그물』, 김동광 · 김용정 옮김, 범양사, 1999.]

Carr, E.H., *What is History?* (New York : Penguin, 1962). [에드워드 H. 카, 『역사란 무엇인가』, 김택현 옮김, 까치, 2015.]

Carson, R., *Silent Spring* (New York : Houghton Mifflin, 1962). [레이첼 카슨, 『침묵의 봄』, 김은령 옮김, 에코리브르, 2011.]

Carus-Wilson, E.M., "The Woolens Industry," in *The Cambridge Economic History of Europe*, Vol. 2, eds. M. Postan and E.E. Rich (Cambridge : Cambridge University Press, 1952).

Castree, N. and B. Braun, eds. *Social Nature* (Oxford : Blackwell Publishers, 2001).

Cerri, C.E.P. et al., "Tropical agriculture and global warming : impacts and mitigation options," *Scientia Agricola* 64, no. 1 (2007) : 83~99.

Certini, G. and R. Scalenghe. "Anthropogenic Durées are the Golden spikes for the Anthropocene," *The Holocene* 21, no. 8 (2011) : 1269~74.

CFS [Center for Food Safety], "Farmers and Consumer Groups File Lawsuit Challenging Genetically Engineered Alfalfa Approval" (2011).

Chakrabarty, D., "The Climate of History," *Critical Inquiry* 35 (2009) : 197~222.

Challinor, A.J. et al., "A meta-analysis of crop yield under climate change and adaptation," *Nature Cli-*

mate Change 4, no. 4 (2014) : 287~91.

Chase-Dunn, C. and T.D. Hall, *Rise and Demise* (Boulder : Westview, 1997).

Chaunu, P., *European Expansion in the Later Middle Ages* (Amsterdam : North Holland Publishing Company, 1979).

Chen, R.S., "Global Agriculture, Environment, and Hunger," *Environmental Impact Assessment Review* 10, no. 4 (1990) : 335~8.

Christopher, T., "Can Weeds Help Solve the Climate Crisis?" *New York Times* (June 29, 2008).

Cinnirella, F., "Optimists or Pessimists? A Reconsideration of Nutritional Status in Britain, 1740-1865," *European Review of Economic History* 12, no. 3 (2008) : 325~54.

Cipolla, C., *Before the Industrial Revolution : European Society 1000-1700* (New York : W.W. Norton, 1976).

Clapp, J., *Food* (Cambridge : Polity, 2012). [제니퍼 클랩, 『식량의 제국』, 정서진 옮김, 이상북스, 2013.]

______, "Financialization, distance and global food politics," *The Journal of Peasant Studies* 41, no. 5 (2014) : 797~814.

Clark, B. and R. York, "Carbon Metabolism," *Theory and Society* 34 (2005) : 391~428.

Clark, B. and J.B. Foster. "Ecological Imperialism and the Global Metabolic Rift," *International Journal of Comparative Sociology* 50, nos. 3~4 (2009) : 311~34.

Clark, G., "The Secret History of the Industrial Revolution" (Unpublished paper, Department of Economics, University of California-Davis, 2001).

______, *Farewell to Alms* (Princeton : Princeton University Press, 2007). [그레고리 클라크, 『맬서스, 산업혁명, 그리고 이해할 수 없는 신세계』, 이은주 옮김, 한스미디어, 2009.]

Clark, G. et al., "A British Food Puzzle, 1770-1850," *The Economic History Review* 48, no. 2 (1995) : 215~37.

Clayton, N., "Weeds, People and Contested Places," *Environment and History* 9, no. 3 (2003) : 301~31.

Cleveland, C.J. et al., "Energy and the US Economy," *Science* 225 (1984) : 890~7.

Cochrane, W.W., *The Development of American Agriculture* (Minneapolis : University of Minnesota Press, 1979).

Conforti, P., ed., *Looking Ahead in World Food and Agriculture* (Rome : FAO, 2011).

Cook, C.D., "The Spraying of America" *Earth Island Journal* (Spring, 2005).

Cooper, M., *Life as Surplus* (Seattle : University of Washington Press, 2008). [멜린다 쿠퍼, 『잉여로서의 생명』, 안성우 옮김, 갈무리, 2016.]

Cosgrove, D., "Prospect, Perspective and the Evolution of the Landscape Idea," *Transactions of the Institute of British Geographers* 10, no. 1 (1985) : 45~62.

______, *Geography and Vision* (London : I.B. Tauris, 2008).

Costa, M.D. and S. James. *The Power of Women and the Subversion of the Community* (Bristol, UK : Falling Wall Press, 1972).

Costanza, R. et al., "The Value of the World's Ecosystem Services and Natural Capital," *Nature* 387 (1997) : 253~60.

Costanza, R. et al, "Sustainability or Collapse," *Ambio* 36, no. 7 (2007) : 522~7.

______, "Changes in the Global Value of Ecosystem Services," *Global Environmental Change* 26 (2014) : 152~8.

Cox, C.R., *Synthesizing the Vertical and the Horizontal : A World-Ecological Analysis of 'the' Industrial*

Revolution (M.Sc. thesis, Portland State University, 2014).

Crafts, N., "Productivity Growth in the Industrial Revolution," *Journal of Economic History* 64, no. 2 (2004) : 521~35.

_____, "Steam as a General Purpose Technology," *Economic Journal* 114 (2004) : 338~51.

Cremaq, P., "Brazilian Agriculture : The Miracle of the Cerrado," *Economist* (August 26, 2010).

Cronon, W., *Changes in the Land* (New York : W.W. Norton, 1983).

_____, *Nature's Metropolis* (New York : W.W. Norton, 1991).

_____, *Uncommon Ground* (New York : W.W. Norton, 1996).

Crosby, A.W., *The Columbian Exchange* (Westport, CT : Greenwood Press, 1972). [앨프리드 W. 크로스비, 『콜럼버스가 바꾼 세계』, 김기윤 옮김, 지식의숲, 2006.]

_____, *Ecological Imperialism* (Cambridge : Cambridge University Press, 1986). [앨프리드 W. 크로스비, 『생태제국주의』, 정범진 · 안효상 옮김, 지식의풍경, 2000.]

_____, *The Measure of Reality* (Cambridge : Cambridge University Press, 1997). [앨프리드 W. 크로스비, 『수량화혁명』, 김병화 옮김, 심산, 2005.]

Crotty, J., "Slow Growth, Destructive Competition, and Low Road Labor Relations," *Working Paper Series 6* (Political Economy Research Institute, University of Massachusetts, Amherst, 2000).

Crumley, C., "The Ecology of Conquest," in *Historical Ecology*, ed. C. Crumley (Santa Fe, NM : School of American Research Press, 1994), 183~201.

Crutzen, P.J., "Geology of Mankind : The Anthropocene," *Nature* 415 (2002) : 23.

Cunfer, G., "Manure Matters on the Great Plains Frontier," *Journal of Interdisciplinary History* 34, no. 4 (2004) : 539~67.

Cunfer, G. and F. Krausmann, "Sustaining Durée Fertility : Agricultural Practice in the Old and New Worlds," *Global Environment* 4 (2009) : 8~47.

Curtin, P.D., *The Atlantic Slave Trade* (Madison : University of Wisconsin Press, 1969).

Dai, A., "Drought Under Global Warming," *Climate Change* 2, no. 1 (2011) : 45~65.

Daly, H.E. and J. Farley, *Ecological Economics* (Washington, D.C. : Island Press, 2004).

Daniels, J. and C. Daniels. "The Origin of the Sugarcane Roller Mill," *Technology and Culture* 29, no. 3 (1988) : 493~535.

Dantas, G. and M.O.A. Sommer, "How to Fight Back Against Antibiotic Resistance," *American Scientist* 102 (2014) : 42~51.

Darby, H.C., "The Clearing of Woodland in Europe," in *Man's Role in Changing the Face of the Earth*, ed. W.L. Thomas, Jr. (Chicago : University of Illinois Press, 1956), 183~216.

Dark, P. and H. Gent. "Pests and Diseases of Prehistoric Crops," *Oxford Journal of Archaeology* 20, no. 1 (2001) : 59~78.

Darr, T. and G. Gribbons. "How US Exports Are Faring in the World Wheat Market," *Monthly Labor Review* 108 (1985) : 10~24.

Davids, K and L. Noordegraaf, eds. *The Dutch Economy in the Golden Age* (Amsterdam : Nederlandsch Economisch-Historisch Archief, 1993).

Davidson et al., "The Effort Factor," *Global Environmental Change* 25, no. 1 (2014), 63~8.

Davis, J.A., "The European Economies in the Eighteenth century," in *An Economic History of Europe*, ed. A. Di Vittorio (New York : Routledge, 2006), 92~134.

Davis, M., *Late Victorian Holocausts* (London : Verso, 2001).

______, *Planet of Slums* (London : Verso, 2006). [마이크 데이비스, 『슬럼, 지구를 뒤덮다』, 김정아 옮김, 돌베개, 2007.]

Dean, W., *With Broad Ax and Firebrand* (Berkeley : University of California Press, 1995).

De Angelis, M., *The Beginning of History* (London : Pluto Press, 2007). [맛시모 데 안젤리스, 『역사의 시작』, 권범철 옮김, 갈무리, 2019.]

Debeir, J-C. et al., *In the Servitude of Power* (London : Zed, 1991 [1986 orig.]).

Deckard, S., "Mapping the World-Ecology," *Ecologies Technics and Civilizations,*(forthcoming).

Defeng, Z., "Bridging the Rice Yield Gap in China," in *Bridging the Rice Gap in the Asia-Pacific Region*, ed. M.K. Papademetriou et al. (Bangkok : FAO, 2000) : 69~83.

Descartes, R., *A Discourse on the Method of Correctly Conducting One's Reason and Seeking Truth in the Sciences* (Oxford : Oxford University Press, 2006 〔1637 orig.〕). [르네 데카르트, 『방법서설 : 정신지도 규칙』, 이현복 옮김, 문예출판사, 2019.]

De Vries, J., "The Labour Market," in *The Dutch Economy in the Golden Age*, eds. K. Davids and L. Noordegraaf (Amsterdam : Nederlandsch Economisch-Historisch Archief, 1993) : 55~78.

______, *The Industrious Revolution* (Cambridge : Cambridge University Press, 2008).

De Vries, J. and A. van der Woude, *The First Modern Economy* (Cambridge : Cambridge University Press, 1997).

De Zeeuw, J.W., "Peat and the Dutch Golden Age," *A.A.G. Bijdragen* 21 (1978) : 3~31.

Diamond, J., *Collapse* (New York : Viking, 2004). [제레드 다이아몬드, 『문명의 붕괴』, 강주헌 옮김, 김영사, 2005.]

Di Vittorio, A., ed., *An Economic History of Europe* (New York : Routledge, 2006).

Dobbs, R. et al., *Resource Revolution* (New York : McKinsey Global Institute, 2011).

Domanski, D. et al., "Oil and Debt," *BIS Quarterly Review* (March, 2015) : 55~65.

Doublet, V. et al., "Bees under Stress : Sublethal doses of a neonicotinoid pesticide and pathogens interact to elevate honey bee mortality across the life cycle," *Environmental Microbiology* 17, no. 4 (2015) : 969~83.

Drayton, R., *Nature's Government* (New Haven : Yale University Press, 2001).

Duby, G., *Rural Economy and Country Life in the Medieval West* (Philadelphia : University of Pennsylvania Press, 1968).

Economist, "Women in South Korea : A Pram Too Far," *Economist*, (October 26, 2013).

______, "Antibiotic Resistance : The Drugs Don't Work," *Economist* (May 3, 2014).

Eicher, C.K., "Facing up to Africa's Food Crisis," *Foreign Affairs* 61, no. 1 (1982) : 149~80.

Elden, S., *Speaking Against Number* (Edinburgh : Edinburgh University Press, 2006).

Elitzak, H., "Food Cost Review, 1950-97," *Agricultural Economic Report No. 780* (Food and Rural Economics Division, Economic Research Service, U.S. Department of Agriculture, 1999), 19~23.

Ellis, E.S. et al., "Anthropogenic Transformation of the Biomes, 1700 to 2000," *Global Ecology and Biogeography* 19, no. 5 (2010) : 589~606.

______, "Used Planet," *Proceedings of the National Academy of Sciences* 110, no. 20 (2013) : 7978~85.

Emmer, P.C., "The History of the Dutch Slave Trade : A Bibliographical Survey," *Journal of Economic History* 32, no. 3 (1972) : 728~47.

Engdahl, F.W., "The Financial Tsunami : The Financial Foundations of the American Century, Part II" (Centre for Research on Globalization, 2008).

Engels, F., "Engels to J. Bloch in Berlin, London, September 21, 1890," *New International* 1, no. 3 (1934) : 81~5.
_____, *The Part Played by Labor in the Transition from Ape to Man* (New York : International Publishers, 1950).
_____, *The Origin of the Family, Private Property, and the State* (New York : International Publishers, 1970). [프리드리히 엥겔스, 『가족, 사유재산, 국가의 기원』, 김대웅 옮김, 두레, 2012.]
EPA〔Environment Protection Agency〕, "DDT : A Review of Scientific and Economic Aspects of the Decision to Ban Its Use as a Pesticide" (Washington, D.C : United States Department of Commerce, 1975).
EPI〔Earth Policy Institute〕, "Wheat Production, Area, and Yield in India 1960~2011" (2012).
_____, "World Average Corn, Wheat, and Rice Yields, 1960~2012" (2013).
_____, "U.S. Grain Production, Area, Yield, and Stocks, 1960~2012" (2013).
_____, "Fertilizer Consumption and Grain Production for the World, 1950-2013" (2014).
Fagan, B., *The Great Warming* (New York : Bloomsbury Press, 2008). [브라이언 M. 페이건, 『뜨거운 지구, 역사를 뒤흔들다』, 남경태 옮김, 예지, 2011.]
Fairbrother, A. et al., "Risks of Neonicotinoid Insecticides to Honeybees," *Environmental Toxicology and Chemistry* 33, no. 4 (2014) : 719~31.
FAO〔Food and Agriculture Organization〕, *The State of Food and Agriculture 1995. Agricultural Trade : Entering a New Era?* (Rome : FAO, 1995).
_____, *World Agriculture Towards 2015/2030* (Rome : FAO, 2002).
_____, *The World Banana Economy, 1985-2002* (Rome : FAO, 2003).
_____, *The State of Food and Agriculture. Agricultural Trade and Poverty : Can Trade Work for the Poor?* (Rome : FAO, 2005).
_____, *FAO Statistical Yearbook 2012* (Rome : FAO, 2012).
_____, "World Food Situation : FAO Food Price Index" (2014).
_____, "Food Price Index : Nominal and Real" (2014)
Farm Industry News, "Glyphosate-Resistant Weed Problem Extends to More Species, More Farms," *Farm Industry News* (January 29, 2013).
Febvre, L. and H. Martin, *The Coming of the Book* (London : Verso, 1976).
Federici, S., *Wages against Housework* (Bristol, UK : Falling Wall Press, 1973).
_____, *Revolution at Point Zero* (Oakland : PM Press, 2012). [실비아 페데리치, 『혁명의 영점』, 황성원 옮김, 갈무리, 2013.]
Fegley, B., "30 Years of Double-Digit Chinese Growth," *From the Yardarm* 7, no. 1 (2013).
Fine, B. and A. Saad-Filho, *Marx's Capital*, 4th ed. (London : Pluto, 2004). [벤 파인 · 알프레도 사드-필류, 『마르크스의 자본론』, 박관석 옮김, 책갈피, 2006.]
Fischer-Kowalski, M., "Society's Metabolism," in *The International Handbook of Environmental Sociology*, ed. M.R. Redclift and G. Woodgate (Cheltenham, UK : Edward Elgar, 1997) 119~37.
Fischer-Kowalski, M. et al., "A Sociometabolic Reading of the Anthropocene," *The Anthropocene Review* 1, no. 1 (2014) : 8~33.
Fitzgerald, D.K., *Every Farm a Factory* (New Haven : Yale University Press, 2003).
Folke, C. et al. "Resilience Thinking," *Ecology and Society* 15, no. 4 (2010) : 20.
Foner, E., ed., *The New American History* (Philadelphia : Temple University Press, 1990).

Food and Water Watch, *The Economic Cost of Food Monopolies* (Washington, D.C. : Food and Water Watch, 2012).

_____, *Superweeds* (Washington, D.C. : Food and Water Watch, 2013).

Fossier, R., *La Terre et les Hommes en Picardie jusqu'à la Fin du XIIIe Siècle*, 2 vols (Paris : B. Nauwelaerts, 1968).

Foster, J.B., *The Vulnerable Planet* (New York : Monthly Review Press, 1994). [존 벨라미 포스터, 『환경과 경제의 작은 역사』, 김현구 옮김, 현실문화, 2001.]

_____, "Marx's Theory of Metabolic Rift," *American Journal of Sociology* 195, no. 2 (1999) : 366~405.

_____, *Marx's Ecology* (New York : Monthly Review Press, 2000). [존 벨라미 포스터, 『마르크스의 생태학』, 김민정 · 황정규 옮김, 인간사랑, 2016.]

_____, "Marx's Ecological Value Analysis," *Monthly Review* 52, no. 4 (2000).

_____, *The Ecological Revolution* (New York : Monthly Review Press, 2009). [존 벨라미 포스터, 『생태혁명』, 박종일 옮김, 인간사랑, 2010.]

_____, "Capitalism and the Accumulation of Catastrophe," *Monthly Review* 63, no. 7 (2011) : 1~17.

_____, "The Epochal Crisis," *Monthly Review* 65, no. 5 (2013) : 1~12.

_____, "Marx and the Rift in the Universal Metabolism of Nature," *Monthly Review* 65, no. 7 (2013) : 1~19.

Foster, J.B. and B. Clark, "The Sociology of Ecology," *Organization and Environment* 21, no. 3 (2008) : 311~52.

Foster, J.B., B. Clark, and R. York, *The Ecological Rift* (New York : Monthly Review Press, 2010).

Foster, J.B. and R.W. McChesney, *The Endless Crisis* (New York : Monthly Review Press, 2012).

Foucault, M., *Society Must Be Defended* (New York : Picador, 2003). [미셸 푸코, 『사회를 보호해야 한다』, 김상운 옮김, 난장, 2015.]

_____, *Security, Territory, Population* (New York : Picador, 2007). [미셸 푸코, 『안전, 영토, 인구』, 오트르망(심세광 · 전혜리 · 조성은) 옮김, 난장, 2011.]

Fouquet, R., *Heat, Power and Light : Revolutions in Energy Services* (Northampton, MA : Edward Elgar, 2008).

Franco, J.C. and S.M. Borras Jr., eds., *Land Concentration, Land Grabbing and People's Struggles in Europe* (Amsterdam : Transnational Institute, 2013).

Frederiksen, T., "Unearthing Rule"(Paper presented to the 1st World Congress of Environmental History, Copenhagen, August 3~8, 2009).

Freeman, R., "What Really Ails Europe (and America)," *The Globalist* (June 3, 2005).

Freese, W., "Testimony Before the Domestic Policy Subcommittee of the House Oversight and Government Reform Committee" (U.S. House of Representatives, Sept. 30 2010).

Fremdling, F., "Industrialization And Scientific And Technological Progress," in *History Of Humanity*, Vol. VI, ed. P. Mathias and N. Todorov (New York : Routledge, 2005), 80~94.

Friedmann, H., "World Market, State, and Family Farm," *Comparative Studies in Society and History* 20, no. 4 (1978) : 545~86.

_____, "The Political Economy of Food," *New Left Review* I, 197 (1993) : 29~57.

_____, "What on Earth is the Modern World-System?" *J. World-Systems Research* 6, no. 2 (2000) : 480~515.

_____, "Food Sovereignty in the Golden Horseshoe Region of Ontario," in *Food Sovereignty in Canada*, ed. H. Wittman et al. (Halifax : Fernwood, 2011), 168~89.

Friedmann, H. and P. McMichael, "Agriculture and the State System," *Sociologia Ruralis* 29, no. 2 (1989) : 93~117.

Fuglie, K.O., et al., "Productivity Growth in U.S. Agriculture," *Economic Brief 9* (Washington, D.C. : US Department of Agriculture, Sep. 2007).

Fuglie, K.O. and S.L. Wang, "New Evidence Points to Robust but Uneven Productivity Growth in Global Agriculture," *Amber Waves* 10, no. 3 (2012) : 1~6.

Gade, D.W. and M. Escobar, "Village Settlement and the Colonial Legacy in Southern Peru," *Geographical Review* 72, no. 4 (1982) : 430~49.

Gadgil, M. and R. Guha, *This Fissured Land* (Berkeley : University of California Press, 1992).

Gambrell, D., "America's Shrinking Grocery Bill," *Business Week* (February 28, 2013).

George, S., *The Debt Boomerang* (Boulder : Westview Press, 1993). [수잔 조지, 『외채 부메랑』, 이대훈 옮김, 울력, 1999.]

______, "Converging Crises," *Globalization* 7, no. 1-2 (2010), 17~22.

Georgescu-Roegen, N., "Energy and Economic Myths," *Southern Economic Journal* 41, no. 3 (1975) : 347~81.

Gilbert, N., "A Hard Look at GM Crops," *Nature* 497 (2013) : 24~6.

Gill, R.J. and N.E. Raine, "Chronic impairment of bumblebee natural foraging behaviour induced by sublethal pesticide exposure," *Functional Ecology* 28, no. 6 (2014) : 1459~71.

Gindin, S. and L. Panitch, *The Making of Global Capitalism* (London : Verso, 2012).

Glacken, C., *Traces on the Rhodian Shore* (Berkeley : University of California Press, 1967). [클래런스 글래컨, 『로도스 섬 해변의 흔적 1~4』, 최병두 외 옮김, 나남출판, 2016.]

Glass, M. and R. Rose-Redwood, eds., *Performativity, Space and Politics* (New York : Routledge, 2015).

Goldin, C., "Gender Gap," in *The Concise Encyclopedia of Economics*, ed. D.R. Henderson (2008).

Goldman Sachs, "Higher Long-Term Prices Required by a Troubled Industry," *Equity Research, Goldman Sachs* (April 12, 2013).

Goldstone, J.A., "Efflorescences and Economic Growth in World History," *Journal of World History* 13, no. 2 (2002) : 323~89.

Gordon, D.M. et al., *Segmented Work, Divided Workers* (Cambridge : Cambridge University Press, 1982). [D.M. 고든 외, 『분절된 노동 분할된 노동자』, 고병웅 옮김, 신서원, 1998.]

Gordon, K., ed., *Risky Business : The Economic Risks of Climate Change in the United States* (New York : Risky Business Project, 2014).

Gordon, L., "US Women's History," in *The New American History*, ed. E. Foner (Philadelphia : Temple University Press, 1990).

Gordon, R.J., "Revisiting U.S. Productivity Growth over the Past Century with a View of the Future" (Working Paper 15834, Cambridge : National Bureau Of Economics Research, 2010).

______, "Is US Economic Growth Over?" (Working Paper 18315, National Bureau of Economic Research, 2012).

Gould, S.J., *The Mismeasure of Man* (New York : W.W. Norton, 1981). [스티븐 제이 굴드, 『인간에 대한 오해』, 김동광 옮김, 사회평론, 2003.]

Goulson, D., "Decline of Bees Forces China's Apple Farmers to Pollinate by Hand," *China Dialogue* (October 2, 2012).

Gouveia, L. and A. Juska, "Taming Nature, Taming Workers," *Sociologia Ruralis* 42, no. 4 (2002) : 370~90.

Gowan, P., *The Global Gamble* (London : Verso, 1999). [피터 고완, 『세계없는 세계화』, 홍수원 옮김, 시유시, 2001.]

Gowdy, J. and L. Krall. "The Ultrasocial Origin of the Anthropocene," *Ecological Economics* 95 (2013) : 137~47.

GRAIN, "2,4-D Soy : Waging War on Peasants," *GRAIN Report* (2014).

______, "Hungry for Land," *Grain Report* (2014).

Grantham, J., "Days of Abundant Resources and Falling Prices Are Over Forever," *GMO Quarterly Newsletter* (April 2011).

Griffin, D. and K.J. Anchukaitis, "How unusual is the 2012~2014 California Drought?", *Geophysical Research Letters* 41, no. 24 (2014) : 9017~23.

Grigg, D.B., *The Agricultural Systems of the World* (Cambridge : Cambridge University Press, 1974).

Grove, R.H., *Green Imperialism* (Cambridge : Cambridge University Press, 1995).

Gurevich, A.J., "Time as a Problem of Cultural History," in *Cultures and Time*, ed. L. Gardet et al. (Paris : UNESCO Press, 1976).

Gurian-Sherman, D., *Failure to Yield* (Cambridge, MA : Union of Concerned Scientists, 2009).

Haberl, H. et al., "Quantifying and Mapping the Human Appropriation of Net Primary Production in Earth's Terrestrial Ecosystems," *Proceedings of the National Academy of Sciences* 104, no. 31 (2007) : 12942~7.

______, "A Socio-Metabolic Transition Towards Sustainability?" *Sustainable Development* 19, no. 1 (2011) : 1~14.

Haiven, M., "Finance as Capital's Imagination?" *Social Text* 29, no. 3 (2011) : 93~124.

Hollister-Short, G., "The First Half-Century of the Rod-Engine (c.1540~1600)," *Bulletin of the Peak District Mines Historical Society* 12, no. 3 (1994) : 83~90.

Hamilton, J.D., "Causes and Consequences of the Oil Shock of 2007-08," *Brookings Papers on Economic Activity* 1 (2009) : 215~61.

Handelsbanken, *A Commodity Bust in Slow Motion* (Stockholm : Handelsbanken, 2014).

Haraway, D., "Situated Knowledges," *Feminist Studies* 14, no. 3 (1988) : 575~99.

______, *Simians, Cyborgs, and Women* (New York : Routledge, 1991). [도나 해러웨이, 『유인원, 사이보그, 그리고 여자』, 민경숙 옮김, 동문선, 2002.]

______, *When Species Meet* (Minneapolis : University of Minnesota Press, 2008). [도나 해러웨이, 『종과 종이 만날 때』, 최유미 옮김, 갈무리, 근간.]

______, "Staying with the Trouble : Anthropocene, Capitalocene, Chthulucene," in *Anthropocene or Capitalocene?*, ed. J.W. Moore (Oakland : PM Press, 2016).

Harley, C.K., "Ocean Freight Rates and Productivity, 1740~1913," *Journal of Economic History* 48, no. 4 (1988) : 851~76.

Hartmann, H.I., "The Family as the Locus of Gender, Class, and Political Struggle," *Signs* 6, no. 3 (1981) : 366~94.

Harvey, D., "Population, Resources, and the Ideology of Science," *Economic Geography* 50, no. 3 (1974) : 256~77.

______, *The Limits to Capital* (Chicago : University of Chicago Press, 1982). [데이비드 하비, 『자본의 한계』, 최병두 옮김, 한울, 2007.]

______, *The Condition of Postmodernity* (Hoboken : Wiley-Blackwell, 1989). [데이비드 하비, 『포스트 모더니티의 조건』, 구동회 · 박영민 옮김, 한울, 2008.]

______, "Geography," in *The Dictionary of Marxist Thought*, ed. T. Bottomore (Cambridge, MA : Basil Blackwell, 1991).

______, "The Nature of Environment," in *Socialist Register* (1993) : 1~51.

______, *Justice, Nature, and the Geography of Difference* (Oxford : Basil Blackwell, 1996).

______, *Spaces of Capital* (New York : Routledge, 2001).

______, *The New Imperialism* (Oxford : Oxford University Press, 2003). [데이비드 하비, 『신제국주의』, 최병두 옮김, 한울, 2016.]

______, *A Brief History of Neoliberalism* (Oxford : Oxford University Press, 2005). [데이비드 하비, 『신자유주의 : 간략한 역사』, 최병두 옮김, 한울, 2007.]

Harvey, P.D.A., *Maps in Tudor England* (Chicago : University of Chicago Press, 1993).

Hauter, W., *Foodopoly* (New York : The New Press, 2012).

Headrick, D.R., *The Tentacles of Progress* (Oxford : Oxford University Press, 1988).

Hecht, S.B. and C.C. Mann, "How Brazil Outfarmed the American Farmer," *Fortune* (January 10, 2008).

Hegel, G.W.F., *Philosophy of Mind*, trans. W. Wallace and A.V. Miller (Oxford : Oxford University Press, 1971). [게오르그 빌헬름 프리드리히 헤겔, 『정신현상학 1 · 2』, 임석진 옮김, 한길사, 2005.]

Heinberg, R., *Peak Everything* (Gabriola Island, BC : New Society, 2007). [리처드 하인버그, 『미래에서 온 편지』, 송광섭 · 송기원 옮김, 부키, 2010.]

Henderson, G.L., *California and the Fictions of Capital* (Oxford : Oxford University Press, 1998).

Hendrickson M.K. et al., "Does the World Need U.S. Farmers Even if Americans Don't?" *Journal of Agricultural and Environmental Ethics* 21 (2008) : 311~28.

Herron, J., "Because Antelope Can't Talk," *Historical Reflections* 36, no. 1 (2010) : 33~52.

Herzog, T., "World Greenhouse Gas Emissions in 2005" (WRI Working Paper, World Resources Institute, July 2009).

Heynen, N. et al., eds. *Neoliberal Environments* (New York : Routledge, 2007).

HHS 〔U.S. Department of Health and Human Services〕, *Health United States 2010* (Washington, D.C. : U.S. Government Printing Office, 2010).

Hilbrecht, M. et al., " 'I'm Home for the Kids' : Contradictory Implications for Work-Life Balance of Teleworking Mothers," *Gender, Work and Organization* 15, no. 5 (2008) : 456~7.

Hildebrand, K-H., *Swedish Iron in the Seventeenth and Eighteenth Centuries*, trans. P. Britten Austin (Stockholm : Jernkontorets Bergshistoriska Skriftserie, 1992).

Hilton, R., *The English Peasantry in the Late Middle Ages* (Oxford : Oxford University Press, 1975).

Hobsbawm, E.J., *Industry and Empire* (New York : Penguin, 1968). [에릭 홉스봄, 『산업과 제국』, 전철환 · 장수한 옮김, 한벗, 1984.]

______, *The Age of Capital 1848-1875* (New York : Meridian, 1975). [에릭 홉스봄, 『자본의 시대』, 김동택 옮김, 한길사, 1998.]

Hochschild, A.R., *The Second Shift* (New York : Viking, 1989). [알리 러셀 혹실드, 『돈 잘 버는 여자 밥 잘하는 남자』, 백영미 옮김, 아침이슬, 2001.]

______, "The Commodity Frontier," (Working Paper No. 1, Center for Working Families, University of California, Berkeley, 2002).

Hollister-Short, G., "The First Half-Century of the Rod-Engine (c.1540-1600)," *Bulletin of the Peak Dis-*

trict Mines Historical Society 12, no. 3 (1994) : 83~90.

Holt-Giménez, E. and M.A. Altieri, "Agroecology, Food Sovereignty, and the New Green Revolution," *Agroecology and Sustainable Food Systems* 37, no. 1 (2013) : 90~102.

Hopkins, T., "World-Systems Analysis," in *World-Systems Analysis*, ed. T.K. Hopkins et al. (Beverly Hills : Sage, 1982), 145~58.

Horne, S., "US Drought Could Halve Wheat Harvest in Oklahoma," *Farmer's Weekly* (May 12, 2014).

Howitt, R. et al., "Economic Analysis of the 2014 Drought for California Agriculture" (Center for Watershed Sciences, University of California-Davis, 2014).

Hribal, J., "Animals are Part of the Working Class : A Challenge to Labor History," *Labor History* 44, no. 4 (2003) : 435~54.

Htel, F. and P. McMichael, eds., *New Directions in the Sociology of Global Development* (Oxford : Elsevier, 2005).

Huber, M.T., "Energizing Historical Materialism," *Geoforum* 40 (2008) : 105~15

_____, *Lifeblood* (Minneapolis : University of Minnesota Press, 2013).

Hufton, O., "Social Conflict and the Grain Supply in Eighteenth-Century France," *Journal of Interdisciplinary History* 14, no. 2 (1983) : 303~31.

Hughes, J.D., "Theophrastus as Ecologist," *Environmental Review* : ER 9, no. 4 (1985) : 296~306.

_____, *Pan's Travail* (Baltimore : Johns Hopkins University Press, 1994).

Hugill, P.J., *World Trade Since 1431* (Baltimore : Johns Hopkins University Press, 1995).

Humphreys, D., "The Great Metals Boom," *Resources Policy* 35, no. 1 (2010) : 1~13.

Hyde, C.K., "Technological Change in the British Wrought Iron Industry, 1750~1815," *Economic History Review* 27, no. 2 (1974) : 190~206.

IEA〔International Energy Agency〕, *Energy Technology Perspectives* (Paris : International Energy Agency, 2008).

ILO〔International Labour Office〕, *Global Employment Trends 2014 : Risk of a Jobless Recovery?* (Geneva : International Labour Office, 2014).

IMF〔International Monetary Fund〕, *Fund Assistance for Countries Facing Exogenous Shocks* (Washington, D.C. : International Monetary Fund, 2003).

_____, *World Economic Outlook* (Washington, D.C. : International Monetary Fund, 2008).

Index Mundi, "DAP fertilizer Monthly Price — US Dollars per Metric Ton," *Index Mundi* (2014).

_____, "Commodity Price Index Monthly Price — Index Number," *Index Mundi* (2014).

_____, "Crude Oil (Petroleum), Price Index Monthly Price — Index Number," *Index Mundi* (2014).

Ingber, S., "As Honeybees Die Off, First Inventory of Wild Bees Is Under Way," *National Geographic* (July 11, 2014).

Ingold, T., "Globes and Spheres," in *Environmentalism*, ed. K. Milton (New York : Routledge, 1993), 31~42.

IPCC〔Intergovernmental Panel on Climate Change〕, *Climate Change 2007 : Synthesis Report* (Geneva : Intergovernmental Panel on Climate Change, 2007).

_____, *Climate Change 2014 : Mitigation of Climate Change* (Geneva : Intergovernmental Panel on Climate Change, 2014).

Isakson, S.R., "Food and finance : the financial transformation of agro-food supply chains," *The Journal of Peasant Studies* 41, no. 5 (2014) : 749~75.

Jacks, D.S., "From Boom to Bust?" (NBER Working Paper No. 18874, March 2013.)

Jacks, D.S. and K. Pendakur, "Global Trade and the Maritime Transport Revolution," *Review of Economics and Statistics* 92, no. 4 (2010) : 745~55.

Jackson, R.V., "Growth and Deceleration in English Agriculture, 1660-1790," *Economic History Review* 38 (1985) : 333~51.

Jacobs, G. and I. Šlaus, "Global Prospects for Full Employment," *The Cadmus Journal* 1, no. 2 (2011) : 60~89.

Jacobsen, R., *Fruitless Fall* (New York : Bloomsbury, 2010). [로완 제이콥슨, 『꿀벌 없는 세상, 결실 없는 가을』, 노태복 옮김, 에코리브르, 2009.]

Jakes, A.G., *State of the Field : Agrarian Transformation, Colonial Rule, and the Politics of Material Wealth in Egypt, 1882-1914* (PhD Diss., New York University, 2015).

James, C., "Global Status of Commercialized Biotech/GM Crops : 2011" (Brief 43, International Service for the Acquisition of Agri-Biotech Applications, 2011).

Jay, M., *Downcast Eyes* (Berkeley : University of California Press, 1994). [마틴 제이, 『눈의 폄하』, 전영백 외 옮김, 서광사, 2019.]

Jefferson, G. et al., "The Sources and Sustainability of China's Economic Growth," *Brookings Papers on Economic Activity* II (2006) : 1~47.

Jensen, D., *Endgame*, Vol. 1 : *The Problem of Civilization* (New York : Seven Stories Press, 2006). [데릭 젠슨, 『문명의 엔드게임 1 : 문명의 문제』, 황건 옮김, 당대, 2008.]

Jin, S. et al., "Agricultural Productivity in China," in *The Shifting Patterns of Agricultural Production and Productivity Worldwide*, ed. J.M. Alston et al. (Ames, IA : The Midwest Agribusiness Trade Research and Information Center, 2010), 229~77.

Jorgenson, D.W., "The Role of Energy in Productivity," *American Economic Review* 74, no. 2 (1984) : 26~30.

Kabeer, N., *Marriage, Motherhood and Masculinity in the Global Economy* (IDS Working Paper 290, Institute for Development Studies, University of Sussex, 2007).

Kain, R.J.P. and E. Baigent, *The Cadastral Map in the Service of the State* (Chicago : University of Chicago Press, 1992). [로저 J. 케인 · 엘리자베스 베이전트, 『세계 지적도의 역사 1』, 김욱남 옮김, 신성, 2008.]

Kane, R., *The Industrial Resources of Ireland*, 2nd ed. (Dublin : Hodges and Smith, 1845).

Kapp, K.W., *The Social Costs of Private Enterprise* (New York : Schocken Books, 1950).

Kastner, T. et al., "Rapid Growth in Agricultural Trade : Effects on Global Area Efficiency and the Role of Management," *Environmental Research Letters* 9 (2014) : 1~10.

Kaufmann, F., *Bet the Farm* (Hoboken : John Wiley & Sons, 2012).

Kearns, C.A. et al., "Endangered Mutualisms : The Conservation of Plant-Pollinator Interactions," *Annual Review of Ecology and Systematics* 29 (1998) : 83~112.

Keats, S. and S. Wiggins, *Non-Staple Foods and Micro-Nutrient Status* (London : Overseas Development Institute, 2010).

Kellenbenz, H., "Technology in the Age of the Scientific Revolution 1500~1700," in *The Fontana Economic History of Europe*, II, ed. C.M. Cipolla (London : Fontana/Collins, 1974), 177~272.

Kenney, M. et al., "Midwestern Agriculture in US Fordism," *Sociologia Ruralis* 29, no. 2 (1989) : 131~48.

Kenwood, A.G. et al., *Growth of the International Economy, 1820-2015* (New York : Routledge, 2013).

King, J.F., "Evolution of the Free Slave Trade Principle in Spanish Colonial Administration," *Hispanic American Historical Review* 22, no. 1 (1942) : 34~56.

King, P., "The Production and Consumption of Bar Iron in Early Modern England and Wales," *Economic History Review* 58, no. 1 (2005) : 1~33.

Klein, N., *The Shock Doctrine* (New York : Metropolitan Books, 2007). [나오미 클라인, 『쇼크 독트린』, 김소희 옮김, 살림Biz, 2008.]

Kliman, A., *The Failure of Capitalist Production* (London : Pluto Press, 2012). [앤드루 클라이먼, 『자본주의 생산의 실패』, 정성진 · 하태규 옮김, 한울아카데미, 2012.]

Kling, J., "Could Transgenic Supercrops One Day Breed Superweeds?" *Science* 274, no. 5285 (1996) : 180~1.

Kloppenburg, Jr., J.R., *First the Seed* (Cambridge : Cambridge University Press, 1988). [잭 클로펜버그 2세, 『농업생명공학의 정치경제』, 허남혁 옮김, 나남, 2007.]

Koeman, C. et al., "Commercial Cartography and Map Production in the Low Countries, 1500-ca. 1672," in *History of Cartography*, Vol. 3 (Part 2) : *Cartography in the European Renaissance*, ed. D. Woodward (Chicago : University of Chicago Press, 1987), 1296~383.

Komlos, J., "Height and Social Status in Eighteenth-Century Germany," *Journal of Interdisciplinary History* 20, no. 4 (1990) : 607~621.

______, "Shrinking in a Growing Economy?" *Journal of Economic History* 58, no. 3 (1998) : 779~802.

Kolko, J., *Restructuring the World Economy* (New York : Pantheon, 1988).

Kopits, S., "Oil and Economic Growth : A Supply-Constrained View" (Presentation to the Center on Global Energy Policy, Columbia University, February 11, 2014), 43.

Kosek, J., *Understories* (Durham : Duke University Press, 2006).

______, "The Natures of the Beast," in *Global Political Ecology*, ed. R. Peet et al. (London : Routledge, 2011), 227~51.

Kosík, K., *Dialectics of the Concrete* (Boston : D. Reidel Publishing, 1976). [카렐 코지크, 『구체성의 변증법』, 박정호 옮김, 지만지, 2014.]

Kremer, R.J. and N.E. Means, "Glyphosate and Glyphosate-Resistant Crop Interactions with Rhizosphere Microorganisms," *European Journal of Agronomy* 31 (2009) : 153~61.

Kucharik, C.J. and S.P. Serbin, "Impacts of recent climate change on Wisconsin corn and soybean yield trends," *Environmental Research Letters* 3, no. 3 (2008) : 034003.

Kula, W., *Measures and Men* (Princeton : Princeton University Press, 1986).

Kumbamu, A., *Grounding Global Seeds* (PhD dissertation, Department of Sociology, University of Alberta, 2010).

Lam, H-M. et al., "Food Supply and Food Safety Issues in China," *The Lancet* 381 (2013) : 2044~53.

Landes, D., *Prometheus Unbound* (Cambridge : Cambridge University Press, 1969).

______, *Revolution in Time* (Cambridge, MA : Harvard University Press, 1983).

______, *The Wealth and Poverty of Nations* (New York : W.W. Norton, 1998). [데이비드 S. 랜즈, 『국가의 부와 빈곤』, 안진환 · 최소영 옮김, 한국경제신문, 2009.]

Lane, F.C., "Venetian Shipping During the Commercial Revolution," *American Historical Review* 38, no. 2 (1933) : 219~39.

Langley, P., *World Financial Orders* (New York : Routledge, 2002).

Latour, B., *We Have Never Been Modern* (Cambridge, MA : Harvard University Press, 1993). [브뤼노 라

투르, 『우리는 결코 근대인이었던 적이 없다』, 홍철기 옮김, 갈무리, 2009.]
Lave, R., "Neoliberalism and the production of environmental knowledge," *Environment and Society* 3, (2012) : 19~38.
Lave, R. et al., "Intervention : Critical Physical Geography," *The Canadian Geographer* 58, no. 1 (2014) : 1~10.
Law, J., ed., *Power, Action and Belief* (New York : Routledge, 1986).
Lefebvre, H., *The Production of Space*, trans. D. Nicholson-Smith (Oxford : Blackwell, 1991). [앙리 르페브르, 『공간의 생산』, 양영란 옮김, 에코리브르, 2011.]
Le Goff, J., *Time, Work and Culture in the Middle Ages* (Chicago : University of Chicago Press,1980).
Leitner, J., "Red Metal in the Age of Capital," *Review* 24, no. 3 (2001) : 373~437.
Levins, R. and R. Lewontin, *The Dialectical Biologist* (Cambridge, MA : Harvard University Press, 1985).
Lewis, S.L. and M.A. Maslin, "Defining the Anthropocene," *Nature* 511 (2015) : 171~80.
Lewontin, R.C., "Facts and the Factitious in Natural Sciences," *Critical Inquiry* 18, no. 1 (1991) : 140~53.
______, "The Maturing of Capitalist Agriculture." *Monthly Review* 50, no. 3 (1998) : 72~8.
Ley, R.E. et al., "Worlds within Worlds : Evolution of the Vertebrate Gut Microbiota," *Nature Reviews Microbiology* 6, no. 10 (2008) : 776~88.
Leyshon, A., and N. Thrift, "The Capitalization of Almost Everything," *Theory, Culture and Society* 24, nos. 7~8 (2007) : 97~115
Lieberman, V., *Strange Parallels : Southeast Asia in Global Context, c. 800-1830*, Vol. 2 (Cambridge : Cambridge University Press, 2009).
Lin, J.Y., "Rural Reforms and Agricultural Growth in China," *American Economic Review* 82, no. 1 (1992) : 34~51.
Lindert, P.H. and J.G. Williamson. "Reinterpreting Britain's Social Tables, 1688~1913," *Explorations in Economic History* 20, no. 1 (1983) : 94~109.
Lipietz, A., "Towards Global Fordism," *New Left Review* I, no. 132 (1982) : 33~47.
______, "How Monetarism Has Choked Third World Industrialization," *New Left Review* I, no. 145 (1984) : 71~88.
Lipsett-Rivera, S., "Puebla's Eighteenth-Century Agrarian Decline," *Hispanic American Historical Review* 70, no. 3 (1990) : 463~81.
Liu, J. et al., "Coupled Human and Natural Systems," *Ambio* 36, no. 8 (2007) : 639~48.
Livingston, G. and D. Cohn, "The New Demography of American Motherhood," (Pew Research, 2010).
Lobell, D.B. and C.B. Field, "Global scale climate — crop yield relationships and the impacts of recent warming," *Environmental Research Letters* 2, no. 1 (2007) : 014002.
Lobell, D.B. et al., "Climate Trends and Global Crop Production since 1980," *Science* 333, no. 6042 (2011) : 616~20.
Lohmann, L., *When Markets are Poison : Learning about Climate Policy from the Financial Crisis* (Sturminster Newton : The Corner House, 2009).
______, "Financialization, Commodification and Carbon : The Contradictions of Neoliberal Climate Policy," in *Socialist Register 2012 : The Crisis and the Left*, ed. L. Panitch et al. (London : Merlin, 2012), 85~107.
______, "Fetishisms of Apocalypse," *Occupied Times*, 30 October (2014).

Lohmar, B., *China's Wheat Economy: Current Trends and Prospects for Imports* (Economic Research Service, United States Department of Agriculture, 2004).

Lovett, R.A., "Huge Garbage Patch Found in Atlantic Too," *National Geographic News* (March 2, 2010).

Lucassen, J. and R.W. Unger, "Shipping, productivity and economic growth," in *Shipping and Economic Growth 1350-1850*, ed. R.W. Unger (Leiden: Brill, 2011), 3~44.

Luke, T.W., "Developing Planetarian Accountancy," in *Nature, Knowledge and Negation (Current Perspectives in Social Theory)*, Vol. 26, ed. H. Dahms (New York: Emerald Group Publishing, 2009), 129~59.

Luxemburg, R., *The Accumulation of Capital* (New York: Routledge, 2003 〔1913 orig.〕). [로자 룩셈부르크, 『자본의 축적』, 황선길 옮김, 지만지, 2013.]

MacDonald, M. and S. Iyer, *Skillful Means: The Challenges of China's Encounter with Factory Farming* (New York: BrighterGreen, 2011).

MacLennan, C. and R. Walker, "Crisis and Change in U.S. Agriculture," in *Agribusiness in the Americas*, eds. R. Burbach and P. Flynn (New York: Monthly Review Press, 1980), 21~40.

Maddison, A., *Growth and Interaction in the World Economy* (Washington, D.C.: AEI Press, 2005).

Magdoff, H., *Age of Imperialism* (New York: Monthly Review Press, 1969). [해리 맥도프, 『제국주의의 시대』, 김기정 옮김, 풀빛, 1982.]

Malanima, P., "Energy Crisis and Growth 1650~1850: The European Deviation in a Comparative Perspective," *Journal of Global History* 1, no.1 (2006): 101~21.

______, "The Path Towards the Modern Economy: The Role of Energy," *Rivista di Politica Economica* 2 (2011): 77~105.

Malm, A., "The Origins of Fossil Capital: From Water to Steam in the British Cotton Industry," *Historical Materialism* 21, no. 1 (2013): 15~68.

Małowist, M., *Western Europe, Eastern Europe and World Development, 13th-18th Centuries* (Leiden: Brill, 2009).

Mandel, E., *Late Capitalism* (London: New Left Books, 1975).

______, "Introduction," in Karl Marx, *Capital*, Vol. III (New York: Penguin, 1981), 9~90. [에르네스트 만델, 『마르크스 캐피탈 리딩 인트로』, 류현 옮김, 이매진, 2019.]

Mann, S., *Agrarian Capitalism in Theory and Practice* (Chapel Hill: University of North Carolina Press, 1990).

Manning, R., "The Oil We Eat," *Harper's* 308 (February, 2004): 37~45.

Mansfield, B., ed., *Privatization* (New York: Routledge, 2009).

Mantoux, P., *The Industrial Revolution in the Eighteenth Century* (New York: Harper & Row, 1961).

Marcotty, J., "Nature's Dying Migrant Worker," *Star-Tribune* (July 6, 2014).

Marley, B., "The Coal Crisis in Appalachia: Agrarian Transformation, Commodity Frontiers, and the Geographies of Capital," *Journal of Agrarian Change* 16, no. 2 (2016): 225~54.

Martinez-Alier, J., *The Environmentalism of the Poor* (Cheltenham, UK: Edward Elgar, 2002).

Marx, K., *A Contribution to the Critique of Political Economy*, trans. N.I. Stone (Chicago: Charles H. Kerr & Co., 1904 〔orig. 1859〕). [카를 마르크스, 『정치경제학 비판을 위하여』, 김호균 옮김, 중원문화, 2017.]

______, *The Poverty of Philosophy* (New York: International, 1963). [칼 맑스, 『철학의 빈곤』, 강민철 · 김진영 옮김, 아침, 1988.]

______, *Critique of Hegel's 'Philosophy of Right'* (Cambridge, UK : Cambridge University Press, 1970 〔1843〕). [카를 마르크스, 『헤겔 법철학 비판』, 강유원 옮김, 이론과실천, 2011.]

______, *Wage-Labor and Capital* (New York : International Publishers, 1971). [칼 맑스, 『임금 노동과 자본』, 김태호 옮김, 박종철출판사, 1999.]

______, *Theories of Surplus Value*, Vol. III (Moscow : Progress Publishers, 1971).

______, *Grundrisse : Introduction to the Critique of Political Economy*, trans. M. Nicolaus (New York : Vintage, 1973). [카를 마르크스, 『정치경제학 비판 요강 1 · 2 · 3』, 김호균 옮김, 그린비, 2007.]

______, *Capital*, Vol. I, trans. B. Fowkes (New York : Vintage, 1977). [카를 마르크스, 『자본론 I-상 · 하』, 김수행 옮김, 비봉출판사, 2015.]

______, *Capital*, Vol. II, trans. D. Fernbach (New York : Pelican, 1978). [카를 마르크스, 『자본론 II』, 김수행 옮김, 비봉출판사, 2015.]

______, *Capital*, Vol. III., trans. D. Fernbach (New York : Pelican, 1981). [카를 마르크스, 『자본론 III-상 · 하』, 김수행 옮김, 비봉출판사, 2015.]

______, *Economic and Philosophical Manuscripts of 1844* (Mineola, NY : Dover Publications, 2007). [칼 마르크스, 『1844년의 경제학-철학 수고』, 강유원 옮김, 이론과실천, 2006.]

Marx, K. and F. Engels, *The German Ideology* (New York : International Publishers, 1970). [카를 마르크스 · 프리드리히 엥겔스, 『독일 이데올로기 1 · 2』, 이병창 옮김, 먼빛으로, 2019.]

Masuda, T., and P. Goldsmith, "World Soybean Production : Area Harvested, Yield, and Long-Term Projections" (Working paper, National Soybean Research Laboratory, University of Illinois at Urbana-Champaign, 2008).

Mathias, P., *The First Industrial Nation : The Economic History of Britain, 1700~1914* (London : Methuen & Co., 1969).

Maturana, H. and F. Varela, *The Tree of Knowledge* (Berkeley : Shambhala, 1987). [움베르토 마뚜라나 · 프란시스코 바렐라, 『앎의 나무』, 최호영 옮김, 갈무리, 2007.]

Matuschke, I. and M. Qaim, "Adoption and Impact of Hybrid Wheat in India" (Paper presented to the International Association of Agricultural Economists Conference, Gold Coast, Australia, August 12~18, 2006).

McAfee, K., "Selling Nature to Save it?" *Society and Space* 17, no. 2 (1999) : 133~54.

______, "Neoliberalism on the Molecular Scale," *Geoforum* 34, no. 2 (2003) : 203~19.

McCracken, E., *The Irish Woods Since Tudor Times* (Newton Abbot, Ireland : David & Charles, 1971).

McMichael, P., *Settlers and the Agrarian Question* (Cambridge : Cambridge University Press, 1984).

______, "Incorporating Comparison Within a World-Historical Perspective," *American Sociological Review* 55, no. 2 (1990) : 385~97.

______, "Slavery in Capitalism," *Theory and Society* 20, no. 3 (1991) : 321~49.

______, "Rethinking Globalization," *Review of International Political Economy* 4, no. 4 (1997) : 630~62.

______, "The Global Crisis of Wage-Labour," *Studies in Political Economy* 58 (1999) : 11~40.

______, "Global Development and the Corporate Food Regime," in *New Directions in the Sociology of Global Development*, eds. F. Htel and P. McMichael (Oxford : Elsevier, 2005).

______, *Development and Social Change*, 4th ed. (Thousand Oaks, CA : Sage, 2008). [필립 맥마이클, 『거대한 역설』, 조효제 옮김, 교양인, 2012.]

______, "A Food Regime Analysis of the World Food Crisis," *Agriculture and Human Values* 26 (2009) : 281~95.

_____, *Development and Social Change*, 5th ed. (Thousand Oaks, CA : Sage, 2012). [필립 맥마이클, 『거대한 역설』, 조효제 옮김, 교양인, 2012.]

_____, "The Land Grab and Corporate Food Regime Restructuring," *Journal of Peasant Studies* 39, no. 3-4 (2012), 681~701.

McNally, D., *Global Slump* (Oakland : PM Press, 2010). [데이비드 맥낼리, 『글로벌 슬럼프』, 강수돌 · 김낙중 옮김, 그린비, 2011.]

McNeill, J.R., *Something New Under the Sun* (New York : W.W. Norton, 2000). [J.R. 맥닐, 『20세기 환경의 역사』, 홍욱희 옮김, 에코리브르, 2008.]

McRae, A., "To Know One's Own : Estate Surveying and the Representation of the Land in Early Modern England," *Huntington Library Quarterly* 56, no. 4 (1993) : 333~57.

MCT News Service. "Roundup-Resistant Weeds Gain Strength," *MCT News Service* (May 13, 2010).

Meadows, D.H. et al., *The Limits to Growth* (New York : Signet/Mentor, 1972). [도넬라 H. 메도즈 외, 『성장의 한계』, 김병순 옮김, 갈라파고스, 2012.]

Meillassoux, C., *Maidens, Meal and Money* (Cambridge : Cambridge University Press, 1981).

Merchant, C., *The Death of Nature* (New York : Harper & Row, 1980). [캐롤린 머천트, 『자연의 죽음』, 전규찬 · 이윤수 · 전우경 옮김, 미토, 2005.]

_____, *Ecological Revolutions* (Chapel Hill : University of North Carolina Press, 1989).

Mészáros, I., *Marx's Theory of Alienation* (London : Merlin Press, 1970).

MGI〔McKinsey Global Institute〕, "MGI's Commodity Price Index — an Interactive Tool" (2014).

Midnightnotes.org, "Promissory Notes. From Crisis to Commons" (2009).

Mies, M., *Patriarchy and Accumulation on a World Scale* (London : Zed, 1986). [마리아 미즈, 『가부장제와 자본주의』, 최재인 옮김, 갈무리, 2014.]

Miller, J.C., *Way of Death : Merchant : Capitalism and the Angolan Slave Trade 1730-1830* (Madison : University of Wisconsin Press, 1988).

Mintz, S., "Was the Plantation Slave a Proletarian?" *Review* 2, no. 1 (1978) : 81~98.

_____, *Sweetness and Power* (New York : Penguin, 1985). [시드니 민츠, 『설탕과 권력』, 김문호 옮김, 지호, 1998.]

Mirowski, P., *The Effortless Economy of Science?* (Durham, NC : Duke University Press, 2004).

Mitchell, D., "A Note on Rising Food Prices," *Policy Research Working Paper 4682* (Development Prospects Group, The World Bank, 2008).

Mitchell, T., *Rule of Experts* (Berkeley : University of California Press, 2002).

_____, *Carbon Democracy* (London : Verso, 2011). [티머시 미첼, 『탄소 민주주의』, 에너지기후정책연구소 옮김, 생각비행, 2017.]

Moe, E., *Governance, growth and global leadership : the role of the state in technological progress, 1750-2000* (Burlington, VT : Ashgate, 2007).

Monsanto, "Monsanto, Dow AgroSciences Complete U.S. and Canadian Regulatory Authorizations for SmartStax Corn ; Plans Set to Launch Seed Platform on 3 Million to 4 Million-Plus Acres" (2009).

Montgomery, D., *Worker's Control in America* (Cambridge : Cambridge University Press, 1979).

Moody, K., *An Injury to All* (London : Verso, 1988).

Moore, C., "Trashed : Across the Pacific Ocean, Plastics, Plastics, Everywhere," *Natural History* 112, no. 9 (2003) : 46~51.

Moore, J.W., "Environmental Crises and the Metabolic Rift," *Organization and Environment* 13, no. 2

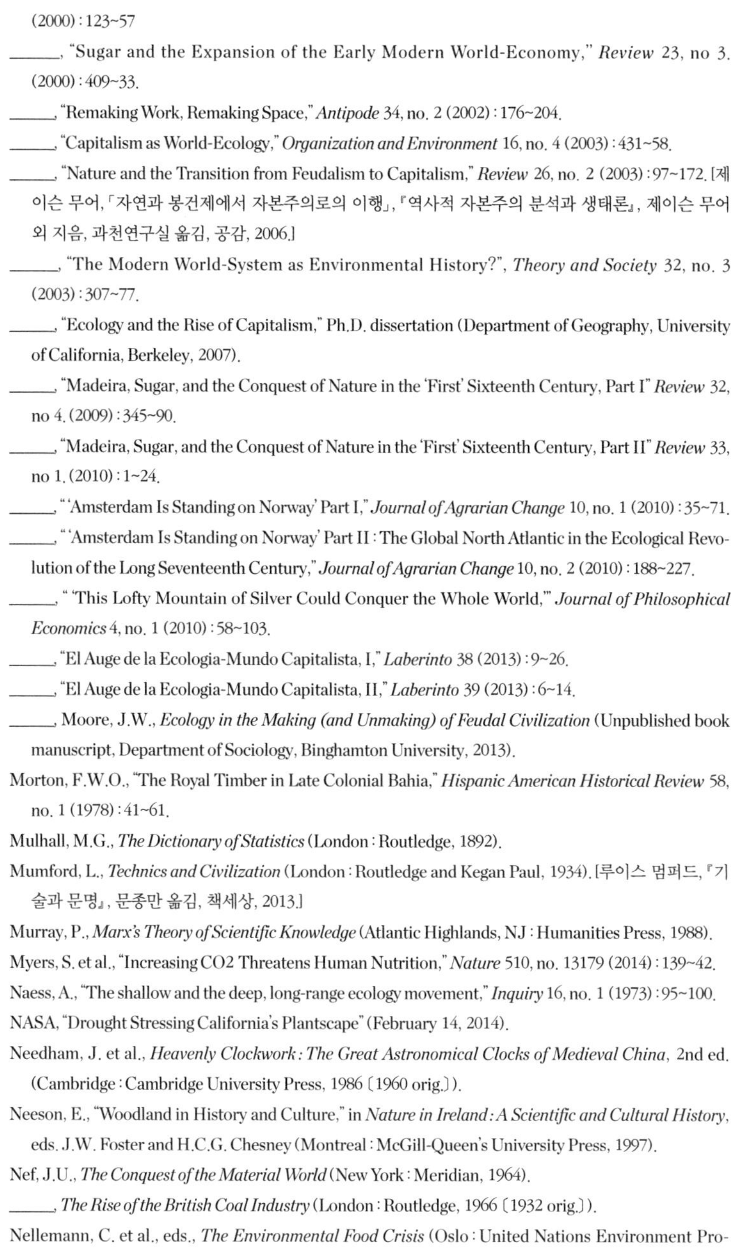

(2000) : 123~57

_____, "Sugar and the Expansion of the Early Modern World-Economy," *Review* 23, no 3. (2000) : 409~33.

_____, "Remaking Work, Remaking Space," *Antipode* 34, no. 2 (2002) : 176~204.

_____, "Capitalism as World-Ecology," *Organization and Environment* 16, no. 4 (2003) : 431~58.

_____, "Nature and the Transition from Feudalism to Capitalism," *Review* 26, no. 2 (2003) : 97~172. [제이슨 무어, 「자연과 봉건제에서 자본주의로의 이행」, 『역사적 자본주의 분석과 생태론』, 제이슨 무어 외 지음, 과천연구실 옮김, 공감, 2006.]

_____, "The Modern World-System as Environmental History?", *Theory and Society* 32, no. 3 (2003) : 307~77.

_____, "Ecology and the Rise of Capitalism," Ph.D. dissertation (Department of Geography, University of California, Berkeley, 2007).

_____, "Madeira, Sugar, and the Conquest of Nature in the 'First' Sixteenth Century, Part I" *Review* 32, no 4. (2009) : 345~90.

_____, "Madeira, Sugar, and the Conquest of Nature in the 'First' Sixteenth Century, Part II" *Review* 33, no 1. (2010) : 1~24.

_____, "'Amsterdam Is Standing on Norway' Part I," *Journal of Agrarian Change* 10, no. 1 (2010) : 35~71.

_____, "'Amsterdam Is Standing on Norway' Part II : The Global North Atlantic in the Ecological Revolution of the Long Seventeenth Century," *Journal of Agrarian Change* 10, no. 2 (2010) : 188~227.

_____, "'This Lofty Mountain of Silver Could Conquer the Whole World,'" *Journal of Philosophical Economics* 4, no. 1 (2010) : 58~103.

_____, "El Auge de la Ecologia-Mundo Capitalista, I," *Laberinto* 38 (2013) : 9~26.

_____, "El Auge de la Ecologia-Mundo Capitalista, II," *Laberinto* 39 (2013) : 6~14.

_____, Moore, J.W., *Ecology in the Making (and Unmaking) of Feudal Civilization* (Unpublished book manuscript, Department of Sociology, Binghamton University, 2013).

Morton, F.W.O., "The Royal Timber in Late Colonial Bahia," *Hispanic American Historical Review* 58, no. 1 (1978) : 41~61.

Mulhall, M.G., *The Dictionary of Statistics* (London : Routledge, 1892).

Mumford, L., *Technics and Civilization* (London : Routledge and Kegan Paul, 1934). [루이스 멈퍼드, 『기술과 문명』, 문종만 옮김, 책세상, 2013.]

Murray, P., *Marx's Theory of Scientific Knowledge* (Atlantic Highlands, NJ : Humanities Press, 1988).

Myers, S. et al., "Increasing CO2 Threatens Human Nutrition," *Nature* 510, no. 13179 (2014) : 139~42.

Naess, A., "The shallow and the deep, long-range ecology movement," *Inquiry* 16, no. 1 (1973) : 95~100.

NASA, "Drought Stressing California's Plantscape" (February 14, 2014).

Needham, J. et al., *Heavenly Clockwork : The Great Astronomical Clocks of Medieval China*, 2nd ed. (Cambridge : Cambridge University Press, 1986 〔1960 orig.〕).

Neeson, E., "Woodland in History and Culture," in *Nature in Ireland : A Scientific and Cultural History*, eds. J.W. Foster and H.C.G. Chesney (Montreal : McGill-Queen's University Press, 1997).

Nef, J.U., *The Conquest of the Material World* (New York : Meridian, 1964).

_____, *The Rise of the British Coal Industry* (London : Routledge, 1966 〔1932 orig.〕).

Nellemann, C. et al., eds., *The Environmental Food Crisis* (Oslo : United Nations Environment Programme, 2009).

Neuman, W. and A. Pollack, "Farmers Cope with Roundup-Resistant Weeds" (New York Times, May 3, 2010).

Niblett, M., "World-Economy, World-Ecology, World Literature," *Green Letters*, 16, no. 1 (2012) : 15~30.

Noordegraaf, L., "Dutch industry in the Golden Age," in *The Dutch Economy in the Golden Age*, eds. K. Davids and N. Noordegraaf (Amsterdam : Nederlandsch Economisch-Historisch Archief, 1993), 131~57.

North, D.C., *The Economic Growth of the United States, 1790-1860* (New York : W.W. Norton, 1966).

Northrup, D., *Indentured Labor in the Age of Imperialism* (Cambridge : Cambridge University Press, 1995).

Nyéléni Forum for Food Sovereignty, "Nyéléni Declaration on Food Sovereignty," *Journal of Peasant Studies* (2009 〔2007 orig.〕) : 673~6.

O'Brien, P.K., "Agriculture and the Industrial Revolution," *The Economic History Review* 30, no. 1 (1977) : 166~181.

______, "Agriculture and the Home Market for English Industry, 1660-1820," *The English Historical Review* 100, no. 397 (1985) : 773~800.

______, "Historical Foundations for a Global Perspective on the Emergence of a Western European Regime for the Discovery, Development and Diffusion of Useful and Reliable Knowledge," *Journal of Global History* 8, no. 1 (2013) : 1~24.

O'Connor, J., *Natural Causes* (New York : Guilford Press, 1998).

Odum, E., "The Emergence of Ecology as a New Integrative Discipline," *Science* 195 (1977) : 1289~93.

OECD/FAO, *Agricultural Outlook 2014-2023* (Paris : OECD Publishing, 2014).

O'Hara, P.A., "Household Labor, the Family, and Macroeconomic Instability in the United States : 1940s-1990s," *Review of Social Economy* 53, no. 1 (1995) : 89~120.

Ollmann, B., *Alienation* (Cambridge : Cambridge University Press, 1971).

Ort, D.R. and S.P. Long, "Limits on Yields in the Corn Belt," *Science* 344, no. 6183 (2014) : 484~5.

Ortiz, R.J., "Latin American Agro-Industrialization, Petrodollar Recycling, and the Transformation of World Capitalism in the Long 1970s," *Critical Sociology* 42, no. 4 (2016) : 599~621.

O'Rourke, K.H., "The European Grain Invasion, 1870-1913," *Journal of Economic History* 57, no. 4 (1997) : 775~801.

Overton, M., *Agricultural Revolution in England* (Cambridge : Cambridge University Press, 1996).

Page, B. and R. Walker, "From Settlement to Fordism," *Economic Geography* 67, no. 4 (1991) : 281~315.

Page, W., ed., *Commerce and Industry : Tables of Statistics for the British Empire from 1815* (London : Constable, 1919).

Palaniappan, M. and P.H. Gleick, "Peak Water," in *The World's Water 2008-2009*, ed. P.H. Gleick (Washington, D.C. : Island Press, 2008).

Pálsson, G. et al., "Reconceptualizing the 'Anthropos' in the Anthropocene," *Environmental Science and Policy* 28 (2013) : 3~13.

Panitch, L. and S. Gindin, *The Making of Global Capitalism* (London : Verso, 2012).

Parenti, C., *Tropic of Chaos* (New York : Nation Books, 2011). [크리스천 퍼렌티, 『왜 열대는 죽음의 땅이 되었나』, 강혜정 옮김, 미지북스, 2012.]

______, "The Inherently Environmental State : Nature, Territory, and Value" (Unpublished paper, Department of Global Liberal Arts, New York University, 2014).

_____, "Environment Making State," *Antipode* 47, no. 4 (2015) : 829~48.

Parker, W.N., *Europe, America, and the Wider World* (Cambridge : Cambridge University Press, 1991).

Parry, J.H., *The Spanish Seaborne Empire* (Berkeley : University of California Press, 1966).

Patel, R., *The Value of Nothing* (New York : Picador, 2009). [라즈 파텔, 『경제학의 배신』, 제현주 옮김, 북돋움, 2016.]

_____, "The Long Green Revolution," *Journal of Peasant Studies* 40, no. 1 (2013) : 1~63.

Patnaik, P., "The World Food Crisis," *People's Democracy* 35, no. 9 (2011).

Patnaik, U., "Global Capitalism, Deflation and Agrarian Crisis in Developing Countries," *Journal of Agrarian Change* 3, nos. 1~2 (2003) : 33~66.

Pawłowski, L., "How Heavy Metals Affect Sustainable Development," *Rocznik Ochrona Środowiska* 13, no. 2 (2011) : 51~64.

Pechlaner, G. and G. Otero, "The Third Food Regime," *Sociologia Ruralis* 48, no. 4 (2008) : 351~71.

Peet, R. et al., eds., *Global Political Ecology* (London : Routledge, 2011).

Peluso, N.L., *Rich Forests, Poor People* (Berkeley : University of California Press, 1992).

Peng, S. et al., "Rice yields decline with higher night temperature from global warming," *Proceedings of the National Academic of Science* 101, no. 27 (2004) : 9971~5.

People's Daily Online, "Last Year Saw China's Soybean Import Hit a Record High in History," *People's Daily Online* (February 14, 2004).

Perelman, M., *Farming for Profit in a Hungry World* (Montclair, NJ : Allanheld, Osmun & Co., 1977).

_____, *The Invention of Capitalism* (Durham : Duke University Press, 2000).

_____, "Marx and Resource Scarcity," in *The Greening of Marxism*, ed., T. Benton (New York : Guilford Press, 2006),

_____, "Scarcity and Environmental Disaster," *Capitalism Nature Socialism* 18, no. 1 (2007) : 81~98.

Perkins, J.H., *Geopolitics and the Green Revolution* (Oxford : Oxford University Press, 1997).

Perkins, P., "Feminist Ecological Economics and Sustainability," *Journal of Bioeconomics* 9 (2007) : 227~44.

Perlin, J., *A Forest Journey* (Cambridge, MA : Harvard University Press, 1989). [존 펄린, 『숲의 서사시』, 송명규 옮김, 따님, 2002.]

Perrings, C., "Exotic Effects of Capital Accumulation," *Proceedings of the National Academy of Sciences* 107, no. 27 (2010) : 12063~4.

Peters, G.P. et al., "Rapid Growth in CO2 Emissions After the 2008~2009 Global Financial Crisis," *Nature Climate Change* 2, no. 1 (2012) : 2~4.

Petram, L.O., "The World's First Stock Exchange" (PhD dissertation, University of Amsterdam, 2011).

Pickles, J., *A History of Spaces* (London, UK : Routledge, 2004).

Pimentel, D. et al., "Food Production and the Energy Crisis," *Science* 182 (1973) : 443~9.

Plack, N., "Agrarian Reform and Ecological Change During the Ancien Régime," *French History* 19, no. 2 (2005) : 189~210.

Plumer, B., "Honeybee Deaths Went Down Last Winter," *Vox* (May 15, 2014).

Plumwood, V., *Feminism and the Mastery of Nature* (New York : Routledge, 1993).

Pocock, J., "Weed Revolt Marches On," *Corn and Soybean Digest* (January 17, 2012).

Pollan, M., *The Omnivore's Dilemma* (New York : Penguin, 2006). [마이클 폴란, 『잡식동물의 딜레마』, 조윤정 옮김, 다른세상, 2008.]

_____, *In Defense of Food* (New York : Penguin, 2008). [마이클 폴란, 『마이클 폴란의 행복한 밥상』, 조윤정 옮김, 다른세상, 2009.]

Poly, J. and E. Bournazel, *The Feudal Transformation, 900-1200* (New York : Holmes & Meier, 1997).

Pomeranz, K., *The Great Divergence* (Princeton, NJ : Princeton University Press, 2000). [케네스 포메란츠, 『대분기』, 김규태 · 이남희 · 심은경 옮김, 에코리브르, 2016.]

Ponting, C., *A Green History of the World* (New York : St. Martin's Press, 1991). [클라이브 폰팅, 『녹색세계사』, 이진아 옮김, 그물코, 2010.]

Porter, T.M., *Trust In Numbers* (Princeton : Princeton University Press, 1995).

Post, C., *The American Road to Capitalism* (Leiden : Brill, 2011).

Postan, M. and E.E. Rich, eds., *The Cambridge Economic History of Europe,* Vol. 2 (Cambridge : Cambridge University Press, 1952).

Postone, M., *Time, Labor, and Social Domination* (Cambridge : Cambridge University Press, 1993).

Poulsen, B., "Talking Fish," in *Beyond the Catch*, eds. L. Sicking and D. Abreu-Ferreira (Leiden : Brill, 2008), 387~412.

Pratt, M.L., *Imperial Eyes : Travel Writing and Transculturation* (London : Routledge, 1992). [메리 루이스 프랫, 『제국의 시선』, 김남혁 옮김, 현실문화, 2015.]

Price, A.J. et al., "Glyphosate-Resistant Palmer Amaranth," *Journal of Durée and Water Conservation* 66, no. 4 (2011) : 265~75.

Quinn, S. and W. Roberds, "The Bank of Amsterdam and the Leap to Central Bank Money," *American Economic Review* 97, no. 2 (2007) : 262~5.

Rachlem, P.J., *Hard-Pressed in the Heartland* (Boston : South End Press, 1993).

Radetzki, M., "The Anatomy of Three Commodity Booms," *Resources Policy* 31 (2006) : 56~64.

Rajala, R.A., *Clearcutting the Pacific Rain Forest* (Vancouver : University of British Columbia Press, 1998).

Rance, L., "Finding Better Ways to Fight Superweeds," *Winnipeg Free Press* (August 9, 2014).

Retort, *Afflicted Powers* (London : Verso, 2005).

Reynolds, L. and D. Nierenberg, "Disease and Drought Curb Meat Production and Consumption," in *Vital Signs 20*, ed. the WorldWatch Institute (Washington, D.C. : Island Press, 2013), 49~52.

Richards, J.F., "Land Transformation," in *The Earth as Transformed by Human Action*, ed. B.L. Turner II et al., (Cambridge : Cambridge University Press, 1990).

_____, *The Unending Frontier* (Berkeley : University of California Press, 2003).

Rider, M., "The Other Side of the Super Cycle," in *Investing in 2013* (Geneva : UBS Global Asset Management, 2012).

Rifkin, J., *The Biotech Century* (New York : Putnam, 1998). [제러미 리프킨, 『바이오테크 시대』, 전영택 · 전병기 옮김, 민음사, 1999.]

Ritch, E., "Monsanto Strikes Back at Germany, UCS," *Cleantech.com* (April 17, 2009).

Ritzer, G., ed. *Encyclopedia of Social Theory*, 2 vols. (Thousand Oaks, CA : Sage, 2005).

Rockström, J. et al., "Planetary Boundaries", *Ecology and Society* 14, no. 2 (2009) : 32.

Rogers, T.D., *The Deepest Wounds* (PhD dissertation, Department of History, Duke University, 2005).

Ross, E.B., "The Malthus Factor," *Corner House Briefing 20 : Poverty, Politics and Population* (2000) : 1~20.

Rosset, P. et al., "Thailand and the World Tomato," *International Journal of Sociology of Agriculture and*

Food 8 (1999) : 71~94.

Rostow, W.W., *The World Economy* (Austin : University of Texas Press, 1978).

Ruddiman, W.F., *Plows, Plagues, and Petroleum* (Princeton : Princeton University Press, 2005). [윌리엄 F. 러디먼, 『인류는 어떻게 기후에 영향을 미치게 되었는가』, 김홍옥 옮김, 에코리브르, 2017.]

_____, "The Anthropocene," *Annual Reviews in Earth and Planetary Science* 41, nos. 4.1~4.24 ([online first], 2013) : 45~68.

Ruttan, V., "Productive Growth in World Agriculture," *Journal of Economic Perspectives* 16, no. 4 (2002) : 161~184.

Sacks, M., "Unchanging Times," *Journal of Marriage and Family* 39, no. 4 (1977) : 793~805.

Safri, M. and J. Graham, "The Global Household," *Signs* 36, no. 1 (2010) : 99~125.

Sayer, D., *The Violence of Abstraction* (Oxford : Blackwell, 1987).

Sayer, N., "Ecological and Geographical Scale," *Progress in Human Geography* 29, no. 3 (2005) : 276~90.

Schaeffer, R.K., *Understanding Globalization* (Lanham, MD : Rowman & Littlefield, 2003).

Schiebinger, L.L., *Plants and Empire* (Cambridge : Harvard University Press, 2004).

Schiebinger, L.L. and C. Swan, eds., *Colonial Botany* (Philadelphia : University of Pennsylvania Press, 2005).

Schlenker, W. and M.J. Roberts, "Nonlinear Temperature Effects Indicate Severe Damages to U.S. Crop Yields Under Climate Change," *Proceedings of the National Academy of Sciences* 106, no. 37 (2009) : 15594~8.

Schmitz, C., "The Rise of Big Business in the World Copper Industry, 1870~1930," *Economic History Review* 39, no. 3 (1986) : 392~410.

Schneider, M., *Feeding China's Pigs* (Minneapolis : Institute for Agriculture and Trade Policy, 2011).

Schneider, M. and P. McMichael, "Deepening, and Repairing, the Metabolic Rift," *Journal of Peasant Studies* 37, no. 3 (2010) : 461~84.

Schnepf, R., *Consumers and Food Price Inflation* (Washington, D.C. : Congressional Research Service, 2013).

Schumpeter, J.A., *Capitalism, Socialism and Democracy* (New York : Harper & Row, 1950 [1942 orig.]), 45. [조지프 슘페터, 『자본주의 · 사회주의 · 민주주의』, 변상진 옮김, 한길사, 2011.]

Schwartz, S.B., "Indian Labor and New World Plantations," *American Historical Review* 83, no. 1 (1978) : 43~79.

_____, *Sugar Plantations in the Formation of Brazilian Society* (Cambridge : Cambridge University Press, 1985).

Scott, J., *Seeing Like a State* (New Haven : Yale University Press, 1998). [제임스 C. 스콧, 『국가처럼 보기』, 전상인 옮김, 에코리브르, 2010.]

_____, "Who Will Take Over China's Role as the World's Factory Floor?" *Saturna Sextant Newsletter* (August 2011).

Seccombe, W., "Marxism and Demography," *New Left Review* I, no. 137 (1983) : 22~47.

_____, *A Millennium of Family Change* (London : Verso, 1992).

_____, *Weathering the Storm* (London : Verso, 1995).

Sellers, C., "Factory as Environment," *Environmental History Review* 18, no. 1 (1994) : 55~83.

Shaikh, A., "The First Great Depression of the 21st Century," in *The Crisis this Time : Socialist Register 2011*, eds. L. Panitch, G. Albo and V. Chibber (London : Merlin Press, 2011), 44~63.

Shapiro, S., "The World-System of Capital's Manifolds : Transformation Rips and the Cultural Fix," unpublished paper, Department of English and Comparative Literary Studies, University of Warwick (2013).

Sharp, P., "Pushing Wheat" (Discussion Paper 08~08, Department of Economics, University of Copenhagen, 2008).

Shiva, V., *Biopiracy* (Boston : South End Press, 1997). [반다나 시바, 『자연과 지식의 약탈자들』, 배기윤 외 옮김, 당대, 2000.]

Sieferle, R.P., *The Subterranean Forest* (Cambridge : The White Horse Press, 2001).

Sieminski, A, "Outlook for U.S. Shale Oil and Gas" (U.S. Energy Information Administration, 2014).

Simpkins, J., "The 'Cheap Oil Era' is Ending Soon …" *Money Morning* (January 10, 2006).

Silver, B.J., *Forces of Labor* (Cambridge : Cambridge University Press, 2003). [비버리 실버, 『노동의 힘』, 백승욱 외 옮김, 그린비, 2005.]

Silver, B. and E. Slater, "The Social Origins of World Hegemonies," in *Chaos and Governance in the Modern World-System*, ed. G. Arrighi et al. (Minneapolis : University of Minnesota Press, 1999). [비벌리 J. 실버 · 에릭 슬레이터, 「세계 패권의 사회적 기원」, 『체계론으로 보는 세계사』, 최홍주 옮김, 모티브북, 2008.]

Singh, S.M. et al., "Atmospheric Deposition Studies of Heavy Metals in Arctic by Comparative Analysis of Lichens and Cryoconite," *Environmental Monitoring and Assessment* 185, no. 2 (2013) : 1367~76.

Slaughter, T.P., *The Whiskey Rebellion* (Oxford : Oxford University Press, 1986).

Slicher van Bath, B.H., *The Agrarian History of Western Europe, 500-1850 A.D.* (New York : St. Martin's Press, 1963).

Smil, V., *China's Past, China's Future* (New York : Routledge, 2004).

Smiley, G., "US Economy in the 1920s," in *EH.Net Encyclopedia*, ed. R. Whaples (2004).

Smith, J., "Transforming Households," *Social Problems* 34, no. 5 (1987) : 416~36.

Smith, J. and I. Wallerstein, *Creating and Transforming Households* (Cambridge : Cambridge University Press, 1992).

Smith, N., "Nature as Accumulation Strategy," in *Socialist Register 2007 : Coming to Terms with Nature*, ed. L. Panitch and C. Leys (London : Merlin Press, 2006).

_____, *Uneven Development* (Oxford : Basil Blackwell, 1984). [닐 스미스, 『불균등발전』, 최병두 · 이영아 · 최영래 · 최영진 · 황성원 옮김, 한울, 2017.]

Smith, R.M., "Fertility, Economy, and Household Formation in England over Three Centuries," *Population and Development Review* 7, no. 4 (1981) : 595~622.

Smuts, J.C., *Holism and Evolution* (New York : Macmillan, 1926).

Soja, E., *Postmodern Geographies* (London : Verso, 1989). [에드워드 소자, 『공간과 비판사회이론』, 이무용 외 옮김, 시각과언어, 1997.]

Solnit, R., "The Revolution Has Already Occurred," *The Nation* (June 27, 2008).

Solow, B.L., "Capitalism and Slavery in the Exceedingly Long Run," in *British Capitalism and Caribbean Slavery*, ed. B.L. Solow & S.L. Engerman (Cambridge : Cambridge University Press, 1987), 51~77.

Sombart, W., *The Quintessence of Capitalism*, M. Epstein, trans. and ed. (New York : E.P. Dutton & Co., 1915).

Sonnenfeld, D.A., "Mexico's 'Green Revolution,' 1940-1980," *Environmental History Review* 16, no. 4 (1992) : 28~52.

Sonnenfeld, D.A. and A.P.J. Mol, eds., *Social Theory and the Environment in the New World (dis)Order*, special issue of *Global Environmental Change*, 21, no. 3 (2011) : 771~1152.

Speth, J.G., *The Bridge at the End of the World* (New Haven : Yale University Press, 2008). [제임스 구스타브 스페스, 『미래를 위한 경제학』, 이경아 옮김, 모티브북, 2008.]

Stavig, W., "Ambiguous Visions," *Hispanic American Historical Review* 80, no. 1 (2000) : 77~111.

Steffen, W., P.J. Crutzen and J.R. McNeill, "The Anthropocene : Are Humans Now Overwhelming the Great Forces of Nature?" *Ambio* 36, no. 8 (2007) : 614~21.

Steffen, W. et al., "The Anthropocene : Conceptual and Historical Perspectives," *Philosophical Transactions of the Royal Society A* 369, (2011) : 842~67.

Steffen, W. et al., "The Anthropocene : From Global Change to Planetary Stewardship," *Ambio* 40, no. 7 (2011) : 739~61.

Steinberg, T., "Down to Earth," *The American Historical Review* 107, no. 3 (2002) : 798~820.

Steingraber, D., *Living Downstream* (New York : Vintage, 1997). [샌드라 스타인그래버, 『먹고 마시고 숨쉬는 것들의 반란』, 이지윤 옮김, 휴머니스트, 2012.]

Steinhart, J.S. and C.E. Steinhart, "Energy Use in the U.S. Food System," *Science* 184, no. 4134 (1974) : 307~16.

Stevens, P. et al., *Conflict and Coexistence in the Extractive Industries* (London : Chatham House, 2013).

Storper, M. and R. Walker, *The Capitalist Imperative* (New York : Basil Blackwell, 1989).

Strange, M., *Family Farming* (Omaha : University of Nebraska Press, 1988).

Strauss, M., "When Malthus Meets Mendel," *Foreign Policy* 119 (2000) : 105~12.

Studnicki-Gizbert, D. and D. Schecter. "The Environmental Dynamics of a Colonial Fuel-Rush," *Environmental History* 15, no. 1 (2010) : 94~119.

Sundberg, U., "An Energy Analysis of the Production at the Great Copper Mountain of Falun During the Mid-Seventeenth Century," *International Journal of Forest Engineering* 1, no. 3 (1991) : 4~16.

Super, J.C., *Food, Conquest, and Colonization in Sixteenth-Century Spanish America* (Albuquerque : University of New Mexico Press, 1988).

Sweezy, P.M., *The Theory of Capitalist Development* (New York : Monthly Review Press, 1970). [폴 M. 스위지, 『자본주의 발전의 이론』, 이주명 옮김, 필맥, 2009.]

Szcygielski, W., "Die Okonomische Aktivitat des Polnischen Adels im 16~18. Jahrhundert," *Studia Historiae Oeconomicae* 2 (1967) : 83~101.

Tang, K. and W. Xiong "Index investment and Financialization of Commodities" (Working paper, Department of Economics, Princeton University, March 2011).

Taylor, F.W., *The Principles of Scientific Management* (New York : Harper & Brothers, 1914). [프레드릭 테일러, 『과학적 관리법』, 방영호 옮김, 21세기북스, 2010.]

Tegmark, M., "Consciousness as a State of Matter," *arXiv* 1401, no. 1219v2 (2014).

Tegtmeier, E.M. and M.D. Duffy, "External Costs of Agricultural Production in the United States," *International Journal of Agricultural Sustainability* 2, no. 1 (2004) : 1~20.

The White House, "The Economic Challenge Posed by Declining Pollinator Populations," (2014).

Thomas, B., "Feeding England during the Industrial Revolution," *Agricultural History* 56, no. 1 (1982) : 328~42.

_____, *The Industrial Revolution and the Atlantic Economy* (New York : Routledge, 1993).

Thompson, D., "How America Spends Money on Food," *Atlantic* (March 8, 2013).

Thompson, E.P., "Time, Work-Discipline, and Industrial Capitalism," *Past and Present* 38, no. 1 (1967) : 56~97.

______, "The Moral Economy of the English Crowd in the Eighteenth Century," *Past and Present* 50, no. 1 (1971) : 76~136.

Thompson, F.M.L., "The Second Agricultural Revolution, 1815-1880", *Economic History Review* 21, no. 1 (1968) : 62~77.

Tierney, B., *The Idea of Natural Rights* (Atlanta : Scholars Press, 1997).

Tilly, C., "Demographic Origins of the European Proletariat" (CRSO Working Paper No. 207, Center for Research on Social Organization, University of Michigan, 1979).

Tilman, D. et al., "Agricultural Sustainability and Intensive Production Practices," *Nature* 418, no. 6898 (2002) : 671~7.

Tomich, D., *Slavery in the Circuit of Sugar* (Baltimore : Johns Hopkins University Press, 1990).

Toscano, A., "The Open Secret of Real Abstraction," *Rethinking Marxism* 20, no. 2 (2008) : 274~87.

Tucker, R.P., *Insatiable Appetite* (Berkeley : University of California Press, 2000).

Turner, M., *Enclosures in Britain, 1750-1830* (London : Palgrave Macmillan, 1984).

UCS〔Union of Concerned Scientists〕, "The Rise of Superweeds — and What to Do About It," *Policy Brief* (December 2013).

Ufkes, F., "Lean and Mean : US Meat-Packing in an Era of Agro-Industrial Restructuring," *Environment and Planning D : Society and Space* 13, no. 1 (1995) : 683~705.

UNCTAD〔United Nations Commission on Trade and Development〕, *Wake Up Before It's Too Late* (New York : United Nations, 2013).

UNDP〔United Nations Development Programme〕, *Human Development Report 1995* (Oxford : Oxford University Press, 1995).

Unger, R.W., "Technology and Industrial Organization : Dutch Shipbuilding to 1800," *Business History* 17, no. 1 (1975) : 56~72.

______, "Dutch Nautical Sciences in the Golden Age," *E-Journal of Portuguese History* 9, no. 2 (2011) : 68~83.

Uphoff, N., "Agroecological Implications of the System of Rice Intensification (SRI) in Madagascar," *Environment, Development and Sustainability* 1, nos. 3~4 (1999) : 297~313.

U.S. and Japan Bank of International Settlements, *767th Annual Report* (Basil : 2006).

USDA〔United States Department of Agriculture〕, "USDA Agricultural Projections to 2017" (2008).

______, "U.S. Wheat Trade" (2013).

USDM〔United States Drought Monitor〕, "U.S. Drought Monitor" (May 15, 2014).

USGS〔United States Geological Survey〕, "Irrigation Water Use" (2014).

Uvin, P., "The State of World Hunger," *Nutrition Reviews* 52, no. 5 (1994) : 151~61.

Van Bath, B.H. Slicher, *The Agrarian History of Western Europe* (London : Edward Arnold, 1963).

Van Bavel, B., "The Medieval Origins of Capitalism in the Netherlands," *BMGN-Low Countries Historical Review* 125, nos. 2~3 (2010) : 45~79.

Van Boeckel, T.P. et al., "Global Antibiotic Consumption 2000 to 2010," *The Lancet Infectious Diseases* 14 (2014) : 742~50.

Van der Mensbrugghe, D. et al., "Macroeconomic Environment and Commodity Markets," in *Looking Ahead in World Food and Agriculture*, ed. P. Conforti (Rome : FAO, 2011).

Van der Woude, A., "Sources of Energy in the Dutch Golden Age : The Case of Holland," *NEHA-Jaarboek voor economische, bedrijfs, en techniekgeschiedenis* 66 (2003) : 64~84.

Vanhaute, E. et al., "The European Subsistence Crisis of 1845~1850," in *When the Potato Failed*, ed. E. Vanhaute et al. (Turnhout, Belgium : Brepols, 2007).

Vansina, J., "Quilombos on São Tomé, or In Search of Original Sources," *History in Africa* 23 (1996) : 453~9.

Vetter, J., "Expertise, 'Epistemic Rift,' and Environmental Knowledge in Mining and Agriculture in the U.S. Great Plains and Rocky Mountains" (Paper presented to the Annual Meeting of the American Society for Environmental History, March 29, 2012).

Vidal, J., "Miracle Grow : Indian Rice Farmer Uses Controversial Method for Record Crop," *Guardian* (May 12, 2014).

Villar, J.L. and W. Freese, *Who Benefits from GM Crops?* (Amsterdam : Friends of the Earth International, 2008).

Vlachovic, J., "Slovak Copper Boom in World Markets of the Sixteenth and in the First Quarter of the Seventeenth Centuries," *Studia Historica Slovaca* 1 (1963) : 63~95.

Vogel, L., *Marxism and the Oppression of Women* (New Brunswick, NJ : Rutgers University Press, 1983).

Von Tunzelmann, G.N., "Technological Progress During the Industrial Revolution," in *The Economic History of Britain since 1700*, Vol. 1, ed. R. Floud and D. McCloskey (Cambridge : Cambridge University Press, 1981), 143~63.

Voth, H-J., "The Longest Years : New Estimates of Labor Input in England, 1760-1830," *Journal of Economic History* 61, no. 4 (2001) : 1065~82.

Walker, R.A. "Human-Environment Relations : Editor's Introduction," *Antipode* 11, no. 2 (1979) : 1~16.

______, "The Global Agitator, or Capitalism's Recurrent Self-Criticism" (Working Paper, Department of Geography, University of California, Berkeley, 1998).

______, "Capitalism's Recurrent Self-Criticism," *Historical Materialism* 5, no. 1 (1999) : 179~210.

______, *The Conquest of Bread* (New York : New Press, 2004).

Wallerstein, I., *The Modern World-System I* (New York : Academic Press, 1974). [이매뉴얼 월러스틴, 『근대세계체제 I』, 김명환 · 나종일 · 김대륜 · 박상익 옮김, 까치, 2013.]

______, *The Modern World-System II* (San Diego : Academic Press, 1980). [이매뉴얼 월러스틴, 『근대세계체제 II』, 서영건 · 현재열 · 유재건 옮김, 까치, 2013.]

______, *Historical Capitalism* (London : Verso, 1983). [이매뉴얼 월러스틴, 『역사적 자본주의/자본주의 문명』, 나종일 · 백영경 옮김, 창비, 1993.]

______, "The Industrial Revolution : *Cui Bono*?" *Thesis XI* 13 (1986) : 67~76.

______, *The Modern World-System III* (San Diego : Academic Press, 1989). [이매뉴얼 월러스틴, 『근대세계체제 III』, 이동기 · 김인중 옮김, 까치, 2013.]

______, "End of the Road for Runaway Factories?" *Commentary* 351 (April 15, 2013).

Wallis, V., "Species Questions," *Organization and Environment* 13, no. 4 (2000) : 500~7.

Warde, P., "Energy and Natural Resource Dependency in Europe, 1600-1900" (BWPI Working Paper 77, University of Manchester, 2009).

Warf, B., *Time-Space Compression* (New York : Routledge, 2008).

Waring, M., *If Women Counted* (San Francisco : Harper and Row, 1988).

Warman, A., *Corn and Capitalism* (Chapel Hill, NC : University of North Carolina Press, 2003).

Watkins, J.L., *King Cotton : A Historical and Statistical Review, 1790 to 1908* (New York : J.L. Watkins & Sons, 1908).

Watts, D., *The West Indies* (Cambridge : Cambridge University Press, 1987).

Watts, M.J., "Nature : Culture," in *Spaces of Geographical Thought*, eds. P. Cloke and R. Johnston (London, Sage, 2005), 150~1.

Webber, M., "The Dynamics of Primitive Accumulation," *Environment and Planning A* 44, no. 3 (2012) : 560~79.

Weber, M., *The Theory of Social and Economic Organization* (New York : Free Press, 1947).

______, *The Protestant Ethic and the Spirit of Capitalism* (New York : Routledge, 1992). [막스 베버, 『프로테스탄티즘의 윤리와 자본주의 정신』, 김덕영 옮김, 길, 2010.]

Webb, W.P., *The Great Frontier* (Austin : University of Texas Press, 1964).

Weijermars, R. et al., "Competing and Partnering for Resources and Profits," *Energy Strategy Reviews* 3 (2014) : 72~87.

Weiner, D.R., "A Death-Defying Attempt to Articulate a Coherent Definition of Environmental History," *Environmental History* 10, no. 3 (2005) : 404~20.

Weis, T., *The Global Food Economy* (London : Zed, 2007).

______, "The Accelerating Biophysical Contradictions of Industrial Capitalist Agriculture," *Journal of Agrarian Change* 10, no. 3 (2010) : 315~41.

______, *The Ecological Hoofprint : The Global Burden of Industrial Livestock* (London : Zed, 2013).

Weissenbacher, M., *Sources of Power* (New York : Praeger, 2009).

Wen, D. and M. Li, "China : Hyper-Development and Environmental Crisis," in *Socialist Register 2007 : Coming to Terms with Nature*, ed. L. Panitch and C. Leys (London : Merlin, 2006), 130~46.

Went, R., *The Engima of Globalization* (New York : Routledge, 2002).

White, Jr., L., *Medieval Technology and Social Change* (Oxford : Oxford University Press, 1962). [린 화이트 주니어, 『중세의 기술과 사회변화』, 강일휴 옮김, 지식의풍경, 2005.]

White, R., "'Are you an Environmentalist or Do You Work for a Living?'" in *Uncommon Ground*, ed. W. Cronon (New York : W.W. Norton, 1995).

______, *The Organic Machine* (New York : Hill & Wang). [리처드 화이트, 『자연 기계』, 이두갑 · 김주희 옮김, 이음, 2018.]

Whitrow, G.J., *Time in History* (Oxford : Oxford University Press, 1989).

WHO (World Health Organization), *Climate Change and Human Health* (Paris : World Health Organization, 2003).

______, *Antimicrobial Resistance* (Paris : World Health Organization, 2014).

Wickham, C., *Framing the Middle Ages* (Oxford : Oxford University Press, 2005).

Williams, E., *From Columbus to Castro* (New York : Harper and Row, 1970).

Williams, M., *Deforesting the Earth* (Chicago : University of Chicago Press, 2003).

Williams, R., "Ideas of Nature," in *Ecology*, ed. J. Benthall (1972).

______, *Marxism and Literature* (Oxford : Oxford University Press, 1977). [레이먼드 윌리엄스, 『마르크스주의와 문학』, 박만준 옮김, 지만지, 2013.]

Wilson, C.H., *The Dutch Republic and the Civilisation of the Seventeenth Century* (New York : McGraw Hill, 1968).

Wilson, R., "Transport as a Factor in the History of European Economic Development," *Journal of Eu-*

ropean Economic History 2, no. 2 (1973) : 320~37.

Wines, M., "Invader Batters Rural America, Shrugging Off Herbicides," *New York Times* (August 11, 2014).

Wing, J.T., "Keeping Spain Afloat," *Environmental History* 17 (2012) : 116~45.

Wittman, H.K. et al., eds., *Food Sovereignty* (Halifax, NS : Fernwood, 2010).

Wolf, E.R., *Europe and the People without History* (Berkeley : University of California Press, 1982). [에릭 R. 울프, 『유럽과 역사 없는 사람들』, 박광식 옮김, 뿌리와이파리, 2015.]

_____, "Inventing Society," *American Ethnologist* 15, no. 4 (1988) : 752~61.

Wood, E.M., *The Origin of Capitalism* (London : Verso, 2002). [엘린 메익신즈 우드, 『자본주의의 기원』, 정이근 옮김, 경성대학교출판부, 2002.]

Woodward, D., ed., *History of Cartography* (Chicago : University of Chicago Press, 1987).

World Bank, *Global Economic Prospects 2009* (Washington, D.C : World Bank, 2009).

Worster, D., *Rivers of Empire* (Oxford : Oxford University Press, 1985).

_____, "Transformations of the Earth," *Journal of American History* 76, no. 4 (1990) : 1087~106.

_____, *Nature's Economy : A History of Ecological Ideas*, 2nd ed. (Cambridge : Cambridge University Press. 1994). [도널드 워스터, 『생태학, 그 열림과 닫힘의 역사』, 문순홍 · 강헌 옮김, 아카넷, 2002.]

Wrigley, E.A., *Continuity, Chance and Change* (Cambridge : Cambridge University Press, 1990).

_____, *Poverty, Progress and Population* (Cambridge : Cambridge University Press, 2004).

_____, *Energy and the English Industrial Revolution* (Cambridge : Cambridge University Press, 2010).

Wright, A., *The Death of Ramón González* (Austin : University of Texas Press, 1990).

Wright, J. and C. Jones, "The Concept of Organisms as Ecosystem Engineers Ten Years On," *Bioscience* 56, no. 3 (2006) : 203~9.

Wright, M.W., *Disposable Women and Other Myths of Global Capitalism* (New York : Routledge, 2006).

York, R., "Metabolic Rift," in *Encyclopedia of the Earth*, ed. C.J. Cleveland, (2010).

Young, B., "Is Nature a Labor Process?" in *Science technology and the labor process*, eds. L. Levidow and B. Young (London : Free Association Books, 1985).

Zalasiewicz, J. et al., "Are We Now Living in the Anthropocene?" *GSA Today* 18, no. 2 (2008) : 4~8.

_____, "The Anthropocene : A New Epoch of Geological Time?" *Philosophical Transactions of the Royal Society A* 369 (2011) : 835~41.

_____, "Stratigraphy of the Anthropocene" *Philosophical Transactions of the Royal Society A* 369 (2011) : 1036~55.

Zandvliet, K., "Mapping the Dutch World Overseas in the Seventeenth Century," in *History of Cartography*. Vol. 3 (Part 2), ed. D. Woodward (Chicago : University of Chicago Press, 1987), 1433~62.

Zerner, C., "Through a Green Lens : The Construction of Customary Environmental Law and Community in Indonesia's Maluku Islands," *Law and Society Review* 28, no. 5 (1994) : 1079~122.

Zhang, W. et al., "Global Pesticide Consumption and Pollution : With China as a Focus," *Proceedings of the International Academy of Ecology and Environmental Sciences* 1, no. 2 (2011) : 125~44.

Zhao, M. and S.W. Running, "Drought-Induced Reduction in Global Terrestrial Net Primary Production from 2000 Through 2009," *Science* 329 (2010) : 940~3.

Ziska, L.H., "Evaluation of the Growth Response of Six Invasive Species to Past, Present and Future Atmospheric Carbon Dioxide," *Journal of Experimental Botany* 54 (2003) : 395~404.

Zivin, J. and M. Neidell, "Temperature and the Allocation of Time" (Working Paper, National Bureau of Economic Research, 2010).

:: 인명 찾아보기

ㅅ

ㅇ

ㅈ

ㅋ

:: 용어 찾아보기

ㄷ

ㄹ

ㅁ

ㅇ

ㅈ

ㅊ

ㅋ

ㅌ

ㅍ

ㅎ

기타